VERBOTENE RATSCHLÄGE

VERBOTENE RATSCHLÄGE

1782 todsichere Tipps,

die Profis am liebsten für sich behalten würden

Reader's Digest

DEUTSCHLAND · SCHWEIZ · ÖSTERREICH

Titel der amerikanischen Originalausgabe:
Forbidden Advice
Illustrator Travis Foster
Editor Jeff Bredenberg

Deutsche Ausgabe
Übersetzung: Angelika Lang, Dr. Marion Ónodi, Alexandra Orgaz, Marcus Piorkowski, Martha Schebella, Verena Zemme
Fachautor: Dr. Roman Leuthner, S. 210–365
Thema media GmbH & Co. KG, München

Reader's Digest
Redaktion: Joachim Zeller
Grafik: Cornelia Hammer
Prepress: Andreas Engländer
Produktion: Andreas Schabert

Ressort Buch
Redaktionsdirektorin: Suzanne Koranyi-Esser
Redaktionsleiterin: Dr. Renate Mangold
Art Director: Susanne Hauser

Operations
Leitung Produktion Buch: Norbert Baier

Reproduktion: Meyle+Müller GmbH+Co. KG, Pforzheim

Druck und Binden: Mohn Media GmbH, Gütersloh

Anmerkung für den Leser
Das vorliegende Buch ist sorgfältig erarbeitet worden. Dennoch erfolgen alle Angaben ohne Gewähr. Weder Autoren noch Verlag übernehmen eine Haftung für eventuelle Nachteile oder Schäden, die aus den im Buch enthaltenen praktischen Hinweisen resultieren. Bevor Sie Tipps oder Anregungen übernehmen, die sich auf Angaben in diesem Buch stützen, sollten Sie die betreffenden Anweisungen eingehend studieren.
Erwähnte Firmen, Produkte und Preise sind nur als Beispiele für allgemeine Aussagen gedacht und bedeuten keine besondere Empfehlung durch Reader's Digest.
Da Webseiten sich ständig ändern, kann es sein, dass sich erwähnte Adressen ändern oder nicht mehr existieren.
Der Verlag hat keinerlei Einfluss auf Gestaltung und Inhalte der Webseiten, daher übernimmt er auch keinerlei Haftung oder Verantwortung dafür.

US 4971/IC

Printed in Germany

ISBN 978-3-89915-484-3

Besuchen Sie uns im Internet
www.readersdigest.de

1782 geniale Tipps!

Haben Sie nicht schon oft im Stillen gedacht: „Hätte ich nur gewusst, was wirklich dahintersteckt ... ein vollständiges Bild der Fakten gehabt ... eine Ahnung, wie die Geschichte eigentlich funktioniert ... - dann hätte ich sicher Zeit und Geld gespart. Und mehr Energie auf wichtigere und erfreulichere Dinge verwenden können."

Leider sind wir häufig schlecht informiert, wenn wir auf die Beratung von Fachleuten angewiesen sind. Es ist dabei nicht so, dass sie uns belügen oder absichtlich unsere Unkenntnis ausnutzen möchten. Aber manchmal hätten sie wohl den Ratschlag parat, der uns in einer bestimmten Situation aus der Patsche helfen könnte – geben ihn aber nicht preis. Sie scheinen unkonzentriert oder zu bequem, sie gehen davon aus, dass man Bescheid weiß, oder aber sie möchten sich ein gutes Geschäft nicht verderben. Und leider kommt es auch vor, dass wichtige Fakten verschwiegen werden, nur um schnelles Geld zu machen.

Wenn man doch Gedanken lesen könnte! Würden Sie nicht gerne wissen, was im Kopf des Autohändlers vor sich geht, der Ihnen gerade ein „Superangebot" macht? Oder welche Hinweise der Bankangestellte „vergessen" hat bei der Beantragung Ihrer Kreditkarte? Oder wie der Apotheker Ihnen beim Kauf eines Medikaments einige Kosten hätte sparen können – wenn er nur gesagt hätte, was er weiß?

Profitipps für alle Fälle

Wenn Sie die vorhergehenden Fragen bejaht haben, werden Sie an diesem Buch viel Freude haben. Über einen langen Zeitraum haben wir Expertenwissen und geniale Ratschläge gesammelt, indem wir Fachleute aus vielen Wissensgebieten befragt haben, bis wir bekamen, was wir wollten: Tipps, die nicht nur Ihren Geldbeutel schonen, sondern auch Sie selbst zum Fachmann machen, sodass Sie so manche Hürde des Alltags allein überwinden können.

Zu Hause, im Beruf, beim Einkauf, auf Reisen – die Bandbreite reicht von Einkaufstipps, mit denen Sie Ihr Haushaltsbudget merklich entlasten können, über Hinweise zu Gesundheitsrisiken durch Lebensmittel bis hin zu den unerlässlichen Pflege- und Wartungsarbeiten an Haushaltsgeräten, die eigentlich in jeder Bedienungsanleitung stehen sollten. Wir verraten Ihnen, was Unternehmen und Händler lieber ver-

schweigen: vom Arzneimittelhersteller, der Sie in Unkenntnis lässt über wirkungsvolle und preiswerte Hausmittel, bis zur Website, die ohne Ihr Wissen im Hintergrund Spionage-Software in Ihren Computer einschleust, sobald Sie sie aufrufen.

Verbotene Ratschläge stattet Sie mit Informationen aus, die Sie zum aufgeklärten Konsumenten machen. Wieder und wieder werden verblüffend einfache „Drehs“ beschrieben, mit deren Hilfe Sie Profis auf ihrem eigenen Gebiet schlagen. Hier ein kleiner Vorgeschmack, was Sie auf den nächsten Seiten erwartet:

- Mit welchen Tricks Supermärkte Sie nach den teureren Waren greifen lassen.
- Preiswerte Hausrezepte, über die sich die Ärzte und Apotheker ausschweigen.
- Die Kniffe, mit denen die Schlanken und Schönen ihre Figur erhalten.
- Insiderwissen, durch das Sie auch den unnachgiebigsten Autohändler zu Preisnachlässen bringen.
- Die versteckten Asse, die Banken oder Versicherungen beim Abschluss von Verträgen im Ärmel haben.
- Wie erfahrene Geschäftsreisende bequemer an ihre Ziele gelangen.
- Durch welche Kniffe Sie Handwerkerrechnungen gewaltig reduzieren können.

Sicher werden Sie überrascht sein, wie einleuchtend die Experten-Ratschläge und Profitipps sind, ob es nun darum geht, Designerkleidung zu Schnäppchenpreisen zu finden, die Fallstricke bei Reisebuchungen über das Internet zu vermeiden oder mit den Tricks renommierter Inneneinrichter das eigene Heim zu verschönern. Sie werden erfahren, warum Sie auf teure Fitnessgetränke besser verzichten sollten, wie Ihre Anzüge auch ohne häufige chemische Reinigung frisch und in Form bleiben, was die Handyrechnung Ihres Teenagers in vertretbarem Rahmen hält und wie Sie Ihre Chancen verbessern, ohne Erkältung durch den Winter zu kommen.

So läuft's wirklich – die unausgesprochenen Spielregeln

Natürlich wissen Sie längst, dass hinter den Kulissen mit allerhand Tricks gearbeitet wird. Und Sie kennen vielleicht auch den einen oder anderen Kniff, aber unsere Welt wird stetig komplizierter – der Durchschnittsverbraucher kann sich bemühen, wie er will, und wird dennoch aus Unkenntnis oder aufgrund irreführender Information gelegentlich in eine Falle tappen. Um Sie gegen diese Fallstricke zu wappnen, haben wir dieses Buch gemacht – ein Ratgeber, der all denen ein Dorn im Auge ist, die sich auf Ihre Kosten bereichern wollen.

Damit Sie sich schnell zurechtfinden, ist das Buch sehr übersichtlich aufgebaut, und es gibt durch alle Kapitel Textkästen (siehe Seite gegenüber), in denen besondere Tipps und Informationen zusammengefasst sind.

Und nun also viel Spaß beim Lesen, Verhandeln und Geldsparen!

Die Redaktion

Tipps auf einen Blick

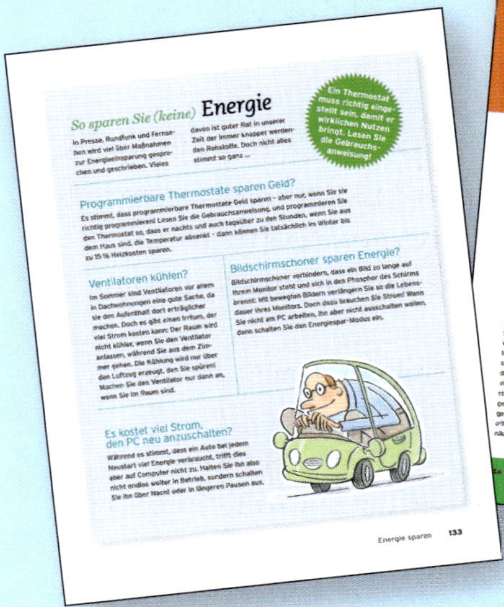

Auf Sonderseiten finden Sie die besten Tipps und Infos zu einem speziellen Thema übersichtlich zusammengefasst.

Auf farbig gestalteten Doppelseiten mit der „Büroklammer" finden Sie ausführliche Informationen zu so unterschiedlichen Themen wie Heilkräutern, Gartengeräten, ebay-Auktionen oder Kreditkarten.

Beratung durch Experten

Ganz praktisch anwendbaren Rat zu Fragen des Alltags finden Sie in diesen Kästen.

Der Detektiv ist Wegweiser zu echtem Insiderwissen: Hier stehen Informationen, die man Ihnen sonst gerne vorenthält, weil Sie damit zum Experten werden.

Rasen ausbessern — DER EXPERTE RÄT

Egal, ob nur ein kleiner nackter Fleck oder der halbe Rasen angesät werden muss, die beste Zeit dafür ist der Spätsommer oder Herbst. Die kühleren Temperaturen verhelfen dem Gras zu einem besseren Start.

1. Rechen Sie zuerst abgestorbenes Gras und Blätter ab. Lockern Sie den Boden im nackten Bereich etwa 2,5 cm tief. Falls der Schaden vom Urin Ihres Hundes oder von einer Chemikalie stammt, wässern Sie das Areal einige Male, um die entsprechenden Stoffe auszuwaschen.
2. Breiten Sie auf der ganzen Fläche Kompost etwa 5–7,5 cm hoch aus. Ebnen Sie ihn dann mit dem Rücken des Rechens ein, bis er die Höhe des umgebenden Bodens hat.
3. Mischen Sie am Tag vor dem Säen die Grassamen mit der gleichen Menge feuchtem Sand. Dies beschleunigt die Keimung. Bringen Sie die Samen zusammen mit dem Sand aus, sie fallen dann auch an windigen Tagen dorthin, wohin sie sollen.
4. Nun bedecken Sie die Samen mit einer dünnen Schicht Kompost, dann wässern Sie die Fläche vorsichtig, ohne die Samen wegzuschwemmen.
5. Besprühen Sie die Fläche zwei- oder dreimal am Tag mit Wasser, bis die Samen keimen, danach wässern Sie die Fläche wie den übrigen Rasen auch.

WAS AUTOHÄNDLER NICHT VERRATEN ÜBER: Finanzierung

Wenn manche Autohändler mit günstigen Finanzierungsmöglichkeiten locken, sollten Sie die Konditionen genau unter die Lupe nehmen. Mithilfe der folgenden Fragen finden Sie schnell heraus, wie gut ein Angebot wirklich ist:

- Wie hoch ist die Schlussrate, die am Ende einer „Ballonfinanzierung" (Schlussratenkredit, stellt eine Mischung zwischen einem üblichen Ratenkredit und Leasing dar) zu leisten ist?
- Wirkt sich der niedrige Zinssatz auf die Mindestlaufzeit der Finanzierung aus?
- Gibt es Vorgaben, wie das Fahrzeug bei der Anmeldung versichert werden muss?
- Ist die Finanzierung an den Abschluss von Serviceverträgen bzw. Zusatzversicherungen gekoppelt?
- Wie sieht es beim Abschluss einer Finanzierung mit den Rabatten aus, die der Händler Ihnen beim Barkauf des Fahrzeugs gewährt hätte?
- Wird für das Auto auch eine Anschlussfinanzierung angeboten, und, wenn ja, mit welchen Konditionen ist in diesem Fall zu rechnen?

Ehe Sie einen Kreditvertrag mit dem Autohändler abschließen, ist es ratsam, sich auf dem freien Markt über alternative Finanzierungsmöglichkeiten zu informieren und Vergleiche anzustellen. Greifen Sie dazu auf die Finanzierungsvergleiche zurück, die Ihnen das Internet bietet. Unterschreiben Sie den Vertrag erst dann, wenn Sie ganz sicher sind, dass Ihnen der Händler das günstigste Angebot macht.

Inhalt

VERTRAULICH

Teil 1

WOHLBEFINDEN

Psst! Wir möchten Ihnen etliche Geheimtipps weitergeben, von denen Sie ganz persönlich profitieren können! Möchten Sie wissen, wie ein simples Vitamin ein teures und nicht ganz risikoloses Medikament ersetzen kann? Wie ein ganz bestimmter Fruchtsaft die Effekte Ihres Sporttrainings verdoppelt? Wie Sie sofort feststellen können, ob ein Lebensmittel auch gesund ist? Warum Sie leichter überflüssige Pfunde verlieren, wenn Sie ein paar Cent mehr im Obst- und Gemüseladen ausgeben? Warum Sie Gewürze im Fachgeschäft kaufen sollten? Welche Therapien die Alternativmedizin bietet? Der Trick, wie Sie aus jedem Steak einen Gourmetschmaus machen? Hier finden Sie dies alles und mehr.

Retten Sie Ihre Haut

8 gute Ratschläge, wie Sie Hautprobleme verhindern oder wirksam lindern können

Nehmen Sie Vitamin B, um Insektenstichen vorzubeugen. Oft ist schon ein simpler Mückenstich mehr als nur ein juckendes Ärgernis – manche verdächtigen die kleinen Plagegeister, gelegentlich gefährliche Viren zu übertragen. Der deutsche Apothekerverband rät zur Vorbeugung gegen Insektenstiche zu einem in der Naturheilkunde erprobten Mittel: Nehmen Sie täglich 100 mg Vitamin B_1 oder Bierhefe zu sich, um sich vor Mücken, Bremsen und Zecken zu schützen. Der abwehrende Effekt stellt sich nach ungefähr einer Woche regelmäßiger Einnahme ein und hält so lange an, wie Sie Vitamin B_1 zuführen. Erwünschter Nebeneffekt von Vitamin B_1: Es sorgt für schöne Haut und glänzende Haare.

GEHEIMWAFFE

Gehärtetes Pflanzenfett

Allergischer Hautausschlag sieht nicht gut aus, und der starke Juckreiz ist oft kaum auszuhalten. Was ein Arzt nicht im Medizinstudium lernt: Tragen Sie statt Cortisonsalbe gehärtetes Pflanzenfett auf, und decken Sie die betroffenen Partien mit Frischhaltefolie ab!

Essig oder Backpulver hilft gegen Insektenstiche. Ein Bienenstich oder die unverhoffte Begegnung mit einer Qualle am Strand ruiniert den schönsten Sommertag. Da das Gift der meisten Insekten oder auch Quallen auf sauren oder alkalischen Substanzen basiert, lindert die Anwendung eines Mittels mit entgegengesetztem pH-Wert sofort Juckreiz und Schmerz. Halten Sie für den Notfall eine kleine Sprühflasche

Weißweinessig und eine Tüte Backpulver bereit. Sprühen Sie zunächst etwas Essig auf den Stich. Bringt das keine Erleichterung, tragen Sie eine Paste aus Backpulver und Wasser auf die Stelle auf. Ein noch in der Wunde festsitzender Stachel löst sich rasch, wenn Sie die Stelle sanft mit feuchter Seife einreiben.

Joghurt trocknet Lippenbläschen. Warum scheinen Lippenbläschen immer gerade dann zu sprießen, wenn man einen wichtigen Termin hat, z. B. ein Geschäftsessen oder eine Feier? Vermutlich, weil sie meist durch das Herpesvirus verursacht werden, das in unserem Körper schlummert, bis es durch Stress (und das kann auch freudige Erregung sein) aktiviert wird. Probieren Sie ein einfaches Hausmittel: Tragen Sie mehrmals täglich 1 TL Naturjoghurt auf die betroffene Stelle auf. Die Milchsäurebakterien im Joghurt greifen das Virus an, reduzieren Juckreiz und beschleunigen den Heilungsprozess.

Entfernen Sie Splitter mithilfe einer Zwiebel. Was tun, wenn Ihr Kind weinend angelaufen kommt, weil ein Holzsplitter tief unter die Haut gedrungen ist? Lassen Sie die Nadel im Nähkasten – das erschreckt die meisten Kinder! Schneiden Sie einfach eine dicke Zwiebelscheibe ab. Befestigen Sie sie mit einer Bandage direkt über der Verletzung. Der Verband bleibt über Nacht angelegt. Am anderen Morgen lässt sich der Splitter schmerzlos ziehen, denn dank bestimmter Stoffe in der Zwiebel hat sich die Haut zusammengezogen und den Splitter freigegeben.

Zwiebel gegen blaue Flecken. Wenn Sie schon beim Anblick von scharfen Kanten oder Ecken blaue Flecken bekommen, versuchen Sie dieses alte Hausrezept: Legen Sie für 15 Minuten eine Scheibe von einer Küchenzwiebel auf die Prellung. Derselbe Inhaltsstoff der Zwiebel, der beim Schneiden Ihre Augen tränen lässt – das Allicin –, stimuliert auch den Lymphfluss im Körper. So wird das durch die Verletzung ins umliegende Gewebe ausgetretene Blut schneller abtransportiert, und es entsteht gar nicht erst ein größerer Bluterguss. Die Zwiebel muss aber sofort aufgelegt werden!

Hamamelis gegen Prellungen. Wenn die Zwiebelmethode nicht nach Ihrem Geschmack ist: Reiben Sie die Prellung mit Hamamelissalbe (aus dem Reformhaus oder der Apotheke) ein, und legen Sie für fünf Minuten eine Eispackung darauf. Auf diese Weise werden die Blutgefäße verengt, und es tritt weniger Blut ins verletzte Gewebe aus.

Backpulver gegen Schweißfüße. In modischen Sportschuhen aus Kunststoffmaterialien schwitzen die Füße. Verwenden Sie Backpulver als Fußpuder, und streuen Sie es zwischen die Zehen – das hält die Haut trocken. Vorbeugend hilft auch Knoblauchöl: Lassen Sie sechs zerdrückte Knoblauchzehen einige Tage in 2 TL Olivenöl ziehen. Anschließend abseihen. Einmal am Tag aufgetragen, soll Knoblauch als natürliches Fungizid wirken.

Nagellack gegen Kontaktekzem. Ihr Liebster hat diesmal alle vergessenen Hochzeitstage wettgemacht und Ihnen ein wundervolles Paar Ohrstecker geschenkt? Bravo! Einziges Problem: Sie reagieren allergisch auf das Metall. Bepinseln Sie einfach die Rückseiten der Schmuckstücke mit farblosem Nagellack, um so eine Barriere zwischen Ihrer Haut und dem Metall zu schaffen. ◂

Haar- und Nagelpflege

4 Tricks für gesundes Haar und feste, widerstandsfähige Nägel

Spülen Sie Ihre Haare mit Mundwasser. Und warum? Nicht etwa wegen des frischen Duftes, sondern weil Mundwasser verblüffend gut gegen Kopfschuppen hilft. Ihre eigene Anti-Schuppen-Haarspülung erhalten Sie ganz einfach, indem Sie 1 Teil Mundwasser mit 9 Teilen Wasser mischen. Nach der Wäsche mit dem Shampoo arbeiten Sie die fertige Lösung auf Kopfhaut und Haar ein, spülen sie aber nicht aus. Ihre Schuppen werden bald verschwinden, das Haar bleibt locker, und es wird mit Sicherheit sehr frisch duften! Übrigens: Geeignet ist jedes antiseptische Mundwasser.

Eine gute Alternative: Pfefferminze. Wenn Ihnen der Geruch von Mundwasser in den Haaren nicht gefällt, probieren Sie dieses Rezept gegen Schuppen: Zerkleinern Sie eine Handvoll frischer Pfefferminzblätter, oder zerreiben Sie getrocknete Minze, und gießen Sie so viel Wodka dazu, dass die Kräuter bedeckt sind. Lassen Sie den Auszug einen Tag lang ziehen, dann seihen Sie ihn ab. Verdünnen Sie nun die Flüssigkeit tropfenweise mit Wasser, bis sie milchig aussieht. Nach der Haarwäsche verteilen Sie die Mischung auf Kopfhaut und Haar, anschließend aber bitte nicht ausspülen! Nach der zweiten Anwendung sollte bereits ein erster Erfolg zu verzeichnen sein.

Vitamin B macht die Nägel stark. So robust wie Pferdehufe? Tierärzte wissen es schon lange: Biotin aus der Gruppe der B-Vitamine stärkt die Hufe von Pferden. Und diese bestehen aus Keratin – ebenso wie unsere Fingernägel. Beim Menschen erweist sich Biotin als ähnlich wirkungsvoll. So führten Schweizer Forscher eine Studie an Probanden mit brüchigen Fingernägeln durch, die über sechs Monate täglich 2500 µg Biotin einnahmen. Ihre Nagelstärke erhöhte sich in dieser Zeit um 25 %! Nehmen Sie vier- bis sechsmal täglich 300 µg Biotin (Kapseln aus dem Reformhaus) ein.

Verzichten Sie auf schnell trocknenden Nagellack. Dieser enthält nämlich meist mehr Formaldehyd und Alkohol als normale Nagellacke und greift die Nagelsubstanz stärker an. Aber auch so wird Ihr Nagellack rascher trocken: Geben Sie kaltes Wasser ins Waschbecken und dazu einige Eiswürfel. Tauchen Sie nach jeder aufgezogenen Lackschicht die noch feuchten Nägel für 1–2 Minuten in das Eiswasser.

So hört das Niesen auf

6 Geheimtipps gegen Erkältungen, Allergien und andere Atemwegsprobleme

Mit Honig beugen Sie Heuschnupfen vor. In jedem Frühjahr dieselbe Plage: Während alle Welt die ersten sonnigen Tage im Freien genießt, geht es Ihnen nur in geschlossenen Räumen gut. Die Pollenallergie, der Heuschnupfen, hat Sie im Griff. Fangen Sie schon im Winter damit an, täglich 3–4 EL hochwertigen, kalt geschleuderten Honig pur, im Tee oder auf dem Frühstücksbrötchen zu sich zu nehmen. Honig enthält zahlreiche Pollenbestandteile – so gewöhnt sich Ihr überaktives Immunsystem allmählich daran und reagiert nicht mehr mit heftiger Abwehr, wenn die Frühjahrsblüher dann die Luft mit Pollen überschwemmen. Wählen Sie am besten Honig aus Ihrer Region, er enthält die dem Immunsystem bekannten Blütenpollen.

Versuchen Sie's mit Algen gegen Allergien. Nahrungsergänzungsmittel mit Spirulina sind ein weiteres erprobtes Mittel zur Linderung von Heuschnupfen und anderen allergischen Symptomen. Die blaugrüne Alge wirkt stark gegen Entzündungen und hemmt die übertriebene Abwehrreaktion des Immunsystems. Forscher der Davis University of California verabreichten der Hälfte einer Gruppe von 24 Patienten mit allergischen Beschwerden täglich 2000 mg Spirulina. Die anderen erhielten ein Placebo.
Die Gruppe, die Algen bekam, produzierte 32 % weniger Histamine (die Stoffe, die die allergischen Symptome hervorrufen) – bei der Gruppe, die Placebos erhalten hatte, ergab sich keine Veränderung.

WAS SIE VON MANCHEN ÄRZTEN NICHT ERFAHREN ÜBER: Homöopathie

Wenn Sie unter den Symptomen von Heuschnupfen oder der ebenfalls sehr verbreiteten Hausstauballergie leiden, können Sie in der Apotheke ein rezeptfreies Antihistamin-Präparat kaufen und sind Ihre Beschwerden los – für ein paar Stunden. Oder Sie fassen sich in Geduld und versuchen es einmal mit einer homöopathischen Behandlung, die langfristig oft besser hilft. Nehmen Sie bei Heuschnupfen schon zu Frühjahrsbeginn und dann über die ganze Zeit des Pollenflugs morgens und abends je fünf Globuli von *Galphimia glauca* in der Potenz C 30. Bei sehr starken akuten Beschwerden können Sie auch täglich drei Globuli der Potenz C 200 einnehmen. Globuli sind kleine Milchzuckerkügelchen, die mit der entsprechenden homöopathischen Tinktur getränkt wurden. Die Angabe der Potenz bezieht sich dabei auf den Verdünnungsgrad der Wirksubstanz. Sie können homöopathische Globuli in jeder Apotheke bestellen. Machen Ihnen zusätzlich auch Hausstaubmilben zu schaffen, sollten Sie *Galphimia glauca* als Kur über mindestens ein Jahr einnehmen. 15 Minuten vor und nach der Einnahme bitte nichts essen oder trinken!

Beugen Sie Erkältungen mit Joghurt vor. Wenn Sie diesen Winter ohne Schnupfennase, Niesanfälle, Husten, kurz: ohne wiederholte grippale Infekte, überstehen möchten, haben wir einen heißen Tipp für Sie. Davon hat Ihr Arzt vermutlich noch nie gehört: Schon täglich zwei Becher Naturjoghurt (je 150 g) können die Anzahl Ihrer Krankheitstage halbieren.
Wichtig ist dabei, dass das Milchprodukt lebende Bakterien von *Lactobacillus reuteri* enthält. Zu diesem Ergebnis kamen schwedische Forscher, die im Rahmen einer Studie Fabrikarbeitern über 2,5 Monate täglich einen Drink mit 100 Millionen Einheiten dieses heilsamen Bakteriums verabreichten. Die Hälfte der Studienteilnehmer bekam stattdessen ein Getränk ohne Milchbakterien als Placebo. Nur 11 % der Arbeiter, die das Lactobacillus erhielten, mussten in dieser Zeit wegen Krankheit freinehmen, gegenüber 23 % denjenigen, die das Placebo bekamen. Offensichtlich stärken Milchbakterien das Immunsystem. Das wurde bestätigt durch eine weitere Studie von Forschern in Davis, University of California. Das Ergebnis: Personen, die täglich mindestens 250 g Naturjoghurt essen, sind im Schnitt um 25 % seltener von Erkältungskrankheiten betroffen. Hierbei spielte es keine Rolle, ob pasteurisierter oder Joghurt mit lebenden Bakterienkulturen konsumiert wurde. Fangen Sie schon im Sommer damit an, regelmäßig Joghurt zu essen, um Ihre Abwehrkräfte in Höchstform zu bringen.

Gurgeln – aber ohne Salz. Vielleicht kennen auch Sie das uralte Hausrezept, jeden Morgen mit Salzwasser zu gurgeln zur Vorbeugung von Erkältungskrankheiten? Tatsächlich eine wirkungsvolle Maßnahme – nur schmeckt lauwarmes Salzwasser ziemlich ekelhaft. Neuere Forschungen haben jetzt ergeben, dass Gurgeln mit reinem Leitungswasser nicht nur ebenso abwehrstärkend, sondern, statistisch gesehen, sogar noch etwas besser wirkt als die wenig verlockende Salzlösung. Also: Gurgeln Sie – aber vergessen Sie das Salz!

Fragen Sie nach einem CRP-Test. Statt bei Nebenhöhlenbeschwerden blindlings Antibiotika zu schlucken, sollten Sie um einen CRP-Test bitten. Das ist ein einfacher Bluttest, der Hinweise auf akut entzündliche Prozesse im Körper gibt und meist zur Diagnose von Herzbeschwerden eingesetzt wird. Ergeben sich dabei erhöhte Werte, haben Sie eine bakterielle Infektion, und Antibiotika sind tatsächlich das richtige Gegenmittel. Liegen die Werte aber niedrig, sind Viren schuld an der Infektion, und in diesem Fall hilft nur die Zeit. Nach einer dänischen Studie verschreiben Ärzte, die den CRP-Test zur Diagnose von Nebenhöhlenbeschwerden einsetzen, 20 % weniger Antibiotika – ein wichtiger Aspekt, bedenkt man, dass sich weltweit durch unnötige Einnahme von Antibiotika immer mehr resistente Bakterienstämme entwickeln.

Computertomografie bei chronischen Atemwegsbeschwerden. Nach einer Studie von Ärzten der amerikanischen Mayo-Klinik kann eine CT-Untersuchung sinnvoll sein für Patienten, die an häufig wiederkehrenden Atemwegsbeschwerden leiden, deren Ursache mit herkömmlichen Diagnoseverfahren nicht auf die Spur zu kommen ist. Bei rund einem Drittel der Patienten konnten so chronische Entzündungen entdeckt und gezielt behandelt werden.

So bleibt Ihr Herz gesund

10 gute Ratschläge zur Vorbeugung von Herz-Kreislauf-Erkrankungen

Nehmen Sie Niacin. Wenn Sie immer nur von zu hohen LDL-Werten (das „schlechte Cholesterin“) hören, ist das nur die halbe Wahrheit. Hohe HDL-Werte (das „gute“ Cholesterin) sind mindestens ebenso wichtig, wenn es darum geht, Ihr Risiko für eine Herz-Kreislauf-Erkrankung einzugrenzen. Häufig verschreibt der Arzt Statine, cholesterinsenkende Medikamente mit nicht unerheblichen Nebenwirkungen. Sprechen Sie mit ihm über hoch dosiertes Niacin – ein B-Vitamin, das die HDL-Werte steigen lässt. Niacin stand in dem Ruf, bei hoher Dosierung zu unangenehmen Hitzewallungen und Gesichtsrötungen zu führen. Dies konnte aber bei neuen Niacin-Präparaten ausgeschlossen werden. Nur: Die Arzneimittelhersteller machen nicht gerade Reklame für ein simples Vitamin, daher ist Ihr Arzt vielleicht nicht informiert über diese wichtige Behandlung bei erhöhten LDL-Cholesterinwerten.

Herzgesund mit Schokolade. Man kann's kaum glauben, schließlich hörte man von Kindesbeinen an, dass Schokolade den Appetit verdirbt, dick macht und den Zähnen schadet – aber tatsächlich ist dunkle Schokolade ein sehr gesundes Lebensmittel, das erwiesenermaßen den Blutdruck senkt. Bitterschokolade enthält einfach ungesättigte Fettsäuren, Antioxidanzien und viele weitere Biostoffe, wie z. B. Ballaststoffe und Magnesium. Bei einer wissenschaftlichen Studie aßen die Teilnehmer zwei Wochen lang täglich 100 g dunkle Schokolade. Dabei sank ihr Blutdruck im Schnitt um fünf bei der Systole (oberer Wert) und zwei bei der Diastole (unterer Wert). Allerdings mussten die Studienteilnehmer auf andere Süßigkeiten und Snacks verzichten, um die erhöhte Kalorienzufuhr durch die Schokolade wieder einzusparen.

Essen Sie häufiger Avocados! Avocados enthalten (wie übrigens auch Oliven) reichliche Mengen von einfach ungesättigten Fettsäuren, die Herz und Kreislauf schützen – im Gegensatz zu tierischen Fetten. Pürierte Avocados können Butter als Brotaufstrich ersetzen oder aber anstelle von Sahne feine Suppen binden und köstlich cremig machen. Aber erst zum Schluss zufügen und nicht mehr kochen lassen: Avocados werden beim Kochen bitter!

GEHEIMWAFFE

Milch

Kinder sollen ihre Milch trinken, damit sie starke Knochen bekommen. Wir sagen Ihnen: Trinken Sie Milch, um den Blutdruck zu senken! Eine ärztliche Fachzeitschrift veröffentlichte eine Studie mit fast 5000 Teilnehmern, nach der Menschen, die mindestens drei Gläser entrahmte Milch pro Tag zu sich nehmen, ein um 36 % geringeres Risiko für zu hohen Blutdruck haben als Personen, die täglich nur ein halbes Glas trinken.

Diuretika (Entwässerungsmittel) gegen zu hohen Blutdruck. Ärzte sind auch nur Menschen: Es gibt Dutzende von Medikamenten gegen zu hohen Blutdruck, und wenn die Praxis immer voller Patienten ist, bleibt kaum Zeit für eine umfassende Weiterbildung. Wen verwundert es da, dass Ärzte leicht den Anschluss an neueste Forschungsergebnisse verpassen und verschreiben, was sie am besten kennen? Und das sind Betablocker! Das zusammenfassende Ergebnis von 13 Studien mit insgesamt 105 000 Teilnehmern, die von schwedischen Forschern durchgeführt wurden, lautet aber: Patienten, die Betablocker einnehmen, haben ein 16 % höheres Risiko für einen Schlaganfall als diejenigen, die eines der ältesten, aber wirkungsvollsten Mittel gegen zu hohen Blutdruck anwenden – Diuretika, also Mittel zur Entwässerung. Sprechen Sie mit Ihrem Arzt über einen Wechsel der Medikation.

Blutfette – es kommt auf das Detail an! Lassen Sie sich nicht damit abspeisen, dass der Arzt Ihnen mitteilt, Ihre Cholesterinwerte seien zu hoch, und Sie mit einem Rezept für ein Statin (cholesterinsenkendes Medikament) in die Apotheke schickt. Lassen Sie im Labor neben den üblichen Werten von HDL- (gutes) und LDL-(schlechtes)Cholesterin auch die von zwei weiteren Blutfetten messen: die Chylomikronen sowie VLDL (very low density lipoproteins). Sind einer oder beide dieser Werte erhöht, steigt das Risiko, eine Herz-Kreislauf-Erkrankung zu entwickeln, mehr als bei nur erhöhten LDL-Werten. Der Test gibt Ihnen Aufschluss, ob Sie sofort Statine nehmen oder zunächst einer gesünderen Lebensweise eine Chance geben sollten.

Lassen Sie einen CRP-Test machen. Ein neuer Bluttest kann das Herzinfarktrisiko aufdecken. Grundlage ist ein sogenanntes C-reaktives Protein (CRP). Herz- und Gefäßkrankheiten geht eine jahrelange schleichende Entzündung voraus, die sich am Entzündungsprotein CRP messen lässt. Der einfache Test gehört noch nicht zu den Standarduntersuchungen und kostet etwa 15 Euro. Nach einer im *New England Journal of Medicine* publizierten Studie ist der CRP-Test doppelt so effektiv zur Bestimmung des Risikos für einen Herzinfarkt oder Schlaganfall wie herkömmliche Cholesterintests.

Nehmen Sie Rosskastanienextrakt vor einem Langstreckenflug.
Zur Vorbeugung gegen geschwollene Beine und das Risiko einer Thrombose sollten Sie sich vor längeren Flügen Rosskastanienextrakt in Kapselform aus der Apotheke besorgen. Die Wirkstoffe der Rosskastanie wirken abschwellend, ödemreduzierend, entzündungshemmend und tonisierend sowie straffend auf die Venenwand. Nehmen Sie direkt vor dem Abflug die laut Beipackzettel höchste erlaubte Dosis ein, am besten nach einer Mahlzeit.

Messen Sie Ihre Taille zur Bestimmung des Erkrankungs-Risikos. Der Kugelbauch, den so mancher (vorwiegend Männer) bei sonst schlanker Figur vor sich herträgt, ist mehr als ein Schönheitsfehler: Er ist das Zeichen für ein stark erhöhtes Risiko, eine Herz-Kreislauf-Erkrankung oder Diabetes zu entwickeln. Bauchfett sendet beträchtlich mehr entzündungsfördernde Substanzen ins Blut als Fett an den Hüften oder Oberschenkeln. Ein schlichtes Maßband gibt Aufschluss darüber, ob Sie von diesem Risikofaktor betroffen sind – aber nach Aussage der Weltgesundheitsorganisation in Genf messen 62 % der befragten Ärzte nicht den Taillenumfang ihrer Patienten, wenn sie Übergewicht und Fettleibigkeit diagnostizieren. Die Befragung umfasste Ärzte und Patienten in den USA, Kanada und 25 weiteren Ländern.

95 % der Frauen mit dem Risiko einer Herzerkrankung sagten, ihr Arzt habe nie den Leibesumfang gemessen. 71 % gaben zu, ihr Arzt habe sie niemals darauf hingewiesen, dass Übergewicht und insbesondere zu viel Bauchfett das Infarktrisiko steigere. Also: Nehmen Sie beim nächsten Arztbesuch selbst ein Maßband mit, und zeigen Sie ihm, worauf es ankommt:

- Messen Sie mit nacktem Oberkörper.
- Legen Sie das Maßband in der Taille an: an der schmalsten Stelle zwischen den Oberkanten der Hüftknochen und den untersten Rippen.
- Entspannen Sie, und atmen Sie aus beim Messen. Beträgt Ihr Taillenumfang weniger als 89 cm (bei Frauen) oder 101 cm (bei Männern), dann sind Sie im sicheren Bereich. Liegen Sie darüber: Treiben Sie mehr Sport, z. B. in Fitnessstudios.

Leben Sie nicht allein! Nach den Ergebnissen einer neuen dänischen Studie lohnt es sich, ein Stück Privatleben aufzugeben und die Wohnung mit jemandem zu teilen. Ihre Katze oder Ihr Hund zählt dabei allerdings nicht! Die Forscher stellten fest, dass Alleinlebende ein zweimal so hohes Risiko haben, eine Herz-Kreislauf-Erkrankung zu entwickeln, wie Menschen, die mit anderen in einem Haushalt zusammenleben. Singles sollten über eine Wohngemeinschaft nachdenken!

Gehen Sie noch nicht in Rente!
Sie haben noch zwei Jahre bis zur Rente und denken über eine Frühpensionierung nach, weil Ihr Vorgesetzter und einige Kollegen Sie furchtbar nerven? Warten Sie lieber. Eine Studie an mehr als 12 000 Amerikanern erbrachte, dass ein kurz vor dem Rentenalter aufgegebener oder verlorener Arbeitsplatz das Risiko für Herzinfarkt oder Schlaganfall verdoppelt. Besser: Sie halten aus, legen nur vielleicht ein etwas ruhigeres Tempo vor, benutzen häufiger die Treppen anstelle des Aufzugs, pflegen die Kontakte zu den Kollegen, die Sie mögen, und machen so das Beste aus Ihren letzten Arbeitsjahren. Altersforscher behaupten, so könne Arbeit sogar lebensverlängernd wirken!

DER EXPERTE RÄT

EBCT: Der Test, den Ihr Arzt vermutlich nicht empfiehlt

Verlassen Sie sich nicht nur auf die ärztliche Interpretation Ihrer Cholesterinwerte oder Belastungstests auf dem Ergometer, wenn es darum geht, Ihre Risiken für eine Herz-Kreislauf-Erkrankung abzuschätzen. William Davis, medizinischer Direktor des Milwaukee Herz-Scan-Instituts, meint etwas überspitzt: „Aus Cholesterinwerten das Krankheitsrisiko abzulesen ist so zuverlässig, wie an einer belebten Autobahn Vorhersagen zu treffen, wer verunglücken wird." Die Hälfte aller Herzattacken trifft Menschen, deren LDL-Cholesterinwerte unter 134 liegen (129 gilt als oberer Grenzwert).

Eine ganz neue Methode ist die Elektronenstrahltomografie, kurz EBCT. Dies ist eine nur 30 Sekunden dauernde, völlig schmerzlose Untersuchung, bei der ein hochmodernes Gerät ringförmig um Ihren Oberkörper fährt und sehr schnelle Aufnahmen vom Herz und den Koronararterien macht. Die Strahlenbelastung ist dabei so minimal wie bei einer Röntgenaufnahme beim Zahnarzt, es werden auch keine Kontrastmittel oder Injektionen gebraucht. Die Bilder zeigen, in welchem Ausmaß sich Ablagerungen an den Arterienwänden gebildet haben, und liefern so ein sehr genaues Bild von den möglichen Risiken für eine Herzerkrankung.

Ein Grund dafür, dass dieser Test bisher selten empfohlen wird, könnte sein, dass die Behandlung zu hoher Cholesterinwerte durch Laborkontrollen, Rezeptverschreibungen etc. ein einträgliches Geschäft ist. Ein anderer, dass der Abschluss einer Langzeitstudie zur EBCT erst noch in Aussicht steht.

Schlafen wie ein Murmeltier

6 ganz einfache Tricks, wie Sie zu einer erholsamen Nacht kommen

Das Gedächtnis leidet unter zu wenig Schlaf. Wenn Sie bei Ihrem Arzt darüber klagen, dass Sie Ihren Zahnarzttermin schon zweimal versäumt haben, und sich dabei ertappen, dass Sie die Katze mit dem Namen ihrer Vorgängerin anreden, wird er Sie vielleicht nur darauf hinweisen, dass wir nun mal alle älter werden. Die wichtigste Frage aber wäre: „Wie viel Schlaf bekommen Sie?" Schlafforscher von der Harvard Medical School fanden bei einer groß angelegten Studie heraus, dass Schlafdauer und -qualität entscheidenden Einfluss auf die Gedächtnisfunktion haben – und zwar vor allem auf den Teil des Gedächtnisses, der Ihnen hilft, sich an Fakten und Ereignisse zum richtigen Zeitpunkt zu erinnern.

Weg mit den Schlaftabletten. Kein Wunder, dass viele Ärzte so schnell bereit sind, bei Schlafstörungen Tabletten zu verschreiben: Das ist einfach, schnell und funktioniert – vorübergehend. Viel länger würde es dauern, Sie mit der effektivsten Methode gegen Schlaflosigkeit bekannt zu machen: der Verhaltenstherapie. Dabei würden Sie lernen, Ihre Schlafstörungen realistisch zu beurteilen und zu akzeptieren, dass es nicht so schlimm ist, mal eine Nacht nicht zu schlafen. Das wiederum würde Ihnen die Angst nehmen, nicht einschlafen zu können – und schon schlummern Sie viel leichter ein!

Überprüfen Sie Ihre Medikamente. Eigentlich sollten Ärzte immer danach fragen, welche Medikamente Sie nehmen, bzw. nach der Patientenkartei darüber im Bilde sein – leider ist das aber nicht immer der Fall. Wenn Sie unter Schlaflosigkeit leiden, sollten Sie also selbst daran denken, ob es einen Zusammenhang geben könnte mit Ihrer Medikation. Nach Aussagen namhafter Ärzte können zahlreiche Medikamente schlafstörend wirken, z. B. Betablocker, Schilddrüsenmedikamente, Antidepressiva, Abführmittel, Kortisonpräparate oder Arzneimittel, die Koffein enthalten. Wenn Sie wegen Schlafstörungen den Arzt aufsuchen, sollten Sie ihm eine Liste aller Medikamente zeigen, die Sie nehmen – einschließlich rezeptfreier Stärkungsmittel, Kräuterzubereitungen und Nahrungsergänzungen. Notieren Sie auf Ihrer Liste auch die Dosierung der einzelnen Medikamente.

Salatblätter für den Schlummertrunk. Kaum zu glauben, aber wahr: Blattsalate enthalten einen Stoff (Lectucarium), der ähnlich schlaffördernd auf das Gehirn wirkt wie Opium. Natürlich ist Lectucarium weder so stark noch suchtbildend wie die illegale Droge. Kochen Sie 3–4 große Salatblätter 15 Minuten lang in 1/4 l Wasser. Fügen Sie eine Prise getrockneter und zerriebener Pfefferminze hinzu, und und seihen Sie den Aufguss ab. Trinken Sie diesen schlaffördernden Tee direkt vor dem Zubettgehen.

Seife beruhigt ruhelose Beine. Eine häufige Ursache für Einschlafstörungen sind unruhige Beine, auch bekannt als „restless-legs-syndrome". Kurz vor dem Einschlummern geht es los: Ihre Beine zucken, und ein Gefühl wie Ameisenkribbeln lässt Sie nicht zur Ruhe kommen. Es gibt inzwischen zwar

WAS ARZNEIMITTELHERSTELLER NICHT VERRATEN ÜBER: Schlafmittel

- ☐ Schlafmittel beeinflussen die natürlichen Schlafphasen. Sie stören insbesondere die morgendliche Erholung und bewirken dadurch auf Dauer psychische Störungen. Der Körper gewöhnt sich sehr schnell an die zusätzliche Schlafhilfe und wird davon abhängig. Schlafmittel sollten daher nur zur Überbrückung schlafgestörter Phasen eingesetzt werden – längstens über zwei Wochen.
- ☐ Alle rezeptfrei verkäuflichen Schlafmittel enthalten die gleiche Wirksubstanz: Diphenhydramin oder ein anderes Antihistamin wie in Präparaten gegen allergische Symptome.
Als gelegentliche Einschlafhilfe können Sie ein beliebiges preiswertes Antihistamin kaufen. Nur achten Sie darauf, dass der Beipackzettel nicht den Hinweis enthält: „Macht nicht schläfrig".
- ☐ Schlafmittel verlieren bei häufigem und langfristigem Gebrauch oft ihre Wirkung bzw. wirken paradox: Statt schläfrig zu machen, wird man nervös und unruhig, bis schließlich an Schlaf überhaupt nicht mehr zu denken ist.

ein Medikament gegen diese Symptome, aber die aufgelisteten möglichen Nebenwirkungen sind erheblich: Verwirrung, Aufregung, Übelkeit und Halluzinationen. Wir haben ein besseres Rezept: Legen Sie ein Stück Seife (einfache elfenbeinfarbene Seife, keine Parfüm- oder Deoseifen) unter Ihre Beine, und das Kribbeln sollte nach 3–5 Minuten verschwunden sein. Der hohe Magnesiumgehalt von Seife soll nach Erfahrungsberichten von naturheilkundlich Interessierten helfen.
Und auch wissenschaftliche Studien bestätigen den Zusammenhang zwischen Magnesiummangel und dem „restless-legs-syndrome": Patienten, die täglich 150–300 mg Magnesium und zusätzlich 300–600 mg Kalzium eine halbe Stunde vor dem Zubettgehen nahmen, litten bei dieser Therapie nach 4–6 Wochen deutlich seltener unter unruhigen Beinen, schliefen schneller ein und wachten nicht so oft zwischendurch auf.

Folsäure gegen Ameisenkribbeln.
Wenn unruhige Beine Sie wach halten, könnte es eventuell auch an einem Mangel an Folsäure liegen, wie sich bei einer kleinen Studie mit Betroffenen zeigte. Das B-Vitamin ist u. a. wichtig für die Gehirn- und Nervenfunktionen. Nehmen Sie täglich 400-800 µg Folsäure sowie 50 mg eines Vitamin-B-Komplex-Präparats, um eventuelle Defizite an B-Vitaminen auszugleichen.

Sport ja – aber zur richtigen Zeit!
Es ist eine bekannte Tatsache, dass körperliche Bewegung zu besserem Schlaf verhilft. Es spielt aber auch eine wichtige Rolle, wann Sie Sport treiben. Kurz vor dem Zubettgehen ist nicht die richtige Zeit: Trainieren Sie auf jeden Fall 4–6 Stunden vorher, denn diese Zeit braucht der Organismus, um den Stoffwechsel wieder „herunterzufahren" und Ihren Körper auf Erholung und Schlaf einzustimmen.

Raus aus dem Stimmungstief

6 Vorschläge, die Ihre Laune wieder heben

Knüpfen Sie neue Freundschaften. Forschungsergebnisse zeigen, dass heute viel weniger Menschen enge Freundschaften pflegen, als dies vor 30 Jahren noch der Fall war. Im selben Zeitraum ist die Zahl der Menschen, die unter Niedergeschlagenheit leiden, stetig gewachsen. Wenn es auch bisher keine wissenschaftlichen Beweise für einen Zusammenhang gibt, es scheint naheliegend. Denn es gibt zahlreiche Hinweise darauf, dass enge persönliche Beziehungen insbesondere Frauen vor größeren Stimmungstiefs schützen.

Da familiäre Konflikte häufig aber auch die Auslöser für Depressionen sind, ist es ratsam, aktiv neue Freundschaften zu knüpfen. Treten Sie Vereinen bei, treiben Sie Sport in einer Gruppe, begründen Sie einen Stammtisch mit Gleichgesinnten, oder laden Sie einen netten Kollegen einmal zum Essen ein.

Ein Hund bringt Sonne ins Gemüt. Viele Menschen scheinen heutzutage zeitweise Antidepressiva einzunehmen (nach einem Bericht der Österreichischen Ärztezeitschrift heißt die zweithäufigste Diagnose für alle Altersgruppen „depressive Episode“). Wir wissen ein besseres Rezept gegen Trübsal, als gefährliche Psychopharmaka einzunehmen: Spielen Sie mit Ihrem Hund! Forscher der Universität Missouri fanden heraus, dass bei den von ihnen untersuchten Personen die körpereigenen „Glückshormone“ (Endorphine) stark anstiegen, nachdem sie einige Minuten ausgelassen mit einem Hund gespielt hatten.

Fisch essen macht fröhlich. Sind viele Menschen einfach nur deshalb niedergeschlagen, weil sie zu wenig Fisch essen? Es gibt viele Studien über den Zusammenhang von tiefer Niedergeschlagenheit und Fischverzehr; bei einer davon erwies sich, dass Menschen, die über einen Zeitraum von fünf Jahren zwei- bis dreimal wöchentlich Seefisch wie z. B. Lachs verzehrten, deutlich weniger unter Depressionen litten als eine Vergleichsgruppe, die kaum Fisch in ihrem Speiseplan hatte. Das Bindeglied bilden nach Meinung vieler Forscher die Omega-3-Fettsäuren, die die Kommunikation unserer Nervenzellen verbessern. Wenn Sie keinen Fisch mögen, nehmen Sie täglich 3 g Fischölkapseln oder 2 EL Leinsamen ein, die ebenfalls reichlich Omega-3-Fettsäuren liefern.

WAS ARZNEIMITTELHERSTELLER NICHT VERRATEN ÜBER: Therapie

Verhaltenstherapie ist eine Form der Psychotherapie, die depressiven Patienten neue Einsichten über ihre Krankheit und deren Ursachen vermittelt, damit sie besser mit ihren Problemen umgehen können. Diese Heilungsmethode erweist sich bei der Behandlung ernster Formen von Depression als mindestens ebenso effektiv wie Medikamente. Zudem hat sie keine Nebenwirkungen, ist billiger, und ihre heilsamen Effekte halten nach Abschluss länger an als die der Psychopharmaka. Zu diesem Ergebnis kamen Forscher der Pennsylvania- und Vanderbilt-Universität, die 240 Patienten mit Depressionen während einer 16 Monate dauernden Studie beobachteten.

Planen Sie eine Winterreise.
Wenn Sie nicht gerade in südlichen Gefilden leben, wissen Sie, dass der Februar eigentlich 35 Tage hat – zumindest kommt es einem so vor. Gegen Ende des Winters leiden die meisten von uns unter dem Mangel an Sonnenschein, dem miserablen Wetter und an einer allgemeinen Unlust – kurz: Wir fühlen uns erholungsbedürftig. Ein Urlaub in warmem Klima oder auch ein Skiurlaub kann hier mit einer kräftigen Dosis natürlicher Sonneneinstrahlung Abhilfe schaffen. Auch ein Billig-Pauschalurlaub tut's – Hauptsache, Sie haben einen Balkon zum Sonnenbaden. Wenn Sie heimkommen, fühlen Sie sich erfrischt und revitalisiert – und nun sind es ja nur noch wenige Wochen bis zum Frühling.

Machen Sie eine Nacht durch!
Überraschenderweise kann eine einzige durchwachte Nacht Ihre Lebensgeister aufmuntern. Forscher haben entdeckt, dass der stimmungsaufhellende Effekt bis zu einem Monat lang anhalten kann. Warum das so ist, weiß niemand: Man vermutet, unsere „innere Uhr" wird durch die schlaflose Nacht quasi neu gestellt, und depressive Menschen schlafen dann wieder besser.

Man gönnt sich ja sonst nichts …
Sie begnügen sich mit einer Eiskugel und verkneifen sich die todschicken italienischen Schuhe – aber eines Tages werden Sie alles nachholen, was Sie sich jetzt nicht gönnen! Warten Sie nicht zu lange, denn einer Studie der Columbia-Universität zufolge bereut man im Alter oft bitter, was man sich an kleinen Freuden des Lebens versagt hat. Und das Bedauern über verpasste Gelegenheiten wächst, während ein schlechtes Gewissen wegen etwas Luxus, den man sich gegönnt hat, schnell nachlässt.

Wege aus der Angst

12 wenig bekannte Tricks, die helfen, Ängste und Alltagsstress abzubauen

Fragen Sie nach dem Bluttest für „Angsthasen". Wer unter übermäßigen Ängsten leidet, hat nicht nur ein psychisches Problem. Heute spricht man von einer Angsterkrankung, und die lässt sich neuerdings auch durch einen Bluttest nachweisen. Gemessen werden das Protein Acetylcholinesterase (ein Stoff, der unter Stress verstärkt freigesetzt wird) sowie die Enzyme Butyrylcholinesterase (BChE) und Paraoxonase (PON) im Blut. Israelische Studien erbrachten eine zu 90 % sichere Diagnose der Angsterkrankung. Ihr Arzt kann bei Verdacht auf eine Angsterkrankung die Durchführung dieses Tests in einem Speziallabor oder Krankenhaus veranlassen.

GEHEIMWAFFE

Basilikumtee

Wenn Sie sich nervös, aufgeregt und zittrig fühlen, lohnt sich ein Versuch mit folgendem Rezept: Lassen Sie drei frische Basilikumblätter zehn Minuten lang in 200 ml heißem Wasser ziehen, und trinken Sie dann den Sud. Basilikumtee wirkt auf viele Menschen beruhigend. Sie finden das aromatische Kraut in jedem Supermarkt.

Vermeiden Sie den Stress zu lügen.
Pinocchio lernte es gründlich: Lügen haben böse Folgen. In jedem Fall erhöht Lügen die Ausschüttung von Stresshormonen, was auf die Dauer zu ernsthaften Erkrankungen führen kann. Sie haben Zweifel? Denken Sie daran, wie ein Lügendetektor funktioniert. Er registriert die Antworten Ihres Körpers auf Stress, nämlich erhöhte Werte bei Blut-

druck, Herzschlag und Atemfrequenz. Der Anstieg der Stresshormone ist so deutlich, dass ein „Schnüffeltest", der Stresshormone in der Atemluft misst, bereits in Entwicklung ist.

Es geht auch ohne Koffein! Wir möchten Ihnen eine Frage stellen: Wenn Sie leicht nervös und ängstlich werden und sehr gut wissen, dass Kaffee und andere koffeinhaltige Getränke genau diesen Effekt haben, warum hängen Sie dann so an Ihren Kaffeepausen? Also, versuchen Sie doch, weniger Koffein zu trinken. Koffein blockiert den beruhigenden Einfluss von Adenosin, einer Substanz im Körper, die wichtig ist bei der Einleitung von Entspannung und Schlaf. Zudem ergab eine Studie, dass zwei Tassen Kaffee, über den ganzen Tag verteilt in Miniportionen getrunken, genauso nervös machen, als wenn man sie auf einmal austrinkt.

Atemübungen beruhigen. Kennen Sie auch diesen Angstzustand, bei dem Ihr Herz wie verrückt klopft und Sie nach Luft ringen, obwohl Sie sich gar nicht körperlich anstrengen? Sie hyperventilieren, wie der Arzt diese keuchende Atmung aus innerer Aufregung nennt, und das kann bis zu Krämpfen oder Herzrhythmusstörungen führen. Hier haben wir einige Atemübungen, die auf Dauer besser beruhigen als der alte Trick, in eine Papiertüte ein- und auszuatmen.

- Legen Sie sich ausgestreckt auf den Boden, und lassen Sie die Handflächen auf dem Brustkorb ruhen. Atmen Sie ganz normal, versuchen Sie aber dabei die Hebung und Senkung Ihres Brustkorbs zu minimieren. Atmen Sie fünf Minuten lang ruhig und gleichmäßig weiter, und kontrollieren Sie dabei die Bewegungen des Brustkorbs mit den Händen. Versuchen Sie, den Atemstrom in den Bauchraum zu lenken und dabei Ihr Zwerchfell einzusetzen.

- Achten Sie öfter bewusst auf Ihre Atmung, wenn Sie entspannt sind – z. B. beim Lesen oder Fernsehen.

- Versuchen Sie, die Art und Weise, wie Sie in entspannten Momenten atmen, in stressigen Situationen nachzuahmen – z. B. wenn Sie im Stau stehen oder Konflikte mit den Kindern haben. Wenn Ihnen das gelingt, werden Sie sich sofort ruhiger und konzentrierter fühlen.

- Gewöhnen Sie sich nach und nach an, diese entspannte (Bauch-)Atmung in allen Lebenssituationen beizubehalten – mit wenigen Ausnahmen: Die Atmung in den oberen Brustraum ist von der Natur für extreme körperliche Belastungen wie Flucht und Kampf vorgesehen.

Seien Sie nett zu sich selbst. Wie gehen Sie mit einem nahestehenden Menschen um, der gerade voller Nervosität und Angst ist? Klar, Sie werden ihm gut zureden, ihn trösten und ermutigen. Und wie gehen Sie mit sich selbst um? Wissenschaftler haben festgestellt, dass selbstbewusste und zufriedene Menschen in Gedanken auch mit sich selbst höflich und freundlich umgehen. Depressive und ängstliche Personen haben dagegen eine starke Neigung, sich innerlich dauernd zu kritisieren oder sogar zu beschimpfen. Unterschätzen Sie nicht den Einfluss, den der ständige innere Dialog auf Ihre Gemütsverfassung hat. Achten Sie ab sofort darauf, auch mit sich selbst so umzugehen, wie Sie es von Ihrem besten Freund erwarten würden.

So geht's: Ratschläge für den Umgang mit Ärger und Angst

Der springende Punkt ist: Schweigen im richtigen Moment: „Lerne zu schweigen, und du merkst, dass du zu viel geredet hast. Sei gütig, und du siehst ein, dass dein Urteil über andere allzu hart war." (Tschen Tschin)
Nach dieser Devise handelte Mahatma Gandhi und hatte damit im Umgang mit Menschen fantastischen Erfolg.

Im Umgang mit anderen sollten Sie …

- ☐ darauf achten, wenn plötzlich Ärger oder ein Gefühl von Angst in Ihnen aufsteigt, und schon den Anfängen wehren.
- ☐ sich folgende Frage stellen: „Kann ich mich im Umgang mit anderen so weit zurücknehmen, dass mir mein Gegenüber wichtiger ist, als ich es mir selbst bin?" Eine positive Antwort kennzeichnet einen wahrhaft selbstlosen Menschen und ehrlichen Freund.
- ☐ vorbereitet sein auf den manchmal überwältigenden Drang, ohne jede Rücksicht negative Gedanken oder Gefühle zu äußern.
- ☐ bewusst schweigen, statt diese Gedanken und Gefühle zu äußern.
- ☐ „abwägen, entscheiden und vergessen". Wägen Sie ab, ob ein Gedanke Nutzen bringt im Austausch mit Ihrem Gesprächspartner, entschließen Sie sich gegebenenfalls, ihn für sich zu behalten, und schenken Sie diesem Gedanken dann durch bewusstes Schweigen darüber keinerlei Beachtung mehr.

Knabbern Sie Sonnenblumenkerne gegen Ängstlichkeit. Morgen sollen Sie einen wichtigen Vortrag halten, und jetzt schon bekommen Sie beim Gedanken daran feuchte Hände und Herzrasen? Versuchen Sie einmal Folgendes: Knabbern Sie vor dem Vortrag Sonnenblumenkerne! Ein niedriger Magnesiumspiegel fördert Nervosität – Nervosität und Angst wiederum führen zu einem rasanten Absinken des Magnesiumspiegels. Sonnenblumenkerne enthalten diesen Mineralstoff in großer Menge. Zusätzlich können Sie am Vorabend und am Morgen je 200 mg Magnesium einnehmen.

Schauen Sie sich lustige Filme an. Sie haben nichts zu lachen? Dann sorgen Sie selbst dafür, denn Lachen setzt stressreduzierende Hormone wie Endorphine und Wachstumshormone frei und reduziert Stresshormone wie Kortisol. Sammeln Sie Filme, die Sie zum Lachen bringen, und schauen Sie sich jeden Tag einen davon an! Forscher des Irvine College of Medicine Study, University of California, untersuchten 16 Personen, von denen die Hälfte wusste, dass sie in drei Tagen ein lustiges Video anschauen würden. Bei Letzteren waren schon in Vorfreude auf den Spaß die Stresshormonpegel deutlich abgesunken, während die entspannungsfördernden Hormone steil anstiegen. Bei der anderen Gruppe ohne diese erfreuliche Aussicht veränderte sich hingegen gar nichts.

Trommeln baut Stress ab. Es klingt vielleicht ein bisschen nach spirituellem Hokuspokus, aber in einer Gruppe von Leuten auf eine Trommel zu schlagen ist eine fantastische Methode, um Stress abzubauen – noch besser, wenn Sie sich dabei vorstellen, der Kopf Ihres schlimmsten Gegners würde als Trommel herhalten. Forscher des Meadville Medical Center in Pennsylvania verglichen 50 Personen, die entweder aktiv in einem Trommelkreis mitwirkten oder aber nur Trommlern zuhörten. Dabei fanden sie heraus, dass die aktiven Trommler viel niedrigere Stresshormonspiegel hatten und viel höhere Werte immunstärkender Substanzen als die Zuhörer. Trommelkreise gibt es schon recht häufig – Adressen in Ihrer Region finden Sie im Internet, oder fragen Sie einen Heilpraktiker.

Schaffen Sie sich eine Ruhezone. Ob Sie ein ganzes Zimmer oder nur eine abgeteilte Ecke dafür erübrigen können, ist nicht entscheidend. Wichtiger ist, dass Sie sich dort ungestört zurückziehen können, wenn Sie Entspannung brauchen, z. B. nach der Arbeit, bevor der Familientrubel Sie vereinnahmt. Wählen Sie ein ruhiges, helles Blau oder Grün als Wandfarbe, stellen Sie eine Duftlampe oder -kerze (sehr beruhigend ist Lavendelduft) auf, sorgen Sie für gedämpftes Licht und einen bequemen Sessel oder eine Liege mit einer kuscheligen Decke.

Werden Sie zum Kunstliebhaber, das bringt Entspannung. Sie könnten an Kunstauktionen teilnehmen, eine Ausstellung besuchen oder auch einfach die Bilder Ihrer Kinder einrahmen und aufhängen. Wissenschaftliche Studien erwiesen, dass Stresshormone durch die Betrachtung von Kunstwerken reduziert werden, gleichgültig, wie wertvoll diese Werke nach künstlerischen Gesichtspunkten sind. Noch besser: Schaffen Sie Ihre eigenen Kunstwerke! Denn jede kreative Tätigkeit, wie z. B. Malen oder Zeichnen, reduziert ebenfalls den Spiegel Ihrer Stresshormone.

Tun Sie gezielt etwas gegen das „Hetzsyndrom". So nennen Stressforscher die Symptome, die sich bei vielen Menschen einstellen, die keine klare Zeiteinteilung kennen. Sie überfordern sich und wollen viel zu vieles in zu kurzer Zeit erledigen. Sie versuchen, mehrere Dinge gleichzeitig zu erledigen, oder hetzen kopflos von einem zum anderen. Die Folgen: Nur halb Erledigtes stapelt sich, es unterlaufen einem Fehler durch mangelnde Konzentration, Termine werden versäumt, und schließlich verliert man die Geduld, wird ängstlich und panisch. Führen Sie ein Tagebuch, wo Sie auf einer Seite notieren, was Sie am nächsten Tag vorhaben, und auf der folgenden, was Sie tatsächlich durchgeführt haben. Dies soll Ihnen vor Augen führen, was Sie wieder alles „nicht geschafft" haben,

damit Sie erkennen, warum Ihre Pläne so unrealistisch sind.

Lernen Sie, auch einmal Nein zu sagen. Wiederholen Sie bitte: „Nein, ich kann nicht mithelfen bei dem Kirchenbasar." „Nein, ich will nicht dauernd abends und am Wochenende den Chauffeur für die Kinder spielen." „Nein, ich kann dir kein Geld für ein neues Auto leihen ... dir erlauben, wieder bei mir einzuziehen ... die Arbeit für den entlassenen Kollegen mit übernehmen." Es klingt ganz einfach, aber viele bringen es nicht über sich, auch mal Nein zu sagen, ohne sich schuldig zu fühlen. Warum? Die Sozialpsychologin und Buchautorin Susan Newman empfiehlt folgenden Fünf-Punkte-Plan, um zu lernen, Absagen zu erteilen:

- Überprüfen Sie, wie oft Sie in der vergangenen Woche Ja gesagt haben. Sie werden über die Zahl schockiert sein.
- Halten Sie eine Woche lang fest, wie und mit wem Sie Ihre Zeit verbracht haben. Vielleicht entdecken Sie, dass ein Freund Sie mit Beschlag belegt oder ein Familienmitglied sehr fordernd ist. Sie sollten Ihre Zeit so einteilen, dass Sie ein paar Stunden für sich haben.
- Wer hat Priorität auf Ihrer Liste? Ihr Partner, Ihr Kind, Ihr Chef? Wie wäre es mit Ihnen selbst?
- Beachten Sie Ihre Grenzen. Wie oft können Sie noch die traurige Beziehungsgeschichte Ihrer Freundin anhören, ohne auf sie loszugehen?
- Überlegen Sie, welche Verpflichtung Sie delegieren könnten: Kann nicht z. B. Ihr Partner die Rechnungen überweisen oder eines der Kinder den Rasen mähen? ◂

Gesunde Zähne

9 einfache Ratschläge, die Ihnen so manchen Zahnarztbesuch ersparen können

Nelkenextrakt gegen Zahnschmerzen. Sie haben solche Zahnschmerzen, dass Sie am liebsten zur Selbsthilfe greifen und sich den Übeltäter eigenhändig herausziehen möchten? Warten Sie noch. Tröpfeln Sie etwas Nelkenöl auf einen Wattebausch, legen Sie ihn für einige Minuten auf die schmerzende Stelle, und beißen Sie fest darauf. Dann entfernen Sie die Watte und spülen mit einem Glas Wasser nach, in das Sie 1/4 TL Salz und noch einige Tropfen Nelkenöl gemischt haben. Nur spülen, nicht schlucken! Das Öl aus den getrockneten Knospen der tropischen Gewürzpflanze ist ein Tausendsassa zur Schmerzlinderung. Es betäubt und tötet Bakterien und andere Erreger ab. Alternativ können Sie auch Vanilleextrakt verwenden. Natürlich ist dies nur eine Erste-Hilfe-Maßnahme: Wenn sich der Schmerz wieder meldet, machen Sie einen Termin bei Ihrem Zahnarzt, um der Ursache auf den Grund zu gehen.

Kaugummi beugt Karies vor. Jedenfalls, wenn Sie die richtige Sorte wählen: Es sollte Xylotol (ein Zuckeraustauschstoff) enthalten, wie Zahnärzte empfehlen. Zum einen sorgt das Kauen für einen stetigen Speichelfluss, der Bakterien wegspült, zum anderen ergaben Studien, dass Kaugummi es den kariesverursachenden Bakterien schwer macht, sich an die Zähne zu heften. Nicht empfehlenswert ist Kaugummi allerdings, wenn Sie Brücken, Kronen oder anderen Zahnersatz haben: Das ständige Kauen könnte auf Dauer die Materialien des Zahnersatzes schädigen und lockern.

WAS IHR ZAHNARZT VIELLEICHT NICHT VERRÄT ÜBER: Vorsorgeuntersuchungen

Wenn Sie nicht gerade unter Paradontose leiden, stark rauchen oder andere Risikofaktoren für die Zähne, wie z. B. Diabetes, haben, ist es eigentlich nicht nötig, alle sechs Monate zum Zahnarzt zur Vorsorge zu gehen. Nach vergleichenden Studien sorgen Sie mit nur einem Termin pro Jahr ebenso gut für Ihre Zähne, wenn Sie regelmäßig und richtig putzen und Zahnseide benutzen.

Zahnfreundliches Kaugummi mit Pflanzenwirkstoffen. In der Apotheke können Sie spezielle Mundhygiene-Kaugummis kaufen. Diese enthalten zwei natürliche Wirkstoffe aus Heilpflanzen: Teebaumöl und den Extrakt aus grünem Tee. Das Teebaumöl besitzt antiseptische und desinfizierende Eigenschaften. Der Grüntee hat durch seinen hohen Anteil an Gerbstoffen, Bioflavonoiden und Vitamin C eine stark entzündungshemmende Wirkung. Er liefert Fluor für die Zahngesundheit. Zusätzlich wirkt Grüntee gegen Mundgeruch.

Trinken Sie Tee für die Gesundheit Ihrer Zähne. In Bezug auf die Zähne steht Tee eher in schlechtem Ruf, weil die besonders in schwarzem Tee reichlich enthaltenen Tannine Zahnverfärbungen bewirken können. Mit einer guten Zahnpasta können Sie das aber leicht vermeiden. Lassen Sie sich nicht davon abhalten, Ihren Tee zu genießen, denn mehrere Studien bestätigten, dass Teetrinker seltener unter Karies leiden. Mundspülungen mit grünem Tee nach dem Zähneputzen können sogar Zahnbeläge verringern und so das Parodontoserisiko senken.

Reinigen Sie gründlich die Zahnzwischenräume. Natürlich behaupten Sie beim Zahnarzt, dass Sie regelmäßig Zahnseide benutzen – aber, Hand aufs Herz: Wie oft tun Sie das wirklich? Versuchen Sie ab jetzt, regelmäßig zur Zahnseide zu greifen, denn zahlreiche Studien beweisen, dass Parodontose nicht nur zu Zahnverlusten führt, sondern sogar Herzerkrankungen begünstigt. Und die gründliche Reinigung der Zahnzwischenräume kann Parodontose wirksam verhindern. Entzündetes Zahnfleisch überschwemmt offensichtlich den Organismus mit Stoffen, die überall im Körper entzündliche Prozesse auslösen können.

Reinigen Sie die Zahnzwischenräume mit Interdentalbürstchen. Geben Sie es ruhig zu – Sie würden ja regelmäßig Zahnseide benutzen, wenn Ihnen die Anwendung nur nicht zu kompliziert und zeitraubend erscheinen würde. Viele Menschen kommen bei der Reinigung der Zahnzwischenräume besser zurecht mit Interdentalbürstchen, die Sie in jeder Drogerie bekommen. Forscher der Schule für Zahnmedizin, University of Pennsylvania, stellten fest, dass Bürstchen für die Zahnzwischenräume sogar gründlicher reinigen als herkömmliche Zahnseide. Es gibt die Bürstchen in vielen verschiedenen Formen und Stärken. Probieren Sie aus, mit welchen Sie am besten umgehen können.

Vermeiden Sie versteckten Zucker. Sie wählen frische Äpfel statt Apfelkuchen und knabbern Karotten statt Karamellbonbons? Aber was ist mit all den versteckten Zuckerquellen in unseren Nahrungsmitteln? Zucker findet sich sogar in Präparaten gegen zu viel Magensäure, in Halstabletten und Hustensäften, in Kautabletten und Vitaminpillen. Ganz besonders hoch ist der Zuckeranteil in diesen rezeptfrei verkäuflichen Mitteln, wenn sie für Kinder vorgesehen sind. Studien bestätigen, dass solche Medikamente besonders bei Kindern der Entstehung von Karies Vorschub leisten. Also: Auch nach der Einnahme von Hustendrops oder einem Vitamindrink die Zähne putzen!

Vitamin C sollten Sie schlucken, nicht kauen. Wenn Sie Vitamin-C-Präparate kaufen, greifen Sie zu denen, die Sie nicht kauen müssen, sondern schlucken oder trinken können. Kautabletten erhöhen kurzfristig stark den Säuregehalt des Speichels. In Kombination mit dem ebenfalls enthaltenen Zucker schädigt das erheblich den Zahnschmelz.

Bürsten Sie elektrisch. Werfen Sie Ihre alte manuelle Zahnbürste weg! Die Auswertung von 21 Studien aus den letzten 37 Jahren ergab, dass Personen, die eine elektrische Zahnbürste benutzten, deutlich seltener unter Paradontose und Karies litten. ◂

Augenpflege

4 Geheimtipps, die Ihnen helfen, Augenproblemen vorzubeugen

Fisch gegen trockene Augen. Wie häufig essen Sie Fisch? Wenn Sie dauernd befeuchtende Augentropfen einträufeln, könnte bei Ihnen ein Zusammenhang bestehen zwischen den trockenen Augen und zu geringem Fischverzehr. Seefisch enthält wertvolle Omega-3-Fettsäuren, die die Konsistenz der Tränenflüssigkeit verbessern. Auch wirken sie entzündungshemmend – Entzündungen sind eine Ursache für zu wenig Tränenflüssigkeit. Essen Sie zwei- bis dreimal wöchentlich Makrele oder Lachs, oder nehmen Sie täglich 3 g Fischöl in Kapselform zu sich.

GEHEIMWAFFE

Sonnenbrillen

Sie benutzen Sonnenschutzmittel für Ihre Haut? Auch Ihre Augen brauchen Schutz vor der Sonne. Denn zu starke Sonneneinstrahlung ist einer der Hauptfaktoren bei der Entwicklung von degenerativen Augenerkrankungen, die bis zur Erblindung führen können, wie z. B. die Makula-Degeneration oder der graue Star. So sollte Ihre Sonnenbrille beschaffen sein: Die Gläser dürfen nicht mehr als je 1 % UVN- und UVA-Strahlung durchlassen – am ehesten gewährleisten dies grau getönte Gläser. Außerdem sollte die Brille auch seitlich vor Sonnenstrahlen schützen. Für Kontaktlinsenträger gibt es auch Linsen, die ultraviolette Strahlung abhalten. Da Kontaktlinsen aber nicht das ganze Auge bedecken, ersetzen sie keine gute Sonnenbrille.

Spinat für gesunde Augen. Wissen Sie, warum die Comicfigur Popeye Kinder zum Spinatessen motivieren sollte? Weil in der frühen 1930er-Jahren die fehlerhafte Auswertung einer medizinischen Studie Spinat einen zehnfach höheren Eisengehalt zuschrieb, als er tatsächlich hat. In dieser Hinsicht ist der Spinat also kein großer Gewinn, aber heute wissen wir, dass Spinat reich ist an augenschützenden Karotinoiden wie Lutein und Zeaxanthin. Viele Studien bestätigen, dass diese Stoffe altersbedingten Augenkrankheiten wie Makula-Degeneration vorbeugen können. Allerdings entfalten sie ihre Wirkung nur in gegartem Spinat: Dünsten Sie frische Spinatblätter mit einer fein gehackten Knoblauchzehe in 2 EL kalt gepresstem Olivenöl, bis sie zusammenfallen. Würzen Sie mit Pfeffer und Salz. Geben Sie den Spinat auf bissfest gekochte Nudeln, und streuen Sie geriebenen Parmesan darüber.

Essen Sie Heidelbeeren, sie sorgen für gute Nachtsicht. Dafür gibt es eine wissenschaftliche Bestätigung: Heidelbeeren halten die Zellen der Retina gesund und können die Nachtsicht verbessern. Dafür verantwortlich ist vor allem der blauviolette Farbstoff der Heidelbeere, der zur Gruppe der Anthocyane gehört. Außerdem enthalten die Beeren reichlich Vitamin C und Mangan. Nehmen Sie zweimal täglich 160 mg eines Nahrungsergänzungsmittels mit dem Wirkstoff der Heidelbeere.

Versuchen Sie es mit Akupunktur bei trockenen Augen. Natürlich werden Akupunkturnadeln nicht in den Augen angesetzt, sondern an anderen Stellen des Körpers. Viele Studien bestätigen, dass diese Behandlung deutlich die Menge an Tränenflüssigkeit vermehrt. Wie bei vielen alternativen Heilmethoden weiß man nicht, warum es funktioniert. Wer vor den Nadeln zurückschreckt: Viele Akupunkteure beherrschen auch Akupressur oder andere schmerzlose Verfahren.

Wie Sie besser hören

6 wenig bekannte Ratschläge zur Vorbeugung und Linderung von Hörproblemen

Treiben Sie Sport, damit Sie das Gras wachsen hören. Vermutlich hat Ihnen das der Arzt noch nicht gesagt: Je mehr Sie körperlich aktiv sind, umso besser ist wahrscheinlich Ihr Gehör! Warum? Weil Bewegung im Freien wie Radfahren oder Walking Ihre Lungen mit mehr Sauerstoff versorgt und die Durchblutung im ganzen Körper verbessert – auch in Ihren Ohren. Und das wiederum verbessert Ihr Gehör, wie Forscher bestätigen.

Essen Sie Avocados. Die Früchte sind reich an Magnesium, einem Mineral, das gegen Hörverlust durch zu viel Lärm schützt. Achten Sie beim Einkauf darauf, dass die Schale der Avocados gleichmäßig dunkelgrün oder schwarz (je nach Sorte) ist und auf leichten Fingerdruck ein wenig nachgibt. Reife Avocados können Sie 2–3 Tage lang im Gemüsefach des Kühlschranks aufheben.

GEHEIMWAFFE

Ohrstöpsel

Sie müssen nicht jeden Tag ein Rockkonzert besuchen, um Ihr Gehör durch Lärm zu ruinieren. Auch laute Alltagsgeräusche – Rasenmäher, Laubsauger, Verkehrslärm und die allgegenwärtigen Handys – sind schon mehr als genug. Schaffen Sie sich mehrere gute Paar Ohrstöpsel an, die Sie im Haus, im Auto und in Ihrer Brieftasche deponieren, um sich gegebenenfalls vom Lärm dieser Welt kurzfristig distanzieren zu können.

Etwas Wein beugt Hörverlust vor. Wann rät Ihnen Ihr Arzt schon dazu, Wein zu trinken? Wahrscheinlich nie, obwohl inzwischen jedermann weiß, dass mäßiger Rotweinkonsum gesund für das Herz ist. Viel weniger bekannt ist dagegen, dass Wein auch dem Gehör guttut. Zu diesem Ergebnis kamen Forscher bei einer amerikanischen Studie mit 3000 Teilnehmern. 1–2 Gläser Wein (Frauen sollten sich eher auf ein Glas beschränken) pro Tag können demnach vor altersbedingten Hörverlusten schützen. Mehr sollte es allerdings nicht sein, denn sonst haben Sie bald ein Alkoholproblem!

Pflegen Sie Ihre Zähne, dann schützen Sie auch Ihr Gehör. Je mehr eigene Zähne Sie im Alter noch haben, desto besser ist Ihr Gehör. Dies stellten Forscher fest, die an über 1000 Senioren den Zusammenhang zwischen Zahngesundheit und Hörverlust untersuchten. Jeder Zahn, den Sie verlieren, verdoppelt Ihr Risiko, schlechter zu hören. Die Wissenschaftler sind sich nicht sicher, woran das liegt, vermuten aber, dass es mit der Position der Kieferknochen oder mangelnder Muskelaktivität im unteren Gesichtsbereich zu tun haben könnte. Egal, warum: Putzen Sie zweimal täglich die Zähne und Zahnzwischenräume!

Schnarcht Ihr Partner? Der Ohrenarzt warnt Sie gegen offensichtlich zu laute Geräusche wie Baumaschinenlärm, aber er weist Sie vermutlich nie darauf hin, welch schädigenden Effekt Schnarchlaute auf Ihr Gehör haben können. Nach Messungen können Schnarchgeräusche lauter sein als Verkehrslärm. Und alle fortdauernden lauten Geräusche schädigen Ihr Gehör. Schlagen Sie Ihrem schnarchenden Partner eine Untersuchung in einem Schlafzentrum vor. Schnarchen ist oft der Hinweis auf eine Schlafapnoe, eine Atmungsstörung, die zu Herzkrankheiten führen kann.

Nehmen Sie *Gingko biloba* für besseres Hören. Wenn Ihr Arzt auch naturheilkundlich bewandert ist, freuen Sie sich. Falls nicht, haben wir einen Rat für Sie, wie Sie mit einem pflanzlichen Mittel Ihr Gehör verbessern. Nach mehreren wissenschaftlichen Studien kann *Gingko biloba* das Hörvermögen schärfen und sogar bei plötzlichem Hörverlust regenerierend wirken. In einer Studie wurde es mit dem Wirkstoff Pentoxifylin verglichen, der bei Hörstürzen zur Verbesserung der Durchblutung eingesetzt wird. Dabei schnitt *Gingko biloba* besser ab! Nehmen Sie, je nach Ausmaß der Hörbeschwerden, 12–120 mg Gingko täglich ein.

Wie Sie selbst Ihre Ohren richtig reinigen

DER EXPERTE RÄT

Ist Ihr Ohrenarzt auch immer sehr darauf bedacht, Ihnen bei jedem Besuch die Ohren gründlich zu reinigen? Diese Prozedur gilt als gesondert abzurechnende ärztliche Dienstleistung und wird von den Krankenkassen (oder Ihnen selbst, wenn Sie privat versichert sind) gut honoriert. Sparen Sie die Ausgabe, und reinigen Sie selbst Ihre Ohren. Mischen Sie 1 EL Wasserstoffperoxid mit 100 ml warmem Wasser. Füllen Sie eine nadellose Injektionsspritze mit der Mischung, legen Sie den Kopf auf die Seite, und spritzen Sie sie in die Ohröffnung. Üben Sie dabei nicht zu viel Druck aus, und führen Sie nicht die Spritze ins Ohr ein. Keine Sorge, wenn Sie fühlen und hören, dass es blubbert – dieses Sprudeln hilft, das Ohrenschmalz zu lösen. Nach einigen Sekunden bzw. wenn die Blubbergeräusche nachlassen, drehen Sie den Kopf in die andere Richtung, um die Flüssigkeit aus dem Ohr laufen zu lassen.

Hat die Maßnahme nicht geholfen, weil zu viel oder verhärtetes Schmalz in den Ohren ist, können Sie sich in der Apotheke rezeptfrei das ohrenschmalzaufweichende Medikament Cerumenex besorgen. Träufeln Sie einige Tropfen in den Gehörgang, und dichten Sie ihn dann mit einem Wattepfropf ab. Lassen Sie Cerumenex die laut Beipackzettel vorgeschriebene Zeit einwirken. Entfernen Sie dann die Watte, und spülen Sie das Ohr gründlich mit lauwarmem Wasser aus.

Über den Umgang mit Ärzten

11 Ratschläge, wie Sie als aktiver Patient mehr Selbstverantwortung übernehmen

Lassen Sie sich den ersten Termin am Morgen geben. Sie können lange Wartezeiten meist vermeiden, wenn Sie sich bemühen, den ersten Termin am Morgen oder nach der Mittagspause zu bekommen. Dann haben sich noch keine Terminverschiebungen durch Notfälle oder ausgedehntere Untersuchungen ergeben, und der Arzt sowie das Personal werden frischer und weniger abgehetzt sein, als wenn Sie zwischen dem „chronischen Husten" und dem „Fußpilz" eingeschoben wurden.

Sammeln Sie selbst Informationen über Ihre Krankheit. Die Zeiten, da man sich blindlings auf den Rat des Arztes verlassen hat, sind vorbei. Heutzutage sollten Sie als aktiver Patient selbst Verantwortung für Ihre Gesundheit übernehmen. Und das bedeutet vor allem, sich gründlich über die eigenen Erkrankungen und deren mögliche Behandlungsformen zu informieren. Eine ausgezeichnete Quelle dafür ist das Internet, das Ihnen Zugang zu medizinischem Fachwissen verschafft. Dann können Sie Ihren Arzt gezielt befragen, ob die von ihm vorgeschlagene Therapie auch die neuesten Erkenntnisse berücksichtigt.

Finden Sie heraus, was der Arzt Ihnen nicht sagt. Häufig gibt es neue Theraphieansätze, Untersuchungen oder Behandlungen, die Ihnen helfen könnten, aber deren Kosten nicht von den Krankenkassen übernommen werden. Und diese verschweigt Ihnen oft der Arzt, wie eine entsprechende Untersuchung in den USA bestätigte. Da hilft es nur, selbst informiert zu sein und den Arzt zu fragen, ob eine bestimmte Maßnahme für Sie geeignet wäre, auch wenn die Kasse die Kosten nicht übernimmt.

Fragen Sie nach Arzneimustern. Wenn Ihr Arzt Ihnen ein Rezept für ein neues Medikament ausstellt, fragen Sie ihn, ob Sie eventuell ein Muster haben können. Arzneimittelvertreter überlassen bei ihren Praxisbesuchen dem Arzt häufig viele freie Medikamentenmuster. Sie kosten den Arzt nichts, und er kann sie an Sie weitergeben. So haben Sie für ein paar Tage das Medikament umsonst, und falls Sie es nicht gut vertragen sollten, hatten Sie wenigstens keine unnötige Ausgabe. Achten Sie aber stets auch auf das Verfallsdatum auf Ihrem Arzneimuster!

Fragen Sie nach Dreimonatspackungen. Wenn Ihr Arzt Ihnen das nächste Rezept für Medikamente ausstellt, die Sie ständig einnehmen, bitten Sie ihn, die für drei Monate ausreichende Packungsgröße zu verschreiben. So brauchen Sie in einem Vierteljahr nur einmal die Rezeptzuzahlung in der Apotheke zu entrichten. Prüfen Sie, ob das Rezept richtig ausgestellt ist, bevor Sie die Praxis verlassen.

Informieren Sie den Arzt, wenn Sie sparen müssen. Laut Umfragen denkt der Arzt manchmal nicht daran, dass Sie sich von ihm empfohlene rezeptfreie Medikamente vielleicht nicht leisten können. Aber wenn Sie ihn darauf hinweisen, findet er in der Regel Auswege, wie Ihre Behandlung billiger fortgesetzt werden kann. Einige Möglichkeiten: preiswerte Mittel gleicher Zusammen-

WAS ARZNEIMITTELHERSTELLER NICHT VERRATEN ÜBER: Sponsoring

Viele dem ersten Anschein nach objektive Patientenratgeber im Internet sowie verbraucherorientierte Gesundheitsorganisationen werden von Arzneimittelherstellern finanziell gefördert. In den USA sponserten Pharmafirmen sogar eine staatliche Aufklärungskampagne zu der Entdeckung, dass Gebärmutterhalskrebs durch ein Virus ausgelöst wird. Welch ein Zufall: Wenige Wochen danach erhielt der erste Impfstoff gegen besagtes Virus die Zulassung.
Also: Informieren Sie sich möglichst genau, woher Ihre Informationen stammen, und bleiben Sie aufmerksam! Skepsis ist ratsam, wenn Sie den Eindruck haben, dass man Ihnen ein ganz bestimmtes Medikament oder eine Diagnose häufig vorkommender Beschwerden allzu nahelegt.

setzung verschreiben statt teurer Markenpräparate, die Dosierung reduzieren, Ihnen zeigen, wie Sie die Tabletten halbieren können usw.

Legen Sie Ihren Check beim Hautarzt auf den Winter. Wenn Sie im Juni beim Hautarzt anrufen und einen Termin ausmachen möchten für einen Krebsvorsorgecheck, wird die Dame an der Rezeption Sie vermutlich nicht darauf hinweisen: „Warum warten Sie nicht bis Dezember? Dann ist Ihre Sonnenbräune verblasst, und man erkennt viel leichter eventuelle Auffälligkeiten!“ Aber jetzt wissen Sie Bescheid und terminieren die Untersuchung auf die Wintermonate.

Krebsvorsorge für Frauen. Dies betrifft speziell nur Frauen: Beachten Sie Ihren Monatszyklus, bevor Sie einen Termin für die jährliche Krebsvorsorgeuntersuchung beim Gynäkologen machen. Die beste Zeit für einen Abstrich ist die Woche vor oder nach dem Eisprung. Dann ist der Gebärmutterhals weiter geöffnet und die Uterusschleimhaut am dünnsten, die besten Voraussetzungen für ein exaktes Testergebnis.

Mammografie zum richtigen Zeitpunkt. Noch ein Frauenthema: Unangenehm ist die Brustuntersuchung mittels Mammografie allemal, wird doch dabei die Brust zwischen zwei Platten flach gepresst. Aber jenseits der 40 sollte jede Frau alle 1–2 Jahre diese Prozedur über sich ergehen lassen. Die Amerikanische Krebsgesellschaft rät, die Mammografie in der auf die Periode folgenden Woche zu machen, weil dann das Brustgewebe besonders nachgiebig ist. Außerdem sind laut den Ergebnissen einer breit angelegten Studie die Untersuchungsresultate zuverlässiger: Bei Mammografien, die in der zweiten Zyklushälfte durchgeführt werden, ist das Risiko, einen bösartigen Tumor zu übersehen, doppelt so hoch.

Nehmen Sie vor einer Darmspiegelung nur Flüssiges zu sich. Schon beim Gedanken daran schaudert es die meisten, aber jenseits der 50 ist es dringend ratsam, einmal eine Darmspiegelung machen zu lassen. Sie können sich die Prozedur erleichtern, wenn Sie bereits zwei Tage vor dem Untersuchungstermin nur flüssige Nahrung zu sich nehmen. Dann ist die kurz vor der Un-

tersuchung nötige Darmreinigung nur noch halb so unangenehm.

Bitten Sie um eine warme Decke für die PET-Untersuchung. Niemand fühlt sich wohl, wenn er auf einer kalten Metallbahre für eine PET-Untersuchung (Positronenemissionstomografie) liegt und vor einer Krebsdiagnose zittert. Wenn Sie sich dabei warm zudecken, haben Sie es nicht nur etwas behaglicher, sondern auch das Testergebnis wird akkurater. Das sogenannte „braune" Fettgewebe nämlich (es hält uns warm) absorbiert ebenso wie die Tumorzellen das Kontrastmittel, das bei der PET eingesetzt wird, eine auf Radioaktivität reagierende Flüssigkeit. Daher können solche Fettzellen leicht mit Tumorzellen verwechselt werden. Eine warme Decke kann die Menge des vom braunen Fettgewebe absorbierten Kontrastmittels um 62 % verringern. Ebenfalls wichtig für ein genaues Untersuchungsergebnis: Keine körperliche Anstrengung und Verzicht auf koffeinhaltige Getränke vor der PET!

Klinikaufenthalte

5 einfache Ratschläge, wie Sie Krankenhausaufenthalte so kurz und sicher wie möglich halten

Bringen Sie alle erforderlichen Dokumente mit. Wichtig ist für gesetzlich Versicherte die Einweisung des überweisenden Arztes sowie gegebenenfalls die Kostenübernahmeerklärung der Krankenversicherung. Natürlich gehören auch die Krankenversicherungskarte sowie der Personalausweis ins Gepäck. Haben Sie eine Zusatzversicherung abgeschlossen, so ist ein Nachweis darüber einzustecken. Impfbuch und Röntgenpass sollten ebenso eingepackt werden wie aktuelle Befunde (z. B. Laborwerte, EKG) oder vorhandene Röntgenbilder und Kernspin- bzw. Computertomogramme. Falls Sie eine Patientenverfügung aufgesetzt haben, sollten Sie auch diese mitnehmen.

Gehen Sie nicht am Wochenende oder an Feiertagen ins Krankenhaus. Wenn es sich um einen Notfall handelt, haben Sie natürlich keine Wahl, aber bei länger geplanten Eingriffen oder Untersuchungen sollten Sie sich so kurzfristig wie möglich vor der Maßnahme aufnehmen lassen. Die meisten Patienten werden freitags entlassen, und die Kliniken sind aus Kostengründen daran interessiert, ihre Betten auch am Wochenende belegt zu halten. Dann aber werden Sie nur auf Kosten der Krankenkasse im Bett liegen und sich langweilen.

Informieren Sie sich gründlich über das Krankenhaus. Lassen Sie sich nicht blenden von funkelnagelneuem Innendekor, begrüntem Atrium mit Springbrunnen und einer neuen Cafeteria – Sie wollen dort schließlich nicht Urlaub machen. Für die Behandlung Ihrer Krankheit wichtig sind vor allem zwei Dinge: Wie erfahren und erfolgreich ist der behandelnde Arzt oder Chirurg speziell auf dem Gebiet, um das es bei Ihnen geht. Und: Wie gut scheint die Pflege zu sein. Während Sie sich über den Arzt durch ein ausführliches Vorgespräch mit ihm selbst und bei ehemaligen Patienten, im Internet und bei anderen Ärzten erkundigen können, ist die Qualität im Pflegebereich leicht bei einem vorherigen Besuch im Krankenhaus festzustellen. Prüfen Sie: Treffen Sie auf den Gängen nur wenige Krankenschwestern, die vielleicht auch noch reichlich abgehetzt wirken? Scheint es viele Aushilfskräfte zu geben? Beantwortet man freundlich Ihre Fragen, oder werden Sie barsch abgefertigt?

Fragen Sie: Haben Sie Ihre Hände gewaschen? Auch wenn Sie sich pedantisch vorkommen: Fragen Sie ruhig die Schwestern oder Pfleger, die Sie betreuen, ob sie sich die Hände gewaschen haben. Nirgendwo ist die Infektionsgefahr so hoch wie in Krankenhäusern, und das häufige Waschen der Hände ist die einfachste und wichtigste Maßnahme für das Pflegepersonal, die Ausbreitung von Erregern zu stoppen. Aber man erlebt es immer wieder: Gerade hat die Schwester bei Ihrem frisch am Blinddarm operierten Bettnachbarn die Laken gewechselt, und nun kommt sie, um Ihr Bett zu richten. Händewaschen? Keine Zeit. Aber laut einer Studie nützt das Nachfragen: Das Pflegepersonal wusch sich häufiger und gründlicher die Hände, wenn es immer wieder von „nervigen" Patienten danach gefragt wurde.

Fragen Sie nach der Alternative zum Katheter. Für Männer ist einer der unangenehmsten Aspekte bei einem Krankenhausaufenthalt, dass in sehr vielen Fällen ein Katheter zur Ableitung des Urins gelegt werden muss. Schweigen wir lieber davon, wie schmachvoll es den meisten Herren der Schöpfung vorkommt, ihr „bestes Stück" dem Pflegepersonal auszuliefern – sehr häufig tragen sie zudem noch eine hartnäckige Harnwegsinfektion davon. Dabei gibt es eine Alternative: das sogenannte Urinalkondom, das nicht in den Penis eingeführt werden muss, sondern übergestreift wird. Die erste Vergleichsstudie, die mit dem Urinalkondom und dem herkömmlichen Katheter durchgeführt wurde, erwies, dass Ersteres nicht nur weniger unangenehm und schmerzhaft für den Patienten ist, sondern auch das Risiko einer Harnwegsinfektion um 80 % reduziert. Das könnte einen Krankenhausaufenthalt verkürzen und die allgemeine Wiederherstellung beschleunigen. Leider ist es nicht einsetzbar bei blockierten Harnwegen aufgrund einer Prostata- oder Blasenoperation. Hier hilft nur ein Katheter.

AUCH ÄRZTE MACHEN *Fehler*

Im November 1999 hatte das Institute of Medicine in Washington D. C. eine Studie mit dem Titel „To err is human" (Irren ist menschlich) veröffentlicht. Die Autoren zeigten, dass zwischen 44 000 und 98 000 Todesfälle in amerikanischen Krankenhäusern vermeidbar gewesen wären. Dies zog in den USA und anschließend auch bei uns viele Reformen nach sich, um die Qualität bei Behandlung und Pflege in den Krankenhäusern zu verbessern. Als Patient sollten Sie dennoch stets aufmerksam sein.

- ☐ Arbeiten Sie aktiv mit bei Ihrer Behandlung. Nicken Sie nicht einfach mit dem Kopf, wenn der Arzt ein Rezept ausstellt oder zu einer Operation rät. Informieren Sie sich über alle Details, fragen Sie nach Forschungsergebnissen, und finden Sie heraus, wie viel Erfahrung der Arzt in der Behandlung speziell Ihrer Krankheit hat. Aktiv um ihre Gesundung bemühte Patienten werden meist besser behandelt, wie Studien erwiesen.

- ☐ Stellen Sie sicher, dass alle Sie behandelnden Ärzte wissen, was Sie einnehmen. Das schließt auch rezeptfreie Medikamente sowie Nahrungsergänzungen wie Kräuter oder Vitamine ein. Und geben Sie auch zu, wenn Sie stark rauchen oder regelmäßig Alkohol trinken. Sie können sich darauf verlassen, dass Ihr Arzt solche Informationen nicht weitergibt. Einmal jährlich sollten Sie Ihre Medikamente zum Hausarzt zu einem Check mitnehmen.

- ☐ Wenn der Arzt ein Rezept noch per Hand ausstellt, prüfen Sie, ob Sie es lesen können – dann wird es wohl auch der Apotheker richtig entziffern.

- ☐ Fragen Sie den Arzt und auch den Apotheker über das verschriebene Medikament so lange aus, bis Sie genau Bescheid wissen und alles verstanden haben. Stellen Sie die folgenden Fragen:

  Wie wirkt das Medikament?

  Wie soll ich es einnehmen und über welchen Zeitraum?

  Welche Nebenwirkungen sind zu erwarten? Was soll ich tun, wenn sie sich wider Erwarten einstellen?

  Kann das Medikament Wechselwirkungen haben mit anderen Arzneimitteln oder Nahrungsergänzungen, die ich einnehme?

  Welche Aktivitäten, Speisen oder Getränke sollte ich meiden, während ich das Medikament nehme?

- ☐ Stellen Sie sicher, dass Sie die Dosierungsanweisung richtig verstehen. Bedeutet z. B. „4 Tabletten täglich" dass Sie alle sechs Stunden eine Tablette nehmen sollen, oder vier Tabletten tagsüber?

- ☐ Fragen Sie nach den Ergebnissen einer Untersuchung. Glauben Sie nicht, keine Nachrichten seien gute Nachrichten.

- ☐ Erkundigen Sie sich ausführlich über den weiteren ambulanten Behandlungsplan, bevor Sie aus dem Krankenhaus entlassen werden. Dazu gehört insbesondere die Frage, wie Ihre weitere Medikation aussieht und wann Sie Ihre normalen Aktivitäten wieder aufnehmen dürfen.

- ☐ Vergewissern Sie sich vor einer Operation, dass bei Ihrem Arzt, dem Chirurgen und bei Ihnen selbst absolute Klarheit und Übereinstimmung darüber bestehen, was genau gemacht werden soll. Traurig, aber wahr – es kommt immer wieder vor, dass z. B. das rechte Knie statt dem linken operiert wird.

- ☐ Sorgen Sie dafür, dass Ihr Hausarzt über alle geplanten Maßnahmen im Bilde ist. Das wird besonders wichtig, wenn Sie viele verschiedene Gesundheitsprobleme haben.

- ☐ Bitten Sie einen Freund oder Angehörigen, während Ihres Krankenhausaufenthalts Ihr Advokat zu sein, mit den Ärzten und Schwestern zu sprechen, kurz, Ihnen zu helfen, falls Sie eventuell nicht in der Lage sein sollten, selbst aktiv zu sein.

Medikamente richtig einsetzen

7 beherzigenswerte Tipps zu Medikamenten und rezeptfreien Mitteln

Kaufen Sie Ihre Medikamente in aller Ruhe. Laufen Sie nicht gleich aus der Arztpraxis mit Ihrem Rezept in die nächstbeste Apotheke, sondern wählen Sie einen Zeitpunkt, wo dort nicht großer Andrang oder Personalmangel herrscht. Sicher haben Sie auch schon einmal im Supermarkt in einer Warteschlange an der Kasse beobachtet, wie die überlastete Kassiererin immer häufiger um den Stornoschlüssel bitten muss, weil sie sich vertippt hat. Die Arbeit des Apothekers ist bedeutend anspruchsvoller und erfordert hohe Konzentration. Setzen Sie auf Zeit, damit Sie auch wirklich bekommen, was Sie brauchen.

Überprüfen Sie Ihre Medikamente noch in der Apotheke. Bevor Sie Ihre Medikamente bezahlen, sollten Sie sich noch einmal vergewissern und fragen: „Sind das die Mittel, die mir der Arzt verschrieben hat?" Es kommt zwar nicht so häufig vor, dass irrtümlich ein völlig anderes Medikament ausgehändigt wird, aber viele Mittel gibt es in ganz unterschiedlichen Dosierungen, die leicht verwechselt werden können.

Überprüfen Sie die Inhaltsstoffe. Nur weil ein Mittel rezeptfrei ist, muss das nicht bedeuten, dass es völlig harmlos ist. Vor allem die Kombination mehrer solcher Medikamente kann zu ernsten Beschwerden führen. Hat Ihr Kind beispielsweise eine Erkältung, so können Sie mit Hustensaft, -tropfen, -bonbons, Nasentropfen, Halstabletten, fieber- und schmerzstillenden Pillen und Tränken dagegen angehen – alles rezeptfrei. Wenn Sie mehrere solcher Präparate gleichzeitig verabreichen, ist die Wahrscheinlichkeit hoch, dass sich gleiche oder ähnliche Wirkstoffe zu Dosierungen summieren, die leberschädigend wirken. Deshalb grundsätzlich befolgen: Lesen Sie immer aufmerksam den Beipackzettel, und fragen Sie am besten gleich beim Kauf Ihren Apotheker.

Nehmen Sie Penicillin mit Naturjoghurt ein. Der Arzt wird Sie vielleicht nicht darauf hinweisen, aber Antibiotika können unangenehme Nebenwirkungen haben und Durchfall oder (bei Frauen) eine Hefepilzinfektion nach sich ziehen. Am einfachsten lassen sich solche Komplikationen vermeiden, wenn Sie während der Einnahme von Antibiotika mindestens zwei Joghurt mit lebenden Bakterienkulturen pro Tag essen. Die Milchsäurebakterien regenerieren die durch die Antibiotika angegriffene Darmflora.

GEHEIMWAFFE

Wasser

Wasser ist der Quell des Lebens. Aber wussten Sie schon, dass Sie – besonders, wenn Sie über 65 sind – laut wissenschaftlichen Studien täglich mindestens acht große Gläser Wasser (à 200 ml) trinken sollten? Ausreichende Flüssigkeitszufuhr kann vor Verstopfung, koronarer Herzerkrankung, Blasenkrebs und sogar vor schweren Stürzen schützen! Eine weitere Untersuchung ergab, dass nahezu die Hälfte aller älteren Menschen, die als Notfall ins Krankenhaus gebracht wurden, unter starkem Flüssigkeitsmangel litten und das noch nicht einmal wussten. Stellen Sie sich jeden Morgen zwei Literflaschen Wasser bereit – wenn Sie sie bis zum Abend geleert haben, wissen Sie sicher, dass Sie Ihr Soll erfüllt haben.

Messen Sie die Medizin genau ab. Greifen Sie auch beim Abmessen von flüssiger Arznei einfach zum Haushaltsteelöffel? Das ist leider zu ungenau. Schonen Sie Ihr Essbesteck, und legen Sie sich einen Löffel mit Maßeinheiten (gibt es in der Apotheke) zu. Oder messen Sie das Medikament mit einer sauberen Injektionsspritze ohne Nadel ab.

Nehmen Sie Ihre Medizin! Nur ein Bruchteil aller verschriebenen Medikamente wird auch tatsächlich eingenommen – entweder wurde das Rezept gar nicht eingelöst, oder die auf dem Beipackzettel aufgelisteten möglichen Nebenwirkungen schreckten den Patienten ab, oder die Einnahme wurde schlicht vergessen. Ärzte können gar nicht oft genug auf die ganz einfache Tatsache hinweisen: Medikamente, die nicht eingenommen werden, zeigen auch keine Wirkung.

Nichtraucherin werden ohne Pille. Sie haben schon alles versucht, um das Rauchen aufzugeben, aber es nie geschafft durchzuhalten? Falls Sie die Antibabypille nehmen: Versuchen Sie, auf eine andere Verhütungsmethode ohne Östrogenzufuhr umzusteigen. Es scheint nicht nur so zu sein, dass Frauen generell rascher Nikotin abbauen (was bedeutet, dass sie umso schneller den Drang nach der nächsten Zigarette verspüren), orale Verhütungsmittel beschleunigen sogar noch diesen Prozess. Dieser geschlechtsspezifische Unterschied mag einer der Gründe dafür sein, warum es Frauen oft noch schwerer fällt als Männern, das Rauchen aufzugeben.

Schmerzen lindern

8 wenig bekannte Erkenntnisse über Schmerzen und wie Sie sie erleichtern können

Nehmen Sie nicht Tylenol bei Arthritis. Wenn Ihr Arzt Ihnen immer noch Tylenol empfiehlt gegen arthritische Schmerzen, dann ist er nicht auf dem neuesten Stand. Bei einer groß angelegten Studie stellte sich heraus, dass Tylenol (oder andere Mittel mit dem Wirkstoff Acetaminophen) gegen arthritische Schmerzen nicht besser hilft als ein Placebo. Außerdem kann es bei hoher Dosierung zu Leber- und Nierenschäden führen. Probieren Sie andere Methoden zur Schmerzbekämpfung aus, z. B. Krankengymnastik, oder wechseln Sie zu dem Schmerzmittel Ibuprofen, das sich als wirksamer erwies bei Schmerzen aufgrund entzündlicher Prozesse im Körper.

Chili gegen arthritische Schmerzen. Chili brennt nicht nur auf der Zunge, sondern kann auch von Arthritis verursachte Schmerzen wirksam lindern. Genauer gesagt, das darin enthaltene Capsaicin, der Stoff, der dem Gewürz seine Schärfe verleiht. Allerdings wendet man Capsaicin nicht innerlich an, sondern in Form einer Salbe, mit der man die schmerzenden Körperbereiche einreibt. Experten glauben, der Wirkstoff legt die sogenannte P-Substanz lahm, einen Botenstoff, der dem Gehirn Schmerz signalisiert. Sie müssen Capsaicin-Salbe zunächst viermal täglich anwenden und einige Tage Geduld haben, bevor sich der schmerzstillende Effekt einstellt. Besonders gut wirkt es in Kombination mit Glyzeryl-Trinitrat (GTN). GTN verstärkt den schmerzdämpfenden Effekt der Salbe und lindert auch das Brennen, das Sie anfangs beim Auftragen der Salbe

WAS CHIRURGEN IHNEN NICHT VERRATEN ÜBER: Operationen

Manche Operationen werden empfohlen, obwohl jeder wissenschaftliche Beweis dafür fehlt, dass sie wirklich etwas nützen. Besonders vorsichtig sollten Sie sein, wenn es um Rückenoperationen geht. Manche Ärzte empfehlen die operative Versteifung von Rückenwirbeln gegen chronische Rückenschmerzen. Aber nach zahlreichen Untersuchungen ist gezielte Wirbelsäulengymnastik ebenso effektiv, um die Schmerzen zu lindern, wie diese heikle Operation.

Bei Rückenuntersuchungen findet man Bandscheibenvorfälle gleichermaßen bei Personen, die unter Rückenschmerzen leiden, wie auch bei solchen, die gar nichts spüren.
Wenn Ihnen ein Arzt also rät, sich wegen einer vorspringenden Bandscheibe operieren zu lassen, sollten Sie unbedingt noch eine zweite Meinung einholen. Ihre Schmerzen müssen gar nichts mit der Bandscheibe zu tun haben.

Auch Patienten mit Kniearthritis sollten zögern, bevor sie sich operieren lassen: In einer großen Studie stellte sich heraus, dass diese Operation gegenüber einem vorgetäuschten Eingriff, bei dem nur oberflächliche Einschnitte gemacht wurden, weder besser die Schmerzen behob noch eine Gelenkfunktion brachte.

Fazit: Empfiehlt Ihnen Ihr Arzt wegen chronischer Schmerzen oder anderer chronischer Beschwerden eine Operation, sollten Sie noch andere Meinungen dazu hören und so lange wie möglich abwarten, bevor Sie sich unters Messer begeben.

verspüren. Waschen Sie sich nach der Anwendung gründlich die Hände.

Nehmen Sie nicht gleichzeitig verschiedene Schmerztabletten. Es könnte z. B. sein, dass Sie Ibuprofen einnehmen gegen Ihre Arthritis, Acetaminophen gegen Kopfschmerzen und noch ein rezeptfreies Mittel gegen den grippalen Infekt, den Sie sich gerade eingefangen haben. Gut möglich, dass Letzteres ebenfalls Acetaminophen enthält. Mit dieser Kombination ist Ihre Leber gründlich überfordert. Lesen Sie daher die Beipackzettel von Schmerztabletten und Mitteln gegen Erkältungen, und fragen Sie Ihren Apotheker.

Zögern Sie die Tabletteneinnahme nicht hinaus. Es gibt viele Menschen, die sich selbst bei großem Leiden Schmerzmittel so lange verkneifen, bis sie es gar nicht mehr aushalten. Das ist falsch! So aktivieren Sie das „Schmerzgedächtnis" des Körpers.
Unser Schmerzempfinden kann sich nämlich ganz unabhängig machen von tatsächlich und aktuell vorhandenen Schmerzursachen. Das beweisen z. B. Amputationsschmerzen, bei denen eine Person Schmerz empfindet in einem Körperteil, den sie durch Amputation verloren hat. Und ebenso können z. B. Kopfschmerzen ohne jede organische Ursache wiederkehren oder durch Medikamente kaum noch zu bekämpfen sein, die zu lange „ausgehalten" wurden. Nehmen Sie daher Schmerzmittel immer rechtzeitig ein, und befragen Sie Ihren Arzt oder Apotheker.

Wählen Sie Schmerzmittel nach Preis, nicht nach Symptom. Viele Hersteller von rezeptfreien Schmerzmitteln haben ihre Produktpalette erweitert, indem sie ihr Basisprodukt durch Zusatzstoffe wie Koffein oder Vitamine auf bestimmte Symptome zuschneiden (z. B. für Kopfschmerzen in Verbindung mit Müdigkeit oder in Verbindung mit einer Erkältung). Wichtig ist im Grunde aber nur, in welcher Konzentration der schmerzdämpfende Hauptwirkstoff enthalten ist. Vergleichen Sie die Tabletten darauf hin, und kaufen Sie ruhig das preiswerteste Mittel.

Greifen Sie bei Nacken- und Rückenschmerzen zu Fischöl. Nicht steroidale entzündungshemmende und schmerzstillende Mittel wie Ibuprofen, Diclofenac, Naproxen oder Piroxicam gehören zu den am häufigsten eingenommenen Medikamenten. Allerdings können sie eine ganze Palette unerwünschter Nebenwirkungen haben, z. B. auf Magen, Leber und Nieren. Besonders in Verruf geraten sind die zu dieser Gruppe gehörenden sogenannten COX2-Hemmer, die nach zahlreichen neueren Untersuchungen das Risiko für Herz-Kreislauf-Erkrankungen erhöhen können. Dabei gibt es ein völlig natürliches Mittel, das nicht nur Ihre Schmerzen lindern könnte, sondern zahlreiche weitere gesundheitliche Vorteile bietet: Omega-3-Fettsäuren (in Fischölkapseln).
In mehreren großen Studien wurden Patienten mit Nacken- und Rückenschmerzen, die schmerzstillende Medikamente einnahmen, zusätzlich hohe Dosen Omega-3-Fettsäuren (1200–2400 mg pro Tag) verabreicht.
59 % der Probanden konnten bereits nach zwei Wochen ganz auf Schmerztabletten verzichten. 60 % der Patienten, die nach wie vor Schmerzmittel einnahmen, berichteten, dass sie immerhin beträchtlich weniger Schmerzen zu erleiden hätten, seitdem sie zusätzlich das Fischöl einnahmen.

Wärme für den Rücken. Nicht gerade die neueste Erkenntnis, aber Wärme ist bei Rückenschmerzen, besonders im unteren Lendenwirbelbereich, eines der einfachsten und wirkungsvollsten Gegenmittel. Ob Sie nun Großmutters wollene Nierenwärmer tragen und sich abends im Bett eine Wärmflasche unter das schmerzende Kreuz legen oder aber bequem anzuwendende Wärmepflaster und -packs aus der Apotheke besorgen: Sie werden sehr rasch Linderung verspüren, die auch noch erstaunlich lange nach der Wärmeanwendung anhält! Also vergessen Sie dieses uralte Hausmittel nicht, denn es hat keine die Leber oder Nieren schädigende Nebenwirkungen wie fast alle anderen Schmerzmittel.

So werden Sie Kopfschmerzen los ohne Tablette. Sie haben Kopfschmerzen? Bevor Sie zur Tablette greifen, versuchen Sie doch einmal dieses Gegenmittel: Stehen Sie aufrecht, und beugen Sie sich aus den Hüften nach vorn. Legen Sie die Stirn auf ein Stuhlpolster. Entspannen Sie sich 30 Sekunden lang in dieser Position. Setzen Sie sich dann, und spreizen Sie die Hände. Lassen Sie die Finger von der Stirn aus durch Ihre Haare gleiten und ballen Sie die Hände zu Fäusten. Ziehen Sie sanft das Haar von der Kopfhaut weg, halten es drei Sekunden fest und lassen dann los. Nehmen Sie vom Oberkopf ausgehend über die Seiten bis zum Hinterkopf immer wieder eine Handvoll Haare, und üben Sie sanften Zug aus. Ihre Kopfhaut entspannt sich, und Sie werden sich erfrischt und erleichtert fühlen.

Alternative Medizin Therapieformen

Unter dem Stichwort „Alternative Medizin" finden Sie eine Vielzahl von Behandlungsmethoden und Therapieansätzen, die teils abstrus, teils aber auch seit Jahrhunderten bewährt oder einfach in anderen Kulturkreisen zu Hause sind. Hier stellen wir Ihnen einige Therapieformen vor, die oft eine sinnvolle Alternative oder Ergänzung zur Schulmedizin sein können.

Akupunktur und Akupressur

Dieses alte Verfahren der chinesischen Medizin geht von der Annahme aus, dass Krankheiten als Störungen des Energiegleichgewichts im menschlichen Organismus anzusehen sind. Der natürliche Energiefluss im Körper verläuft über ein System von Linien (Meridianen) und Punkten auf der Haut, die mit bestimmten Organen in Verbindung stehen. Durch Stiche oder Pressen an diesen Punkten soll der Energiefluss ausgeglichen und die entsprechende Krankheit geheilt werden. Akupunktur und Akupressur haben sich vor allem bei der Linderung verschiedenster schmerzhafter Beschwerden bewährt.

Autogenes Training

Diese bewährte Methode der Autosuggestion („Selbstbeeinflussung") wird vorwiegend zur Entspannung bei stressbedingten Beschwerden und psychosomatischen Erkrankungen eingesetzt. Man erlernt dabei, wie man die vegetativen Funktionen des Körpers (z. B. Atmung) bewusst steuert. Dazu sollte man einen Kurs besuchen und anschließend täglich einige Minuten üben. Autogenes Training hilft oft auch bei Schlafstörungen oder Angstzuständen.

Chiropraktik

Bei diesem Heilverfahren löst der Therapeut durch Druck und Zug mit den Händen schmerzhafte Verspannungen der Wirbelsäule sowie der umliegenden Muskulatur. Bewährt ist es u. a. auch bei Gelenkschmerzen, Migräne oder Verdauungsstörungen.

Prüfen Sie die Qualifikation des Therapeuten
Für die meisten Heilverfahren ist ein qualifizierter Therapeut bzw. ein darauf spezialisierter Lehrer erforderlich.

Homöopathie

Homöopathen behandeln nach der Devise „Ähnliches heilt Ähnliches" und geben Mittel, die in großen Dosen der Krankheit ähnliche Symptome hervorrufen. Die Mittel werden sehr stark verdünnt verabreicht.

Vielfältig – die Hydrotherapie

Hydrotherapie umfasst mehrere Verfahren, bei denen Wasser therapeutisch eingesetzt wird. Dazu gehören auch heiße und kalte Bäder, Dampfbäder oder Sauna. Auch Wassergüsse und -treten nach Pfarrer Kneipp zählen zu den hydrotherapeutischen Heilverfahren. Sie sind in Kurkliniken und Thermalbädern gang und gäbe und werden mit Erfolg gegen Rückenschmerzen und bei der Rehabilitation nach größeren Eingriffen eingesetzt.

Gewusst wie – Nahrungsergänzung

8 Tipps, wie Sie Vitamine und andere Nahrungsergänzungen am besten nutzen

Nehmen Sie Vitamine zu den Mahlzeiten ein. Nur ab und zu ein Vitaminpräparat einzunehmen ist überhaupt nicht effektiv, genauso wenig wie dann auf einmal sehr hohe Dosierungen auf einmal zu schlucken. Um die Aufnahme von Vitaminen und Mineralstoffen am besten zu unterstützen, sollten sie grundsätzlich zu den Mahlzeiten eingenommen werden.

Kombinieren Sie Nahrungsergänzungen nicht mit Kaffee. Wenn Sie es gewöhnt sind, zu Ihrem Frühstückskaffee Vitamin- oder Mineralstoffpräparate einzunehmen, entgeht Ihnen einiges. Koffein scheint die Aufnahme von Kalzium, Mangan, Zink und Kupfer sowie der Vitamine A, B und C im Körper zu beeinträchtigen. Nehmen Sie koffeinhaltige Getränke frühestens eine Stunde nach der Einnahme von Nahrungsergänzungsmitteln zu sich.

Probieren Sie Vitamine für Kinder. Falls Sie Probleme damit haben, Tabletten oder Kapseln zu schlucken oder Ihr Magen hoch dosierte Vitamine schlecht verträgt, versuchen Sie es doch einmal mit Vitaminpräparaten für Kinder. Da gibt es Säfte oder Gummis zum Kauen, die nicht nur leichter einzunehmen, sondern auch magenverträglicher sind. Und gut schmecken müssen sie natürlich auch!

Bekommen Sie genug Vitamin D? Vitamin D scheint wahre Wunder zu bewirken. Man nennt es auch das Sonnenschein-Vitamin, weil es der Körper unter dem Einfluss von Sonnenlicht selbst aus Vorstufen produziert. Es kann vor Dickdarmkrebs schützen, hilft beim Knochenaufbau, reduziert die Erkrankungsrisiken für Diabetes mellitus und Multiple Sklerose, stärkt das Immunsystem und verbessert die Hirnfunktionen. Viele Nordeuropäer haben allerdings einen notorischen Mangel an Vitamin D wegen der geringen Sonneneinstrahlung in diesen Breiten. Insbesondere ältere Menschen und Personen, die den größten Teil des Tages in Kunstlicht zubringen, sollten täglich 1000 Einheiten Vitamin D zusätzlich in Form von Nahrungsergänzungen oder vitaminisierten Lebensmitteln zu sich nehmen. Aber auch alle anderen „Nordlichter“ (und in diesem Fall gehören z. B. auch Bayern dazu) wird empfohlen, 600 Einheiten Vitamin D täglich zuzuführen.

Prüfen Sie Ihr Kalziumpräparat. Begnügen Sie sich nicht mit irgendeinem Kalziumpräparat, denn der wichtige Mineralstoff kommt in mehreren Formen vor. Bevorzugen Sie Kalziumcitrat, das der Körper 2,5-mal besser aufnehmen kann als das ebenfalls häufig verwendete Kalziumkarbonat (der Wirkstoff der meisten Magensäurehemmer). Allerdings enthält Kalziumcitrat weniger elementares Kalzium (und auf dieses kommt es an). Sie müssen bei einem Wechsel also höher dosieren.

Enzyme vermindern Blähungen. Fakten über ein peinliches Thema: Blähungen hat jeder. Im Schnitt verliert jeder Einzelne pro Tag rund 450 ml Darmgase auf diesem Weg, in ungefähr 14 „Einzeldosen“. Doch es gibt Methoden, Blähungen wirksam einzudämmen: Nehmen Sie zu jeder Mahlzeit

Verdauungsenzyme zu sich. Diese können pflanzlichen Ursprungs sein, wie Papain und Bromelain (aus Papayas und Ananas), oder von Tieren stammen, wie Trypsin und Pepsin. Viele als Nahrungsergänzung gehandelte Enzympräparate enthalten beide Typen. Die Enzyme fördern den Verdauungsprozess: Es bleiben weniger Nahrungsreste, die im Darm gären, und so entwickeln sich weniger der erstens lästigen und zweitens ganz und gar nicht wohlriechenden Gase.

Vergleichen Sie Nahrungsergänzungsmittel kritisch. Der Markt für Nahrungsergänzungen ist sehr heiß umkämpft, und nicht alles, was in Apotheken, Bioläden, Sportshops, Reformhäusern und sogar Supermärkten zur Förderung Ihrer Gesundheit angeboten wird, ist wirklich sein Geld wert. Vergleichen Sie gründlich die verschiedenen Präparate, bevor Sie größere Mengen eines Nahrungsergänzungsmittels einkaufen. Studieren Sie genau die aufgeführten Inhaltsstoffe und deren Dosierung (und rechnen Sie damit, dafür eine Lesebrille zu brauchen). Informieren Sie sich durch Tests von Verbraucherberatungen und die zahlreichen Hinweise, die Sie im Internet finden.

Besseres Liebesleben durch Nahrungsergänzungsmittel? Wenn Sie mit dem Gedanken spielen, doch einmal eines der zahlreich angebotenen und beworbenen Mittel zur Förderung von Potenz und Libido auszuprobieren, um Ihrem Liebesleben auf die Sprünge zu helfen: Lassen Sie es lieber. Mischungen aus Kräutern und anderen Ingredienzen, die wahre Wunder an sexueller Leidenschaft versprechen, sind nach zahlreichen Untersuchungen von Verbraucherschutzorganisationen entweder wirkungslos oder sogar gefährlich. Manche der geprüften Mittel enthielten auf der Liste der Inhaltsstoffe nicht aufgeführte Drogen oder Substanzen mit hohem Allergiepotenzial. Wenn Sie glauben, Ihr Blut in Wallung bringen zu müssen, sprechen Sie besser vertrauensvoll mit Ihrem Arzt – oder informieren Sie sich in entsprechenden Ratgebern bzw. Büchern. ◂

WAS SIE ÜBER NAHRUNGSERGÄNZUNG NICHT ERFAHREN: Schadstoffbelastung

Nahrungsergänzungsmittel werden in der Regel hygienisch verpackt wie Medikamente in Döschen und Kapseln verkauft, und das lässt uns oft blindlings vertrauen. Bei Überprüfungen wurden aber nicht selten Schwermetallbelastungen festgestellt, Rückstände von Blei, Quecksilber und Arsen. Besonders häufig betroffen waren Präparate mit Inhaltsstoffen aus Drittweltländern, z. B. nach Rezepturen der ayurvedischen oder chinesischen Heilkunde. Aber auch der Kräutertee aus heimischen Gefilden kann verunreinigt sein! Erkundigen Sie sich, woher der jeweilige Hersteller eines Nahrungsergänzungsmittels die Rohstoffe für seine Präparate bezieht. Und wie genau er diese Stoffe vor der Verarbeitung auf Belastungen hin prüft.

10 UNERLÄSSLICHE *Heilkräuter* UND BIOSTOFFE

Es gibt eine schier unübersehbare Anzahl bewährter Heilkräuter und Nahrungsergänzungsmittel, die naturheilkundlich orientierte Ärzte mit gutem Erfolg bei der Therapie ihrer Patienten einsetzen. Wir nennen Ihnen hier die „Top Ten" der Naturheilmittel für Ihre Hausapotheke, die wirklich halten, was sie versprechen. Sie sind gegen viele Beschwerden einsetzbar und in Apotheken, Reformhäusern und gut sortierten Bioläden erhältlich.

1 Andrographis

Andrographis paniculata, auch Kalmegh genannt, ist weniger bekannt als Echinacea, wird aber seit Jahrhunderten zur Bekämpfung von Fieber und grippalen Infekten eingesetzt.
Es hemmt entzündliche Prozesse und stimuliert das Immunsystem, regt den Gallenfluss an und schützt die Leber. Während Schwangerschaft und Stillzeit sollte Andrographis nicht verwendet werden.

2 Arnika

Salben und Tinkturen mit Arnika wirken abschwellend und heilungsfördernd bei Wunden, die sich entzündet haben. Behandeln Sie damit Prellungen und Verbrennungen, Zerrungen, Verstauchungen, Muskelverletzungen, Schleimbeutelentzündungen, Sehnenentzündungen. Auf offenen Wunden sollte man Arnika nicht verwenden.

3 Bromelain

Dieses Enzym wird aus den holzigen Stängeln der Ananas gewonnen. Es wirkt verdauungsfördernd, denn es hilft, die Nahrungsbestandteile schneller und gründlicher im Darm aufzuspalten. Bromelain wird auch mit Erfolg bei entzündlichen Darmerkrankungen verwendet.
Außerdem wirkt Bromelain abschwellend und hemmt entzündliche Prozesse im Körper. Es kann daher auch bei Prellungen, Muskelzerrungen oder Bienenstichen eingesetzt werden.

4 Capsaicin

Chilischoten verdanken ihre Schärfe dem Capsaicin. Diese Substanz wirkt schmerzstillend, denn sie hemmt die Botenstoffe, die Schmerzsignale an das Gehirn weitergeben. Capsaicin ist in Cremes oder Salben in Konzentrationen von 0,025 bis 0,075 % erhältlich. Wenden Sie es äußerlich an gegen arthritische Schmerzen, Prellungen, Nacken- oder Rückenschmerzen oder Karpaltunnelsyndrom. Anfängliches Brennen auf der Haut lässt rasch nach. Geben Sie Capsaicin aber nie auf offene Wunden, und waschen Sie sich nach der Anwendung gründlich die Hände.

5 Holunderbeeren und Holunderblüten

Der konzentrierte Extrakt der Holunderbeere ist ein sehr nützliches Elixier bei grippalen Infekten. Schon bei den ersten Erkältungssymptomen sollten Sie viermal täglich 1 EL davon einnehmen, um Ihr Immunsystem zu stärken und die Krankheitsdauer abzukürzen. Aus den getrockneten Holunderblüten kann man einen schweißtreibenden und fiebersenkenden Tee kochen.

6 Lysin

Speziell diese Aminosäure hat sich als hilfreich bei der Behandlung von Virusinfektionen, insbesondere bei Herpes, erwiesen. Sie blockiert die Wirkung einer anderen Aminosäure, des Arginin, das die Ausbreitung der Viren begünstigt. Als Nahrungsergänzung eingenommen, kann Lysin den Ausbruch von Lippen- und Genitalherpesinfektionen verhindern. Gleichzeitig sollte man auf argininreiche Lebensmittel wie z. B. Nüsse, Schokolade und Rosinen verzichten. Gute natürliche Quellen für Lysin sind Käse, Eier, Geflügel, Milch und Limabohnen.

7 Nachtkerzenöl

Das aus den winzigen Samen der Nachtkerze gewonnene Öl ist reich an essenziellen Fettsäuren, die entzündungshemmend wirken. Es wird zur Behandlung von Asthma, rheumatoider Arthritis, Menstruationsbeschwerden und Impotenz eingesetzt. Es hilft auch bei trockener Haut, brüchigen Haaren und Nägeln. Nachtkerzenöl gibt es pur oder in Kapselform.

8 Quercetin

Das pflanzliche Antioxidans, ähnelt in seiner Wirkung einem Antihistamin. Nehmen Sie es zur Vorbeugung und Linderung von allergischen Symptomen, wie tränenden Augen, Niesen oder verstopfter Nase sowie bei Asthma.

9 Teufelskralle

Dieses bitter schmeckende Kraut stammt aus Afrika und enthält sogenannte Harpagoside, die entzündungshemmend wirken. Es wird eingesetzt bei chronischen Rückenschmerzen, Nackenschmerzen und Osteoarthritis. Sie erhalten Teufelskralle als Tee, Tinktur oder in Pulverform.

10 Zitronenmelisse

Zitronenmelisse (*Melissa officinalis*) ist ein seit Urzeiten bekanntes Heilkraut. Der wohlriechende Tee aus den Blättern hilft gegen Schlaflosigkeit und bei Gürtelrose. Gemischt mit Löwenzahn und zerstoßenen Fenchelsamen, wirkt er lindernd bei entzündlichen Darmerkrankungen. Zitronenmelisse enthält stark antivirale Substanzen und ist als konzentrierter Extrakt auch heilungsfördernd bei Lippenherpes.

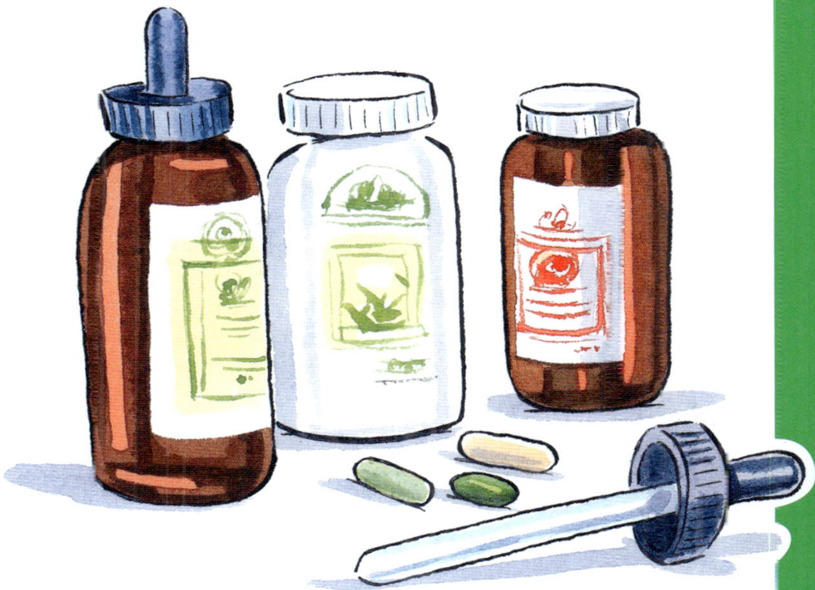

Gesünder essen

10 Ratschläge, wie Sie Ihre Mahlzeiten zu einem vollwertigen Genuss machen können

Beginnen Sie die Mahlzeit mit Gemüse. Wenn Sie Gemüsebeilagen eher mal auf dem Teller liegen lassen, sollten Sie sich angewöhnen, eine große Portion Blattsalat oder knackiges Gemüse als Vorspeise zu essen. Auch eine herzhafte Gemüsesuppe füllt auf leichte und gesunde Art Ihren Magen und besänftigt den Heißhunger. Lassen Sie sich nach diesem Starter mindestens eine Viertelstunde Zeit, bevor Sie das Hauptgericht servieren – Sie werden garantiert weniger essen!

Salate für Eilige. Viele würden wesentlich häufiger Salat essen, wenn da nicht das umständliche Waschen und Putzen wäre ... Es ist zwar etwas teurer, aber immer mehr Supermärkte bieten eine reichhaltige Auswahl vorgewaschener Salatmischungen im Beutel an, die sich so, wie sie sind, mit einem Dressing servieren lassen. Natürlich können Sie dazu auch eines der zahllosen Fertigdressings nehmen, gesünder ist es aber, den Salat nach italienischer Art erst auf dem Teller anzumachen: Salz, Pfeffer, ein paar Spritzer Balsamico und etwas gutes Olivenöl reichen aus.

Tiefkühlgemüse auf Vorrat kaufen. Das frische Obst und Gemüse im Supermarkt hat oft lange Lieferwege hinter sich, und wenn es dann auch noch mehrere Tage in Ihrem Kühlschrank liegt, kann von Frische eigentlich keine Rede mehr sein. Tiefkühlgemüse ist nach Untersuchungen der Deutschen Gesellschaft für Ernährung oft reicher an Vitaminen und Nährstoffen als frische Ware, weil es direkt nach der Ernte verarbeitet und schockgefrostet wird. Während so die Nährstoffe vollständig erhalten bleiben, verlieren empfindliche Gemüsesorten durch diesen Prozess allerdings ihre Zellstruktur und sind nach dem Auftauen nicht mehr knackig. Für Rohkost ist Tiefkühlgemüse daher nicht so geeignet, für alle gekochten Gemüsegerichte aber oft die bessere Wahl.

Sprossen und Keimlinge. Frische Keimlinge und Sprossen sind ein besonders gesundes Gemüse, denn sie enthalten in konzentrierter Form alle Nährstoffe, die die Pflanze zum Wachsen braucht. Am bekanntesten sind Sojasprossen (es handelt sich dabei um Keimlinge der Mungbohne), eine wichtige Zutat bei vielen asiatischen Gemüsegerichten aus dem Wok. Daneben gibt es auch Sprossen von Alfalfa, Weizen oder Senf im Handel, die am besten als würzig-knackige Salatzutat schmecken. Man kann sie genauso gut selbst auf der Fensterbank ziehen, dafür sind praktische kleine Saatboxen erhältlich.

Ofenkartoffeln statt Pommes frites. Kartoffeln selbst haben nur einen Fettanteil von 0,1 %, bei Pommes frites sind es schon ca. 20 %, bei Kartoffelchips 40 %! Wenn Ihnen schlichte Pellkartoffeln zu langweilig schmecken, probieren Sie es doch einmal so: Schrubben Sie die Schale von kleinen Biokartoffeln gründlich unter fließendem Wasser, und füllen Sie sie in einen Römer- oder anderen ofenfesten, gut gewässerten Keramiktopf mit Deckel. Streuen Sie grobes Salz, einige Zweiglein frischen Rosmarin und ein paar ungeschälte Knoblauchzehen zwischen die Kartoffeln. Garen Sie die Kartoffeln im geschlossenen Topf etwa 45 Minuten im auf 200 °C vorgeheizten Backofen. Mit Quark, Kräutercreme oder einfach mit Butter und Salz schmecken sie köstlich.

Kaufen Sie Vollkornbrot. Es enthält als einzige Sorte alle wertvollen Nährstoffe des ganzen Getreidekorns. Fragen Sie den Bäcker bzw. lesen Sie beim Kauf von abgepacktem Brot die Zutatenliste. Die Farbe des Brotes gibt nämlich keine Hinweise: So kann je nach verwendeter Getreideart auch Vollkornbrot sehr hell sein, während dunkle Brotsorten häufig ihre Farbe von Zusätzen wie Melasse erhalten.

Servieren Sie Butter schaumig. Tierische Fette sollte man einschränken, aber wenn für Sie zumindest auf

DER EXPERTE RÄT

4 tolle Snacks mit Bohnen

Bohnen enthalten viel pflanzliches Eiweiß und jede Menge wertvoller Ballaststoffe. Gerichte mit getrockneten Bohnen erfordern einige Vorausplanung, weil die Hülsenfrüchte über Nacht einweichen müssen und eine lange Kochzeit brauchen. Nehmen Sie ruhig rote, braune oder weiße Bohnen aus der Dose, sie enthalten ebenfalls alle Nährstoffe, und Sie brauchen sie vor der Verwendung nur kurz mit kaltem Wasser abzuspülen.

Pürieren Sie die abgetropften Bohnen mit dem Mixstab und würzen Sie nach Geschmack mit Salz, Pfeffer, Kräutern, Zwiebelwürfeln und einem Spritzer Zitronensaft.

1. Essen Sie das Püree als Dip zu knackigem Gemüse und Vollkorncrackern.
2. Füllen Sie dünne Pfannkuchen mit Bohnenpüree, und überbacken Sie sie mit geriebenem Parmesan.
3. Bestreichen Sie Vollkornbrot mit dem Bohnenpüree, belegen Sie es mit Tomatenscheiben und dünn geschnittener Putenbrust oder gekochtem Schinken.
4. Füllen Sie Avocadohälften mit Bohnenpüree, dekorieren Sie mit Tomaten- und Zitronenschnitzen.

Brot der reine Buttergeschmack durch nichts zu ersetzen ist, probieren Sie die Sparversion: Schlagen Sie 100 g weiche Butter mit den Handrührern der Küchenmaschine oder einem Mixstab auf höchster Stufe zu schaumiger Konsistenz. Gekühlt können Sie diese Butter wie üblich als Brotaufstrich servieren – aber brauchen weniger davon!

Rohkost schützt die Knochen. Bekanntlich sind insbesondere Kalzium und Vitamin D unerlässlich für starke und gesunde Knochen. Aber es hat sich erwiesen, dass der Mineralstoffgehalt der Knochen umso höher ist, je mehr Gemüse und Obst man verzehrt. Und dies bedeutet: Wer viel Rohkost isst, hat festere Knochen und damit ein geringeres Risiko für Knochenbrüche und Osteoporose.

Essen Sie die richtige Schokolade. Dunkle Schokolade mit einem Kakaogehalt von 70 % und mehr enthält jede Menge gesunder Antioxidanzien. Zudem ist sie reich an dem wichtigen Mineralstoff Magnesium, der u. a. auch übermäßigen Appetit dämpft.

Weniger salzen, besser würzen. Salz bindet Flüssigkeit im Körper, erhöht den Blutdruck und behindert die natürliche Entschlackung. 6 g Kochsalz sollten wir höchstens pro Tag zu uns nehmen – in der Regel kommt aber viel mehr zusammen. Das heißt aber nicht, dass Ihre Mahlzeiten ungewürzt und fade sein müssen – sparen Sie nur am Kochsalz. Die besten Würzmittel sind:

- Meerrettich, Senf in verschiedenen Sorten
- Ingwerwurzel, Chilischoten
- Kräuter wie Dill, Schnittlauch, Petersilie, Basilikum, Estragon, Rosmarin, Thymian, Koriander, Oregano usw.
- Knoblauch, Zwiebeln, Lauch, Frühlingszwiebeln
- passierte Tomaten, Pesto, Tomaten- und Paprikamark als Grundlage für Soßen und Dips
- in Gläsern eingelegte grüne und schwarze Oliven, Kapern, sonnengetrocknete Tomaten, Anchovis und gegrillte Paprikaschoten
- Worcester-, Tabasco-, Soja- und Teriyaki-Soßen (wählen Sie salzreduzierte Produkte)
- kalt gepresstes Oliven-, Sesam- und Walnussöl
- Balsamico-Essig und mit Früchten oder Kräutern aromatisierter Essig (z. B. Himbeer- oder Estragonessig) ◂

WAS DER HÄNDLER NICHT VERRÄT ÜBER SEINE: Verkaufsstrategie

Jeder kennt den Trick der Lebensmittelhändler, kurz vor der Kasse Süßigkeiten genau so zu platzieren, dass die lieben Kleinen unfehlbar danach greifen. Aber ist Ihnen klar, dass auch alle anderen Waren mit Bedacht eingeräumt werden? Teure Markenprodukte und Spezialitäten finden Sie stets bequem greifbar in Augenhöhe – für preiswerte Alternativen oder Großpackungen müssen Sie sich dagegen recken oder tief bücken.

Ein gutes Frühstück

6 einfache Tricks für einen Start in den Tag mit weniger Zucker und Fett

Trinken Sie Tomatensaft zum Frühstück. Ersetzen Sie den morgendlichen Orangensaft durch ein Glas Tomatensaft (mit wenig Salz!). Er sättigt besser, treibt nicht den Blutzuckerspiegel in die Höhe und enthält mehr wertvolle Nähr- und Ballaststoffe.

Milchshake statt Saft. Fruchtsäfte sind oft sehr zuckerreich, und es mangelt ihnen an den wertvollen Ballaststoffen, die ganze Früchte enthalten. Ein Milch-Fruchtshake ist sehr viel gehaltvoller und kann ein ganzes Frühstück ersetzen. Zerkleinern Sie mit dem Mixstab einen geschälten Apfel, eine Birne oder einen Pfirsich mit einer Handvoll frischer Beeren. Mixen Sie das Fruchtpüree mit 200 ml entrahmter Milch. Noch cremiger und sättigender wird der Shake, wenn Sie pürierte Banane und/oder Schmelzflocken untermixen.

Wählen Sie vollwertige Frühstücksflocken. Kinder lieben sie: All die Flakes, Crispies, Pops, die mit Milch ein angeblich gesundes Frühstück darstellen sollen, aber tatsächlich durch die Hauptzutaten Mais, Zucker und Schokolade jede Menge „leere" Kalorien liefern. Machen Sie beim Einkauf einen großen Bogen um diese „Verführer", und suchen Sie stattdessen nach ungezuckerten Müslimischungen mit Vollkorn-Getreideflocken.

Herzhaft statt süß. Die meisten Menschen lieben Abwechslung beim Essen – nicht aber beim Frühstück. Beginnen auch Sie den Tag immer mit Konfitüre und Honig? Stellen Sie auf ein herzhaftes Frühstück um – das liefert mehr Nährstoffe und weniger Kalorien. Aber wählen Sie statt fettem Wurst- oder Käseaufschnitt Frisch- und Hüttenkäse, Tomaten, Vollkornbrot und hochwertige Pflanzenmargarine.

Essen Sie Grapefruit. Grapefruits enthalten viel Folsäure, die u. a. deutlich das Risiko für einen Schlaganfall senkt. Aber Vorsicht, wenn Sie regelmäßig Medikamente einnehmen: Grapefruit und Grapefruitsaft können Wechselwirkungen mit Medikamenten haben und so die Leber belasten. Fragen Sie Ihren Arzt danach.

Blaubeeren zum Müsli. Nach wissenschaftlichen Erkenntnissen stecken die kleinen blauen Beeren voll wertvoller Antioxidanzien, die den Alterungsprozess des Gehirns deutlich verlangsamen und Ihr Erinnerungsvermögen stärken. Deshalb: Greifen Sie zu, wann immer Sie Blaubeeren beim Obsthändler finden. ◂

Kochtechniken

6 Tipps für eine leichtere und gesündere Kost

Öl aus der Sprühflasche. Statt mit beherztem Schwung das Öl zum Braten, Grillen oder für den Salat aus der Flasche zu gießen, sollten Sie es in eine Sprühflasche mit Druckpumpe umfüllen. So verteilt es sich nicht nur besser in der Pfanne oder über dem Salat, sondern Sie brauchen beträchtlich weniger!

Leichte Alternativen für Sahne und Butter. Auf manches köstliche Traditionsrezept mag man nicht verzichten – wenn es nur nicht so fett wäre! Sahne zum Binden von Soßen oder Suppen lässt sich je nach Rezept oft durch ungezuckerte Kondensmilch, Kartoffelflocken oder püriertes Gemüse ersetzen, der Stich Butter durch ein zwar nicht weniger fettes, aber gesünderes hochwertiges Pflanzenöl.

Verwenden Sie mehr Gemüse. In der traditionellen Küche begann die Zubereitung fast jeder Mahlzeit damit, Zwiebeln und verschiedene Wurzelgemüse herzurichten als Basis für Würze und Substanz des Gerichts. Dies ist über der reichen Auswahl an Fonds, Bindemitteln, Soßenpulvern oder „Fixen“ fast in Vergessenheit geraten. Dabei können Sie diese althergebrachte und gesündere Zubereitungsweise heute viel leichter und schneller haben:

- Legen Sie sich einen Vorrat an Tiefkühlgemüse zu. Gemischtes Suppengemüse eignet sich als Grundlage für vielerlei Soßen und Suppen, Karotten, Sellerie, Lauch und Petersilienwurzel für den Schmorfond, grüne Bohnen, Paprika, Blumenkohl für Eintöpfe oder eine rasche Gemüsebeilage.
- Ihre Kinder wollen immer Nudeln, und zwar mit Tomaten- oder Bolognesesoße – das war's? Nun, in Italien kennt man Pasta mit Bohnen, mit Linsen, mit Spargel, mit Kohlrabi, kurz: einer Fülle von Gemüsevariationen. Tipp für absolute Gemüseverächter: püriertes Gemüse unter die Bolognesesoße „mogeln“.

Kartoffeln sind vielseitig. Kaum ein Lebensmittel lässt sich so viefältig zubereiten wie Kartoffeln. Und wenn sie nicht gerade in Bratensoße „ertrinken“ oder als Pommes frites auf den Tisch kommen, machen Kartoffeln auch keinesfalls dick.

- So machen Sie das Kartoffelpüree leichter und gesünder: Vermischen Sie es mit gekochtem und püriertem Blumenkohl, und runden Sie den Geschmack mit etwas Olivenöl statt mit Butter ab.
- Kochen Sie neue Biokartoffeln in der Schale, und servieren Sie sie in mundgerechte Würfel geschnitten und mit gehackten frischen Kräutern bestreut.

Strecken Sie das Fleisch. Frühere Generationen kannten unzählige Tricks, wie sie wenig Fleisch für viele Esser mit anderen Zutaten „strecken“ konnten. Wir müssen zwar nicht so sparen, sollten aber weniger tierische Fette und Eiweiß zu uns nehmen. Mischen Sie unter den Teig für Hackbraten oder Frikadellen gegartes Gemüse wie Erbsen und Karotten. Probieren Sie auch einmal Getreideburger (als Fertigmischung in Reformhäusern und Bioläsen erhältlich), oder versuchen Sie die zahlreichen Sojafleisch-Varianten: Von Würstchen über Hackbällchen bis zu Grillsteaks reicht die Palette.

Etwas Fett für den Salat. Ein Salat kann ein Schälchen mit ein paar Blättern neben Ihrem Hauptgericht sein oder eine vollwertige Mahlzeit. Die üppigen Varianten bringen nicht nur mengenmäßig mehr Nährstoffe auf den Teller, sondern viele Vitamine und andere Biostoffe werden auch besser vom Körper aufgenommen – wenn auch etwas Fett mit von der Partie ist! Darauf weist die Deutsche Gesellschaft für Ernährung hin, die in ihrem Jahresbericht regelmäßig den allgemein zu geringen Verzehr von rohem Obst und Gemüse vermeldet. Etliche Vitamine und Biostoffe sind nämlich nicht wasser-, sondern fettlöslich. Blatt- und Gemüsesalate, die zusätzlich mit Avocados, Oliven, Tofu- oder Käsewürfeln, Fisch- oder Fleischstreifen angereichert wurden, sind deshalb besonders hochwertige Mahlzeiten. Gemüsebeilagen, die man zum Steak oder Braten serviert, bekommen schon dadurch „ihr Fett weg“ und können deshalb einfach in Salzwasser gegart werden. Wer aber zur Nachmittagspause auf den Kuchen verzichtet und stattdessen heldenhaft Möhren und Staudensellerie knabbert, erzielt nur den halben Erfolg: Um nicht nur schlanker, sondern auch gesünder und attraktiver zu werden, sollten Sie sich einen Dip dazu gönnen, um die hochwertigen Nährstoffe „mitzunehmen“.

DER EXPERTE RÄT

Käse genießen ohne Reue

1. **Wählen Sie Hartkäsesorten.** Parmesan, Grana oder auch gereifter Pecorino entfalten schon in kleinsten Mengen viel Geschmack. 2 EL geriebener Hartkäse enthält weniger als 4 g Fett, davon sind ca. 2 g gesättigte Fettsäuren.
2. **Reiben Sie Käse.** Wenn Sie geriebenen Käse zum Überbacken oder zum Bestreuen von Salattellern nehmen, verbrauchen Sie weniger davon, als wenn Sie Scheiben oder Käsewürfel verwenden – so sparen Sie Kalorien.
3. **Würzige Weichkäse.** Ricotta, Ziegenkäse oder Feta gibt es auch in „leichten“ Varianten aus entrahmter Milch. Wie bei Hartkäse genügt auch bei diesem würzigen Weichkäse eine kleine Menge für intensiven Geschmack.
4. **Aroma bevorzugen.** Schon eine winzige Menge von aromatischem Käse wie z. B. Roquefort kann den Salat zur Delikatesse machen, ohne Ihrer Taille zu schaden.
5. **Quark zum Brot.** Wer Käse liebt, mag vielleicht auch Quark. Verfeinert mit Kräutern und Gewürzen, ist er ein fettarmer Brotaufstrich.

9 PORTIONEN Obst und Gemüse für jeden Tag

Sie kennen bestimmt die Empfehlung der Deutschen Gesellschaft für Ernährung, nach der Sie mindestens fünf (bis neun, sagt die Weltgesundheitsorganisation) Portionen Obst und Gemüse täglich zu sich nehmen sollten? Leichter gesagt als getan, werden Sie sagen. Aber so schwer ist es gar nicht, und die Portionen müssen nicht riesig sein. Hier wird verraten, wie's geht:

1 Essen Sie Salat

200 g Blattsalat entspricht etwas mehr als einer Portion. Mischen Sie je eine mundgerecht geschnittene Tomate und einen Apfel und 60 g Rosinen darunter, und Sie dürfen bereits vier Portionen berechnen. Mit gebratener Putenbrust oder hart gekochtem Ei haben Sie ein vollständiges Mittagessen.

2 Beeren als Snack

Essen Sie je 60 g Blaubeeren und Weintrauben als kleine Zwischenmahlzeit. Damit haben Sie schon sechs Portionen erreicht.

3 Gemüse-Dip

Knabbern Sie 60 g Babykarotten mit einem fettarmen Dip als Vorspeise. Dies war dann bereits Portion Nr. 7.

4 Gemüse trinken

Ein Drink mit 250 ml salzarmem Gemüsesaft liefert Ihnen im Handumdrehen die noch fehlenden Portionen acht und neun.

5 Nüsse als Extra

Grüne Bohnen sind besonders delikat, wenn Sie sie vor dem Servieren mit gerösteten und gehackten Wal- oder Pecannüssen bestreuen.

6 Süß schmeckt fein

Gedämpfte Karotten oder Erbsen schmecken noch einmal so gut, wenn Sie ein wenig Honig, Ahornsirup oder Fruchtsaft dazugeben.

7 Backen statt kochen

Nichts bringt den natürlichen Geschmack vieler Gemüsearten besser zur Geltung als das Garen im eigenen Saft im Backofen. Dies gilt besonders für Karotten, Gemüsezwiebeln, Rote Bete, Paprika und Rosenkohl. Schneiden Sie die Gemüse in grobe Stücke, und legen Sie sie in einfacher Schicht in eine ofenfeste Kasserole. Leicht salzen und das Gericht mit Pflanzenöl beträufeln. Im auf 230 °C vorgeheizten Ofen backen, bis das Gemüse leicht gebräunt ist.

8 Knabbergemüse

Es müssen nicht immer Kartoffelchips sein: Zerteilen Sie einen großen Blumenkohl in mundgerechte Röschen. Vermischen Sie sie mit Pflanzenöl und etwas Salz. Heizen Sie den Backofen vor auf 230 °C. Breiten Sie die Blumenkohlröschen auf einem mit Backpapier belegten Blech aus, und backen Sie das Gemüse im Ofen, bis es gebräunt ist. Lassen Sie die gebackenen Röschen abkühlen, füllen Sie sie in eine Schüssel, und knabbern Sie diesen gesunden Gemüsesnack vor dem Fernseher.

9 Neue Rezeptideen

Legen Sie sich ein gutes vegetarisches Kochbuch zu – auch wenn Sie nicht Vegetarier werden wollen. Da fleischlos Kochen aber mehr bedeutet, als einfach Steak und Braten wegzulassen, sind vegetarische Kochbücher eine wahre Fundgrube an neuen und interessanten Zubereitungsarten für verschiedene Gemüse- und Getreidearten.

Kontrolliert Gewicht abbauen

3 einfache Tricks, wie Sie den Überblick über Ihren Speisezettel behalten

Schreiben Sie auf, was Sie essen. Wenn Sie sich auf diese Weise einen Überblick darüber verschafft haben, was Sie an einem einzigen Tag so alles zu sich nehmen, werden Sie vermutlich erschrocken sein. Führen Sie möglichst konsequent ein Ernährungstagebuch, und wiegen Sie sich außerdem täglich. Wissenschaftlichen Studien zufolge verliert man während einer Diät leichter und mehr Kilogramm, wenn man sorgfältig sein Gewicht und die verzehrten Speisen und Getränke kontrolliert. Eine Studie mit 40 übergewichtigen Personen ergab, dass diejenigen, die den Anweisungen zum Führen eines Ernährungstagebuchs folgten und sich täglich wogen, doppelt so viel Gewicht verloren, als die Studienteilnehmer, die sich das sparten.

Legen Sie eine Favoritenliste an. Der weitere Nutzen eines Ernährungstagebuchs besteht darin, dass Sie mit seiner Hilfe Ihre persönlichen Lebensmittelfavoriten ausfindig machen und einer kritischen Prüfung unterziehen können. Ernährungsforscher wissen, dass jeder Mensch höchstens 30 verschiedene Lebensmittel bevorzugt, aus denen er hauptsächlich seine Mahlzeiten zusammenstellt. Finden Sie Ihre Favoriten, und prüfen Sie jedes einzelne Lebensmittel auf seine Qualität: zu fett, zu süß, zu viel einfache Kohlenhydrate? Wenn Sie die schlimmsten „Figurkiller" gegen leichtere Produkte austauschen, brauchen Sie eventuell nicht einmal eine Diät, um Gewicht zu verlieren.

Loben Sie sich. Es klingt vielleicht etwas albern, aber tun Sie's trotzdem: Legen Sie sich eine Packung hübscher Sternaufkleber zu. Jedes Mal, wenn Sie nun besonders konsequent Ihr Fitnessprogramm absolviert oder einen Diäterfolg zu verzeichnen haben, belohnen Sie sich mit einem Sternchen. Kleben Sie es so auf, dass Sie es häufig vor Augen haben – den sicht- und fühlbaren Beweis, dass Sie Fortschritte machen. Kindisch oder nicht, es fördert die Motivation, wenn man auf eine ganze Reihe Sternchen blickt. ◂

WAS WEIGHT WATCHERS UND ATKINS IHNEN NICHT VERRATEN ÜBER: Diäten

Das Allerwichtigste für eine erfolgreiche Gewichtsabnahme: Die Regeln der einmal gewählten Diät müssen konsequent befolgt werden. Es ist also nicht so entscheidend, für welches Diätprogramm Sie sich entschieden haben, sondern dass Sie es durchhalten. Zu diesem Ergebnis kamen amerikanische Forscher, die vier verschiedene Diätformen verglichen (u. a. die auch bei uns populären Weight Watchers und Atkins). Obwohl diese Diäten ganz unterschiedliche Konzepte hatten, hing der Erfolg bei allen v. a. davon ab, wie lange die Probanden durchhielten – leider oft zu kurz: 21 % gaben schon innerhalb von zwei, 42 % innerhalb von sechs Monaten wieder auf.

Weniger Zucker – weniger Salz

5 einfache Tipps zur Reduzierung Ihres Salz- und Zuckerkonsums

Fruchtzucker klingt nur gesund. Fruchtzucker (Fruktose) findet sich als natürlicher Ernährungsbestandteil in vielen Früchten und im Saft von Zuckerrohr und Zuckerrüben. Heute wird Fruktose aber immer häufiger zum Süßen von Getränken, Konfitüren und Frühstücksflocken genutzt. Fruchtzucker klingt gesünder – und ist als Süßungsmittel auch billiger als Saccharose, der weiße Zucker. Zahlreiche wissenschaftliche Studien haben ergeben, dass der Konsum einer Fruchtzuckermenge, wie sie in 2 l gesüßten Getränken enthalten ist, Störungen im Fett- und Kohlenhydratstoffwechsel hervorrufen kann. Als mögliche Folge gelten erhöhte Blutfettspiegel mit dem Risiko einer Herz-Kreislauf-Erkrankung oder eines Diabetes Typ 2. Fruktose wird im Darm schnell absorbiert und muss in der Leber verwertet werden. Da sie der Körper nicht speichern kann, wird sie bei zu hoher Zufuhr daher direkt in Fett umgewandelt. Im Gegensatz zu Glukose (Traubenzucker) führt Fruktose (Fruchtzucker) nicht zur sofortigen Insulinfreisetzung in den Beta-Zellen der Bauchspeicheldrüse. Insulin hemmt aber die Nahrungsaufnahme und steigert den Energieverbrauch. Fruktose stillt demnach nicht den Hunger und steigert auch nicht den Energieverbrauch, was zu Übergewicht führt. Eine besonders schädliche Form des Fruchtzuckers ist der „High-Fructose-Corn-Syrup“ (HFCS). Er wird aus gentechnisch veränderten Produkten wie Mais und Enzymen hergestellt. Meiden Sie Produkte mit diesem Inhaltsstoff, und nehmen Sie Fruktose nur in Form von frischem Obst auf.

Kommen Sie dem Zucker auf die Spur. Die Lebensmittelhersteller sind offenbar in größter Sorge, dass wir ihre Produkte nicht mehr mögen, wenn sie nicht kräftig gesüßt sind. Denn, keine Frage, wir konsumieren im Schnitt weitaus mehr Zucker, als gesund ist. Er steckt überall, auch wo man ihn nicht vermutet: in Hustensaft, Kaugummi, Tomatensoße, Gemüsekonserven, sogar in Wurstwaren oder verschreibungspflichtigen Medikamenten. Es ist oft schwierig, Zucker auf der Liste der Inhaltsstoffe eines Lebensmittels überhaupt zu entdecken, da er sich hinter vielen Bezeichnungen ver-

WAS SÜSSWARENHERSTELLER IHNEN NICHT VERRATEN ÜBER: frische Früchte

Wenn Sie die Lust auf Süßes packt, können Sie dieses manchmal unwiderstehliche Verlangen ebenso gut mit frischem Obst befriedigen wie mit Süßigkeiten, Kuchen und Plätzchen. Dies ist eine wissenschaftlich erwiesene Tatsache. Ernährungsforscher stellten fest: Wer Süßigkeiten liebt, isst mehr Obst als Personen, die salziges Knabberzeug bevorzugen – und wer Obst mag, isst mehr Süßigkeiten als Gemüsefans. Was Sie daraus schließen können? Greifen Sie zu einem saftigen Pfirsich, wenn Sie das nächste Mal Lust auf einen Schokoriegel bekommen. Sie werden rasch merken, dass Sie nichts vermissen.

steckt. Achten Sie auf folgende Begriffe: Maissirup, Dextrin, Dextrose, Fruktose, Fruchtsaftkonzentrat, HFCS, Galaktose, Glukose, Honig, hydrogenisierte Stärke, Invertzuckermaltose, Laktose, Mannitol, Ahornsirup, Melasse, Rohzucker, Sorghum, Sukrose, Sorbitol und Xylitol.

Algen statt Salz. Meeresalgen gehören zu den Pflanzen mit dem höchsten Mineralstoffgehalt. Und sie sind salzig aufgrund des Meerwassers, in dem sie gedeihen. In Reformhäusern und Bioläden erhalten Sie pulverisierte Algen, sie stellen einen hochwertigen Salzersatz zum Würzen dar. Streuen Sie sie über Gemüsegerichte, oder würzen Sie damit Suppen und Soßen.

Achten Sie auf Natriumquellen. Kochsalz (Natriumchlorid) ist zwar der Hauptschuldige an unserer zu hohen Natriumaufnahme, es gibt aber auch andere Quellen für Natrium, die nicht einmal salzig schmecken. Achten Sie auf Inhaltsstoffe wie: Natrium, Na, Natriumglutamat, Sodiumcitrat, Backpulver and Natriumhydrogenkarbonat. Hinter all diesen Namen verstecken sich verschiedene Formen von Natrium.

Entwöhnen Sie sich langsam. Rechnen Sie nicht damit, dass Sie quasi über Nacht Ihren Salzkonsum drastisch einschränken können. Sie müssen den Geschmacksknospen auf Ihrer Zunge Zeit lassen, sich von zu viel Salz zu erholen und auch subtilere Geschmacksnoten wieder zu entdecken. Zunächst werden Ihnen alle nur schwach oder ungesalzenen Speisen fade vorkommen. Ökotrophologen raten: Verwenden Sie allmählich weniger Salz beim Kochen, und mischen Sie z. B. bei Knabbergebäck und Nüssen gesalzene mit ungesalzenen Produkten. <

Essen mit „Köpfchen“

5 praktische Tricks, wie beim Kampf um das Gewicht der Geist über den Körper triumphiert

Vertrauen Sie Ihrer Intuition. Wer mit der Entwicklung neuer Abnehmdiäten Geld verdient, möchte bestimmt nichts davon hören: Aber der einfachste Weg, Gewicht zu verlieren, besteht darin, sich zunächst erst einmal so zu akzeptieren, wie man ist. Übergewichtige haben oft ein unerreichbares Wunschbild von ihrer Figur im Kopf und lehnen ihren Körper ab, weil er diesem Ideal nicht entspricht. Es scheint zwar paradox, aber wenn es Ihnen gelingt, zu sich zu sagen: „Ich bin so, wie ich bin – und das ist völlig in Ordnung so!“, besteht eine hohe Wahrscheinlichkeit, dass Sie weniger essen und langsam, aber sicher abnehmen. Sie essen dann nämlich nur noch bei Hunger, und nicht um sich zu trösten.

Hypnotisieren Sie sich selbst. Damit sind nicht spektakuläre Trancezustände gemeint, in die Sie sich versetzen sollen, sondern mentale Übungen, die kleine Wunder wirken können. Wir beherrschen sie alle – z. B. wenn wir tagträumen oder uns so in einem Film oder Buch verlieren, dass wir Zeit und Raum vergessen. Probieren Sie es aus: Sagen Sie sich jeden Abend, bevor Sie einschlafen: „Ich werde immer schlanker und schlanker.“ Denken Sie das nicht nur, sondern sprechen oder flüstern Sie es hörbar, und wiederholen Sie den Satz vier- bis fünfmal. Machen Sie diese kleine Autosuggestionsübung an 30 aufeinanderfolgenden Abenden, um die Botschaft Ihrem Unterbewusstsein einzuprägen. Es gibt viele Untersuchungen, die dafür sprechen, dass der letzte Eindruck, den Sie bewusst vor dem Einschlafen haben, über Nacht in Ihrem Unterbewusstsein die ganze Nacht präsent ist. Kaum zu glauben, aber diese mentale Übung kann Sie sehr wirkungsvoll beim Abnehmen unterstützen. Wichtig ist, dass die Botschaft positiv formuliert ist, weil unser Unterbewusstsein keine negativen Informationen versteht. Sagen Sie also keinesfalls: „Ich will nicht mehr dick sein."

Kommen Sie Ihren Essgewohnheiten auf die Spur. Viele überflüssige Pfunde werden aufgrund alter Gewohnheiten angefuttert, die längst den Bezug zu Ihrer jetzigen Lebenssituation verloren haben. Sich dies bewusst zu machen kann Sie dabei unterstützen, längst fällige Ernährungsumstellungen in die Tat umzusetzen. Was kam damals zu Hause auf den Tisch, als Sie noch ein Kind waren? Wenn dort deftige Braten, Paniertes und andere Figurkiller an der Tagesordnung waren, werden Sie diese Vorlieben wahrscheinlich ins Erwachsenenleben mitgenommen haben. Und rührt Ihre Leidenschaft für Süßigkeiten vielleicht daher, dass Sie damit als Kind belohnt wurden oder sich bei feiertäglichen Kuchenschlachten im Familienkreis so sicher und geborgen fühlten? Oder war das Essen eher eine Nebensache, oder die Mahlzeiten fanden gar unter Streitigkeiten statt? Durfte sich jeder nach Belieben auch zwischen den Mahlzeiten aus Kühlschrank und Vorräten bedienen? Kommen Sie solch ungesunden „Altlasten" auf die Spur, dann fällt es leichter, auf neue Essgewohnheiten umzuschalten.

Lenken Sie sich ab. Viele, die es mit Diäten probiert haben, kennen das Problem: „Ich war noch nie so hungrig und in ständiger Versuchung, irgendetwas zu essen, wie während meiner Diät", ist eine häufige Aussage. Und das liegt nicht daran, dass man so wenig essen darf, sondern daran, dass die Gedanken ständig um die nächste Mahlzeit kreisen: Der Einkauf ungewohnter Lebensmittel, die Zubereitung der Diätgerichte, das Auszählen von Nährwerten ... Lenken Sie sich deshalb ab, und suchen Sie nach Aktivitäten, die Sie in Anspruch nehmen – Sie werden dann nicht mehr dauernd ans Essen denken!

Die Knabbersucht bezähmen. Sollte es eine Ihrer größten Schwächen sein, dass Sie abends vor dem Fernseher unentwegt naschen, dann folgen Sie dem Tipp einer Leidensgenossin, die diese dick machenden Gewohnheit so abschaffte: Machen Sie sich gleich nach dem Abendessen „bettfein", waschen Sie sich, und putzen Sie die Zähne. Sie werden Ihre sauberen Hände doch jetzt nicht mehr in eine fettige Chipstüte stecken und dann noch einmal die Zähne putzen?

Schlechte Gewohnheiten

4 verblüffende Ratschläge, wie Verhaltensveränderungen dabei helfen können, Gewicht zu verlieren

Schalten Sie den Fernseher aus. Vermutlich gibt es keinen einfacheren Weg, überflüssige Kilos loszuwerden, als einfach den Fernseher auszuschalten. In Amerika unternahmen Forscher eine Untersuchung über das Zuschauerverhalten bei 486 Probanden. Zwei Drittel der Studienteilnehmer hatten mittleres bis starkes Übergewicht. Die Studie ergab, dass jede Stunde vor dem Fernseher 144 nicht gemachten Schritten entsprach, also rund 520 Schritte weniger pro Tag bei denjenigen, die 3,6 Stunden vor dem TV-Gerät saßen.
Die Forscher gingen davon aus, dass 10 000 mit dem Pedometer gemessene Schritte pro Tag etwa das optimale Maß an täglicher körperlicher Aktivität sind. Die Wahrscheinlichkeit, dieses Ziel zu erreichen, nahm mit jeder Stunde Fernsehen beträchtlich ab – wobei nicht allein die vor dem Fernseher verbrachte „Ausfallzeit" ins Gewicht fällt, sondern auch der die Trägheit fördernde Effekt, der sich mit der Dauer potenziert. Wenn Sie sich auf höchstens zwei Stunden Fernsehen pro Tag beschränken, werden Sie insgesamt viel weniger Kalorien aufstocken. Und für die verbliebene Fernsehzeit gilt dann natürlich: Hände weg vom Knabberzeug!

Machen Sie keine Überstunden. Ihr Vorgesetzter wird Sie nicht gerade ermutigen, diesem Ratschlag zu folgen. Aber es ist erwiesen: Wenn Sie mehr als neun Stunden pro Tag arbeiten (und dabei ist die Mittagspause inbegriffen), ist es sehr viel wahrscheinlicher, dass Sie übergewichtig werden. Und, weil wir gerade beim Thema Arbeit sind: Suchen Sie sich einen weniger aufreibenden Job. Je mehr Sie nämlich unter Stress am Arbeitsplatz leiden, desto besser sind Ihre Aussichten, dick zu werden.

Sorgen Sie für acht Stunden Schlaf. Nein, wir glauben nicht unbedingt an den Schönheitsschlaf vor Mitternacht – aber es gibt überzeugende Hinweise darauf, dass Sie leichter Ihr Gewicht halten und schlank bleiben, wenn Sie vor Mitternacht ins Bett gehen und 7–8 Stunden Schlaf bekommen. Schlafforscher, die 15 000 Erwachsene untersuchten, stellten dabei fest, dass Schlafmangel das Risiko, stark übergewichtig zu werden, nahezu verdoppelt. Und je weniger Sie schlafen, desto mehr steigen nach und nach Body-Mass-Index und Taillenumfang an. Warum das so ist? Man vermutet hormonelle Ursachen. Andere Untersuchungen ergaben, dass Schlafmangel die Produktion des appetitfördernden Hormons Ghrelin steigert, die des appetithemmenden Hormons Leptin dagegen verringert.

Machen Sie einen Spaziergang vor dem Abendessen. Ein kurzer Spaziergang bewirkt mehr, als nur ein paar Kalorien zu verbrauchen. Wie die meisten körperlichen Aktivitäten bremst er auch übermäßigen Appetit. Wenn Sie also kurz vor dem Abendessen noch eine Runde machen, werden Sie anschließend weniger essen. Studien erwiesen, dass ein etwa 20-minütiger Spaziergang Hungergefühle ebenso gut dämpft wie eine leichte Zwischenmahlzeit.

10 FRÜCHTE & GEMÜSE *Mehrwert* für Ihre Mahlzeiten

Wenn Sie diese Gemüse und Früchte beim Händler sehen, sollten Sie zugreifen. Vielleicht gehören sie noch nicht zu Ihren Favoriten, aber das wird sich ändern, sobald Sie ihre „inneren Werte" kennengelernt haben.

Knoblauch

Knoblauch enthält große Mengen sogenannter Thioallyle, die deutlich cholesterinsenkend wirken und Ablagerungen in den Blutgefäßen verhindern. Nach Meinung der Forscher kann man das Gesamtcholesterin um 9 % senken, indem man über mehrere Monate 1,5–3 Knoblauchzehen täglich zu sich nimmt. Beispielsweise so: Entfernen Sie die losen Schalen von einer Knoblauchknolle, schneiden Sie den oberen Teil wie einen Deckel ab. Beträufeln Sie die Knolle mit Olivenöl, und wickeln Sie sie in Alufolie. Backen Sie den Knoblauch bei 175 °C im Backofen, bis die Zehen weich sind. Drücken Sie das Knoblauchmus aus den Zehen, und essen Sie es auf geröstetem Brot. Allerdings sollten Sie danach keine gesellschaftlichen oder privaten Verpflichtungen mehr haben ...

Avocados

Zugegeben, sie enthalten reichlich Fett. Aber von der „guten" Sorte: einfach ungesättigte Fettsäuren, die cholesterinsenkend wirken. Füllen Sie Backkartoffeln mit einem Püree aus reifer Avocado, Zitronensaft, Zwiebel und gehackter Tomate.

Fenchel

Fenchel hat ein mildes, leicht nach Lakritze schmeckendes Aroma. Das Fenchelgrün kann fein gehackt wie Dill verwendet werden, um Suppen und Eintöpfe zu würzen. Die Knolle schmeckt roh in Salaten oder als Gemüse gekocht in Suppen, Eintöpfen oder Füllungen. Köstlich: im Ofen gebackener Fenchel.

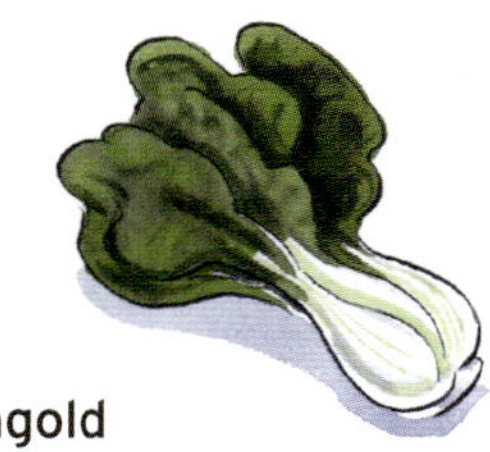

Mangold

Mangold ist mit dem Spinat verwandt und das ideale Gemüse für leichte, vitamin- und mineralstoffreiche Mahlzeiten. Er ist reich an Ballaststoffen, Kalzium, Magnesium und Vitamin C. Die fleischigen Stängel werden wie Spargel gegart, das Grün kann man wie Spinat kurz dämpfen. Besonders gut: Mangold mit Tomaten und Käse im Ofen überbacken.

Sellerie

Die unscheinbaren Knollen haben es in sich: Sie enthalten den gesamten Vitamin-B-Komplex und dazu ätherische Öle, die in Magen und Darm schädliche Bakterien und Pilze abtöten. Sellerie schmeckt gekocht, geschmort oder roh im Salat.

Kürbis

Kürbisse gibt es in vielen Farben und Formen. Alle sind ideale Diätgemüse, weil sie reichlich Wasser und Ballaststoffe enthalten und verdauungsfördernd wirken. Auch die Kerne sind nicht zu verachten: Sie strotzen von Eiweiß, wertvollen Fettsäuren und verjüngenden Nukleinsäuren. Die Kerne knabbert man geröstet; das Fruchtfleisch eignet sich gut für Suppen, Eintöpfe und Gemüsepürees.

Kohlrabi

Dieses zarte Kohlgemüse kräftigt das Immunsystem und bringt den Zellstoffwechsel und die Blutbildung in Schwung. Beim Schälen alle holzigen Stellen entfernen! Die mundgerecht klein geschnittenen Knollen als Gemüse in wenig Wasser garen, zum Schluss mit den feingehackten grünen Blättern bestreuen. Oder roh in Streifen zu einem pikanten Dip essen.

Chicorée

Das Zichorengewächs hat einen leicht bitteren Geschmack. Seine Wirkstoffe helfen insbesondere bei Verdauungs- und Darmbeschwerden und zu hohen Cholesterinwerten. Chicoréeblätter schmecken roh als Salat.

Guave

Haben Sie schon Bekanntschaft mit dieser exotischen Frucht geschlossen? Es lohnt sich. Die rötlich gelben Tropenfrüchte punkten mit einem sehr hohen Vitamin-C-Gehalt und haben sich bei häufigem Verzehr als wirkungsvoll gegen Bluthochdruck und hohe Cholesterinwerte erwiesen. Die Früchte werden dünn geschält und die Kerne entfernt. Das zarte Fruchtfleisch schmeckt köstlich aromatisch und eignet sich für Obstsalate, im Müsli oder püriert in Milchshakes. Besonders raffiniert: Guavenpüree oder -stückchen als Zutat für süßsäuerliche Dips und Soßen zu Fisch oder Geflügel.

Pflaumen

Rohe Pflaumen sind ein köstliches und wertvolles Obst, besonders rühmen wollen wir hier aber die (ungeschwefelte) Trockenpflaume. Pürieren Sie die in Wasser eingeweichten Trockenpflaumen, und würzen Sie damit dunkle Soßen, oder hacken Sie die Früchte, und verwenden Sie sie als Zutat fürs Müsli, für Salate, in Joghurt. Die pektinreichen Früchte wirken mild abführend (sofern man den Verzehr nicht übertreibt!) und bilden ein Gel in Magen und Darm, das überschüssiges Cholesterin bindet und aus dem Körper transportiert. Bei einer Studie wurden 41 Teilnehmern mit leicht erhöhten Cholesterinwerten über einen Zeitraum von vier Wochen täglich zwölf Trockenpflaumen zu ihrer normalen Kost verabreicht. Die LDL-Werte sanken stärker als die einer Vergleichsgruppe, die Traubensaft statt Pflaumen bekam.

Kalorien reduzieren

8 Geheimtipps für den Kampf gegen die Versuchung, mehr zu essen, als Sie brauchen

Werfen Sie alle Vorräte weg, die Sie in Versuchung führen. Sie kennen sicher die Redensart „Was man nicht hat, vermisst man auch nicht." Man könnte auch sagen: „Was man nicht hat, kann man auch nicht essen." Machen Sie eine Razzia durch alle Küchenschränke, den Kühlschrank und den Vorratskeller, und werfen Sie jedes Lebensmittel weg (oder spenden Sie es), das Sie allzu sehr verlockt. Es ist in jedem Fall besser, Sie verschwenden solche Nahrungsmittel ausnahmsweise auf diese Weise, als dass Sie sie in Form von überschüssigen Polstern auf den Hüften aufbewahren.

Kaufen Sie kleinere Packungen. Es ist zwar nicht die sparsamste Art einzukaufen, da kleine Verpackungseinheiten in der Regel pro Gramm mehr kosten, aber dafür müssen Sie auf lange Sicht vielleicht weniger für Ärzte und Medikamente bezahlen. Diätspezialisten sagen, dass man eher weniger isst, wenn man von einem Nahrungsmittel mehrere Kleinpackungen hat, als wenn man sich aus einer Großpackung bedient – auch wenn die Gesamtinhaltsmenge dieselbe ist. Das liegt wohl daran, dass man nicht einfach weiteressen kann, sondern zwischendurch überlegen muss, ob man wirklich noch eine Packung öffnen will.

Kaufen Sie nicht in Mega-Märkten. Welche Mengen man auf einmal einkauft, hängt natürlich auch mit den Geschäften zusammen, die man bevorzugt frequentiert. Immer beliebter sind die Riesen-Supermärkte auf der grünen Wiese, wo alles megagroß und megagünstig ist. Und da man sie nur mit dem Auto erreicht, sind alle Wege geebnet, um bequem und ohne körperliche Anstrengung Berge von Lebensmitteln ohne besonderen Nährwert (aber billig!) nach Hause zu schleppen. Figurfreundlicher sind Einkäufe kleiner Mengen in überschaubaren Geschäften.

Finden Sie leichten Ersatz für Ihre Lieblings-Esssünden. Niemand mag auf etwas verzichten, ohne adäquaten Ersatz zu bekommen. Suchen Sie nach gesünderen und kalorienärmeren Alternativen für Ihre bevorzugten Dickmacher. Die meisten Süßigkeiten und Knabberartikel gibt es heute auch in einer „Light"-Version – aber meist sind die vielen Zusatzstoffe darin auch nicht gerade gesund, und es schmeckt sowieso nicht ganz so gut wie das Original. Besser ist es oft, den Ersatz aus einer ganz anderen Kategorie von Lebensmitteln auszusuchen.

Verstecken Sie die Süßigkeiten. Es hätte keiner besonderen Studie bedurft, um zu wissen: Versuchungen, die man ständig vor Augen hat, erliegt man schneller und häufiger. Verzichten Sie, ob am Arbeitsplatz oder zu Hause, auf dekorativ angerichtete Teller mit Bonbons, Pralinen oder Kleingebäck. Denn laut Studien greift man mehr als doppelt so oft zu, wenn Süßigkeiten vor einem stehen, als wenn man sie erst aus dem Schrank holen muss.

Nüsse selbst knacken. Nüsse sind ein sehr hochwertiges Nahrungsmittel – aber leider auch sehr, sehr fett. Kaufen Sie Nüsse möglichst nur in der Schale, und knacken Sie sie selbst, denn die verzehrfertigen Nusskerne verführen leicht dazu, viel zu viel davon zu essen. Ganz abgesehen davon, dass frisch geknackte Nüsse einfach frischer sind, besser schmecken und noch mehr wertvolle Nährstoffe enthalten.

Zu jeder Mahlzeit Obst essen. Wenn Sie vor jeder Hauptmahlzeit einen Apfel, eine Birne oder ein paar Erdbeeren essen, ist nicht nur der erste Heißhunger gestillt. Sie haben auch dafür gesorgt, dass Sie eine gute Portion an Ballaststoffen aufgenommen haben, die Ihnen helfen werden, das anschließende Essen gut zu verdauen. Darüber hinaus bewirken die Fasern dieser Pflanzen die Aktivierung von Hormonen, die wiederum Sättigungssignale an Ihr Gehirn senden.

Kleinere Portionen durch Tiefkühlgerichte. Tiefkühlkost ist manchmal die beste Wahl, besonders, wenn man abnehmen möchte. Zu diesem Ergebnis kamen Ernährungswissenschaftler, die die Gewichtsverluste bei zwei Gruppen Übergewichtiger verglichen. Die eine Gruppe aß neben anderen Lebensmitteln pro Tag zwei Tiefkühl-Fertiggerichte (sie hatten die Auswahl unter 24 Varianten von Gerichten mit Reis). Die andere Gruppe bereitete sich selbst ihre Mahlzeiten zu. Beide Diäten waren nach Ernährungsrichtlinien zusammengestellt und enthielten etwa 1700 Kilokalorien pro Tag. Alle Studienteilnehmer verloren Gewicht, aber diejenigen, die Tiefkühlkost verzehrten, verloren im Schnitt 2,5 kg mehr, und auch der Body-Mass-Index sank bei ihnen stärker ab. Die Ursache für diesen Unterschied: Die Tiefkühlportionen waren genauer festgelegt, und es gab keinen „Nachschlag“.

DER EXPERTE RÄT

Die 5 nährstoffreichsten Lebensmittel

Gar nicht so einfach, eine „Hitliste“ der fünf ernährungsphysiologisch hochwertigsten Lebensmittel aufzustellen, denn heute verfügen wir über eine Auswahl, von der frühere Generationen nur träumen konnten:

1. **Fisch.** So gut wie jeder Fisch bietet hochwertigstes, mageres Eiweiß und hat wenig gesättigte Fettsäuren. Meiden sollten Sie nur einige Tiefseefische wie Torpedobarsche, Königsmakrelen und Schwertfisch, da man in ihrem Fleisch erhebliche Quecksilber-Rückstände findet. Wählen Sie möglichst abwechslungsreich: Fette Fische (Lachs, Sardinen, Makrelen und Thunfisch) enthalten wertvolle Omega-3-Fettsäuren, aber Sie sollten diese Arten nicht täglich essen. Mager und eiweißreich sind Schellfisch, Kabeljau, Seehecht und viele mehr.

2. **Bohnen.** Bohnen sind die beste Quelle für pflanzliches Eiweiß. Sie sind nährstoffreich, haben wenige Kalorien und viele Ballaststoffe – insbesondere von der wasserlöslichen Sorte, die cholesterinsenkend wirkt.

3. **Früchte.** Alle Früchte sind gesund, wenn sie im Ganzen gegessen werden – also nicht zu Fruchtsäften verarbeitet werden. Blaubeeren, Kiwis und Erdbeeren stehen ganz oben im Gehalt an wertvollen Antioxidanzien und Ballaststoffen.

4. **Kürbisse.** Wenn Sie leuchtendes Orange sehen, denken Sie an Nährstoffe. Die Farbe signalisiert in Lebensmitteln Reichtum an Betacarotinen, der Vorstufe zu Vitamin A. Kürbisse enthalten außerdem reichlich Ballaststoffe.

5. **Haferflocken.** Laut vieler Studien haben Menschen, die regelmäßig Haferflocken essen, keine Probleme, ihr Gewicht und ihre Cholesterinwerte stabil zu halten. Haferflocken sind eine eiweiß- und ballaststoffreiche Quelle für Magnesium und Selen. Also, Müslifans: Die guten alten Haferflocken nicht vergessen!

Kampf der Knabbersucht

3 Strategien zur Schadensbegrenzung für Naschkatzen und -kater

Machen Sie sich keine Illusionen über „Energieriegel". Im Werbesprachen-Kauderwelsch bedeutet Energie nicht Tatkraft und Elan, sondern Kalorien. Und „Energieriegel" haben jede Menge davon. Konzipiert und geeignet sind sie für Athleten mit einem Zwischentief, die eine Blitzdosis an Kalorien brauchen, um den Marathon durchzustehen. Nur gibt es leider nicht genug Marathonläufer, Langstrecken-Radsportler oder Triathleten, die die vielen Energieriegel in den Verkaufsregalen konsumieren könnten. Die meisten Riegel werden von Büromenschen gekauft, die sie statt eines richtigen Mittagessens oder als Snack verzehren. In Energieriegeln finden sich durchaus einige hochwertige Lebensmittel wie Nüsse, Früchte oder Haferflocken. Zusammengehalten wird das Ganze aber von einer pappigen Candy-Masse. Als Ersatz für ein Mittagessen stehen diese Riegel etwa zwischen Kartoffelchips mit Limonade (ganz schlecht) und einem Apfel plus Salat (viel besser). Wenn Sie sich wirklich einmal körperlich so anstrengen, dass Sie einen raschen Nachschub an Kalorien brauchen, dann essen Sie solche Riegel sehr langsam, raten Experten. Gemeint ist: einmal abbeißen pro Minute.

Wenn Kartoffelchips, dann pur. Die Hersteller von Knabberartikeln überschlagen sich, um unserem Gaumen immer wieder einen neuen Kitzel zu bieten und ja keine Langeweile aufkommen zu lassen. So gibt es z. B. neben schlichten Kartoffelchips solche nach mexikanischer oder ungarischer Art, mit Zwiebel- oder Räucherspeckgeschmack. Abwechslung ist gut und schön – aber die meisten dieser Aromatisierungen gehen mit einer kräftigen Erhöhung der Salzdosis einher. Und zu viel Salz kann zu hohem Blutdruck oder Herz- und Nierenproblemen führen. Bleiben Sie deshalb lieber bei einer einfachen Sorte.

Sie wollen etwas nicht essen? Dann kaufen Sie es nicht! Sind Sie oder Ihre Kinder auch in einen ständigen inneren Kampf verwickelt, um an den verführerischen Süßkeiten, Dessertbechern und Knabbereien im Kühl- und Vorratsschrank vorbeizukommen, ohne zuzugreifen? Die schlichte Wahrheit lautet: Sobald solche Lebensmittel über die Schwelle zu Ihrem Haushalt gekommen sind, haben Sie den Kampf schon verloren. Wenn Sie es gekauft haben, werden Sie es auch irgendwann essen. Der einzig richtige Moment, um „Nein" zu sagen, ist im Geschäft. Die bequeme Erreichbarkeit von dick machenden, ungesunden Lebensmitteln spielt eine ganz wichtige Rolle beim Ansammeln von Übergewicht. Wenn Sie nur zugreifen brauchen, werden Sie höchstwahrscheinlich zu viel davon essen. Wenn Sie also bestimmte Nahrungsmittel meiden sollten, dann dulden Sie sie gar nicht erst im Haus. Und das ist nicht nur für Sie selbst wichtig: Derjenige, der hauptsächlich die Lebensmittel einkauft und die Mahlzeiten zubereitet, spielt eine Schlüsselrolle bei der Qualität der Ernährung der ganzen Familie. ◂

Kalorien verbrennen

4 Tricks, wie Sie aktiver werden und Ihren Stoffwechsel in Schwung bringen

Trinken Sie kaltes Wasser. Limonadehersteller werden dies nicht gerade propagieren, aber: Wasser hat nicht nur null Kalorien, sondern es kann sogar dabei helfen, zusätzliche Kalorien zu verbrennen. Wenn man es sehr kalt trinkt, braucht der Körper viel Energie, um es anzuwärmen und zu absorbieren. Der Effekt hält außerdem an: Nach einem Glas kaltem Wasser bleibt Ihre Stoffwechselrate noch für weitere 90 Minuten um 30 % höher!

Tagsüber sollten Sie ständig ein Glas mit sehr kaltem Wasser griffbereit haben und immer wieder kleine Schlucke davon nehmen. Füllen Sie sofort nach, wenn es sich erwärmt oder Sie das Glas geleert haben. Auf diese Weise leidet Ihr Organismus niemals an Flüssigkeitsmangel – und so weit sollten Sie es keinesfalls kommen lassen. Was im Rahmen einer Schlankheitsdiät besonders wichtig ist: Erhält Ihr Körper zu wenig Flüssigkeit, so verlangsamt sich die Stoffwechselrate stark – der Organismus versucht, jeden Tropfen Wasser aus der Nahrung zu filtern, den er bekommen kann, um den Austrocknungsprozess aufzuhalten. Dadurch verbrennen Sie bis zu 45 Kalorien weniger am Tag. Das klingt nicht nach viel, aber in der Summe ergeben sich ca. 2 kg mehr Gewicht pro Jahr!

Scharfe Gewürze kurbeln den Stoffwechsel an. Vergessen Sie all die Wunder verheißenden Formula-Drinks und andere Mittelchen, die raschen Gewichtsverlust versprechen. Das Geld dafür können Sie sich sparen, denn Ernährungswissenschaftler haben herausgefunden, dass scharfe Chilischoten nicht nur eine Mahlzeit aufpeppen, sondern auch die Stoffwechselrate kurzfristig erhöhen können. Probieren Sie Omelett oder Rührei mit gehackter Chilischote, oder würzen Sie damit Eintöpfe und Fleischgerichte.

Nehmen Sie die Treppe. Bringen Sie mehr Bewegung in den Alltag – nehmen Sie die Treppe statt des Aufzugs. Um Sie noch stärker zu motivieren, diesen oft zu hörenden Rat auch zu befolgen, hier einige Zahlen: Nur vier Minuten Treppensteigen pro Tag kann zu einem Gewichtsverlust von 1,8 kg führen. Errechnet wurde das am Beispiel einer 73 kg schweren Person, die an fünf Wochentagen je vier Minuten lang Treppen hinaufsteigt und je eine Minute wieder hinab. Dabei verbraucht sie rund 50 Kalorien, was sich im Laufe eines Jahres auf 12 700 Kalorien – oder 1,8 kg – summiert.

Bewegung auch nach der Diät. Sie wissen es: Die meisten Leute nehmen nach einer Diät sehr rasch die verlorenen Kilos wieder zu – und meist noch ein paar mehr dazu. Sie können das vermeiden, wenn Sie sich viermal wöchentlich 30 Minuten lang körperlich bewegen, z. B. durch Radfahren, Walking oder Schwimmen. Diese Ausdauersportarten bewirken, dass Ihre Stoffwechselrate und damit der Fettverbrennungsprozess nicht so abfallen, wie das sonst häufig nach einer Diät der Fall ist. ◂

Auswärts essen

6 gute Ratschläge, wie Sie Kaloriensünden im Restaurant vermeiden

Nette Atmosphäre: ja, mehr Essen: nein. Der Wirt wird es Ihnen nicht auf die Nase binden, aber das gedämpfte Licht und die sanfte Stimmungsmusik im Lokal entsprechen nicht unbedingt seinem eigenen gefühlvollen Wesen, sondern beides soll Sie dazu animieren, längere Zeit beim Essen zu verweilen – und natürlich auch mehr zu sich zu nehmen. Genießen Sie also die Atmosphäre, aber lassen Sie sich nicht zu einem schweren Dessert oder zu viel Alkohol verführen.

Vorspeisen statt Hauptgericht. Mit zwei Vorspeisen fahren Sie kalorienmäßig oft besser als mit Vorspeise und Hauptgericht. Häufig gibt es eine reiche Auswahl frischer Salat-, Gemüse- und Fischzubereitungen, die gesünder und nährstoffreicher sind als die opulenten Hauptgerichte. Keine Sorge, in besseren Restaurants wird die Bedienung Ihre Bestellung ohne mit der Wimper zu zucken entgegennehmen. Ob Hauptgericht oder Vorspeise – verzichten Sie in jedem Fall auf Frittiertes!

Bevorzugen Sie Rohkostsalate. Salate sind gesund – und viele Wirte wissen genau, dass viele Gäste nur deshalb das „Grünzeug" bestellen. Deshalb statten sie ihre Salate mit verlockenden „Extras" aus: Käse- oder Schinkenwürfeln, gebratenen oder frittierten Fleischstreifen, sahnigen Dressings usw. Widerstehen Sie, und bestellen Sie einen simplen Gemüse- oder Blattsalat!

Verzichten Sie auf einen Aperitif. Der Kellner im Restaurant fragt Sie als Erstes nach Ihren Getränkewünschen und bringt Ihnen diese so rasch wie möglich. Nun sind Sie normalerweise nicht unbedingt dem Verdursten nahe, wenn Sie sich zum Essen niederlassen – warum also diese Eile? Was Gastwirte aus Erfahrung wissen, haben Studien bewiesen: Wenn Sie vor einer Mahlzeit ein alkoholisches Getränk zu sich nehmen, werden Sie mit hoher Wahrscheinlichkeit mehr essen. Außerdem werden Sie Speisen mit mehr Fett und Salz bevorzugen und sich anschließend weniger gesättigt fühlen, als wenn Sie zuvor nichts oder ein alkoholfreies Getränk konsumiert haben.

Das Internet verrät's. Wer Schulkinder hat, kommt sowieso nicht um gelegentliche Besuche in Fast-Food-Ketten herum – aber auch Erwachsene gönnen sich gern mal auf die Schnelle einen Burger. Für Übergewichtige eine ganz schlechte Wahl. Schauen Sie mal im Internet nach unter der Adresse der von Ihnen frequentierten Fast-Food-Kette: Dort sind für jedes einzelne Gericht die Nährwerte aufgelistet. Nicht gerade eine Reklame für gesundheitsbewusste Konsumenten!

Kaffee – und nur Kaffee. Der beliebte Muntermacher hat in den letzten Jahren einige Verwandlungen durchgemacht. Schümli, Espresso, Caffè doppio – das ist alles noch Kaffee. Aber Amaretto-Aroma, Karamelsirup, Schlagsahnehauben, Schokostückchen, große Becher Vollmilch mit drei Tropfen Kaffee darin? Diese modischen Varianten bringen Ihnen nur zusätzliche Kalorien. Bleiben Sie lieber beim unverfälschten Kaffeegenuss.

Bei Tisch

7 Tipps, die Ihnen helfen, bei den Mahlzeiten weniger zu essen

Beschränken Sie die Auswahl. Das ist es, was Buffets zur Selbstbedienung in Hotels und Restaurants so gefährlich für die schlanke Linie macht: die riesige Auswahl. Je bunter die Palette an angebotenen Speisen, umso mehr werden Sie davon essen. Dies wurde auch wissenschaftlich nachgewiesen, indem man den Teilnehmern einer Studie drei verschiedene oder aber nur eine Geschmacksrichtung von einer Joghurtsorte anbot. Diejenigen, die Auswahl hatten, aßen im Schnitt 23 % mehr. Halten Sie wenigstens zu Hause das Speisenangebot überschaubar.

Essen Sie allein oder zu zweit. Gehen Sie in der Mittagspause meist mit den Kollegen in die Kantine oder in ein Restaurant? Essen Sie auch mal allein oder nur etwas im Büro. Es ist erwiesen, dass Mahlzeiten, die man zu zweit verzehrt, um ein Drittel größer sind als solche, die man allein isst. Und die verzehrte Menge wächst noch mit der Anzahl weiterer Personen am Tisch: Wenn Sie zu sechst sind, essen Sie im Schnitt 72 % mehr als bei einem einsamen Mahl.

Beim Essen nicht lesen oder fernsehen. Alles, was Sie vom Essen ablenkt, birgt die Gefahr, dass Sie viel häufiger zugreifen, als Ihnen bewusst ist. Und Sie merken überhaupt nicht, dass Sie eigentlich schon satt sind.

Essen Sie von kleinen Tellern. Die „nouvelle cuisine" mit eleganten Minikreationen auf Riesenplatten bildet die Ausnahme von der Regel, die da lautet: Die verzehrten Mengen bei einer Mahlzeit steigen mit den Dimensionen des Geschirrs, in dem sie serviert wird. Wissenschaftlich bestätigt wurde dies von amerikanischen Forschern durch einen Eiscremetest: War das Schälchen doppelt so groß, wurde 31 % mehr Eiscreme gegessen. Waren dagegen nur die Eiskugeln größer, stieg die verzehrte Menge um 14,5 %. Und unabhängig von der Größe der Portionen aßen 82 von 85 Studienteilnehmern brav ihren ganzen Teller leer!

Klein, aber fein. Auch Servierschüsseln und -platten sollten nicht allzu groß sein. Verteilen Sie z. B. eine große Menge Kartoffelpüree lieber auf zwei kleine Schüsseln, als einen Berg aufzuhäufen. Offensichtlich bedient man sich

DER EXPERTE RÄT

Medizin, die beim Abnehmen hilft

Wenn Sie ein ernstes Gewichtsproblem haben, das Ihnen bereits gesundheitliche Beeinträchtigungen bereitet, sollten Sie mit Ihrem Arzt über die eventuelle Einnahme diätunterstützender Medikamente sprechen. Verwenden Sie auf keinen Fall irgendwo als Wundermittel angepriesene Appetitzügler oder Abführmittel, die zwar ohne Rezept erhältlich sind, Ihnen aber schwere gesundheitliche Schäden zufügen können. Bei ausgeprägter Adipositas (Fettleibigkeit) ist es in jedem Fall ratsam, eine Diät unter ärztlicher Kontrolle zu machen. Eventuell kann auch ein stationärer Aufenthalt sinnvoll sein, wo Ihnen Fachberater zeigen, wie Sie Ihre Mahlzeiten in Zukunft gesünder zubereiten und welches Bewegungsprogramm für Sie geeignet ist.

zurückhaltender, wenn die angebotene Menge zwar nicht unbedingt geringer ausfällt, aber so erscheint. Zur Untermauerung dieses Erfahrungssatzes wurden einer Gruppe von Studenten bei einem Fest kostenlose Snacks spendiert – auf einem Tisch alles in einer riesigen Schale, auf einem anderen Tisch dieselbe Menge, aufgeteilt in zwei Behältnisse. Diejenigen, die sich aus der großen Schale bedienten, verzehrten 56 % mehr als diejenigen, die bei den kleineren Schüsseln zugriffen.

Essen Sie mit Stäbchen. Sie müssen dann zwar vielleicht häufiger die Tischdecke wechseln, aber Sie essen weniger. Die Betreiber von China-Restaurants beobachten immer wieder: Von ihren westlichen Gästen bleiben die Übergewichtigen am liebsten bei Messer und Gabel, während die Schlanken sich an die arbeitsintensiveren Stäbchen wagen.

Decken Sie den Tisch in Blautönen. Greifen Sie zu farbtherapeutischen Mitteln, um Ihren Appetit zu zügeln: Blau unterdrückt kulinarische Gelüste. Ob Sie die Wände Ihres Speisezimmers blau anstreichen, den Tisch komplett blau eindecken oder sogar sich selbst zum Essen in Blautönen kleiden, bleibt Ihrem Geschmack überlassen. Aber vermeiden Sie die appetitfördernden Farben Rot, Gelb und Orange! ◂

Motivation schaffen

7 überraschende Wege, sich auf ein aktiveres und gesünderes Leben einzustimmen

Machen Sie Ihre Ziele bekannt. Erzählen Sie Ihrer Familie, Freunden und Kollegen von Ihren guten Vorsätzen, um fitter zu werden, und ermutigen Sie diese, sich bei Ihnen über Ihre Fortschritte zu erkundigen. Der Erfolgsdruck, den Sie sich durch diese Kontrolle einhandeln, stellt eine große Motivation dafür dar, auch wirklich durchzuhalten mit Diätplänen oder sportlichen Aktivitäten.

Machen Sie einen Termin beim Hausarzt aus. Sie können nicht erwarten, dass Ihr Arzt Ihnen von sich aus erzählt, was Sie an Ihrem Lebensstil ändern sollten. Befragen Sie ihn über Ihren allgemeinen Gesundheitszustand und was Sie in sportlicher Hinsicht tun sollten, um Ihre körperliche Verfassung zu verbessern. Er kann Sie eventuell einem Belastungstest unterziehen und Ihnen eine Fülle praktischer Ratschläge geben.

Buchen Sie einen persönlichen Trainer. Viele Fitnesscenter bieten diesen Service: Sie können dort stundenweise einen persönlichen Trainer buchen, der Ihnen dabei hilft, realistische und auf Sie zugeschnittene Trainingsziele für ein Jahr zu setzen. Sie erfahren dabei genau, wie Sie die Trainingsgeräte im Studio für sich richtig einstellen oder wie hoch die Gewichte sein sollten. Er wird Sie dann auf Übungsfehler aufmerksam machen und Sie korrigieren. Bereits eine einstündige intensive persönliche Beratung wird Sie beträchtlich sicherer machen und dazu motivieren, das Training mit Spaß und Erfolg fortzusetzen.

Denken Sie bei Bewegung nicht nur an Training. Um fit zu sein, braucht man einen Lebensstil, bei dem körperliche Bewegung im Vordergrund steht. Nur ein paar Stunden wöchentliches Training, eingeschoben in einen ansonsten eher am Schreibtisch oder im Auto verbrachten Alltag, reichen nicht aus. Scheinbar mühelos schlanke und vitale Menschen bewegen sich tatsächlich immer auf einem hohen Energielevel. Wie machen sie das? Hier ein paar einfache Beispiele:

- Stehen Sie auf, und gehen Sie herum, wenn Sie telefonieren.
- Benutzen Sie immer die Treppenstufen und keine Aufzüge.
- Wenn Sie eine Treppe steigen, versuchen Sie, zwei Stufen auf einmal zu nehmen.
- Stehen Sie auf, und bewegen Sie sich immer, wenn im Fernsehen eine Werbepause kommt.
- Strecken und recken Sie häufig Ihre Arme, Beine und den Rücken.
- Tragen Sie im Haus und Garten häufiger die Dinge einzeln an ihren Platz, so wie es sich gerade ergibt. Machen Sie weniger „Sammeltransporte".

Tun Sie Gutes. So mancher ist viel motivierter, konsequent ein Ziel zu verfolgen, wenn er damit auch jemand anderem helfen kann. Sollten Sie zu diesen selbstlosen Naturen gehören, könnten Sie sich z. B. mehr Bewegung verschaffen, indem Sie für ältere oder kranke Nachbarn die Einkäufe erledigen. Fehlt Ihnen dafür die Zeit, besteht auch die Möglichkeit für jeden Kilometer, den Sie beim Walking zurücklegen, oder jeden Diäterfolg eine bestimmte Summe als Spende für einen karitativen Zweck zurückzulegen.

Ihre persönlichen Parameter. Es gibt so vieles, was man messen kann, um zu beurteilen, wie fit jemand ist: Gewicht, Body-Mass-Index, Pulsfrequenz, Kilometerleistung, Kalorienverbrauch usw. Zu Ihrer eigenen Motivation: Beachten Sie in erster Linie die Parameter, die Ihnen besonders am Herzen liegen. Fühlen Sie sich besser als zuvor? Sehen Sie besser aus? Werden Ihre Fortschritte von anderen bemerkt?

Nehmen Sie sich vor, an einem Wettbewerb teilzunehemen. Melden Sie sich zu einem Volkslauf oder Marathon an, und beginnen Sie früh, konsequent für den Wettkampf zu trainieren. Vielleicht finden sich auch Freunde, die mitmachen. Dann können Sie sich gegenseitig motivieren. ◂

GEHEIMWAFFE

Die „Werkzeugkiste" eines Trainers

Persönliche Trainer und Ernährungsberater bedienen sich bei ihrer Arbeit kleiner nützlicher Utensilien, die auch für Sie sinnvoll sein können:

- eine Körperfettwaage, um das Verhältnis von Muskelmasse zu Fettgewebe zu messen
- eine gut ablesbare Digitalwaage zur Messung des Körpergewichts
- ein Maßband zur Messung von Taillen-, Hüft- und weiteren Körperumfängen
- eine Kamera, mit der Sie ein „Vorher"-Foto machen
- ein Trainingstagebuch für die Dokumentation der Fortschritte bei Trainingszeit und -umfang
- eine Pulsuhr zur Kontrolle der optimalen Trainingspulsfrequenz bei sportlicher Betätigung

Wie Sie richtig trainieren

6 Tricks, die Ihnen helfen, aus sportlicher Betätigung das Beste zu machen

Steigern Sie die Intensität. Wenn Sie mit einem regelmäßigen Training beginnen, sollten Sie sich anfangs auf eine Sportart konzentrieren. Bei Übergewicht ist eine gelenkschonende Ausdauersportart für Sie am günstigsten. Dies könnte z. B. Schwimmen, Radfahren oder Walking sein, nicht aber Jogging oder Aerobic. Trainieren Sie zwei-, noch besser dreimal pro Woche je etwa 45 Minuten lang. Setzen Sie sich konkrete Ziele: Haben Sie beispielsweise die Sportart Schwimmen gewählt, könnten Sie sich vornehmen, 1000 m in 45 Minuten zu schaffen (dabei möglichst die Schwimmstile wechseln). Wenn Sie das nach ein paar Wochen locker schaffen, sollten Sie die Intensität steigern: Sie versuchen, die 1000 m in 30 Minuten zu schwimmen. Sie erhöhen Ihr Tempo, aber verlängern nicht die Strecke. Erst wenn Sie auch dieses neue Ziel erreicht haben, ohne sich völlig zu verausgaben, können Sie langsam damit anfangen, den Trainingsumfang zu steigern.

Trainieren Sie früh am Morgen. Fangen Sie gar nicht erst an, darüber nachzudenken, sondern stehen Sie einfach auf, ziehen Sie Ihr Sportzeug an und los. Nachforschungen zeigen: Wer morgens trainiert, übt konsequenter – wer sich erst später dafür Zeit nehmen will, findet häufig gar keine Möglichkeit mehr. Und außerdem: Morgendliches Training verbessert den Nachtschlaf.

Einfache Sportgeräte tun's auch. Haben Sie schon das eine oder andere professionelle Trainingsgerät zu Hause stehen? Und, Hand aufs Herz – wie oft benutzen Sie es? Ob Ergometer, Rudergerät oder Stepper, meist werden sie zu Beginn häufig genutzt, stehen dann aber nur noch als enorme Staubfänger im Weg herum. Besinnen Sie sich auf einfache (und viel billigere!) Geräte: Hanteln und Gewichte, ein Springseil, dehnbares Thera-Band und viele mehr. Das Training mit diesen Utensilien ist ebenso effektiv wie das mit aufwendigen Geräten, sie können an jedem Ort eingesetzt werden und sie schaffen kein Platzproblem.

Trinken Sie Kirschsaft vor dem Training. Wer hätte gedacht, dass ein Glas roter Fruchtsaft besonderen Einfluss auf die Muskelkraft hätte? Aber zu eben diesem Ergebnis kamen amerikanische Forscher, als sie 14 Testpersonen drei Tage vor einer körperlichen Anstrengung und noch vier weitere Tage im Anschluss zweimal täglich entweder eine Mischung aus frisch gepresstem Kirsch- und handelsüblichem Apfelsaft oder aber ein rotes Getränk ohne Kirschsaft verabreichten. Die Kirschsafttrinker verloren beträchtlich weniger Muskelenergie in den Tagen nach der Anstrengung als die mit dem Pseudosaft (4 % gegenüber 22 %). Darüber hinaus klagten sie weniger über Muskelkater, der bei ihnen außerdem nach einem Tag verschwunden war – während die andere Gruppe doppelt so lange Schmerzen verspürte. Die Forscher vermuten, diese Wirkungen des Kirschsafts beruhen auf seinen hohen Anteilen an Antioxidanzien und entzündungshemmenden Stoffen.

Trinken Sie Wasser während des Trainings. Die Werbespots im Fernsehen zeigen uns immer wieder Topathle-

So geht's: Ein Sportmuffel braucht eine Leidenschaft

Der Kollege Engelbrecht wurde nie sonderlich beachtet, er war einfach ein Koloss von grotesker Körperfülle, der immer freundlich und still seiner Arbeit nachging. Nach einem zweijährigen Auslandsaufenthalt erkannte man ihn nicht wieder: Er war ein selbstbewusster und schlanker junger Mann, der sich auffallend gewandt bewegte und inzwischen die Abteilung leitete, in der er zuvor nur eine untergeordnete Rolle gespielt hatte. Seine Erfolgsgeschichte lautet:
„Ich war eigentlich immer dick, mit zwölf Jahren wog ich bereits 62 kg. Das störte mich nicht weiter, denn in meiner Umgebung waren alle dick, und außerdem war ich ein Bücherwurm und Einzelgänger, der am liebsten seine Ruhe hatte. Mit 18 brachte ich dann schließlich über 120 kg auf die Waage, das war nicht mehr lustig. Ich konnte nicht Fußball spielen, ich war als Tanzpartner eine Lachnummer, ich war einsam und unbeliebt. Der Arzt empfahl Diät und Sport. Diäten probierte ich viele und wurde nach jeder noch dicker als zuvor. Mit meinem Gewicht Sport zu treiben schien mir zunächst lebensgefährlich. Joggen? Mir fielen nach 2 km die Füße fast ab. Und so ging es mit jedem Sport – ich hasste es. Bis ich eines Tages zufällig mit einem Fechtmeister ins Gespräch kam, der mich überredete, an einem seiner nächsten Anfängerkurse teilzunehmen. Und da hat es mich gepackt und nicht mehr losgelassen. Diese elegante Kampfsportart wollte ich beherrschen – so absurd das auch für ein unbeholfenes Schwergewicht wie mich schien. Und plötzlich war es nicht mehr schwer, Diät zu halten und zu trainieren – jetzt hatte ich ein Ziel."

ten, die sogenannte isotonische Getränke schlürfen, um die komplizierte Chemie ihres Stoffwechsels wieder auszubalancieren und so ihre Leistungsfähigkeit zu steigern. Dies hat aber wenig mit uns Freizeitsportlern zu tun. Profiathleten im Ausdauersport brauchen viel mehr Salz- und Flüssigkeitszufuhr als der Durchschnitt. Für diese Bedürfnisse wurden spezielle Sportlergetränke entwickelt – sie sind sehr salzhaltig, was nicht nur das benötigte Quantum bereitstellt, sondern zudem den Athleten durstig nach mehr macht. Für den Freizeitsportler ist diese Extra-Salzdosis aber ganz und gar überflüssig und bewirkt nichts Gutes. Auch bei regelmäßigem Training, wenn Sie nicht gerade über längere Perioden Ihre körperlichen Grenzen austesten, kann man auf besondere Sportgetränke ruhig verzichten. Schlichtes Wasser, ob Mineral- oder einfach Leitungswasser, ist absolut ausreichend, um Ihren Durst auf gesunde Art und Weise zu stillen.

Mit Musik geht alles besser. Steigern Sie Ihre Leistung mit Musik! Programmieren Sie Ihren iPod oder irgendein anderes tragbares Musikgerät so, dass Sie Ihr Training mit langsamen Stücken beginnen (das kann klassische Musik oder auch jeder andere Stil mit getragenen Rhythmen sein). Allmählich gehen Sie dann zu immer lebhafteren Klängen (Rock, Tanzmusik) über. Nach Studien von Sportwissenschaftlern trainiert man mit diesem System härter und länger, als wenn man von Anfang bis Ende des Trainings denselben Musikstil hört oder von schnellen Stücken zu langsamen überwechselt.

10 TIPPS FÜR DIE *Wahl* eines Fitnesscenters

Hier finden Sie, worauf Sie achten sollten, bevor Sie Mitglied in einem Fitnesscenter werden. Diese sind in den letzten Jahren wie Pilze aus dem Boden geschossen, und Sie sollten sich Zeit nehmen, die Angebote zu vergleichen.

1 Lassen Sie sich keine Aufnahmegebühr abknöpfen. Für diese Gebühr erhalten Sie keinen Gegenwert, und die meisten Fitnesscenter verzichten sehr schnell darauf, wenn man deutlich zu verstehen gibt, dass man sich sonst anderweitig umschauen wird.

2 Stellen Sie sicher, dass Sie jederzeit oder zumindest sehr kurzfristig Ihre Mitgliedschaft ohne weitere anfallende Gebühren kündigen können. Wenn das im Vertragsformular nicht vorgesehen ist, lassen Sie es von Ihrem Vertragspartner ausdrücklich als zusätzlichen Vermerk einfügen.

3 Finden Sie heraus, zu welchen Zeiten das Fitnesscenter am stärksten frequentiert ist und wie das in Ihren persönlichen Zeitplan passt. Wenn Sie gern in aller Ruhe trainieren, aber nur nach der Arbeit am Abend Zeit dafür haben, wird es schwierig: In vielen Fitnesscentern ist dann heftiger Andrang an den Geräten.

4 Bitten Sie um eine Probewoche, und nehmen Sie einen Freund oder eine Freundin mit. Zu zweit kommt man sicherer zu einem objektiven Urteil, ob ein Fitnesscenter wirklich geeignet ist.

5 Bestehen Sie darauf, dass Sie eine gründliche persönliche Einweisung und Erklärung der Geräte durch einen der Trainer bekommen.

6 Fragen Sie nach, wie häufig das Studio und seine Ausstattung gereinigt und gewartet werden. Geputzt werden sollte täglich, die Geräte müssen mindestens einmal im Monat gecheckt werden.

7 Schauen Sie sich beim Rundgang aufmerksam um: Sind die Trainingsgeräte in tadellosem Zustand, und machen die Umkleideräume und Duschen einen gepflegten Eindruck?

8 Wenn das Fitnesscenter Werbung macht mit Kursen für Pilates, Yoga oder anderen „Extras", fragen Sie nach, ob dafür zusätzliche Gebühren anfallen. Häufig ist das nämlich der Fall.

9 Fitnesscenter werben oft viel mehr Mitglieder an, als sie eigentlich unterbringen können – weil sie aus Erfahrung wissen, dass viele nur sehr selten zum Training kommen. Dabei kann es natürlich zu Fehlkalkulationen kommen – achten Sie darauf, ob es zu Stoßzeiten nicht hoffnungslos überfüllt ist.

10 Viele Fitnesscenter haben „Steckbriefe" ihrer Trainer und Trainerinnen aushängen. Ist dies nicht der Fall, fragen Sie nach der Qualifikation des Personals. Haben sie Lizenzen von anerkannten Organisationen und Sportverbänden? Wenn ja, ist dies ein gutes Zeichen.

Trainingstipps für Frauen

5 Ratschläge, wie Sie sportliche Bewegung angenehmer und effektiver machen

Passen Sie das Training Ihrem Zyklus an. Sie müssen es ja nicht gerade jedem verkünden, aber wenn Sie sich das nächste Mal auf dem Steppgerät so richtig verausgaben, sollten Sie sich in der zweiten Zyklushälfte befinden. Nach einer Studie der University of Adelaide, Australien, trainieren Frauen in dieser Zeit, während die Östrogen- und Progesteronspiegel besonders hoch sind, am effektivsten. Der Körper greift dabei zur Energiegewinnung vermehrt auf Fettreserven zurück, und man ist nach dem Sport weniger erschöpft.

Prüfen Sie Ihre Eisenwerte. Eisen spielt eine wichtige Rolle beim Transport von Sauerstoff aus dem Blut in alle Körpergewebe. Und gerade bei sportlicher Bewegung brauchen die Muskeln eine optimale Sauerstoffversorgung. Nach ärztlichen Statistiken leiden etwa 18 % der Frauen in Westeuropa unter latentem Eisenmangel, ohne sich dessen bewusst zu sein. Ihre Werte sind nicht so niedrig, dass man von einer behandlungsbedürftigen Anämie sprechen könnte, aber körperliches Training fällt ihnen deutlich schwerer. Besonders betroffen sind sportlich sehr aktive Frauen, Vegetarier oder Personen, die gerade eine gewichtsreduzierende Diät machen.

Aber kein Grund zur Verzweiflung! Eine Nahrungsergänzung mit 100 mg Eisen pro Tag kann Ihre Durchhaltekraft beim Sport enorm steigern. Gute natürliche Quellen für Eisen sind rotes Fleisch, Fisch und Meeresfrüchte. Eisen aus pflanzlichen Quellen wie Vollkorngetreide oder grünen Gemüsesorten wird besser aufgenommen mit Vitamin C.

Vergessen Sie den Spiegel! Kein Fitnesscenter oder Gymnastikraum kommt heute mehr ohne eine große Spiegelwand aus. Das mag noch ganz sinnvoll sein, wenn es darum geht, die Bewegungsabläufe neuer Übungen kontrolliert einzustudieren. Aber auf lange Sicht ist es oft gar nicht so motivierend, sich selbst beim Training zuzuschauen – welche Frau ist schon zufrieden mit der Figur, die sie dabei abgibt? Eine Vergleichsstudie kam zu dem Ergebnis, dass Frauen, die vor einem Spiegel trainierten, sich nach 30 Minuten unruhiger und erschöpfter fühlten als eine Gruppe, die ohne Spiegel geübt hatte.

Verzichten Sie auf Promi-Trainingsvideos. Getreu der Werbemaxime „Hässlichkeit verkauft sich schlecht“ werden Gymnastikvideos oft mit superattraktiven Models oder Filmschönheiten in der Trainerrolle gedreht. Von den Verkaufszahlen solcher Videos her geht die Rechnung zwar auf – nicht aber vom Trainingserfolg der Käufer. Nach

wissenschaftlichen Untersuchungen fühlten sich die Käufer solcher Videos bald nicht fit genug, um bei den gezeigten Übungen mitzumachen, wenn diese von einem durchtrainierten Model im schicken Dress vorgeführt wurden. Noch stärker war dieser Effekt, wenn der Film eine Gruppe „Normalfrauen“ zeigte, die von dem Supermodel angeleitet wurde. Man vermutet, dass so ein Szenario noch deutlicher die Kluft zwischen Wunsch und Wirklichkeit vor Augen führt.

Wenn Sie daheim mit einem Video üben wollen, sollten Sie nach einem vertrauenswürdigen und sympathischen Filmtrainer Ausschau halten. Finden Sie ein Video von einer ausgebildeten Sport-, Gymnastik- oder Yogalehrerin, die wie jeder Mensch erst einmal etwas dafür tun muss, um gesund, sportlich und attraktiv auszusehen.

Sie müssen keineswegs ein Leichtgewicht sein. Viele Frauen glauben, sie seien zu übergewichtig, um Sport zu treiben. Andere sind enttäuscht, wenn sie trotz wochenlangen Trainings nicht viel Gewicht verlieren. Der wichtigste Effekt regelmäßiger körperlicher Bewegung ist aber, Herz und Kreislauf gesund zu erhalten. Die Forschung belegt eindeutig, dass der Hauptrisikofaktor für eine Herz-Kreislauf-Erkrankung nicht Übergewicht, sondern mangelnde körperliche Bewegung ist. Besonders deutlich erwies dies eine Studie mit 900 Frauen, von denen 75 % mittleres bis hohes Übergewicht hatten. Geprüft wurden Körpergewicht, Body-Mass-Index und der Grad an körperlicher Aktivität. Bei der anschließenden Untersuchung auf Herzerkrankungen zeigte sich ganz klar: Nicht die schwersten, sondern die inaktivsten Frauen hatten am häufigsten Herzprobleme. ◂

Walking

7 heiße Tipps, wie der gesunde und preiswerte Ausdauersport zum Vergnügen wird

Walking hält schlank. Sie können sich nicht vorstellen, dass so ein bisschen Bewegung hilft? Bei einer vergleichenden Studie stellte sich heraus: Eine Gruppe mit der Aufgabe, täglich 10 000 Schritte in zügigem Tempo zu gehen (kontrolliert durch ein Pedometer), erzielte im Hinblick auf Fitness, Senkung des Blutdrucks und Fettabbau die gleichen Verbesserungen wie eine andere Gruppe, die ein anstrengendes Aerobic-Gymnastikprogramm absolvierte. Internationale Studien bestätigen, dass 10 000 Schritte (bzw. ca. 8 km) täglich eine Schlankheitsdiät wirkungsvoll unterstützen können.

Einmal Erlebnis-Walking pro Woche. Statt Ihrer üblichen Strecke sollten Sie einmal in der Woche ein interessantes Ziel wählen: Laufen Sie durch den Zoo, ein Kunstmuseum, eine neue Einkaufspassage. Drehen Sie zunächst eine Runde in der Umgebung Ihres Ziels in Ihrem üblichen schnellen Tempo, anschließend machen Sie in gemütlichem Schlendergang Ihre Besichtigung.

Suchen Sie sich eine besonders schöne Umgebung. Ganz klar, es ist nicht gerade aufregend, jeden Tag in nächster Nähe der eigenen Wohnung zu gehen – selbst Hunde finden solche Runden ums Haus irgendwann langweilig. Also machen Sie sich die Mühe, und suchen Sie sich von Zeit zu Zeit eine neue Strecke, auch wenn Sie dafür ein kurzes Stück mit dem Auto fahren müssen. Ihr Walking-Parcours sollte auch den Augen etwas Interessantes bieten: Ob nun besonders schöne Villen und

Gärten am Wegesrand liegen oder Sie eine lauschige Waldstrecke oder ein Seeufer wählen, ist natürlich eine Geschmacksfrage.

Gehen Sie zu Beginn schneller. Wenn Sie Ihre Fettverbrennung steigern wollen durch Walking, dann legen Sie zu Beginn einige schnellere Gehphasen ein. Viele Walker erhöhen ihr Tempo eher zum Ende der Strecke, zum feierlichen Abschluss sozusagen. Nach Aussage von Sportpädagogen der Sporthochschule Köln verbrennt man beim Walking aber mehr Fett und fühlt sich außerdem nachher weniger ermüdet, wenn man das Tempo eher zu Beginn erhöht als kurz vor dem Ende. Die Erklärung: So erhöhen Sie ganz rasch die Herzrate und erreichen den Trainingspuls. Auf diesem Level bleiben Sie dann über die gesamte Strecke.

Sportlich einkaufen. Sie kaufen noch mit dem Auto ein? Die moderne Steigerung des Einkaufens ohne die geringste körperliche Anstrengung heißt Onlineshopping. Sehr bequem, aber alles andere als figurfreundlich. Verbrennen Sie lieber ein paar Kalorien mehr, indem Sie die Geschäfte in der Nähe zu Fuß aufsuchen oder mal wieder einen ausgedehnteren Stadtbummel machen!

Walken Sie in Gesellschaft. So erholsam es manchmal sein kann, nach einem hektischen Tag ganz allein beim Walking die Stille der Natur zu genießen – wer jeden Tag läuft, wird es leid, immer einsam seine Runden zu drehen. Auch lebt nicht jeder in einer Gegend, wo man als Frau auch in der Dämmerung noch sicher und unbeschwert allein spazieren gehen kann. In Gesellschaft zu laufen macht mehr Spaß und hält die Motivation wach! Viele örtliche Turnvereine und Gesundheitsorganisationen bieten Walking-Treffs an. Aber auch im Freundeskreis oder in der Nachbarschaft finden sich sicher Gleichgesinnte, die gern regelmäßig walken möchten. Eine andere große Motivationshilfe ist es, auf ein Ziel hin zu trainieren. Wenn Sie sportlichen Ehrgeiz entfalten möchten: Erkundigen Sie sich nach Walking-Wettbewerben, an denen Sie teilnehmen können.

GEHEIMWAFFE

Pedometer

Stur das Trainingspensum auf dem Laufband oder der immer gleichen abgemessenen Strecke zu absolvieren ist nicht jedermanns Sache. Ein Pedometer erlaubt Ihnen die genaue Kontrolle Ihres Trainings, egal, in welcher Umgebung Sie sich bewegen. Das Gerät wird an einem Gürtel befestigt und misst beim Gehen die Anzahl Ihrer Schritte, aus denen es dann die zurückgelegte Strecke errechnet. Grundlage für die Berechnung ist Ihre einmal eingegebene Schrittlänge, mit der Sie das Gerät programmieren. Pedometer gibt es in verschiedenen Preislagen im Sportgeschäft. Entscheiden Sie sich für eine gute Markenqualität, denn Billigfabrikate tendieren zu Ungenauigkeiten bei der Messung.

Walking bei der Arbeit. Sind Sie den ganzen Tag an Ihren Schreibtisch festgeschmiedet? Stehen Sie mindestens alle zwei Stunden auf, und gehen Sie fünf Minuten lang herum. Ein zügiger Fünf-Minuten-Spaziergang summiert sich zum Ende eines Arbeitstags auf immerhin 20 Minuten aktiver Bewegung. Außerdem wirken diese Minipausen so entspannend, dass Sie leichter auf den Griff zu den Snacks in der Schreibtischschublade verzichten. Auch daheim beim Fernsehen, Surfen im Internet oder Lesen immer mal wieder aufstehen und ein wenig herumgehen!

Heimlich trainieren

8 einfache Tipps, wie Sie ganz nebenbei Bewegung in den Alltag bringen

Für eine knackige Rückansicht. Ihr *Gluteus maximus*, auch bekannt als Ihr Po, stellt die größte Muskelgruppe Ihres Körpers dar. Ein bisschen Training tut nicht nur der Straffheit dieses wichtigen Körperteils gut, sondern verbrennt auch Kalorien. Pressen Sie ein- bis dreimal am Tag die Pobacken fest zusammen, halten die Spannung für zwei Sekunden und lockern dann wieder. Wiederholen Sie das 10- bis 15-mal.

Nehmen Sie Haltung an. Wenn Sie sich kerzengerade aufrichten und von den Füßen bis zum Scheitel eine „stolze" Haltung annehmen, bewegen Sie Dutzende von Muskeln in Ihrem Körper. Das tut nicht nur dem Körper gut, sondern stärkt nach Aussagen von Psychologen und Spezialisten für mentales Training auch Ihr Selbstbewusstsein und die Tendenz positiver Lebenseinstellung. Ob Sie gerade bügeln, abwaschen oder in einer Schlange anstehen müssen: Verteilen Sie Ihr Gewicht gleichmäßig auf beide Füße, lassen Sie die Knie locker, und richten Sie die Wirbelsäule auf. Ziehen Sie nicht die Schultern hoch, und halten Sie den Kopf aufgerichtet. Noch eine Übung: Stellen Sie sich vor, Sie müssten zwischen Ihren Schulterblättern einen Bleistift festklemmen, indem Sie sie ganz fest zusammenpressen. Korrigieren Sie immer wieder Ihre Haltung, indem Sie sich bewusst aufrichten.

Zwischendurch etwas Beinarbeit. Während Sie die Wäsche sortieren, bügeln oder andere Hausarbeit erledigen, können Sie leicht ein paar Übungen für die Beine einschalten. Machen Sie 10–15 Kniebeugen – aber nicht irgendwie, sondern so, wie Tänzerinnen ihre Pliés üben. Stellen Sie die Füße genau schulterbreit auseinander, die Fußspitzen sind um 45 Grad nach außen gedreht. Beim Beugen sollen die Knie genau in einer Linie mit den Zehen bleiben. Halten Sie Kopf, Schultern und Hüften gerade. Kommen Sie wieder in den aufrechten Stand zurück, und pressen Sie fest die Pobacken zusammen.

Spielen Sie mit den Kindern. Sobald Kinder laufen können, sind sie die besten Fitnesstrainer der Welt – vorausgesetzt, Sie lassen sich ein und machen mit bei Sport und Spiel. Überschüssige Pfunde purzeln rasch beim Fangenspielen, Planschen im Schwimmbad oder beim Um-die-Wette-Radeln. Kinder fordern Sie ständig zum Wettstreit heraus und können ziemlich ungehalten reagieren, wenn Sie sich nicht genug anstrengen. Schließlich will man stolz sein auf Mama oder Papa! Also machen Sie brav mit – vor allem auch in Ihrem eigenen Interesse.

Machen Sie isometrische Übungen. Erinnern Sie sich? Isometrische Übungen beruhen auf dem Prinzip, Muskeln ohne Bewegung anzuspannen. Ein Beispiel: Wenn Sie mit voller Kraft gegen eine Mauer drücken, als ob Sie sie wegschieben wollten, setzen Sie jede Menge Muskelkraft ein, obwohl weder Sie noch die Mauer sich bewegen. Isometrische Übungen sind ein ausgezeichnetes Muskeltraining und vor allem auch geeignet für Personen mit Bewegungseinschränkungen. Sie können jederzeit und überall üben. Die Grundregel: Halten Sie die Spannung für 5–10 Sekunden, dann wieder locker lassen. Wiederholen Sie jede Übung 5- bis 8-mal. Hier ein paar einfache Übungen:

- Spannen Sie die Bauchmuskeln fest an, und halten Sie die Spannung.
- Legen Sie die Handflächen vor Ihrer Brust wie zum Gebet aufeinander, und pressen Sie sie so fest zusammen, wie Sie können.
- Stehen Sie mit gespreizten Beinen etwa 30 cm entfernt vor einer Mauer, und drücken Sie mit den Händen dagegen, als ob Sie sie wegschieben wollten.
- Stellen Sie sich aufrecht in eine Türöffnung, lassen Sie die Arme ausgestreckt neben dem Körper herabhängen. Drücken Sie dann mit den Handrücken rechts und links gegen den Rahmen, als ob Sie die Türöffnung erweitern wollten.
- Heben Sie unter einer Türöffnung die Arme über den Kopf, und drücken Sie mit den Händen gegen die Oberkante des Rahmens, als ob Sie das Gebäude anheben wollten.
- Setzen Sie sich auf einen Stuhl, und pressen Sie die Fußsohlen so fest wie möglich an den Boden.

Verbringen Sie am Wochenende mindestens drei Stunden im Freien. Ist Ihnen schon einmal aufgefallen, dass viele Sportgeräte im Fitnesscenter – Laufbänder, Ergometer, Kletterwand oder Rudermaschine – Aktivitäten in einer Halle ermöglichen, die normalerweise im Freien stattfinden? Der beste Indikator für einen gesunden Lebensstil ist aber, wie viel Zeit Sie an der frischen Luft verbringen. Warum? Auch wenn Sie nur schlendern, im Garten arbeiten, das Auto polieren oder den Nachwuchs zum Spielplatz bringen, sind Sie viel aktiver, als wenn Sie im Haus sitzen. Und es ist beträchtlich billiger als die Mitgliedschaft in einem Fitnesscenter. Bald werden Sie Spaß an weiteren Aktivitäten im Freien bekommen: Rad fahren, Wandern, eine Sportart wieder aufnehmen, die Sie schon früher einmal ausgeübt haben.

Mit Sieben-Meilen-Stiefeln geht's voran. Versuchen Sie, Ihre Schrittlänge zu vergrößern und Ihr Gehtempo zu erhöhen – und das nicht nur gelegentlich, sondern machen Sie aus dieser energischen Gangart eine feste Gewohnheit. Achten Sie dabei auf eine aufrechte Haltung, und lassen Sie die Arme mitschwingen. Schon allein diese kleine Umstellung sorgt für erhöhten Kalorienverbrauch, stärkere Beinmuskeln und gestrafftere Rücken- und Pomuskeln.

Kochen als Körpertraining. Um schon beim Kochen fit zu werden, müssen Sie ein paar Gewohnheiten ändern:

- Legen Sie sich einige richtig gute, schwere Küchenmesser zu. Damit geht die Arbeit besser von der Hand, und Sie kräftigen Ihre Armmuskeln.
- Wechseln Sie Ihre Töpfe und Pfannen gegen solche aus Gusseisen. Sie sind nicht nur schwer, sondern es kocht sich damit auch hervorragend.
- Kaufen Sie Milch und Getränke in Großpackungen. So wird jedes Einschenken zur kleinen Muskelübung.
- Machen Sie es sich unbequem: Verstauen Sie die am häufigsten benutzten Küchenutensilien so hoch oder so niedrig, dass Sie sich danach strecken bzw. bücken müssen.
- Vergessen Sie das Umrühren. Heben Sie besser Töpfe oder Pfannen an, und vermischen Sie den Inhalt mit einer kurzen Schleuderbewegung, wie es die Küchenchefs tun.

Was ist drin?

10 Tipps für ein besseres Verständnis der Informationen auf Lebensmittelverpackungen

Inhaltsstoffe – weniger ist mehr. Wenn Sie im Supermarkt auf einem Lebensmittel Ihrer Wahl eine lange Liste von Inhaltsstoffen entdecken, lassen Sie es besser im Regal und suchen nach einem ähnlichen Produkt mit weniger Ingredienzen. Wohlgemerkt, wir sprechen hier über die Auflistung der Zutaten, nicht über die Nährwertinformationen (darüber später mehr). Bei vielen Produkten finden sich nämlich als Zusätze verschiedenste Zuckerarten und chemische Stoffe, die weniger dem Konsumenten als vielmehr dem Produzenten zugutekommen, weil er sein Produkt damit leichter vermarkten kann. Solche Additive „verbessern" Aussehen, Geschmack oder Haltbarkeit eines Produkts. Zwar gelten die meisten davon als gesundheitlich unbedenklich (bei einigen ist das aber fraglich), Ihrer Gesundheit tun sie jedoch nichts Gutes. In jedem Fall verfremden sie stets den natürlichen Geschmack eines Lebensmittels oder sollen gerade über Defizite der Hauptzutaten hinwegtäuschen. Ernährungsexperten meinen daher: Je kürzer die Liste der Inhaltsstoffe, umso besser.

„Cholesterinfrei"? Na klar! Cholesterin kommt nur in tierischen Produkten vor, z. B. in Fleisch, Fisch, Eiern, Milch und Butter. Warum also sind manche pflanzliche Produkte ausdrücklich mit dem deutlichen Hinweis versehen „cholesterinfrei"? Weil natürlich auch Lebensmittelproduzenten bekannt ist, dass sich viele Menschen Sorgen um ihre Blutfettwerte machen. Und so werden Brot, Salatsoßen und vor allem Margarine und Pflanzenöle mit dem beruhigenden Hinweis „ohne Cholesterin" versehen. Lassen Sie sich nicht von dieser Selbstverständlichkeit beeindrucken, achten Sie vielmehr darauf, dass das so gekennzeichnete Produkt auch noch andere Qualitäten aufweist als die sowieso gegebene Cholesterinfreiheit.

Was bedeutet Bio? Im Handel treffen Sie auf eine Vielzahl von Produkten mit biobezogenen Aufdrucken. Was davon ist aber wirklich geprüfte Öko- oder Bioqualität? Um sich in dem Dschungel der verwendeten Formulierungen zurechtzufinden, gibt es eine einfache Regel: Nur wo „Bio" oder „Öko" draufsteht, ist auch „Bio" oder „Öko" drin, denn „Bio" und „Öko" sind geschützt. Die EG-Öko-Verordnung schützt z. B. Begriffe wie: „Bio-/Öko-", „biologisch/ ökologisch", „kontrolliert ökologisch/ biologisch", „biologischer/ökologischer Landbau", „biologisch-dynamisch", „biologisch-organisch". Sie dürfen für die Bezeichnung eines Produkts nur dann benutzt werden, wenn mindestens 95 % der Inhaltsstoffe aus ökologischem Landbau stammen. Wasser, Salz, Hefe und die wenigen erlaubten Zusatzstoffe (sie sind im Anhang VI der EG-Öko-Verordnung aufgeführt und werden laufend geprüft) gelten als nichtlandwirtschaftliche Stoffe und werden in diesem Zusammenhang nicht berücksichtigt.

- Auf vielen Biolebensmitteln findet sich außer dem Biosiegel auch ein Zeichen der acht ökologischen Anbauverbände: Biokreis, Bioland, Biopark, Demeter, Ecovin, Gäa, Naturland oder Ökosiegel. Es besagt, dass hier bei der Erzeugung der Produkte und bei der Herstellung des Endproduktes neben der EG-Öko-Verordnung auch die in Teilbereichen oft noch strengeren Richtlinien der einzelnen Verbände eingehalten wurden.
- Darüber hinaus hat der deutsche Lebensmittelhandel eigene Marken für Bioprodukte entwickelt. Dazu gehören z. B. „Alnatura", „Bio aus ökologischer Erzeugung", „BioBio", „Naturkind", „Bio Wertkost", „Füllhorn" oder „Naturkost Grünes Land". Bio-

WAS DIE LEBENSMITTELINDUSTRIE NICHT VERRÄT ÜBER: Ihren Einfluss

Nahrungsmittelhersteller möchten den Konsumenten gerne glauben machen, beim Einkauf gehe es nur um günstige Preise und einfacheres Zubereiten. Das ist zum Teil sicher richtig. Eigentlich aber stehen beim Lebensmitteleinkauf Ihre Gesundheit und die Ihrer Familie im Mittelpunkt. Wichtige Kriterien sind Anbaumethoden, Umweltfragen und regionale Erzeugung, um nur einige Themen zu nennen. Betrachten Sie den Einkauf auch als politische Wahl: Sie votieren damit für oder gegen den Einsatz von Pestiziden, Herbiziden, Antibiotika, chemischen Düngemitteln oder Konservierungsstoffen. Sie können regionale Produkte kaufen oder solche, die von weit her transportiert wurden, für artgerechte Tierhaltung oder Massenaufzucht von Schlachtvieh stimmen.

produkte von Reformwarenherstellern tragen ein grünes Blatt mit der Aufschrift „Bio".

Irreführende Bezeichnungen. Formulierungen, wie „aus kontrolliertem Anbau", „von staatlich anerkannten Bauernhöfen", „unter unabhängiger Kontrolle", „ungespritzt", „ohne Spritzmittel", „aus integrierter Landwirtschaft", „aus Vertragsanbau", „aus alternativer Haltung", „aus umweltschonendem Anbau", vermitteln den falschen Eindruck, es handele sich hier ebenfalls um Bioartikel. Dies ist aber keineswegs der Fall. Werden die Begriffe „naturrein" oder „natürlich" verwendet, heißt das lediglich, dass die Lebensmittel weder Zusatzstoffe noch Rückstände von Pflanzenschutzmitteln oder Tierarzneimitteln enthalten und dass sie nicht bestrahlt wurden. Damit ist jedoch nicht gesagt, dass sie aus „biologischem" Anbau bzw. aus „biologischer" Aufzucht stammen.

Beachten Sie die Portionsgröße. Häufig sind die Nährwertinformationen auf Lebensmittelverpackungen so formuliert, dass sie das Produkt kalorienärmer erscheinen lassen, als es tatsächlich ist. Beispielsweise werden die Nährwerte gern für eine Portion ausgewiesen, bei näherem Hinsehen stellen Sie jedoch fest, dass der Schokoriegel, den Sie normalerweise ganz schnell für sich allein vernaschen, als doppelte Portion gedacht ist. Enthält eine Portion laut Liste 100 Kalorien, haben Sie also gleich 200 Kalorien konsumiert.

Nehmen Sie zum Einkauf einen Taschenrechner mit. Ein Taschenrechner ist Ihr bester Helfer, wenn Sie die Nährwertangaben auf verschiedenen Produkten miteinander vergleichen wollen. Diese beziehen sich nämlich oft auf eine Portion, aber das Maß für eine Portion kann sich von Produkt zu Produkt gewaltig unterscheiden. Einen realistischen Vergleich können Sie nur anhand der Grammangaben durchführen, und das erfordert einige Rechenarbeit.

Kaufen Sie das „volle" Korn. Lebensmittelproduzenten wissen genau, dass ernährungsbewusste Verbraucher heute gerne zu Vollkornprodukten greifen. Lassen Sie sich nicht verführen von Attributen wie „Dreikorn-", „Siebenkorn-" , „Müsli-", „Jogging-", „Fitness-" und dergleichen, sondern achten Sie auf die Bezeichnung „Vollkornmehl" bzw. „Vollkornschrot" auf der Zutatenliste.

Fakten statt Fantasie. Wenn Sie ein gesundes Getreideprodukt (Müsli, Cornflakes usw.) zum Frühstück suchen, vergessen Sie die enthusiastischen Beschreibungen auf der Packung, und prüfen Sie die Inhaltsstoffe. Hauptbestandteil sollte immer eine Vollkorn-Getreidesorte sein. Außerdem sollte das Produkt keinen Zucker enthalten – Zucker können Sie nach Bedarf immer selbst hinzufügen. Stark gezuckerte Produkte prägen insbesondere bei Kindern die Geschmacksvorstellung so sehr, dass sie von der ungesunden Vorliebe für Übersüßes kaum noch abzubringen sind. Nach Aussage der Ernährungsexpertin Marion Nestle enthalten die meisten Frühstücksgetreideprodukte so viel Zucker, dass sie eigentlich von Plätzchen nicht zu unterscheiden sind. Günstig ist dagegen ein hoher Anteil an Ballaststoffen.

Kaufen Sie nichts Verwässertes! Wasser ist eine wichtige Zutat bei Fertigprodukten. Steht es an erster Stelle auf der Liste der Inhaltsstoffe, können Sie meist davon ausgehen, dass eine

WAS DIE BURGERBRATER NICHT VERRATEN ÜBER: Kalorienbomben

Es ist noch nicht ganz so weit wie in den USA, aber auch hierzulande speist bereits jeder dritte männliche Jugendliche mindestens einmal pro Woche in der Frittenbude oder im Schnellrestaurant um die Ecke – Tendenz: steigend. Bei Mädchen ist die Zahl halb so hoch. Die Daten entstammen der sogenannten DONALD-Studie (Dortmund Nutritional and Anthropometric Longitudinally Designed Study), die das Forschungsinstitut für Kinderernährung (FKE) seit 1985 durchführt. Die Auswirkung der kalorienreichen Kost ist schon heute messbar: „Jungen und Mädchen, die Fast Food verzehren, haben einen höheren Body-Mass-Index (BMI) als ihre Altersgenossen", erklärt Dr. Mathilde Kersting vom FKE. Zudem ernähren sich Fast-Food-Konsumenten insgesamt ungesünder: Sie essen seltener Obst und Gemüse und nehmen damit auch weniger Vitamine zu sich. Wahre Kalorienbomben sind vor allem die beliebten „Menüs" aus Burger und Pommes mit einem zuckersüßen Softdrink.

ganze Reihe von Zusätzen folgt, die dem Wasser Konsistenz und Geschmack verleihen. Bei Dosensuppen ist ein hoher Wasseranteil noch verständlich, aber erstaunlicherweise wird auch bei vielen Salatdressings und Spaghettisoßen mit Wasser nicht gespart. Wasser und Öl vermischen sich nicht – es sind daher auch noch Zusatzstoffe nötig, um die beiden Komponenten zusammenzuhalten und geschmacklich aufzuwerten. Das billige Wasser ist eine beliebte „Zutat", aber erwarten Sie nicht mehr bei einem Nahrungsmittel?

Suchen Sie nach MSG. Das ist die Kurzform für Monosodium Glutamat, ein Geschmacksverstärker, der in vielen Fertiggerichten, z. B. in Suppen, enthalten ist. Suchen Sie gründlich, denn meist erscheint diese Zutat erst sehr weit unten auf einer langen Liste. MSG ist eine Aminosäure und wird aus diesem Grund oft auch als natürlicher Geschmacksstoff bezeichnet. Die Aminosäure wirkt neurotoxisch bei sensiblen Personen, gilt als Asthma- und Epilepsieauslöser, kann Migräne, Hyperaktivitätsreaktionen und Ausschlag auslösen, zu Mundtrockenheit, Depressionen und Übelkeit führen, um nur einige wenige mögliche Beschwerden aufzuzählen. Symptome nach dem Genuss MSG-haltiger Speisen werden auch als „China-Restaurant-Syndrom" bezeichnet, da die chinesische Restaurantküche MSG in nahezu allen Gerichten in sehr hohen Konzentrationen verwendet. Mittlerweile wird jedoch wegen der häufigen gesundheitlichen Probleme bei Restaurantbesuchern sehr oft auf diese Zutat verzichtet. ◂

Obst- und Gemüseeinkauf

9 Strategien, wie Sie die süßesten Früchte und das frischeste Gemüse ergattern

Vorsicht, lange Wege und Lagerung. Wenn Gemüse und Obst in Ihrem Supermarkt nicht aus der Region stammen, haben sie wahrscheinlich bis zu zehn Tage hinter sich seit der Ernte. Sie wurden verpackt, transportiert, umgepackt, nochmals transportiert, ausgepackt und für das Angebot arrangiert. Manche Obst- und Gemüsearten erntet man außerdem unreif, damit sie nicht schon auf dem Transportweg verderben. Andere werden mit Gas behandelt, gewaschen, teilweise geputzt und in Tüten verpackt. Und dann lagern sie noch in Ihrem Kühlschrank – hoffentlich nicht zu lang! Während dieser Zeit verlieren Obst und Gemüse nämlich kontinuierlich Geschmack, Vitamine und andere Nährstoffe, die durch Licht, Wärme und Sauerstoff rasch beeinträchtigt werden.

Ein kritischer Blick lohnt. Es ist offensichtlich, dass z. B. Erdbeeren, die Ihnen im Februar im Supermarkt angeboten werden, sicherlich eine weite Reise hinter sich haben. Auch das Aussehen verrät oft viel. Ist der Salat nicht mehr knackig, sondern sichtbar angewelkt, kann natürlich von Frische keine Rede mehr sein. Andererseits kann eine glänzend pralle Schale auch täuschen: Hauchdünne Wachsschichten (z. B. bei Äpfeln) oder eine „Auffrischungskur" durch Besprühen mit Wasserdampf lässt Gemüse und Obst wie frisch geerntet wirken, obwohl sie schon längere Lagerzeiten hinter sich haben. Greifen Sie zu, wenn Geschäfte frisches Obst oder Gemüse aus der Region anbieten. Zu Beginn der Erntesaison sind solche Produkte zwar meist noch etwas teurer als die aus entfernten Massenanbaugebieten, aber Sie werden rasch feststellen, dass der Qualitätsunterschied diesen Preis rechtfertigt.

Frische aus der Tiefkühlung. Wenn Sie von der Frische der Waren in der Obst- und Gemüseabteilung nicht überzeugt sind, bedienen Sie sich besser aus der Tiefkühltheke. Eingefrorene Früchte und Gemüse werden in vollem Reifezustand geerntet und noch am selben Tag eingefroren. Der Tiefkühlprozess verändert zwar je nach Sorte mehr oder weniger die Zellstruktur und damit den „Biss" nach dem Auftauen, aber die Nährwerte bleiben fast vollständig erhalten. Der Vitamingehalt kann leicht reduziert sein, Proteine, Fett, Mineralien, Ballaststoffe und Kalorien bleiben jedoch gleich wie bei frischer Ware. Dies gilt allerdings nur für Tiefkühlgemüse „pur". Den meisten Platz in den Tiefkühltruhen nehmen heute schon Fertiggerichte mit weiterverarbeitetem Gemüsen ein, deren „innere Werte" beträchtlich dezimiert sind.

Zitronensaft auf Vorrat. Zitronen sind Allroundtalente in der Küche und werden beinahe täglich bei der Zubereitung von Salaten, Süßspeisen, Gebäck und vielem mehr gebraucht. Vom gesundheitlichen Wert des Zitronensafts als Vitamin-C-Spender ganz zu schweigen! Zitronen sind zwar rund ums Jahr bei uns erhältlich, aber preisgünstig und vor allem unbehandelt, ohne Konservierungsmittel, findet man sie im Handel nur kurze Zeit. Kaufen Sie dann eine größere Menge. Pressen Sie den Saft aus, füllen Sie ihn in Eiswürfelbehälter unterschiedlicher Größen und geben Sie die Würfel nach dem Gefrieren in Tiefkühlbeutel. So haben Sie immer frischen Zitronensaft zur Hand, und der Vitamin-C-Gehalt bleibt fast unbeeinträchtigt.

Ernten Sie selbst. Frischer geht's nicht: Beschaffen Sie sich Ihr Obst und Gemüse mit eigener Hände Arbeit. Dazu müssen Sie nicht unbedingt einen Garten haben. Erdbeeren zum Selberpflücken, das kennt man ja, viele Agrarbetriebe bieten aber auch andere Früchte sowie Gemüse an, die man während der Saison zu einem günstigen Preis ernten kann. Zusätzlich zu hochwertigen Produkten bekommen Sie so noch gratis gesunde körperliche Bewegung an der frischen Luft! Solche Erntemöglichkeiten in Ihrer Nähe finden Sie über Kleinanzeigen in lokalen Zeitungen und Hinweise am Straßenrand.

Abonnieren Sie bei einem regionalen Erzeuger. Bestimmt gibt es auch in Ihrem Umkreis die Möglichkeit, Obst und Gemüse kistenweise im Abonnement zu beziehen. Zusammenschlüsse von biologisch bewirtschafteten Bauernhöfen bieten diesen Service, bei dem Ihnen wöchentlich ein bestimmtes Sortiment von Saisongemüsen und -früchten ins Haus geliefert wird. Es gibt solche Sortimente in unterschiedlicher Größe und Zusammenstellung, häufig werden neben frischem Gemüse und Obst auch Milchprodukte, Fleisch-, Wurstwaren und Brot angeboten. Manche Erzeuger arbeiten sogar mit ausländischen Biohöfen zusammen und haben dann unbehandelte Südfrüchte und dergleichen im Angebot. Die eigentliche Attraktion solcher Angebote ist die Frische der Produkte, die auf dem kürzesten Wege vom Feld zu Ihnen gelangen. Inzwischen haben Sie bei vielen Anbietern sogar die Möglichkeit, Ihre Lieferung ganz individuell nach den Vorlieben Ihrer Familie Woche für Woche online am Computer zusammenzustellen (siehe auch S.83).

Umsonst und draußen. Augen auf – einige besonders nährstoffreiche Gemüse und Salate finden Sie gratis im Garten und auf der Wiese. So liefern z. B. Wildkräuter wie Löwenzahn, Weißer Gänsefuß, Bärlauch, Brennnessel, Portulak und Wiesenkerbel mehr Vitamine und Mineralstoffe als die meisten der angebauten Blattsalate. Auch viele Blüten sind nährstoffreich und wohlschmeckend, z. B. die von Löwenzahn, Kapuzinerkresse oder Veilchen. Sie eignen sich besonders als Dekoration eines Salats oder zum Ausbacken in Teig.

Eine Frage der Gewöhnung: gesunde Mahlzeiten

DER EXPERTE RÄT

Lebensmittelhersteller verdienen wesentlich mehr an weiterverarbeiteten und neu entwickelten Nahrungsmitteln als an einfachen, naturbelassenen. Deshalb werden Produkte wie Snacks, Plätzchen, Tiefkühlgerichte, Fertigsuppen und -soßen extrem beworben und begegnen uns in Anzeigen und Fernsehspots auf Schritt und Tritt. Vermutlich ist diese optische Dauerberieselung mit daran schuld, dass alle Appelle von Ärzten, Gesundheitsministerien und Ernährungsfachleuten ungehört verhallen. Wir sollten unsere Mahlzeiten gesünder zusammenstellen und mehr Gemüse und Obst essen – wir tun's einfach nicht. Versuchen Sie es doch mal mit Mentaltraining, und schaffen Sie sich eine lebhafte Vorstellung davon, wie Ihr Essen auf dem Teller aussehen sollte: Zur Hälfte ist er gefüllt mit vitamin- und mineralstoffreichem Gemüse in ansprechenden Farben oder mit dunkelgrünem Blattgemüse. Ein Viertel des Tellers punktet mit mageren Proteinen in Form von Fisch, Hühnchen oder Rindfleisch. Das letzte Viertel ist reserviert für Kohlenhydrate, z. B. für ungeschälten Reis oder Pellkartoffeln. Und – sieht das nicht lecker aus?

Junge Brennnesselblätter sollte man nur mit Handschuhen pflücken, sie kurz überbrühen (dann „brennen" sie nicht mehr) und wie Spinat zubereiten. Sammeln Sie Wildkräuter und -blüten in möglichst unberührter Natur, also nicht am Rand befahrener Straßen oder auf stark gedüngten Viehweiden.

Ein wichtiger Warnhinweis: Sammeln Sie nur Pflanzen, die Sie ganz sicher erkennen. Es kommt immer wieder zu Vergiftungsfällen durch Verwechslung von Pflanzen (so sehen sich z. B. die würzigen Blätter des Bärlauchs und die hochgiftigen des Maiglöckchens im frühen Wachstumsstadium sehr ähnlich). Dies gilt natürlich erst recht für das Sammeln von Pilzen. In vielen Orten gibt es Pilz-Beratungsstellen, bei denen Sie Ihre Funde begutachten lassen können. Giftige Pilze werden dort von Kennern sofort aussortiert.

Früchte nachreifen lassen. Häufig gewinnt Obst aus dem Supermarkt an Geschmack, wenn man es vor dem Verzehr noch etwas nachreifen lässt. Packen Sie es dazu in eine Papiertüte, und lassen Sie es bei Zimmertemperatur ruhen. In der Tüte (keine Plastiktüte – dort verdirbt das Obst) konzentriert sich das während der Reifung aus der Frucht ausströmende Äthylen und beschleunigt den Prozess. Noch schneller geht's, wenn Sie eine vollreife Frucht, z. B. eine Banane, dazupacken. Das Verfahren eignet sich natürlich nur für Früchte, die nach der Ernte noch nachreifen können. Dazu gehören Äpfel, Avocados, Bananen, Blaubeeren, Kiwis, Mangos, Pfirsiche, Birnen, Pflaumen und Tomaten. Zu den Früchten, die nicht mehr nachreifen und daher nur vollreif gekauft werden sollten, zählen Zitrusfrüchte, Ananas, Kirschen, Trauben, Himbeeren, Erdbeeren, Stachelbeeren und Honigmelonen.

Ganze Früchte statt Saft. Viele Menschen sind heute vom hohen gesundheitlichen Wert von Fruchtsäften überzeugt. Das ist auch nicht ganz falsch. Frisch gepresster Orangensaft mit viel Fruchtfleisch enthält Vitamine, Ballaststoffe, Mineralien, so gut wie kein Fett – und er schmeckt gut. Aber man sollte ihn nicht wie Wasser trinken.
Bereits ein kleines Glas (125 ml) liefert ungefähr 60 mg Vitamin C, womit der Tagesbedarf bereits kräftig überschritten ist. Nicht viel hört man dagegen über den Kaloriengehalt von Fruchtsäften – 250 ml Orangensaft haben z. B. etwa 112 Kalorien, mehr als dieselbe Menge Coca-Cola. Viele Kinder haben heute stets eine Flasche Fruchtsaft dabei, aus der sie immer wieder trinken. Sie nehmen so eine viel zu große Tagesmenge Saft zu sich. Viel gesünder ist der Verzehr der ganzen Früchte. Zum einen enthalten sie noch alle wertvollen Nährstoffe in unveränderter Form. Und man wird kaum fünf Orangen auf einmal verzehren – im Gegensatz zu 250 ml Saft, der rasch getrunken ist. Außerdem sind naturreine, schonend gewonnene Fruchtsäfte teuer. Viele Verbraucher kaufen daher lieber eines der unzähligen Fruchtsaftgetränke, Nektare oder Fruchtlimonaden, die oft nur ein Minimum an Fruchtsaft, aber dafür sehr viel Wasser, Zucker oder andere Süßungsmittel und Aromastoffe enthalten.

REGIONAL & GESUND

Gemüse aus der Kiste

Gesunde regionale Lebensmittel der Saison, meist dazu aus ökologischem Anbau: Das bietet das Abonnement einer Gemüsekiste. Die Idee, die dahintersteckt, ist eine Form der Direktvermarktung mit Lieferservice. Es geht darum, vorwiegend regional angebaute, frische Lebensmittel meist direkt vom Erzeuger im Abonnement zu beziehen.

Die Einschränkung „meist direkt vom Erzeuger" bezieht sich darauf, dass nicht alle Lieferdienste auch selber erzeugen. Wenn dies nicht der Fall ist, handelt es sich aber in der Regel um Zusammenschlüsse von verschiedenen Erzeugern, die gemeinsam direkt vermarkten. Manche beziehen sogar ausländische Erzeuger von Biogemüse und -obst ein – womit natürlich der Vorteil kurzer Lieferstrecken dahin ist.

Ein solches Abo garantiert Ihnen einen abwechslungsreichen Speisezettel durch das ganze Jahr, vorausgesetzt, Sie akzeptieren es, die regionalen Gemüse der Saison immer wieder anders zu verarbeiten. Viele Anbieter liefern zur Unterstützung auch regelmäßig Kochrezepte für vollwertige Mahlzeiten aus den saisonaktuellen Gemüsen mit. Eine vollwertige Ernährung mit frischen Lebensmitteln aus ökologischem Anbau ist optimal, wenn auch leider teuer. Sie stärkt aber Ihre Abwehrkräfte und beugt vielen Krankheiten vor.

Angeboten werden stets reichhaltige, sorgsam zusammengestellte Gemüsepakete in verschiedenen Varianten und Größen. Maßgebend für die Auswahl in der Gemüsekiste ist das Frischeangebot der Saison. Oftmals können auch Sonderwünsche oder individuelle Gemüsekisten (z.B. für Allergiker, werdende und stillende Mütter usw.) zusammengestellt werden. Zu alledem leistet man mit dem Abo der Gemüsekiste einen aktiven Beitrag zum Umweltschutz. Denn Nahrungsmittel aus ökologischem Anbau sind nicht nur besonders gesund, schmackhaft und von höchster Qualität, sondern werden auch umweltschonend produziert. Nach Aussage des Web-Forums gemüsekiste.de hilft jedes einzelne ökologische Gemüsekisten-Abo, die Kulturlandschaft zu erhalten und zu pflegen – Abos reichen aus, um für ca. 100 Gemüsekisten 1 ha Land auf ökologischen Anbau umzustellen. Anbieter von Gemüsekisten im Abonnement gibt es inzwischen bundesweit und auch in abgelegeneren Regionen. Sehr hilfreich bei der Suche nach Lieferanten in Ihrer Gegend und für weiterführende Informationen über gesundes Obst und Gemüse sind die folgenden Internetadressen:

www.gemuesekiste.de
(Suchfunktion für Anbieter von Gemüsekisten in Ihrer Region)

www.eco-world.de
(alternatives online-Branchenbuch)

www.naturkost.de
(Infos zu Naturkost, Bezugsquellen, Einkauftipps, über 2500 Rezepte)

www.vitalstoffe.de
(Infos zu Vitaminen und Mineralstoffen, Ernährungsberatung per E-Mail, Zubereitungstipps)

www.was-wir-essen.de
(Infos zu Lebensmitteln und Schadstoffen, Lebensmittelallergien)

www.fruchtversand.de
(bundesweiter Versand von Biofrischeprodukten im Abonnement)

www.lebegesund.de
(vegetarische Produkte, Gemüse- und Obstkisten im Abonnement)

Tomatentricks

5 einfache Hinweise für den perfekten Umgang mit den beliebten roten Früchten

Bewahren Sie Tomaten bei Zimmertemperatur auf. Reife, saftige, frisch gepflückte Tomaten haben einen vollen, aromatischen Geschmack. Aufbewahrung im Kühlschrank macht die Früchte fade. Lagern Sie Tomaten daher bei Zimmertemperatur in einer offenen Schale oder einem Korb – die Luft sollte um sie zirkulieren.

So bewahren Sie das Aroma vollreifer Tomaten. Auch wenn Sie nicht selbst Tomaten in Ihrem Garten haben, lohnt es sich, zur Hauptsaison Tomaten zu konservieren und dazu eine größere Menge vollreifer Früchte aus der Region auf dem Markt zu kaufen. Besser und bequemer, als nach traditioneller Methode Tomaten in Gläsern einzuwecken, ist es, sie einzufrieren. Waschen Sie dazu die Tomaten, und schneiden Sie den grünen Stängelansatz heraus. Legen Sie sie nebeneinander auf ein Backblech oder Tablett, und lassen Sie die Früchte gefrieren. Anschließend verpacken Sie sie in Gefrierbeutel. Tiefgefrorene Tomaten können Sie vor dem Einsatz in der Küche sehr einfach schälen. Dazu lassen Sie sie kurz antauen, oder Sie halten sie kurz unter lauwarmes Leitungswasser. Sie eignen sich für jedes Gericht, das mit gekochten Tomaten zubereitet wird.

Wenig empfehlenswert – gehackte Tomaten aus der Dose. Tomatenstücke aus der Dose sind preiswert und einfach einzusetzen. Häufig ist die Dosenflüssigkeit aber mit minderwertigem Tomatenmark versetzt, das auch noch einen metallischen Beigeschmack hat. Verarbeiten Sie deshalb besser ganze Tomaten aus der Dose oder dem Glas. Wenn Sie schnell eine Soße zubereiten wollen, nehmen Sie nur die Tomaten, nicht den Saft, dann dauert es nicht so lange, bis die Flüssigkeit reduziert ist. Dosentomaten schmecken oft recht gut und sind gegenüber faden Treibhaus-Tomaten häufig die bessere Wahl. Übrigens: Greifen Sie bei frischen Tomaten zu den runden Sorten. Eiertomaten haben im Allgemeinen kein so intensives Aroma und eignen sich gut zum Kochen, weil sie mehr Fruchtfleisch und weniger Samen haben.

Tomatensoße für Eilige. *Mamma mia!* Eine Tomatensoße, die stundenlang auf dem Herd geköchelt hat, schmeckt einfach fantastisch! Aber eine Tomatensoße, die in wenigen Minuten zubereitet wurde, kann ihren ganz eigenen frischen Charme haben – vorausgesetzt, Sie verwenden dazu erstklassige, vollreife Tomaten. Rezepte gibt es hier unzählige, wir empfehlen Ihnen dieses: Dünsten Sie zwei große, durchgepresste Knoblauchzehen etwa vier Minuten in 60 ml Olivenöl, bis der Knoblauch goldgelb ist. Geben Sie 1 kg vollreife, geschälte und gehackte Tomaten dazu. Ersatzweise können Sie eine große Dose abgetropfter ganzer Tomaten verwenden. Salzen und 15–20 Minuten ohne Deckel köcheln lassen, bis die Soße eindickt. Nehmen Sie die Soße vom Herd, und rühren Sie 8–10 grob zerpflückte Basilikumblätter darunter. Geben Sie die Soße über abgetropfte, bissfest gekochte Nudeln.

Schalen und Samen geben Aroma. Eine Tomatensoße mit Schalenstücken und Samenkernen ist für viele der pure Horror – wie schade! Denn die Tomatenhaut und die Samen tragen viel zu einem vollen Aroma bei. Schneiden Sie deshalb vor dem Kochen nur die harten grünen Stängelansätze heraus. Die fertige Soße können Sie durch ein Sieb oder die „Flotte Lotte" geben, um die Schalen zu entfernen. Oder aber Sie pürieren die Soße mit einem Mixstab. Ein weiterer Tipp: Es hat sich herumgesprochen, dass man keineswegs sagen kann: Wer eine Tomate kennt, kennt sie alle. Die verschiedenen Sorten haben ganz unterschiedliche Geschmacksnuancen von süß bis säuerlich oder auch salzig. Bestimmte Gewürze unterstreichen noch diese Tendenz: Basilikum, Schnittlauch, Paprika und Minze betonen Süße, Wein, Zitronensaft, Kapern und Essig heben säuerlichen Geschmack hervor, während Anchovis, Oliven und Kapern salzige Noten verstärken. ◂

DER EXPERTE RÄT

Salatdressings selbst gemacht

Eine gute Salatsoße ist eigentlich im Handumdrehen fertig – aber über dem reichen Angebot an Fertigdressings oder Trockenpulvern zum Anrühren ist das fast in Vergessenheit geraten. Auf der Basis einer einfachen Vinaigrette können Sie mit weiteren Zutaten blitzschnell die passende Soße zaubern. Für die Vinaigrette verrühren Sie drei Teile gutes Olivenöl mit einem Teil gutem Weinessig. Mit Salz und Pfeffer nach Geschmack würzen.

Diese Mischung lässt sich wochenlang im Kühlschrank aufbewahren und entweder pur als Salatdressing verwenden, oder Sie geben die verschiedensten Gewürze und Kräuter hinzu. Einige Vorschläge: frischer gehackter Estragon, Schnittlauch oder Dill, Senf, zerkrümelter Roquefort, durchgepresste Knoblauchzehe, fein gehackte Chilischote.

Obwohl Salatsoßen ja nur einen winzigen Bruchteil dessen ausmachen, was wir an Lebensmitteln konsumieren, füllen sie in Geschäften mehrere Regalreihen. Warum? Diese Produkte sind sehr profitabel für die Hersteller, die Ihnen suggerieren, Dressings seien eine komplizierte Küchenkunst mit einer Fülle verschiedenster Ingredienzen.

Dabei hapert es gerade bei den Zutaten vieler Fertigdressings: Üblicherweise gehören dazu Wasser, geschmacksneutrales Sojaöl, Aromastoffe, Emulgatoren und Konservierungsmittel. Sie essen geünder, wenn Sie darauf verzichten – und gewinnen Platz im Kühlschrank!

Eier – eine runde Sache

3 Punkte, die Sie über Einkauf, Zubereitung und Lagerung wissen sollten

Kaufen Sie Bioeier. Natürlich sind Bioeier etwas teurer, aber es gäbe nicht so viele Empfehlungen dafür, wenn sie nicht eindeutig gesünder wären. Bioeier dürfen sich übrigens nur solche nennen, die aus Freilandhaltung bzw. ökologischer Haltung stammen. Sie haben einen höheren Anteil an wichtigen Omega-3-Fettsäuren, die vielfältige Aufgaben im Körper erfüllen. So schützen sie u. a. vor Herz-Kreislauf-Erkrankungen und senken das Risiko, an einer Depression zu erkranken.

Es gibt mehr als eine Methode, ein Ei zu kochen. Möchten Sie immer alles genau unter Kontrolle haben, oder tendieren Sie eher zum Laissez-faire? Jeder hat beim Eierkochen seine eigene Methode, auf die er schwört. Kochbücher setzen gern auf die Autorität des geschriebenen Wortes und präsentieren ihre Anleitungen als die einzig richtigen. Manchmal trifft das auch zu, und für ein Laissez-faire ist dann kein Platz. Wenn Sie z. B. Eiweiß für einen Biskuitteig zu einem lockeren Schneeberg aufschlagen möchten, sollte beim Trennen der Eier auch nicht das kleinste bisschen Dotter zum Eiweiß geraten – sonst gibt es nur Schaum statt Schnee. Aber zurück zum Eierkochen:

- *Die kontrollierte Methode* besteht darin, zunächst Wasser zum Kochen zu bringen und erst dann die Eier hineinzulegen. Schließen Sie den Topf mit einem Deckel, und wenn das Wasser wieder kocht, stellen Sie einen Kurzzeitwecker – drei Minuten für weiche, 13 Minuten für harte Eier. Gießen Sie nach der Kochzeit das Wasser ab, und lassen Sie über die harten Eier ganz kurz kaltes Wasser laufen, damit sie sich leichter schälen lassen. Weiche Eier sollten sofort verzehrt werden, harte Eier, die Sie erst später brauchen, werden so rasch wie möglich abgekühlt.
- *Für die Laissez-faire-Methode* brauchen Sie keine Uhr. Legen Sie die Eier in einen Topf, und bedecken Sie sie mit kaltem Wasser. Bringen Sie das Wasser rasch zum Kochen, und stellen Sie dann den Herd ab. Lassen Sie die Eier im geschlossenen Topf auf der warmen Herdplatte stehen. Nach etwa 20 Minuten sind die Eier ebenso hart wie nach 13 Minuten kontinuierlichem Kochen. Sie haben jedoch auf diese Weise Energie gespart und einen kleinen Beitrag im Kampf gegen die globale Erwärmung geleistet. Die 20 Minuten sind übrigens nicht obligatorisch, Sie können die Eier ruhig länger im warmen Wasser liegen lassen. Weich sind Eier bei dieser Methode nach etwa fünf Minuten, hier ist es aber doch ratsam, einen Blick auf die Uhr zu werfen. Für Strohwitwer gibt es jedenfalls keinen Grund zu der Klage: „Ich kann mir nicht einmal ein Ei kochen!"

Was der Stempel auf dem Ei verrät. Eier kommen heute mit Ausweis daher: einem Stempel mit Ziffern- und Buchstabenfolge auf der Schale. Die erste Ziffer gibt dabei Auskunft über die Haltungsform der Legehenne: Eine Drei steht für Käfighaltung, die Zwei für Bodenhaltung, die Eins für Freilandhaltung und die Null für ökologische Haltung. Die folgenden Buchstaben kennzeichnen das Land, aus dem das Ei stammt (z. B. DE für Deutschland), die 7-stellige Nummer danach bezeichnet den Erzeugerbetrieb, der das Ei lieferte. Wenn Sie weder Hühnerhalter noch Umweltaktivist sind, hier ein paar Erklärungen:

- In der Käfighaltung lebt ein Huhn auf zwei Dritteln der Fläche eines DIN-A4-Blattes, das sind 455 cm^2. Viele Vorgänge erfolgen automatisch, wie die Versorgung mit Futter und Wasser, das Sammeln der Eier und die Entsorgung des Kots.
- Bei Bodenhaltung dürfen bis zu sieben Hühner pro Quadratmeter Stallfläche auf dem Boden gehalten werden. Ein Freilauf ist bei der Bodenhaltung nicht vorgeschrieben.
- Bei Freilandhaltung müssen die Legehennen neben ihrem Stall einen Mindestfreilauf von 10 m^2 Freiland pro Huhn haben. Die Vorschriften für den Stall sind dieselben wie bei der Bodenhaltung. Der Auslauf muss überwiegend begrünt sein.
- Bioeier stammen immer aus Freilandhaltung, und außerdem kommt das Futter weit überwiegend aus ökologischem Anbau. Die Verabreichung von Antibiotika und anderen Medikamenten ist verboten. Zudem sind im Stall 1 m^2 Mindestfläche für je sechs Hennen vorgeschrieben. ◁

Werfen Sie Ihre Netze aus nach hochwertigem Fisch

DER EXPERTE RÄT

Fisch ist die beste Quelle für die „guten" Fettsäuren, aber Fisch und Meeresfrüchte einzukaufen erfordert etwas Know-how, wenn Sie nicht gerade am Meer wohnen.

Der Bestand an Meeresfischen hat durch jahrzehntelange und zum Teil noch andauernde Überfischung abgenommen. Wegen der geringeren Ausbeute und eingeschränkter Fangquoten ist „wilder" Fisch heute beträchtlich teurer.

Zum Teil wird das heute kompensiert durch neue Zuchtmethoden, aber die sogenannte „Aquakultur" hat auch neue Probleme aufgeworfen. So können sich u.U. in den Zuchtbecken Krankheitskeime rasant vermehren und durch einzelne „Flüchtlinge" auf Wildfische übertragen werden.

Umso wichtiger ist es für Fischliebhaber, beim Einkauf auf Frische und gute Qualität zu achten:

- Die Kiemen sollten leuchtend rot, nicht aber rotbraun oder braungrau sein.
- Das Fleisch ist fest, und bei leichtem Druck bleibt keine Vertiefung zurück.
- Forellen, Karpfen und Schleien sind mit einem frischen Schleimmantel überzogen.
- Die Schuppen sitzen fest auf der Haut und lassen sich nur schwer entfernen.
- Frische Meeresfische riechen nach Salzwasser, Seefische nach quellfrischem Wasser. Fische dürfen nicht nach Ammoniak riechen!
- Frische Muscheln müssen beim Einkauf fest geschlossene Schalen haben. Beim Kochen wiederum müssen sich alle Schalen öffnen: Muscheln, die geschlossen bleiben, sind verdorben und nicht mehr zum Verzehr geeignet, man muss sie wegwerfen.

Wenn es Fleisch sein soll

9 praktische Tipps, wie Sie gesunde und schmackhafte Gerichte mit Fleisch auf den Tisch bringen

Steaks vom Metzger. Geht schnell, liefert viele magere Proteine, schmeckt gut und gilt daher vielen als das Beste: saftige Rindersteaks. Wenn Ihnen Steaks einfach nicht gelingen und eher an Schuhsohlen erinnern, haben Sie vielleicht das falsche Stück erwischt: Das Fleisch sollte möglichst von einem jungen, gut genährten Ochsen stammen, mindestens drei Wochen abgehangen und von ganz feinen Fettadern marmoriert sein. Vielleicht trifft das auf die abgepackten Steaks im Supermarkt zu – das wissen Sie aber erst nach der Zubereitung. Viel sicherer ist der Fleischkauf bei einem guten Metzger, der ein Interesse daran hat, Sie als treuen Stammkunden zu gewinnen. Für Steaks kommen neben dem edlen Rinder- oder Kalbsfilet aus dem Roastbeef geschnittene Rumpsteaks oder Entrecôtes infrage. Steaks nach amerikanischem Zuschnitt sind Porterhouse-, T-Bone- und Club-Steaks. Sie werden ebenfalls aus dem Roastbeef geschnitten und wiegen je bis zu 1 kg.

Schweinefleisch als Ausnahme. Schweinebraten, Eisbein oder gegrillte Haxen haben eine lange Tradition in unserer Küche und gehören bei vielen auf die Liste der Lieblingsgerichte. Aber Vorsicht: Schweinefleisch ist fett – selbst die mageren Kotelett- und Filetstücke enthalten entschieden mehr Fett als die gleichen Stücke bei Rind, Kalb oder Lamm. Da außerdem die beliebtesten Wurstwaren und Schinken in erster Linie aus Schweinefleisch und -speck bestehen, sollte jeder, der auf eine gesunde Ernährung Wert legt, höchstens einmal in der Woche ein Gericht mit Schweinefleisch auf den Tisch bringen. Wurst und Schinken sollten ebenfalls seltener verzehrt werden.

Kurz gebraten in der Pfanne. Bei Fleischstücken, die schnell in der Pfanne gebraten werden, kann man nicht schummeln. Damit sie perfekt geraten, braucht man eine gute, große Pfanne mit schwerem Boden. Besonders eignet sich eine gusseiserne Pfanne, in jedem Fall muss sie stabil sein und möglichst einen isolierten Griff haben. Auch auf das richtige Bratfett kommt es an: Es muss sehr hoch erhitzbar sein, ohne zu verbrennen. Am besten eignet sich Sonnenblumen- oder Erdnussöl. Hochwertige kalt gepresste Pflanzenöle sind zu schade zum Braten und verbrennen bei hoher Temperatur. Zum Kurzbraten eignen sich neben den bereits genannten Steaks Schnitzel von Schwein, Kalb und Pute, Koteletts von Schwein, Kalb und Lamm, Hühnerbrustfilets und die Rückenfilets von Kaninchen und Lamm am besten. Und so gelingt's: Lassen Sie die Pfanne sehr heiß werden, bevor Sie das Bratfett hineingeben. Legen Sie dann die gut abgetrockneten Fleischstücke mit reichlich Zwischenraum nebeneinander in die Pfanne. Nach ungefähr einer Minute wenden – wenn das nicht ganz leicht geht, lieber noch ein paar Sekunden warten. Die zweite Seite ebenfalls eine Minute bei starker Hitze braten, dann den Herd herunterschalten. Das Fleisch fertig braten, dabei noch einmal wenden. Erst zum Schluss salzen!

Schmoren für ein volles Aroma. Das Schmoren auf dem Herd oder im Backofen ist eigentlich die ideale Zubereitungsweise für Fleisch. Es wird butterzart, und man bekommt ganz nebenbei eine wunderbar aromatische Soße. Der einzige Nachteil der Methode: Sie ist nichts für Eilige, denn je länger die Schmorzeit und je geringer die Hitze, umso besser das Ergebnis. Alle großen Bratenstücke von Rind, Kalb, Schwein und Lamm eignen sich zum Schmoren, aber auch die weniger edlen Teile wie Brust, Schulter und Haxe vom Kalb oder Lamm, Ochsenschwanz, Rouladen oder Gulasch gelingen so am besten.
Ideal ist das Schmoren im Backofen. Sie brauchen dazu einen schweren, ofenfesten (auch die Griffe!) Topf. Zunächst braten Sie das Fleisch bei starker Hitze auf dem Herd ringsum braun an. Nehmen Sie den Topf vom Herd, legen Sie das Fleisch auf einen Teller, und füllen Sie vorbereitetes Schmorgemüse und Gewürze in den Topf: Möhren, Sellerie, Lauch, Zwiebel und Petersilienwurzel in groben Stücken, Lorbeer, Nelke, Pfefferkörner, Thymian, Rosmarin, Piment als feine Gewürze.
Darauf betten Sie das Fleisch, gießen mit wenig Brühe und/oder Wein an (nur so viel, dass der Boden gut bedeckt ist) und stellen den Topf in den auf 150–180 °C vorgeheizten Backofen. Und nun fassen Sie sich am besten in Geduld. Je nach gewähltem Stück braucht der Schmorbraten 2–4 Stunden, bis das Fleisch zart ist. Schauen Sie ab und zu nach, ob noch Flüssigkeit im Topf ist, und füllen Sie gegebenenfalls etwas Brühe oder Wein auf. Das Fleisch darf aber nicht kochen. Vor dem Anschneiden den Braten kurz ruhen lassen.

Das Kaffeesteak. Dies ist kein Vorschlag, den Hauptgang und das Dessert zeitsparend zusammenzufassen, sondern ein originelles Rezept aus einem amerikanischen Steakhouse in Seattle. Apropos Restaurantrezepte: Nicht immer erhält man Auskunft, wenn man nach einem besonders guten Essen im Restaurant das Rezept wissen möchte. Viele Küchenchefs legen lieber den Schleier des Geheimnissses über ihre Kreationen. Oft wird man aber im Internet fündig, wenn man den Namen des Gerichts eingibt, und findet das Originalrezept oder eine Variante.

Im Falle des Kaffeesteaks verdanken wir das Rezept einer findigen Köchin, die so lange experimentierte, bis ihre Version der inzwischen berühmt gewordenen Restaurantspezialität ebenbürtig war. Man braucht gut abgehangene Rindfleischsteaks und kräftig geröstete gute Kaffeebohnen (am besten für Espresso). Der Kaffee wird sehr fein gemahlen und mit den Händen von allen Seiten kräftig in die Fleischscheiben gerieben. Überflüssiges Kaffeemehl abschütteln. Dann

die Steaks in der Pfanne oder auf dem Grill wie gewohnt braten. Die fertigen Steaks auf Tellern anrichten, mit ein wenig kalt gepresstem Olivenöl beträufeln und mit Meersalz würzen. Dazu passt ein gemischter Salat.

Weniger ist mehr. Für unsere Großeltern war Fleisch noch ein teurer und seltener Genuss, der bevorzugt sonntags auf den Tisch kam. Seither hat unser Fleischkonsum kontinuierlich zugenommen, und ganze Generationen haben sich daran gewöhnt, ein Essen nur dann als vollständig zu betrachten, wenn Fleisch einer der Hauptbestandteile ist. Bitte tun Sie Ihren Arterien einen Gefallen, und übertreiben Sie nicht. Es muss nicht immer ein dickes Steak oder ein Braten sein, oft tun es auch kleinere Portionen.

Bereiten Sie Geschnetzeltes mit Gemüsepaprika und Zwiebeln, garen Sie feine Fleischstreifen im Wok mit verschiedenen Gemüsen, Sprossen und Pilzen, krönen Sie Salatteller mit gebratenen Fleischstreifen, oder bereiten Sie Spieße mit Fleisch- und Gemüsewürfeln. Es gibt unzählige Rezepte, in denen Fleisch zwar Zutat ist, aber mengenmäßig keineswegs die Hauptrolle spielt. Mit ihrer Hilfe können Sie den Fleischverzehr in moderaten Grenzen halten und trotzdem genießen.

Wie brät man Hamburger? Wer meint, diese Frage sei zu vernachlässigen, hat vermutlich keine Kinder. Nur wenige Eltern schaffen es, sich im Kampf gegen die beim Nachwuchs allzu beliebten Burger-Imbissketten durchzusetzen und zu Hause die eigene Version anzubieten. Um die lieben Kleinen auf den „rechten Pfad“ zu locken, macht man ihnen am besten zwei Arten der Hamburger-Zubereitung schmackhaft. Man brät das Hackfleisch entweder in der Pfanne, schön flach und nicht allzu kross, oder man grillt es über Holzkohle. Sprechen Sie immer von Burgern, ja nicht von Frikadellen o.Ä., denn dazwischen liegen Welten ... Und drücken Sie die Burger nicht beim Braten weiter flach, da sie sonst trocken und fade werden.

Hackfleisch von Geflügel. Wenn Sie häufiger Hackfleischgerichte servieren, sollten Sie es mal mit Geflügelhack statt Rind- oder Schweinehack versuchen. Hack vom Truthahn oder Hühnchen finden Sie zwar nicht bratfertig im Supermarkt, aber Ihr Metzger wird Ihnen das Fleisch auf Wunsch durchdrehen, oder Sie zerkleinern es mit dem Blitzhacker zu Hause. Als Hackbällchen, -braten oder in *Chili con Carne* schmeckt Geflügelfleisch ebenso gut wie Rind oder Schwein. Der große Vorteil ist dabei: Sie sparen etwa 30 % der Kalorien und nehmen nur halb so viel Fett zu sich.

Hähnchen braten. Meist wird empfohlen, Hähnchen mit der Brust nach oben im Ofen zu braten. Warum, weiß niemand, denn auf diese Weise ist das zarte Brustfleisch völlig trocken, wenn die Schenkel gerade eben gar sind. Drehen Sie es also einfach um: Mit der Brustseite nach unten wird das Hähnchen gleichmäßig gar und bleibt saftig. Auch eine gute Idee: Rollen Sie Alufolie zu einem festen, konischen Zylinder, den Sie durch die Bauchhöhle des Hähnchens stecken. So können Sie das Hähnchen aufrecht auf den Rost stellen und in dem auf 200 °C vorgeheizten Ofen rundum knusprig braten. Machen Sie möglichst eine Garprobe mit einem Fleischthermometer – dies ist bei Geflügel ganz besonders ratsam wegen der Salmonellengefahr! ◁

Grillgeheimnisse

4 Tipps, wie Sie besser grillen – und mehr Spaß dabei haben

Der Nachbar hat immer den besseren Grill. Grillgeräte gibt es in unzähligen Varianten – und jeder schwört auf seinen. Ob Gas-, Holzkohlen- oder Elektrogrill macht im Hinblick auf den Geschmack des Grillguts kaum einen Unterschied. Wichtig sind aber die Verarbeitung und das Material des Grills. Wichtigste Bedingung: Das Grillgerät muss standfest sein und nicht auf wackligen Stangen schwanken – schließlich wollen Sie mit Genuss essen und nicht Brände löschen oder Brandwunden verarzten. Achten Sie beim Kauf auf Prüfzeichen: Gute Qualität können Sie am DIN-Zeichen 66077 sowie der Kennzeichnung „GS" (Geprüfte Sicherheit) erkennen. Die Größe des Grills hängt davon ab, wie viele Personen Sie bewirten wollen. Der Rost und auch der Spieß sollten mit einfachen Handgriffen höhenverstellbar sein. Klassisch ist der Holzkohlengrill, der noch am ehesten Lagerfeuerromantik verbreitet. Ungesund wird es allerdings, wenn beim Grillen abtropfendes Fett in die offene Glut fällt: Im Rauch entwickeln sich Krebs erregende Benzpyrene, die sich auf dem Grillgut ablagern können. Rauchlos grillt man mit dem Gasgrill, der sich daher gut eignet, wenn die Nachbarn vom Rauch belästigt werden könnten. Ein Gasgrill ist nicht so mobil, weil er an eine schwere Butangasflasche angeschlossen wird. Dafür bringt er beim Anzünden sofort volle Heizkraft und lässt sich gut regulieren. Praktisch und preiswerter als der Gasgrill ist der Elektrogrill, den es auch als Tischgrill gibt. Sein Vorteil ist, dass man ihn auch in Innenräumen oder auf dem Balkon benutzen kann, außerdem lässt er sich leicht zerlegen und reinigen.

Butter oder Olivenöl. Lassen Sie sich nicht von exotischen Gewürzen oder Gartechniken irritieren. Der Grund, warum gegrillte Steaks im Restaurant manchmal so fantastisch schmecken, ist ein ganz einfacher: Butter oder Olivenöl. Wenn Sie zu Hause grillen, probieren Sie es gleich aus: Sobald Sie die fertig gegrillten Steaks vom Rost nehmen, lassen Sie 1/2 TL Butter darauf schmelzen oder träufeln etwas erstklassiges kalt gepresstes Olivenöl darüber. Ihre Gäste werden begeistert sein.

Das Kreuz mit den Spießen. Holzspießchen sollen sich prima zum Grillen eignen, wenn man sie zuvor in Wasser einweicht – aber man kann sie unmöglich so lange einweichen, dass sie nicht doch auf dem Grill Feuer fangen, und das war's dann mit den Krabbenspießchen. Runde Metallspieße funktionieren prima – bis zu dem Zeitpunkt, da man sie wenden will. Sie drehen den Spieß, und die Schwerkraft übernimmt das Kommando: Alles, was Sie auf dem Spieß aufgereiht haben, dreht sich ebenfalls und landet auf derselben Seite wie zuvor. Flache Metallspieße lösen dieses Problem, aber sie müssen massiver sein, um stabil zu bleiben. Für Fleischwürfel ist das prima, aber Pilze, Zwiebeln und Gemüsestücke zerfallen oft schon beim Versuch, sie aufzuspießen. Die geniale Lösung: kleine längliche „Drahtkäfige" mit Griffen, die man öffnen kann, um das Grillgut unterzubringen. Einziger Nachteil: Sie sind umständlich zu reinigen.

Was eignet sich zum Grillen? Fast alles – aber eben doch nicht alles. Fleisch darf nicht mehr tiefgefroren

So geht's: **So bekommt Grillfleisch die richtige Würze**

Fleisch und Fisch vom Grill bewahren sehr gut den typischen Eigengeschmack – pikante Marinaden jedoch können ihn noch unterstreichen und das Fleisch zarter machen. Bei kleineren Stücken reicht es, sie 1–2 Stunden zu marinieren, größere besser über Nacht. Stellen Sie das Fleisch dazu nicht in den Kühlschrank, bei Zimmertemperatur zieht die Marinade besser ein. Für Fleisch eignet sich eine Marinade aus 8 EL Olivenöl, 2 EL Rotwein, sowie gehackten Kräutern und Knoblauch nach Ihrem Geschmack. Zu Geflügel passt eine Marinade aus 2 EL Sojasoße, 2 EL Essig und 4 EL Sonnenblumenöl, der Sie nach Geschmack Ingwer, gehackte Chili und etwas Honig hinzufügen. Fisch marinieren Sie in 6 EL Olivenöl, das Sie mit dem Saft von einer Zitrone verrühren und mit Salz, Pfeffer und Kräutern würzen.

Rindersteaks werden besonders zart, wenn Sie sie für eine Stunde in Ananassaft einlegen. Die darin enthaltenen Enzyme schließen die Zellstruktur auf.

sein. Auch Gepökeltes sollte man keinesfalls auf den Grill legen: Das darin enthaltene Nitritpökelsalz kann zur Bildung von Krebs erregenden Stoffen, den Nitrosaminen führen. Folgende Fleischstücke sind besonders gut für den heißen Rost geeignet:

- vom Schwein: Schnitzel, Koteletts, Spareribs, Halsgrat, hintere Haxe
- vom Rind: Lende, Hüftsteaks, Oberschale, Kluft
- vom Kalb: Brustschnitten, Kugel, Hüfte, Koteletts, Haxen, Filets, Steaks, Rollbraten vom Hals oder der Schulter
- vom Lamm: Koteletts, gerollter Schulterbraten

Bei Fisch und Meeresfrüchten können Sie in einer breiten Palette von Köstlichkeiten schwelgen. Besonders gut zum Grillen eignen sich Fische mit festem Fleisch wie z. B. Dorade (Goldbrasse), Lachs, Forellen und Felchen. Ausgezeichnet schmecken auch gegrillte Scampis, Krevetten, Tintenfische und Flusskrebse. Selbstverständlich müssen Fische küchenfertig, also ausgenommen, geschuppt und gewaschen sein, bevor Sie sie grillen. Große ganze Fische (ab 500 g) schneidet man am Rücken mehrmals ein, damit sie gleichmäßig gar werden. Wenn Sie häufiger Fisch grillen, sollten Sie sich Metallkörbe zulegen, die je einen ganzen Fisch aufnehmen. So kann er nicht zerfallen und lässt sich leicht wenden. Vergessen Sie auch nicht die vielen Gemüse- und Obstsorten, die sich zum Grillen eignen. Maiskolben, Pilzköpfe, marinierte Streifen von Paprikaschoten und Zucchini, Auberginenscheiben und Kartoffelhälften sind nur ein paar Vorschläge aus der großen Bandbreite der Möglichkeiten. Köstlich schmecken auch mit einem Streifen Speck umwickelte Backpflaumen oder Salate mit festen, kleinen Köpfen, z. B. Radicchio: den Salat halbieren, die Schnittfläche mit Öl beträufeln, salzen und pfeffern und kurz auf den Grill legen. ◂

Lebensmittel optimal lagern

5 Tipps für die richtige Aufbewahrung von Speisen und die Resteverwertung

So halten Milch und Käse länger. Schimmel schätzt man bei Gorgonzola, aber auf Emmentaler oder Pecorino ist er wenig appetitlich. Hart- und Schnittkäse halten sich länger, wenn Sie ein Leinentuch mit Whisky tränken, den Käse darin einwickeln und in einer Plastiktüte im Kühlschrank aufbewahren. Oder wickeln Sie den Käse in Pergamentpapier und dann in Alufolie und heben Sie ihn im Gemüsefach des Kühlschranks auf. Um die Anschnittseite eines Käsestücks vor dem Austrocknen zu schützen, reiben Sie die Fläche mit ein wenig Butter ein. Milch und Frischkäse halten sich länger, wenn Sie eine Prise Salz dazugeben.

Wie Sie harte Rosinen aufweichen. Ist Ihnen eine größere Menge Rosinen zu einem steinharten Klumpen getrocknet, geben Sie sie in einen Topf, und füllen Sie so viel Wasser auf, dass die Rosinen gerade bedeckt sind. Bringen Sie das Wasser zum Kochen, stellen Sie den Herd ab, und weichen Sie die Rosinen zehn Minuten ein. Danach auf einem Sieb abgießen und gut abtropfen lassen.

Welken Salat auffrischen. Entfernen Sie vom Salatkopf die äußeren Blätter und schneiden Sie den Strunk neu an. Dann stellen Sie ihn mit der Schnittfläche nach unten in eine Schale mit kaltem Wasser. Nach etwa 2 Stunden sind die Blätter wieder knackig und frisch! Der Trick funktioniert gut bei allen Gemüsesorten mit Strünken oder Stängeln.

Retten Sie die weichen Bananen. Überreife Bananen, die weder im Ganzen noch in Stücken mehr appetitlich zu servieren sind, eignen sich immer noch für Milchshakes oder zum Backen von Kuchen und Plätzchen. Wenn Sie sie nicht sofort verarbeiten wollen, schälen Sie sie, und frieren Sie sie einzeln in Plastikfolie verpackt ein.

Ein Mini-Wurzelkeller. Lassen Sie Ingwerknollen oder Möhren nicht im Kühlschrank verschrumpeln, sondern lagern Sie sie in einem mit sauberem Sand gefüllten Behälter. Gut geeignet ist ein unglasierter Terrakottatopf. Bedecken Sie die Wurzeln mit Sand, und bewahren Sie den Topf an einem kühlen und dunklen Platz auf.

Tomatenmark einfrieren. Wenn Sie von einer Dose Tomatenmark nur einen Löffel brauchen, können Sie den Rest in kleinen Häufchen auf ein Backpapier setzen und auf einem Tablett einfrieren. Füllen Sie die gefrorenen „Tomatenplätzchen" in Gefrierbeutel, und verwenden Sie sie nach Bedarf. ◂

Großpackungen können teuer werden

Manche Menschen sind so begeistert von der Idee, durch den Einkauf großer Mengen viel Geld zu sparen, dass sie vorübergehend jede Vernunft beiseitelassen, wenn sie in einem Großmarkt einem „Mega-Angebot" begegnen. Zunächst sollten Sie einmal scharf nachrechnen, ob Sie nicht dieselbe Ware in der haushaltsüblichen Kleingröße woanders genauso günstig bekommen. Doch selbst wenn Sie wirklich ein Preisschnäppchen machen können: Bevor Sie einen Lebensvorrat an Müslimischung, ein 3-kg-Stück Parmesan oder einen 5-l-Eimer Thunfisch kaufen, sollten Sie über die Lagerung dieser Vorräte nachdenken. Haben Sie ausreichend Platz in der Tiefkühltruhe, im Kühlschrank, im Vorratskeller? Was nützt es, 3 kg geriebenen Käse zum Sonderpreis zu kaufen, wenn Ihnen das meiste davon verschimmelt?

Küchenzauber

5 simple Dinge, wie Sie ein guter Koch werden

Jeder kann kochen. Kochen ist keine Geheimwissenschaft, die nur wenige Eingeweihte richtig beherrschen – Restaurants, Schnellimbisse, Gourmettempel sowie die Hersteller und Vertreiber von Fertiggerichten profitieren allerdings sehr davon, wenn Sie so denken. Immer mehr Menschen verzichten darauf, regelmäßig zu kochen, und nehmen ihre Mahlzeiten in Restaurants, Kantinen und Schnellimbissen ein. Zu Hause werden dann hauptsächlich Fertig- und Halbfertiggerichte aufgetischt, nach der Devise: „Hauptsache, es geht schnell!" Die Argumente: Keine Zeit, keine Lust, und vor allem: „Ich kann nicht richtig kochen!" Aber es spricht vieles dafür, die Küche daheim wieder mehr zu pflegen. So ist es kaum möglich, sich und seine Familie mit Fertigmahlzeiten, Snacks und Restaurantbesuchen gesund zu ernähren – es sei denn, man hat die Mittel, um täglich in erstklassigen Restaurants zu speisen. Auch legen Sie mit dem, was zu Hause auf den Tisch kommt, den Grundstein dafür, wie sich Ihre Kinder als Erwachsene ernähren werden. Und nicht zuletzt: Regelmäßige Mahlzeiten verbinden Freunde und Angehörige und schaffen wichtige Familientraditionen.

Kaufen Sie ein Grundkochbuch. Verlockende Kochbücher gibt es wie Sand am Meer, und vermutlich haben auch Sie einige im Regal stehen. Die meisten sind allerdings sehr spezialisiert, z. B. auf die Küche exotischer Länder, die Schule eines Sternekochs, oder sie präsentieren die vielen Varianten der Zubereitung eines bestimmten Nahrungsmittels. So sind sie meist eher appetitanregende Bilderbücher als praktische Kochbücher. Was in vielen Haushalten aber fehlt, ist ein wirklich gutes Grundkochbuch – kein Wunder, denn als Bestandteil der Aussteuer ist es wie diese aus der Mode gekommen. Neben den Klassikern, die Sie vielleicht noch bei einer älteren Verwandten aufstöbern können, sind auch einige neue Grundkochbücher erschienen, die den Vorteil haben, moderne Kochtechniken und Küchengeräte zu berücksichtigen. Neben einer Fülle traditioneller und grundlegender Rezepte bietet ein solches Kochbuch vor allem fundierte Anleitungen zu allen wichtigen Kochtechniken – denn was hat es für einen Sinn, sich z. B. an den Spezialitäten der persischen Küche zu versuchen, wenn einem die praktischen Unterschiede zwischen Braten, Schmoren und Dämpfen nicht geläufig sind?

Finden Sie heraus, was Ihre Familie gern isst. Nichts beflügelt so sehr den Spaß am Kochen, als wenn es den Essern so richtig gut schmeckt. Und dazu genügt es eben nicht, ein Gericht nach allen Regeln der Kunst perfekt zuzubereiten, sondern es sind die individuellen Vorlieben und Abneigungen zu berücksichtigen. Man muss ja nicht gleich so weit gehen, wie Bücher für die perfekte Gastgeberin empfehlen, dass man eine genaue Kartei anlegt mit den Essensgewohnheiten sämtlicher Freunde und Anverwandten. Es macht jedoch durchaus Sinn, sich nach deren Lieblingsessen zu erkundigen und zu lernen, diese möglichst gut zuzubereiten. Beobachten Sie auch aufmerksam, was Ihre Lieben in Restaurants bevorzugt bestellen. Überraschen Sie sie dann zu Hause mit genau diesem oder ähnlichen Gerichten – der Erfolg ist Ihnen gewiss!

Abonnieren Sie eine Kochzeitschrift. Kochen macht Spaß – wenn man weiß, was man zubereiten will, und alle erforderlichen Zutaten zur Hand hat. Das funktioniert natürlich nicht ohne Planung, denn alles muss rechtzeitig eingekauft und vorbereitet werden. Wenn Sie es zeitraubend und schwierig finden, einige Tage im Voraus zu planen, was Sie kochen wollen und dafür besorgen müssen, kann das regelmäßige Stöbern in einer Kochzeitschrift aus dieser Plage ein Vergnügen machen. Sie liefert mit jeder Ausgabe eine Fülle neuer Rezeptideen, und die Einkaufsliste wird damit zum Kinderspiel.

Lesen Sie jedes Rezept vor der Zubereitung bis zum Ende durch. Dies klingt wie eine Binsenweisheit, aber viele Küchenpannen passieren genau deshalb, weil dieser Schritt versäumt wurde. Mitten während der Zubereitung wird weiche Butter benötigt – aber die ruht steinhart im Kühlschrank. Oder der Backofen ist nicht vorgeheizt. Oder Zutaten müssen Stunden zuvor eingeweicht oder mariniert werden. ◂

Raffiniert würzen

6 Geheimtipps für Gerichte mit mehr Würze und Aroma

Kaufen Sie Kräuter und Gewürze im Spezialgeschäft. Statt getrocknete Kräuter und Gewürze in kleinen Streudosen im Supermarkt zu kaufen, suchen Sie lieber nach einer spezialisierten Kräuter- und Gewürzhandlung in Ihrer Nähe. Dort wird lose und grammweise verkauft, was meist erheblich billiger ist. Noch wichtiger: In aller Regel sind die Gewürze frischer und häufig auch aus biologischem Anbau. Lassen Sie sich nicht abschrecken von den scheinbar hohen Kilogrammpreisen: Getrocknete Kräuter und Gewürze sind leicht, und nur wenige Gramm sind schon eine große Menge. Auch wenn Großmärkte diese oft sehr billig anbieten: Kaufen Sie keine Großpackungen – Kräuter und Gewürze verlieren bei langer Lagerung schnell ihr Aroma.

UNENTBEHRLICHE GEWÜRZE
Pikante Schärfe: schwarzer und weißer Pfeffer, Cayennepfeffer, Rosenpaprika
Suppen und Schmorgerichte: Lorbeerblätter, Wacholderbeeren, Piment, Petersilie, Muskatnuss
Gemüsegerichte, Pasta, Pizza: Oregano, Thymian, Rosmarin, Fenchel, Salbei, Lorbeer, Basilikum
Soßen und Eintöpfe: Paprika, Curry, Estragon, Dill, Kerbel
Süßspeisen, Gebäck: Anis, Fenchel, Kardamom, Zimt

Kaufen Sie ganze Gewürze. Von vielen Gewürzen, die gemahlen angeboten werden, bleibt nur noch ein Hauch ihrer ursprünglichen aromatischen Fülle. Dass Pfeffer frisch gemahlen aus der Mühle viel besser schmeckt, weiß jeder. Aber auch Gewürze wie Kardamom, Anis, Piment, Nelken, Muskatnuss und viele andere lohnt es, im Ganzen zu kaufen. Entweder zerstoßen Sie sie vor der Verwendung in einem Mörser, oder Sie legen sich eine zweite Pfeffermühle zu, in der Sie bei Bedarf auch andere Gewürze mahlen können. Zimtstangen und Fenchelsamen kocht man am besten im Ganzen gleich mit dem Gericht zusammen.

Wein gibt Würze. Verabschieden Sie sich am besten von all den Würzmixturen in Flaschen und in Pulverform, den Brühwürfeln und künstlichen Aromen. Ein berühmter Koch sagte einmal: „Wenn in jeder Küche je eine Flasche Rot-, Weiß- und Portwein stünde, wären ganze Supermarktregale mit all den künstlichen Soßen und Würzen überflüssig.“ Um eine hervorragende Soße zu kurz gebratenem Fleisch zu machen, nehmen Sie das gegarte Fleisch aus der Pfanne, gießen überschüssiges Bratfett ab und löschen den Bratensatz mit 125 ml Wein ab. Auf höchster Stufe einige Minuten kochen, bis der Alkohol verdampft ist und die Soße die richtige Konsistenz hat.

Guter Essig gibt auch Würze. In vielen Fällen können Sie den edlen Tropfen auch durch die halbe Menge eines guten Wein- oder Balsamicoessigs ersetzen!

Schwelgen Sie in Sellerie. Die unscheinbaren Sellerieknollen haben es in sich. Meist wird Sellerie nur als würzende Zutat zu Suppen und Eintöpfen verwendet, er hätte aber öfter einmal die Hauptrolle verdient, z. B. bissfest gegart und klein gehackt als Suppeneinlage für Cremesuppen. Oder roh geraspelt mit Äpfeln und gehackten Walnüssen – die Kombination des berühmten Waldorfsalats. Oder für eine fruchtig-pikante Sauce, die hervorragend zu Schweinebraten oder gepökeltem Fleisch passt. Schmoren Sie dazu das Fleisch im Ofen mit Zwiebeln und geviertelten Äpfeln gar und würzen Sie die Sauce mit fein gehacktem Sellerie und 1 EL geriebenem Meerrettich.

Genießen Sie Ihre Butter! Nehmen Sie nur nicht zu viel davon. Bekanntlich ist Butterfett nicht das gesündeste. Aber vollwertige Ernährung bedeutet nicht so sehr, einzelne Nahrungsmittel zu meiden, sondern vielmehr, vorwiegend hochwertige Lebensmittel zu essen. Wenn Sie sich zum Frühstück Croissants gönnen und Ihren Gemüsebedarf mit Pommes frites und Kartoffelchips decken, dürfen Sie nicht glauben, Sie könnten nun Ihr Herz schützen, indem Sie statt zur Butter zu Margarine greifen. Die Margarinehersteller würden Sie das gerne glauben machen, schließlich hat sich ein großer Markt aus der Furcht vor der Gesundheitsschädlichkeit von Butter entwickelt. Viele große Köche – und auch solche, die eine gesunde Ernährungsweise vertreten – schwören auf Butter zur Verfeinerung mancher Gerichte. Wo der Buttergeschmack also genau die richtige Note gibt, fügen Sie sie auch hinzu (in Maßen), und genießen Sie sie ohne Reue.

Schnickschnack oder Küchenhelfer?

5 wissenswerte Informationen über den Kauf und Gebrauch von Küchenutensilien

Ignorieren Sie Küchen-Kultobjekte. Viele Hersteller von neu erfundenen Küchenutensilien und ebenso die Fachgeschäfte möchten Sie glauben machen, man könnte beim Kochen einfach nicht ohne ihr Produkt auskommen. Aber was für den einen Koch ein unentbehrliches Werkzeug darstellt, ist für den anderen nur überflüssiger Kram. Es gibt hervorragende Köche, die weder eine Küchenmaschine noch eine Mikrowelle, einen Mixer, Gasgrill, Ananasschneider, Sandwichtoaster, Brotbackautomaten, Entsafter, ja, noch nicht einmal eine Kaffeemaschine haben. Es gibt Köche – sehr gute –, die zum Verrühren immer noch den Holzquirl einem Drahtschläger vorziehen. Was Sie in Ihrer Küche gebrauchen können, müssen Sie selbst herausfinden. Wenn Sie sich bei einem neuen Utensil nicht sicher sind, schauen Sie sich auf dem Flohmarkt danach um. Dort können Sie oft Küchengeräte ganz billig erwerben – und sie ebenso wieder weiterverkaufen, wenn sie nicht halten, was sie versprechen.

Holz- contra Plastikbretter. Was bevorzugen Sie, Holz oder Kunststoff? Der Meinungskrieg darüber, welches Material für Schneidebretter hygienischer ist, befindet sich zurzeit in einer Phase des Waffenstillstands. Mehr als ein Jahrzehnt wurde über dieses Thema hin und her diskutiert. Die meisten waren der Ansicht, dass man Kunststoff gründlicher reinigen könne und es daher das geeignetere Material sei. 1994 stellten Forscher fest, dass sich auf Holzbrettern weniger Bakterien festsetzen als auf Kunststoff. Weitere Untersuchungen folgten, die mit sehr unterschiedlichen Ergebnissen für Verwirrung sorgten. Schließlich gaben die Fachleute ein salomonisches Urteil ab: Es gibt kaum einen Unterschied in hygienischer Hinsicht zwischen Holz- und Plastikschneidebrettern. Beide sollten Sie nach Gebrauch besonders gründlich mit heißem Wasser und Spülmittel reinigen, denn auf beiden Materialien halten sich Bakterien ziemlich lange.

Entdecken Sie das „Bain Marie". Hier handelt es sich um ein so altgedientes Kochutensil, dass man niemals

GEHEIMWAFFE

Mit Ziegelsteinen

Sie brauchen nicht unbedingt einen speziellen Sandwichgrill, wenn Sie auch daheim gefüllte Panini, Focacce oder Tramezzini herstellen wollen (oder einfach Toastsandwiches mit weniger klingenden Namen). Bei folgender Methode gelingt der „Doppeldecker" im Backofen oder auch auf einem offenen Grill: Nehmen Sie Baguette oder Brötchen Ihrer Wahl, und schneiden Sie sie längs auf. Belegen Sie beide Seiten mit Käse (sehr gut eignen sich Provolone oder Mozzarella), und füllen Sie dazwischen, was die Saison, Ihre Fantasie und Ihr Kühlschrank hergeben: z. B. Tomaten, Rucola, Schinken, Salami, Thunfisch, Kapern, Bresaola, Geflügelstreifen, Basilikumblätter usw. Stapeln Sie aber nicht zu hoch, denn eine allzu üppige Füllung quillt bei der anschließenden Prozedur heraus.
Legen Sie das Sandwich auf den Grill oder auf ein Backblech in den auf 200 °C vorgeheizten Ofen, und beschweren Sie es mit einem in Alufolie gewickelten Ziegelstein. Das Gewicht des Ziegels sorgt für gleichmäßige Hitze, in der der Käse in 3–4 Minuten perfekt schmilzt.

darüber eine Zeile liest. Gemeint ist der doppelwandige Topf, der ein Garen im Wasserbad ermöglicht. Unter Garantie brennt darin niemals etwas an, auch die empfindlichsten Soßen und Cremes gerinnen nicht, und darüber hinaus lassen sich in solchen Töpfen auch Speisen sehr gut warm halten. Wenn Sie aber keinen solchen doppelwandigen Topf besitzen, können Sie folgendermaßen improvisieren: Nehmen Sie eine Schüssel aus hitzefester Keramik oder Jenaer Glas, und setzen Sie sie auf einen Topf mit kochendem Wasser. Die Schüssel sollte über dem Wasserspiegel sein, nicht im Wasser stehen.

„Alte Schätzchen" nicht gleich ausrangieren. Die Hersteller neuer Küchenhelfer bezeichnen ihre Produkte gern als „Durchbruch", der das ältere Utensil mit gleicher Funktion völlig überflüssig macht. Bewahren Sie es trotzdem auf. Nehmen wir Reiben. Die altmodische vierkantige Küchenreibe mit vier verschiedenen Seiten zum Raspeln und Reiben ist immer noch das praktischste Utensil, um Käse oder Gemüse kleinzukriegen. Neuere Geräte haben schärfere Reibzähne und werden so z. B. mit einem harten Parmesan oder mit Schokolade besser fertig. Dafür enden weichere Lebensmittel als Brei. Dafür lohnt es sich, das alte Utensil weiter in Ehren zu halten.

Vielseitige Kaffeefilter. Oft verlangen Rezepte, dass flüssige Zutaten oder Soßen durch ein Leinentuch oder ein Haarsieb abgeseiht werden. Gründlicher, sauberer und bequemer lässt sich diese Prozedur mit Kaffeefilterpapier durchführen. Es dauert ein wenig länger, bis die Flüssigkeit durch das Papier gelaufen ist, aber sie enthält weniger trübe Rückstände, und danach sind keine Leinentücher zu waschen und zu bügeln. Ob Fleischbrühe oder Fruchtsaft – der Kaffeefilter lässt nur die glasklare, aromatische Essenz durch.

Tricks fürs Picknick

7 Vorschläge, was Sie für unterwegs ins Körbchen packen können

Selbst gemachte Limonade. Warum immer gekaufte Erfrischungsgetränke mitnehmen? Und dann vor dem Problem stehen, wie man in flirrender Augusthitze die Flaschen kühlt? Probieren Sie doch einmal eine selbst gemachte Limonade, die nicht nur köstlich schmeckt, sondern unterwegs auch noch den Proviant kühlt. Für 1 l müssen Sie drei Zitronen auspressen (125 ml Saft). Geben Sie 125 g Zucker und 750 ml Wasser dazu. Gut umrühren, bis der Zucker sich gelöst hat. Füllen Sie die Limonade in gut gereinigte Milch- oder Saftkartons, und frieren Sie sie ein. Wenn Sie den Picknickkorb packen, ersetzen die Kartons die Kühlelemente – und am Ziel können Sie die aufgetaute, kalte Limonade genießen.

Kartoffelsalat ohne Mayonnaise. Beliebt, aber gefährlich: Ein üppiger Kartoffelsalat mit Eiern und Mayonnaise kann bei einem Picknick an heißen Sommmertagen üble Folgen haben, denn nur allzu leicht entwickeln sich in der Wärme Bakterien oder gar Salmonellen. Bereiten Sie lieber eine leichte Version nur mit Öl und Essig. Garen Sie dafür festkochende Kartoffeln in Salzwasser. Nach dem Abgießen pellen und in Scheiben oder Würfel schneiden. Machen Sie die noch warmen Kartoffeln mit einem Dressing aus Olivenöl, Weinessig, Salz, Pfeffer, fein gehackten Zwiebeln und/oder Knoblauch an.

Vergessen Sie Eiscreme zum Dessert. Die Kinder werden zwar enttäuscht sein, aber es gibt wirklich keine praktische Möglichkeit, Eiscreme über mehrere Stunden ohne Tiefkühlung in Form zu halten. Dennoch müssen Sie nicht auf süße Leckereien verzichten: Bereiten Sie für die Kinder kunterbunte Götterspeisen vor, die Sie in (neuen!) Sandförmchen erstarren lassen und darin auch mitnehmen. Für die Erwachsenen eignet sich ein raffinierter Obstsalat, nach Belieben verfeinert mit etwas Kirschwasser oder Rum (das desinfiziert!). Auch Kuchen und Kleingebäck sind prima zum Mitnehmen geeignet – allerdings sollten Sie auf Creme- und Sahnetorten verzichten, die bei längerem Transport ohne Kühlung schnell unansehnlich werden oder verderben. Auch gut: Meringen mit unterwegs gepflückten Beeren!

GEHEIMWAFFE

Die Checkliste

Ein Picknick muss gut geplant werden, denn es gibt nichts Ärgerlicheres, als am Ausflugsziel festzustellen, dass man irgendein wesentliches Utensil zu Hause vergessen hat. Machen Sie sich deshalb vorher eine Liste all der Dinge, die Sie für den Transport und das Essen im Freien brauchen. Picknickprofis haben ihren Korb mit den nötigen Utensilien immer gepackt bereitstehen. Wichtig sind z. B.: Korkenzieher, Flaschenöffner, Clips zum Verschließen von Plastikbeuteln, Mückenspray, Heftpflaster und Müllbeutel für die Abfälle.

Fingerfood. Ehrlich gesagt, es macht keinen besonderen Spaß, bei einem Picknick in der freien Natur mit Messer, Gabel und Löffel zu hantieren. Mit etwas Fantasie können Sie ein komplettes Menü servieren, das man nur mit den Fingern essen kann. Den Anfang machen gesunde Knabbereien: Beeren, Kirschtomaten, Trauben, Sellerie- und Möhrenstreifen, knapp gegarte und marinierte Spargelstangen, Oliven, Käsewürfel mit Salzgebäck usw. Durchforsten Sie Ihr Kochbuch nach „handlichen" Vorspeisen: gefüllte Pilzköpfe, gegrillte Hähnchenbruststreifen, -flügel oder Spareribs, Sandwiches in vielen Varianten, Hackbällchen und Getreideburger – all das kann man ohne Besteck verzehren. Sie werden dankbar sein, wenn es ans Aufräumen geht!

Keine Spuren hinterlassen ... Unsere Vorfahren räumten ihre Lagerplätze gründlich auf, um keine Raubtiere auf ihre Spur zu bringen. Diese brauchen wir heute zwar kaum noch zu fürchten, wohl aber verärgerte Spaziergänger oder Grundbesitzer, wenn wir den Picknickplatz nicht sauber hinterlassen. Sie möchten schließlich auch nicht in schönster Natur auf die Abfälle von anderen stoßen. Alles wieder mitzunehmen ist also erste Bürgerpflicht!

Besorgen Sie sich Spritzflaschen. Getränkeflaschen aus Plastik mit Spritzverschluss erhalten Sie in jedem Supermarkt. Bei einem Picknick sind sie ideal geeignet für den Transport von Mayonnaise, Ketchup, Salatdressings, Öl, Senf und vielem mehr. Sie halten dicht und geben ihren Inhalt fein dosiert und sauber ab.

Fettfinger und Kleckermäulchen ... sind die unvermeidlichen Ergebnisse eines Picknicks. Besser als ein Riesenstapel Papierservietten hilft Ihnen für solche Fälle eine Packung Feuchttücher, die mit milder Reinigungslotion getränkt sind. ◂

Essen im Restaurant

4 Tipps, wie Sie auswärts gesund essen und Ihr Portemonnaie schonen

Verzichten Sie auf den modischen Aperitif. Jedes bessere Restaurant hält sich etwas darauf zugute, auf der Tageskarte einen „besonderen" Aperitif anzubieten – meist Champagner oder Prosecco mit einem Schuss aromatischen Sirups oder Likör. Aber rechtfertigt dieser kleine „Extra-Kick" den um vieles höheren Preis gegenüber einem schlichten Prosecco pur? Verzichten Sie darauf, und bleiben Sie lieber bei einem klassischen Getränk, wenn es denn unbedingt ein „Drink davor" sein muss.

Sorbets statt Eiscreme. Wer ohne süßes Dessert einfach nicht richtig gegessen hat, beendet im Restaurant seine Mahlzeit oft mit einer Kalorienbombe, die alle guten Vorsätze über den Haufen wirft. Verlockende Eisbecher und Dessertkreationen könnten nach ihrem Fett- und Zuckergehalt ohne Weiteres eine komplette Hauptmahlzeit ersetzen. Suchen Sie nach einem erfrischenden Sorbet aus Beeren oder Früchten, das die Lust auf ein süßes i-Tüpfelchen leichter und gesünder befriedigt – und verzichten Sie auf das dazuservierte Kleingebäck.

Wählen Sie günstige Zeiten für Ihren Restaurantbesuch. Die meisten, auch hochpreisigen Restaurants versuchen mit besonderen Angeboten und Menüs „tote" Zeiten zu überbrücken, in denen erfahrungsgemäß nur wenige Gäste kommen. Nutzen Sie solche Vorteile, und gehen Sie essen, wenn wenig Betrieb ist im Lokal. Oft bezahlen Sie bis zu 25 % weniger für eine Mahlzeit als zu den Stoßzeiten. Auch ist der Service besser, und Sie werden zuvorkommender bedient. Hier einige Beispiele:

- Rund ums Jahr bieten viele Lokale am frühen Abend Spezialpreise und „Nach-der-Arbeit"-Menüs an.
- Mittagsmenüs beinhalten oft dieselbe Speisefolge wie am Abend – nur für einen viel günstigeren Preis. Oder es gibt spezielle „Business-Menüs".
- Lokale, die hauptsächlich wegen des Besuchs von Touristen oder in bestimmten Jahreszeiten florieren, bieten oft außerhalb dieser Hochsaison-Zeiten sehr günstige Preise, um nicht schließen zu müssen.
- Neu eröffnete Restaurants versuchen häufig, mit besonders günstigen Angeboten Gäste anzulocken, um erst einmal „Fuß zu fassen".

Auf Reisen die Essenskosten im Rahmen halten. Natürlich gehört es bei einer Reise mit zum Vergnügen, auch die Spezialitäten fremder Küchen kennenzulernen und in ungewohnten Genüssen zu schwelgen. Aber das muss nicht immer im Restaurant sein: Viel interessanter ist es oft, im Ausland über lokale Märkte zu streifen oder typische Lebensmittelläden zu erkunden und sich dort für ein improvisiertes Picknick einzudecken. Kaufen Sie, was Sie verlockt, und verzehren Sie Ihre Mahlzeit an einem hübschen Ort – das kann auch eine Bank im Stadtpark sein.

Übrigens gilt auch auf Reisen: Wenn Sie unterwegs in einem guten Restaurant essen möchten, erledigen Sie das besser mittags, dann ist es billiger. ◂

In Rom tun, was die Römer tun

Auf Reisen im Ausland tut man gut daran, die Essgewohnheiten des Gastlandes zu studieren und sich um ein wenig Anpassung zu bemühen – auch wenn man dazu die eigenen Gepflogenheiten zeitweise hinter sich lassen muss. Italien z. B. kommt uns gar nicht mehr so weit entfernt und fremd vor, und doch ist dort einiges anders! Wer aus nördlicheren Gefilden kommt und gewohnt ist, den Tag mit einem kräftigen Frühstück zu beginnen, sollte sich hier nicht auf sein Hotel verlassen. In den großen Hotels Südeuropas hat sich zwar auch die Idee der üppigen Frühstücksbuffets durchgesetzt, aber normalerweise bekommt man als morgendlichen Start nur einen kleinen Kaffee mit Keks oder Croissant.

Wer die Reisekasse schonen will, bucht deshalb besser die Übernachtung ohne Frühstück (das in aller Regel sowieso den verlangten Preis nicht wert ist). Jede Bar bietet Kaffee in allen Variationen, frisches Gebäck und auch pikante Panini, Tramezzini und Focaccia preiswert an.

Ähnliches gilt für Spanien und auch für Frankreich. In kleineren Hotels und auf dem Lande kann man in Frankreich allerdings noch einen Service erleben, der sonst in Europa selten geworden ist, nämlich dass morgens ein Zimmermädchen das Frühstückstablett mit Café au Lait, knusprigen Croissants und fruchtiger Konfitüre quasi ans Bett bringt – und das ohne „Room-Service"-Aufpreis.

STRENG GEHEIM

Teil 2

RUND UMS HAUS

Sie können gar nicht glauben, dass der nette Mann im Gartencenter nicht ganz ehrlich war? Natürlich hat er sich bemüht, beim Problem mit den Blattläusen zu helfen ... Aber er hat Ihnen nicht erzählt, dass Sie die Lösung zu Hause haben und dass sie keine 25 Cent kostet. Bauunternehmer, Innendekorateure, Reparaturdienste und manch andere gute Geschäftsleute können an der richtigen Stelle einfach schweigen. Lesen Sie nach, welche Kosten vermeidbar und welche Reparaturen ein Kinderspiel sind, wie Sie zum Nulltarif Ihr Heim verschönern oder sich Virenschutz für Ihren Computer beschaffen.

Dekorieren mit Pfiff

3 Strategien, um einem Wohnraum mehr Atmosphäre zu geben

Das Auge betrügen. Es ist immer wieder faszinierend, Fotos von Räumen zu betrachten, die sich von Aschenputtels Kammer in das Gemach einer Märchenprinzessin verwandelt haben. Sicher bewundern auch Sie Innenarchitekten und Dekorateure, die solche Wunder vollbringen, für ihre Genialität. Zugegeben, manche von ihnen haben einfach das gewisse Etwas. Doch die meisten machen erst einmal eine Ausbildung und lernen den Beruf von der Pike auf. Auch ohne die Designer-Schulbank zu drücken, besteht aber Hoffnung, dass Sie sich genug Know-how aneignen können, um Ihr Zuhause gemütlicher oder repräsentativer gestalten zu können und dabei viel Geld zu sparen.

- *So wirken Räume höher*
  Sie finden, Ihre niedrigen Räume drücken auf die Stimmung? Fassen Sie die Längskanten Ihrer Übergardinen mit Stoffstreifen in Kontrastfarben ein. Haben Sie zum Beispiel beige Vorhänge, dann wählen Sie passenden braunen Stoff und nähen schmalere oder breitere Streifen rechts und links auf die Kanten Ihrer Vorhangschals – das betont die Vertikale.

- *Das gibt einem Zimmer Struktur*
  Mit Farbe lässt sich aus einem Nullachtfünfzehn-Zimmer ein architektonisch interessanter Raum machen. Streichen Sie die Laibung und einen Streifen rund um Fenster und Türen ein bis zwei Töne dunkler als die Wände. Wenn Sie dann die Rahmen noch etwas dunkler streichen, werden Ihre Gäste Sie um den Namen Ihres Innenarchitekten bitten.

- *Den Blick nach draußen lenken*
  Streichen Sie den Rahmen eines hohen Fensters oder einer Glastür, durch die man einen attraktiven Ausblick hat, wie einen Bilderrahmen in einem dunklen Farbton.

Verzichten Sie auf die typische Sitzecke. Sie kennen das: ein Sofa, zwei passende Sessel, dazwischen der Couchtisch. Eine elegantere Lösung gefällig? Stellen Sie einen schönen Stuhl in einem anderen Design dazu, und schon wirkt das Ensemble einzigartig und frisch.

Aufmöbeln statt wegwerfen. Einige unserer besten Designer wissen, dass die kreativsten Dekorationen nicht unbedingt auch die kostspieligsten sein müssen. Wer sich an ein schmales Budget halten muss, findet oft Lösungen, die ihm mit einem exklusiven und hochpreisigen Stück nie eingefallen wären. Hier einige Beispiele für den kleinen Geldbeutel:

- *Alte Sofakissen in neuer Rolle*
  Wenn Sie eine alte Couch entsorgen, behalten Sie einige der Kissen. Beziehen Sie sie mit einem attraktiven, robusten Stoff, und schon haben Sie Sitzkissen. Die Kinder werden sich auf sie stürzen.

- *Zweitkarriere als Schaukelbank*
  Von einer alten Gartenbank (Flohmarkt) die Beine absägen, die Bank streichen und an Ketten und stabilen Haken an die Decke hängen.

- *Dutzendware aufpeppen*
  Vieles wie etwa eine Lampe aus dem Möbelmarkt sieht billig aus und war es auch. Geben Sie dem Schirm eine persönliche Note, indem Sie um den Rand ein hübsches Band kleben. ◂

Akzente setzen

6 Tipps für das Zaubern mit Stoffen und Tapeten

Was sollten Ihr Sofa und Ihr Lieblingshemd gemeinsam haben? Oft werden Sitzgruppen oder einzelne Sitzmöbel in neutralen Farben bezogen – und gehen im Raum unter. Ein Sofa in Ihren Lieblingsfarben sieht dagegen fantastisch aus – und Sie werden sich nicht so bald daran sattsehen.

Großes Muster – kleine Dosis. Große Designs wirken toll auf einem kleinen Fußschemel oder auf einem Kissen. Und auf diese Weise verschaffen Sie Ihrem teuren Lieblingsstoff einen großen Auftritt, ohne sich beim Kauf von mehreren Metern finanziell zu übernehmen.

Kleine Muster für große Sessel. Ohrenbackensessel & Co. sind dramatisch genug. Ein klein gemusterter Stoff unterstreicht die Würde solcher Möbelgiganten.

Sie haben Kinder? Kaufen Sie ein strapazierfähiges Sofa! Dass Muster Krümel und Flecken kaschieren, wissen Sie sicher längst. Doch auch strukturierte Stoffarten haben eine praktische Seite: Baumwollsamt und ähnliche Stoffe mit einem Flor lassen so manches zumindest optisch „verschwinden".

Ein Rollo als Blickfang. Sie finden Ihre vanillefarbenen Rollos langweilig? Dann kaufen Sie eine lebhaft gemusterte Tapete, kleben Sie sie innen auf, und staunen Sie über die Verwandlung. Das geht am leichtesten, wenn Sie Rollos haben, die so breit sind wie herkömmliche Tapeten (Euro-Rolle 0,53 cm, Großrolle 1,06 cm). Das Anbringen ist einfach: Tapeten auf die passende Länge zurechtschneiden und etwa 5 cm in der Länge zugeben. Tapete mithilfe eines Schwamms und handelsüblichem Kleister auf das vollständig ausgezogene Rollo kleben. Alle Überstände exakt abschneiden und die Tapeten trocknen lassen. Weil das Rollo nun etwas härter ist, lässt es sich nicht mehr ganz so leicht aufrollen – am besten macht sich diese Verschönerung also an Fenstern, an denen Sie das Rollo nur selten ganz aufziehen müssen.

Basteln Sie eine elegante Pinnwand. Besorgen Sie sich im Baumarkt eine Dämmplatte aus Styropor, und überziehen Sie sie mit einem dekorativen Stoff – ein paar Zentimeter größer zuschneiden als die Platte, um den Stoff auf der Rückseite festzukleben. Dieses Bord können Sie an die Wand hängen, oder aber Sie befestigen mehrere solcher Borde auf einem alten Türblatt. Dieses brauchen Sie nur noch gegen die Wand zu lehnen, und – voilà – schon haben Sie ein Dekorationsobjekt, das aus dem Rahmen fällt. Hier können Sie Zettelchen, Fotos und kleine Gegenstände ganz leicht mit Stecknadeln befestigen (Vorsicht bei Kindern im Haushalt). ◁

Den Papierkram im Griff

4 Tipps, damit Unterlagen und Fotografien nicht zum unüberwindlichen Problem werden

Unterlagen ordnen. Papiere und andere Unterlagen wachsen ganz schnell zu enormen Stapeln an. So werden Schreibtische unüberschaubar, und das Resultat sind verlegte Anschreiben sowie versäumte Termine. Kaufen Sie stapelbare Ablagefächer, und ordnen Sie Ihre Unterlagen: „Dringend“, „Ablage“, „Lesen“ und „zur Post“.

Befreien Sie sich von alten Karten & Co. Heben auch Sie Postkarten, Briefe und die Zeichnungen von Kindern und Enkeln auf? Sie haben mehr Freude daran, wenn Sie die besten als Deko-Objekte (Rahmen, Postkartenhalter, Album etc.) verwenden – entsorgen Sie den Rest.

Sortieren Sie Ihre Fotos durch. Nehmen Sie sich Ihre Fotos vor: Zuerst sortieren Sie nach Person(en), Ereignis oder Zeitraum wie „Strandurlaub“, „Taufe Lena“. Suchen Sie aus jeder Gruppe nur die zehn oder 20 besten Motive aus. Diese bewahren Sie auf (Alben, Boxen etc.) oder nutzen sie, um Collagen oder Kalender zu basteln. Den Rest verschenken oder wegwerfen. Warum 20 schlechte Fotos behalten, wenn Sie zehn gute haben?

Täglich „klar Schiff“ machen. Sichten Sie jeden Tag Werbesendungen, Zeitschriften, Einladungen. Stellen Sie Ordner gut erreichbar auf, und sortieren Sie: Rechnungen, Rezepte, Briefe etc. Der Rest kommt weg. So können Sie die Papierflut in geordnete Bahnen lenken. ◁

Ordnung ist das halbe Leben

5 Geheimtipps, wie Sie Ihr Zuhause vor dem Chaos bewahren

Professionelle Organisation. Das Gerümpel des Alltags beschäftigt nicht nur Ratgeberautoren. Wer heute professionellen Aufräumservice bietet, kann Höchstpreise verlangen. Viele dieser Profi-Aufräumdienste leisten in Firmen und Haushalten fantastische Arbeit – aber die fünf besten Tipps kann man leicht umsetzen.

- Denken Sie beim Einkaufen daran, dass jede Neuerwerbung Sie Zeit kostet. Kleidung muss gewaschen und gepflegt werden, Spielzeug aufgeräumt. Schnickschnack müssen Sie abstauben. Addieren Sie diese Zeit zum Preis: Sie werden weniger spontan kaufen und Ihr gutes Geld und Ihre Zeit sparen.

- Setzen Sie sich kleine Ziele. Versuchen Sie, pro Woche ein Zimmer aufzuräumen, oder eine Schublade oder ein Regal am Tag. Wer an einem Wochenende sein ganzes Haus in Ordnung bringen will, scheitert.

- Stellen Sie vor dem Aufräumen Schachteln auf: „Verschenken", „Aufräumen", „Müll". So teilen Sie auch den größten Stapel in kleine Einheiten, die man gut abarbeiten kann.

- Sortieren Sie gleiche Dinge zusammen. Sie werden staunen, wie viele Strickjäckchen, Feuerzeuge oder Krawatten Sie besitzen. Behalten Sie nur die Besten.

- Überlegen Sie, durch welche Tätigkeiten Sie selbst die größte Unordnung verursachen: Briefe schreiben, Zeitschriften sammeln, Geschenke einpacken, nähen und andere Hobbys? Legen Sie ein „Center" für jede Tätigkeit an (Schachtel etc.), in dem Sie jeweils alles Zubehör beisammenhaben. Und stellen Sie einen Abfalleimer in die Nähe.

Alles griffbereit im Handumdrehen

DER EXPERTE RÄT

Harald Müller, Bürovorstand in einer großen Steuerkanzlei und überzeugter Junggeselle, gibt folgenden Tipp, weil er sich in der Praxis seit Jahren bewährt: „Ich finde, die beste Art, etwas übersichtlich aufzubewahren und wenig Platz dafür zu verschwenden, sind Drehgestelle. Ob Sie im Büro Akten oder Stempel sortieren wollen oder Gewürze, Töpfe und Vorratsdosen in der Küche – es gibt heute Drehgestelle für jeden Zweck. Und so finden Sie alles, was Sie brauchen, im Handumdrehen wieder."

Übersicht im Kleiderschrank. Räumen Sie Ihren Kleiderschrank auf, bis Sie zufrieden sind. Wenn Sie von jetzt ab ein neues Kleidungsstück kaufen – sei es ein Wintermantel oder „nur“ ein Paar Sandalen –, entsorgen Sie ein altes Stück wie den abgetragenen Mantel oder die reparaturbedürftigen Schuhe. Auch dann wird Ihr Schrank hin und wieder zu voll sein – aber nie mehr total unübersichtlich.

Unterstützen Sie regelmäßig Wohlfahrtsorganisationen. Sie werden nicht nur Ordnung unter Ihren Möbeln, Kleidern und Haushaltsgegenständen haben, sondern auch Spendenbescheinigungen für das Finanzamt. Stellen Sie leere Schachteln extra dafür auf, und suchen Sie etwa einmal im Monat Ihre Wohnung nach Dingen ab, die Sie spenden können. Sicher finden Sie geeignete Organisationen in Ihrer Nähe.

Das müsste mal in die Reparatur! Es ist lobenswert, Dinge nicht gleich wegzuwerfen, wenn sie nicht mehr funktionieren. Aber all das verstopft Keller, Speicher usw. Checken Sie einmal im Monat, was sich angesammelt hat: Werfen Sie weg, was sich nicht wiederherstellen lässt, und lassen Sie alles andere reparieren.

Auf zum Flohmarkt. Organisieren Sie einen eigenen Flohmarkt (Garagenverkauf etc.), eventuell mit Ihren Nachbarn. Es ist erstaunlich, was man alles findet, wenn man durchs Haus geht auf der Suche nach Sachen, die man bei dieser Gelegenheit verkaufen kann. ◂

Die Magie der Container

5 kreative Wege, mit Körben, Schachteln und kleinen Containern Ordnung zu schaffen

Der magische Korb. Räumen Sie in Ihrem unordentlichsten Raum alles, was dort eigentlich nicht hingehört, in einen hübschen Korb. Wenn Sie am Korb vorbeikommen, nehmen Sie immer ein paar Dinge mit und legen sie zurück an ihren angestammten Platz. So behalten Sie die Übersicht und ersparen sich große Aufräumaktionen.

Lose Dinge einsammeln. Batterien, Knöpfe und Streichhölzer sammeln sich meist als wirres Durcheinander in einer Küchenschublade. Sortieren Sie sie in kleinen beschrifteten Boxen.

Wäsche vorsortieren. Stellen Sie mehrere Wäschekörbe auf, die Sie beschriften: „30 Grad“, „Buntwäsche“, „Kochwäsche“, „Wolle & Feines“, „Reinigung“. So haben Sie den besten Überblick darüber, wann was zu waschen ist, und verlieren dann keine Zeit.

„Parkplätze“ für den Krimskrams. Fernbedienungen, Notizblöcke und andere häufig benutzte kleine Dinge „parken“ Sie auf dem Tisch in einer hübschen Schachtel oder einem Körbchen. Auf einem Teller sammeln Sie Ohrringe und in einem alten Becher alles, was an Stiften, Kugelschreibern und Scheren auf dem Schreibtisch liegt. Schon sehen die Oberflächen ordentlich aus.

Spielzeug zur Hand haben. Ordnen Sie Spielzeug in kleinen Rollcontainern oder in Körben in Fußbodennähe. Kleben Sie außen ein Foto von dem auf, was in den Container gehört. So fällt es Groß und Klein leicht, Ordnung zu halten. ◂

So geht's: **Aufbewahrungstipps vom Profi**

Stauraum scheint das Zauberwort aller professionellen Aufräumdienste zu sein. Wer ein ordentliches Zuhause haben möchte, kommt auch wirklich nicht darum herum, Stauraum zu haben und ihn optimal zu nutzen. Doch um Ihre Habe zu verstauen, gibt es bessere und schlechtere Methoden. Hier verrät Ihnen die Gründerin einer solchen Firma ihre Lieblingsmethoden – und was nicht so gut funktioniert.

☐ *Umzugskisten für die kurzfristige Lagerung.*
Wenn Sie umziehen oder Dinge kurzfristig aufbewahren möchten, bevor sie ihren festen Platz finden, sind Umzugskartons ideal. Weil Karton Feuchtigkeit aufnimmt, sind Umzugskisten für längeres Aufbewahren, vor allem in feuchten Kellern, Speichern und Garagen, nicht geeignet. Feuchte Umzugskisten ziehen Ungeziefer wie Silberfischchen an, die sich von moderndem Papier ernähren. Und auch Mäuse betrachten beschädigte Kartons als Einladung, sich darin einzunisten.

☐ *Plastik für die längere Lagerung.*
Plastikboxen sind zwar das Beste, wenn Sie etwas für längere Zeit aufbewahren, aber alles, was Sie darin verstauen, muss absolut trocken sein. Denn Feuchtes beginnt darin unweigerlich zu schimmeln. Verwenden Sie mehrere kleine Behälter, denn wenn Container zu schwer werden, kann man sie nicht mehr bewegen.

☐ *Hände weg von den Plastiktüten der Reinigung.*
Die Hüllen aus der Reinigung scheinen so praktisch zu sein: Einfach die Kleidung drinlassen, damit sie nicht einstaubt. Doch die Plastiksäcke halten die chemischen Bestandteile der Reinigungslösung in den Kleidern fest. Trotzdem können sich Schimmel und Moder bilden! Nehmen Sie die Kleidung aus den Plastiksäcken, bevor Sie sie in den Schrank hängen, und schützen Sie empfindliche Teile in verschließbaren, aber atmungsaktiven Baumwollsäcken, wenn Sie sie für die nächste Saison weghängen.

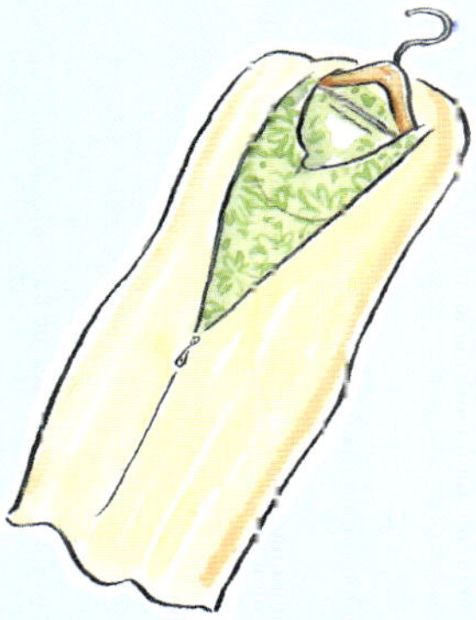

☐ *Wertvolle Fotos nicht im Rahmen lassen.*
Gerahmte Fotos, die Sie nicht mehr ansehen möchten, nehmen Sie aus dem Rahmen und bewahren sie – eingepackt in Seidenpapier (säurefrei) – in einer Schachtel auf. Das Foto alleine nimmt viel weniger Platz weg, und der Rahmen ist frei für ein neues Bild. Wenn Sie Fotos in ihrem Rahmen wegpacken, können Feuchtigkeit oder ausgasende Chemikalien im Rahmen (Kleber oder Lacke) ins Fotopapier dringen, die das Bild fleckig machen und es für immer verderben.

Hausputz leicht gemacht

9 Schritte, um beim Hausputz konsequent Zeit, Aufwand und Geld zu sparen

Krankheitserreger sicher entfernen. Verwenden Sie antibakteriell wirkende Reinigungsmittel, wenn Sie in der Küche die Spüle und die Arbeitsflächen putzen. „Antibakteriell" ist als Begriff in der BRD nicht gesetzlich geschützt. Suchen Sie im Internet nach entsprechenden Produktinformationen. Sonst sieht Ihre Küche zwar auf den ersten Blick sauber aus – aber Bakterien und andere Keime werden durch herkömmliche Mittel nicht abgetötet.

Vorsicht Mikrofaser. Mikrofasertücher bestehen aus Kunststoffen – und deshalb können sie empfindliche Oberflächen verkratzen. Verwenden Sie sie weder nass noch trocken für versiegelte Oberflächen wie polierte Möbel, versiegelte Holzböden, für Marmor und andere Natursteine, Fliesen oder lackierte Fenster- und Türrahmen.

Sparen beim Fensterputzen. Wussten Sie, dass ein Liter Fensterreiniger teurer ist als ein Liter Orangensaft? Dabei besteht dieses teuer beworbene Produkt (daher der Preis!) hauptsächlich aus Wasser. Sie können einen Glasreiniger, der jeden Vergleich mit käuflichen Putzmitteln aushält, in Sekundenschnelle für ein paar Cent selbst herstellen: Füllen Sie 5 l warmes Wasser in einen Eimer, geben Sie gut 1/4 l hellen Essig und 1 EL Geschirrspülmittel dazu. Umrühren, fertig. Bewahren Sie Ihren „Fensterputzer" in Sprühflaschen auf: Gut beschriften!

Kalk im Bad. Vergessen Sie die Batterie von Badreinigern, die Waschbecken, Bade- und Duschwanne ebenso säubern sollen wie Armaturen. Denn keiner dieser Reiniger ist 100 % biologisch abbaubar. Und wenn Sie rechnen, wie viel Zeit Sie mit dem Einsprühen, Abspülen des Schaums, Nachwischen und dem Polieren der Armaturen zubringen, sind Sie auch eine ganze Weile beschäftigt. Günstig und umweltfreundlich reinigen Sie Bad und WC so: Mischen Sie Essigessenz im Verhältnis 1:1 mit Wasser, und geben Sie ein paar Spritzer Allzweckreiniger dazu. Gerade in der Duschkabine wirkt Essig Wunder. Reiben Sie die Kalkablagerungen auf den Kabinentüren und auf den Fliesen mit Essig – oder, wenn Sie den Geruch ertragen – mit Essigessenz ein. Lassen Sie den Essig einwirken, und reiben Sie die Flächen mit einem Schwamm nach, dann abspülen. Bei hartnäckigem Belag wiederholen.

Kräuterbad fürs Keramikbecken. Wie schnell wird ein Becken aus Keramik oder Porzellan stumpf! Verzweifeln Sie nicht, sondern versuchen Sie es einmal mit diesem Kräuterbad: Mehrere Zweige Rosmarin oder Thymian mit kochendem Wasser übergießen, einige Stunden ziehen lassen, dann abseihen. Becken zustöpseln, Sud einfüllen, über Nacht wirken lassen: Herrlicher Glanz und zarter Duft erwarten Sie am nächsten Morgen!

Sprudelbad für die Toilette. Toilettenreiniger nehmen nicht nur Platz in Ihrem Putzschränkchen ein – sie sind stark giftige Mittel mit ätzender Wirkung, vor der man sich und vor allem die Kinder gut schützen muss. Dabei geht es viel einfacher. Lassen Sie einmal pro Woche zwei Reinigungstabletten für Zahnersatz gute 20 Minuten ihre Wirkung in der Toilette tun. Dann brauchen Sie nur noch einmal durchbürsten und spülen.

Backofen und Grillroste säubern. Da nur wenige Backöfen eine Selbstreinigungsfunktion haben, gibt es nur einen Weg zur gründlichen Reinigung ohne stark ätzenden Grillreiniger. Nehmen Sie Plastikhandschuhe, einen kleinen Eimer mit Wasser und einen Tab der Spülmaschine. Den Tab in Wasser tunken und die Verkrustungen damit abreiben. Mit Allzweckreiniger nachreinigen. Leichter geht es, wenn Sie den Backofen vorher leicht erwärmen.

Frische Gardinen. Für viele Frauen sind Gardinen ein Problem. Die schweren Stoffe, die Länge – all das lässt sie vor der Reinigung zurückschrecken. Doch in aller Regel sind Gardinen gar nicht so schwer zu reinigen.

- Regelmäßig abstauben. Setzen Sie die Polsterbürste auf Ihren Staubsauger, und saugen Sie die Gardinen von oben nach unten ab. Sie müssen die Gardinen dazu nicht einmal abnehmen. Der Stoff wird nicht eingezogen, wenn Sie die Gardine straff halten oder die Leistung des Saugers drosseln. Hat Ihr Staubsauger keine passende Bürste, nehmen Sie den Staubwedel. Wichtig ist nur, dass Sie den Staub regelmäßig entfernen, damit er sich nicht festsetzen kann.
- Reinigen Sie waschbare Gardinen selbst. Lesen Sie als Erstes die Herstellerangaben auf dem Schildchen. Kein Schildchen da? Wenn Sie den Stoff nicht selbst identifizieren können (Baumwolle, Leinen, Kunststoff?), suchen Sie Rat bei einer Schneiderin oder in einem Gardinenfachgeschäft. Je nachdem werden Sie die Gardinen in die Maschine geben, von Hand waschen oder in die Reinigung tragen müssen. In der Maschine wählen Sie den Schonwaschgang – im Zweifelsfall sogar den Wollwaschgang. Man weiß nie, wie sehr die Sonne den Fasern schon geschadet hat. Seien Sie vorsichtig mit dem Trockner. Hängen Sie die Gardinen in jedem Fall noch feucht auf. Mit etwas Glück sparen Sie sich das Bügeln.
- Wenige Reinigungen haben Erfahrungen mit Gardinen, und sie hängen das nicht an die große Glocke. Wenn Sie eine Reinigung finden, die Ihre Gardinen abmisst und garantiert, dass Sie sie in derselben Länge zurückbekommen, sind Sie richtig.

Gardinenkauf? Lesen Sie die Reinigungsangaben. Die Samtvorhänge sind ein Traum – und reduziert? Trotzdem: Überlegen Sie, was die Pflege Sie kosten wird. Suchen Sie nach Gardinen, die Sie selbst waschen können, und Sie sparen viel Geld. Falls Sie Stoff für neue Gardinen kaufen: Nehmen Sie genug Material, sodass Ihnen ein Reststück für einen Probewaschgang bleibt.

Babypuder gegen Buchschimmel. Bücher, die in feuchten Kellerräumen oder im Regal an einer kalten Außenwand gelagert wurden, bekommen oft Schimmelflecken. Wertvolle Leseschätze können Sie retten, wenn Sie die betroffenen Buchseiten großzügig mit Babypuder bestäuben. Dann beschweren Sie das Buch und lassen es einige Tage liegen. Anschließend schütteln Sie (möglichst im Freien!) das Puder heraus und entfernen Reste mit einer weichen Bürste. Das vertreibt den Schimmel und Modergerüche. ◂

VERMEIDEN SIE *Gifte* im Haushalt

Firmen, die Reinigungsmittel, Baumaterial und Insektenvernichtungsmittel produzieren, welche chemische Gifte enthalten, stellen gerne die Effizienz ihrer Mittel heraus. Über die negativen Seiten ihrer Produkte schweigen sie sich dagegen aus. Luftreiniger geben Naphthalin ab, das möglicherweise krebserregend ist. Fensterreiniger auf Ammoniak-Basis können zu Atembeschwerden führen. Einige Putzmittel enthalten Stoffe, die über die Haut aufgenommen werden und die Nerven schädigen können. Und das sind nur einige der Gifte, die sich in den Haushalt einschleichen. In kanadischen Studien wurde festgestellt, dass die Luft in Häusern oft stärker von Giftstoffen belastet ist als die Luft draußen. Und das alles wird versteckt hinter bekannten Markennamen, die mit teuren Werbespots beworben werden – die letztendlich der Käufer bezahlt.

Schädliche Stoffe

Welche Inhaltsstoffe bei Putz- und Pflegemitteln sollten Sie meiden? Am besten, Sie lesen vor dem Kauf entsprechender Mittel die Zutatenliste und lassen die Finger von:

Beize
Borsäure
Formaldehyd
Glykolen
Naphthalin
Petroleumdestillaten
Phosphorsäure
Schwefelsäure
Trichloräthylen

Generell gesundheitsgefährdend sind: **flüssige Backofenreiniger, natriumhypochlorithaltige Bleichmittel, petroldestillathaltige Bodenpflegemittel, flüssige Fleckenentferner, Holzschutzmittel** und **Holzveredelungsmittel.**

Die guten Helfer

Alternativ zu den fragwürdigen „chemischen Keulen" sollten Sie die folgenden Mittel stets vorrätig haben und zum Putzen benutzen. So halten Sie die „Luftverschmutzung" im Haus niedrig, sparen Geld und schonen Ihren Körper.

Natron. Noch zu Beginn des 20. Jahrhunderts fehlte Natron (eigentlich Natriumhydrogencarbonat) in keinem Haushalt. Das feine weiße Pulver neutralisiert Säuren und löst Verkrustungen.

Essig. Als Produkt aus dem Gärprozess von Früchten oder Wein enthält Essig natürliche Säure. Er ist ein Allround-Talent, das zuverlässig Krankheitskeime abtötet, Fett entfernt und mineralische Ablagerungen (Kalk) löst.

Borax. Dieses natürliche Mineral enthält Wasser, Sauerstoff, Natrium und Bor. Seine kraftvolle Wirkung entfaltet es gegen Krankheitserreger, Pilze und Gerüche. Es verhindert Schimmel, Fäulnis und tötet (Küchen-)Schaben.

Schmierseife. Diese Seife, die biologisch nahezu vollständig abgebaut werden kann, finden Sie in der Drogerie.

Soda (Natriumbicarbonat). Dieses Mineral löst Fett und Schmiere, Öl, Schmutz und sogar Blut. Es macht Wasser weich und verstärkt die Wirkung von Seife. Sie finden das scharfe Mittel in Drogerien und Apotheken: Kindersicher aufbewahren.

Ätherische Öle. Die Essenzen bestimmter Pflanzen wie Lavendel, Pfefferminze, Zitrone können Sie als natürliche Luftverbesserer einsetzen und dem Putzwasser zugeben. Naturreine ätherische Öle finden Sie in der Apotheke oder Drogerie.

Die Pflege Ihrer Glanzstücke

4 Verfahren, Schmuck und Empfindliches zu reinigen

Baden Sie Ihren Goldschmuck in Geschirrspülmittel. Juweliere übernehmen gern für Sie die Pflege Ihrer Ketten, Armbänder und Ringe – gegen gutes Honorar, versteht sich. Doch Schmuck, und vor allem Gold, lässt sich problemlos zu Hause reinigen. Gold wird stumpfer, wenn es oft mit Cremes, Seifen und öligen Rückständen der Haut in Kontakt kommt. Um den schönen Glanz Ihres Goldschmucks zu erneuern, gönnen Sie ihm regelmäßig ein Bad in einer Tasse warmem Wasser mit etwas mildem Geschirrspülmittel: Kurz einweichen lassen, mit einer weichen (!) Zahnbürste abbürsten, unter fließendem Wasser spülen (Schmuck dazu am besten in ein Teesieb legen und das Wasser nicht so stark aufdrehen). Hartnäckige Flecken mit einer Mischung aus Wasser und Ammoniak (1:1) behandeln: 30 Minuten in die Lösung legen, sachte abbürsten, abspülen, trocken tupfen. Und: Niemals Gold mit Zahnpasta reinigen – sie enthält leider kratzige Kieselsäure, die dem Schmuck den Glanz nimmt und ihn ruinieren kann.

Perlen polieren. Farbe, Glanz und die Stärke des Perlmutts bestimmen den Wert einer Perle. Da Perlen sehr sensibel auf Chemikalien und Salze reagieren, erhalten Sie ihre Schönheit und ihren Wert nur, wenn Sie die Perlen nach jedem Tragen mit einem weichen, ganz leicht feuchten (Leder-)Tuch abreiben. So werden schädliche Substanzen wie Schweiß, Parfüm und Make-up, die durch die Oberfläche in die Perle eindringen, schonend entfernt. Hin und wieder bereiten Sie eine Lösung aus milder Neutralseife und handwarmem Wasser. Mit dieser Lösung und Ihrem Tuch reiben Sie die Perlen behutsam ab. Nie die Perlen lange einweichen lassen oder nach der Reinigung zum Trocknen aufhängen: Das schädigt den Faden. Hartnäckige Flecken können Sie ganz vorsichtig mit dem Fingernagel abkratzen. Und als Vorsichtsmaßnahme sollten Sie Ihre Perlen erst dann anlegen, nachdem Sie Parfüm, Make-up und Haarspray aufgetragen haben.

Das Silberputzmittel im Schrank lassen. Es enthält giftige Substanzen und riecht übel. Stecken Sie ein Stück Alufolie in ein Glas- oder Plastikgefäß. Geben Sie Salz und etwas Natron dazu.

Schmuck gut behandeln

- ☐ Lassen Sie kein Chlor an Ihren Gold- und Silberschmuck – er verdirbt auf längere Sicht Ihre Schmuckstücke. Legen Sie Ringe, Ketten und Armreifen immer ab, wenn Sie mit einem chlorhaltigen Reiniger putzen. Lassen Sie sie zu Hause, ehe Sie ins Schwimmbad gehen, und nehmen Sie sie nicht mit ins heiße Bad in der Wanne.
- ☐ Obwohl es selbst einige Juweliere empfehlen, sollten Sie Schmuck nicht mit Zahnpasta putzen, da sie Schleifpartikel enthält, die das Edelmetall oder die Steine zerkratzen können.
- ☐ Gefasste Steine nie längere Zeit in Wasser legen oder beim Baden oder Schwimmen tragen. Es kann sein, dass sich dabei der Klebstoff, der den Stein hält, auflöst.
- ☐ Silber läuft an, wenn es mit Salz und Säuren in Berührung kommt (Senf, Ketchup) oder mit Schwefel (Eier, Mayonnaise). Decken Sie zu solchen Speisen kein Silber ein – oder reinigen Sie Ihr Tafelsilber anschließend sofort.

Mit warmem Wasser auffüllen und das Silber hineinlegen – der Belag wird sich auf der Alufolie absetzen. Das Silber nur abtrocknen und polieren.

Schwer erreichbarer Belag? Sie halten den alten Dekanter Ihrer Oma in Ehren, mögen ihn aber nicht mehr benutzen, weil sich innen Wein abgesetzt hat – und genauso ist es um die alte Kaffeekanne bestellt? Bevor Sie die lieb gewonnenen Stücke entsorgen, geben Sie ihnen noch eine Chance. Verrühren Sie Essig und grobes Salz, und schwenken Sie die Gefäße damit gut aus. Alte Weinablagerungen reagieren noch besser auf warmes Wasser, in das Sie Natron (bei den Backzutaten erhältlich) und etwas grobes Salz mischen. Wenn nichts hilft, greifen Sie zu einer Reinigungstablette für künstliche Zähne: Am nächsten Morgen das Gefäß mit warmem Wasser ausschwenken.

Auch das Trocknen solcher Gefäße stellt eine Herausforderung dar. Sie können ewig darauf warten, dass sie im Geschirrgestell trocknen! Lassen Sie stattdessen alles Wasser herausfließen. Wickeln Sie ein großes Stück Küchenpapier um den Stiel eines Holzkochlöffels, sodass ein Stück übersteht, das bis zum Boden reicht. Stecken Sie den Stiel mit dem Papier in das Gefäß, und belassen Sie ihn über Nacht darin – am nächsten Morgen müsste fast alle Feuchtigkeit aus dem Gefäß aufgenommen sein.

Kein Ungeziefer

3 bewährte Mittel, wie Sie Insekten aus dem Haus vertreiben – ganz ohne Einsatz von Pestiziden

Basilikum nimmt's mit Fliegen auf. Auf einfache Weise können Sie Fliegen aus Ihrer Küche vertreiben und zudem rund ums Jahr frisches Pesto im Haus haben: Stellen Sie mehrere Töpfe frisches Basilikum in der Küche auf – Fliegen hassen seinen intensiven aromatischen Duft.

Essig vertreibt Ameisen. Man braucht keine kostspieligen Pestizide, um sein Haus vor Ameisen zu bewahren – Essig reicht völlig. Füllen Sie eine saubere Sprühflasche je zur Hälfte mit Weißweinessig und Wasser. Dann sprühen Sie die Mischung überall dort hin, wo Sie Ameisen sehen, und vertreiben sie mit dem gesundheitlich völlig unbedenklichen Essig.

Wirksam gegen Silberfischchen. Teebaumöl ist hierzulande ein relativ neues Produkt, wird aber in Australien, der Heimat des Teebaums, seit Jahrtausenden zu Heilzwecken verwendet. Es ist zwar verhältnismäßig teuer, doch im Verbrauch sehr sparsam. Das beste Öl erhalten Sie in der Apotheke oder in Läden, die sich auf Naturprodukte spezialisiert haben. Teebaumöl ist allergikerfreundlich und daher für fast jeden geeignet. Um Silberfischchen wirksam zu vertreiben, können Sie entweder reines Teebaumöl in die Ecken (Küche, Bad) reiben oder es 1:1 mit Wasser verdünnt auf Böden und Arbeitsflächen oder in die Wanne sprühen.

Perfekte Pflege-Utensilien

3 Tipps, wie Wickler, Bürsten und Rasierklingen in Topform bleiben

Schwimmstunde für Lockenwickler. Alle Sorten von Lockenwicklern, die Wasser gut vertragen, wie Papilloten und Wickler aus Plastik oder Kunststoff, können Sie ganz sanft reinigen und von Rückständen befreien. Lassen Sie warmes Wasser in Ihr Handwaschbecken im Badezimmer laufen, schäumen Sie einige Teelöffel von Ihrem eigenen Haarshampoo auf, und lassen Sie die Lockenwickler in der Lösung einweichen. Anschließend bürsten Sie mit einer alten Zahnbürste die Haare einzeln aus jedem Lockenwickler heraus. Das ist eine etwas haarige Angelegenheit, aber hinterher sind die Wickler wie neu. Auch Lockenwickler aus Metalldraht vertragen diese Reinigung, müssen aber anschließend sehr gründlich getrocknet werden (föhnen!), damit sie nicht rosten.

Gegen hartnäckige Flecken (Styling-Schaum, Farbfestiger) wirkt eine Mischung aus 1/4 Tasse warmem Wasser und 1 EL Weichspülmittel. Die Lösung mit einer Bürste (alte Zahnbürste, Gemüsebürste) auftragen. Spülen und trocknen.

Elektrische Wickler dürfen natürlich nicht in Wasser gereinigt werden. Mit einem Tuch (oder Bürste) und dem Weichspüler abreiben. Mit einem feuchten Tuch nachreiben, trocknen.

So halten Haarbürsten (fast) ein Leben lang. Lassen Sie die Bürste häufig in einer Lösung, die Sie aus 2 TL Shampoo und 1/4 Tasse Essig im Handwaschbecken anmischen, einweichen. Entfernen Sie vorher alle losen Haare, und ziehen Sie dann mit einem Kamm mit weiten Zinken alle weiteren Haare Reihe für Reihe aus der Bürste. Da die Lösung fettige Rückstände, Schmutz, verklebtes Haargel und Spray aufweicht, können Sie die Bürste zum Schluss mit einem Nagelbürstchen ganz sauber bürsten. Dann halten Sie die Bürste unter fließendes Wasser und trocknen sie an der Luft.

Rasierklingen säubern. Natürlich sehen es Hersteller von Rasierklingen gern, wenn Sie die Klingen so oft wechseln wie Socken. Mit diesem kleinen Trick aber halten Sie die Klingen noch lange scharf: Sie gießen ein wenig Fahrradöl in einen flachen Teller, legen die Klingen ein paar Minuten hinein und tupfen die Klingen mit einem fusselfreien Tuch vorsichtig ab. ◁

Keine schlechten Gerüche

5 Maßnahmen, unangenehme Gerüche im Haus kostengünstig zu beseitigen

Teppiche gründlich absaugen. Wenn sich üble Gerüche im Teppich oder in Stoffen festgesetzt haben, „muffelt" es in der ganzen Wohnung. Da hilft nur entschlossenes Saugen: Verteilen Sie am Abend vorher etwas Natron auf den schlimmsten Flecken. Am nächsten Tag gründlich absaugen.

Natürliche Luftreiniger. Auch in diesem Moment tüfteln Chemiker gerade an neuen Luftreinigern und -erfrischern. Und die Marketingabteilung brütet darüber, mit welchen Werbekampagnen sie Kunden für diese Produkte an Land zieht. Dabei übertünchen diese Wunderdüfte meist nur in aufdringlicher Weise alle anderen Gerüche und führen bei empfindlichen Menschen zu Atembeschwerden oder allergischen Symptomen. Besser ist es, gründlich zu lüften und zu putzen oder einen der folgenden Tipps zu versuchen.

GEHEIMWAFFE

Aktivkohle

Eine offene Schachtel Natron absorbiert im Normalfall alle störenden Gerüche im Kühlschrank. Aber was ist zu tun, wenn Sie im Kühlschrank oder an anderer Stelle einen scharfen unangenehmen Geruch wahrnehmen? Die Lösung finden Sie in der Aquariumsecke im Tierfutterladen oder im Gartencenter. Dort gibt es Wasseraktivkohle in kleinen Päckchen. Streuen Sie ein wenig in einen flachen Teller oder in ein Töpfchen, und stellen Sie es auf. Nach acht Stunden reinigen Sie die Kohle bei 175° C im Backofen und können sie so immer wieder verwenden. Als Ersatz-Geruchsfänger tut es auch frische Katzenstreu oder frisch gemahlenes Kaffeepulver.

Mit Essigdämpfen gegen Küchengerüche. 1/4 bis 1/2 Kaffeetasse Essig in 1 l Wasser geben und erwärmen, damit der Wasserdampf den geruchsneutralisierenden Essig verteilen kann. Anschließend gründlich lüften!

Mülleimer schrubben. Putzen Sie den Mülleimer gründlich mit einer festen Bürste und einem geeigneten starken Haushaltsreiniger. Dann mehrmals gründlich ausspülen (am besten draußen mit dem Gartenschlauch) und an der Luft trocknen lassen. Bevor Sie den Eimer wieder in Gebrauch nehmen, etwas Borax auf den Boden rieseln lassen, um die Fäulnisgerüche zu bannen.

Zwiebeln und Frischluft im Keller. Im Keller macht sich Moderduft breit? Als erste Maßnahme: Schneiden Sie eine Zwiebel durch, und stellen Sie die Hälften auf einem Teller in den Keller – die Zwiebel zieht schlechte Gerüche an. Dann lüften Sie mehrmals sehr gründlich, denn der typische modrige Kellergeruch stammt von Schimmel und Fäulnis, die sich in dunklen, feuchten Ecken gebildet haben. Öffnen Sie häufig Türen und Fenster, oder stellen Sie Ventilatoren auf, damit Durchzug entsteht. Dann putzen Sie den ganzen Keller sehr gründlich mit Wasser und einem kräftigen Haushaltsreiniger. Reiben Sie alle Flächen ab, gehen Sie in die Ecken, rücken Sie große Möbelstücke von den Wänden ab, und lüften Sie anschließend wieder sehr gut, um noch den letzten Rest von Feuchtigkeit zu vertreiben.

Handwerkszeug & Co.

8 Tipps, wie man Werkzeug auswählt und pflegt

Das passende Werkzeug nehmen. Hans Oswald, Installateur aus Siegertsbrunn bei München, ist sicher, dass er weiß, warum so viele Haus- und Wohnungsbesitzer regelrecht davor zurückschrecken, etwas selbst zu reparieren. „Die meisten wissen entweder nicht, welches Werkzeug ihnen helfen könnte, oder sie wollen es sich nicht anschaffen", sagt er. Wenn z. B. jemand versucht, die Dichtung an einer undichten Armatur auszuwechseln, gibt er auf, sobald er entdeckt, dass er den zu fest sitzenden Wasserhahn nicht abschrauben kann. Er ruft einen Handwerker an und zahlt mindestes 150 Euro. Wäre er rasch zum nächsten Baumarkt gefahren, hätte er dort Rat und das passende Werkzeug bekommen und die Armatur binnen Kurzem montiert. Worauf es also ankommt, ist: das richtige Werkzeug.

Legen Sie sich einen Satz guter Schraubendreher zu. Viele Dinge wie ein altes Taschenmesser oder die Werkbank des Großvaters sind wertvolle Familientradition. Defekte Schraubendreher aber nicht! Sobald sie abbrechen, wackeln oder rosten, sollten Sie sich umgehend von ihnen trennen, denn Sie werden sonst jede Schraube verfluchen. Kaufen Sie sich einen Satz neue, gute Schraubenzieher – oder einen hochwertigen Wechselschraubendreher mit passenden Aufsätzen. Sollten Sie erst bei der Arbeit merken, dass Ihr alter Schraubendreher nicht richtig greift, sondern den Schraubenkopf ruiniert: Ziehen Sie eine Metallsäge durch den Schlitz, um ihn zu begradigen. Dann können Sie einen erneuten Versuch mit besserem Werkzeug wagen.

So bleibt Farbe frisch. Nach dem Streichen lässt man die restliche Farbe meist in der Büchse. Häufig schließt der beim Öffnen verbogene Deckel nicht mehr gut, oder die Büchse rostet mit der Zeit und die Farbe wird untauglich. Füllen Sie sie lieber in ein Einmachglas mit Twist-off-Deckel. So sehen Sie auf den ersten Blick, welche Farbe Sie suchen. Diese luftdichten Einmachgläser halten die Farbe lange Zeit frisch.

Pinsel und Roller reinigen. Haben Sie nicht auch schon gute Pinsel weggeworfen, nur weil es Ihnen zu umständlich war, sie zu reinigen? Wenn Sie mit Ölfarbe gestrichen haben und am nächsten Tag weitermachen wollen, sollten Sie Pinsel und Farbroller fest und vollständig in Alu- oder Frischhaltefolie einwickeln, denn so können sie nicht austrocknen. Dispersionsfarbe lässt sich übrigens fast immer unter fließendem Wasser vollständig ausspülen. Sollte das nicht möglich sein, entfernen Sie Rückstände ebenso mit Terpentin wie Ölfarbe. Übrigens: Tauchen Sie den Roller nie ganz in den Farbeimer, sonst dringt die Farbe in die Walze ein und tropft dann aus der Rolle heraus.

Metall in der Wand aufspüren. Ein Gerät, mit dessen Hilfe Sie in den Wänden unter Putz und Farbe oder Tapeten verborgene Stahlarmierungen ganz schnell finden, liegt in Ihrem Badezimmer: ein elektrischer Rasierapparat. Sie müssen ihn nur einschalten und dann systematisch die Wände entlangfahren – dort wo eine Metallstrebe sitzt, ändert sich sein Brummton. So können Sie beim Bohren beruhigt loslegen.

So geht's: Heimwerker haben wenig, aber gutes Werkzeug

Es gibt Menschen, die einfach alles reparieren können. Doch auch wer diese Begabung nicht hat, erkennt schnell, was sie auszeichnet. Solche Handwerker arbeiten konzentriert und schleppen nicht tonnenweise Geräte und Werkzeug mit sich herum. Im Gegenteil: Oft reicht ihnen ein kleiner, aber auffallend gut organisierter Werkzeugkasten. Sylvio Cyrulik ist einer von ihnen, und er weiß, dass man die meisten Arbeiten mit fünf Werkzeugen ausführen kann. Schaffen Sie sich diese in guter Qualität an, und heben Sie sie in einer Plastikbox auf.

Schraubzangen

Mit einer verstellbaren Schraubzange können Sie von der Leitung bis zum losen Nagel alles gut und sicher greifen und festhalten.

Wechselschraubendreher

Kreuzschlitz- oder Bandschraube? Mit einem Wechselschraubendreher ist das kein Problem: Die verschiedenen Aufsätze für unterschiedliche Schraubenformen und -größen lassen sich einfacher aufbewahren als ein Satz unterschiedlicher Schraubendreher. Tipp: Leisten Sie sich einen Akku-Schrauber.

Verstellbare Schraubzwingen

Warum einen ganzen Satz verschiedener Schraubzwingen mit sich herumtragen, wenn zwei verstellbare für die meisten Arbeiten reichen?

Hammer

Ein Hammer (etwa 500 g schwer) ist unverzichtbar. Neben normalen Hämmern gibt es Klauen-(Zimmermanns-)hämmer, mit denen man Nägel auch gut wieder herausziehen kann.

Leitungssucher

Das wichtigste Handwerkszeug des Elektrikers ist ein Leitungs- oder Kabelsucher. Es gibt diese Geräte in unterschiedlichster Ausführung im Baumarkt und im Fachhandel zu kaufen. Lassen Sie sich beraten, welche Ausführung für Ihre Zwecke die beste ist. Generell aber gilt: Lassen Sie die eigentlichen Arbeiten an elektrischen Leitungen und Geräten nur vom Fachmann ausführen.

Nicht am Klebeband kleben. So praktisch Klebeband immer wieder ist, meist bleibt es ein Provisorium. Klebeband wird nämlich relativ schnell „müde“. Vor allem, wenn es der Sonne ausgesetzt ist, leiert es schnell aus und verliert seine Klebkraft. Will man das Klebeband wieder abziehen, stellt man fest, dass es sowohl auf Metall wie auf Glas und Plastik Reste hinterlässt, die sehr schwer zu entfernen sind. Auf Holz hält Klebeband überhaupt nicht, ruiniert dafür aber polierte und versiegelte Holzoberflächen mit seinen Rückständen. Und: Niemals Klebeband für offene elektrische Leitungen verwenden – es ist kein Ersatz für Isolierband! Setzen Sie das Klebeband also dort ein, wo es Sinn macht (zum Abkleben beim Streichen, zum Fixieren von geklebten Teilen bis zum Trocknen des Klebers etc.), aber nicht, wenn Sie etwas dauerhaft verbinden möchten.

Die Bandschleifmaschine reinigen. Kennen Sie das? Ehe die Oberfläche, an der Sie arbeiten, abgeschliffen ist, verklebt das Band der Schleifmaschine. Bevor Sie nun loslaufen und neue Bänder kaufen, versuchen Sie es mit diesem Trick: Sichern Sie die Schleifmaschine, oder lassen Sie sie von jemandem halten. Wenn Sie dann die Gummisohle Ihrer Schuhe gegen das Band pressen und wieder entfernen, müsste das Band sauber sein.

Werkzeug vor Rost schützen. Sobald feuchte Luft an Ihren Werkzeugkasten oder in die Werkzeugschublade gelangt (wo die meisten von uns nun mal ihr Werkzeug aufbewahren), entsteht Rost auf den Metallteilen. Ein besonders guter Schutz gegen Rost sind die Päckchen mit Silicum-Gel, die oft bei neuen Produkten in der Verpackung liegen. Wenn sie sich mit Feuchtigkeit vollgesogen haben, reicht es, sie zum Trocknen für etwa eine Viertelstunde unter eine 60-Watt-Birne zu legen. Auch eine Handvoll Mottenkugeln zieht die Feuchtigkeit ebenso an wie ein Stückchen Kampfer (in der Apotheke oder im Drogeriemarkt), das allerdings nach sechs Monaten seine Wirksamkeit verliert. ◂

Helfer finden

4 Merkmale, an denen Sie erkennen, dass ein Handwerker ein echter Profi ist

Versierte Elektriker. Schön, wenn Sie einen guten Handwerker kennen, dem Sie seit Langem immer wieder mal Aufgaben rund ums Haus übertragen. Doch selbst wenn Sie bisher stets zufrieden waren, seien Sie vorsichtig, wenn es um Elektrizität geht – ganz abgesehen davon, dass es gesetzliche Bestimmungen gibt! Wenn jemand, der von der Arbeit nichts versteht, sich an Ihren elektrischen Leitungen zu schaffen macht, stecken Sie ruckzuck in Schwierigkeiten. Unsauber verlegte Leitungen, falsch angebrachte Steckdosen usw. sind nicht nur ärgerlich – sie sind auch lebensgefährlich. Dazu kommt, dass es schwierig sein wird, Fehler in den Leitungen unter Putz und Tapeten überhaupt zu finden.

Bekommen Sie Garantie? Seit Anfang 2002 gilt bei Reparaturen und sonstigen Werkleistungen eine Gewährleistungsfrist von zwei Jahren. Aber Achtung: Diese Frist lässt sich vertraglich auf ein Jahr verkürzen! Sie beginnt mit der Abnahme der Arbeit durch den Kunden. Tritt innerhalb der Frist ein Mangel auf, kann der Kunde eine Nachbesserung verlangen, deren Kosten zu Lasten des Handwerkers gehen. Misslingt die Nachbesserung, oder weigert sich der Betrieb, sie auszuführen, ist es möglich, eine Preisermäßigung zu verlangen oder Schadenersatz zu fordern.

Erst den Installateur, dann eine Marke wählen. Wenn Ihr Installateur neue Armaturen im Bad oder in der Küche anbringen soll, können Sie auf einfache Weise viel Geld sparen. Fragen Sie ihn, welche Marken er am liebsten einbaut, und wählen Sie dann aus dem Sortiment seines Hauslieferanten die Stücke aus, die Ihnen gefallen. So können Sie sicher sein, dass er alle Werkzeuge besitzt und dass ihm der Einbau flott von der Hand geht, weil er sich auskennt – statt viel Zeit mit dem Lesen komplizierter Installationsbeschreibungen zu verbringen. Außerdem wird alles gut sitzen und passen – was künftige Reparaturen spart.

Handwerkszeit verkürzen. Wenn etwas repariert werden soll, kommt es häufig vor, dass der betreffende Handwerker gemütlich zusieht, wie Sie das halbe Zimmer umräumen, damit er an eine Steckdose kann. Oder er geht bereitwillig auf Ihre langen Schilderungen ein, wie es zu dem Defekt kam – denn dies alles ist Zeit, die Sie ihm bezahlen, wenn Sie seinen Besuch nicht vorbereitet haben:

- Besprechen Sie alles, was zu tun ist, welche Vorbereitungen Sie treffen müssen und was Sie besorgen können, am Telefon, wenn seine Zeituhr nicht tickt.
- Räumen Sie vor seiner Ankunft alles frei, wo er hin muss, und sorgen Sie dafür, dass er dort genug helles Licht zum Arbeiten hat.
- Überprüfen Sie, ob alles in der Wohnung, was dieser Handwerker reparieren kann, in Ordnung ist. Lassen Sie ihn sonst alle Reparaturen auf einmal machen.
- Sagen Sie Ihrem Handwerker, dass er nicht aufräumen und sauber machen muss – das machen Sie selbst. Auf diese Weise ist alles in kürzester Zeit erledigt, und Sie haben sich Geld und Ärger gespart. ◂

Kleine Geheimnisse

Kleine Ursache – große Wirkung: 4 einfache Reparaturen, die Sie selbst ausführen können

Laufenden Spülkasten reparieren. Wenn der Spülkasten nicht mehr dicht hält, sondern dauernd Wasser ins WC rinnt, ist das ärgerlich, kostet Geld und ist eine Verschwendung an Wasser. Meist ist das Malheur leicht selbst zu beheben. Öffnen Sie den Spülkasten – wenn der Schwimmer voller Kalk ist: Ausbauen, mit Essig reinigen und wieder einsetzen.

Das Bild hängt schief! Was schätzen Sie, was Sie für einen Innendekorateur ausgeben würden, der diese zwei, drei Bilder, die immer wieder schief hängen, ein für alle Mal fixiert? Wir verraten Ihnen einen kostenlosen Trick: Hämmern Sie auf der Rückseite des Rahmens an allen vier Ecken einen dünnen Nagel ins Holz. Dann knipsen Sie die Köpfe ab (Vorsicht: Achten Sie auf die Augen!). Nun hängen Sie das Bild gerade auf (Wasserwaage) und drücken dann die Nägel sachte in die Wand.

Mit Plastikrohren selbst klempnern. Wahrscheinlich ist es auch für Sie einfacher, kleine Klempnerarbeiten mit Plastik- statt mit Kupferrohren auszuführen. PVC ist nicht nur billiger, es lässt sich auch leichter bearbeiten. Sie brauchen dazu kein Lötgerät, sondern nur die Kunststoffrohre und den entsprechenden Kleber.

- Vor dem Schneiden des Rohrs messen Sie die gewünschte Länge ab und markieren sie mit Bleistift auf dem Rohr. Kleben Sie auf Höhe der Markierung Klebeband rund ums Rohr, und schneiden Sie das Rohr durch.

Sparprogramm

Einfaches selbst reparieren

Wie Sie mit zwei Tropfen Öl einen klappernden Abzug ruhig stellen – und die Elektrikerrechnung sparen.

Als viel beschäftigter Installateur und Allround-Handwerker hat Heinz Oswald viele Touren gefahren und die verschiedensten Mängel vor Ort repariert. Er sagt, dass seiner Erfahrung nach immer wieder dieselben Probleme auftreten, die jeder ganz gut alleine beheben könnte, wenn er wüsste wie …

… man den Abzug im Bad repariert.

Natürlich geht es an die Nerven, wenn der Abzug ständig klappert, aber ein Elektriker kostet Geld, und so mancher erträgt lieber das nervige Geräusch, als sich an dieser in aller Regel simplen Reparatur selbst zu versuchen. Sie brauchen keine Angst vor Strom zu haben, wenn Sie den Abzug aus seiner Halterung nehmen können. Wenn Sie einen solchen Abzug haben, schalten Sie zunächst die Sicherung aus, und holen Sie eine Leiter. Steigen Sie hinauf, drehen Sie die Schrauben auf, und nehmen Sie den Abzug heraus. Oft reicht es, wenn Sie nun zwei Tropfen Maschinenöl auf die Welle geben. Hört das Geratter nach dem Einbau des Abzugs in die Halterung trotzdem nicht auf, nehmen Sie ihn wieder heraus. Fahren Sie in einen Fachhandel für Elektrogeräte (am besten vorher anrufen, ob ein passendes Gerät auf Lager ist), holen einen neuen Abzug und setzen ihn in die Halterung. So werden Sie immer noch billiger davonkommen, als wenn Sie einen Handwerker mit der Reparatur beauftragt hätten.

… man Zugluft abstellt.

Ritzen zwischen Mauerwerk und Rahmen sind oft daran schuld, wenn es durch Fenster- oder Türrahmen zieht. „Das Mauerwerk der meisten Häuser ist so angelegt, dass es atmen kann," erklärt Fachmann Cyrulik. „Deshalb hilft es nicht gegen Zugluft, die Fensterrahmen von außen zur Wand hin abzudichten. Denn das Mauerwerk liegt außerhalb der in die Wand eingelassenen Dampfsperre." Um sich also wirksam vor Zugluft durch undichte Fensterrahmen zu schützen, müssen Sie Hohlräume und Ritzen zwischen Rahmen und Wand auf der Innenseite der Fenster abdichten.

… man die Dichtung in Bad oder Küche instandsetzt.

Auch Klempner Sylvio Cyrulik hat es tausendfach gesehen. Die Silikondichtung um die Küchenspüle löst sich auf. Das Wasser dringt in die Arbeitsplatte, und diese beginnt zu faulen, bis man sie austauschen muss. Dasselbe gilt fürs Bad. Sobald die Dichtungen rund um Wanne, Dusche oder Waschbecken kaputtgehen, können das Mauerwerk, aber auch Holzfußböden oder Fensterrahmen schimmeln und faulen. Um solche teuren Folgeschäden abzuwenden, lohnt es sich, sofort einzugreifen, wenn die ersten Risse in der Dichtung auftreten. Die alte Dichtung abziehen, die Fugen säubern, völlig trocknen und neu verfugen. „Und wenn Sie selbst nicht gerne mit Silikon arbeiten, dann suchen Sie jemanden, der diese kleine Reparatur schnell ausführt, bevor Sie die halbe Küche oder das Bad rausreißen müssen", rät Profi Sylvio Cyrulik.

- Vermeiden Sie unüberlegtes Kleben. Ist der Kleber einmal trocken, können Sie Fehler nicht ausbessern, sondern müssen von vorn beginnen. Mit diesem Trick geht es besser: Wenn Sie alle Teile zugeschnitten haben, setzen Sie sie zusammen und prüfen, ob jedes die richtige Länge hat und alles passt. Wenn alle Maße stimmen, markieren Sie die zusammengesteckten Rohre und Halterungen mit einem durchgehenden dicken Strich und kleben immer jeweils zwei Teile passgenau zusammen.

Eine Bohrmaschine braucht keine teuren Extras. Das bei Weitem beliebteste Handwerksgerät ist die Bohrmaschine, und man kann immer wieder nur über die Anzahl der Zubehörteile staunen. Doch welche brauchen Sie wirklich, um die Maschine zu Hause vielseitig einsetzen zu können?

- Um Löcher von einer bestimmten Tiefe zu bohren, brauchen Sie keinen Abstandhalter, sondern nur die gewünschte Tiefe mit Klebeband auf dem Bohrer zu markieren.
- Um ein vertikales Loch gerade zu bohren, brauchen Sie keinen Zusatz, der die Bohrmaschine fixiert. Nageln Sie einfach zwei kleine, aber mit exakten Flächen geschnittene Holzleisten zu einem rechten Winkel zusammen. Dieses Richtmaß halten Sie an die Wand und bohren exakt im Winkel.
- Um ein horizontales Loch zu bohren, brauchen Sie keinen Extrarahmen, sondern einfach nur eine Beilagscheibe, die Sie über den Bohrer stecken. Sie gleitet auf dem Bohrer nach vorn oder hinten, sobald Sie die Maschine nicht waagrecht halten. ◁

Bad und Küche renovieren

6 kapitale Fehler, die Sie beim Renovieren nicht machen sollten

Kein WC mit halber Glasur. Wenn Sie Ihre Toilette erneuern wollen, dann Augen auf beim Kauf „billiger" Ware: Manche Hersteller bedienen sich, um Kosten zu sparen, eines Tricks, der Sie später teuer zu stehen kommt: Sie sparen an der inneren Glasur des Keramikmaterials. Prüfen Sie, ob das Muster-WC im Baumarkt innen auch unterhalb der S-Kurve, die als Geruchsbremse dient, glasiert ist. Wird hier gespart, fühlt sich das Material matt und stumpf an, und es bleiben beim Spülen Rückstände an den Wänden des Rohrs haften, die auf Dauer höchst unangenehm riechen.

Garantieumfang genau prüfen. Sie haben eine Traum-Mischbatterie im Internet gesehen und gelesen, dass Sie außer wunderschönem Design beim Kauf auch noch fünf Jahre Garantie bekommen? Vergewissern Sie sich vor dem Kauf, dass alle Teile des Wasserhahns in der Garantie eingeschlossen sind. Das gilt natürlich für jedes Gerät, das Sie im Internet oder im Laden kaufen wollen. Lesen Sie die Garantiebestimmungen genau durch, denn es kann sein, dass bestimmte Teile ausgenommen sind – das steht dann natürlich im Kleingedruckten.

Hände weg von „billigen" Wasserhähnen. Gut getarnt unter der chromblitzenden Hülle verbirgt sich die Wahrheit über die Qualität eines Wasserhahns. Billige Hähne haben Rohre aus Kupfer. Eine ganze Klasse besser sind Messinghähne. Auch wenn diese zunächst teurer sind als einfache Modelle, so können Sie auf lange Sicht jedoch Geld sparen. Kupferrohre werden relativ schnell porös – vor allem, wenn das Wasser viel Chlor enthält –, es entstehen Risse, und oft muss man die ganze Armatur bereits nach drei Jahren austauschen. Denken Sie daran, wenn Sie sich das nächste Mal über die Preisunterschiede wundern – obwohl doch alle Wasserhähne so schön glänzen.

Damit Messing lange glänzt. Fast wie echtes Gold schimmert ein Messingüberzug auf Bad- oder Küchenarmaturen. Aber es ist nicht alles gut, was glänzt. Viele Messingarmaturen haben einen Überzug, den normale Putzmittel abstumpfen und ablösen. Ist Ihr Messing dagegen PVD-beschichtet, wird es seinen Glanz behalten. PVD (Physical Vapour Deposition) ist ein absolutes Muss für alle schmückenden Messingteile, die im Freien angebracht sind, wie z. B. Haustürknöpfe.

Auf dem Fußboden: Keramik oder Marmor? Wird die Oberfläche von Fliesen beschädigt, lösen sich Splitter, und der unglasierte innere Keramikkern der Fliese wird sichtbar. Verkäufer raten daher gern zu teurem Marmor oder Granit, weil diese Fliesen durch die Einheitlichkeit des Materials kleine Schäden nicht so sichtbar werden lassen. Allerdings ist die Oberfläche dieser Natursteine manchmal recht empfindlich gegen Chemikalien in Putzmitteln. Und: Es gibt auch unglasierte, durchgefärbte Keramikfliesen. Überlegen Sie vor dem Kauf, wer den betreffenden Raum benutzt. Gästebadezimmer und Toiletten, in denen man sich viel mit Straßenschuhen aufhält, sind sicher exponierter. Doch normale Badezimmer werden oft nur mit weichen Hausschuhen betreten, und die Gefahr, dass die Glasur von Keramikfliesen absplittert, ist eher gering. Noch ein Tipp zum Schutz Ihrer Bodenfliesen: Stellen Sie schwere und harte Gegenstände kindersicher auf!

Der Fliesentest. Auch Sie haben Schwierigkeiten, sich vorzustellen, wie die im Geschäft ausgewählten Fliesen zu Hause aussehen? Schützen Sie sich vor einem kostspieligen Fehlkauf: Leihen Sie von jeder der zur Auswahl stehenden Fliesen ein Probeexemplar aus. Machen Sie mehrere Farbkopien von jeder Fliese oder Kachel, kleben sie zu zusammen, hängen Sie sie zu Hause an der Wand auf oder legen sie am Boden aus, und lassen Sie alles auf sich wirken. ◂

SO FINDEN SIE DIE *richtige* Matratze

Matratzen zählen zu den Produkten, mit denen man gute Umsätze machen kann. Traditionell gehört in Möbelhäusern die Bettenabteilung zu den Abteilungen mit den höchsten Gewinnen. Doch gerade bei den Matratzen sind die Qualitätsunterschiede für den Konsumenten nur schwer erkennbar. Das liegt zum einen daran, dass jeder von uns die Größe, Füllung und Härte anders wahrnimmt. Während die einen Käufer Kaltschaummatratzen bevorzugen, würden andere nie auf etwas anderem schlafen als auf Latex, Taschenfederkern, Federkern oder Viskoseschaum. Doch genau hier muss man ansetzen, wenn man Matratzen vergleichen will. Denn Material und Verarbeitung sind die wichtigsten Kriterien, um eine Matratze nicht nach dem Augenschein zu kaufen, sondern nach der Qualität des Innenlebens.

Die folgende Darstellung der vier Grundtypen erleichtert Ihnen die Qual der Wahl bei der Suche nach der besten Matratze für Ihre Bedürfnisse.

Kaltschaummatratzen	Latex	Federkernmatratzen	Viskoseschaummatratzen
Kaltschaummatratzen besitzen einen sehr offenporigen Kern und dadurch eine optimale Luft- und Feuchtigkeitszirkulation. Wichtig ist der richtige Härtegrad: Tendenziell sollten Personen mit einem Gewicht bis zu 85 kg Härte H2 wählen – Personen, die über 85 kg wiegen, Härtegrad 3.	Diese Matratzen werden aus synthetischem Latex hergestellt und sind mit Belüftungskanälen ausgerüstet. Sie passen sich dem Körper optimal an und haben eine lange Haltbarkeit (dauerhaft elastisch). Viele haben kleine Kunststofffedern („Airtex-Module"), die Feuchtigkeit und Wärme regulieren.	Die klassische Federkernmatratze besteht aus einem Bonellfederkern und ist deshalb eine der preiswertesten Matratzenarten. Die Federn sind aus einem zwei Millimeter starken, spiralförmigen Stahldraht gefertigt, und eine gute Federkernmatratze besitzt 200 Federn auf dem Maß 100 x 200 cm.	Diese neuartigen Matratzen reagieren auf Druck und Wärme: Durch die Körperwärme wird der Kern weicher und passt sich optimal an. Sie sind besonders gut für Personen geeignet, die gerne „wie auf Wolken" liegen.

Eine besondere Variante der Federkernmatratzen sind die Taschenfederkern-Matratzen. Während herkömmliche Federkernmatratzen eher flächig nachgeben, passen sich Taschenfederkern-Matratzen punktuell an die Körperformen an. Jede Einzelne der häufig über 450 Federn ist in eine kleine Tasche aus Textil eingenäht, die miteinander verbunden sind. Taschenfederkern-Matratzen gibt es von weich bis hart, und sie eignen sich aufgrund ihrer hohen Anpassungsfähigkeit für leichte, aber auch für schwere Menschen sehr gut. Da sie aufgrund ihrer Bauweise sehr luftdurchlässig sind, sind sie auch für alle, die nachts viel schwitzen, bestens geeignet.

Augen auf beim Matratzenkauf

5 Geheimtipps, mit denen Sie die optimale Matratze finden

Rückgaberecht für Matratzen? Sie haben einen sagenhaften Discounter für Matratzen gefunden, der sogar das Recht auf Rückgabe verspricht? Nun, was halten Sie davon, auf einer Matratze zu schlafen, auf der schon jemand anderer gelegen hat? Kein seriöser Matratzenhersteller nimmt eine gebrauchte Matratze zurück. Sie dürfen also sicher sein, dass ein Geschäft, das Rückgaberecht für Matratzen anbietet, solche einfach wieder einpackt und erneut in den Verkaufsraum stellt. Wollen Sie das wirklich?

Rost und Matratze kombinieren. Fast alle Hersteller stimmen ihre Matratzen auf ihre Roste ab und bieten diese Produkte in Paketen an. Diese Kombinationen verteilen den Druck durch das Körpergewicht optimal. Deshalb ist es meist sinnvoll, Rost und Matratze von ein und demselben Hersteller zu kaufen.

Matratzen nicht ohne passenden Rost verwenden. Legen Sie Ihrem Rücken zuliebe eine Matratze auf einen Rost und nicht etwa auf Bretter im Bett oder einfach auf den Boden. Nur auf dem Rost kann die Matratze optimal belüftet werden und ist so elastisch gelagert, dass sie Ihren Körper optimal unterstützt. Sonst drohen Ihnen Rückenprobleme und Schimmelbildung auf der Unterseite der Matratze!

Harte Matratzen tun nicht gut. Dachte man lange Zeit, dass für Menschen mit Rückenproblemen harte Matratzen optimal seien, so ist man heute davon mehr und mehr abgekommen. Orthopäden und Krankengymnasten empfehlen zunehmend Matratzen, die unserer Wirbelsäule im Liegen dieselbe natürliche Krümmung ermöglichen wie im Stehen. Denn wenn Schultern und Hüfte nicht in die Matratze einsinken können, wird unser Körper in eine unnatürliche Zwangslage gepresst. Suchen Sie also eine Matratze aus, die Sie an den richtigen Stellen stützt, die aber Ihrer Wirbelsäule elastischen Halt gibt. Eine nicht allzu „nachgiebige“ Matratze fördert den natürlichen Lagewechsel während des Schlafs und damit auch den Kreislauf und die Durchblutung. Bei Doppelmatratzen sollten Sie darauf achten, dass ein Partner nicht jede Bewegung des anderen mitmachen muss – die Matratze sollte also punktelastisch sein und nicht jeden Druck auf die gesamte Fläche verteilen.

Knausern Sie ruhig an den Kindermatratzen. Da Hersteller und Verkäufer genau wissen, dass Eltern das Beste für ihre Kinder wollen, verdienen sie ausgezeichnet an Bettzubehör speziell für Kinder. Topqualitäten sind gut und sinnvoll, wenn es sich um sichere Kindersitze, chemiefreies Spielzeug oder gute frische Nahrungsmittel handelt. Aber bei Matratzen und Rost ist schon mittlere Qualität ausreichend. Warum sollten Sie die teuerste Ausstattung nehmen, wenn Ihr Sechsjähriger in Kürze rausgewachsen sein wird – und bis dahin im Bett Trampolin springt?

Möbel auffrischen

7 erstaunliche Tricks, mit denen Ihre Möbel wie neu aussehen

Damit Ihre Flechtmöbel wieder gut aussehen. Flechtstühle, -bänke und andere Möbel mit Flechteinsätzen sind schwierig zu reinigen. Michael Rötzer, ein Münchner Antiquitätenhändler, empfiehlt seinen Kunden:

- Das Flechtwerk mit dem Bürstenaufsatz des Staubsaugers absaugen, um tiefen Schmutz zu lösen.
- Ein sauberes Tuch in Farbverdünner tauchen und die geflochtenen Teile abreiben. Vorher an einer versteckten Stelle ausprobieren, ob die Lösung die Oberfläche nicht zu stark angreift – sonst weiter verdünnen. Hartnäckige Flecken bearbeiten Sie mit einer Wurzelbürste und Farbverdünner.
- Möbelwachs mit einem trockenen Tuch auftragen, damit die Flechtmöbel wieder glänzen.

Durchgesessene Sitzflächen „nachziehen". Wie alle gestandenen Handwerker haben auch Möbelrestaurateure ihre kleinen Kniffe. Mit diesem hier können Sie sich einiges sparen, wenn Ihr Flechtsessel das nächste Mal „durchhängt". Überzeugen Sie sich, dass die Sitzfläche aus Naturmaterialien wie Rattan besteht. Drehen Sie das Sitzmöbel um, und feuchten Sie die Unterseite gut an – die Nässe darf aber nicht bis zur Oberseite durchdringen. Dann den Stuhl umdrehen und trocknen lassen. Nicht anwenden bei Möbeln mit Flechtwerk aus Papier!

Zerrissenes Flechtwerk reparieren. Wenn Sie einen geflochtenen Stuhl aus gedrehtem Papier besitzen, kennen Sie das sicher: Vor allem vorne an der Sitzfläche, gegen die man ständig mit den Beinen reibt, zerreißen die Fasern schnell. Geben Sie ein wenig Tischlerleim unter die zerrissenen Fasern, und halten Sie sie mit Klebstreifen zusammen, bis der Leim trocken ist. Danach wird niemand mehr den kleinen Eingriff sehen.

Kratzer auf Möbeln ausbessern. Jeder Restaurator würde sich die Finger nach diesem leichten Auftrag lecken. Aber das Geld können Sie sparen. Kaufen Sie im Bastelladen oder Heimwerkermarkt Farbstifte oder Politur in der Farbe Ihres Möbelstücks. Nach Gebrauchsanweisung auftragen – und schon ist der Kratzer verschwunden.

Die goldene Regel für Antiquitäten. Ändern Sie möglichst nichts an einer Antiquität. Beim Versuch, eine Patina zu beseitigen oder einen Lack aufzufrischen, können Sie das Stück ruinieren und seinen Wert drastisch verringern. Wenn ein Stuhl ein bisschen verzogen ist oder die lackierte Oberfläche eines alten Tischchens etwas rissig wird, mindert das den Wert nicht.

Heikle Antiquitäten pflegen. Ganz im Gegensatz zu dem, was die Hersteller von Möbelsprays erklären, brauchen Sie keines dieser Produkte, um Ihre Schränke, Anrichten, Kommoden, Tischchen und Stühle zu reinigen und zu pflegen. „Ganz im Gegenteil", versichert Lilo von Czettritz, eine Hamburger Antiquitätensammlerin. „Einige dieser Sprays enthalten Partikel, die sich nicht mehr von der Politur lösen lassen. Es gibt eine chemische Reaktion, die dazu führt, dass sich Politur und Spray unauflöslich verbinden. Oft wird der Sprühfilm auch nie ganz trocken. Dann setzt sich Staub ab, der die Politur dunkler macht." Das führt zum Wertverlust. Wesentlich schonender sind die Pflegemaßnahmen, die sie empfiehlt.

- Das Holz vor Nässe schützen: Benutzen Sie Untersetzer, wischen Sie Verschüttetes auf, und reinigen Sie Holz nicht mit Wasser.
- Die Möbel regelmäßig mit einem Staubtuch abwischen.
- Lassen Sie das Möbelstück einmal im Jahr mit Möbelwachs ein, wenn die Oberfläche unversehrt ist. Möbelwachs schützt die Politur, ohne ins Holz einzudringen, und verhindert so, dass sich der Staub mit der Politur verbindet. Suchen Sie nach einem Wachs, das möglichst genau zur Farbe Ihres Möbels passt (helles Wachs für Ahorn, dunkles für Mahagoni). Wenn die Politur beschädigt ist, nehmen Sie kein Wachs.

Schäden wegdämpfen. Eine Kerbe im Holz kann man manchmal mit Feuchtigkeit und Hitze behandeln. Stechen Sie mit einer feinen Nadel ein paar Mal in die beschädigten Fasern. Dann legen Sie ein Stück feuchtes Tuch auf die Kerbe, geben einen Kronkorken aus Metall darüber, der die Hitze verteilt, und halten ein Bügeleisen auf hoher Temperatur für ein paar Minuten darauf. Vorsicht: Nicht die Politur verbrennen! Wenn das Holz wieder getrocknet ist, füllen Sie die Nadelstiche mit frischer Politur. ◁

Energie sparen

7 Möglichkeiten, wie Sie durch kleine Veränderungen Energie einsparen können.

Als Erstes: Hausaufgaben machen. Wenn Sie wissen möchten, ob Ihre Energiekosten dem Durchschnitt entsprechen, zählen Sie alle Heiz- und Stromrechnungen der letzten zwölf Monate zusammen und teilen den Betrag durch die Anzahl der Quadratmeter Ihrer Wohnung (nicht beheizte Flächen dabei abziehen). Im Schnitt muss man 0,90 Euro/m² im Monat rechnen. (Heizung und Warmwasser haben mit 0,86 Euro/m² den größten Anteil.) Wenn Sie diesen Schnitt erreichen, gibt es vieles, was Sie in der nächsten Zeit tun können. Wenn Sie darüber liegen, sollten Sie sofort aktiv werden.

Glühbirnen austauschen. Haben Sie eine oder mehrere Glühbirnen im Haus, die Sie im Schnitt alle drei, vier Monate austauschen müssen? Dann dürfen Sie sicher sein, dass etwas nicht stimmt. Eine normale 60-Watt-Glühbirne hat eine Lebensdauer von etwa 1000 Stunden. Brennt sie fünf Stunden pro Tag, dann sollte sie mindestens ein halbes Jahr halten. Wenn Sie bemerken, dass Glühbirnen meist deutlich vor dieser Zeit kaputtgehen, dann kann das ganz verschiedene, aber undramatische Ursachen haben. Als mögliche Gründe kommen infrage:

- *Falsche Wattzahl:* Birnen sind für eine bestimmte Leuchtkraft gefertigt, die in Watt angegeben wird. Eine Birne mit 30 oder 40 Watt verstrahlt nicht nur weniger Helligkeit als eine Birne mit 60 oder 80 Watt – sie wird auch weniger heiß. Deshalb soll zum

Beispiel in einen Leuchtglobus, wie vom Hersteller angegeben, nur eine Birne mit geringer Wattzahl eingeschraubt werden. Wer die falsche Birne einschraubt, überhitzt die Leuchte und die Birne: Die Glühbirne austauschen.

- *Erschütterungen:* Wie alle anderen Objekt auch, reagieren Glühbirnen auf Erschütterungen und können kaputtgehen. Wenn Sie an einer stark befahrenen Straße wohnen oder wenn in der Wohnung über Ihnen häufig Kinder toben, dann ersetzen Sie die Lampe durch eine Leuchtstoffröhre. Diese Röhren sind wesentlich weniger anfällig.

Senken Sie Ihre Stromrechnung. Es ist nicht nur ökologisch absolut notwendig, Energie zu sparen – das Energiesparen wird leider auch von Firmen als Werbung für Geräte genutzt, die unter dem Schlagwort „Energiespar…" nicht nur sinnvolle Anschaffungen anpreisen. Nicht alles ist so nützlich wie etwa Energiesparlampen. Damit Sie hier nicht Geld und Illusionen verlieren, finden Sie einige Tipps, mit denen Sie tatsächlich Energie und Geld sparen können.

- 20 % aller Stromkosten werden für elektrisches Licht gebraucht. Wenn Sie Ihre fünf am häufigsten brennenden Birnen durch Energiesparlampen ersetzen, können Sie bis zu 50 Euro im Jahr sparen.
- Nehmen Sie die Batterien heraus, wenn Spielzeug oder andere Geräte gerade nicht in Betrieb sind. Am besten ziehen Sie auch den Stecker, wenn Sie den Fernseher, den Computer oder ein Küchengerät gerade nicht brauchen – all diese Geräte sind Stromfresser.

Heizkosten senken. In fast allen Haushalten wird etwa die Hälfte der Energiekosten fürs Heizen verbraucht. Hier erreichen Sie mit einer regelmäßigen Wartung der Heizungsanlage am meisten. Auch die Heizkörper gehören dazu. Werden sie regelmäßig entlüftet, muss die Heizung weniger arbeiten. Mit einem Entlüftungsschlüssel das Ventil öffnen und die Luft ablassen (Becher unterhalten). Anschließend die Heizungsumwälzpumpe wieder einschalten. Auch Wasserstand und Druck immer wieder überprüfen.

Kein Feuer im Kamin machen. Auch wenn Sie damals beim Einzug dachten: „Oh, wie romantisch!" – lassen Sie den Kamin aus. Es hört sich widersprüchlich an, entspricht aber der Wahrheit: Durch den Kamin entschwindet Wärme aus Ihrem Heim – außerdem kann der Rauch bei empfindlichen Menschen Asthma auslösen. Wenn Sie trotzdem ins knisternde Feuer sehen wollen, sollten Sie sich einen der neuen geschlossenen Kaminöfen anschaffen. So haben Sie es gemütlich, ohne dass Sie draufzahlen.

Ein neuer Kühlschrank? Seien Sie misstrauisch. Wo immer Sie hinhören – man wird Sie zu überzeugen suchen, dass ein neuer Kühlschrank ein Muss ist, wenn Sie Energie und Kosten sparen wollen: Immerhin sei der Kühlschrank der größte Energiefresser im Haushalt. Und außerdem seien die Kühlschränke der neuesten Generation wahre Wunder an Leistungsfähigkeit bei geringem Verbrauch. Das ist auch alles wahr: Eine moderne Öko-Kühl-Gefrierkombination verbraucht nur 200 kWh/Jahr, während ein Kühlschrank vor 15 Jahren etwa 1000 kWh brauchte. Doch wer hat noch einen so alten Kühlschrank? Ob-

Sie können so vieles tun

Angesichts der Debatten um den Klimawandel und die steigenden Energiekosten denkt mancher vielleicht: „Ich kann doch eh nichts tun.“ Doch das stimmt nicht. Gerade das persönliche Verhalten des Einzelnen ist ein wesentlicher Faktor. Denn Sie bestimmen nicht nur, wie viel Energie und Rohstoffe Sie im Haushalt verbrauchen. Ihr Kauf- oder Verweigerungsverhalten sowie die Parteien, die Sie wählen, setzen die Maßstäbe für Produktionen und Politik. Wer verantwortungsbewusst mit Wasser, Strom, Lebensmitteln, Chemikalien und allen Dingen des Lebens umgeht, zeigt diesen Weg auch seinen Kindern. Und dass gerade das Verhalten der Bürger der Bundesrepublik hier eine Vorbildfunktion für Europa hat, wird im Ausland durchaus gesehen und gewürdigt. Resignieren Sie also nicht, sondern versuchen Sie weiterhin alles in Ihrer Macht Stehende zu tun, um die Umwelt nicht zu belasten, sondern wo möglich zu entlasten. Viele Tipps sind daher in erster Linie als Erinnerung gedacht.

Mitgedacht – gut gemacht

- ☐ Lassen Sie beim Zähneputzen das Wasser nicht laufen.
- ☐ Reparieren Sie undichte Spülkästen und Wasserhähne so bald wie möglich.
- ☐ Knipsen Sie Licht, das Sie gerade nicht brauchen, aus.
- ☐ Schalten Sie Geräte (Fernseher und PC) nach Gebrauch vollständig aus.
- ☐ Benutzen Sie die öffentlichen Verkehrsmittel, wann immer es möglich ist, und gehen Sie kürzere Distanzen wieder zu Fuß – auch der Gesundheit zuliebe.
- ☐ Schränken Sie den Gebrauch von chemischen Reinigern ein.
- ☐ Waschen, putzen und spülen Sie umweltbewusst.

Warme Wohnung mit Verstand

1. Überheizen Sie Zimmer nicht.
2. Lassen Sie die Heizung nicht in allen Räumen den ganzen Tag laufen: Im Bad nur nach Bedarf aufdrehen. Die empfohlene Schlafzimmertemperatur ist 18 Grad – Wohnzimmer sind mit 22 Grad ausreichend warm.
3. Lüften Sie immer wieder einmal: Frische Luft erwärmt sich schneller als abgestandene. Lüften Sie immer nur kurz (stoßweise). Fenster nicht einfach offen lassen.
4. Machen Sie nachts die Läden oder Rollos zu – so bleibt Wärme im Raum. Ziehen Sie tagsüber die Vorhänge vor, so kommt weniger Kälte über das Fensterglas in die Zimmer.

Und ein letzter Trick: Wer die Türen zum Flur schließt, heizt ihn nicht ständig mit.

wohl Kühlschränke schon seit zehn Jahren energiesparend arbeiten, gehen viele Menschen, die einen solchen vergleichsweise neuen, technisch einwandfreien Kühlschrank haben, mit der Absicht los, einen neuen, noch besseren zu erwerben, der zudem Energiekosten spart – dabei fallen sie nur auf das neueste Design herein. Denn verglichen mit den Kosten, die ein zehn Jahre alter Kühlschrank verursacht, werden Sie mit dem neuesten Modell nur noch etwa zehn bis 20 Euro pro Jahr einsparen. Wenn Sie den Preis der Anschaffung eines neuen Kühlschranks mit den tatsächlichen Einsparungen am Haushaltsbudget vergleichen, werden Sie sehen, dass es sich unter diesen Aspekten nicht lohnt, einen Kühlschrank auszutauschen, der weniger als zehn Jahre alt ist. Ist der Kühlschrank allerdings noch älter, ist ein Austausch aus Gründen der Energie- und Stromkostenersparnis ratsam. Wichtiger aber noch ist die Frage des FCKW – erst seit 1993 gibt es völlig FCKW-freie Modelle auf dem Markt. Wenn Ihr Kühlschrank also ein älteres Baujahr sein sollte, dann wird es allerhöchste Zeit, ihn zu entsorgen! Eine andere Frage ist die der Ästhetik: Wenn Sie gerade die Küche umbauen oder sich eine neue kaufen, macht ein neuer Kühlschrank aus diesen Gründen natürlich Sinn.

GEHEIMWAFFE

Isolieren

Da Wärme immer nach oben steigt, verlieren viele ältere Häuser Energie durchs Dach. Wenn Sie also nur eine Dichtung zwischen den Dachbalken (Sparren) angebracht haben, zahlt es sich aus, eine zweite Schicht Isoliermaterial am Dach anzubringen. Der Vorteil ist, dass die Montage keine Hexerei ist – Sie können sie auch mit mittelmäßigem handwerklichem Geschick gut selbst anbringen. Außerdem sind die Materialkosten überschaubar, auch wenn Sie damit das ganze Dach auskleiden und sie über die Dachbalken ziehen. Das Isoliermaterial können Sie entweder als Platten oder als Rollen in jedem Baumarkt kaufen. Achten Sie bei der Montage aber auf zwei Punkte. Die neue Isolierschicht darf die Hinterlüftung des Daches nicht behindern: Packen Sie das Dach nicht bis in die Ecken und Kanten ein – hier zirkuliert die Luft. Kann sie sich nicht mehr bewegen, bilden sich Feuchtigkeit und Schimmel. Und: Achten Sie darauf, das Material nicht um den Blitzableiter zu legen!

Sparsamer waschen und trocknen.

Als „Stromfresser" im Haushalt schlagen auch die Waschmaschine und der Wäschetrockner kräftig zu Buche. Bei beiden Geräten lässt sich aber ohne größere Umstände Geld sparen. Ein Waschgang bei 40°C oder 30°C ist ebenso effektiv wie ein 90°C-Waschgang, wenn die Textilien nicht extrem verschmutzt sind. Und selbst in solchen Fällen ist es zweckmäßiger, die Kleidungsstücke mit Gallseife oder einem anderen Mittel zur Fleckentfernung vorzubehandeln, als sie zu kochen. Lässt man den Vorwaschgang wegfallen, wird der Energieverbrauch ebenfalls herabgesetzt.

Wird ein Wäschetrockner genutzt, sollte man darauf achten, dass die Wäsche vorab gut geschleudert wurde, denn somit verkürzt sich die Trockenzeit erheblich. Wählen Sie vorrangig die Programme „Schranktrocken" oder „Bügelfeucht". Das spart Strom und schont die Textilien.

Fenster-Know-how

3 Überlegungen, die Besitzer alter, nicht wärmeisolierter Fenster anstellen sollten

Alte Fenster in der Mietwohnung?
Noch immer gibt es Häuser und Wohnungen mit uralten Fenstern, die von ihren Eigentümern nicht renoviert wurden, um die Kosten für den Austausch zu sparen. Hier heizen Sie im Winter im wahrsten Sinn des Wortes zum Fenster hinaus. In diesem Fall müssen Sie selbst aktiv werden, um Ihre Nebenkosten in einem überschaubaren Rahmen zu halten – dies vor allem in Zeiten knapper werdender Ressourcen und damit steigender Heizungskosten.

- *Isolierband.* Ein gutes und günstiges Mittel, um undichten Fenstern auf die Sprünge zu helfen, ist Isolierband. Sie können es am Stück in jedem Baumarkt kaufen. Einfach auf die passenden Längen zurechtschneiden, die Fensterrahmen gründlich säubern und trocknen lassen (am besten erledigen Sie das an einem warmen Herbsttag), dabei alte Rückstände sorgfältig entfernen, aufkleben, fertig.
- *Fensterrolle.* Die Eisluft zwischen alten zugigen Doppelfenstern können Sie mit Decken oder Kissen stoppen: Einfach zwischen das äußere und das innere Fenster und auf die innere Fensterbank legen.
- *Trick aus Sturmgebieten.* Aus den Sturmzonen der USA stammt eine Methode, die Fenster vor Schäden zu sichern, die auch Energiekosten im Winter sparen hilft. Sie lässt sich allerdings sinnvoll nur bei Fenstern anwenden, die Sie für die eisigen Wintermonate nicht öffnen müssen. Sie brauchen dazu ein Stück Plastikfolie, das etwas größer ist als das Fenster, und doppelseitiges Klebeband. Sie schneiden das Band zurecht und überkleben das gesamte Fenster mit der Plastikfolie.

Vor dem Austauschen zweimal nachdenken. Einfach neue Fenster einbauen muss nicht die gute und sparsame Lösung sein, wie es die Fensterhersteller so gerne darstellen. Denn wenn Sie einmal ausrechnen, was es kostet, auf einmal alle Fenster in einem Haus mit drei Geschossen austauschen zu lassen, kommen Sie schnell dahinter, dass es sich um Beträge handeln würde, die mehrere Tausend Euro verschlingen können. Das lohnt unter finanziellen Aspekten nur dann, wenn Sie die Energieersparnis auf viele Jahre hochrechnen. Doch bei neuen Fenstern geht es auch um eine Investition in die Zukunft: in die eigene und vor allem in die der Kinder.

Der Energieverlust in Häusern über die Fenster macht in der kalten Jahreszeit bis zu 30 % aus. Dieses „Loch“ in der Energiebilanz lässt sich nur stopfen, wenn sichergestellt ist, dass die neuen Fenster einen Wärmedurchgangswert haben, der unter 1,7 Watt/m² Fensterfläche aufweisen (U- oder K-Wert). Aufgrund der neuen Energieeinsparverordnung, die seit 01.02.2002 gilt, ist das der Wert, den ein Fenster heute erreichen muss.

Neue Fenster? Wählen Sie die besten. Wenn Sie sich entschließen, Ihr

Heim mit neuen Fenstern auszustatten und dafür einen hohen Betrag auszugeben, müssen Sie absolut sicher sein, dass Sie das Beste für Ihr Geld bekommen. Es gibt mehrere sehr renommierte Fensterhersteller, deren Produkte Sie sichten sollten. Sie finden im Folgenden eine Übersicht über die wichtigsten Punkte und Standards, die Fenster von hoher Qualität ausweisen.

1. *Gütezeichen:* Wenn Sie das RAL-Gütezeichen auf einem Fenster sehen, wissen Sie, dass dieser Hersteller seine Produkte und ihre Qualität regelmäßig prüfen lässt: Dies steht für gesicherte Konstruktion, Fertigung und Funktion.

2. *Öffnen und Sicherheit:* Sie können wählen zwischen Kipp- und Drehfenstern sowie Fenstern, die diese Funktionen vereinen. Qualitativ sehr hochwertige Fenster haben einen integrierten Widerstand (Zuschlagsicherung), die das Zuklappen des gekippten Fensters bei einem heftigen Windstoß verhindert. Auch das überraschende Herausgleiten eines Dreh-Kipp-Fensters aus der Halterung kann durch eine „Fehlbedienungssperre“ verhindert werden.

3. *Material:* Waren früher Holzfenster die Regel, können Sie heute zwischen Holz-, Aluminium- und Kunststofffenstern wählen. Moderne Kunststofffenster schließen praktisch luftdicht, und ihre Rahmen sind besonders pflegeleicht.

4. *Verglasung:* Heute werden Fenster meist mit einem Doppelscheiben-System ausgestattet, bei dem zwischen den Scheiben im Idealfall ein Gas (Argon) die thermischen und isolierenden Qualitäten erheblich verbessert.

5. *Die Kammer-Systeme:* Sie können zwischen Fenstern mit zwei, drei und fünf Kammern wählen. Lassen Sie sich die Funktion der Kammern genau erklären. Tendenziell sind Zwei-Kammer-Systeme im Rahmen stabiler, Drei-Kammer-Systeme bringen ein Plus beim Wärmeschutz.

6. *Fensterbeschichtungen:* Es gibt verschiedene Beschichtungen für Fensterscheiben, die Hitzeentwicklung durch zu hohe Sonneneinstrahlung mildern (wichtig z. B. bei Dachflächenfenstern) oder auch vor unerwünschten Einblicken schützen (z. B. außen verspiegelte Scheiben).

Auch Fenster der besten Qualität lassen Kälte und Zugluft durch, wenn nach der Montage zwischen Wand und Rahmen Ritzen und Hohlräume verbleiben. Lassen Sie Ihre Fenster nur von erfahrenen Fachleuten einbauen.

So sparen Sie (keine) Energie

In Presse, Rundfunk und Fernsehen wird viel über Maßnahmen zur Energieeinsparung gesprochen und geschrieben. Vieles davon ist guter Rat in unserer Zeit der immer knapper werdenden Rohstoffe. Doch nicht alles stimmt so ganz …

Ein Thermostat muss richtig eingestellt sein, damit er wirklichen Nutzen bringt. Lesen Sie die Gebrauchsanweisung!

Programmierbare Thermostate sparen Geld?

Es stimmt, dass programmierbare Thermostate Geld sparen – aber nur, wenn Sie sie richtig programmieren! Lesen Sie die Gebrauchsanweisung, und programmieren Sie den Thermostat so, dass er nachts und auch tagsüber zu den Stunden, wenn Sie aus dem Haus sind, die Temperatur absenkt – dann können Sie tatsächlich im Winter bis zu 15 % Heizkosten sparen.

Ventilatoren kühlen?

Im Sommer sind Ventilatoren vor allem in Dachwohnungen eine gute Sache, da sie den Aufenthalt dort erträglicher machen. Doch es gibt einen Irrtum, der viel Strom kosten kann: Der Raum wird nicht kühler, wenn Sie den Ventilator anlassen, während Sie aus dem Zimmer gehen. Die Kühlung wird nur über den Luftzug erzeugt, den Sie spüren! Machen Sie den Ventilator nur dann an, wenn Sie im Raum sind.

Bildschirmschoner sparen Energie?

Bildschirmschoner verhindern, dass ein Bild zu lange auf Ihrem Monitor steht und sich in den Phosphor des Schirms brennt: Mit bewegten Bildern verlängern Sie so die Lebensdauer Ihres Monitors. Doch dazu brauchen Sie Strom! Wenn Sie nicht am PC arbeiten, ihn aber nicht ausschalten wollen, dann schalten Sie den Energiespar-Modus ein.

Es kostet viel Strom, den PC neu anzuschalten?

Während es stimmt, dass ein Auto bei jedem Neustart viel Energie verbraucht, trifft dies aber auf Computer nicht zu. Halten Sie ihn also nicht endlos weiter in Betrieb, sondern schalten Sie ihn über Nacht oder in längeren Pausen aus.

Ein Haus gut verkaufen

3 Wege, wie Sie Käufer für Ihre vier Wände begeistern

Altes Haus in neuen Kleidern. Sie wissen es selbst: Der erste Eindruck ist oft entscheidend – das gilt auch für den Hauskauf. Hier können Sie nachlesen, wie Sie Schritt für Schritt Ihr Haus für den Verkauf vorbereiten, damit es auf den ersten Blick alle Sympathien gewinnt.

1. Gehen Sie um Ihr Haus herum, und räumen Sie alles Gerümpel weg, das herumliegt, wie Dosen, große Holzstücke, Baumaterialien ...
2. Gullys säubern und putzen, Moos vom Dach räumen.
3. Hecken, Büsche und Bäume auslichten und stutzen. Verdorrte Pflanzen entfernen und ersetzen. Pflanzen, die Fenster oder Türen überwuchern, zurückschneiden.
4. Beetflächen jäten und mulchen.
5. Den Rasen kontinuierlich mähen, düngen und wässern.
6. Balkone und Veranden frei räumen: Alles, was im Weg herumsteht, wegräumen, wie alte Grills, Spielsachen oder Werkzeug. „Parken“ Sie es im Gartenhäuschen.
7. Ist die Farbe auf dem Zaun, der Gartentür und der Haustüre schon etwas abgeblättert? Ausbessern, denn diese Details sieht ein Käufer als Erstes.

Ein Traumhaus. In den USA hat sich eine neue Berufsgruppe darauf spezialisiert, Häuser für den Verkauf gezielt zu verschönern. Vor allem Innenarchitekten mit Sinn fürs Praktische können sich hier eine goldene Nase verdienen. Denn es geht nicht darum, ein Haus neu zu gestalten. Es kommt darauf an, mit wenigen, gekonnten Änderungen einen „Wow!“-Effekt zu erzielen.
Die wichtigsten Aspekte sind dabei: Entrümpeln, putzen und „neutralisieren“. Man muss keine neuen Türen oder Fenster einbauen, es geht einfach nur um den Eindruck. Das, was vorhanden ist, soll attraktiv und wertvoll aussehen. Wo dieses Kunststück gelingt, so zeigen Statistiken aus den USA, werden Häuser schneller verkauft – und zu einem besseren Preis.
Diese Traumhaus-Spezialisten machen oft auch Vorschläge für das Äußere des Hauses (Fassaden- und Fensterfarbe etc.). Vor allem aber arrangieren sie die Möbel und Accessoires in den Räumen um. Manche rechnen großzügig nach Stunden ab – andere verlangen Pauschalen in schwindelerregender Höhe. Sie können sich die Suche nach so einem raren Talent ebenso sparen wie die Kosten, wenn Sie:

- *Ihr Haus als ein Produkt betrachten.* Es muss den richtigen Preis haben und begehrenswerter aussehen als die anderen Häuser.
- *Frühzeitig packen.* Wer sein Haus verkaufen will, wird früher oder später ausziehen. Das heißt: Sie müssen packen. Das aber kann ein Vorteil sein. Packen Sie alles, was den sauberen, frischen Eindruck Ihres Hauses stören könnte, in Kisten und Kartons. Diese stapeln Sie fein säuberlich in der Garage.
- *Ihr Haus weniger persönlich machen.* Es dauert nur wenige Minuten – dann hat sich ein potenzieller Käufer

6

WAS SIE ÜBER *Makler* wissen sollten

Obwohl Sie ein Haus oder eine Wohnung natürlich selbst kaufen oder verkaufen können, gibt es dabei viele Unwägbarkeiten. Viele wenden sich an einen Makler, um Zeit zu sparen und Schwierigkeiten zu vermeiden. Doch Makler suchen nicht nur den passenden Käufer oder das richtige Objekt – in erster Linie wollen sie eine Provision verdienen. Wer das und die folgenden Punkte nicht vergisst, kann gut mit ihnen auskommen.

1 Erkundigen Sie sich nach der Ausbildung Ihres Maklers. Es gibt Abendlehrgänge, auf denen man in wenigen Monaten zum staatlich geprüften Immobilienfachwirt wird – es gibt aber auch Diplom-Studiengänge. Wenn es um hochpreisige Objekte oder kompliziertere Kaufverträge geht, ist ein Plus an Erfahrung aufseiten des Maklers für Käufer und Verkäufer sehr beruhigend.

2 Lassen Sie sich immer alle Angebote zeigen: Es gibt Objekte, bei denen Makler Höchstprovisionen verdienen – und weniger lukrative. Lassen Sie sich unbedingt auch die zeigen, bei denen der Makler nur eine geringe Provision verdient. In Anbetracht der Kosten eines Hauses ist ein halber Prozentpunkt weniger Provision für Sie eine Menge Geld.

3 Manchmal versuchen Makler vom Käufer und vom Verkäufer gleichzeitig eine Provision zu erlangen. Halten Sie Augen und Ohren offen, und lesen Sie die Übernahmebedingungen, die er Ihnen gibt, sorgfältig durch. Fragen Sie nach, bis Sie alles wissen, was Sie wissen wollten – unterschreiben Sie nur, was Sie ganz genau verstanden haben. Unterschreiben Sie nichts, wenn Sie Ihr Bauchgefühl vor einem bestimmten Makler warnt. Sagen Sie, Sie müssen alles noch eine Nacht überschlafen, und entscheiden Sie dann.

4 Lassen Sie sich nicht auf einen „offenen" Besichtigungstermin für Ihr Haus ein. Ein solcher Termin, bei dem jeder unverbindlich kommen und sich informieren kann, nützt dem Hausverkäufer nichts. Aber der Makler hat am Ende des Termins viele neue Kontakte in seinem Adressbuch.

5 Achtung: Nicht immer versucht der Makler ein Höchstangebot für Ihre Wohnung zu erhalten. Wenn er sie z. B. für 290.000 Euro relativ schnell verkauft, ist es für ihn besser, als lange auf einen Käufer zu warten, der 300.000 Euro zahlen würde. Für Sie beträgt der Unterschied 10.000 Euro – doch für ihn sind es – bei einer Makler-Courtage von 3 % – nur 300 Euro weniger.

6 Jeder Makler versucht Ihr Objekt als Alleinauftrag zu verkaufen. Obwohl das recht und billig ist, sind Sie trotzdem nicht an diesen Makler gekettet. Sollte kein Verkauf zustande kommen oder sollten Sie als potenzieller Käufer mit ihm kein geeignetes Objekt finden, muss es eine Möglichkeit geben, aus der geschlossenen Vereinbarung herauszukommen. Lassen Sie sich eine solche Klausel in jedem Fall einbauen.

für oder gegen den Kauf Ihres Hauses entschieden. Wenn er diese wenigen Minuten damit verbringt, das Porzellan Ihrer Großmutters zu bewundern oder Ihre Designerstühle, dann ist wertvolle Zeit verloren. Sie sollten möglichst viele Ihrer persönlichen Dinge wegzuräumen, damit sich der Käufer problemlos vorstellen kann, wie seine Möbel und Besitztümer im Haus wirken würden.

- *Flächen befreien.* Nehmen Sie alles, was weg kann, von Arbeitsflächen, Tischen, Kommoden und Regalbrettern. Arrangieren Sie ausgesuchte Deko-Objekte für sich oder in 3er- bzw. 5er-Gruppen. Räumen Sie vor allem die Arbeitsflächen in der Küche frei. Nehmen Sie all Ihre kleinen Zettel und Notizen und Magnete von der Kühlschranktür. Räumen Sie auch im Bad Fensterbretter und Ablagen leer. Lassen Sie nur wichtige Kosmetikartikel wie Bürste, Cremes und ein oder zwei Parfümflakons als Gruppe übrig.
- *Ausräumen.* „Entlasten" Sie vollgestellte Zimmer, indem Sie einige Möbel ausräumen – ein fast leerer Raum wirkt immer groß. Kleider, Kisten, Sportgeräte – gut verpackt – in den Keller oder die Garage räumen. Überbordende Abstellräume verraten, dass das Haus nicht genug Stauraum hat.
- *Wände frei machen.* Gemälde, Fotografien, Basteleien nehmen Sie ab oder arrangieren kleine Gruppen. Achtung: Wenn darunter hässliche Flecken auf der Wand zum Vorschein kommen, besser hängen lassen.
- *Malen, streichen und ausbessern.* Spachteln Sie Risse und Löcher in den Wänden und in der Decke zu. Streichen Sie alle Räume, die neue Farbe vertragen könnten. Neutrale Farben wie Beige, Eierschale, Creme, die Sie mit einem weißen Band zur Decke absetzen, verleihen jedem Raum klassische Noblesse. Reinigen Sie Ihre Teppiche und Teppichböden. Das Fensterputzen nicht vergessen!
- *Kein Aroma versprühen!* Verzichten Sie unbedingt auf Lavendel-Raumspray oder Aromalampen. Wenn Ihr Haus frisch und geputzt riecht, ist das die beste Visitenkarte. Denn so

In der letzten Sekunde

DER EXPERTE RÄT

Eben hat der Makler angerufen, weil sich potenzielle Käufer auf den Weg zu Ihnen gemacht haben? Dann schnell:

1. Das Geschirr abwaschen oder zumindest in die Spülmaschine räumen.
2. Die Betten machen.
3. Alle Arbeitsflächen wischen.
4. Die Mülleimer ausleeren.
5. Herumliegende Kleidung und Schuhe in den Wäschekorb legen bzw. ins Regal räumen.
6. Fix die wichtigsten „Wege" absaugen.
7. Die Rollos und Fensterläden öffnen.
8. Alle Lampen und Lichter einschalten.
9. Die Garagentür schließen.
10. Die Toilettendeckel schließen.
11. Das Spielzeug im Wohnzimmer in eine Kiste packen.

duften nur Wohnungen und Häuser, die gut gepflegt und in Schuss sind.

- *Ungenutzte Räume beleben.* Sie haben ein Zimmer, das Sie als Abstellkammer nutzen? Dann richten Sie ein Büro ein – und wenn Sie dafür einen Computer, Schreibtisch, Regale und Lampen leihen oder günstig kaufen müssen. All das hilft dem Käufer, sich vorzustellen, wie gut man in Ihrem Haus leben kann.

Lassen Sie Licht herein. Wer Haus oder Wohnung verkaufen will, muss sich klarmachen, dass jeder Käufer insgeheim oder zumindest unbewusst große, geräumige, lichtdurchflutete Räume bevorzugt. Diesen Eindruck können Sie so erwecken:

- Ziehen Sie Übergardinen und Stores auf, putzen Sie die Fenster, und schrauben Sie helle Glühbirnen in alle Lampen ein.
- Wenn Wände schmutzig oder beschädigt sind: Ausbessern und hell und freundlich anstreichen.

Ein Haus kaufen

2 einfache Ratschläge, die Ihnen beim Hauskauf große Summen sparen helfen

Wohneigentum vor anderen Anschaffungen kaufen. Oft ist es so, dass im Leben alles zusammenkommt und dass kurz vor dem Hauskauf ein neues Auto lockt oder andere größere Anschaffungen eigentlich nötig wären. Begleichen Sie trotzdem erst einmal die Anzahlung für Wohnung oder Haus. Wer nämlich einen Kredit zum Beispiel für ein neues Auto aufgenommen hat, muss mit einer ganz anderen Prüfung seiner Bonität durch die Bank rechnen: Sie kann das Hypothekendarlehen verweigern, wenn sie der Ansicht ist, dass Sie die Raten für beide Anschaffungen nicht begleichen können.

Nicht über Ihre Renovierungsabsichten sprechen. Ihre offene Art kann Sie beim Hauskauf Tausende von Euro kosten! Halten Sie also bitte dieses eine Mal Ihre Eloquenz im Zaum. Sagen Sie dem Hausbesitzer nicht, dass Sie seinen Teich zuschütten, die Bäder renovieren und mehrere Wände rausreißen werden: Hausbesitzer haben in der Regel viele Ideen, Zeit und Geld in ihr Zuhause investiert. Die Vorstellung, dass das alles für jemand anderen (Sie nämlich!) nicht gut genug ist, macht Sie als Käufer nicht gerade sympathisch und den Verkäufer weniger bereitwillig, im Zuge der Kaufverhandlung den Preis noch nachzulassen. Wenn Sie also den Hausbesitzer persönlich treffen – halten Sie es kurz und höflich, und sagen Sie nichts über Ihre Pläne.

WAS SIE VOR DEM *Kauf* bedenken sollten

Das Traumhaus oder die wunderbar gelegene Eigentumswohnung ist endlich gefunden – aber können Sie sich den Traum auch leisten? Sicher haben Sie sich schon vor der Suche einen finanziellen Rahmen gesteckt, aber bei einer Ausgabe in der Größenordnung eines Hauses gibt es für „Normalverdiener" doch eine Menge zu bedenken. Lassen Sie sich also nicht vom professionellen Optimismus des Maklers anstecken, sondern prüfen Sie mithilfe objektiver Finanzberater genau Ihre Situation.

Kühl rechnen

Das Wichtigste am Haus- oder Wohnungskauf ist zunächst die Finanzierung. Um Ihr finanzielles Potenzial selbst richtig einschätzen zu können, machen Sie zunächst mehrere Aufstellungen. Am besten tippen Sie die Posten gleich in übersichtliche Listen ein.

Übersicht über die allgemeinen Verpflichtungen

Rechnen Sie alle regelmäßigen monatlichen Ausgaben zusammen. Lassen Sie dabei nur die Kosten für den Unterhalt der jetzigen Wohnung aus – dies ist eine Extraposition. Haben Sie Verpflichtungen, die Sie nur viertel- oder halbjährlich zahlen, so rechnen Sie den Anteil eines Monats aus. Addieren Sie Sonderausgaben: Geschenke, Urlaub und andere Extras. Wie hoch ist Ihr Eigenkapital? Machen Sie dazu eine Aufstellung aller Rücklagen wie Bausparvertrag, Wertpapiere, Sparbücher etc.

Was kostet das neue Heim?

Sobald Sie die genaue Kaufsumme Ihres neuen Zuhauses kennen, geht es weiter: Rechnen Sie zum Preis für Haus und Grundstück (voll erschlossen) die Kaufnebenkosten hinzu wie Makler, Notar, Grundbucheintrag etc. Sie sind auf der sicheren Seite, wenn Sie hier nochmals 10 % von der Kaufsumme dazurechnen. Davon ziehen Sie Ihr Eigenkapital ab und erhalten die Summe, die Sie bei einer Bank aufnehmen müssen (Hypothekendarlehen).

Mit der Finanzübersicht zur Bank

Auch wenn Banker es sich nicht ansehen lassen – wer einen ausgearbeiteten und durchdachten Finanzplan vorlegt, wird sofort als seriöser Kunde eingeschätzt. Zu einem Finanzplan gehören neben der gesamten Summe der Anschaffung (plus Kaufnebenkosten) das Eigenkapitel und die ermittelte Darlehenssumme.
Ein weiterer Punkt ist die Klärung Ihrer Zahlungsfähigkeit der monatlichen Raten. Nun hilft Ihnen die Übersicht über Ihre allgemeinen monatlichen Verpflichtungen, die Ihr Bankberater mit Ihrem monatlichen Einkommen gegenrechnet. Liegt die monatliche Belastung für das Abzahlen des Kredits plus der Unterhaltskosten für das neue Heim etwa im Rahmen der Summe, die Sie jetzt für die Miete ausgeben inklusive der jetzigen Nebenkosten, haben Sie beste Aussichten, Ihren Kredit zu bekommen.

Ist das Traumobjekt wirklich so begehrenswert?

Obwohl der Kauf von Eigentum etwas ganz Individuelles ist, gibt es doch Kriterien, die Sie nicht außer Acht lassen sollten. Wie ist es um die Erreichbarkeit bestellt: Gibt es eine gute Anbindung an öffentliche Verkehrsmittel? Wo können Sie einkaufen und sich versorgen? Sind Kindergärten und/oder Schulen gut erreichbar? Wie weit ist es bis zur nächsten größeren Stadt? Eine alte Weisheit besagt: „Kaufen Sie nur ein Objekt, das jeder haben will."

An die Zukunft denken.

Junge Familien haben andere Erwartungen an ein Zuhause als ein älteres Ehepaar. Was viele junge Leute nicht bedenken, ist jedoch, dass auch sie in etwa 20 Jahren ganz andere Bedürfnisse haben: Können Sie dann Haus oder Wohnung noch nutzen? Könnten Sie Ihr Zuhause sogar seniorengerecht umgestalten? Bedenken Sie solche Punkt immer mit.

Gut Ding braucht Weile

Die Erfahrung lehrt, dass es etwa ein Jahr und weit über 50 Objekte braucht, bis Interessenten das Wohneigentum finden, bei dem klar ist: Das wollen wir haben. Auch ist es ganz normal, dass sich die Vorstellungen, die man sich vom zukünftigen Heim macht, auf diesem langen Weg ändern, manchmal sogar ins Gegenteil umschlagen. Verzweifeln Sie also nicht, wenn Sie nach dem zehnten Objekt denken: „Das wird nie etwas." Lassen Sie sich Zeit. Oft hilft es auch, sich aufzuschreiben, was Ihnen an einem Objekt gut gefallen hat – und was nicht. Ist es die Nachbarschaft? Die Umgebung, die Verkehrsanbindung? Ein Tipp von Verena Zemme, Autorin des Ratgebers „Knaurs Handbuch Bauen + Renovieren": „Überschlafen Sie jede Entscheidung. Unterschreiben Sie nie, wenn Sie nicht ganz sicher sind."

Gesunde Gartenerde

7 Wege zu einem fruchtbaren Boden für Rasen und Pflanzen

Verzichten Sie auf Torf im Garten. Wenn Sie in Gartencentern nach Bodenverbesserern fragen, wird Ihnen meist teurer Torf verkauft. Doch Torf im Boden hat viele Nachteile, warnen Umweltschutzverbände – nicht nur, weil durch den Torfabbau die letzten Moore in Mitteleuropa zerstört werden. Torf wirkt Wasser ziehend und Wasser haltend. Das heißt, er gibt das Wasser nicht an die Pflanzen und Bodenorganismen ab und behindert damit das Wachstum der Pflanzen. Und wenn es wenig regnet, entzieht Torf dem Boden zusätzlich noch Wasser. Mit seinem hohen pH-Wert verändert er nachteilig den Säuregehalt des Bodens für viele Pflanzen, die es lieber neutral oder basisch mögen. In saurem Boden können sie nicht mehr genug Nährstoffe aufnehmen, man muss verstärkt düngen. Versorgen Sie deshalb die Erde statt mit Torf besser mit Kompost.

Bestimmen Sie die Bodenart durch eine Schlämmprobe. In der Pflegeanleitung vieler Pflanzen können Sie lesen, dass diese nur in einem bestimmten Boden gut gedeihen. Doch wissen Sie so genau, welchen Boden Sie in Ihrem Garten haben? Mit dem folgenden einfachen Test lässt sich das leicht feststellen: Befüllen Sie dazu ein großes Marmeladenglas mit einer etwa 1 cm dicken Schicht Erde aus der oberen Bodenschicht Ihres Gartens. Dann füllen Sie das Glas mit Wasser, verschließen es mit dem Deckel und schütteln es. Die Erde muss sich im Wasser fein verteilen. Stellen Sie das Glas hin, und beobachten Sie, was geschieht. Je nach

Beschaffenheit des Bodens sinken die Bestandteile unterschiedlich rasch ab. Sand setzt sich relativ schnell, das Wasser wird also in Kürze wieder klar, Ton weniger rasch, am langsamsten sinkt der Humus ab. Wenn das Wasser über der Erde noch nach Tagen trüb ist, ist dies der Beweis dafür, dass Sie einen hohen Ton- bzw. Humusanteil in Ihrem Gartenboden haben.

So kommen Sie umsonst an Mulch. Mulch hilft, den Boden feucht zu halten, und hemmt das Wachstum von Unkräutern. Doch Mulch sackweise im Gartencenter zu kaufen belastet nur Ihren Geldbeutel. Glücklicherweise gibt es genug Baumschulen, wo man froh ist, wenn nach Schneideaktionen die Holzhäcksel abgeholt werden. Erkundigen Sie sich bei einer örtlichen Baumschule, ob Sie abends nach getaner Arbeit eine Ladung Holzhäcksel holen können. Verwenden Sie für den Mulch auf keinen Fall Häcksel von krankem oder gegen Schädlinge behandeltem Holz. Fragen Sie immer nach, woher die Häcksel stammen.
Noch besser: Häckseln Sie trockenes Laub, das Sie zusammengekehrt und in einem großen Behälter gesammelt haben. Verwenden Sie zum Zerkleinern den Rasentrimmer, wenn keine Häckselmaschine zur Verfügung steht. Mit diesem Mulch verbessern Sie Ihre Gartenerde und er kostet Sie keinen Cent.

Kompost statt Kunstdünger. Verwenden Sie Ihr Geld sinnvoller, als es für Kunstdünger auszugeben. Denn mit eigenem Kompost erhalten Sie alle Vorzüge dieser Produkte, nur viel billiger. Arbeiten Sie den Kompost in den Boden ein, bevor Sie die Pflanzen einsetzen, und breiten Sie nach der Ernte im Spätherbst eine dünne Schicht Kompost (1,5–2,5 cm) auf Ihren Beeten aus. So wird Ihr Boden fruchtbarer, lässt sich leichter bearbeiten und hält die Feuchtigkeit besser.

Bauen Sie ein einfaches Kompostsilo hinter dem Haus. Um aus Rasenschnitt, Laub und anderen Gartenabfällen Kompost zu gewinnen, brauchen Sie ein großes Kompostsilo. Und viel Geld, falls Sie dieses Silo im Gartencenter oder über den Versand kaufen. Wenn Sie die Kataloge allerdings genauer studieren, finden Sie auch günstigere Lösungen – z. B. die folgende:

- eine Holzpalette, nach der Sie in Supermärkten fragen können,
- vier stabile Holzlatten, je 1,2 m lang,
- elf Klammern und drei Bilderhaken,
- 5 m feuerverzinkter, verschweißter Drahtzaun, 90 cm hoch, Maschenweite 2,5 x 2,5 cm,
- ein quadratisches Stück Abdeckvlies in der Größe der Palette.

Legen Sie die Palette auf eine glatte, ebene Stelle in einer Ecke des Gartens. Nageln Sie dann die Holzlatten als Pfosten an den Ecken der Palette fest. Befestigen Sie an einem Pfosten den Drahtzaun mit Klammern, und ziehen Sie ihn um die anderen Pfosten herum, damit ein Behälter entsteht (falls das Ganze etwas wackelig ist, befestigen Sie zwischen den Pfosten in halber Höhe noch Holzleisten). Klammern Sie den Maschendraht an den Pfosten fest. Auf den letzten Pfosten nageln Sie die Bilderhaken, in die Sie den Draht einhängen. So lässt sich die Vorrichtung leicht nach vorn öffnen. Klammern Sie noch die Folie oben an den beiden hinteren Pfosten fest, auf den beiden vorderen Pfosten liegt sie auf, am besten durch schwere Steine gesichert. Fertig ist der Komposter für die erste Füllung, bestehend z. B. aus Holzhäcksel, Laub oder Rasenschnitt. Über die Schlitze in der Palette unter dem Haufen gelangt Luft von unten an den Kompost. Das verhindert zu starke Geruchsbildung. Wenden Sie einmal pro Woche den Inhalt des Komposters mit einer Gabel oder Schaufel, damit er genug Sauerstoff erhält. Schon nach wenigen Monaten verfügen Sie so über nährstoffreichen Kompost, den Sie im Garten ausbringen können.

Fertigen Sie einen billigen Küchenkomposter. Küchenabfälle wandern eher auf den Kompost, wenn Sie keine langen Wege zum Komposter haben. Da er nur die Reste aus der Küche aufnehmen soll und regelmäßig auf den Komposthaufen geleert wird, brauchen Sie keine teure Lösung. Kaufen Sie in einem Supermarkt oder Haushaltswarenladen eine große Mülltonne aus Plastik. Um sie komposttauglich zu machen, bohren Sie Löcher hinein – entweder mit einer Bohrmaschine (mit großem Bohrstift) oder mit dem Hammer und einem großen Nagel. Beginnen Sie dazu etwa 10 cm über dem Boden der Tonne, und bohren Sie ringförmig die Löcher. Den nächsten Ring setzen Sie 5 cm höher. So fahren Sie fort, bis Sie oben angelangt sind. Bohren Sie zum Abschluss noch ein paar Drainagelöcher in den Boden der Tonne. Stellen Sie dann die Tonne an einer Stelle auf, die von der Küche aus gut zu erreichen ist. Sichern Sie den Deckel mit einem Verschluss, damit sich keine Katzen oder Füchse bedienen können. Einmal pro Woche sollten Sie den Inhalt leeren.

Brauen Sie Ihren eigenen Flüssigdünger. Der Fachhandel bietet Flüssigdünger literweise an. Mit einfachen Mitteln können Sie ihn auch zu Hause herstellen. Dazu weichen Sie fertigen Kompost in Wasser ein. Die Brühe ist reich an Nährstoffen und wichtigen Mikroben. Sie lässt sich vielseitiger einsetzen als Kompost, denn Sie können damit alle möglichen Pflanzen düngen. Und er ist billiger als Kunstdünger.

So geht's: Wie Sie nie mehr kleines Werkzeug verlieren

Hier eine raffinierte Lösung, wie Sie kleine Gartengeräte immer zur Hand haben und sie nicht zwischen Laub oder Mulch verlieren: Befestigen Sie neben dem Gemüsegarten und/oder neben den Blumenbeeten an einem Pfosten einen alten Briefkasten. Darin verstauen Sie einen Satz Werkzeug. So haben Sie es immer griffbereit, wenn Sie Unkraut jäten oder einen Busch zuschneiden müssen. Legen Sie außerdem einen öligen Lappen in einer verschließbaren Plastiktüte hinein, um das Werkzeug nach getaner Arbeit säubern zu können. Jedes Mal, wenn Sie etwas aus dem Briefkasten nehmen, hängen Sie als Gedächtnisstütze einen roten Lappen außen auf, damit Sie nicht vergessen, das Werkzeug wieder hineinzulegen.

Die simpelste Methode: Füllen Sie Kompost in ein Mulltuch, und hängen Sie das Ganze für 2–3 Tage in einen Eimer Wasser. Nachdem Sie das Mulltuch mit Inhalt vorsichtig entfernt haben, können Sie mit der Brühe sofort Ihre Pflanzen gießen.
Etwas aufwendiger, dafür aber vorteilhafter für Ihren Garten, weil reicher an Mikroorganismen, ist folgende Methode: Mikroorganismen können nur dann gedeihen, wenn sie genug Sauerstoff vorfinden. Und das garantiert eine Aquarienpumpe. Stellen Sie einen 20-l-Eimer zu einem Elektroanschluss außen am Haus. Befestigen Sie an der Pumpe einen Plastikschlauch, das andere Ende des Schlauchs beschweren Sie auf dem Boden des Eimers mit einem Stein. Füllen Sie nun den Eimer zu einem Fünftel mit reifem Kompost. Lassen Sie knapp 20 l Leitungswasser über Nacht stehen, damit das Chlor entweichen kann (das Chlor würde sonst die Mikroorganismen im Kompost abtöten), und füllen Sie dann den Eimer bis etwa 15 cm unterhalb des Randes. Setzen Sie 2 TL ungeschwefelte Melasse zu als „Futter" für die Mikroben, starten Sie die Aquarienpumpe, dass sie sprudelt, und lassen Sie das Gebräu 2–3 Tage „arbeiten". Ab und zu umrühren. Bevor Sie Ihre Pflanzen mit der Brühe gießen, schütten Sie die Flüssigkeit durch ein Mulltuch in einen zweiten Eimer. Die Rückstände aus dem Mulltuch kommen in das Kompostsilo. ◁

Gartenpflanzen

10 Wege, das Beste aus Blüten- und Grünpflanzen zu machen

Gut und trotzdem günstig. Warum eine Menge Geld in ein Gartencenter tragen, wenn Sie auch anderswo Pflanzen kaufen können? Baumschulen und botanische Gärten, aber vielleicht auch Ihre Nachbarn geben schon mal Pflanzen ab, und das meist sehr günstig.

Stauden als Geschenk. Eine attraktive Topfpflanze ist als Geschenk zum Geburtstag oder zu einem anderen Anlass immer gern gesehen – aber oft auch teuer. Sparen Sie Ihr Geld, und verschenken Sie schöne, möglichst blühende Pflanzen aus Ihrem eigenen Garten. Der Wurzelstock vieler Stauden muss regelmäßig alle paar Jahre geteilt werden. Setzen Sie die eine Hälfte in einen Topf, und verschenken Sie sie. Weniger Mühe machen Zwiebelpflanzen, wie Tulpen oder Lilien. Graben Sie sie nach der Blüte vorsichtig aus, und entfernen Sie die kleinen Brutzwiebeln an der Hauptzwiebel. Setzen Sie die Brutzwiebeln in gute Pflanzerde. Hübsch dekoriert, haben Sie ein besonderes Geschenk für Ihre besten Freunde.

Stauden vom Nachbarn. Viele der mittlerweile recht teuren Stauden im Angebot der Gartencenter können Sie sehr günstig bekommen. Fragen Sie einfach Ihre Nachbarn, ob sie Stauden besitzen, deren Wurzelstock demnächst geteilt werden muss. Meist sind sie froh, wenn sie wissen, dass die Pflanzen ein gutes neues Plätzchen bekommen. Bieten Sie Ihre tatkräftige Mithilfe an und vielleicht auch im Gegenzug ein paar Pflanzen aus Ihrem Garten.

Kleiner wählen. Pflanzschulen und Gartencenter verkaufen Ihnen natürlich am liebsten ihre großen Pflanzen, weil sie dafür mehr Geld verlangen können. Wenn Sie blühende Stauden kaufen möchten, sollten Sie die kleinere Ausgabe bevorzugen. Junge Stauden wachsen meist schnell. Innerhalb einer einzigen Saison können sie die größeren Pflanzen bereits eingeholt haben, der Einstandspreis ist dabei aber wesentlich geringer.

Kaufen Sie keine wuchernden oder standortfremden Pflanzen. Gartencenter haben meist auch schnellwüchsige Pflanzen im Angebot, wohl wissend, dass sich der Kunde freut, wenn alles schön wächst. Manche breiten sich dann aber so aggressiv aus, dass man sie kaum mehr aus dem Garten entfernen kann. Dazu gehören etwa der Bodendecker Kleines Immergrün, Blütenpflanzen wie Maiglöckchen und Gelbe Taglilie oder andere Pflanzen wie Brombeere, Minze oder Bambus.

Wenn sich solche Pflanzen mit ihren Wurzeln in Nachbars Garten ausbreiten, stoßen sie dort nicht immer auf Gegenliebe, und auch Sie ernten ein paar Minuspunkte. Stellen Sie sicher, dass diese Wucherer in Ihrem Garten bleiben, indem Sie unerwünschte Triebe kappen, die Pflanzen in Töpfe oder Container setzen oder sie in Beete pflanzen, die Sie vorher mit einer sogenannten Rhizomsperre gesichert haben.

„Trockenheitsliebend" heißt nicht „vertrocken lassen". Hören Sie nicht auf selbsternannte „Trockenheitsapostel", die Ihnen weismachen wollen, dass gut angepasste Pflanzen nicht gegossen werden müssen. Für einen guten Start sollten Sie auch trockenheitsliebende Pflanzen im ersten Jahr nach dem Einsetzen regelmäßig gießen. Erst dann reicht für einheimische Pflanzen die übliche Regenmenge aus. Bei außergewöhnlicher Trockenheit brauchen aber auch sie zusätzliche Wassergaben.

Nutzen Sie feuchte Stellen. In vielen Gärten gibt es Plätze, die immer feucht, wenn nicht sogar nass sind. Und Stauden, die Sie dort einpflanzen, verkümmern oder gehen ein. Auf die Dauer ein teures Unterfangen! Nicht jedoch, wenn Sie den Rat des bekannten Versandgärtners Pötschke befolgen: Setzen Sie an solche Stellen gezielt Pflanzen, die es von Haus aus feucht mögen, etwa Sumpf-Stendelwurz *(Epipactis palustris)*, eine einheimische Orchidee, oder Schlangen-Knöterich *(Polygonum bistorta)*.

„Wild gewordene" Blumenmischungen. Samentütchen mit einer Mischung aus Wildblumensamen versprechen oft eine üppige Blumenwiese. Dafür muss man die Samen nur ausbringen und wässern. Doch Achtung! Naturschutzverbände warnen, dass solche Mischun-

gen möglicherweise auch Samen von standortfremden, sehr wuchsfreudigen Pflanzen enthalten. So können Arten, die in anderen Kontinenten heimisch sind, in Mitteleuropa – einmal dem Garten entkommen – die einheimischen verwandten Arten zurückdrängen. Ein Beispiel ist das Drüsige Springkraut *(Impatiens glandulifera)* aus Indien, das vor über 50 Jahren als reizvolle, dekorative Gartenpflanze bei uns eingeführt wurde. Der Gartenflüchtling verwilderte und konnte sich so ausbreiten, dass er das einheimische Echte Springkraut *(Impatiens nolitangere)* zurückdrängt.
Wie stellen Sie sicher, dass Ihr Wildblumengarten nur an die Region angepasste Arten enthält? Am besten wählt man keine Samenmischungen, sondern Samentütchen mit je nur einer Art. Sie können sich dann Ihre Mischung selbst zusammenstellen. Wenn Sie auf Samenmischungen nicht verzichten wollen, raten Naturschutzverbände, nur solche zu kaufen, auf deren Tütchen alle enthaltenen Samen aufgelistet sind. Nach dem Aufgehen der Samen sollten Sie unbekannte Pflänzchen ausreißen. Dies kostet zwar mehr Arbeit, aber in diesem Falle gilt: Vorsicht ist besser als Nachsicht.

Einfache Berieselung. Um Beete und andere Pflanzungen richtig zu gießen, sind keine fest installierten Bewässerungssysteme nötig, wie sie von Gartencentern teuer angeboten werden. Folgende Berieselungsmethode spart Wasser und wässert den Boden durchdringend – zum Wohle der Pflanzen und Ihres Geldbeutels. Sammeln Sie große Plastikgetränkeflaschen (2–3 l). Bohren Sie ein kleines Loch in den Boden jeder Flasche, stellen Sie immer eine Flasche neben eine Pflanze, und füllen Sie das Gefäß dann mit Wasser. Das Wasser wird langsam in den Boden eindringen und Ihre Pflanzen gut versorgen.

Achten Sie beim Kauf auf Standortangaben. Damit Sie viel Freude an Ihren Pflanzen haben, rät Gärtner Pötschke, deren Lichtbedarf zu berücksichtigen. Alle Pflanzen sind auf dem Verkaufsschild mit Symbolen gekennzeichnet, die sie als lichthungrig, schatten- oder halbschattentauglich einordnen. Auch wenn die meisten Pflanzen einen relativ großen Toleranzbereich haben und mit Lichtmengen auskommen, die nicht optimal sind, blühen sie an ihnen zusagenden Standorten prächtiger und gedeihen besser.

GEHEIMTIPP

Kombihacke

Viele Gärtner arbeiten in ihrem Garten sehr gern mit der Kombihacke, weil sie viel effizienter ist als eine normale Hacke. An einem Griff aus Holz befindet sich eine Kombination aus zweizinkiger Gabel nach der einen Seite und einem kleinen metallenen Blatt nach der anderen Seite. Mit dem Blatt kann man den Boden auflockern, Unkräuter mit scharfer Klinge abschneiden und Bodenunebenheiten ausgleichen. Mit den Krallen der Kombihacke lässt sich vor allem verfestigter Boden gut belüften, etwa schwerer Lehmboden, der beim Abtrocknen nach einem starken Regen zusammengebacken ist. Zudem ist die Kombihacke rückenschonend. Kombihacken gibt es in jedem Gartencenter oder Eisenwarenladen.

Kübelpflanzen

6 Geheimnisse, wie Zimmer- und Terrassenpflanzen für wenig Geld gedeihen

Nicht jede Pflanze braucht eine Drainageschicht. Wenn Ihnen jemand rät, bei allen Zimmerpflanzen den Boden der Container zentimeterhoch mit Steinen oder Blähton zu füllen, dann will er Ihnen nur eine Ladung teurer Steine verkaufen. Dränageschichten brauchen nur jene Arten, die empfindlich auf Staunässe reagieren.
Bei den anderen Zimmerpflanzen, so sagen Pflanzenexperten, nehmen die Steine den Wurzeln sogar wertvollen Raum weg und fördern das Wachstum von Schadpilzen. Beachten Sie deshalb die Pflegehinweise für Ihre Zimmerpflanzen, und wenn dort Staunässe-Empfindlichkeit nicht erwähnt ist, füllen Sie den gesamten Topf mit Erde. Um zu verhindern, dass die Erde durch das Loch im Boden des Topfes ausgewaschen wird, bedecken Sie es vor dem Einfüllen des Substrats mit einem einzelnen Stein.

Container für wenig Geld. Gartencenter bieten wunderschöne, aber auch teure Pflanzgefäße für Ihre Kübelpflanzen an. Das Geld können Sie sich sparen, denn wahrscheinlich werfen auch Sie jedes Jahr mehrere Behälter weg, die sich bestens für Ihre Gartenpflanzen eignen.
Beispielsweise lassen sich Popcorndosen oder Familien-Eiscremepackungen gut zu Pflanzgefäßen für draußen umfunktionieren. Sie müssen nur ein paar Löcher in den Boden bohren, durch die überschüssiges Wasser ablaufen kann. Wenn Ihnen die Originaldose so nicht gefällt, verschönern Sie sie einfach mithilfe eines Farbsprays.

Lassen Sie Ihre Pflanzen nicht einfach „hängen". Wie sorgen Sie für Ihre grünen Lieblinge, wenn Sie nicht da sind? Vermutlich gießt sie meist ein Nachbar oder Freund, oder Sie beauftragen jemanden, der gegen Bezahlung die Pflanzen drinnen und draußen mit Wasser versorgt. Folgende Tipps helfen Ihnen, den Wasserbedarf Ihrer Pflanzen zu reduzieren, bevor Sie verreisen:

- Verwenden Sie ein Substrat, das feuchtigkeitsspeichernde Polymere (z. B. Bentonit) enthält, oder mischen Sie einfach solche Polymere direkt unter. Diese Stoffe halten Wasser zurück, das Ihren durstigen Pflanzen später zugutekommt.
- Bevor Sie verreisen, stellen Sie Zimmerpflanzen, die an einem Fenster direkter Sonne ausgesetzt sind, an ein anderes Plätzchen – am besten an ein eher schattiges Fenster hinter einen dünnen Vorhang.
- Regeln Sie im Winter über ein Thermostat die Temperatur herunter, damit es im Haus kühler ist.
- Schieben Sie die Pflanzen eng zusammen, so können sie sich gegenseitig beschatten.
- Damit Kübelpflanzen, die draußen stehen, nicht austrocknen, stellen Sie diese zu mehreren zusammen an eine windgeschützte Stelle.

Der Jugendliche aus der Nachbarschaft, der sich schon auf ein paar Euro Taschengeld fürs Gießen gefreut hatte, wird über diese Wassersparkniffe enttäuscht sein. Allerdings braucht Ihr Rasen sicher einen Schnitt, wenn Sie wieder zurückkommen ...

Retten Sie Ihre ausgetrockneten Pflanzen. Wenn eine Pflanze einmal völlig ausgetrocknet ist, muss sie nicht gleich durch eine neue ersetzt werden. Starten Sie erst einmal folgende Rettungsaktion: Tauchen Sie die Pflanze in warmem (nicht heißem) Wasser so lange vollständig unter, bis keine Blasen mehr aufsteigen – etwa in einem Kinderschwimmbecken oder in einer großen Wanne. Danach kommt sie wieder an ihren Platz. Wasser, das nach 30 Minuten noch im Untersetzer oder Übertopf steht, gießen Sie ab.

Wässern Sie mit einer Schnur. Bei dieser Lösung Ihrer Gießprobleme machen Sie sich die Kapillarkräfte von Naturfasern zunutze: Stellen Sie Ihre Zimmerpflanzen etwas erhöht neben einen Eimer mit Wasser. Schneiden Sie eine Schnur aus saugfähiger Naturfaser (ausprobieren!) in Stücke, die so lang sind, dass sie vom Eimer zu den Pflanzentöpfen reichen. Beschweren Sie das Schnurende im Eimer mit einem Stein oder Ähnlichem, das andere Ende legen Sie in einer Windung auf die Erde im Blumentopf. Das Wasser gelangt über die Schnur zu Ihren Pflanzen.

Richtig überwintern. Viele Pflanzen, die im Kübel auf Balkon oder Terrasse wachsen, sind subtropische Arten, die zwar unser Sommerklima gut vertragen, im Winter aber eingehen würden. Sie müssen sie daher in hellen, frostfreien Räumen überwintern. In dieser Zeit bitte nicht düngen und nur mäßig gießen, der Wurzelballen darf aber auch nicht austrocknen. ◂

Gemüsegarten

7 Tricks, damit Ihr Gemüse im Garten prächtig gedeiht

Gemüse für den Gartenneuling. Falls Sie befürchten, kein Glück beim Gärtnern zu haben, beginnen Sie mit grünen Bohnen, Tomaten und Radieschen oder mit Kräutern wie Basilikum, Rosmarin oder Thymian. Experten werden zwar größere Erfolge haben als Sie, doch mit diesen pflegeleichten Pflanzen klappt es garantiert auch bei Ihnen schon in der ersten Saison. Außerdem beflügelt Sie dieser Erfolg zu weiteren Pflanzversuchen im nächsten Jahr.

Folien als Starthilfe im Frühjahr. Sie wollen dieses Jahr etwas früher dran sein mit der Ernte Ihrer Gemüsepflanzen? Dann müssen Sie auch die Samen früher zum Keimen aussäen oder früher Jungpflänzchen setzen. In unserem mitteleuropäischen Klima ist das aber gar nicht so einfach, denn die Eisheiligen Mitte Mai bereiten manchem Frühstart ein jähes Ende. Das ist dann der Moment, in dem Ihnen das Personal von Gartencentern wärmstens ein Gewächshaus oder gar einen trendigen Wintergarten empfehlen wird. Dort können Sie Ihre Sämlinge vorziehen und Pflanzen vor frühen bzw. späten Frösten schützen.
Diese Gewächshäuser sind allerdings meist recht teuer. Zum Glück gibt es eine einfachere Methode, um Jungpflanzen oder Keimlinge zu schützen: Ziehen Sie sie unter Folie. Folie wirkt wie ein Glashaus, hat aber den weiteren Vorteil, dass sie sich leicht installieren und genauso einfach versetzen lässt. Es gibt mehrere Möglichkeiten, die Folie anzubringen:

- Folientunnel: Dafür brauchen Sie je nach Länge des Beetes mehrere Drahtbügel sowie UV-stabilisierte, 0,1–0,2 mm starke Folie. Diese spannen Sie über die Drahtbügel. An den beiden Enden wird die Folie an im Boden steckenden Holzpflöcken festgemacht.
- Frühbeet: Dafür bauen Sie einen Holzrahmen aus Brettern, dem Sie mithilfe von Vierkanthölzern in den inneren Ecken „Füßchen" geben. Auf dem Rahmen befestigen Sie je nach dessen Größe zwei bis mehrere Drahtbügel, über die Sie die oben genannte Folie spannen. Wenn Sie drahtverstärkte Folie nehmen, brauchen Sie keine Drahtbügel.
- Folie oder Abdeckvlies lässt sich auch ohne Hilfskonstruktion einfach über die Pflanzen legen.

Diese einfachen Schutzvorrichtungen halten kühlen Wind von Ihren Sämlingen fern und in Frostnächten die Temperatur unter der Folie um einige Grad höher. Die beiden zuerst genannten „Starthilfen" sind außerdem stabil genug, falls noch einmal Schnee fällt. An sonnigen Tagen müssen Sie die Abdeckung öffnen, weil es den Pflanzen darunter sonst zu warm wird. Droht kein Frost mehr, entfernen Sie die Vorrichtung, oder Sie verwenden sie für jüngere Sämlinge. Die Abdeckung können Sie auch im Herbst einsetzen zum Schutz gegen die ersten Nachtfröste oder um darunter den ganzen Winter über z. B. Feldsalat zu ziehen.

Schützen Sie Sämlinge mit einer selbst gebauten Glocke. Von den Engländern stammt die Glasglocke als Schutz gegen Frost, die Victorian Bell. Es gibt wunderschöne Glocken, doch warum Geld ausgeben, wenn Sie diesen Schutz genauso gut aus 2-l-Plastikflaschen oder 5-l-Plastikkanistern selbst herstellen können? Schneiden Sie mit einem scharfen Messer vorsichtig den Boden von den Plastikgefäßen ab. Stellen Sie die Flasche über den Sämling – aber ohne Verschluss, damit er Luft bekommt. Dann drücken Sie den unteren Rand fest in den Boden. Mit dem gesparten Geld können Sie sich ein paar Exemplare Ihrer Lieblingspflanze leisten.

Einfache Stütze für Ihre Tomaten. Spiralstäbe eignen sich gut zum Aufbinden von Tomatenpflanzen. Wenn Sie jedoch viele Tomatenpflanzen haben, wird das ein teurer Spaß, denn Sie brauchen je Pflanze einen Spiralstab. Außerdem müssen Sie die Pflanzen immer wieder daran befestigen, wenn sie höher wachsen. Billiger ist folgende Konstruktion: Schlagen Sie

So geht's: Radieschen als Markiersaat

Machen Sie sich die kurze Keimzeit von Radieschen zunutze, und säen Sie immer wieder ein paar Samenkörnchen zwischen langsam keimende Gemüsearten wie Möhren oder Knollenfenchel. Radieschen keimen besonders schnell. Ihre Sämlinge erscheinen bereits innerhalb einer Woche und markieren so die gesäten Reihen anderer Gemüse. Auf diese Weise wissen Sie immer, wo Möhren & Co. kommen werden, und jäten sie nicht irrtümlich aus. Das hilft selbst bei gestaffeltem Anbau. Weiterer Vorteil: Bis die Radieschen geerntet werden, haben sie den Boden für die reifenden Möhren gelockert, die dann auch dicker und tiefer wachsen und sich bei der Ernte besser aus dem aufgelockerten Boden ziehen lassen.

Tipp: Am besten schmecken Möhren, die nach dem ersten Frost geerntet werden.

einfach an jedem Ende der Pflanzenreihe und nach jeder zweiten Pflanze einen Metall- oder Holzpfosten (Höhe entsprechend der Wuchshöhe der Tomaten) in den Boden. Nun binden Sie an einem Endpfosten 25 cm über dem Boden eine Schnur aus Polypropylen oder aus einem anderen Material, das nicht nachgibt, fest. Ziehen Sie die Schnur zum nächsten Pfosten, und umwickeln Sie ihn ein paarmal in gleicher Höhe. Fahren Sie so fort, bis Sie am anderen Endpfosten angelangt sind. Dann wiederholen Sie das Ganze auf der anderen Seite der Tomatenreihe. Die Stängel der Tomaten werden zwischen den Schnüren gehalten. Wenn die Tomaten größer sind, ziehen Sie alle 25 cm oberhalb der unteren Schnurreihe eine weitere Stützschnur.

Frisches Gemüse für den Herbst.

Die Lebensmittelhändler freuen sich schon auf die ersten Fröste, denn dann werden auch Hobbygärtner wieder verstärkt Gemüse bei ihnen einkaufen. Wenn Sie jedoch die richtigen Gemüsesorten pflanzen und bei Herbstbeginn einige einfache Tipps befolgen, können Sie noch einige Wochen länger in Ihrem Garten ernten.

Pflanzen bzw. säen Sie Brokkoli, Blumenkohl, Erbsen, Spinat und andere Grüngemüse im Hochsommer für eine Ernte im Herbst. Wurzelgemüse wie Rote Bete, Möhren, Pastinaken oder Herbstrüben lassen Sie einfach länger in der Erde. (Mulchen Sie den Boden darüber, um zu verhindern, dass er rund um das Wurzelgemüse gefriert.)

Damit Ihre Gemüsepflanzen so lang wie möglich wachsen, wässern Sie sie weiterhin regelmäßig, entfernen die Blütenstände, bevor sie Samen bilden, und jäten fleißig Unkraut wie im Sommer. Gönnen Sie Ihrem Gemüse genug Sonne, und schneiden Sie Schatten werfende Pflanzen, die in der Nähe stehen, regelmäßig aus.

Oft ist der erste Frost nur ein Warnsignal. Wenn Sie Ihre Pflanzen schützen, können diese meist noch einmal 2–3 Wochen mit schönem Wetter nutzen, bevor der Winter endgültig kommt. Bedecken Sie empfindliche Pflanzen mit einem Abdeckvlies oder sogar mit einem Kübel. Entfernen Sie diese Schutzbedeckung, sobald die Temperatur wieder über die Frostgrenze klettert. Wenn Sie so vorgehen, muss Ihr Lebensmittelhändler halt noch ein Weilchen warten, bis Sie bei ihm einkaufen.

Lassen Sie Tomaten nachreifen. Sind Ihre Tomatenpflanzen im Spätherbst noch voller unreifer Früchte, dann graben Sie die ganze Pflanze aus und hängen sie kopfüber an einen warmen, dunklen Ort, etwa im Heizungskeller. Hier reifen die Tomaten nach, und ein paar Wochen später kommen Sie noch einmal in den Genuss der eigenen Ernte. Bewährt hat es sich auch, die Tomaten abzunehmen und zusammen mit reifen Äpfeln bei 18–20 °C abgedeckt zu lagern. Nach einiger Zeit sind sie herrlich rot.

Legen Sie eine Mischkultur an. Schon unsere Großeltern wussten, dass sie neben Möhren keine Petersilie pflanzen durften, weil das Gemüse sonst nicht gut wuchs. Das gilt auch für die Paare Gurken und Tomaten sowie Lauch und Kohl. Umgekehrt gibt es Kombinationen, die besonders gut zusammenpassen:

- Bohnen und Kartoffeln oder Lauch,
- Möhren und Lauch oder Zwiebeln,
- Rettich und Bohnen oder Tomaten. ◁

Schöner Rasen

6 Tipps für ein pflegeleichtes grünes Meer in Ihrem Garten

Reparieren Sie gelbe Flecken im Rasen. Die Hersteller von Pilz- und Düngemitteln werden sich freuen, wenn Sie bei jedem gelben oder toten Fleck in Ihrem Rasen ihre teuren Mittel kaufen. Dabei entstehen manche gelben Flecken lediglich, weil das Wasser nach einem starken Regen dort stehen bleibt. Gras verträgt nasse Füße nicht und stirbt dann ab. Stechen Sie die Grasnarbe aus, legen Sie sie zur Seite, und bringen Sie Erde und Kompost aus. Legen Sie dann die Grasnarbe wieder auf. Nach einigen Wochen wird sich die Stelle begrünen.

Gelbe Flecken durch Hunde? Als Hundebesitzer müssen Sie in Betracht ziehen, dass die gelben oder braunen Kreise in Ihrem Rasen vom Urin Ihres Lieblings stammen. Schaut der Rasen schlimm aus, säen Sie am besten die Stellen neu ein oder bringen Grassoden auf. Verursacher der gelben Flecken ist der Stickstoff im Urin: Stickstoff finden Sie zwar als wichtigen Bestandteil in Düngern, doch die Konzentration in unverdünntem Urin ist für den Rasen zu hoch, das Gras verbrennt regelrecht. Es ist ein Märchen, dass nur der Urin von Hündinnen Substanzen enthält, die das Gras absterben lassen. Sie setzen vielmehr ihren Urin konzentriert an einer Stelle ab und markieren nicht weiter gestreut wie Rüden.
Was tun? Einige Bücher und Internetseiten schlagen vor, den pH-Wert des Hundeurins durch eine Nahrungsumstellung des Hundes zu verändern, was den Schaden begrenzen würde. Tierärzte raten ab. Erstens ist nicht erwiesen, dass eine Änderung des pH-Werts

etwas bringt, zweitens können die Hunde dadurch Infektionen oder Blasensteine bekommen. Dieses Problem lässt sich am besten umgehen, wenn Sie mit dem Hund regelmäßig Gassi gehen, damit er sich außerhalb des Gartens erleichtert. Falls dies einmal nicht möglich ist, wässern Sie die entsprechende Stelle innerhalb der nächsten acht Stunden ausreichend.

Werfen Sie Grasschnitt nicht weg. Falls Sie einen Rasenmäher haben, der das Schnittgut weiter zerkleinert und als Mulchmaterial wieder auf den Rasen auswirft, können Sie Ihre Ausgaben für Rasendüngung um ein Drittel, vielleicht sogar um die Hälfte reduzieren. In Gartencentern wird man das nicht gern hören, denn dieses Vorgehen erspart Ihnen jährlich enorme Kosten für Dünger. Allerdings sollten Sie zweimal wöchentlich mähen, bei höherem Rasen wird sonst die Grasmenge pro Schnitt zu groß und der Rasen erstickt unter der Mulchdecke. Das gilt auch für Laub, das den Winter über auf dem Rasen liegen bleibt. Deshalb im Herbst alles Laub zusammenrechen.

Vertikutieren Sie Ihren Rasen selbst. Immer wieder bieten Kleinunternehmer auf Handzetteln oder in Inseraten ihre Dienste zur Rasenbelüftung an, am liebsten drei- bis viermal pro Jahr. Dabei ist eine solche Aktion meist nur einmal pro Jahr nötig. Wasser kann dann gut ablaufen, und das Wachstum von Moos und Unkräutern wird stark beeinträchtigt.

Richtiges Vertikutieren ist keine Geheimwissenschaft und auch nicht aufwendiger als das Mähen des Rasens. Doch vorher sollten Sie in der Erde verlegte Kabel oder Sprinklerköpfe markieren. Im Fachhandel können Sie Vertikutiergeräte auch halbtags ausleihen. Das kostet weniger, und im Allgemeinen reicht diese Zeit. Wenn auch Ihre Nachbarn große Rasenflächen haben, fragen Sie bei ihnen nach, ob Interesse an einer „Vertikutier-Party“ besteht, denn zu mehreren lohnt sich das Ausleihen des Geräts eher. Jeder, der mitmacht, kann die Maschine selbst bedienen. Oder Sie beschäftigen einen Jugendlichen, der die Arbeit an einem Morgen erledigt. In jedem Fall fahren Sie damit günstiger.

Rasen ausbessern

DER EXPERTE RÄT

Egal, ob nur ein kleiner nackter Fleck oder der halbe Rasen angesät werden muss, die beste Zeit dafür ist der Spätsommer oder Herbst. Die kühleren Temperaturen verhelfen dem Gras zu einem besseren Start.

1. Rechen Sie zuerst abgestorbenes Gras und Blätter ab. Lockern Sie den Boden im nackten Bereich etwa 2,5 cm tief. Falls der Schaden vom Urin Ihres Hundes oder von einer Chemikalie stammt, wässern Sie das Areal einige Male, um die entsprechenden Stoffe auszuwaschen.
2. Breiten Sie auf der ganzen Fläche Kompost etwa 5–7,5 cm hoch aus. Ebnen Sie ihn dann mit dem Rücken des Rechens ein, bis er die Höhe des umgebenden Bodens hat.
3. Mischen Sie am Tag vor dem Säen die Grassamen mit der gleichen Menge feuchtem Sand. Dies beschleunigt die Keimung. Bringen Sie die Samen zusammen mit dem Sand aus, sie fallen dann auch an windigen Tagen dorthin, wohin sie sollen.
4. Nun bedecken Sie die Samen mit einer dünnen Schicht Kompost, dann wässern Sie die Fläche vorsichtig, ohne die Samen wegzuschwemmen.
5. Besprühen Sie die Fläche zwei- oder dreimal am Tag mit Wasser, bis die Samen keimen, danach wässern Sie die Fläche wie den übrigen Rasen auch.

So geht's: **Wie Sie Ihren Rasen richtig mähen**

Gartenbaufirmen, die gegen Honorar auch die Rasenpflege übernehmen, erzählen gern, dass nur sie einen Rasen gut mähen können. Doch mit den nebenstehenden Mähtipps des Experten einer Gartengerätefirma gelingt auch Ihnen ein gut gepflegter Rasen. Und das, ohne für professionelle Dienstleister viel ausgeben zu müssen.

- ☐ *Wechseln Sie die Mährichtung.* Ein Rasen, der jedes Mal in der gleichen Richtung gemäht wird, entwickelt mit der Zeit hässliche Streifen, die unregelmäßig wachsen. Einen schönen, gleichmäßigen Rasen erhalten Sie, wenn Sie bei jedem Mähen das Gerät im 90°-Winkel zur vorherigen Mährichtung führen.
- ☐ *Mähen Sie früh.* Als bester Zeitpunkt hat sich der Morgen erwiesen, wenn es noch kühl, der Tau aber schon abgetrocknet ist.
- ☐ *Lassen Sie sich Zeit.* Mähen Sie langsam, weil Sie sonst Streifen stehen lassen. Wenn möglich, stellen Sie Ihren Rasenmäher auf eine mittlere Geschwindigkeit ein. Drosseln Sie die Geschwindigkeit in Ecken und an Kanten, damit Sie auch dort das Gras perfekt schneiden.
- ☐ *Befolgen Sie die Ein-Drittel-Regel.* Entfernen Sie nie mehr als ein Drittel der Halmlänge auf einmal.
- ☐ *Graue Flecken.* Damit der Rasen nach einem feuchtkalten Winter keine grauen Flecken durch Schneeschimmel erhält, mähen Sie ihn im Spätherbst kurz.
- ☐ *Achten Sie auf scharfe Messer.* Nur mit scharfen Mähermessern schaut der Rasen nach dem Schneiden gut aus. Außerdem sorgt ein sauberer Schnitt dafür, dass das Gras gesund bleibt. Dann können die Gräser tiefere Wurzeln schieben.
- ☐ *Mähen Sie öfter.* So machen Sie den Unkräutern das Leben schwer. Anders als diese verträgt Gras häufige Schnitte. Es bildet dann ein dichtes Wurzelwerk, indem sich Unkräuter ebenfalls schwertun.

Gesunder Cocktail für den Rasen. Um den Rasen mit Nährstoffen zu versorgen, muss man nicht große Mengen an Dünger kaufen. Viele Eigenheimbesitzer haben große Erfolge mit selbst angesetzten Mitteln für den Rasen. Die Zutaten dafür sind in jeder Küche vorrätig. Oft unterscheiden sich die Rezepte, doch folgende Zutaten sind immer vertreten:

- 1 Flasche Bier (kein Leichtbier),
- 1 Flasche kohlensäurehaltige Limonade,
- 1 Glas Salmiakgeist,
- 2 Spritzer flüssiges Spülmittel,
- 1 Glas Melasse/Zuckerrübensirup,
- 1/2 Glas Mundwasser.

Was haben diese Zutaten mit einem gesunden Rasen zu tun? Bier, Limonade und Melasse fördern die „guten“ Bodenorganismen. Das Ammonium aus dem Salmiakgeist dient als Nitratquelle (Nitrat ist Hauptbestandteil der meisten Dünger). Die Seife hilft, dass sich die Lösung gut verteilt und die Gräser vollständig benetzt. Und der Alkohol im

Mundwasser tötet manches Unkraut ab. Besprühen Sie Ihren Rasen mit dieser Mischung alle 3–4 Wochen. Danach gut wässern. Ihr Rasen wird üppiger und braucht weniger Wasser. Teuren Dünger können Sie sich jetzt sparen.

Unschöne Trittspuren. Wenn zwischen Haus und Gemüsegarten oder Wäscheplatz Rasen liegt, sieht man mit der Zeit die Trittspuren als Weg, denn dort verdichtet sich der Boden, und das Gras kann nicht mehr richtig wachsen. Abhilfe schaffen Sie, wenn Sie tatsächlich einen Weg anlegen – entweder mit teuren Platten aus dem Gartenfachhandel, oder Sie streuen Rindenmulch auf die Trittspur. Damit Ihr kleiner Weg aber auch etwas aushält, braucht er eine Unterfütterung aus einer 10–15 cm dicken Schicht Schotter. Auf diesem Untergrund verteilen Sie dann den Rindenmulch. Da der Mulch mit der Zeit verrottet, ergänzen Sie ihn, wenn es erforderlich ist. Ein Mulchweg hat den Vorteil, dass Regenwasser wie im Rasen ungehindert versickern kann. ◁

Gartengestaltung

7 Tricks, wie Sie aus einem normalen Garten einen grünen Traum zaubern

Planen Sie die Gestaltung. Bevor Sie einen Gartenarchitekten anheuern oder neue Pflanzen ausprobieren, sollten Sie eine Runde durch Ihre Nachbarschaft machen und notieren, besser noch fotografieren, was dort alles wächst. Schreiben Sie die Pflanzengruppen auf – Blumen, Bodendecker, Sträucher usw. –, und markieren Sie in jeder Kategorie die Arten, die Ihnen gut gefallen oder die Ihnen gar nicht zusagen. Wichtig ist dabei, dass Sie Gärten studieren, die die gleiche Lage zum Lauf der Sonne haben wie Ihr Garten. Der Boden wird sich in der Nachbarschaft kaum verändern. Ihnen unbekannte Pflanzen fotografieren Sie, oder Sie bitten den Nachbarn um den Namen. Klar, dass Sie nicht einen besonders schönen Garten kopieren – Sie suchen sich aus allen Gärten nur das Beste heraus.
Mit der Pflanzenliste und den Fotos kaufen Sie dann in Ihrem Gartencenter ein. Das Fachpersonal dort kann Sie – umsonst – beraten über Pflanzzeit, Wuchshöhe und wie viele Pflanzen einer Art Sie brauchen, um einen vorgegebenen Platz zu füllen. So sparen Sie die Kosten für einen Gartenspezialisten.

Gestalten Sie auf einfache Weise Ihren Garten. Viele professionelle Landschaftsgärtner arbeiten mit einer speziellen Computersoftware, um ihren Kunden anschaulich zu zeigen, wie der Garten ausschauen könnte. Doch raten Sie mal, wer das teure Computerprogramm bezahlt? Gestalten Sie Ihren Garten doch selbst. Sie brauchen dazu nur eine auffällig gefärbte Wäscheleine oder ein dünnes, gut sichtbares Seil, um die Umrisse der Wege, Beete und anderer Gartenelemente sichtbar zu machen. Ebnen Sie den Boden der neu zu gestaltenden Fläche ein. Dann markieren Sie mithilfe des Seils die Umrisse. Betrachten Sie das Ganze nun aus der Ferne, und zwar von verschiedenen Standpunkten am Haus aus, dann von der Straße oder von der Garage aus. Am besten arbeiten Sie zu zweit, dann kann Ihr Partner die Umrisse nach Ihren Vorstellungen verändern. Wenn Sie mit Ihrem Werk zufrieden sind, markieren Sie die Umrisse mit einem wasserlöslichen Farbspray, das man auf Sportplätzen für die Linien benutzt (erhältlich in Sportläden). Sprühen Sie alle paar Schritte einen Punkt auf den Boden, wenige Zentimeter innerhalb Ihrer Seilmarkierung. Kontrollieren Sie dann erneut Ihr Werk von den oben genannten Standorten aus. Erst dann sprühen Sie eine durchgezogene Linie. Dort werden Sie graben.

Testen Sie neue Gartencenter. Gefällt Ihnen ein Garten ganz besonders, dann fragen Sie die Besitzer, wo sie ihre Pflanzen und das Zubehör kaufen. Besuchen Sie dann das empfohlene Geschäft, lassen Sie aber unbedingt Ihre Scheck- oder Kreditkarte zu Hause. Stellen Sie dem Personal viele Fragen über die Probleme in Ihrem Garten, ohne aber Anstalten zu machen, etwas zu kaufen. Waren die Antworten trotzdem verständlich und zufriedenstellend, dann können Sie sich glücklich schätzen und dort einkaufen. Die Qualität der Informationen, die Sie vom Personal bekommen, macht die Unterschiede zwischen den einzelnen Gartencentern aus.

Vergessen Sie nicht den Rasen. Sie können in Ihrem Garten statt Rasen auch Blumenbeete, Schuppen, Häuschen und einen Teich haben, aber das macht Arbeit. Die Holzwände brauchen regelmäßig einen neuen Anstrich, das Wasser im Teich muss aufbereitet und der Filter gereinigt werden. In Blumenbeeten müssen Sie Unkraut jäten, mulchen, Verblühtes abschneiden usw. Dagegen ist Rasenmähen ein Kinderspiel.

Kaufen Sie zur richtigen Zeit ein. Wenn der Frühling in der Luft liegt, lassen Sie sich ja nicht von der ersten Gartenbegeisterung hinreißen und kaufen Sie im Gartencenter alles Mögliche ein. Jetzt ist es teurer! Wenn Sie Platz haben, um Pflanzerde oder Dünger zu lagern, dann sparen Sie viel Geld, wenn Sie im Herbst kaufen, denn dann wollen die Händler ihre Ware loswerden. Auch für eine größere Aktion in Ihrem Garten im nächsten Jahr sollten Sie das Material wie Zaunlatten, Steine usw. bereits im Herbst bestellen und es den Winter über lagern. Blumenzwiebeln werden stets im Herbst gepflanzt und sind dann nicht billiger. Der Herbst ist aber auch die beste Pflanzzeit für Bäume, Sträucher und zahlreiche Stauden. Und es kann vorkommen, dass die Gartencenter zu viel Ware in ihren Lagern haben und Rabatte geben.
Landschaftsgärtner freuen sich über einen Auftrag am Ende des Jahres, wenn alle anderen Leute schon nicht mehr an ihren Rasen oder Garten denken – sie gehen dann auch bereitwilliger mit ihren Preisen herunter.

Kleines Feuchtbiotop für den Garten. Ein kleiner Gartenteich, ein murmelnder Bach oder ein Springbrunnen wäre ein Highlight in Ihrem Garten. Doch das Projekt kann ins Geld gehen und Probleme bereiten. Es gibt aber eine ganz einfache Lösung, wie Sie ein wenig

„Wasserleben" in Ihren Garten bringen. Alles, was Sie brauchen, ist ein Plastikplanschbecken für Kinder. Führen Sie es einem neuen Zweck zu, und richten Sie darin ein Sumpfbecken ein, in dem sich Wasser liebende Pflanzen wie manche Schwertlilienarten wohlfühlen.

- Suchen Sie eine Stelle im Garten, an der die neuen Pflanzen natürlich wirken – etwa neben einem Gehölz oder neben einem bereits vorhandenen Teich.
- Heben Sie ein Loch aus, das so tief und groß ist wie das Planschbecken. Legen Sie testweise das Becken hinein. Es muss flach auf dem Boden aufliegen, und seine Oberkante sollte genau mit dem Rasen oder Boden abschließen.
- Bohren Sie 10 cm unterhalb des Beckenrands mit einer Ahle oder einem scharfen Messer Löcher in den Rand, damit das Wasser nach starken Regenfällen abfließen kann. Betten Sie dann den Pool in das Loch, und füllen Sie rund um den Rand noch Erde auf, die Sie gut festdrücken.
- Füllen Sie nun das Becken mit einer Mischung aus grobem Sand und Torf im Verhältnis 1:1 bis zur Höhe des Erdbodens, dann umlegen Sie das Becken mit flachen Steinen, um das Plastik zu kaschieren. Wasser einfüllen – und fertig.

Am besten richten Sie dieses Sumpfbecken im Herbst ein, dann kann sich das Ganze bis zum Frühjahr setzen, und Sie haben Zeit für letzte Handgriffe, bevor Sie die Pflanzen einsetzen. Es eignen sich alle Pflanzen, die gern im Sumpf stehen, wie die Schwertliliengewächse *Iris pseudacorus* und *Iris sibirica*, Fieberklee *(Menyanthes trifoliata)* oder Blutweiderich *(Lythrum salicaria)*. Damit sie gedeihen, müssen Sie nur darauf achten, dass das Becken immer feucht ist. Den Sommer über haben Sie so einen attraktiven Blickpunkt in Ihrem Garten – für wenig Geld.

Unschöne Stellen kaschieren. In jedem Garten gibt es Ecken oder Bereiche, die keine Augenweide sind, z. B. der Komposthaufen. Verstecken Sie diese Orte, indem Sie davor ein Klettergerüst aufstellen für rankende Gewächse wie Wicken, Bohnen, Windenknöterich, Wilden Wein oder Kletterhortensien. ◂

Gesunde Pflanzen kaufen beim Discounter

Gartencenter und Gärtnereien stehen in harter Konkurrenz mit Discountern, Supermärkten oder anderen Geschäften, die Pflanzen billig verkaufen. Meist beziehen sie sogar alle ihre Pflanzen vom selben Großhändler. Es gibt allerdings einen kleinen Unterschied: Wie werden die Pflanzen in den verschiedenen Läden behandelt? Ziemlich unbestritten ist, dass sie in Gartencentern und Gärtnereien gesünder bleiben, weil dort mehr Fachpersonal damit umgeht. Aber wie schaffen Sie es, billige und dennoch gesunde Pflanzen zu erwerben? Glücklicherweise können sich Pflanzen nicht verstellen – bei ausreichend kritischem Blick sieht man ihnen an, wie gesund sie sind. Und wenn Sie wissen, worauf Sie achten müssen, erhalten Sie überall auch gesunde Pflanzen. Die wichtigsten fünf Kriterien beim Pflanzenkauf finden Sie hier:

Umgebung

Begutachten Sie alle angebotenen Pflanzen. Wenn sie gut aussehen, werden sie vermutlich gut gepflegt. Lässt die Hälfte von ihnen die Köpfe hängen, kaufen Sie nichts, auch wenn Ihre Wunschpflanze gut ausschaut.

Wurzeln

Wenn die Wurzeln unten aus den Drainagelöchern des Topfs herauswachsen, wurde diese Pflanze nie umgetopft, und sie ist gestresst. Lässt sich die Pflanze dagegen leicht aus dem Topf nehmen und ist der Ballen noch nicht sichtbar durchwurzelt, dann sollten Sie noch etwas warten, bis Sie sie in den Garten setzen. Bei Bäumen oder Sträuchern muss sich der Wurzelballen in der Juteumkleidung fest anfühlen.

Gesamterscheinung

Die Blätter müssen grün sein, nicht welk und gelb oder braun. Gute Pflanzen wirken buschig, nicht hochgeschossen und kahl. Achten Sie auf unverletzte Stämme ohne Narben.

Knospen

Wählen Sie keine blühenden Pflanzen, sondern solche mit Knospen. Sie lassen sich leichter pflanzen.

Schädlinge und Krankheiten

Suchen Sie die gesamte Pflanze, besonders die Blattunterseiten, sorgfältig nach Schädlingen oder Hinweisen auf Krankheiten ab.

Wenn Ihre Wunschpflanze alle Prüfungen bestanden hat, können Sie sie unbesorgt in Ihren Garten setzen – egal, woher sie stammt.

Gartenpflege

6 wichtige Tricks, die jeder Hobbygärtner beachten sollte

Neue Pflanzen nicht düngen. Gartenneulinge lassen sich leicht dazu verlocken, frisch gesetzte Pflanzen sofort mit Mineraldünger zu versorgen – und Verkäufer von Düngemitteln unterstützen sie oft noch darin. Doch unter den Düngergaben leiden die Wurzeln der jungen Pflanzen, denn sie vertragen eine hohe Salzkonzentration noch nicht. Verwenden Sie stattdessen einen Dünger, der die Nährstoffe allmählich freisetzt, z. B. Hornmehl. Oder mulchen Sie. Ihre Pflanzen danken es Ihnen.

Geld sparen mit eigenen Rezepten. Um üppig zu gedeihen und reichen Blütenflor zu tragen, brauchen Ihre Pflanzen regelmäßig Dünger. Der Fachhandel bietet zu diesem Zwck ein breites Sortiment an Nährlösungen an. Doch warum kaufen, wenn Sie solche Lösungen selbst herstellen können? Hier zwei bewährte Rezepte, die fertigen organischen Dünger ersetzen:

- Sie brauchen 100 g frische Brennnesselblätter und 1 l Wasser. Schneiden Sie das Kraut klein, und übergießen Sie es in einem Eimer mit dem Wasser. Legen Sie einen Teller oder etwas Ähnliches auf die klein geschnittenen Blätter, damit sie untergetaucht bleiben. Lassen Sie die Mischung etwa 24 Stunden an einem dunklen Ort ziehen. Danach gießen Sie die Brühe durch ein Sieb, den Rest geben Sie auf den Komposthaufen. Den Extrakt verdünnen Sie vor der Anwendung mit Wasser im Verhältnis 1:5.
- Vermischen Sie 1 TL Bittersalz (Magnesiumsulfat), 1 TL Backpulver und 1/4 TL Ammoniumsulfat (aus Drogerie oder Apotheke), dann geben Sie 2 l warmes Wasser dazu und verdünnen die Lösung mit weiteren 4 l Wasser. Besprühen Sie damit Ihre Pflanzen einmal im Monat.

Lassen Sie bei Sträuchern, die Sie ausgraben wollen, Äste stehen. Das Ausgraben der Wurzelstöcke von großen Sträuchern oder Bäumen ist eine mühsame Arbeit. Und oft wird eine Firma beauftragt, die dann nicht gerade billig ist. Doch mit folgendem Trick können Sie Geld sparen: Wenn Sie einen Baum oder Strauch mit kräftigen Ästen entfernen müssen, dann schneiden Sie ihn vor dem Ausgraben nicht bis auf den Stumpf ab. Lassen Sie vielmehr noch ein Stück Stamm mit ein paar Ästen stehen, die Sie bei Bedarf etwas einkürzen. Beim Ausgraben setzen Sie diese Äste als Hebel ein, d. h., Sie drücken sie abwärts, um den Wurzelballen aus dem Boden zu hebeln.

Verwenden Sie keine Kombipräparate. In Gartencentern werden auch Mischungen aus Unkrautvernichtungsmitteln und Dünger für den Rasen angeboten. Man vermittelt Ihnen damit die schöne Vorstellung, Sie könnten alle Fliegen mit einer Klappe schlagen. Doch Vorsicht, Sie werden unter Umständen Probleme bekommen, wenn Sie solche Mittel sorglos ausbringen. Viele Bäume, Sträucher und Zierpflanzen, die im Rasen stehen, zeigen Stress oder sterben sogar ab, wenn sie bestimmte Bestandteile dieser Präparate über ihre Wurzeln aufnehmen. Manche Pflanzen reagieren empfindlich auf Mittel, die Dicamba enthalten, ein Herbizid, das

Herbizide sicher ausbringen

DER EXPERTE RÄT

Für manche Unkräuter werden Sie vielleicht ein Unkrautvernichtungsmittel brauchen. Doch ein Tropfen des Mittels auf dem falschen Blatt kann eine Pflanze das Leben kosten, die Sie gehegt und gepflegt haben. So lässt sich das Risiko minimieren:

- Probieren Sie zuerst alle Alternativen, bevor Sie zur chemischen Keule greifen. Die beste Kampfansage gegen Unkraut sind ein gesunder Garten und Rasen, außerdem eine Mulchauflage auf allen kahlen oder freien Stellen.
- Verwenden Sie nur Herbizide, die auch offiziell für Haus- und Kleingärten zugelassen sind.
- Spritzen Sie möglichst abends, wenn es kühler ist. Dann verdunsten die Mittel nicht so schnell, und die Unkräuter haben mehr Zeit, sie aufzunehmen. Achten Sie auch darauf, dass es windstill ist, sonst landet das Mittel vielleicht auf Pflanzen, für die es nicht gedacht war, oder schlimmer noch – Sie atmen es ein.
- Wenn Sie Unkrautvernichtungsmittel selbst ansetzen, bedenken Sie bitte, dass konzentrierter nicht unbedingt besser oder effektiver ist – Sie haben zusätzliche Kosten und setzen Ihre anderen Pflanzen einem höheren Risiko aus.
- Behandeln Sie die Pflanzen nie bei praller Sonne, weil es dann leicht zu Blattverbrennungen kommt.
- Schützen Sie Pflanzen, die nichts vom Spritzmittel mitbekommen sollen, mit einem quadratischen Karton (60 cm Kantenlänge) oder mit einer großen Pappe.
- Tragen Sie beim Spritzen immer einen Augenschutz und Handschuhe.

aus Benzoesäure hergestellt wird. Dazu gehören z. B. Apfel, Trompetenbaum, Hartriegel, Forsythie oder Flieder. Verzichten Sie auf solche Kombipräparate, und vernichten Sie die Unkräuter in Ihrem Rasen ganz gezielt durch Ausstechen oder Ausreißen.

Gehen Sie vorsichtig mit Wurzelsperren um. Die im Gartenfachhandel angebotenen Wurzel- oder Rhizomsperren bestehen aus meist 2 mm starken Kunststoffbahnen unterschiedlicher Höhe, mit deren Hilfe man bestimmte Unkräuter aus den Beeten fernhalten kann. Dazu versenkt man die Kunststoffbahnen um den zu schützenden Bereich herum im Boden, der obere Rand sollte etwa 5 cm über die Oberfläche herausragen. Doch Achtung: Unsachgemäß eingesetzt, verursachen Wurzelsperren neue Probleme und versagen beim Zurückdrängen von Unkräutern. Vor allem in feuchteren Regionen können solche Rhizomsperren zu viel Wasser in den Beeten zurückhalten, mit der Folge, dass einige Pflanzen eingehen. Die Kunststoffbahnen fördern zudem das Wachstum von Schimmel und anderen Pilzen und bewirken manchmal ein flacheres Wurzelwachstum der Beetpflanzen. Außerdem ist schnell über die Rhizomsperren hinweggemulcht. Dort entsteht dann bald eine neue Lage Erde, die natürlich sofort von Unkräutern erobert wird. Bedenken Sie auch, dass der Wind immer wieder Unkrautsamen auf Ihre Beete weht. Es stimmt eben: Unkraut vergeht nicht!
Rhizomsperren aus Plastik werden leicht spröde. Sie zerbrechen dann und lassen sich nur noch schlecht entfernen. Setzen Sie stattdessen Wurzelvlies ein, es ist luft- und wasserdurchlässig, hindert aber die Wurzeln daran, sich auszubreiten. Die besten Sperren sind solche, die sich im Boden allmählich zersetzen, etwa Pappe oder Jute. Also lassen Sie lieber die Finger von den „perfekten" Wurzelsperren, für die man Sie in Gartencentern begeistern möchte – die beste Lösung ist, den Boden mit Mulch und Kompost gesund zu erhalten und Unkräuter regelmäßig zu jäten.

Schlauchführung im Eigenbau. Der Außen-Wasseranschluss in Ihrem Garten liegt relativ weit von den Beeten entfernt, und jedes Mal, wenn Sie gießen, bügeln Sie mit dem Schlauch Ihre Lieblingsblumen um oder verheddern sich in den Gartenmöbeln. Kein Grund, gleich ein teures Rohrsystem mit neuem Wasserauslass im Boden verlegen zu lassen. Führen Sie den Gartenschlauch einfach elegant und fixiert an Wegen entlang und um Ecken herum, bis dorthin, wo Sie ihn brauchen. Kaufen Sie dafür eine größere Anzahl von Rohrhaltern, und schlagen Sie diese mit dem geraden Teil in den Boden. Um zu verhindern, dass jemand über die Halter stolpert, machen Sie das herausragende Ende der Halterungen sichtbar:

- Umwickeln Sie die Halbkreise mit leuchtend gefärbtem Isolierband.
- Streichen Sie das Metall mit wetterfester, auffälliger Farbe.

An Haus- oder Garagenecken schlagen Sie einfache Metallpfosten in den Boden, die noch ca. 10 cm herausragen und um die der Schlauch geführt wird. Sichtbar machen Sie diese Pfosten folgendermaßen:

- Bemalen Sie ein PVC-Rohr (Durchmesser etwas größer als der Durchmesser des Pfostens) mit einer auffälligen Farbe, und schneiden Sie es so zu, dass es den Pfosten bedeckt. Wird der Schlauch um das PVC-Rohr gezogen, so dreht es sich, was das Ziehen des Schlauches erleichtert. ◁

Schädlinge bekämpfen

9 Spezialtipps, wie Sie die Plagegeister loswerden

Erst informieren, dann bekämpfen. Die meisten Insekten im Garten sind nützlich, oder sie verhalten sich neutral gegenüber den Pflanzen. Doch wenn Sie durch eine Aktion mit chemischen Stoffen auch Nützlinge (etwa solche, die Schädlinge fressen) töten, bleibt Ihnen bis auf Weiteres nichts als die chemische Keule, um der Schädlinge Herr zu werden. „Bevor Sie also zu Gift greifen, wenn Sie ein paar Löcher in Blättern finden, trennen Sie dieses Blatt ab oder fotografieren es und schicken es uns“, sagen die Fachberater der Firma Neudorff (die Adresse und weitere Tipps finden Sie im Internet unter www.neudorff.de). Dort erfahren Sie dann, um welchen Schädling es sich handelt und wie Sie umweltschonend und gezielt dagegen vorgehen können.

Bier oder Kaffee als Schneckenfalle. Es gibt verschiedenstes Schneckengift, doch natürliche Mittel sind günstiger und meistens genauso effektiv. Graben Sie eine Blechdose bis zum Rand in den Gartenboden ein, und füllen Sie sie mit Bier. Über Nacht werden die Schnecken magisch angezogen und ertrinken im Gerstensaft. Am nächsten Morgen leeren Sie die Dose und füllen sie mit frischem Bier. Sie sind kein Biertrinker? Nacktschnecken hassen Kaffee – vielmehr Koffein – so sehr, wie sie Bier mögen. Wissenschaftler haben herausgefunden, dass eine 1–2 %ige Koffeinlösung Schnecken tötet. Das ist viel mehr Koffein, als eine durchschnittliche Tasse Kaffee enthält, doch der Kaffee soll abschreckend wirken. Besprühen Sie die betroffenen Pflanzen also mit Kaffee, oder streuen Sie den Kaffeesatz um die Stängel.

Mit Salz gegen Schnecken. Dieser Tipp ist nur etwas für Unempfindliche: Sammeln Sie die Schnecken, die Sie im Garten sehen, mit der Hand ein, und bestreuen Sie sie mit Salz. Eine solche Behandlung überleben sie nicht – jetzt ab mit ihnen auf den Kompost. Sie können auch ein oder zwei Bretter im Garten auslegen. Das feuchte Klima darunter zieht Nackt- und Gehäuseschnecken magisch an. Heben Sie am nächsten Tag das Brett hoch, sammeln Sie die Schnecken in eine leere Blechdose, und füllen Sie sie mit kochendem Wasser auf. Das tötet die Schnecken in Sekunden. Um den Garten weniger attraktiv für Schnecken zu machen, sollten Sie nur morgens gießen. Ist der Boden nachts trockener, sind die Plagegeister weniger aktiv.

Schnecken vertreiben. Verbinden Sie das Nützliche mit dem Schönen. Statt Schnecken zu töten, setzen Sie Pflanzen ein, die die Schnecken nicht ausstehen können. Dazu gehören z. B. Blauschwingel, ein Gras, Sonnenröschen, Schafgarbe oder Lavendel.

Pro und contra Ohrwürmer. Ohrwürmer vertilgen einerseits Blattläuse und Milben, sind also für den Garten nützlich, vergehen sich andererseits aber schon mal an Obst und Salat. Wenn Sie deshalb Ohrwürmer nicht mögen, dann sollten Sie sie auf ungiftige Weise kontrollieren. Rollen Sie dafür feuchtes Zeitungspapier auf, und verteilen Sie die Rollen am Abend im Garten. Bei Sonnenuntergang suchen die Ohrwürmer Schutz in den Zeitungsrollen. Sammeln Sie die Zeitungen am nächsten Morgen wieder ein, bevor sie austrocknen. Stecken Sie die Zeitungen mit den Ohrwürmern in eine große Plastiktüte, und schütteln Sie sie an einem unbebauten Weg- oder Wiesenrand aus.

Ringelblumen sind kein umfassender Schutz gegen Schädlinge. Diese hübschen, gelb oder orange blühenden Pflanzen werden gern verkauft mit dem Versprechen, dass sie Schädlinge von Ihrem Gemüse fernhalten. Doch Ringelblumen vertreiben durch spezielle Wurzelausscheidungen nur schädliche Fadenwürmer im Boden. Wegen ihrer schönen, heilkräftigen Blüten sollten Sie sie aber auf alle Fälle pflanzen.

Mit Zitronenschalen gegen Läuse. Blattläuse können die Schale von Zitrusfrüchten nicht ausstehen. Reiben Sie die Schale einer Zitrone oder Orange ab, und übergießen Sie diese mit 500 ml kochendem Wasser. Über Nacht stehen lassen, dann durch einen Kaffeefilter abgießen, um die Schalenstückchen zu entfernen. Füllen Sie die Lösung in eine Sprühflasche, und besprühen Sie damit die Blattläuse. Benetzen Sie vor allem die Blattunterseiten, denn dort sitzen die meisten Übeltäter. Wiederholen Sie den Vorgang alle 4–7 Tage, bis die Blattläuse verschwunden sind.

Machen Sie Ihr eigenes Insektizid. Wenn das Zitrusspray keine ausreichende Wirkung zeigt, testen Sie das Rezept dieses Rainfarnsuds. Zerkleinern Sie 500 g frisches Rainfarnkraut (ersatzweise 75 g getrocknetes Kraut), und geben Sie es in 5 l Wasser. Lassen Sie das Ganze ca. 24 Stunden stehen, dann kochen Sie alles auf und lassen es 30 Minuten köcheln. Nach dem Erkalten können Sie den Rainfarnsud unverdünnt gegen Blattläuse aufbringen. Er vertreibt auch Weiße Fliegen, Lauchmotten oder Kohlerdflöhe. Nach dem gleichen Rezept lassen sich auch Farnkraut- und Ackerschachtelhalmbrühe herstellen. Letztere müssen Sie vor der Anwendung im Verhältnis 1:5 verdünnen.

So geht's: Schädlinge natürlich bekämpfen

Seit ihrem Bestehen hat sich die Firma Neudorff in Emmerthal (www.neudorff.de) der biologischen Schädlingsbekämpfung verschrieben; Basis vieler Präparate ist Pyrethrum, das aus Chrysanthemen gewonnen wird. Außerdem sind Nützlinge wie Raubmilben im Angebot, die man gezielt gegen manche Schädlinge einsetzen kann.

Es gibt aber noch weitere natürliche Bekämpfungsmittel:

- ☐ *Seifenspray.* Hilft gegen Milben, Blattläuse und andere Insekten mit weichem Körper. Kaufen Sie ein entsprechendes Präparat, oder mischen Sie die Brühe selbst aus 2 TL Spülmittel, einigen Tropfen Salatöl und etwa 4 l Wasser. Wenden Sie das Seifenspray nicht bei trockenem oder heißem Wetter an, sonst nimmt das Laub Schaden, und testen Sie seine Verträglichkeit zuerst an wenigen Blättern.
- ☐ *Kaliseifenspray.* Hilft speziell gegen Blattläuse und beeinträchtigt keine Nützlinge. Es ist erhältlich im Gartenfachhandel. Beachten Sie die Angaben für die Anwendung auf der Packung.
- ☐ *Bt (Bacillus thuringiensis).* Dieses Bakterium wird meist als Spray verkauft und auf die Blätter aufgebracht. Damit lassen sich die Raupen von Weißlingen, Frostspannern oder Gespinstmotten bekämpfen.
- ☐ *Leimringe.* Sie verhindern, dass z. B. die flügellosen Weibchen des Frostspanners am Stamm von Obstbäumen nach oben in die Krone kriechen, um dort ihre Eier abzulegen. Leimringe sind im Fachhandel erhältlich und sollten im Herbst angebracht werden.
- ☐ *Gemüsefliegennetz.* Im Fachhandel gibt es spezielle Vliese, die Sie über Ihre Gemüsebeete spannen können. Sie verhindern, dass Schädlinge, wie Möhrenfliegen oder Lauchmotten, an die Pflanzen gelangen und dort ihre Eier ablegen.

Bevor Sie solche Lösungen, egal, ob gekauft oder selbst hergestellt, breitflächig anwenden, sollten Sie sie testen. Besprühen Sie einige Blätter aller befallenen Pflanzen, und warten Sie dann einen Tag, ob sich die Blätter verfärben oder kräuseln. Wenn nicht, dann besprühen Sie die gesamten befallenen Pflanzen mit dem Mittel, und zwar alle 4–7 Tage. Bis auf die Ackerschachtelhalmbrühe werden alle anderen Jauchen am besten abends angewendet.

Kampf dem Dickmaulrüssler. Buchtenförmige Fraßstellen an Blatträndern von z. B. Rhododendren, Stechpalmen oder Kirschlorbeer gehen auf das Konto des Dickmaulrüsslers. Gleichzeitig zeigen sich oft auch Fraßspuren an den Wurzeln der betroffenen Pflanzen, die von seinen Larven stammen und die zum Absterben der Pflanzen führen können. Hier helfen bestimmte Nematoden, die als Parasiten die Larven des Käfers schädigen und die Sie im Gartenfachhandel bestellen können.

Tierische Schädlinge

6 Strategien, um unerwünschte Tiere aus Ihrem Garten fernzuhalten

Kampf den Wühlmäusen. Wühlmäuse, vor allem Schermäuse, können beträchtlichen Schaden im Garten anrichten, da sie die Wurzeln der Pflanzen abfressen. Außerdem legen sie ein dichtes System von Gängen an und werfen hin und wieder unschöne Erdhügel auf. Vergrämen Sie diese Wühler mit einem Trick, den schon unsere Großeltern kannten: Pflanzen Sie Kaiserkronen, Kreuzblättrige Wolfsmilch, Hundszunge oder Knoblauch zwischen Ihren gefährdeten Blumen oder Gemüsen. Den Geruch, den die Zwiebeln der genannten Pflanzen verströmen, können Wühlmäuse nicht ausstehen, und sie räumen deshalb das Feld.

Ist die Wühlmausplage so groß, dass die Zwiebeln nicht ausreichen, dann gibt es im Fachhandel spezielle Fallen mit Giftköder, die man in die Gänge der Wühler legt. Fassen Sie die Fallen aber mit Handschuhen an. Denn Menschengeruch warnt die Übeltäter.

Schützen Sie die Zwiebeln mit Körben. Ein guter Schutz für Ihre Zwiebelpflanzen vor den Zähnen der eifrigen Wühler sind Pflanzkörbe. Bevor Sie Ihre Tulpen, Krokusse usw. in das ausgehobene Pflanzloch setzen, stellen Sie einen Draht- oder Kunststoffkorb (im Fachhandel erhältlich) hinein, füllen ihn dann mit Erde und setzen die Zwiebeln ein. Am Korb – aber nicht an Ihren Pflanzen – beißen sich die Wühlmäuse ihre Zähne aus.

Vertreiben Sie Maulwürfe. Maulwürfe stehen unter Naturschutz, sie dürfen deshalb nur vertrieben, nicht aber getötet werden. Der Maulwurf wirft zwar unschöne Hügel auf und gräbt Gänge, ist aber für den Garten sehr nützlich, denn er ernährt sich von Engerlingen und anderen im Boden lebenden Schädlingen. Wollen Sie ihn dennoch vertreiben, sollten Sie erst einmal testen, ob es sich bei den Hügeln oder Gängen wirklich um das Werk eines Maulwurfs handelt, denn auch die Schermaus wirft Hügel auf und gräbt Gänge. Die Hügel der Schermaus sind aber flach und mit Gras und Wurzeln durchsetzt, während der Maulwurf hohe Hügel ohne Pflanzenreste aufwirft. Bevor Sie Vergrämungsmittel aus dem Fachhandel verwenden, versuchen Sie den Maulwurf zu vertreiben, indem Sie Blätter von Holunder, Tagetes oder Thuja in die Gänge legen. Auch Molke soll sehr gut helfen.

Mit Öl gegen Maulwurfsgrillen. Diese 4–5 cm großen Insekten graben unter der Erde Gänge, in denen die Weibchen ihre Eier ablegen. Die Insekten ernähren sich von anderen Insekten und Bodenlebewesen sowie von Wurzeln, können aber in Gärten Schäden anrichten, wenn sie nur Wurzeln fressen. Zu ihrer Bekämpfung bietet der Fachhandel ein spezielles Nematoden-Präparat an. Billiger geht es mit Salatöl: Legen Sie einen Gang frei, schütten Sie Öl hinein, und gießen Sie Wasser nach. Die Grillen fliehen, und Sie können sie absammeln.

Sperren Sie Kaninchen aus Ihrem Gemüsegarten aus. Es gibt Sprays, mit denen man Kaninchen vertreiben kann, aber viele von ihnen schaden auch dem Gemüse. Die beste Hilfe gegen Kaninchen ist ein Zaun aus kleinmaschigem Draht um den Gemüsegarten. Graben Sie ihn mindestens 30 cm tief in den Boden ein, sonst buddeln sich die putzigen Nager unter dem Zaun durch. Er sollte 75 cm hoch sein, um auch vor Rehen zu schützen.

Weitere Abschreckungsmittel gegen Kaninchen. Wenn ein Zaun nicht in Ihren Garten passt, probieren Sie doch einen der folgenden Tipps aus:

- Beseitigen Sie alle Versteckmöglichkeiten für Kaninchen. Dann fühlen sie sich nicht mehr wohl.
- Stellen Sie realistisch aussehende Plastikmodelle von Beutegreifern, wie Greifvögeln oder Eulen, im Garten auf. Oder schneiden Sie einen alten Gartenschlauch in Stücke von Schlangenlänge, und drapieren Sie diese zwischen den Pflanzen.
- Hängen Sie Hundehaare in Mullsäckchen auf, oder verteilen Sie die Haare zwischen den Pflanzen, um die Kaninchen abzuschrecken. Auch stark riechende Seifen sollen die gleiche Wirkung haben. ◂

Gartengeräte

7 Vorschläge zur Pflege von Werkzeug, das Sie für die Gartenarbeit brauchen

Gartengeräte richtig säubern. Ein Geheimrezept, wie Ihre Gartengeräte gar nicht erst schmutzig werden: Besprühen Sie die Schaufel oder den Spaten vor der Arbeit mit billigem Salatöl, dann bleibt die Erde nicht so am Metall hängen. An so behandelten Messern des Rasenmähers wird sich selbst nasses Gras nicht festsetzen.
Und noch ein Trick für sauberes Werkzeug: Stellen Sie sich einen Kübel mit Sand in den Geräteschuppen. Nach jedem Gebrauch tauchen Sie Harke, Grabgabel oder Kultivator in den Sand, bevor Sie die Geräte aufräumen. So entfernen Sie auch hartnäckige Erdreste.
Die Schneiden von Blumen- und Astscheren sollten Sie nach dem Gebrauch mit einem in Wodka (oder anderen hochprozentigen Schnaps) getränkten Tuch säubern. So vermeiden Sie die Verbreitung von Pilzkrankheiten auf Ihren Ziersträuchern.

Schonen Sie Knie und Geldbeutel. Statt teure Knieschoner im Gartencenter zu kaufen, schneiden Sie einfach aus einer Iso-Campingmatte ein passendes Stück aus, auf das Sie sich bei der Arbeit knien. Es ist fest und schützt genauso gut wie die fertigen Knieschoner. Außerdem lässt es sich mit Wasser und Seife gut reinigen. Auch eine alte Wärmflasche, mit Sand oder Mini-Styroporkugeln gefüllt, leistet gute Dienste.

Markieren Sie Ihre Gartengeräte. Lassen Sie Gerätschaften nicht auf dem Blumenbeet, zwischen den Büschen oder im Gras liegen. Schlechtes Wetter schadet ihnen, außerdem könnte jemand darüberstolpern und sich verletzen. Sie finden die Gartengeräte auf Anhieb, wenn Sie sie mit auffälligen Farben gut sichtbar machen. Umwickeln Sie z. B. die Griffe mit auffällig gefärbtem Isolierband.

Bewahren Sie Ihre Gartengeräte übersichtlich auf. Investieren Sie nicht gleich in eine teure, professionelle Stellage für Ihre Gartengeräte, sondern prüfen Sie, ob sich in Ihrer Garage oder im Gartenhäuschen nicht eine simplere Möglichkeit anbietet. Sollte dieses Holzwände mit vorstehenden Balken besitzen, haben Sie leichtes Spiel. Alles, was Sie brauchen, sind einige Holzlatten, mehrere Holzklötzchen und Nägel.

- Für Geräte mit langen Stielen, wie Spaten oder Harke, nageln Sie eine der Latten in etwa 90 cm Höhe über dem Boden vor zwei Balken.
- Für kleinere Geräte – z. B. Axt oder Baumschere – nageln Sie eine weitere Latte etwa 60 cm über dem Boden vor zwei Balken.
- Damit die Geräte nicht wegrutschen können, wenn sie auf dem Boden stehen, nageln Sie dort als „Bremse" ebenfalls eine Holzlatte fest.
- Zum Schluss befestigen Sie die Holzklötzchen als Abstandhalter zwischen den einzelnen Geräten an der Wand, damit sie nicht zur Seite fallen.

Ebenfalls gute Dienste leistet ein Brett, auf dem Sie spezielle Gerätehalter befestigen. Sie nageln es auf glatte Holzwände oder dübeln es in den Beton.

Sackkarre statt Schubkarre. Wie sammeln Sie große Mengen Unkraut, abgeschnittene Äste oder Steine in Ihrem Garten? In den Katalogen für Gartenbedarf werden dafür Schubkarren angeboten. Doch sie sind nicht nur teuer, (Fortsetzung siehe S. 166)

WAS LAUBBLÄSER-HERSTELLER GERN VERSCHWEIGEN ÜBER: Rechen

In Ihrem Gartencenter wird Ihnen immer das Neueste für Ihren Garten und Rasen angeboten. Doch es gibt wenige Erfindungen in der Menschheitsgeschichte, die überflüssiger sind als die Laubbläser. Diese Apparate sind absurde Fehlentwicklungen und so laut, dass sie eigentlich schon deshalb verboten gehören. Sie wirbeln Dreck und Staub auf und können Steinchen auf Autos und Fußgänger schleudern. Obwohl Elektro-Laubbläser etwas leiser arbeiten als die Benzin-Laubsauger, haben beide einen gravierenden Nachteil: Mit ihnen kann man nicht so genau und sorgfältig arbeiten wie mit dem guten alten Rechen. Dieser verschafft seinem Nutzer zudem Bewegung, außerdem belästigt er die Nachbarn nicht mit Lärm, verwirbelten Blättern und Gras auf dem Rasen. Auch wird Igeln und anderen Kleintieren jeglicher Winterschutz genommen. Wenn Ihnen demnächst in Ihrem Gartencenter ein Laubbläser angeboten wird, sagen Sie stolz: „Nein, ich bin ein Rechenfan!"

Den Motormäher richtig pflegen

Wenn Ihr Motorrasenmäher beginnt, etwas holprig zu laufen, dann bringen Sie ihn nicht gleich zum Reparieren. Das kann teuer werden. Möglicherweise braucht er nur eine neue Zündkerze. Jeder kann seinen Rasenmäher mit den folgenden Tipps in Topform halten. Da es verschiedene Mähermodelle gibt, sollten Sie auf jeden Fall vorher die Bedienungsanleitung Ihres Gerätes durchlesen. Die folgenden Grundsätze gelten jedoch für alle Modelle.

- ☐ Bevor Sie an einem Rasenmäher hantieren, ziehen Sie das Kabel ab, das zur Zündkerze führt, damit Sie das Gerät nicht aus Versehen starten.
- ☐ Säubern Sie die Unterseite des Mähers gründlich. Entfernen Sie angetrocknetes Gras mit einem Spachtel. Säubern Sie alle Entlüftungsschlitze und -kanäle.
- ☐ Schrauben Sie die Zündkerze mit dem passenden Kerzenschlüssel heraus, und ersetzen Sie sie. Achten Sie darauf, dass Sie das Gewinde der neuen Zündkerze beim Hineinschrauben nicht ruinieren, indem Sie das Teil z. B. schief aufsetzen. Dann vorsichtig festziehen.
- ☐ Schrauben Sie die Abdeckung des Motors ab, und saugen Sie den Schmutz und die Grasreste aus.
- ☐ Schrauben Sie den Öl-Messstab heraus, legen Sie den Mäher vorsichtig auf die Seite, und lassen Sie das alte Öl in ein bereitgestelltes Gefäß laufen. Manche Rasenmäher haben eine Öl-Ablassschraube (mit einem Schraubenschlüssel öffnen); dann muss man das Gerät nicht auf die Seite legen. Füllen Sie dann so viel neues Öl auf, bis der Ölstab „voll" anzeigt. Entfernen Sie mit einem Lappen alle Ölspritzer. Das Altöl fachgerecht entsorgen – Sie können es dort abgeben, wo Sie das neue Öl gekauft haben.
- ☐ Schrauben Sie die Abdeckung des Luftfilters ab, und entsorgen Sie den Luftfilter. Säubern Sie dann den Filterbereich mit einem Lappen und einer Zahnbürste. Setzen Sie dann den passenden neuen Filter an seine richtige Position. Die Abdeckung wieder aufschrauben.

Den Rasenmäher winterfest machen

Lassen Sie ihn so lange laufen, bis der Benzintank leer ist. Unterbrechen Sie die Benzinleitung, wenn möglich, und heben Sie den Tank ab oder schrauben ihn auf. Zum Säubern füllen Sie eine halbe Tasse frisches Benzin ein und schwenken den Tank kräftig. Vorsicht – diesen Vorgang wegen der Dämpfe im Freien durchführen und dabei nicht rauchen. Das Benzin anschließend fachgerecht (z. B. an der Tankstelle) entsorgen.

Ersatzteile von gebräuchlichen Rasenmähern bekommen Sie in Gartenzubehörgeschäften – zahlen Sie keine „Sonderpreise" in Fachgeschäften.

sondern oft auch schwer und unhandlich, weshalb man sie kaum für die täglichen Arbeiten benutzt. Praktischer ist eine leichte Sackkarre, die für viele Zwecke im Haushalt Verwendung findet. Für den Garten können Sie daran eine „faltbare" Tonne befestigen. Diese Falttonne besteht aus leichtem, aber stabilem Kunststoffmaterial, mit Streben aus Aluminium verstärkt. Dies Gefährt lässt sich bequem sowohl über Rasen als auch über Wege ziehen. Die Karre ist eine große Hilfe beim Umstellen von schweren Pflanztöpfen oder wenn Sie Getränkekisten vom Auto ins Haus zu transportieren haben.

Alte Golfutensilien als clevere Gartenhelfer. Im Fachhandel gibt es die verschiedensten Gerätehalter, um Spaten oder Rechen immer zur Hand zu haben. Doch wenn Sie einen ausgedienten Caddie auf Rädern zu Hause haben, können Sie diese Abteilung der Gartencenter getrost außer Acht lassen. Die langen Gartengeräte passen gut in das Hauptfach, die kleinen Geräte können Sie außen anhängen. In den Taschen lassen sich Samen, Scheren, Schnur usw. verstauen. Und wenn Sie noch ein paar Tees im Wagen entdecken, setzen Sie sie einfach im Garten ein, um neu angesäte Flächen zu markieren.

Die Löcher eines Golfplatzes wollen Sie wohl kaum in Ihren Garten holen, die Grundidee ist allerdings eine Überlegung wert: Nehmen Sie ein etwa 50 cm langes Plastikrohr mit 40–50 mm Durchmesser, und graben Sie es so ein, dass es aufrecht im Boden steht. Auf diese Weise haben Sie eine einfache Halterung für Rechen, Harke & Co. geschaffen: Stellen Sie die Geräte umgekehrt mit dem Stiel in das Loch. Verteilen Sie mehrere solcher „Lochhalterungen" strategisch günstig im Garten.

Rollen Sie den Gartenschlauch ohne mechanische Hilfe auf. Im Fachhandel finden Sie die verschiedensten Schlauchtrommeln und -wagen. Manche davon erinnern an die Spritzenwagen bei der Feuerwehr. Doch diese teuren Hilfsgeräte sind nicht nötig, wenn Sie mit Ihrem Gartenschlauch richtig umgehen. Verwenden Sie einen Schlauch mit Längsstreifen, dann erkennen Sie sofort, ob er sich beim Auf- und Abrollen verdrillt. Tipp: Lassen Sie einen verdrehten Schlauch eine Stunde in der Sonne liegen, danach ist das Plastik nicht mehr so störrisch, und der Schlauch lässt sich besser entwirren. Leichter tut man sich mit Rollhilfen. Hier ein paar preiswerte Alternativen zur Schlauchtrommel:

- Kürzen Sie eine alte Plastikmülltonne auf eine Höhe von 50 cm. Stechen Sie Drainagelöcher in den Boden, und wickeln Sie dann den Schlauch hinein.
- Wickeln Sie den Schlauch um eine alte Autofelge, die flach am Boden liegt. Sie können die Felge mit Stoff ummanteln oder mit Metallfarbe versehen, damit sie im Garten nicht als Fremdkörper wirkt.

Bevor Sie einen Gartenschlauch für längere Zeit lagern, verschließen Sie beide Enden. So verhindern Sie, dass Insekten sich hier häuslich einrichten. ◂

WER HÄTTE DAS GEDACHT?

Spezielle Gartenhilfen

Wer sagt, dass man im Garten nur das entsprechende Werkzeug benutzen kann? Die aufgelisteten Dinge aus Haushalt und Handwerkskiste lassen sich erstaunlich gut als Gartenhelfer einsetzen. Darunter sind sogar Sachen, die normalerweise im Müll landen würden.

Spaghettizange

Nehmen Sie eine Spaghettizange mit in den Garten, wenn Sie stachelige Kletterpflanzen, Zweige oder Rosen stutzen müssen. Mithilfe der Zange können Sie die Zweige halten oder biegen, ohne sich wehzutun, während Sie mit der anderen Hand schneiden.

Schleifpapier

Legen Sie feines Schleifpapier oder Schmirgelleinen griffbereit in Ihren Geräteschuppen. Damit lässt sich Rost auf allen Metallteilen Ihrer Gartengeräte leicht entfernen. Reiben Sie die behandelten Stellen danach mit etwas Motor- oder Salatöl ein.

Alter Schlauch

Mit einem aufgeschnittenen Stück Ihres alten Gartenschlauchs können Sie die Schneide größerer Werkzeuge (etwa einer Säge oder eines Spatens) schützen, damit Sie sich nicht daran verletzen.

Zimmermannsgürtel

Besorgen Sie sich im Baumarkt einen Zimmermannsgürtel, und verstauen Sie in den Taschen alle kleinen Gartengeräte, die man häufig braucht, wie Schnur, Schaufel, Maßband usw. So ersparen Sie sich manchen Weg in den Geräteschuppen.

Eispickel

Winzige Löcher in Ihrem Gartenschlauch lassen sich einfach mit einem Eispickel verschließen. Erhitzen Sie die Spitze des Eispickels über einer Flamme, bis sie glüht, dann drücken Sie sie vorsichtig auf das Leck in Ihrem Schlauch. Dadurch schmilzt die Oberfläche, und das Loch wird verschlossen.

Seifenstück

Bevor Sie mit den Händen in Erde greifen, kratzen Sie mit den Fingernägeln über ein Stück Seife. Die Seife unter den Nägeln verhindert „Trauerränder" aus Erde, die sich schwer entfernen lassen. Beim Waschen der Hände löst sich die Seife.

Kaffeesatz

Manche lesen aus dem Kaffeesatz die Zukunft, setzen Sie ihn lieber für die Zukunft Ihres Gartens ein. Verteilen Sie ihn unter Pflanzen, die leicht sauren Boden mögen. Er wird zersetzt und versorgt die Pflanzen mit Nährstoffen.

Papierbecher

Wenn Ihre Sämlinge über Nacht aus dem Blumenbeet verschwinden, brauchen Sie einen Schutz gegen Nacktschnecken. Schneiden Sie den Boden von Papierbechern ab, und stülpen Sie die Becher über die Sämlinge. So halten Sie die gefräßigen Tiere fern. Nebeneffekt: Die jungen Pflänzlein wachsen aufrecht und kippen nicht so leicht um.

Dünnes Seil

Um den Griff Ihres Spatens oder eines anderen Gartengeräts angenehmer zu machen, umwickeln Sie ihn dicht mit einem dünnen Seil und kleben darüber einige Lagen Isolierband. Der weichere Griff verursacht lange nicht so schnell Blasen an den Händen.

Nagelfeile

Mit einer alten Nagelfeile können Sie harte Samenschalen vor der Aussaat leicht anritzen. Blumen und Gemüse keimen so schneller.

Kleiderkauf

13 Strategien, wie Sie modische Kleidung zu günstigen Preisen finden.

Kaufen Sie Ihre Garderobe für nächstes Jahr schon jetzt. Um viel Geld beim Kleiderkauf zu sparen, machen Sie Ihre Einkäufe am besten gegen Ende der Saison. Kaufen Sie also z. B. Teile der Frühlings- und Sommerkollektion im Juli oder August statt im März, wenn die Sachen am teuersten sind. Das bedeutet natürlich, dass Sie mehr planen und vorausdenken müssen, weil die Frühlingskleidung erst in einigen Monaten wirklich passend ist. Aber es lohnt sich – die Ersparnis ist enorm. Und so schnell wechseln die Modetrends nicht.

Wann sind nun die Hauptverkaufszeiten für Kleidung? Sowohl für Herren- als auch für Damenbekleidung gilt:

- Frühling/Sommer: März bis Ende August,
- Herbst/Winter: August bis Ende Februar.

Daneben gibt es bei Damenmode noch wetterbedingte Übergangszeiten:

- Sommer/Herbst: August bis Oktober leichte Kleidung in gedeckten, sanften Tönen,
- Winter/Frühling: März bis April wärmere Kleidung in hellen, freundlichen Farben.

Investieren Sie in ein edles Stück von hoher Qualität. Betrachtet man die schicke Hochglanzwerbung, so könnte man meinen, für eine elegante, modische Kombination müsste man ein Vermögen ausgeben. Das ist jedoch keineswegs der Fall. Der Weg zu einem eindrucksvollen Auftritt, bei dem Sie die

Kosten unter Kontrolle halten, ist gar nicht so kompliziert. Kaufen Sie immer nur ein für Ihre Garderobe grundlegend wichtiges, hochwertiges Kleidungsstück, bei dem sich eine sorgfältige Pflege bzw. die häufige chemische Reinigung lohnt. Es wird dann auch viele Jahre halten. Für einen Mann könnte ein solch zentrales Stück ein Sakko, ein eleganter Pullover oder ein sportlich-eleganter Mantel sein. Frauen sollten vielleicht eine Luxusbluse, einen edlen Blazer oder eine schöne Designer-Strickjacke wählen. Kombinieren Sie Ihr hochwertiges Stück mit preiswerten, waschbaren Teilen, die Sie alle ein bis zwei Jahre ersetzen. Sie werden so durch die Investition in ein einziges modisches Kleidungsstück von exquisiter Qualität immer hervorragend aussehen, denn ein solches Highlight wertet Ihre übrige Garderobe auf.

Vermeiden Sie Kleidungsstücke in Einheitsgröße. Das Etikett „one size“ klingt natürlich gut. Man kann damit ja keinen Fehler machen. Wenn man so etwas kauft, ist schließlich davon auszugehen, dass das Teil auf jeden Fall passt!

In Wirklichkeit jedoch versuchen die meisten Hersteller, die ihre Ware so auszeichnen, den Kunden hinters Licht zu führen. Meist werden Sie nämlich diese Etikettierung bei eher billiger Kleidung finden, typischerweise bei Tops für Teenager. Solche Waren sind einfach mit weniger Aufwand und somit billiger zu produzieren und können leichter inventarisiert werden. Auch von Größenbezeichnungen „S, M, L, XL“ usw. können Sie keine gute Passform erwarten. Halten Sie lieber nach hochwertigerer Kleidung mit größerer Passgenauigkeit Ausschau – an solchen Teilen werden Sie sicher auch länger Freude haben.

Verschaffen Sie sich durch Onlinekauf große Rabatte. Der Bekleidungsmarkt ist mit Ware überflutet, und der Handel muss sie loswerden. Das ist natürlich ein großer Vorteil für den Kunden, denn er bekommt nun bei Onlinekauf erhebliche Rabatte auf fast alle guten Designerstücke. Wenn Sie dagegen im Modehaus kaufen, bezahlen Sie dort indirekt auch die Miete, die Löhne der Angestellten, die Finanzierung der Inneneinrichtung usw. mit.

Anprobieren vor dem Onlinekauf. Beim Onlinekauf können Sie nicht anprobieren! Was müssen Sie also tun, um genau die Designerkleidung zu bekommen, die Sie sich wünschen, und zwar zu einem Bruchteil des Preises? Gehen Sie zuerst zum Kaufhaus oder zur Boutique in Ihrer Nähe, und probieren Sie alles an, was Ihnen gefällt. Notieren Sie sich dann den Namen des Designers, die Kleidergröße und eine Beschreibung

GEHEIMWAFFE

Die RN- oder Artikelnummer

Bekleidungshersteller liefern ihre modische Ware oft nicht nur an die gut sortierten Kaufhäuser, sondern gleichzeitig auch an Discountläden. Zu diesem Zweck werden die Kleidungsstücke je nach Ladentyp einfach unterschiedlich etikettiert. Wie kann man aber erkennen, ob die Discountware dieselbe ist wie die teure oder ob es sich um ein billiges Imitat handelt?

Das Geheimnis ist die Artikel- oder RN-Nummer: Große Modefirmen kennzeichnen ihre Ware mit einem Code, der den Hersteller identifiziert, ganz egal, was auf dem Etikett steht. Dieser Code besteht aus den Buchstaben „RN“ oder einem anderen Kürzel und einigen Ziffern oder nur aus Zahlen. Notieren Sie sich also die Nummer des Designerstücks, und vergleichen Sie sie mit der Nummer an der Ware im Discountladen. Stimmen beide Nummern überein, ist auch der Hersteller derselbe.

des Kleidungsstücks. Dann gehen Sie nach Hause, schalten Ihren Computer an und suchen diesen Designer im Internet. Ist das Stück, das Sie haben möchten, schon etwa zwei bis drei Monate in den Geschäften zu haben, können Sie es online für ca. 50–75 % des Ladenpreises kaufen.

Sonderangebote durch geschickte Strategie ergattern. Viele Menschen halten die ausgeschriebenen Ladenpreise für endgültig und zahlen oder verzichten auf ein Stück, das ihnen gefällt. Eigentlich schade, denn den Geschäften im Modesektor ist heute mehr denn je daran gelegen, ihre Ware so schnell wie möglich an den Mann bzw. die Frau zu bringen. Das bedeutet, Sie können bei fast jedem Kleidungsstück einen Rabatt herausholen – wenn Sie wissen, wie man die Sache anpackt. Nutzen Sie also konsequent die Preispolitik vieler Bekleidungsgeschäfte:

- Haben Sie ein besonders schönes Stück entdeckt, probieren Sie es an, und verhandeln Sie mit dem Verkäufer bzw. dem Abteilungsleiter über einen möglichen Rabatt. Kommt man Ihnen nicht entgegen, könnten Sie auf die nächste Verkaufsaktion warten und schauen, ob das Kleidungsstück Ihrer Wahl noch in der passenden Größe vorhanden ist.
- Es zahlt sich aus, wenn Sie zu einer Verkäuferin in Ihrer Lieblingsboutique ein gutes Verhältnis pflegen. Die Dame könnte Sie auf bevorstehende Rabattaktionen und Sonder-

WAS MANCHE MODEGESCHÄFTE NICHT GERNE VERRATEN ÜBER: Preiskalkulation

Viele Kunden handeln nach dem Motto: „Bezahle nie den vollen Ladenpreis." Falls Sie diesen guten Rat nie so recht geglaubt haben, hier ein interessanter Einblick in die Preiskalkulation auf dem Textilsektor:

Es ist so gut wie unmöglich zu erfahren, wie viel ein Modehaus für seine Ware genau bezahlt hat, generell aber funktioniert die Kalkulation des Verkaufspreises folgendermaßen: Bei einem T-Shirt mit dem empfohlenen Ladenpreis von 60 Euro wird das Modehaus zu Beginn der Saison genau diesen Preis verlangen. Aber nur etwa 10–20 % der Kunden, die das Oberteil schließlich kaufen, bezahlen den vollen Preis.

Sobald das T-Shirt in Rabattaktionen einbezogen wird, sinkt sein Preis. Am Ende der Saison ist es dann bis auf rund 20 Euro heruntergesetzt und erreicht damit in etwa den Einkaufspreis. Kein Grund, das Modehaus zu bedauern, denn dort rechnet man mit dem durchschnittlichen Verkaufspreis, den das Kleidungsstück über die gesamte Saison erzielt. Liegt er beim doppelten Einkaufspreis, also bei 40 Euro, ist für den Händler alles gut gelaufen.

Wenn Sie also das nächste Mal überlegen, ob Sie ein Kleidungsstück zum vollen Ladenpreis kaufen sollen, fragen Sie sich: Lohnt es sich nicht, einen oder zwei Monate zu warten und dann nur noch 60 oder 70 % des jetzigen Preises zu bezahlen?

preise hinweisen. Auch wird sie sicher gern nach der Sorte Kleidung Ausschau halten, die Ihnen gefällt. Kleidung zu verkaufen ist heutzutage so schwierig geworden, dass das Verkaufspersonal sich wahrscheinlich richtig ins Zeug legen wird, Sie zum Kauf zu bewegen.

- Wenn Sie einen größeren Einkauf in einem Kaufhaus tätigen, holen Sie sich ruhig den zusätzlichen Rabatt, der jedem gewährt wird, der eine Kundenkarte bzw. eine kaufhauseigene Kreditkarte hat. Achten Sie auf die Zahlungsvereinbarungen. Bei manchen Kaufhäusern zahlt man Überziehungszinsen, die für hauseigene Kreditkarten exorbitant sein können.

Kaufen Sie klassische Jeans. Lassen Sie sich beim Jeans-Kauf nicht blenden von all dem modischen Schnickschnack, der gerade in ist, wie z. B. ausgebleichte Stellen, ausgefallene Schnitte, bizarre Farben, bestickte Stoffe oder gar Risse im Stoff. Die Hersteller finden es natürlich gut, wenn Kunden ihr Geld für solch trendige Sachen ausgeben, denn die sind in kürzester Zeit wieder out – und schon muss der modebewusste Kunde etwas Neues kaufen. Erstehen Sie lieber eine klassische blaue Five-Pocket-Denim-Jeans, die viele Jahre halten wird. Und sollte diese Jeans dann irgendwann vom vielen Waschen ausgeblichen sein, können Sie damit immer noch modisch punkten.

Überprüfen Sie den Strich der Textilfaser. Der Anzug sieht irgendwie komisch aus, aber Sie kommen nicht darauf, warum. Nicht alle Hersteller achten auf die Richtung, in der die Textilfaser bei der Verarbeitung läuft. Und hier liegt vielleicht der Hase im Pfeffer! Es gibt einen ganz einfachen Test, um festzustellen, ob der Strich des Stoffes bei beiden Teilen eines Anzugs gleich ist: Fahren Sie mit der Hand über den Stoff, und zwar zunächst bei der Anzugjacke und dann in gleicher Richtung auch bei Rock oder Hose, z. B. von oben nach unten. Manche Stoffe fühlen sich rau an, manche glatt, das hat hier keine Bedeutung. Wichtig ist allein, dass sich beide Teile gleich anfühlen. Ist das nicht der Fall, dann hängen Sie das Ensemble wieder zurück und schauen sich nach einem anderen um.

Machen Sie vor dem Kauf einen Farbtest. Wenn Sie in einem Geschäft ein Kleidungsstück kaufen möchten, sollten Sie unbedingt testen, ob die Färbung der Stoffe auch qualitativ hochwertig ist. Das geht schnell und problemlos. Setzen Sie eine Sonnenbrille auf – braun getönte sind am besten geeignet –, und prüfen Sie, ob die Farben von Futter, Manschetten, Oberstoff etc. immer noch gut zusammenpassen. Dann gehen Sie in die Nähe eines Fensters und prüfen die Farbqualität noch einmal bei Tageslicht.

Aber warum denn diese Mühe? Kaum jemand weiß es, aber qualitätsbewusste Hersteller vergewissern sich, dass die Farben eines Kleidungsstücks in jedem Licht gleich harmonisch zusammenpassen. Das Problem ergibt sich dann, wenn bei einem Artikel unterschiedliche Materialien verarbeitet wurden, wie z. B. bei Manschetten und Bündchen oder Paspeln.
Diese Teile müssen in jedem Licht farblich harmonieren – ganz gleich, ob es sich bei der Lichtquelle um eine Glühlampe, eine Leuchtstoffröhre oder um Tageslicht handelt. Wenn Sie erst zu

5 SCHNELLE WEGE ZUR *einwandfreien Garderobe*

1 Kleben Sie Loses einfach wieder fest. Am besten haben Sie für Notfälle immer ein paar Streifen doppelseitiges Gewebeklebeband in Ihrer Handtasche. Es kann Retter in der Not sein: Wie ärgerlich – gerade sind Sie irgendwo hängen geblieben, und die Rocknaht ist aufgerissen, dabei hatten Sie doch etwas Wichtiges vor. Ein Griff in die Handtasche, ein bisschen Deckung, und das Problem ist schnell gelöst. Oder: Ein Knopf hängt nur noch am dünnen Faden. Auch er lässt sich mit doppelseitigem Gewebeklebeband fixieren, bis Sie zu Nadel und Faden greifen können. Praktischer Helfer in der Not ist das Band außerdem, wenn Sie Ihre neuen Hosen anziehen möchten, zum Kürzen aber noch keine Zeit hatten. Doppelseitiges Gewebeklebeband gibt es in Hobbyläden oder im Kaufhaus.

---

2 Dämpfen gegen unerwünschten Glanz. Nachdem Sie Ihre dunklen Hosen gebügelt haben, stellen Sie fest, dass der Stoff glänzende Stellen zeigt. Kein Grund zur Aufregung! So etwas ist, besonders bei Wollmischungen, nicht ungewöhnlich. Es gibt ein Heilmittel: Mischen Sie 2 EL Essigessenz mit 10 EL (145 ml) Wasser. Tunken Sie ein sauberes Tuch in diese Mischung, und tupfen Sie damit die glänzenden Stellen weg. Erhitzen Sie dann das Dampfbügeleisen, und halten Sie es ein paar Zentimeter über der glänzenden Partie. Der Wasserdampf wird zusammen mit dem Essig den Glanz zum Verschwinden bringen.

---

3 Wettlauf gegen die Zeit. Je schneller Sie einen Fleck behandeln, desto besser können Sie ihn entfernen. Wenn möglich, ziehen Sie das betroffene Kleidungsstück sofort aus und tupfen den Fleck mit einer weißen (farbige können Farbe verlieren!) Papierserviette oder einem sauberen Tuch ab, um so viel wie möglich von der Verschmutzung zu entfernen. Dann geben Sie flüssige Seife – Handseife oder Geschirrspülmittel – auf den Fleck und waschen ihn aus. Oder Sie bringen das Stück gleich in die Reinigung. Vergessen Sie nicht, dass Hitze wie auch die Zeit beim Fleckenentfernen gegen Sie arbeiten. Geben Sie nie ein fleckiges Kleidungsstück in den Trockner, und bügeln Sie es nicht.

---

4 Reiben Sie nicht an einem Fleck. Sicherlich haben Sie im Restaurant schon mal einen Gast gesehen, der mit einer Serviette heftig an einem Fleck herumrubbelt. Das ist ein großer Fehler. Reiben verletzt das Gewebe. Stattdessen sollten Sie eine Serviette mit Wasser anfeuchten und den Fleck abtupfen. Viele Leute benutzen Mineralwasser zum Fleckenentfernen; die Bläschen sollen tatsächlich dabei helfen, den Fleck aus dem Stoff herauszulösen.

---

5 Einen Flicken tackern. Es ist ein altes Dilemma: Man hat einen Flicken auf die Jeans oder ein Abzeichen aufs T-Shirt genäht, doch das Stück Stoff hat sich irgendwie mitbewegt und sitzt nicht perfekt am Platz. Um so etwas zu verhindern, tackern Sie einfach den Flicken an die richtige Stelle. Erst dann nähen Sie die Ränder fest. Danach mit einem Enthefter die Klammern aufbiegen und aus dem Stoff ziehen.

Hause feststellen, dass das gekaufte Teil den Farbtest nicht besteht, haben Sie das Recht, es zurückzugeben.

Seien Sie besonders vorsichtig beim Einkaufen in einem Outlet-Store mit herabgesetzter Fabrikware. Das „Schnäppchen" könnte, z. B. wegen schlechter Farbqualität, billiger sein.

Kaufen Sie Schmeichelhaftes. Möchten Sie den „Rettungsring" verstecken, der sich allmählich um Ihre Hüften bemerkbar macht? Da helfen die folgenden Tricks beim Kleiderkauf:

- Tragen Sie weder Cordsamt, Samt noch andere Stoffe mit hohem Flor – man wirkt damit dicker.
- Vermeiden Sie generell Satin und Glanzstoffe, denn dieses Material lässt Pölsterchen ins Auge springen.
- Und wenn sie noch so hübsch aussehen – Karos sind tabu.
- Kleiden Sie sich mit dunklen Textilien, die schmeichelhaft fallen, wie Seide oder hochwertige Viskose.

Kaufen Sie bügelfreie Baumwolle. Wie angenehm, wenn man von einem Kleidungsstück sagen kann: waschen, trocknen, reinschlüpfen – perfekt! Es gibt Baumwolle, die durch ein Veredelungsverfahren knitterfrei wird, und meist finden Sie auch einen Hinweis auf dem Etikett. Diese Art Baumwolle fühlt sich ganz glatt an. Um sicher zu sein, dass Sie bügelfreie Baumwolle vor sich haben, knautschen Sie einfach den Stoff in der Hand zusammen und lassen ihn dann los. Bleiben die Knitterfältchen bestehen, handelt es sich um konventionelle Baumwolle. Gehen sie wieder zurück, und der Stoff glättet sich, können Sie sicher sein, dass Sie dieses Kleidungsstück nicht zu bügeln brauchen. ◁

Saubere Kleidung

7 Ratschläge für eine lange Lebensdauer Ihrer Garderobe

Waschen oder reinigen Sie Ihre Kleidung stets nach Bedarf. Viele Menschen glauben, Kleidung müsste nach jedem Tragen gewaschen werden. Das ist aber nur Verschwendung von Zeit, Mühe und Waschmittel. Prüfen Sie einfach Ihr Outfit abends genauestens auf Sauberkeit. Wenn keiner der folgenden Punkte zutrifft, brauchen Sie es nur etwa zwei Stunden auszulüften, bevor es wieder in den Schrank kommt:

- *Ist etwas beschädigt?* Risse, fehlende Knöpfe, aufgehender Saum. Reparieren Sie solche Teile zunächst, denn Wäsche oder Reinigung vergrößert oft den Schaden.
- *Muss es in die chemische Reinigung?* Kleidung mit hartnäckigen Flecken, z. B. Fettflecken, sollte noch am selben Tag in die Reinigung gebracht werden. Wenn Sie längere Zeit warten, sinken die Chancen, den Fleck herauszubekommen.
- *Muss es gewaschen werden?* Bei normaler Verschmutzung kommt es gleich in den Wäschekorb.
- *Machen Sie den Schnüffeltest.* Er sagt Ihnen zuverlässig, ob eine Wäsche fällig ist. Bedenken Sie, was Sie erschnüffeln, steigt auch anderen in die Nase.
- *Gartenarbeit, Sport – brauchen Sie selbst eine Dusche?* Dann gönnen Sie danach Ihrer Kleidung auch einen Waschgang.

Seien Sie sparsam bei Waschprogramm und Waschmittel. Die meisten Leute waschen ihre Garderobe viel zu oft, das kostet Zeit und Geld. Außerdem verkürzt häufiges Waschen die Lebensdauer von Stoff und Zubehör. In den meisten Fällen muss Kleidung nur kurz durchgeschwenkt werden, damit sie wieder frisch ist. Nur bei starker Verschmutzung brauchen Sie die volle Menge Waschmittel und einen langen Waschgang. Im Übrigen halten Sie sich an die Empfehlungen auf den Waschmittelpackungen, die auch den Härtegrad des Wassers berücksichtigen.

Seien Sie zurückhaltend mit Wäschezusätzen. Die Hersteller von Haushaltsprodukten versuchen uns alle möglichen Spezialhilfen fürs Waschen zu verkaufen, aber eigentlich braucht Kleidung beispielsweise keinen Weichspüler. Die berühmte elektrostatische Aufladung bei Stoffen aus Kunstfaser ist eigentlich nicht so schrecklich, wie die Werbung immer wieder glauben machen will. Lädt sich ein Kleidungsstück mal elektrisch auf, dann brauchen Sie nur Ihre Hände anzufeuchten und über den Stoff zu streichen. So wird der elektrische Effekt neutralisiert, und der Stoff fällt wieder perfekt. Handtücher absorbieren übrigens Feuchtigkeit besser, wenn sie nicht mit Weichspüler behandelt worden sind, und auch Wischtücher wischen besser ohne diesen Zusatz.

Prüfen Sie, wie sauber die Anlagen Ihrer chemischen Reinigung sind. Kommen Ihre Kleider aus der Reinigung zurück und haben einen seltsamen Geruch, sollten Sie als Erstes die Plastikhülle herunternehmen und das Teil luftig aufhängen – am besten draußen auf dem Balkon oder im Garten. Es gibt zwei mögliche Erklärungen für die Geruchsentwicklung:

1. Die chemische Reinigung hat das Lösungsmittel nicht aus Ihrer Kleidung „herausgetrocknet“. Das ist nicht weiter schlimm, das Mittel wird mit der Zeit verdunsten.

2. Im Reinigungsbetrieb wurden die Verunreinigungen nicht aus dem chemischen Lösungsmittel herausgefiltert, und jetzt hängt der Schmutz von anderer Leute Kleidung in Ihren Sachen und verbreitet einen unangenehmen Geruch.

Lassen Sie also Ihr gereinigtes Teil ein paar Stunden draußen auslüften. Riecht es danach immer noch schlecht, liegt das Problem an den Verunreinigungen und nicht am Lösungsmittel. Grund genug, die chemische Reinigung zu wechseln.

So geht's: **Tricks beim Fleckenentfernen**

In der Modebranche muss man genau wissen, was zu tun ist, wenn die Ware z. B. beim Transport oder bei der Anprobe verschmutzt wird. Hier ein paar Insider-Tipps:

- ☐ Um einen Ölfleck wegzubringen, bestäuben Sie ihn mit Babypuder. Hat der Puder das Öl aufgesaugt, bürsten Sie den Puder aus.
- ☐ Flecken von Speisen, Make-up oder Lippenstift wischen Sie einfach mit einem Stück Samtstoff weg. Für Notfälle bewahren Sie am besten immer ein kleines Stück Samt in Ihrer Handtasche auf.
- ☐ Mit weißer Kreide können Sie als kurzfristige Maßnahme einen Fleck auf einem weißen Hemd übermalen.
- ☐ Besprühen Sie Tintenflecken vor dem Waschen mit Haarspray.
- ☐ Um einen Rotweinfleck zu entfernen, tupfen Sie ihn mit Gin ab und waschen ihn dann aus.
- ☐ Verschwitzte Oberteile verlieren ihre „Anrüchigkeit" mit folgendem Trick: Mischen Sie 30 ml Wodka mit 60 ml Wasser in einer Sprühflasche, und bringen Sie die Lösung auf die Achselpartie auf.

Bewahren Sie Erbstücke aus Stoff und alte Kleider richtig auf. Der Abschlussball des Tanzkurses oder die Hochzeitsfeier sind wichtige Ereignisse in Ihrem Leben, und Sie wollen daher das Kleid, das Sie damals getragen haben, zur Erinnerung aufbewahren. Lassen Sie es zu diesem Zweck gründlich reinigen, und besorgen Sie sich eine Kleiderhülle, die luftdurchlässig und lichtundurchlässig ist. Darin wird Ihr Kleid bestens die Zeiten überstehen, und auch Ihre Enkelkinder können sich dann noch über dieses besondere Stück freuen.

Lassen Sie Kostüme und Anzüge nicht so oft chemisch reinigen. Ihre Reinigung wird Ihnen das nicht verraten, aber es ist wirklich so, dass die meisten Menschen Ihre Kostüme bzw. Anzüge viel zu oft in die chemische Reinigung bringen. So bekommen Modeberaterinnen oft Klagen ihrer Klienten zu hören, die sich darüber beschweren, dass ein Anzug bereits nach einer Saison übel aussieht. Auf die Frage, wie oft die Anzüge chemisch gereinigt wurden, erhalten sie ausnahmslos die Antwort: „Nach jedem zweiten oder dritten Mal Tragen." Das ist definitiv zu häufig!

Sieht Ihr Kostüm oder Anzug leicht verknittert aus, dann bügeln Sie das Ensemble einfach auf oder geben es ausschließlich zum Bügeln in eine Reinigung. Ist das Teil durch einen minimalen Fleck verunziert, versuchen Sie erst einmal, ihn selbst zu entfernen, bevor Sie es in die Reinigung geben. Am besten lassen Sie Ihr Ensemble nur einmal pro Saison reinigen.

Wie gut ist Ihre Reinigung?

Die Qualität der verschiedenen Reinigungsbetriebe ist ganz unterschiedlich. Wie können Sie sicherstellen, dass Ihre beste Kleidung nicht ruiniert wird, wenn Sie sie zum Reinigen geben?

Vertrauen Sie keiner Empfehlung, sondern unterziehen Sie die neue Reinigung einer kleinen Prüfung. Dafür bringen Sie folgende Stücke mit:

- ☐ ein Baumwollhemd,
- ☐ ein helles farbiges Leinenhemd oder eine Leinenbluse,
- ☐ ein helles farbiges Kleidungsstück aus Seide.

Diese drei Teile reichen für einen Qualitätstest völlig aus. Achten Sie auf folgende Punkte, wenn Sie Ihre Kleidung zurückbekommen:

Die Farbe. Hat die Kleidung ihre ursprüngliche Farbe, oder überzieht sie ein grauer Schleier? Wenn dem so ist, säubert der Betrieb die Filter nicht oft genug. Man muss wissen, dass die chemischen Mittel immer wieder zur Verwendung kommen. Nachdem damit jede Menge Textilien gereinigt worden sind, laufen die Chemikalien zur Säuberung durch einen Karbonfilter und werden dann wieder eingesetzt. Wechselt der Betrieb den Filter nicht oft genug, verbleiben die Schmutzreste in den Chemikalien und hinterlassen einen Grauschleier auf Ihrer Kleidung. Dieser Effekt zeigt sich besonders auf hellem, farbigem Material. Enthält die Reinigungslösung zu viel Lösungsmittel oder wird bei zu hoher Temperatur gereinigt, verliert Seidenkleidung Farbe.

Das Bügeln. Ist Ihr gereinigtes Teil ordentlich gebügelt? Jedes Kleidungsstück sollte so perfekt aussehen, dass man es sofort anziehen kann. Eine gute Reinigung stellt erfahrene Bügelkräfte ein, die alle Tricks ihres Metiers beherrschen. Jedes Kleidungsstück sieht dann wieder sauber und frisch aus. Anfänger oder Angestellte, die zu viel zu tun haben, arbeiten nicht perfekt. Ein Baumwollhemd ist daher genau das Richtige, um die Bügelqualität einer Reinigung zu testen. Wollen Sie die Reinigung besonders herausfordern, bringen Sie einen Faltenrock hin. Falten kosten Zeit und Mühe, und die Angestellten sollten nach dem Bügeln eines Faltenrocks genau kontrollieren, ob er auch ordentlich aussieht.

Der Griff. Sieht die Kleidung aus, wie gerade gekauft, und fühlt sie sich auch so an? Hat die Reinigung ausreichend Appretur auf das Teil gegeben, dann wirkt es in der Form wie neu. Wenn nicht, fühlt sich das Material schlaff an wie ein alter Lappen. Leinen ist schwer zu bügeln und in Form zu bringen und daher bei Reinigungen nicht gerade beliebt. Seide wird mit speziellen Produkten behandelt, damit sie weich und geschmeidig bleibt.

Die Knöpfe. Fehlen Knöpfe oder sind welche beschädigt? Normalerweise sehen Sie in Ihrer chemischen Reinigung folgenden Hinweis: Für Knöpfe, Schnallen und Schließen wird keine Haftung übernommen. Erkennt jedoch das Reinigungsunternehmen, dass Knöpfe beschädigt werden können, verwendet es Knopfschutzmittel aus Alufolie oder textilen Knopfschutz mit Klettverschluss. Gute Reinigungsfirmen ersetzen bei hochwertigen Sachen fehlende Knöpfe oder nähen Knöpfe, die der Kunde selbst besorgt, umsonst an. „Ein Stammkunde ist Gold wert. Und die Leute sollen mehr als zufrieden sein", heißt das Motto. Ein weiterer Punkt, den Sie bedenken müssen, ist die Zeit bis zur Abholung. Eine Firma, die sorgfältig arbeitet, kann Ihr Teil in zwei Stunden reinigen, wenn Sie es eilig haben. Wird Ihnen gesagt, Sie müssen drei Tage warten, sollten Sie die Reinigung wechseln.

Kleidung aufbewahren

5 Richtlinien für knitterfreie Aufbewahrung und aufgeräumte Schränke

Nehmen Sie Plastikhüllen ab. Bewahren Sie nie Ihre Kleidung in den Plastikhüllen der Reinigung auf. Kleidung muss atmen können, und die Feuchtigkeit, die sich unter dem Kunststoff ansammelt, kann den Stoff beschädigen. Schützen Sie Kleidungsstücke, die Sie länger aufbewahren wollen, durch einen atmungsaktiven Kleidersack aus Baumwolle.

Räumen Sie nicht aktuelle Kleidung aus dem Weg. Es gibt da ein Problem mit all den „Schnäppchen" aus dem Kaufhaus: Ihr Kleiderschrank wird immer voller – die einzelnen Kleidungsstücke sind zusammengepfercht wie Sardinen in der Büchse. Das ist schlecht für die guten Teile, denn sie brauchen Platz und müssen locker hängen, wenn sie knitterfrei und frisch aus dem Schrank kommen sollen. Hier ein paar pfiffige Methoden, um Platz im Schrank zu schaffen:

- Finden Sie ein „Versteck" für die nicht aktuelle Garderobe. Das könnte ein Schrank im Flur oder im Gästezimmer sein, oder ein Stoffschrank im Keller, vielleicht auch nur eine Kleiderstange. Sortieren Sie im Frühling und Herbst die nicht saisonale Kleidung aus, und bringen Sie sie in diesem Extraschrank unter. Jetzt haben Sie wieder Raum für die aktuelle Garderobe.
- Wenn Sie alle sechs Monate Ihre Kleidung entsprechend der Saison austauschen, Ihr aktueller Kleiderschrank aber immer noch vollgestopft ist, empfiehlt es sich, die Rotation viermal statt zweimal im Jahr vorzunehmen, nach dem Motto: Frühjahr, Sommer, Herbst und Winter.
- Sie teilen sich konsequent Ihren Bedarf pro Monat ein. Das heißt, einige Sachen der aktuellen Saison hängen im Reserveschrank, kommen aber im nächsten Monat wieder in den Schrank, aus dem Sie sich täglich bedienen.
- Überlegen Sie, was Sie eigentlich überwiegend tragen. Handelt es sich um legere Kleidung, dann verbannen Sie die eleganten Teile, z. B. Kostüme und Anzüge, in den Reserveschrank, mit all den anderen Sachen, die Sie momentan nicht brauchen.

Geben Sie Kleidung, die Sie nicht mehr tragen, weg. Beim saisonalen Umschichten Ihrer Garderobe sollten Sie energisch durchgreifen: Sachen, die Sie ein Jahr lang nicht getragen haben, werden sicher auch in Zukunft ein sinn- und zweckloses Schrankleben führen. Egal, wie hübsch sie sind oder welch schöne Erinnerungen daran hängen – sie müssen aussortiert werden. Und in schlechten Zeiten könnten Sie das, was Sie da im Begriff sind anzusammeln, niemals auftragen. Die meisten Menschen besitzen heute viel zu viel Kleidung. Kaufen Sie also weniger, werfen Sie mehr weg oder spenden es für die Altkleidersammlung. Und: Erliegen Sie nicht jedem angeblichen Superschnäppchen.

So halten Sie Motten fern. Leider werden die Insekten abweisenden Eigenschaften von Zedernholz erheblich über-

schätzt. Es stimmt zwar, dass Motten bei starkem Zederngeruch die Flucht ergreifen – aber Sie wussten womöglich nicht, dass der stechende Zederngeruch sich nach ein bis zwei Jahren ziemlich abschwächt. Man kann den Duft wieder in voller Stärke aufleben lassen, wenn man die Oberfläche des Zedernholzstücks mit Schleifpapier abreibt, aber kaum jemand macht sich diese Mühe. Generell gilt: Kann der Mensch das Zedernholz nicht mehr riechen, nehmen auch die Riechorgane der Motten nichts mehr unangenehm wahr.
Wie schützt man dann empfindliche Kleidung aus Wolle und Seide sowie Pelz am besten gegen die unliebsamen „Gäste“? Hängen oder legen Sie die Teile nach der chemischen Reinigung in einen dunklen, mottensicheren Kleidersack; diesen können Sie in der Reinigung oder in Kaufhäusern erwerben. So wird Ihren guten Sachen nichts passieren.

Lagern Sie nur gereinigte Kleidung ein. Bevor Sie ein Hochzeitskleid oder Ballkleid für längere Zeit wegpacken, sollten Sie es chemisch reinigen lassen. Auch wenn das Kleid völlig sauber zu sein scheint, könnte es unsichtbare Flecken z. B. von Zitronenlimonade, Weißwein oder auch Schweiß haben. Mit der Zeit verfärben sich diese Verunreinigungen gelblich oder bräunlich, und es ist dann fast unmöglich, sie wieder wegzubekommen. Es gibt einen weiteren Grund, warum Sie nur ganz saubere Kleider einlagern sollten: Motten und Pelzkäfer mögen nicht nur Naturfasern wie Wolle, Seide und Baumwolle, sondern besonders angeschmutzte, fleckige oder verschwitzte Stoffe. <I

10 PLATZSPARENDE TIPPS FÜR DAS *Lagern* von Kleidung

Ist der Boden Ihres Kleiderschranks vollgestellt mit Schuhen? Quillt Ihr Gürtelhalter über? Schwimmen Sie in Schals oder Krawatten? Da sind Sie nicht allein – fast alle Menschen haben im Lauf der Zeit so viel Kleidung gekauft und gestapelt, dass der Platz nicht mehr reicht. Die beste Lösung für dieses Problem ist natürlich, alles auszusortieren, was man wirklich nicht mehr tragen wird. Und genauso wichtig ist es, dass man der Versuchung widersteht, bei jedem hübschen Fummel zuzugreifen, auch wenn man ihn gar nicht braucht. Doch wer ist schon so konsequent und diszipliniert? Wenn man es recht bedenkt, wäre es doch zu schön, man hätte ein bisschen mehr Platz zur Verfügung. Diese kleine Schwäche ist auch den Möbelherstellern bekannt. Sie haben daher preiswerte, raffinierte Hilfsmittel entwickelt, die jeden nur möglichen Zentimeter Platz in Ihrer Wohnung für die Aufbewahrung von Kleidung und anderen Dingen nutzen. Probieren Sie es aus, und bändigen Sie den Wildwuchs in Ihren Schränken.

1 Legen Sie sich einen Stoffschrank zu. Ein solches Möbel ist äußerst praktisch und mit etwa 50 Euro auch preiswert: Als guter Platz für einen solchen Schrank bietet sich der Keller oder das Gästezimmer an. Mit diesem Leichtmöbel haben Sie etwa einen Meter Platz zusätzlich gewonnen, um Kleidung aufzuhängen, sowie Ablagefächer für Pullis und T-Shirts. Der robuste Stoff schützt die Kleider und ist zugleich atmungsaktiv.

2 Schlafen Sie drauf. Wenn Sie noch einen extra Kubikmeter Platz brauchen, dann schauen Sie doch mal unters Bett – lauter ungenutzter Raum! Es gibt eine breite Palette von ausgeklügelten Hilfsmitteln auf dem Markt, um den Platz unterm Bett optimal auszunutzen. Dazu gehören flache Transportboxen, durchsichtige Behälter sowie breite Aufbewahrungskästen mit Rollen, Schnappdeckel oder Schubladen an der Seite.

3 Kaufen Sie multifunktionale Möbel. Greifen Sie beim Möbelkauf zu praktischen Modellen, die sich auch zur Aufbewahrung der Kleidung eignen, die sonst keinen Platz findet. So etwa eine aufklappbare Schlafcouch mit Bettkasten oder ein Sofa mit versteckten Schubkästen.

4 Nutzen Sie Türen nicht nur zum Schließen. Hängen Sie spezielle Aufbewahrungstaschen für Schuhe über die Innenseite von Schrank- und Schlafzimmertüren. Diese „Organizer" besitzen zu dem Zweck breite Haken. In den praktischen Taschen lassen sich neben Schuhen auch alle möglichen anderen Dinge griffbereit verstauen. Aber bitte nicht übertreiben!

5 Sparen Sie mit Haken Platz. Montieren oder kleben Sie Haken an die Rückseite der Badezimmertür, und Sie können sofort zusätzliche Handtücher oder Bademäntel aufhängen. Bei Mietwohnungen erst nachfragen!

6 Hängen Sie Kleidung auf einen Kleiderständer. Mit frei stehenden Kleiderständern, die es in schicken Ausführungen gibt, können Sie ein kleines Plätzchen in Stauraum verwandeln. Zum Aufstellen eignet sich der Flur.

7 Nutzen Sie leere Koffer als Stauraum. Selten benutzte Koffer eignen sich ebenfalls zur Aufbewahrung von Kleidung, die Sie nicht täglich brauchen. So gewinnen Sie Platz im Kleiderschrank, während die vollgepackten Koffer nicht mehr Stauraum beanspruchen als die leeren.

8 Lasten Sie Kleiderstangen besser aus. Platz auf der Kleiderstange im Schrank lässt sich mit Spezialkleiderbügeln gut einsparen, die Sie in Kaufhäusern und Haushaltswarengeschäften bekommen. Diese Kombinations- oder Aufklappbügel brauchen wenig Platz auf der Kleiderstange, bringen aber mehrere Röcke oder Krawatten unter.

9 Kaufen Sie Kisten, Kästen oder Boxen. Stapelbare Kästen und Boxen mit Sichtfenster sind ideal, um Pullover und andere faltbare Kleidungsstücke aufzubewahren. Wenn Sie solche Behälter stapeln, nehmen sie minimalen Platz auf dem Boden ein und beanspruchen ansonsten nur etwas Raum in der Höhe. Die meisten sind durchsichtig, sodass Sie sofort finden, was Sie brauchen. Praktisch: Wenn sie sich an der Vorderseite öffnen lassen, ohne dass man die Box aus dem Stapel ziehen muss.

10 Stapeln Sie in die Höhe. Wenn Sie Regale aufstellen, die bis zur Decke Ihres Schlafzimmers reichen, können Sie sehr viele kleinere Dinge wie Hüte, Handtaschen oder Schachteln unterbringen. Auch ein Regal, das 30–45 cm unter der Zimmerdecke endet, bietet viel zusätzlichen Raum.

Auf Einkaufstour

5 schlaue Strategien, die vor Ärger und größeren Ausgaben bewahren

Aktuelle Preise beobachten. Die großen Elektrofachmärkte machen oft einen Riesenwirbel um Angebote, auf die sie hohe Rabatte geben. Ein beliebtes „Zugpferd" stellt zum Beispiel das Angebot dar, dem Kunden die Preisdifferenz bar auszuzahlen, falls er innerhalb von beispielsweise 30 Tagen dasselbe Gerät günstiger bei einem anderen Anbieter sieht. Dahinter steht eine einfache Marketing-Erkenntnis: Die meisten Käufer beobachten Preise nur vor dem Kauf, danach verlieren sie das Interesse daran. Heute wird es uns aber durch das Internet leicht gemacht, Preise täglich zu vergleichen. Überlisten Sie die Elektromärkte bei ihrem eigenen Spiel, indem Sie nach einem solchen Kauf täglich ein paar Minuten recherchieren. Sobald der Preis für Ihr Gerät gesunken ist – dann seien Sie schnell, denn Sie sparen gutes Geld.

Das riecht nach Ladenhüter! Wenn Ihnen im Geschäft ein ganz bestimmtes Produkt besonders eifrig angepriesen wird, sollte Sie das misstrauisch machen. Es kann sein, dass der Verkäufer auf einer großen Menge dieses Artikels „festsitzt" – was nicht unbedingt für dessen Qualität spricht. Es ist gang und gäbe, dass Geschäfte ihre Mitarbeiter anhalten, die Ladenhüter und andere schwierige Artikel an den Mann zu bringen. Dazu gibt es häufig sogar ein internes Bonussystem.

Fragen Sie die Verkäufer, ob sie auf Provisionsbasis arbeiten. Verkäufer sind vom Gesetz her verpflichtet, Ihnen

So geht's: Wie ein Designer für Küchen und Bäder die Produktqualität testet

„Sich für eine Marke zu entscheiden ist nie ganz einfach", sagt der Innenarchitekt. Deshalb lautet sein Tipp: Sich dort umhören, wo es zur Sache geht – beim Installateur. Dann empfiehlt er den Gang zu einem Fachgeschäft, das möglichst viele verschiedene Marken führt, und sich vom Verkäufer beraten zu lassen.
Ein Designer erzählt: „Als ich einmal für einen meiner Kunden einen Durchlauferhitzer suchte, sah ich mich zunächst im Elektrofachhandel um und erhielt eine Empfehlung für ein bestimmtes Produkt. Dann unterhielt ich mich mit einem Klempner, den ich schon lange als versierten Handwerker kannte, und fand heraus, dass auch er das empfohlene Gerät schätzte, das Konkurrenzprodukt aber völlig ablehnte, weil er damit nur Scherereien hatte."

Warum also nicht mit einem Klempner reden? Er hat einen anderen Blickwinkel und kennt die Schwachstellen von Heißwassergeräten, Armaturen und Sanitäreinrichtungen aus der täglichen Praxis. Ein Händler will Ihnen ein Produkt vielleicht deshalb schmackhaft machen, weil der Hersteller hohe Gewinne einräumt oder weil ein größerer Lagerbestand abgebaut werden soll.

in diesem Punkt die Wahrheit zu sagen. Wenn Sie wissen, woran Sie sind, hat das zwei Vorteile. Zum einen: Wenn Sie einen objektiven fachmännischen Rat zum Beispiel vor dem Kauf eines Computers oder einer Stereoanlage suchen, lassen Sie sich in einem Geschäft beraten, in dem man nicht auf Provision arbeitet. Zum anderen können Verkäufer mit einem Festgehalt oft auch Preisnachlässe gewähren. Fragen Sie also nach einem Rabatt.

Garantiezeiten überprüfen. Wenn Sie ein Gerät kaufen, kann es sein, dass der Verkäufer Ihnen nicht die ganze Wahrheit über die Länge der Garantiezeit angibt. Wenn Sie dann auch noch die Herstellerangaben nicht genau lesen, kann es leicht passieren, dass Sie ein Gerät auf Ihre Kosten reparieren lassen, für das Sie noch Garantie haben. Lesen Sie also bei jedem noch so kleinen Gerät die Bestimmungen des Herstellers genau durch. Bei manchen Geräten können gelegentlich Einzelteile eine längere Garantiezeit haben, wie etwa der Kompressor eines Kühlschranks.

Lassen Sie Ihre Geräte vom Händler installieren. Immer wenn ein neu installiertes Gerät nicht ordnungsgemäß funktioniert, will keiner dafür verantwortlich sein. Nehmen wir mal an, dass der nagelneue Geschirrspüler, den Sie gerade für 500 Euro gekauft haben, nicht funktioniert. Wenn Sie reklamieren, wird der Händler sagen, dass Ihr Installateur einen Fehler gemacht hat. Der Installateur dagegen wirft dem Händler fehlerhafte Ware vor. Solchem Wirrwarr entkommen Sie, wenn Ihr Händler das Gerät liefert und auch selbst aufbaut. ◂

Wartung und Pflege

5 Geheimtipps, die Ihnen helfen, Ihre Geräte tipptopp zu halten

Öl für den Eisbehälter. Ihr Gefrierschrank ist nicht falsch eingestellt, wenn die Eiswürfel hartnäckig im Behälter bleiben und sich partout nicht lösen lassen. Versuchen Sie es einmal mit diesem einfachen Rezept: Nehmen Sie den Einsatz heraus, und entfernen Sie gänzlich das gesamte etwa noch anhaftende Eis. Trocknen Sie den Einsatz sehr gründlich ab. Dann verteilen Sie ein klein wenig Speiseöl auf der Innenseite. So wird das Festfrieren von Eis am Einsatz verhindert. Ein Hauch von Öl genügt – denn niemand schätzt Fettaugen auf dem Cocktail! Mit dem Speiseöl haftet das Eis nicht fest – und das Öl ist absolut geschmacksneutral.

Retten Sie Ihren Geschirrspüler. Der Reparaturdienst wird sich kaum ein Grinsen verkneifen können, wenn Sie ihn kommen lassen, weil das Geschirr in der Spülmaschine nicht mehr so sauber wird wie früher. Im Normalfall lässt sich dieses „Problem" nämlich in drei Minuten beheben: Sie müssen nur nachsehen, ob die Öffnungen auf den Sprüharmen verstopft sind. Fast jeder Geschirrspüler besitzt zwei dieser Arme, und wenn sich Kalk oder andere Verunreinigungen in den Wasserdüsen festgesetzt haben, hat dies zur Folge, dass das Geschirr nicht mehr richtig sauber wird. Lösen Sie die Arme aus ihrer Halterung, und legen Sie sie ins Waschbecken. Biegen Sie eine Büroklammer auf. Mit diesem dünnen Drähtchen bohren Sie vorsichtig in jedes Loch, bis sich die Ablagerungen gelöst haben. Dann reinigen Sie den Arm unter kräftig fließendem Wasser und setzen ihn wieder an seinen Platz.

Denken wie ein Konstrukteur. Sie sollten nicht gleich die Hoffnung aufgeben, wenn ein Gerät versagt und Sie gerade knapp bei Kasse sind: Wenn es sich leicht öffnen lässt, gelangen Sie ohne Weiteres an ein beschädigtes Teil und können es austauschen. Lassen Sie also nicht gleich den Reparaturdienst kommen, sondern sehen Sie zuerst einmal in der Gebrauchsanweisung nach. Ist dies erfolglos, empfiehlt es sich, im Geschäft um Rat zu bitten oder im Internet nach einer Reparaturanleitung oder nach Hinweisen auf Bauteile zu suchen.

Es kann aber sein, dass Sie aus eigener Kraft nicht zum gewünschten Erfolg kommen, weil die Hersteller die Selbsthilfe zunehmend erschweren. Selbst die Leute vom Reparaturdienst haben so ihre Probleme, an defekte Teile heranzukommen. So viel aber ist sicher: Sind sie ausfindig gemacht, ist die Reparatur viel einfacher als noch in den 1970er- oder 1980er- Jahren. Heute ist der Austausch von Ersatzteilen meist eine Sache von ein paar Schräubchen oder Klammern.

Manche Reparaturen sind aber auch viel zu kompliziert oder gar gefährlich, als dass man sich als Handwerker daran versuchen sollte. Doch was Sie tun können, um Reparaturkosten zu sparen oder besser abzuschätzen, ist, dass Sie im Internet Rat suchen. Legen Sie dazu die Bedienungsanleitung bereit, damit Sie zur Klärung auch die richtigen Begriffe verfügbar haben und schließlich auch das passende Ersatzteil bestellen können. Gute Angebote finden Sie unter www.wer-liefert-was.de und unter www.monratos.de.

Den verstopften Drainageschlauch im Kühlschrank reinigen. In der typischen zweiteiligen Kühl-Gefrier-Kombination befindet sich der Kühlschrank oben und der Gefrierschrank darunter. Oben im Kühlschrank wurde in Bodennähe auf der Rückseite ein kleiner Ausgang angelegt – das ist die Öffnung für den Drainageschlauch. Hier fließt das Wasser ab, das der Kühlschrank produziert, wenn er sich selbst abtaut.
Ein häufiges Problem ist, dass sich in diesem Schlauch gerne Algen ansiedeln und ihn verstopfen. Als Folge davon bildet sich entweder Eis an der Rückwand des Kühlschranks, oder Sie finden Wasser in den Gemüseschalen. Die Reinigung ist schnell erledigt: Nehmen Sie eine geeignete Flasche (z. B. eine leere Ketchupflasche mit einer Tülle), füllen Sie frisches Wasser ein, und drücken Sie es durchs Drainageloch in den Schlauch. Eventuell müssen Sie vorher den Kühlschrank ausschalten und abtauen. Das Wasser läuft in die Schale unter dem Kühlschrank, die Sie anschließend reinigen. Um die Schale herausziehen zu können, müssen Sie das Abluftgitter unten am Kühlschrank abmontieren. Wenn Sie nun noch 1 TL Ammoniaklösung oder Chlorbleiche in den Schlauch gießen, haben Sie sich eine dicke Handwerkerrechnung gespart!

Sprudelbad für Kaffeemaschine und Wasserkocher. Probleme mit Geräten einfach wegsprudeln ... wäre das nicht wunderbar? Und so geht's: Der größte Feind von Kaffeemaschine und Wasserkocher heißt Kalk, der sich je nach Herkunft Ihres Leitungswassers in mehr oder weniger hoher Konzentration in jedem Wassertropfen befindet. Bei der Kaffeemaschine verstopfen durch Kalkablagerungen Röhren, Ventile und Düsen, was zu Funktionsstörungen und schließlich zum Totalausfall führen kann. Nur regelmäßiges Entkalken kann dies verhindern. Am billigsten und natürlichsten funktioniert es mit Essigessenz: Füllen Sie in den Wassercontainer Ihrer Kaffee- oder Espressomaschine eine Mischung aus einem Drittel Essigessenz und zwei Dritteln Wasser. Lassen Sie die Maschine laufen, bis der Container leer ist, und wiederholen Sie den Vorgang zwei- bis dreimal. Anschließend lassen Sie mehrmals nur klares Wasser durchlaufen, bis auch der letzte Hauch von Essig verschwunden ist. Beim Wasserkocher nehmen Sie dieselbe Mischung und kochen Sie zwei- bis dreimal auf. Ebenfalls gründlich mit klarem Wasser nachspülen. Wenn Sie den Essiggeruch nicht mögen: Nehmen Sie für den Wasserkocher Reiningungstabletten für Zahnersatz und für die Kaffee- oder Espressomaschine Zitronensäure (beides aus der Drogerie).

Wie Sie Ihre Geräte richtig behandeln

Natürlich gehen Geräte irgendwann kaputt. Verschleiß ist eine normale Erscheinung. Aber wer mit seinen Geräten nicht sorgfältig umgeht, der richtet Waschmaschine, Trockner, Kühlschrank und Spülmaschine vor der Zeit zugrunde. Finden Sie im Folgenden den guten Rat, wie Sie dies verhindern.

Waschmaschine

Tipp vom Fachmann:

Niemals Kleidungsstücke oder andere Textilien mit schweren Metallverschlüssen in die Maschine geben.

Manche Teile der Waschmaschine lassen sich problemlos austauschen, aber wenn die Trommel durch harte Gegenstände beschädigt wird, ist das der Anfang vom Ende. Das angegriffene Metall wird unweigerlich rosten, und der Rost macht Ihre Wäsche fleckig. Die Kosten für den Austausch der Trommel samt Arbeitszeit sind nicht unerheblich.

Extra-Tipp: Zu viel Wäsche auf einmal muss die Maschine nicht ruinieren, aber auf diese Weise können Sie die beweglichen Teile der Maschine so überlasten, dass sie vorzeitig Schaden nehmen. Dann müssen Sie den Service holen. Abhilfe? Lesen Sie die Herstellerhinweise, und befolgen Sie die Empfehlungen für das zulässige Gesamtgewicht.

Wäschetrockner

Tipp vom Fachmann:

Befolgen Sie die Herstellerangaben für das richtige Entlüften. Ersetzen Sie Plastikschläuche durch Abluftrohre aus Metall, und versuchen Sie, den Weg nach draußen so gerade und so kurz wie möglich zu gestalten. Reinigen Sie den Fusselfilter jedes Mal vor oder nach dem Gebrauch. Reinigen Sie außerdem regelmäßig alle Stellen, an denen sich sonst noch Fussel in der Maschine sammeln. Lassen Sie die Maschine einmal im Jahr von einem Fachmann reinigen.

Wenn eine Ladung Wäsche aus der Maschine kommt, enthält sie etwa 2 l Wasser. Dieses Wasser entzieht der Trockner den Wäschestücken. Dazu erwärmt er die Wäsche, verwandelt das Wasser in Wasserdampf und schickt es – samt den Fusseln – durch den Abluftschlauch nach draußen. Aufgrund ihrer Konstruktion können Wäschetrockner diese Fusselluft nur dann etwa 12 bis 27m weit transportieren, wenn sie einen flexiblen Metallschlauch haben. In einem Plastikschlauch kommt die Luft nur halb so weit.

Jeder Knick im Rohr (um eine Ecke, eine Wand hinauf) reduziert diese Distanz zusätzlich ganz beträchtlich. Je weiter der Weg nach draußen ist, umso mehr Energie braucht der Trockner. Als Nebeneffekt steigt die Feuchtigkeit in Ihrem Heim an, und die Fussel setzen sich in allen Hohlräumen der Maschine und im Schlauch fest. Da Fussel relativ leicht brennen, ist die Situation nicht ungefährlich. Kommt es zu einem Kurzschluss im Gerät, geben die Fussel einem Feuer zusätzlich Nahrung.

Cerankochfeld

Da Kochplatten kaum Elemente enthalten, die sich bewegen, wie Motoren oder Riemen, haben sie eine relativ lange Lebensdauer. Doch es gibt eine Ausnahme – die Ceranplatte. Ist eine Ceranplatte beschädigt, sind die Reparaturkosten so hoch, dass es sich nicht lohnt, sie ausführen zu lassen. Ceranplatten brechen sehr leicht, wenn Sie einen schweren Topf darauffallen lassen. Aber wussten Sie, dass auch unsachgemäßes Erhitzen die Platte so beschädigen kann, dass sie zerspringt? Töpfe und Pfannen, die zu groß für das jeweilige Kochfeld sind oder die einen unebenen Boden haben, sorgen dafür, dass das Kochfeld überhitzt und eventuell springt.

Tipp vom Fachmann:

Verwenden Sie nur Kochgeschirr mit ebenem Boden, und achten Sie darauf, dass Töpfe und Pfannen genau auf das jeweilige Kochfeld passen.

Kühlschrank

Das „Herz" Ihres Kühlschranks ist der Kühlkompressor. Oft haben Sie eine Garantiezeit von fünf Jahren für dieses Teil des Geräts. Doch es hat eine Lebensdauer von mindestens zehn Jahren, wenn Sie die dünnen Stäbe des Kondensators, die meist an der Rückseite des Kühlschranks entlanglaufen, regelmäßig vom Staub befreien. Lagert sich dort über Monate und Jahre der Staub ab, braucht der Kühlschrank mehr Energie, und er kann sich überhitzen. Wenn er vorzeitig, aber nach Ablauf der Garantie, kaputtgeht, werden Sie den Kühlschrank ersetzen müssen, da eine Reparatur zu teuer wird.

Extra-Tipp: Ein gefüllter Kühlschrank arbeitet effektiver und energiesparender als ein leerer. Füllen Sie z. B. leere PET-Getränkeflaschen mit Wasser, oder legen Sie ein paar Flaschen mit Getränken auf die freien Stellen.

Tipp vom Fachmann:

Nehmen Sie einmal im Jahr den Plastikrost, der die Kondensatorstäbe schützt, ab, und entfernen Sie den Staub mit dem Staubsauger und einem passenden Zubehörteil. Reinigen Sie die Stäbe vorsichtig mit einer Flaschenbürste vorab.
Doch Vorsicht: Die Stäbe sind nicht sehr robust – nicht mit harten Teilen des Staubsaugers arbeiten und keine Gewalt anwenden.

Geschirrspülmaschine

Wie Waschmaschinen gehen auch Spülmaschinen durch Rostansatz rasch kaputt. Dazu reicht schon die kleinste Beschädigung an der Kunststoffbeschichtung der Metalleinsätze für das Geschirr. Sobald ein Bereich zu rosten anfängt, kann man den Prozess nicht mehr stoppen, und Ihr Geschirr wird fleckig. Wenn ein Geschirreinsatz ersetzt werden muss, ist das fast so teuer wie ein Viertel des Preises einer neuen Maschine.

Tipp vom Fachmann:

Waschen Sie Tiegel, Metallsiebe und alle anderen Küchenhelfer mit scharfen Kanten von Hand. „Quetschen" Sie nie eine Pfanne in die Maschine.

Computerwartung

6 Wege, wie Sie Probleme einfach selbst lösen und Geld sparen

Sparen Sie teure Arbeitsstunden ein. Kaum jemand weiß, dass der bei Computerproblemen beauftragte PC-Spezialist als Allererstes prüft, ob das Betriebssystem auf dem neuesten Stand ist. Wenn Sie mit Microsoft Windows arbeiten, können (und sollten) Sie die nötigen Updates selbst durchführen – bevor der IT-Fachmann eintrifft und 50 Euro pro Stunde dafür abrechnet. Und mit etwas Glück haben Sie Ihr Problem durch ein Windows-Update auch schon behoben. Funktioniert z. B. ein angeschlossener MP3-Player oder Drucker nicht, kann dies an veralteten Treibern liegen – ein Windows-Update schafft hier Abhilfe. Vielleicht können Sie den Termin ja sogar ganz absagen!

So gehen Sie bei einem Windows-Update vor: Öffnen Sie bei bestehender Internetverbindung den Web-Browser auf dem PC. Klicken Sie oben rechts im Menü „Extras" auf „Windows-Update". Die Microsoft-Website wird geöffnet. Nun wird geprüft, ob Upgrades für Ihren Computer erforderlich sind. Falls ja, befolgen Sie einfach die Anweisungen zum Herunterladen der Upgrades. Bei Windows XP können Upgrades auch automatisch auf den PC heruntergeladen werden. Klicken Sie hierzu unten links im Startmenü auf „Systemsteuerung", danach auf „Sicherheitscenter" und „Automatische Updates". Stellen Sie die gewünschten Optionen ein.

Mit einem Apple sind Sie auf der sicheren Seite. Apple-Rechner sind zwar etwas teurer als die meisten PCs. Doch da nur 2 % der Anwender einen Apple-Macintosh-Computer haben, werden nur wenige schädliche Spyware („Schnüffelprogramme") und Viren dafür geschrieben. Die Autoren von Viren ziehen es vor, bei den anderen 98 % der Anwender Schaden anzurichten. Falls Sie oft Probleme mit Spyware und Viren haben, sollten Sie sich beim nächsten Computerkauf vielleicht für einen Mac entscheiden. Er kostet zwar etwas mehr, doch Sie sparen dafür Zeit und Nerven.

Internetverbindung unterbrochen? Auf ein Neues! Falls Ihr Internetdienst nach einem Stromausfall oder PC-Absturz ausgefallen ist, werden einige Ihrer Geräte eventuell in der falschen Reihenfolge eingeschaltet. Leisten Sie Erste Hilfe: Fahren Sie den PC herunter. Schalten Sie das Modem aus (je nach Art Ihres Anschlusses kann es sich dabei um ein DSL- oder ISDN-Modem handeln), oder trennen Sie es ab. Sind Sie sich unsicher, um welches Gerät es sich handelt – das Modem verbindet den PC mit der Telefonleitung. Wiederholen Sie dies gegebenenfalls mit dem Router (dem Gerät, das das Modem mit Ihrem Heimnetz verbindet). Befindet sich nur ein Gerät zwischen PC und Telefonleitung, hat Ihnen Ihr Anbieter ein Gerät mit Doppelfunktion zur Verfügung gestellt (Modem und Router in einem). Schalten Sie also dieses Gerät ab. Warten Sie mindestens 30 Sekunden. Schalten Sie dann die Geräte in dieser Reihenfolge wieder ein:

1. Modem – benachrichtigt den Internet Service Provider (ISP), dass eine neue Verbindung erforderlich ist.

2. Router – weist das Modem an, die Verbindung aufzubauen. Oder Sie schalten Ihr Doppelfunktionsgerät wieder an.
3. Computer.

In neun von zehn Fällen wird das Problem hierdurch behoben. Falls nicht, liegt der Grund dafür wahrscheinlich beim Internet Service Provider (ISP) und nicht bei Ihrem Computer. Dann ist es Zeit für einen Anruf bei Ihrem ISP.

Den Computer selbst auf Touren bringen – ohne Fachmann! Software und Programme belegen wertvollen Speicherplatz auf Ihrem Computer. Außerdem konkurrieren sie um die PC-Ressourcen, weil sie ständig selbst nach Updates suchen – selbst wenn das betreffende Programm gar nicht geöffnet ist. Was Ihnen die Computerhersteller nämlich nicht sagen: Schon beim Kauf des Computers läuft dieser wegen all der Zusatzprogramme langsamer als angegeben. Entfernen Sie alle nicht benötigten Programme, um Speicherplatz und Ressourcen freizugeben. Allein durch Löschen des Desktop-Symbols wird ein Programm aber nicht entfernt. Sie müssen es deinstallieren. Unter Windows XP klicken Sie dazu unten links am Bildschirm auf das Startmenü. Klicken Sie auf „Systemsteuerung" und danach auf „Software". Blättern Sie durch die Liste der Programme. Entfernen Sie die Programme, die Sie ganz sicher nicht mehr brauchen. Orientieren Sie sich dabei an folgender Faustregel: Programme, die Sie ein Jahr nicht genutzt haben, können Sie unbesorgt löschen. Bemerken Sie den Unterschied? Ihr Rechner dürfte nun wesentlich schneller sein.

Laptop-Akkus entladen und wieder aufladen. Auch wenn es bei Ihrem Fachhändler so klingt, als sei ein Ersatzakku für Ihren Laptop absolut unerlässlich – falls Sie nicht häufig auf Reisen sind, kommen Sie prima ohne zweiten Akku aus. Ersatzakkus sind unhandlich und meist nicht ihr Geld wert. Da sich Akkus mit der Zeit entladen (schon nach ein paar Jahren erreichen sie unter Umständen nur noch

WAS PROGRAMMIERER IHNEN NICHT VERRATEN ÜBER: kostenlose Spyware

Spyware ist die heimtückische Software, die Informationen über Ihre Surfgewohnheiten im Web erfasst und dabei die Ladezeiten verlangsamt. Spyware-Hersteller sind immer gewiefter geworden, um Kunden hinters Licht zu führen und sie dazu zu bringen, die Software auf ihre Rechner herunterzuladen. So geben sie die Spyware z. B. als „kostenlose Spyware-Blocker" aus. Laden Sie kostenlose Spyware-Blocker nur von namhaften Portalen wie CNET.de oder ZDNet.de herunter, um vor Spyware geschützt zu sein. Zwei sehr bekannte Spyware-Blocker sind Search & Destroy von Spybot und Spyware Doctor von PC Tools.

HAUSHALTSGERÄTE IM *Großmarkt* kaufen

Wenn Sie ein neues Haushaltsgerät oder ein Elektrowerkzeug kaufen wollen, ist es naheliegend, zuerst den örtlichen Baumarkt aufzusuchen. Aber ein hochkomplexes, mechanisches Gerät zu erwerben ist nicht dasselbe, wie einen Wasserhahn, Wandfarben oder Tapeten zu kaufen. Wahrscheinlich sind die Konditionen ungünstiger als bei einfachen Produkten.

Großmärkte haben nicht immer den günstigsten Preis

Da Bau- und Großmärkte relativ spät ins Haushaltsgerätegeschäft eingestiegen sind, stehen ihnen nicht solche Mengenrabatte zur Verfügung wie für Massenwaren und Gebrauchsgüter, z. B. Schnittholz oder Gipsplatten. Auch wollen die Haushaltsgerätehersteller nicht die vielen Einzelhändler im ganzen Land gegen sich aufbringen – Läden, die durchaus immer noch konkurrenzfähige Preise bieten können. Man sollte die potenziellen Vorteile nicht vergessen, wenn man in kleinen, regionalen Geschäften einkauft: zuverlässiger Service, Gewissenhaftigkeit und Verantwortungsbewusstsein sowie die Unterstützung der örtlichen Wirtschaft, zu der man beiträgt. Und wenn Sie einen guten Grund haben, bei einem Großmarkt zu kaufen (weil Sie z. B. die ganze Kücheneinrichtung aus einem Guss von nur einem Händler haben wollen), dann bringen Sie das niedrigste Preisangebot des besten Wettbewerbers mit; etliche Einzelhändler werden einen vergleichbaren Preis anbieten oder diesen sogar unterbieten.

Guter Service ist nicht ihre Stärke

Bei großen Haushaltsgeräten ist Service ganz entscheidend. Dabei ist es gut, Hintergrundinformationen über die Geschäftspolitik von Großmärkten zu haben – Tatsachen, die Händler ihren Kunden gern verschweigen:

1. Sie stellen grundsätzlich weniger Personal ein, als für einen guten Service nötig wäre, denn sie müssen ihre Gewinne für die Börse maximieren.

2. Eine Kundendienstabteilung ersetzt den zuständigen Mitarbeiter.

3. Die organisatorische Struktur macht es sehr schwierig, mit ein und demselben Verkäufer zu sprechen oder mit einem einzelnen Kundendienstmitarbeiter in Kontakt zu kommen. Bei Anrufen müssen Sie häufig durch eine vielfach verzweigte Telefonkette navigieren. Sie haben keine Telefonnummer eines Mitarbeiters oder eine individuelle E-Mail-Adresse. Außerdem haben die Angestellten zu viel zu tun, um sich auf einen einzelnen Kunden zu konzentrieren. Betrachten Sie Großmärkte einfach als Großhändler.

Großmärkte bieten wenig Kundendienst: Bei Servicewünschen müssen Sie sich am Telefon durch die halbe Firma verbinden lassen.

Großmärkte haben keine eigenen Montagetechniker oder Installateure

Wenn Sie ein Haushaltsgerät kaufen, das professionell eingebaut werden muss, dann kommen nicht Angestellte des Großmarkts zu Ihnen nach Hause, sondern Handwerker einer Installationsfirma, die der Großmarkt beauftragt hat. Der Großmarkt fungiert als Mittelsmann und stellt Ihnen sowohl die Installationskosten in Rechnung als auch einen Aufschlag, der etwa 25 % beträgt. Manchmal sind diese kleinen Installationsfirmen neu gegründete Unternehmen, die noch nicht genügend eigene Aufträge haben und u. a. für große Firmen arbeiten. Diese Konstruktion verursacht eine lückenhafte Verantwortungssituation, die die Lösung auftretender Probleme eventuell sehr schwierig und mühsam macht.

Werkzeuge von kleineren Herstellern zu kaufen ist riskant

Es gibt Marken, die in nur wenigen Einzelhandelsketten verkauft werden. Maschinen von „Fein und Duss" gibt es z. B. bei der Handelskette „Manufactum". Für Selbstständige und Unternehmer, die weit entfernt vom Standort Aufträge ausführen müssen oder die in einer Gegend wohnen, wo es keine Filiale dieser Handelskette gibt, kann das sehr problematisch werden. Nämlich dann, wenn sie Zubehör oder Ersatzteile für ihr Elektrowerkzeug kaufen möchten oder eine Reparatur nötig ist. Bevor Sie sich für eine Marke entscheiden, sollten Sie sich darüber informieren, und nur dann kaufen, wenn die ganze Situation für Sie praktikabel ist.

Kaufen Sie Geräte, die alle denselben Typ Batterie haben

Die Batterie ist in vielen Fällen der teuerste Teil eines batteriebetriebenen Geräts. Und weil man gern Batterien auf Vorrat hat, ist es am praktischsten, wenn alle Geräte im Haus dieselbe Sorte Batterie benötigen. Ein weiterer Vorteil: Man braucht nur ein Batterieladegerät. Das spart Platz und Geld.

Ein Werkzeug leihen kann genauso teuer sein, wie es zu kaufen

Ein Elektrowerkzeug oder ein großes Gartengerät zu leihen kann fast so teuer sein, als wenn man ein neues kaufen würde. Wenn Sie das Werkzeug mehr als ein- oder zweimal benutzen, rechnet sich der Kauf schon. Denn oft muss man ein Mietgerät für eine Mindestmietdauer entleihen, etwa 24 Stunden, selbst wenn man es nur eine Stunde braucht, wie beispielsweise beim Vertikutieren des Rasens. Rationeller ist es, wenn man ein teures Werkzeug, wie einen Rasenmäher oder eine Gartenfräse, gemeinschaftlich, z. B. zusammen mit Freunden oder Nachbarn, kauft.

95 % ihrer ursprünglichen Ladung), behalten Sie lieber den einen Akku und behandeln ihn pfleglich. Die längste Lebensdauer hat ein Akku, wenn Sie ihn nur nach vollständiger Entladung aufladen. Ist Ihr Laptop ständig an die Stromversorgung angeschlossen, wird der Akku schwächer. Vor einer längeren Reise, für die Sie möglichst viel Akkustrom benötigen, sollten Sie den Laptop-Akku vollständig entladen. Tipp: Spielen Sie dazu CDs oder DVDs ab, das funktioniert gut. Laden Sie dann den Akku wieder ganz auf.

Rüsten Sie Ihren Desktop-PC auf. Computerfirmen ziehen große Gewinne aus der Marketingstrategie, dass heute noch brandneue Rechner schon in wenigen Jahren veraltet sind – wegen immer schnellerer Prozessoren, größerer Festplatten und mehr Arbeitsspeicher. Die meisten der Kunden kämen nicht im Traum darauf, dass die Handhabung elektronischer Komponenten genauso einfach sein kann wie das Auswechseln des Staubsaugerbeutels. So das Kalkül der Firmen. Doch im Gegensatz zum geheimnisvollen Funktionieren von Computer-Software passen die Hardware-Komponenten wie Hightech-Legosteine zusammen. Warum für mehrere Hundert Euro einen neuen PC kaufen, wenn es reicht, ein paar Teile aufzurüsten? Installieren Sie mehr Arbeitsspeicher (Random Access Memory, RAM) – das kostet gewöhnlich weniger als 100 Euro. Möchten Sie DVDs brennen? Auch die meisten DVD-Brenner sind unter 100 Euro erhältlich und im Handumdrehen in einem der freien Steckplätze des Computers eingebaut. So können Sie Ihre alte Tastatur, den Monitor und die Lautsprecher weiter nutzen – sie funktionieren doch noch einwandfrei! ◂

Computersicherheit

5 Tricks, die verhindern, dass Ihre persönlichen Daten in falsche Hände gelangen

Im Internet kostet alles seinen Preis. Pop-up-Werbung für kostenlose Bildschirmschoner mag zwar höchst ansprechend sein, doch so hübsch und unverdächtig Bildschirmschoner auch aussehen – Sie zahlen unter Umständen einen hohen Preis dafür. Denn möglicherweise wird auf Ihrem System heimlich Spyware installiert. Bei jedem Start des Systems öffnet dies Tür und Tor für Leute, die auf diesem Weg per Internet Informationen über Sie sammeln möchten. Ihr PC wird dabei erheblich langsamer.

Lesen Sie die Lizenzvereinbarung. Unterzeichnen Sie Verträge, ohne sie zu lesen? Natürlich nicht. Zum Herunterladen kostenloser Bildschirmschoner müssen Sie zuerst auf eine Schaltfläche „Akzeptieren" für eine Endbenutzer-Lizenzvereinbarung (EULA) klicken. Lesen Sie sie unbedingt. Sie enthält fast immer – wenn auch im Juristenjargon formuliert –, dass die Firma als Gegenleistung für den Bildschirmschoner Spyware auf dem PC installieren darf.

Schützen Sie den PC durch Sicherheitsprogramme. Dies ist äußerst wichtig. Möchten Sie mit Ihrem PC ins Internet gehen? Dann installieren Sie namhafte Sicherheitsprogramme. Es lohnt sich, für ein Qualitätsprodukt ein paar Euro mehr zu investieren. Zwei der größten Unternehmen im Bereich der Computersicherheit sind Norton und McAfee. Sie bieten Sicherheitspakete mit Firewall zur Abwehr von Hackern, Spyware-Blocker und E-Mail-Prüfprogramm zur Untersuchung eingehender E-Mails auf schädliche Elemente an. Definitiv unverzichtbar!

Breitbandverbindung? Nur mit Router. Bei einer direkten Internetverbindung über DSL oder Kabel bewegen Sie sich sprichwörtlich im ungeschützten Raum. Für Hacker sind Sie dann ein leichtes Ziel – diese können mit Scan-Software Ihre offenen IP-Ports (Internet Protocol) ermitteln, auf den PC und auf Ihre persönlichen Daten zugreifen oder Viren bzw. Spam übertragen.

Wie Sie dies vermeiden? Mit einem Router. Er leitet die Daten zwischen Kabel oder Telefon und einem Computernetz weiter. In der Regel liefern die Internetanbieter Modem und Router mit, manchmal sind Modem und Router sogar in einem Gerät untergebracht. Sollten Sie trotzdem noch keinen Router besitzen – für rund 50 Euro bekommen Sie dieses Gerät im Fachhandel. Derart ausgerüstet, sind Sie für Hacker unsichtbar. Versucht ein Hacker nun, Ihren PC auf offene Ports zu testen, er kommt nicht durch, da ein Router keine offenen Ports hat.

Das Wireless-Netzwerk sichern. Viele Leute mit mehreren Heim-PCs entdecken gerade die Vorteile von Wireless-Netzwerken bzw. WLANs (in denen die PCs durch Router miteinander verbunden sind). Was aber potenziell ein großes Problem ist: Wie andere Dinge im Computerbereich sollen auch WLANs direkt funktionsfähig sein. Sie installieren sie und surfen schon im nächsten Moment im Internet. Viele erkennen das Risiko dabei nicht. Sie denken: „Wie schön! Und das sogar ganz ohne Kabelsalat!“ Doch wenn Sie im Web surfen können, können andere es auch. Jeder kann über eine ungeschützte Drahtlosverbindung in Ihr Netz eindringen und Viren verbreiten.

Dabei ist es ganz leicht, das Netzwerk zu sichern. Das Handbuch zum Router enthält hierzu Anweisungen. Gewöhnlich müssen Sie Ihren Internet-Browser öffnen und eine Zahlenreihe (Ihre IP-Adresse, meist 192.168.1.1) eingeben. Hierdurch werden die Browsereinstellungen des Routers aufgerufen. Klicken Sie auf das Register „Drahtlos“ und dann auf „Sicherheit“. Erstellen Sie anhand der Anweisungen ein Kennwort, auch WEP-Schlüssel (Wired Equivalent Privacy) genannt. Wählen Sie ein Kennwort aus. Jetzt ist Ihr Netz sicher! Das BSI (siehe Kasten oben) für Bürger empfiehlt zudem: Schalten Sie Ihr WLAN nur zum Gebrauch ein. ◂

GEHEIMWAFFE

Internet – aber sicher!

Das Bundesamt für Sicherheit in der Informationstechnik (BSI) bietet mit dem Dienst „BSI für Bürger“ (www.bsi-fuer-buerger.de) umfassende und verständlich formulierte Informationen rund um das Thema IT-Sicherheit an. Zusätzlich zu den in diesem Kapitel beschriebenen Themen erhalten Sie hier Tipps für Schutzmaßnahmen und Regeln, die Sie bei der Internetnutzung beachten sollten.

Wie aber sichern Sie Ihren PC nun gegen Hacker, Viren, Spyware und alle anderen schädlichen Einflüsse, die im virtuellen Raum („Cyberspace“) lauern?

Setzen Sie Virenschutz- und Anti-Spyware-Programme sowie eine Firewall ein, rät das BSI. Aktualisieren Sie diese laufend. Suchen Sie nach Sicherheits-Updates für Ihr Betriebssystem. Halten Sie Kennwörter und Benutzernamen geheim, und Vorsicht beim Öffnen von E-Mail-Anhängen – sie könnten schädliche Software enthalten.

Mobiltelefondienste

3 Tipps, wie Sie cleveren Mobiltelefonunternehmen ein Schnippchen schlagen

Der richtige Zeitpunkt für den Mobiltelefonkauf. Ein Mitarbeiter eines großen Mobiltelefonunternehmens weihte uns in einige fragwürdige Gepflogenheiten dieser Branche ein. Mit der Zusage, dass seine Identität geheim bleibt, lüftete er einige Geschäftsgeheimnisse seines Unternehmens. Hier ist das Erste:

Am besten kaufen Sie Ihr neues Handy am Monatsende. Die Verkaufsteams haben meist ein spezielles „Rabattbudget" oder Geldkontingent für Rabatte, um Vertragsabschlüsse zu fördern. Da am Monatsende die Verkaufsquoten erreicht sein müssen, wird dann gelegentlich mehr Rabatt eingeräumt. Manchmal steigen die Budgets auch enorm. Verhandeln Sie daher am Monatsende um Ihr Wunsch-Handy. Geben Sie sich nicht zufrieden mit Sätzen wie: „Leider kann ich Ihnen nicht noch mehr entgegenkommen." Antworten Sie z. B.: „Wenn Sie mir das Handy zu dem Preis verkaufen, schließe ich einen Zweijahresvertrag ab."

Kein überflüssiges Zubehör. Handy-Verkäufer erhalten oft nur Provision für verkauftes Zubehör, nicht für das Mobiltelefon selbst. Daher versuchen sie auch so hartnäckig, Ihnen weitere Ladegeräte oder Gehäuse zu verkaufen. Kaufen Sie aber nur Zubehör, das Sie definitiv brauchen. Wozu ein Auto-Ladegerät, wenn Sie nur selten unterwegs sind?

Sparen Sie sich die Handy-Versicherung. Überlegen Sie sich gut, ob Sie wirklich eine Handy-Versicherung gegen Diebstahl oder Beschädigung benötigen. Die Monatsbeiträge dafür liegen zwischen einem und rund zehn Euro. Im Vergleich zum Kauf eines Ersatzhandys für 200 Euro mag das günstig klingen. Doch am Jahresende haben Sie vielleicht schon über 100 Euro ausgegeben, ohne etwas dafür erhalten zu haben. Sparen Sie das Geld, und bewahren Sie einfach Ihr altes Handy als Versicherung gegen Verlust oder Schäden auf! Die meisten Mobiltelefonunternehmen schalten den Dienst kostenlos oder gegen eine vergleichsweise geringe Gebühr auf Ihr altes Handy um.

Günstigere Kabeldienste *nutzen*

Es gibt immer mehr regionale und unabhängige Kabelnetzbetreiber. Daher lohnt es sich, die Tarife für Kabelfernsehen und Internetdienste zu vergleichen. Vielleicht finden Sie ja einen viel günstigeren Betreiber!

Zahlen Sie für viele Programme, die Sie sich gar nicht ansehen? Dann wählen Sie ein Paket mit weniger Programmen.

Tarife vergleichen

Falls Sie vor Ort die Wahl zwischen mehreren Kabelnetzbetreibern haben (was leider noch nicht überall der Fall ist), sollten Sie unbedingt deren Tarife vergleichen. Schon bei der monatlichen Grundgebühr kann es Unterschiede von über zehn Euro geben! Prüfen Sie auch, ob einmalige Anschlussgebühren anfallen, wie hoch diese sind und für welche Tarife sie möglicherweise sogar ganz entfallen.

Grundgebühr-befreiung, Prämien & Co.

Profitieren Sie vom Konkurrenzkampf der Kabelnetzbetreiber um Kunden! Achten Sie mal darauf – Sie werden z. B. feststellen, dass Sie als Neukunde bei manchen Anbietern mehrere Monate keine Grundgebühr zahlen. Zudem sollten Sie den Anschluss möglichst auch online bestellen. Oft wird Ihnen dann eine Prämie gutgeschrieben.

Darf es doch Free-TV sein?

Auch in Deutschland hält das Bezahlfernsehen (Pay-TV) Einzug – mit Schwerpunkten wie Sport, Film usw. Falls Sie bereits Pay-TV-Kunde sind, ist Ihre erste Begeisterung vielleicht schon wieder etwas abgeklungen. Bieten die vielen kostenlosen Programme etwa doch genug? Falls ja, kündigen Sie umgehend das Bezahlfernsehen.

Alles in einem

Da über Kabel nicht nur Fernsehen, sondern auch Internetnutzung und Telefondienste möglich sind, kommt für Sie vielleicht ein Komplettpaket infrage. Rechnen Sie nach, auf welchen Betrag sich Ihre Einzelgebühren für Telefon, Internet und Fernsehen summieren. Vergleichen Sie die Summe mit Paketpreisen, in denen alle drei Dienste enthalten sind.

Verzichten Sie auf nicht benötigte Dienste

Alle Kabelnetzbetreiber bieten verschiedene Pakete mit Namen wie „Basis" oder „Premium" an. Grundsätzlich gilt: Je mehr Dienste oder Programme, desto höher steigen die Kosten. Prüfen Sie genau, welche Programme die einzelnen Pakete umfassen. Überlegen Sie, welche davon Sie sich wirklich häufiger ansehen – vermutlich zahlen Sie bei den teureren Paketen für viele Programme und Dienste, die Sie gar nicht interessieren. Wechseln Sie in diesem Fall besser zu einem einfacheren Paket.

PRIVAT

Teil **3**

DIE HÜRDEN DES ALLTAGS

Wussten Sie, dass man als Linkshänder preiswerter Lebensmittel einkauft? Und ein Auto am günstigsten zum Jahresende erwirbt? Auktionsschnäppchen bei Ebay am ehesten durch ein Gebot in letzter Minute ergattert? Den neuen Badeanzug im Dezember auswählen sollte? Das richtige Timing ist ein wichtiger Faktor, um Geld und Nerven zu sparen. Aber auch das Gewusst-wie hilft dabei, unnötige Ausgaben zu vermeiden. Lernen Sie, wie Sie Ihre Kreditkarte am geschicktesten einsetzen, worauf Sie bei Investitionen unbedingt achten sollten, welche Versicherungen für Sie und Ihre Familie wirklich wichtig sind oder wie Sie Schulden sicher abtragen können.

Experten verraten: So fahren Sie sicher und günstig.

Service und Pflege

10 Tipps für Ihr Fahrzeug, die Ihnen bares Geld sparen werden

Leichtlauföle. Um den Kraftstoffverbrauch Ihres Fahrzeugs zu senken, müssen Sie sich kein neues Auto kaufen. Reduzieren Sie den Benzinverbrauch durch Verwendung eines Leichtlauföls. Schon der Wechsel von einem Öl der Viskosität 15W 40 zu einem Leichtlauföl der Viskosität 5W 30 kann eine Kraftstoffersparnis zwischen 3 % (Stadtverkehr) und 10 % (Langstrecke) bewirken. Welche Öle für den Motor Ihres Fahrzeugs geeignet sind, erfahren Sie aus der Bedienungsanleitung des Herstellers.

Normalbenzin. Warum Superbenzin oder „Super"-Diesel tanken, wenn der Motor auch Normal- bzw. Diesel-Kraftstoff verträgt? Viele der älteren Motoren lassen sich problemlos auf Kraftstoffe mit geringerer Oktanzahl umstellen. In der Bedienungsanleitung steht, ob und wie das bei Ihrem Fahrzeug möglich ist.

Autoveredelung mit Zertifikat. Für die Pflege von Lack und Scheiben hält der Fachhandel zahlreiche Präparate bereit. Doch welche davon halten das, was der Text auf der Verpackung verspricht? Eine Hilfestellung bieten z. B. aufgedruckte Zertifikate des TÜV und der „Stiftung Warentest". Die Prüfer beider Institutionen sind unabhängig und analysieren die getesteten Mittel objektiv.

Einbuchtungen in der Reifenflanke. Erschrecken Sie nicht, wenn Ihr Reifenhändler Sie auf Einbuchtungen in der Reifenflanke hinweist – er will Ihnen vermutlich einen neuen Reifen verkaufen. Ein seriöser Händler wird Ihnen mitteilen, dass diese Einbuchtungen ungefährlich sind. Sie entstehen bei der Reifenproduktion an den Stellen, an denen die innere Schicht (Karkasse) zusammengefügt wird. Vorsicht: Weist Ihr Reifen keine Ein-, sondern eine Ausbuchtung auf, könnte das auf einen bevorstehenden Plattfuß hindeuten! Suchen Sie damit umgehend den nächsten Reifenservice auf.

Reifendruck prüfen. Das regelmäßige Prüfen des Reifendrucks kann bares Geld sparen. Ein falsch aufgepumpter Reifen nutzt sich ungleichmäßig ab, da sich das Fahrzeuggewicht entweder auf den Flanken (zu wenig Druck) oder in der Mitte der Lauffläche (zu viel Druck) konzentriert. Zudem erhöht ein zu niedriger Reifendruck den Verbrauch. Der optimale Reifendruck für Ihr Fahrzeug ist in der Bedienungsanleitung vermerkt. Am Fahrzeug befindet sich diese Information meist auf einem Aufkleber an der Innenseite des Tankdeckels oder im Einstiegsbereich auf der Fahrerseite.

Kaufen Sie Reifen mit geringem Rollwiderstand. Wussten Sie, dass der Rollwiderstand Ihrer Autoreifen für 20–25 % des gesamten Treibstoffverbrauchs verantwortlich ist? Das muss nicht sein. Reifen mit geringerem Rollwiderstand können den Verbrauch Ihres Fahrzeugs um bis zu 5 % senken und zudem das Abrollgeräusch mindern. Sie erkennen solche Reifen an einem Engel-Symbol auf der Flanke des Pneus.

Sparen Sie sich das Heißwachs. Sind Sie auch der Meinung, dass Heißwachs aus der Waschanlage den Lack Ihres Wagens langfristig schützt? Das ist ein Irrtum. Wird das heiße Wachs in der Waschanlage nur aufgesprüht, löst es sich bei Regen schnell wieder ab. Nur Wachs, das mithilfe von Bürsten auf den Lack aufgebracht wird, konserviert dauerhaft. Die Zusatzkosten für die Wachsbehandlung können Sie sich daher sparen.

Probefahrt mit dem Mechaniker. Sie kennen das – man bringt sein Fahrzeug in die Werkstatt, weil man während der Fahrt ein merkwürdiges Geräusch vernommen hat. Will man sein Gefährt dann wieder abholen, erfährt man, dass der Mechaniker nichts Außergewöhnliches feststellen konnte. Trotzdem wird einem der nutzlose Check in Rechnung gestellt. Mit so etwas sollten Sie sich nicht zufriedengeben. Am besten laden Sie den Mechaniker vor der technischen Überprüfung zu einer kurzen Probefahrt ein, bei der Sie selbst am Steuer sitzen. Demonstrieren Sie ihm, wann und unter welchen Umständen das Problem auftritt. Dies wird ihm die Arbeit erheblich erleichtern, Ihnen die Rechnung für eine erfolglose Fehlersuche ersparen und dafür sorgen, dass der mögliche Defekt sofort behoben wird.

Unnötige Reparaturen. Haben Sie das auch schon erlebt? Man hat seinen Wagen in die Werkstatt gebracht, um ein bestimmtes Problem beheben zu lassen. Am nächsten Tag erhält man einen Anruf, dass dem Mechaniker bei der Reparatur ein weiterer Defekt aufgefallen sei, der unbedingt behoben werden müsse. Sofern Sie Ihr Auto nicht bei der Werkstatt Ihres Vertrauens warten lassen, gilt hier die Devise: Vorsicht! Nicht selten greifen unseriöse Werkstätten auf solche Methoden zurück, um die Rechnung künstlich in die Höhe zu treiben. Haben Sie Zweifel an der Notwendigkeit der Reparatur, sollten Sie noch vor der Auftragserteilung darauf bestehen, dass Ihnen die Werkstatt nach der Reparatur alle defekten Teile aushändigt. Dies ist Ihr gutes Recht, denn die Komponenten gehören Ihnen. So haben Sie die Möglichkeit, die Notwendigkeit der Reparatur von unabhängiger Stelle prüfen zu lassen.

Ende der Garantiezeit. Defekte, die während der Garantiezeit auffallen, aber nicht behoben werden, können den Geldbeutel nach Ablauf der Garantie gehörig belasten. Vermeiden Sie Zusatzkosten, indem Sie mit dem Händler eine Vereinbarung über die Verlängerung der Garantiezeit für diejenigen Teile treffen, die von dem Defekt betroffen sein könnten. Der Händler kann sich nun nicht mehr darauf hinausreden, dass der Fehler erst nach Ablauf der Garantie aufgetreten sei.

WAS AUTOHÄNDLER NICHT VERRATEN ÜBER: Gebrauchtwagen

Dass beim Gebrauchtwagenkauf seitens einiger Händler nach der Devise „außen hui, innen pfui" verfahren wird, ist eine Erfahrung, die bereits einige Käufer von Gebrauchtwagen schmerzvoll machen mussten.

Lassen Sie sich nicht von dem schönen Schein eines Fahrzeugs täuschen. Auch seine Technik muss vor dem Kauf auf Herz und Nieren geprüft werden. Sollten Ihnen die dazu erforderlichen Kenntnisse fehlen, empfiehlt es sich, die Besichtigung in Begleitung eines fachlich kompetenten Bekannten oder Freundes durchzuführen. Er kann Sie auf versteckte Mängel und Schäden aufmerksam machen.

Verlangen Sie, dass der Händler das Fahrzeug auf eine Hebebühne fährt. Oftmals werden hier Mängel sichtbar, die man bei einem kurzen Blick unter das auf dem Boden stehende Fahrzeug niemals entdeckt hätte. Keinesfalls sollten Sie auf die obligatorische Probefahrt verzichten. Achten Sie dabei vor allem auf ungewöhnliche Geräusche. Es kann auch nicht schaden, die Bremsen zu testen. Scheuen Sie sich nicht, mit dem Fahrzeug auf freier Strecke und bei geringer Geschwindigkeit eine Vollbremsung einzuleiten. Sie offenbart Mängel an der Bremsanlage. Nach der Probefahrt sollten Sie einen weiteren Blick unter das Auto werfen. Er zeigt Ihnen, ob der Händler versucht hat, Undichtigkeiten am Fahrzeug durch Abwischen oder eine Reinigung des Unterbodens zu verbergen.

Fahrsicherheit

6 Verhaltensweisen, die Sie vor einem Unfall bewahren könnten

Aquaplaning. Beim sogenannten Aquaplaning bildet sich ein Wasserfilm zwischen Reifen und Straße, der dazu führt, dass die Pneus den Kontakt zur Fahrbahn verlieren. Für gewöhnlich tritt er auf regennasser Straße auf, wenn Sie z. B. mit zu hoher, nicht angepasster Geschwindigkeit unterwegs sind oder zu schnell eine Pfütze durchfahren. Eine Situation, die schnell gefährlich werden kann, da das Fahrzeug unter diesen Umständen kaum zu kontrollieren ist. Machen Sie keinesfalls den Fehler, jetzt auf die Bremse zu treten, und vermeiden Sie plötzliche Lenkbewegungen. Das Fahrzeug könnte dadurch ins Schleudern geraten. Besser ist es, den Fuß vom Gas zu nehmen und das Auto rollen zu lassen, bis die Reifen wieder Kontakt zur Fahrbahn haben.

Eisglätte. Sobald Sie bemerken, dass die Fahrbahn unter Ihrem Wagen eisglatt ist, sollten Sie vorsichtig den Fuß vom Gas nehmen. Vermeiden Sie abrupte Brems- oder Lenkmanöver, und vergrößern Sie den Abstand zu den möglicherweise vorausfahrenden Verkehrsteilnehmern.

Verletzungen durch den Airbag. Gehören Sie auch zu denjenigen Zeitgenossen, die lieber etwas näher am Lenkrad sitzen, um einen besseren Überblick zu haben? Das könnte – sofern Ihr Fahrzeug mit Airbags ausgestattet ist – bei einem Unfall gefährlich werden. Damit sich der Airbag in so einer Situation voll entfalten kann, müssen Sie mindestens 25 cm vom Lenkrad entfernt sitzen. Ist Ihr Abstand geringer, könnte Sie der Airbag beim Entfalten leicht verletzen.

Frontalzusammenstoß. Stellen Sie sich vor, Sie fahren nichts ahnend auf einer Landstraße. Plötzlich sehen Sie, dass Ihnen auf Ihrer Spur ein Fahrzeug entgegenkommt. Alle Versuche, den anderen Fahrer auf Sie aufmerksam zu machen, bleiben ergebnislos. Das Gefährt kommt immer näher. Was würden Sie in einer solchen Situation tun? Erster Schritt: Lichthupe. Sollte der Fahrer nur abgelenkt sein, wird das seine Auf-

Ausstattung für den Notfall

Die folgenden 16 Gegenstände sollten in jedem Fahrzeug vorhanden sein. Sie könnten Ihnen bei der nächsten Panne wertvolle Dienste leisten.

- ☐ Straßenkarten
- ☐ Verbandskasten (vorgeschrieben)
- ☐ Taschenlampe
- ☐ Überbrückungskabel
- ☐ Papiertücher
- ☐ Warndreieck + Warnweste mit Leuchtstreifen (vorgeschrieben in Österreich und Italien)
- ☐ unverderbliche Nahrungsmittel (z. B. Energy-Riegel)
- ☐ Trinkwasser
- ☐ Streichhölzer
- ☐ Abschleppseil

Im Winter sollten Sie zusätzlich Folgendes mitführen:

- ☐ Katzenstreu, Sand oder Streusalz
- ☐ Schneeschaufel
- ☐ Eiskratzer/Handbesen
- ☐ Warme Kleidung, Schuhe, Handschuhe
- ☐ Enteiser
- ☐ Scheibenfrostschutzmittel

merksamkeit auf Sie lenken. Zweiter Schritt: Fahren Sie so nah wie möglich am rechten Fahrbahnrand. Orientieren Sie sich auf keinen Fall nach links! Sollte das andere Fahrzeug noch immer keine Anstalten machen, Ihre Spur zu verlassen, versuchen Sie nicht, ihm schon frühzeitig auszuweichen. Bremsen Sie stattdessen ab. So können Sie die Energie eines möglichen Aufpralls abmildern. Weicht der Fahrer noch immer nicht aus, versuchen Sie, im letzten Moment nach rechts auszuweichen – auch wenn Sie dazu die Fahrbahn verlassen müssen. Weichen Sie auf keinen Fall nach links aus. Sollte Ihnen dabei ein Busch oder ein Schild im Weg stehen, müssen Sie das in Kauf nehmen – die Kollision mit einem solchen Objekt ist in jedem Fall weniger gefährlich als ein Frontalzusammenstoß.

Wildunfälle. Die meisten Wildunfälle ereignen sich im Herbst, und zwar in der Zeit zwischen 18 Uhr abends und Mitternacht. Durchfahren Sie Waldgebiete während dieser Zeit nach Möglichkeit mit Fernlicht. Das erleichtert es, die Tiere zu sehen, deren Augen das Scheinwerferlicht reflektieren. Falls ein Tier vor das Auto springt, bremsen Sie. Blenden Sie sofort ab, denn geblendete Tiere bleiben stehen. Wenn eine Kollision unvermeidlich erscheint, weichen Sie nicht aus. Sie haben beim Zusammenprall mit dem Tier bessere Chancen als beim Aufprall auf einen Baum oder bei einem Überschlag.

Reifenwechsel. Wussten Sie, dass der Bremsweg eines alten Winterreifens mit ca. 2,5 mm Profil etwa um das Doppelte länger ist als der eines neuen Winterreifens? Daran sollten Sie denken, ehe Sie sich überlegen, die alten Reifen noch einen Winter länger zu fahren.

Verkehrsverstöße

5 kleine Tricks zur Vermeidung unnötig hoher Bußgelder

Der erste Eindruck. Ob Sie bei einer Kontrolle eine Verwarnung oder einen Strafzettel zu erwarten haben, entscheidet sich meist schon anhand des ersten Eindrucks, den der Beamte von Ihrem Gefährt gewinnt. Halten Sie Ihr Fahrzeug stets in gepflegtem Zustand, d. h. sauber und technisch in Ordnung. Achten Sie darauf, dass alle Teile, die Ihr Auto von einem Serienmodell unterscheiden, korrekt in die Papiere eingetragen werden, sofern das erforderlich ist. So zeigen Sie dem Polizeibeamten, dass Sie bereit sind, sich an die Straßenverkehrsordnung zu halten, und dass Sie nichts zu verbergen haben.

Bezahlen Sie gebührenpflichtige Verwarnungen sofort. Gebühren für geringfügige Übertretungen der Verkehrsregeln sollten Sie sofort bezahlen. Meist handelt es sich um einen geringen Betrag, der Ihnen nicht wirklich Kopfzerbrechen bereiten wird. Zahlen Sie die Summe nicht, wird Ihnen die Behörde einen Bußgeldbescheid zustellen und eine Bearbeitungsgebühr in Rechnung stellen. Allein diese übersteigt häufig schon den Betrag, um den es bei der Verwarnung ging. Sofern Sie also nicht absolut davon überzeugt sind, den Verstoß nicht begangen zu haben, sehen Sie von einem Einspruch ab.

Geschwindigkeitsüberschreitungen sofort zugeben? Sofern Sie nicht aufgrund eines soeben vor den Augen der Polizei verübten Verkehrsverstoßes herausgewunken wurden, sollten Sie es bei einer Kontrolle vermeiden, Überschreitungen der zulässigen Höchstgeschwindigkeit ohne Weiteres zuzugeben. Dies kann das Ihnen drohende Verwarnungs- oder Bußgeld unter Umständen erheblich verteuern. Der Grund: Wenn Sie die Übertretung zugeben, verleiten Sie den Polizeibeamten zu der Schlussfolgerung, dass Sie sich der Übertretung bereits während der Tat bewusst waren und sie nicht aus Unaufmerksamkeit verübt wurde. Gelangt der Beamte zu dieser Erkenntnis, könnte es für Sie teuer werden. Laut Bußgeldkatalog kann sich der fällige Betrag noch einmal verdoppeln, wenn der Verstoß mit Vorsatz erfolgt ist.

Verhalten bei Verkehrskontrollen. Auch wenn Sie sich darüber ärgern, dass die Polizei ausgerechnet Sie herauswinkt, vermeiden Sie unbedingt Sätze wie: „Warum ziehen Sie nicht den Wagen vor mir aus dem Verkehr …“ Und kommen Sie nicht auf die Idee, mit dem Beamten über Sinn oder Unsinn der Verkehrskontrolle zu diskutieren. Denken Sie daran, dass sich der Beamte solche Kommentare mehrmals täglich anhören muss. Versuchen Sie stattdessen, offen und freundlich zu bleiben, auch wenn es schwerfällt. Der Polizist hat die Pflicht, Sie auf Ihr Fehlverhalten hinzuweisen. Auf Nachfragen sollten Sie freundlich oder zumindest mit der angebrachten Höflichkeit reagieren, denn schließlich haben ja Sie einen Verstoß begangen – nicht der Beamte. Vergessen Sie nicht: Ihr Verhalten entscheidet darüber, ob sich der Beamte in Grenzfällen kulant zeigt oder nicht.

Ordnungswidrigkeiten verjähren. Selbst wenn Sie geblitzt wurden, kann es sich lohnen, die Vorgehensweise der Behörden zu prüfen. Verkehrsordnungswidrigkeiten unterliegen innerhalb der Europäischen Union einer Verjährungsfrist, die in Deutschland in der Regel drei Monate beträgt. Erhalten Sie den Anhörungsbogen innerhalb dieser Zeit, haben Sie schlechte Karten, denn schon das Ausdrucken des Bogens durch die Behörden reicht aus, um die Verjährung zu unterbrechen. Interessant wird es, wenn Ihnen der Bogen später zugeht. In diesem Fall sollten Sie unbedingt einen Blick auf das Ausstellungsdatum werfen. Wurde er erst nach Ablauf der Verjährungsfrist erstellt, dürfen Sie sich freuen, denn das bedeutet, dass Sie der Staat für den Verstoß nicht mehr zur Kasse bitten darf. Achtung: Für die Frist ist nur das Datum auf dem Bogen relevant, nicht der Zeitpunkt, zu dem Ihnen die Post diesen zustellt. ◂

GEHEIMWAFFE

Den Radarfallen keine Chance

Haben Sie ein GPS-System im Auto? Dann können Sie sich aus dem Internet Straßenkarten herunterladen, in denen viele stationäre Radarfallen sowie Punkte, an denen häufig geblitzt wird, als „Wegpunkte“ vermerkt sind. Mit einer solchen Karte sehen Sie auf einen Blick, wo Sie besser den Fuß vom Gas nehmen.

Autokauf

6 Strategien, wie Sie Autoverkäufer mit ihren eigenen Waffen schlagen

Gebrauchtwagengarantien. Nicht selten werden Ihnen Autoverkäufer beim Kauf eines Fahrzeugs eine zusätzliche Gebrauchtwagengarantie anbieten. Es handelt sich dabei um eine sogenannte Reparaturkostenversicherung, die im Fall eines Mangels für die Kosten der Reparatur aufkommt und mit 100 bis 250 Euro zu Buche schlägt. Klingt gut? Nicht wirklich, wenn Sie wissen, dass der Verkäufer im Rahmen der Sachmängelhaftung ohnehin gesetzlich dazu verpflichtet ist, Defekte, die beim Kauf nicht aufgefallen sind, zu beheben – und zwar kostenlos. Eine Gebrauchtwagengarantie dient in erster Linie der Absicherung des Verkäufers. Denn er kann Kosten, die ihm aufgrund der Sachmängelhaftung bei Ihrem Fahrzeug entstehen, nun über Ihre Versicherung abrechnen.

Bastlerfahrzeuge. Dass ein Auto mit der Klausel „Bastlerfahrzeug" verkauft wird, heißt nicht zwangsläufig, dass Sie es hier mit einem maroden Fahrzeug zu tun haben. Mitunter verbirgt sich hinter dieser Einschränkung auch der Versuch unseriöser Verkäufer, die gesetzliche Sachmängelhaftung auszuhebeln. Lassen Sie sich davon nicht aufs Glatteis führen. Prüfen Sie, ob das Fahrzeug trotz der Klausel mit frischem TÜV oder zu einem handelsüblichen Preis verkauft werden soll. Ist das der Fall, kann es sich bei der Klausel um einen „unzulässigen Ausschluss" handeln, der den Händler – auch vor Gericht – nicht von seiner gesetzlichen Gewährleistungspflicht entbindet.

Vorauszahlungen. Vorsicht, Falle: Nach langer Suche haben Sie im Internet endlich Ihr Wunschfahrzeug gefunden. Sie nehmen Kontakt mit dem Verkäufer auf, der Sie bittet, den Kaufpreis über ein Geldtransferunternehmen an ihn zu überweisen. Damit er nicht über das Geld verfügen kann, ehe Sie Ihr Auto erhalten haben, empfiehlt er, die Überweisung mittels einer „Money Transfer Control Number" (MTCN) oder mit einem Kodewort zu sperren, welche/s Sie ihm nach Erhalt des Gefährts zukommen lassen sollen. Gehen Sie nicht darauf ein! Tatsache ist, dass der von Ihnen überwiesene Betrag dem

Lassen Sie sich nicht einwickeln

DER EXPERTE RÄT

Angenommen, Sie verhandeln mit einem Autoverkäufer über den Preis für Ihr Fahrzeug. Lassen Sie sich nicht irritieren, wenn der Verkäufer auf Ihren Preisvorschlag hin zerknirscht meint, er müsse darüber erst mit seinem Chef sprechen, und verschwindet. Auch das gehört nur zur Verhandlungstaktik des Verkäufers.

Am besten ignorieren Sie sein Verhalten völlig und lassen sich nicht beirren. Der Verkäufer führt solche Gespräche tagtäglich und kennt viele Methoden, Sie von Ihren Preisvorstellungen abzubringen. Wenn er wiederkommt und sein Vorschlag nicht Ihren Vorstellungen entspricht, bitten Sie um einen Tag Bedenkzeit. Nutzen Sie die Zeit, um sich Angebote von anderen Händlern einzuholen, und konfrontieren Sie den Händler am folgenden Tag mit den günstigeren Angeboten. Er wird Ihnen mit großer Wahrscheinlichkeit einen weiteren Preisnachlass gewähren.

So geht's: **Große Mietwagen zum kleinen Preis**

Wussten Sie, dass an beliebten Urlaubsorten häufig ein Mangel an kleinen Mietwagen herrscht? Nutzen Sie diesen Umstand!

Fragen Sie bei Ihrem Autovermieter ruhig nach dem kleinsten Modell. Sie sparen sich dadurch nicht nur eine ganze Menge Geld, sondern bekommen, wenn Sie Glück haben, sogar ein größeres Auto zur Verfügung gestellt. Denn haben die Vermieter alle kleinen Autos an den Mann gebracht, sind sie nicht selten dazu bereit, Ihnen ohne Aufpreis ein etwas größeres Modell zur Verfügung zu stellen.

Aber was ist, wenn der Trick nicht funktioniert und der Vermieter doch noch kleine Autos auf dem Hof hat? Ärgern Sie sich nicht. Sehen Sie sich das vorgesehene Auto einfach an. Dann gehen Sie zurück zum Schalter und sagen dem Angestellten, dass Sie, nachdem Sie das Fahrzeug in Augenschein genommen haben, lieber den Aufpreis für ein größeres Modell zahlen. Das ist bei den meisten Autovermietern in der Regel unproblematisch.

Sie haben nun zwar nicht das erhoffte „Geschäft" gemacht, zu Ihrem größeren Mietwagen kommen Sie aber in jedem Fall.

Verkäufer schon wenige Minuten nach der Einzahlung zur Verfügung steht. Dabei spielt es keine Rolle, ob dieser über die MTCN-Nummer oder ein Passwort gesichert wurde. Die Unternehmen zahlen den Betrag nämlich an jeden aus, der sich als Empfänger ausweisen kann.

Rostschutz. Bietet Ihnen Ihr Händler für ein Fahrzeug neueren Baujahrs eine zusätzliche Rostschutzbehandlung an? Sofern das Fahrzeug, das Sie ins Auge gefasst haben, noch nicht älter als zehn Jahre ist, können Sie darauf getrost verzichten. Ein Großteil dieser Fahrzeuge wurde bereits ab Werk mit einer verzinkten oder teilverzinkten Karosserie versehen, die dem Rost so gut wie keine Chance gibt.

Ältere Reifen. Beim Autokauf sollten Sie stets auch einen Blick auf die DOT-Nummern der Reifen werfen. Diese befinden sich an den Reifenflanken und geben an, wann der Pneu hergestellt wurde. Entdecken Sie, dass er älteren Baujahrs ist, zögern Sie nicht, den Verkäufer darauf anzusprechen. Lassen Sie sich nicht von Sätzen wie: „Die haben noch genug Profil" aus dem Konzept bringen. Der Händler weiß, dass sich die Gummimischung im Verlauf der Jahre verändert. Sie enthält Weichmacher, die sich mit der Zeit verflüchtigen. Die Folgen sind schlechtere Haftung, ein verlängerter Bremsweg und erhöhte Aquaplaninggefahr. Sprechen Sie den Händler darauf an, könnte ein Satz neuer Reifen oder ein Preisnachlass für Sie herauskommen.

Modellwechsel. Sofern Sie die Möglichkeit haben, sollten Sie mit dem Kauf eines Neufahrzeugs den nächsten Modellwechsel abwarten. Die Händler haben nach dem Wechsel ein großes Interesse daran, ihre alten Modelle „vom Hof" zu bekommen, und sind deshalb mehr denn je gewillt, auf die „alten" Neufahrzeuge großzügige Rabatte zu gewähren.

Kaufpreis

8 Hinweise, die Ihnen helfen, den Preis für Ihr Wunschfahrzeug zu drücken

Feilschen zahlt sich aus. Wussten Sie, dass 88 % aller Autokäufer zu viel für ihr Fahrzeug bezahlen? Die wichtigste Regel beim Autokauf kann daher nur heißen: Akzeptieren Sie niemals das erste Angebot des Verkäufers. Durch geschicktes Verhandeln können Sie im Idealfall Preisnachlässe von bis zu 15 % erreichen. Lassen Sie sich nicht mit 3 % Skonto bei Barzahlung und einem Satz neuer Fußmatten abspeisen. Der Autohändler hat meist noch weitere Vergünstigungen für Sie auf Lager.

Klare Preisvorstellungen. Gehen Sie erst zum Händler, wenn Sie eine klare Vorstellung davon haben, wie viel Ihr neues Gefährt maximal kosten sollte. Bei Neufahrzeugen können Sie sich anhand der gültigen Preisliste ein Bild machen. Den Wert eines Gebrauchtfahrzeugs ermitteln Sie mithilfe der aktuellen Schwacke-Liste. Eine gute Quelle für den momentanen Marktwert stellen auch Autobörsen im Internet dar. Anhand der ermittelten Preisspanne legen Sie fest, wie viel Sie im Idealfall und wie viel Sie maximal zu zahlen bereit sind. Erst jetzt sollten Sie sich vom Händler ein Angebot erstellen lassen. Gehen Sie keinesfalls auf seinen ersten Vorschlag ein, und scheuen Sie sich nicht, Ihre (realistische) Preisvorstellung zu nennen. Sie müssen sich nicht mit einem Nachlass „aus der Portokasse" zufriedengeben.

Lagerfahrzeuge. Sie haben sich noch nicht auf eine bestimmte Modellvariante, Farbe oder besondere Ausstattungsmerkmale festgelegt? Nutzen Sie diesen Umstand für sich! Fast alle Autohändler bevorzugen es, Ihnen eines ihrer Lagerfahrzeuge zu verkaufen, bevor sie ein neues Auto bestellen. Erkundigen Sie sich zunächst nach einem Neuwagen, und lassen Sie den Händler ein konkretes Angebot erstellen, das sowohl die von Ihnen bevorzugte Farbe als auch die gewünschten Ausstattungsmerkmale enthält. Anschließend verhandeln Sie über den Preis, bis Sie das Gefühl haben, dass der Verkäufer am Ende seines Verhandlungsspielraums angekommen ist. Nun schlagen Sie vor, sich möglicherweise auch mit einem Fahrzeug, das er gerade auf Lager hat, zufriedenzugeben, sofern man sich über den Preis einigen könnte. Suchen Sie sich nach Möglichkeit eines heraus, das zwar grundsätzlich Ihren Vorstellungen entspricht, aber dennoch einiges von Ihrer Wunschausstattung vermissen lässt – ein weiterer Verhandlungsansatz. Dass er damit ein Fahrzeug vom Hof verkauft, wird den Händler wahrscheinlich dazu bewegen, Ihnen auf das Lagerfahrzeug einen großzügigen Rabatt zu gewähren.

Inzahlungnahme. Verkaufen Sie Ihr altes Fahrzeug privat, kann sich das für Sie in doppelter Hinsicht auszahlen. Zum einen können Sie auf dem freien Markt meist einen höheren Verkaufspreis erzielen, zum anderen dürfte der Händler eher bereit sein, über einen Rabatt für Ihr Neufahrzeug zu verhandeln. Fragen Sie ihn zuerst, ob er Ihr Fahrzeug in Zahlung nehmen würde, und lassen Sie sich ein Angebot erstellen. Ist der Händler nach Ihrem Dafürhalten „am Ende der Fahnenstange" angekommen, bieten Sie ihm an, Ihr Altfahrzeug selbst zu verkaufen. Welche Vorteile das für den Händler hat, dürfte klar sein: Er muss sich nicht um den Weiterverkauf kümmern und hat einen Gebrauchten weniger auf dem Hof.

EU-Fahrzeuge. Eine interessante Alternative zum Neuwagenkauf beim Vertragshändler stellt die Anschaffung eines EU-Neuwagens dar. Im Vergleich zum Listenpreis können Sie bei dieser Variante zwischen 15 und 30 % sparen. Der Grund: Obwohl die Staaten der EU immer näher zusammenrücken, gibt es in den meisten Ländern noch immer unterschiedliche Steuersätze. Kaufen Sie Ihr Fahrzeug in einem Land mit geringerem Steuersatz, sparen Sie daher bares Geld. Dazu müssen Sie noch nicht einmal selbst ins Ausland fahren. In Deutschland gibt es zahlreiche Reimporteure, die den Autokauf im Ausland gerne für Sie abwickeln. Qualitativ unterscheiden sich EU-Fahrzeuge nicht von den in Deutschland erhältlichen Modellen. Jedoch sollten Sie einen sorgfältigen Blick auf die Grundausstattung werfen. ABS oder eine Leuchtweitenregulierung beispielsweise gehören nicht in jedem EU-Land zum Auslieferungsstandard – wohl aber dagegen eine europaweit gültige Werksgarantie.

Tageszulassungen. Eine gute Möglichkeit, den Kaufpreis zu drücken, besteht darin, den Händler davon zu überzeugen, Ihr Wunschfahrzeug für den Zeitraum von ein paar Tagen auf das Autohaus zuzulassen. Dazu sollten Sie wissen, dass dem Händler in Sachen

WAS AUTOHÄNDLER NICHT VERRATEN ÜBER: Finanzierung

Wenn manche Autohändler mit günstigen Finanzierungsmöglichkeiten locken, sollten Sie die Konditionen genau unter die Lupe nehmen. Mithilfe der folgenden Fragen finden Sie schnell heraus, wie gut ein Angebot wirklich ist:

- Wie hoch ist die Schlussrate, die am Ende einer „Ballonfinanzierung" (Schlussratenkredit, stellt eine Mischung zwischen einem üblichen Ratenkredit und Leasing dar) zu leisten ist?
- Wirkt sich der niedrige Zinssatz auf die Mindestlaufzeit der Finanzierung aus?
- Gibt es Vorgaben, wie das Fahrzeug bei der Anmeldung versichert werden muss?
- Ist die Finanzierung an den Abschluss von Serviceverträgen bzw. Zusatzversicherungen gekoppelt?
- Wie sieht es beim Abschluss einer Finanzierung mit den Rabatten aus, die der Händler Ihnen beim Barkauf des Fahrzeugs gewährt hätte?
- Wird für das Auto auch eine Anschlussfinanzierung angeboten, und, wenn ja, mit welchen Konditionen ist in diesem Fall zu rechnen?

Ehe Sie einen Kreditvertrag mit dem Autohändler abschließen, ist es ratsam, sich auf dem freien Markt über alternative Finanzierungsmöglichkeiten zu informieren und Vergleiche anzustellen. Greifen Sie dazu auf die Finanzierungsvergleiche zurück, die Ihnen das Internet bietet. Unterschreiben Sie den Vertrag erst dann, wenn Sie ganz sicher sind, dass Ihnen der Händler das günstigste Angebot macht.

Rabatt für Neufahrzeuge Grenzen gesetzt sind. Diese lassen sich durch eine kurzzeitige Zulassung des Fahrzeugs umgehen, da das Fahrzeug dann nicht mehr als Neu-, sondern als Vorführwagen verkauft wird. Hat der Händler ein großes Interesse daran, Ihnen das gewünschte Fahrzeug zu verkaufen, z. B. weil es als Ladenhüter schon länger auf dem Hof steht, wird er auf diesen Vorschlag eingehen.

Kaufen Sie am Ende des Jahres. Viele Händler kaufen ihre Fahrzeuge in bestimmten Kontingenten vom Hersteller oder nehmen sie in Kommission, jedoch häufig unter der Bedingung, dass für Fahrzeuge, die bis Jahresende noch keinen Käufer gefunden haben, Strafabgaben zu entrichten sind. Um sich diese zu ersparen, sind einige Händler gerne bereit, Ihnen am Jahresende einen etwas großzügigeren Rabatt zu gewähren – selbst dann, wenn sie den Verkauf als Verlustgeschäft in ihren Büchern führen müssen. Zudem ist die Nachfrage nach Neufahrzeugen in den Wintermonaten und insbesondere kurz vor Weihnachten geringer, sodass sich die Händler über jeden Kaufinteressenten freuen.

Verbesserter Service. Sie haben alles versucht, doch das letzte Angebot des Autohändlers ist Ihnen immer noch zu hoch? Versuchen Sie, ihm ein paar zusätzliche Serviceleistungen zu entlocken. Auch wenn sich das nicht direkt auf den Kaufpreis auswirkt, können Sie sich über verbesserte Konditionen bei der Finanzierung, kostenfreie Inspektionen und Zubehörteile, z. B. für die Dauer von einem Jahr, einiges an Kosten ersparen. Vergünstigungen dieser Art haben in den vergangenen Jahren immer mehr an Popularität gewonnen, da sie den Käufer langfristig binden. ◂

Versicherungen

4 Tipps, wie Sie sich geringe Beiträge bei umfassender Schadensdeckung sichern

Einträge bei der Schufa. Wussten Sie, dass sich Schulden negativ auf Ihr Fahrverhalten auswirken? Zumindest in den Augen einiger Versicherer scheint dies der Fall zu sein, denn nicht wenige von ihnen prüfen vor Abschluss eines Vertrags mit einem neuen Kunden dessen Bonität. Der Grund hierfür ist in den Statistiken zu finden, mit deren Hilfe Versicherungen ihre Schadensfälle analysieren. Wie ein Experte der Branche mitteilte, ergibt sich hieraus, dass verschuldete Autofahrer mehr Schadensfälle geltend machen als unverschuldete. Möchten Sie Beiträge sparen, sollten Sie in dieser Hinsicht eine weiße Weste vorweisen können.

Ein Vergleich lohnt sich. Ein Versicherungswechsel zählt sicherlich zu den effektivsten Methoden, die eigenen Beiträge dauerhaft zu senken. Preisunterschiede von bis zu 300 % bei gleichem Leistungsumfang sind bei Kfz-Versicherungen keine Seltenheit. Um herauszufinden, welche Versicherung Ihnen die besten Konditionen bietet, empfiehlt es sich, einen Versicherungsvergleich über das Internet anzustellen. Bei diesem werden online Informationen über Fahrzeug, Fahrer, Stellplatz und den aktuellen Rabatt abgefragt. Anschließend vergleicht der Rechner die Angebote mehrerer Versicherer und zeigt Ihnen automatisch die kostengünstigsten Alternativen an.

Voll- oder Teilkasko. Möchten Sie den Beitrag senken, ohne die Versicherung zu wechseln? Eine gute Möglichkeit hierzu bietet die Überprüfung des Kaskotarifs. Vollkaskoversicherungen sind in der Regel nur für neue Fahrzeuge sinnvoll bzw. für solche, deren Wert im Fall eines Totalschadens Ihre finanziellen Möglichkeiten übersteigt. Für ein Auto, dessen Gesamtwert unter 5000 Euro liegt, ist eine Vollkaskoversicherung beispielsweise kaum noch sinnvoll. Ein Wechsel in die Teilkaskoversicherung könnte Ihren Tarif, abhängig von Ihrem Schadensfreiheitsrabatt, um mehrere Hundert Euro senken. Wünschen Sie keinen Wechsel, werfen Sie doch mal einen Blick auf die Höhe Ihrer Selbstbeteiligung. Erhöht man den Eigenanteil, führt das in der Regel ebenfalls zu einer deutlichen Senkung des Beitrags.

Nutzen Sie Rabatte. Etwas komplizierter wird es, wenn Sie versuchen, eine Versicherung zu finden, deren Rabattsystem optimal auf Ihre Verhältnisse zugeschnitten ist. Hier sind mehrere Vergleiche erforderlich, bei denen Sie das gesamte Leistungsspektrum der Versicherung prüfen sollten. Doch es könnte sich für Sie lohnen, denn mithilfe der Rabatte lässt sich Ihr Tarif um bis zu 10 % verringern. Damit diese Einsparung erreicht wird, sollten Sie sich die Rabattsysteme der Anbieter genau ansehen. Viele Gesellschaften gewähren beispielsweise besondere Rabatte für Frauen, Beamte, Garagenparker und Besitzer von Wohneigentum. Hinzu kommen oft noch zahlreiche weitere Rabatte und Serviceleistungen, die sich jedoch von Gesellschaft zu Gesellschaft unterscheiden. Entscheiden Sie erst nach genauer Prüfung, welches Preis-Leistungs-Paket Ihnen und Ihrem Fahrzeug am besten entspricht. ◂

Folgende Faktoren qualifizieren Sie für einen Rabatt

DER EXPERTE RÄT

Ob Sie in den Genuss eines oder mehrerer Rabatte Ihres Versicherers kommen, hängt von unterschiedlichen Faktoren ab. Neben Ihrer Person und der Art Ihres Fahrzeugs entscheidet nicht zuletzt Ihr Fahrverhalten darüber, wie viel Sie für Ihre Versicherung bezahlen. Folgende Umstände können Ihren Beitrag senken:

- Sie versichern mehrere Fahrzeuge bei einer Gesellschaft.
- Sie waren während der letzten fünf Jahre nicht in Unfälle verwickelt und haben keine schwerwiegenden Verkehrsverstöße (Punkte) begangen.
- Sie sind älter als 45 Jahre.
- Sie haben an einem Fahrsicherheitstraining teilgenommen.
- Ihr Fahrzeug verfügt über eine Wegfahrsperre und/oder eine Alarmanlage.
- Sie fahren weniger als 10 000 km im Jahr.
- Ihr Fahrzeug ist mit Tagfahrlicht ausgestattet.
- Sie sind ein langjähriger Kunde der Versicherung.

Wohnmobile

4 Punkte, die jeder Wohnmobilbesitzer beherzigen sollte

Kostenfrei parken. Als Besitzer eines Wohnmobils haben Sie diese Situation bestimmt schon erlebt: Der Campingplatz war belegt, und Sie mussten dringend einen Stellplatz für die Nacht finden. Doch die Regeln für das Abstellen von Wohnmobilen sind streng und in nahezu jedem Land der EU anders. Sollten Sie gar keinen geeigneten Stellplatz finden, empfiehlt es sich, das Mobil über Nacht auf einem Supermarkt-Parkplatz abzustellen – natürlich nur außerhalb der Geschäftszeiten.

Vermieten Sie Ihr Wohnmobil. Wenn Sie Ihr Wohnmobil nur wenige Wochen im Jahr selbst nutzen, kann es sich für Sie lohnen, Ihr Gefährt in der verbleibenden Zeit als Mietfahrzeug zur Verfügung zu stellen. Bei einem durchschnittlichen Mietpreis von 60 bis 100 Euro pro Tag kommt schnell ein ansehnliches Sümmchen zustande, das ausreicht, um die jährlichen Unterhalts- und Reparaturkosten für das Fahrzeug zu decken.

Achten Sie auf die Zuladung. Wohnmobile mit einem zulässigen Gesamtgewicht von 3,5 t erfreuen sich großer Beliebtheit. Immer häufiger sind sie in Ausstattungsvarianten erhältlich, die es bisher nur für schwere Mobile gab. Doch Vorsicht: Dieser Luxus geht meist auf Kosten der Zuladung. Viele Wohnmobilbesitzer sind sich gar nicht darüber im Klaren, wie schnell sie ihr Fahrzeug überladen haben. Achten Sie deswegen schon beim Kauf auf eine möglichst große Zuladung. Bei einem Wohnmobil für vier Personen sollte sie mindestens 600 kg betragen.

Wasserschäden. Dringt Wasser in die Wände Ihres Wohnmobils ein, kann es schnell teuer für Sie werden. Ist Ihr Wunschgefährt älter als sechs Jahre, sollten Sie es vor dem Kauf unbedingt in einer Fachwerkstatt einer Dichtigkeitsprüfung unterziehen lassen. Denn ob sich bereits Wasser in den Wänden befindet, ist nur schwer festzustellen.

Unliebsame Mitbewohner vermeiden

Nagetiere. Kleintiere wie z. B. Mäuse gelangen für gewöhnlich über Versorgungskabel in das Wohnmobil. Will man die unerwünschten Hausgäste von ihrem Besuch abhalten, genügt es meist schon, die Leitungen vor dem Anschließen mit einer Lage dünnmaschigen Drahts zu umwickeln. Kleiden Sie außerdem alle Öffnungen, über die Kabel an das Fahrzeug angeschlossen werden, mit Stahlwolle aus.

Insekten. Kakerlaken, Sandflöhe und andere unerwünschte Hausgäste werden von allem Essbaren angelockt. Beim Campieren sollten Sie daher sämtliche Nahrungsmittel in fest verschlossenen Behältern aus Kunststoff oder Blech aufbewahren. Wenn Sie in feuchtwarme Gebiete fahren, empfiehlt es sich, besondere Vorsicht bei der Wahl des Stellplatzes walten zu lassen. Meiden Sie Stellplätze in der Nähe maroder Gebäude und feucht-sandige Untergründe.

Vorsichtsmaßnahmen. Sollte es sich nicht vermeiden lassen, das Wohnmobil auf einem solchen Stellplatz zu parken, ist es empfehlenswert, alle Öffnungen, über die kriechende Insekten ins Innere Ihres Fahrzeugs gelangen könnten, regelmäßig von außen mit Insektenspray zu behandeln. Diese Maßnahme bietet einen wirksamen Schutz gegen unerwünschte Gäste.

Motorräder

6 Tricks, die Ihre Motorradsaison angenehmer gestalten

So fallen Sie auf. Als Motorradfahrer ist es für Sie lebenswichtig, von den anderen Verkehrsteilnehmern gesehen zu werden. Denken Sie deshalb daran, die Einstellung Ihres Hauptscheinwerfers regelmäßig zu überprüfen. Ersetzen Sie schwach leuchtende Rück- und Bremslichter nach Möglichkeit durch auffällige LED-Leuchten, die die Aufmerksamkeit anderer Verkehrsteilnehmer auf sich ziehen. Reflektoren an den Seiten Ihrer Maschine sorgen dafür, dass Sie auch beim Abbiegen nicht übersehen werden. Und vergessen Sie nicht, auffällige Schutzkleidung rettet Leben – auch wenn sie möglicherweise nicht Ihrem Stil entspricht.

Mautstationen. In Deutschland selten, dafür im benachbarten Ausland immer häufiger anzutreffen sind Mautstationen. Hier ist, gerade für unerfahrene Fahrer, größte Vorsicht geboten. Die Durchfahrten glänzen mit zahlreichen Öllachen, die beim Bremsen oder Beschleunigen schnell zu einem Sturz führen können. Nähern Sie sich einer solchen Zahlstelle stets mit moderater Geschwindigkeit, und halten Sie sich auf der linken Seite Ihres Fahrstreifens. Bitten Sie Ihren Sozius, bei Durchfahrt der Mautstation auf plötzliche Gewichtsverlagerungen zu verzichten.

Lassen Sie sich Ihr Gepäck liefern. Sie kennen das – man plant einen längeren Trip, packt seine Rucksäcke und Koffer voll und stellt fest, dass der Platz einfach nicht ausreicht, um alles unterzubringen. Lassen Sie sich Ihr Gepäck doch direkt an den Urlaubsort liefern. Zahlreiche Speditionen und Paketdienste bieten diesen Service mittlerweile zu erschwinglichen Preisen an und holen das Gepäck sogar vor Ihrer Haustür ab.

Beschlagene Visiere. Gegen beschlagene Visiere oder Brillen hilft Geschirrspülmittel. Reiben Sie das Visier bzw. die Brille einfach mit einem Tropfen davon ein, bis alle Schlieren verschwunden sind, und ab sofort gehören beschlagene Visiere für Sie der Vergangenheit an.

Chromteile säubern. Haben Sie sich auch schon gefragt, wie Sie die hässlichen Stiefelspuren von Ihren glänzenden Auspuffrohren entfernen können? Mit Ofenreiniger geht es am schnellsten: Tragen Sie den Reiniger mit einem Lappen auf die betroffenen Stellen auf, und lassen Sie ihn ca. zehn Minuten einwirken. Anschließend entfernen Sie ihn mithilfe eines flachen Holzstücks und waschen die verbliebenen Reinigerreste mit Wasser ab.

Speichenpflege. Kaum etwas nimmt bei der Motorradpflege so viel Zeit in Anspruch wie das Reinigen der Speichen. Versuchen Sie es mal so: Kaufen Sie drei Flaschenbürsten, und benutzen Sie für jeden der folgenden Schritte nur eine davon:

- Reinigen Sie die Speichen mit Felgenreiniger.
- Tragen Sie Chrompolitur auf.
- Polieren Sie die Speichen.

Hängen Sie die Bürsten nebeneinander in Ihre Garage, und beschriften Sie jede so, dass Sie sie bei der nächsten Reinigung auf Anhieb wiedererkennen.

Clever im Alltag

5 Empfehlungen, bevor Sie Geld ausgeben

Verfolgen Sie die Wirtschaftsnachrichten! So, wie sich die einzelnen Geschäftsbanken nach den Leitzinsen der Zentralbank richten und ihre Kredite entsprechend der jeweiligen Entscheidung der Zinswächter künftig teurer oder preiswerter anbieten, so orientiert sich der Einzelhandel an den wirtschaftlichen Rahmenbedingungen und der konjunkturellen Entwicklung.

Ein Beispiel: Wenn die sogenannte Binnennachfrage in Deutschland groß ist, und die Wirtschaftsspalten Ihrer Tageszeitung das auch für die kommenden Monate voraussagen, dann bedeutet dies, dass die Verbraucher ihr Geld weiterhin relativ großzügig ausgeben dürften; andernfalls, wenn die Inlandskonjunktur schleppend verläuft und auch für die nächste Zeit keine Änderung in Sicht ist, dann heißt das, dass die Verbraucher den Euro auch künftig mindestens noch einmal umdrehen werden, bevor sie ihn ausgeben. Was folgt daraus? Ganz einfach: Im ersten Fall können Sie kaum damit rechnen, überall besonders günstige Angebote zu finden, weil der Handel seine Produkte und Dienstleistungen ohnehin problemlos absetzen kann. Im zweiten Fall aber stellt sich die Lage ganz anders dar. In dieser Situation wird der Handel alles daransetzen, über einen möglichst günstigen Preis und/oder durch zusätzliche und mit dem Kauf eines Produkts verbundene Serviceangebote an das Geld seiner Kunden zu kommen. Jetzt also schlägt die große Stunde der Schnäppchenjäger, da jeder Händler versuchen wird, seine Ware über den Preis loszuschlagen. Mit anderen Worten: Der

Preiskrieg bricht los, und als geschickter und wohlkalkulierender Schnäppchenjäger profitieren Sie ziemlich davon!
Die Wirtschaftsnachrichten in den Medien verraten noch ganz andere Dinge: Sie wollen schon seit Längerem einen neuen PC kaufen, haben es bislang aber noch nicht gewagt, den Tausender für das Modell Ihrer Träume auf den Ladentisch zu blättern? Heute aber lesen Sie im Wirtschaftsteil Ihrer Zeitung, dass Bill Gates die neueste Version der Windows-Betriebssoftware auf den Markt wirft. Damit wissen Sie, dass jetzt der richtige Zeitpunkt dafür ist, nach Arbeitsschluss in Elektronik- und Computermärkten sowie in Zeitungsanzeigen und im Internet die Preise zu prüfen. Falls Sie nicht partout auf das neueste Betriebssystem spekulieren, können Sie damit rechnen, den bisherigen Traumcomputer erheblich preiswerter erstehen zu können. Denn Ihr „Traum-PC" gilt über Nacht als „Auslaufmodell" und kann bis zu 50 % weniger kosten.

Kaufen Sie saisonal antizyklisch. Auch hier ist „Köpfchen" gefragt, denn wem im Sommer vor dem ersten Besuch am Baggersee auffällt, dass Badehose oder Bikini doch schon ziemlich verschlissen und kaum noch vorzeigbar ist, der hat bereits einen Fehler begangen. Sie müssen dann nämlich saisonal zyklisch einkaufen. Dabei ist der umgekehrte Weg der richtige: Bademoden kaufen Sie im Winter und Weihnachtsbaumkugeln im Sommer!
Weil der Handel seine Preise natürlich wie immer nach der Nachfrage richtet und mit dem wenig vorausplanenden Verhalten seiner Kunden rechnet, denen zumeist eben erst in den wärmeren Monaten auffällt, dass die Badekleidung abgenutzt ist – und die daher beim Kauf der neuen zwangsweise einen höheren Preis akzeptieren müssen.
Besonders Clevere kaufen saisonabhängige Waren überdies immer zum Ende der Saison. Denn jetzt muss der Handel seine Lager räumen, um Platz für die demnächst angesagten Produkte zu schaffen. Hochwertige Markenartikel werden häufig bis zur Hälfte des üblichen Preises feilgeboten.

Planen Sie Ihre Einkäufe strategisch! Es ist nie besonders gut, erst dann einkaufen zu gehen, wenn dringender Bedarf besteht. Richtig und möglichst sparsam einkaufen will geplant sein. Geschickt ist es, notwendige Einkäufe zusammenzulegen und in einem einzigen Warenhaus zu erledigen. Ein Beispiel: Ihre Kinder brauchen neue Schuhe, Ihre Frau sucht einen Mantel, und Sie spekulieren auf einen DVD-Player. Zuvor haben Sie sich natürlich über Angebote und Preise für die Produkte im Internet, im Katalog oder in Zeitungsbeilagen informiert. Wenn die Preise stimmen, können Sie jetzt sicher eine Ermäßigung bis zu 10 % heraushandeln.
Andererseits ist es manchmal günstiger, nicht alles in einem Markt bzw. Warenhaus zu besorgen, sondern den Einkauf auf mehrere Geschäfte aufzuteilen. Auch hierzu sollten Sie sich vor Ihrer Einkaufstour umfassend informieren und nicht die erstbesten Sonderangebote akzeptieren.

Noch ein Tipp: Einige große Konsumtempel, beispielsweise ein bekanntes schwedisches Möbelhaus, schicken Ihnen gerne eine SMS auf Ihr Handy, wenn das besonders günstige Angebot Ihrer Wahl im Lager vorhanden ist. Dann heißt es: Hinfahren, bezahlen, einladen – und sparen.

Kaufen Sie auf Vorrat. „Im Dutzend billiger" ist eine alte Regel, die besagt, dass der Einzelpreis für eine Ware umso günstiger ist, je mehr wir von ihr erwerben. Dabei geht es dem Verkäufer darum, dass die Ware schneller umgesetzt wird und so Platz für neue Verkaufsgelegenheiten schafft.
„Time is money" (Zeit ist Geld): Dieser Satz von Benjamin Franklin, einer der Gründerväter der USA, beschreibt den Zusammenhang zwischen der Dauer des Verbleibs eines Warenpostens im Geschäft und ihrem Einkaufspreis – je kürzer der Verbleib, desto eher ist der Verkäufer bereit, einen Teil seiner Gewinnmarge an den Käufer weiterzugeben. Auf Vorrat und im Dutzend billiger zu kaufen eignet sich besonders bei Geschenken, weshalb kluge Sparer nach passenden Gelegenheiten suchen, um sich für Geburtstage und große Familienfeiern Vorräte anzulegen.

Feilschen Sie um den Preis!
Handeln und Feilschen überlassen Sie lieber anderen, weil Sie es als unseriös empfinden?

Falsch! Handeln gehört hierzulande zwar (noch) nicht zum guten Ton, schlaue Schnäppchenjäger üben sich jedoch schon lange darin und sparen. Beispiel: Kauf einer Immobilie. In kaum einem anderen Bereich können ähnlich große Summen eingespart werden wie beim Erwerb einer Wohnung oder eines Hauses. Das liegt zum einen daran, dass in die Bewertung einer Immobilie nicht nur objektivierbare Kriterien wie der Marktpreis (Grundstücks- bzw. Wohnraumgröße, Bauzustand, regionale Lage und Ausstattung), sondern auch das individuelle Urteil des Anbieters einfließen. Jedenfalls beim Kauf von Privat zu Privat ist das so; doch auch beim Kauf über eine Immobilienfirma, einen Makler oder einen Bauträger werden Kunden mit Angeboten wie „Liebhaberstück" etc. geworben. Deshalb kann in diesem Bereich auch immer kräftig gefeilscht werden, denn das Urteil darüber, wie viel ein Käufer bereit ist, für einen in den Augen des Verkäufers besonders gelungenen Grundriss und/oder nachträgliche Umbaumaßnahmen zur Aufwertung der Immobilie zu investieren – das zeigt sich immer erst in den Verhandlungen. Grundsätzlich ist zu raten, „Festpreise" oder Angebote mit dem Zusatz „Preis nicht verhandelbar" nicht zu akzeptieren. Nur äußerst selten ist wirklich nichts herauszuholen, und Nachlässe (je nach Angebot, Objekt, Zustand und Lage) bis zu 15 % können durchaus erzielt werden. 3 % Skonto sind bei Käufen von mehr als 100 Euro beinahe überall im Handel üblich. Nachlässe lassen sich besonders gut dann heraushandeln, wenn Mängel an einer Ware erkennbar sind. Hier gilt es, die Augen aufzuhalten. Fordern Sie einen Nachlass von mindestens 5 %.

Augen auf!

3 Überlegungen für mehr Durchblick bei Labels, Marken, Mails

Pfade durch den Labeldschungel. Wir alle kennen das CE-Kennzeichen, das für die Produktsicherheit vieler Markenartikel steht und den Verbraucher darüber informieren soll, dass die damit gekennzeichnete Ware und ihre jeweiligen Eigenschaften im Sinne des EU-Rechts ordnungsgemäß produziert und auf den Markt gebracht wurde. Wie das CE-Kennzeichen, das im Raum der Europäischen Union Gebrauch findet, gibt es unzählige andere sogenannte Labels (Aufklebeschild, Etikett, Warenzeichen). Labels sind gemäß der Verbraucherzentrale Nordrhein-Westfalen, der größten Institution zur Verbraucherberatung in Deutschland (http://www.vz-nrw.de):

- Wort- und/oder Bildzeichen, die entweder von den Herstellern selbst als Eigenmarken, Markenzeichen oder Handelsmarken entwickelt werden,
- Gütezeichen, die vor allem die Einhaltung der gesetzlichen Vorgaben kennzeichnen,
- Prüfzeichen, die bescheinigen, dass das Produkt die sicherheitstechnischen Anforderungen erfüllt und gebrauchstauglich ist,
- Regionalzeichen, die für in einer bestimmten Region hergestellte Produkte werben,
- Umweltzeichen, Öko-Label oder Sozial-Label, die sich auf die Umwelteigenschaften oder Sozialverträglichkeit einer Ware beziehen und darauf abzielen, Angebot und Nachfrage dieser Produkte zu fördern.

So weit, so gut – oder so schlecht! Denn mit Labels wird auch Schindluder getrieben. So informierten Verbraucherschützer vor gar nicht langer Zeit darüber, dass Billigspielzeug aus China, das mit gesundheitsgefährdenden Stoffen behandelt worden war, fälschlich das CE-Label auf der Produktverpackung aufwies.

Lassen Sie sich deshalb nicht von vorneherein blenden, und überprüfen Sie die Herkunft der Labels, die Ihre Kaufentscheidung für eine Ware zweifelsohne bestärken soll, und greifen Sie im Zweifelsfall zu einem anderen Erzeugnis, denn kriminellen Praktiken kommen Sie als „Normalverbraucher" ja kaum auf die Schliche.

Markenkleidung im Outlet oder Secondhandshop. Den Träger eines Anzugs von Hugo Boss oder eines Zweireihers von Armani müssen wir nicht zwangsläufig mehr zu den Wohlhabenden zählen. Manch einer trägt einen englischen, deutschen oder italienischen Anzug, der im Outlet (Shop, der B-Ware mit kleinen Mängeln, Produktionsüberschüsse, Restposten der Vorjahressaison oder Musterteile anbietet) erworben wurde, wo Anzüge und Kostüme teurer Markenhersteller zu zivilen Preisen zu haben sind. Bei Interesse starten Sie Ihren Computer, und klicken Sie z. B. auf die Website http://www.outletcity-metzingen.com.

Outlet-Center und Fabrikverkäufe gibt es in vielen Städten oder in deren Umfeld. Surfen Sie hierzu auf den Webportalen der Städte und auf den Startseiten der Hersteller. Wenn es unbedingt Markenkleidung sein muss, die Sie suchen, dann versuchen Sie es doch auch einmal in gut sortierten Secondhandshops. In diesen Geschäften lassen sich, wie der

Name schon sagt, immer mal wieder tolle Schnäppchen aufstöbern, die kaum getragen und gut erhalten sind.
Ganz ehrlich aber: Sie sollten eher darauf achten, wie Ihnen das neu erworbene Stück steht, als auf den Markennamen auf der Innentasche Ihres Jacketts. Greifen Sie als preisbewusster und unmanipulierter Verbraucher deshalb auch zu einem No-Name-Produkt, das seinen Zweck eventuell besser erfüllt als die viel gerühmte „Marke". Nicht zuletzt sparen Sie dabei!

Billigangebote per Mail beachten. Jeder Benutzer eines Computers mit Internetanschluss und Mailadresse kennt das Phänomen: Junks, also Werbe- und Reklamemails, verstopfen den Briefkasten, dass es keinen Spaß mehr macht. Täglich fallen die Mailroboter von Herstellern und Werbeagenturen über uns her und bemühen sich, uns alle möglichen Angebote schmackhaft zu machen. Es gibt jedoch auch Schnäppchenjäger, die nichts lieber tun, als gerade die an sich lästigen Werbemails eifrig und genau zu studieren. Und, glauben Sie es oder nicht: So manches Mal lohnt sich das tatsächlich, und stark verbilligte Reisen oder diverse Konsumartikel lassen sich herausfischen, an die wir sonst nicht so günstig herangekommen wären. Eines jedoch ist klar: Wir müssen uns die Zeit dazu nehmen, Angebote miteinander zu vergleichen, sonst kann der Schuss leicht nach hinten losgehen. Deshalb kann es auch sinnvoll sein, von Geschäften und Einkaufsmärkten, die Ihr Vertrauen genießen und die häufig preiswerte Angebote bieten, elektronische Newsletter zu abonnieren. Selbstverständlich müssen diese kostenlos sein und sollten Sie ausführlich über neue Angebote, inklusive Produktbeschreibungen, informieren.

WAS ONLINEHÄNDLER NICHT VERRATEN ÜBER: Preisvergleich

Das weltweite Netz ist für viele Schnäppchenjäger zu einem Eldorado geworden – nicht weil etwa die meisten hier einkaufen, sondern weil man sich bequem von zu Hause aus umfassend über Angebote und Preise informieren kann.
Dazu empfehlen wir die folgenden Websites, die in aller Regel gute Preis- und Qualitätsvergleiche ermöglichen:

- www.billiger.de
- www.schnaeppchenjagd.de
- www.monetenfuchs.de
- www.geizkragen.de/schnaeppchen.html
- www.idealo.de

Prüfen Sie aber, wer hinter den jeweiligen Online-Schnäppchenmärkten steckt, denn viele Anbieter segeln dort gleich unter mehreren Flaggen!

Ein Beispiel: Die Website www.discount24.de, die in der Google-Suchmaschine als „Schnäppchenmarkt für preisgesenkte Markenartikel" wirbt, ist das Versandhaus Otto.

Lebensmittelkauf mit Köpfchen

7 Tricks: So werden Ihre Erwartungen bei Preis und Qualität erfüllt

Kaufen Sie en gros und nicht in Portionen. Auch beim Lebensmitteleinkauf gilt: „Im Dutzend billiger“ und „Weniger häufig ist besser“. Wer häufig im Supermarkt oder beim Lebensmittelhändler einkauft, läuft Gefahr, sogenannte „Impulskäufe“ zu tätigen: Will man schnell am Feierabend noch Zigaretten, einen Schokoriegel oder den Lieblingsjoghurt im Markt kaufen, kommen – ebenso schnell – noch weitere Artikel dazu, die man beim Streifzug durch die Gänge oder beim Warten an der Ladenkasse entdeckt. Flugs ist der Einkauf teurer als beabsichtigt, und in der Tüte finden sich Produkte, die man eigentlich gar nicht kaufen wollte und die jetzt nicht nötig gewesen wären. Außerdem ist der Einkauf in Portionen grundsätzlich teurer als ein Großeinkauf, weil man kleinere Einheiten nimmt – kleinere Abfüllmengen, Päckchen und Dosen –, die im Verhältnis zum Inhalt kostspieliger sind.
Aber aufgepasst: Die doppelte Portion suggeriert manchmal auch nur Mengenrabatt! Kontrollieren Sie deshalb den Preis, und wiegen Sie gegebenenfalls zu Hause nach. Wer seine Einkäufe hingegen auf eine größere Tour einmal in der Woche oder gar alle 14 Tage legt, kann bis zu 20 % der Ausgaben sparen, denn er greift zu größeren Mengen, also zu Groß- und Vorratspackungen. Kaufen Sie diese aber nur dann, wenn Sie sich sicher sind, alles bis zum Ablauf des jeweiligen Verfallsdatums aufbrauchen zu können. Ein wöchentlicher Speiseplan kann überdies dazu beitragen, den Lebensmitteleinkauf taktisch klug zu planen und unnötige Mehrausgaben zu vermeiden.

Kaufen Sie keine „Luftnummer“! Achten Sie darauf, dass Sie keine „Mogelpackung“ mit nach Hause nehmen. Ein voluminöses Äußeres lässt auf ebenso viel Inhalt schließen – häufig steckt jedoch jede Menge Luft im Karton und macht die Ware zur „Luftnummer“. Lesen Sie genau die Mengen- und Gewichtsangaben auf dem Artikel, und scheuen Sie sich nicht, bei einem allzu drastischen Missverhältnis zwischen Inhalt und Umverpackung auch einmal beim Hersteller zu reklamieren. Nur wenigen Verbrauchern fällt es überdies auf, dass die Verpackung eines ihnen bekannten Produkts plötzlich nicht mehr die gewohnte Menge enthält. Auch hier: Beschweren Sie sich! Bei Nachfüllpackungen achten Sie außerdem darauf, dass die Nachfülldosis preiswerter als das Ausgangsprodukt ist.

Vor dem Einkaufen Notizen machen. Wer seine Lebensmitteleinkäufe plant und vor dem Weg zum Lebensmittelmarkt konsequent einen Einkaufszettel schreibt, läuft wenig Gefahr, überflüssige Artikel mit nach Hause zu bringen und teurer einzukaufen, als es eigentlich geplant war. Schreiben Sie dazu einen Einkaufszettel mit allen notwendigen Besorgungen, die regelmäßig oder für die kommenden Speisen erforderlich sind, und arbeiten Sie den Zettel im Geschäft systematisch ab. Versuchen Sie, sich nicht von zusätzlichen Angeboten verlocken zu lassen!

Kaufen Sie ohne Kinder ein. Die Werbewirtschaft weiß sehr genau, warum viele Produkte auf die Bedürfnisse und Wünsche unserer lieben Kleinen ausgerichtet sind: Sie nerven uns auf dem Weg zur Kasse derart intensiv, dass man kapituliert und ihren Wünschen nachgibt. Die Hersteller wissen nur zu gut, wie attraktiv der Bereich vor den Ladenkassen ist: Kosmetik-, Süßigkeiten-, Spielwaren-, aber auch Alkohol- und Tabakhersteller überbieten sich gegenseitig beim Kampf um diese Regalmeter und versuchen Lebensmittelhändler und Marktleiter mit allerlei Rabatten jeweils auf ihre Seite zu ziehen. Aber auch der gesamte Einkauf kann mit Kindern zum Spießrutenlauf werden und letztlich doch teurer als geplant enden, denn beim neunten oder zehnten „Nein!" wird es selbst der sparsamsten Mama häufig zu bunt, und sie kauft ein Produkt, das nicht sein müsste. Ein Tipp: Wenn niemand auf die Kinder aufpassen kann und Sie sie mitnehmen müssen, dann stecken Sie ihnen doch schon zu Hause ein Leckerli zu. Häufig hilft diese Art der „Bestechung". Dies gilt übrigens nicht nur für die Kinder. Auch Sie selbst sollten es vermeiden, hungrig auf Einkaufstour zu gehen, denn auch bei Erwachsenen heißt die Regel: Leerer Magen leert den Beutel!

Kaufen Sie bewusst ein! Wer häufig die Lebensmitteleinkäufe für sich selbst oder die Familie erledigt, bekommt Routine. Besonders bei Singles ist zu beobachten, dass sie viele Preise „im Kopf" haben und die Angebote verschiedener Märkte sehr gut kennen. Das schützt sie davor, auf angebliche „Schnäppchen" oder Sonderangebote hereinzufallen, die in Wirklichkeit keine sind. Versuchen Sie deshalb, sich die durchschnittlichen Preise diverser Standardprodukte einzuprägen. Dann fällt Ihnen schnell auf, dass beispielsweise die pommersche Leberwurst an der Fleisch- und Wursttheke, die heute zum „Sonderpreis" feilgeboten wird, vor drei oder vier Wochen zum selben Preis – und nicht als Sonderangebot – über die Theke ging. Grundsätzlich achten sollten Sie auf alle auffällig präsentierten, als „Neu!" eingeführten oder zum „Super-Sonderpreis" angebotenen Produkte. Hier hilft ein Preisvergleich mit dem Angebot eines anderen Geschäfts.

Bücken, strecken, „wissen": Das hilft sparen. Verkaufen ist Psychologie. Nichts ist dem Zufall überlassen. Seien Sie deshalb nicht überrascht, wenn man Ihnen sagt, dass

So geht's: **Kaufen Sie saisongerecht ein!**

Frisches Obst und Gemüse sollten Sie immer dann einkaufen, wenn die Sorten gerade Saison haben. Erdbeeren und Melonen im Winter? Nein, das muss nicht sein, und hier gilt auch, dass Saisonobst und -gemüse frischer sind, mehr Vitamine beinhalten und überdies preiswerter sind. Natürlich können Sie sich einen Vorrat an Gläsern und Dosen mit eingelegten und konservierten Früchten oder Gemüsesorten anschaffen. Berücksichtigen müssen Sie hierbei jedoch auch immer, dass diese Lebensmittel – wie auch tiefgefrorene „grüne" Produkte – weniger Vitamine aufweisen, weil sie vorwiegend unreif geerntet werden, um länger frisch auszusehen. Eine Alternative ist unmittelbar nach der Ernte „schockgefrorene" Tiefkühlware. Hierbei gehen kaum Vitamine verloren, und überdies sind die Produkte in der Regel preisgünstig.

die teuersten Produkte immer in Blickhöhe liegen. Hier finden Sie kostspielige Markenprodukte, in den Regalböden darunter hingegen und in den Regalböden darüber, also im Bück- und Streckbereich, werden No-Name-Produkte und preisgünstigere Alternativprodukte einsortiert.
Wissen müssen Sie überdies, dass auch in den Tiefkühltruhen des Lebensmittelhandels die Waren nicht zufällig und beliebig angeordnet sind: Rechts befinden sich die teuersten Produkte, weil die meisten Verbraucher Rechtshänder sind, auf die rechte Seite fixiert sind und – gewusst wie! – mit der linken Hand die Schiebetür aufziehen, um mit der Rechten Waren herauszunehmen! Machen Sie die Probe aufs Exempel, und Sie werden feststellen, dass in aller Regel die auf der linken Seite vorhandenen Waren günstiger sind als die Produkte auf der rechten Seite.

Nicht immer müssen es Markenartikel sein. Auch im Lebensmittelhandel und in der Lebensmittelproduktion ist das sogenannte „Branding" üblich, eine Marketingstrategie, die einen Markennamen konsequent und dauerhaft als „Qualitätssiegel" im Markt bekannt macht. Das kostet Geld, weil Werbung in den Massenmedien teuer ist, und diese Kosten schlagen Hersteller und Händler auf den Produktpreis auf. Sie als Verbraucher finanzieren also die Marketingausgaben mit, wenn Sie zu Markenprodukten greifen. Diese sind in aller Regel teurer als sogenannte No-Name-Produkte. Die Stiftung Warentest (www.test.de) hat jedoch festgestellt, dass No-Name-Produkte fast immer genau die gleiche Qualität aufweisen wie ihre wesentlich teureren Markenvettern. Verzichten Sie deshalb möglichst oft auf den Griff zu Markenprodukten – und lassen Sie sich nicht von den Bildern und Versprechungen der schönen Werbewelt an der Nase herumführen. ◂

Nutzen Sie Coupons und Rabatte

5 Webadressen reduzieren Ihre Ausgaben

Coupons stammen aus den USA. Der Drogist Asa Chandler brachte bereits 1894 als Erster die damals noch handgemalten Zettel in Umlauf. Seitdem hat sich die Schnäppchenjagd in den USA zum Volkssport entwickelt. Rund 2000 Hersteller verteilen jährlich mehr als 240 Milliarden Gutscheine, doch lediglich rund vier Milliarden werden tatsächlich eingelöst.

Doch auch hierzulande, wo noch die guten alten Rabattmarken aus den ersten Lebensmittelkettenläden bekannt sind, sind Coupons auf dem Vormarsch. So hat Prof. Hans H. Bauer, Leiter des Instituts für Marktorientierte Unternehmensführung an der Universität Mannheim, 2005 mit einer Umfrage unter 500 Verbrauchern gezeigt, dass mehr als die Hälfte der Befragten Coupons nutzt bzw. plant, Coupons in nächster Zeit zu nutzen (veröffentlicht auf der Website www.businessvillage.de). Ebenso fand Bauer heraus, dass Coupons, die auf Verpackungen angebracht sind, dem Verbraucher am weitesten entgegenkommen und daher am intensivsten genutzt werden, gefolgt von Zeitungen und Zeitschriften, Werbeprospekten und dem Internet. Coupons sind eine gute Möglichkeit, von verkaufsfördernden Maßnahmen der Hersteller und Händler zu profitieren.

Allerdings müssen Sie sich stets auf dem Laufenden halten und über die Angebote informieren. Beachten Sie, dass Coupons mit bestimmten Laufzeiten ausgegeben werden. Kluge Couponsammler führen deshalb einen Kalender, in dem die unterschiedlichen Laufzeiten systematisch eingetragen und mit Einkaufstouren kombiniert werden. So versäumen Sie kein Schnäppchen und können Ihre Einkäufe systematisch planen. Am besten informieren Sie sich im Internet, wo Sie einige gute und sehr ausführliche Portale finden, die umfassend über die neuesten Sparmöglichkeiten per Coupons und Hersteller- oder Händlerrabatte informieren.

WAS DER EINZELHÄNDLER IHNEN NICHT VERRÄT ÜBER: Coupons

Wenn Sie Coupons und Sonderrabatte von Herstellern nutzen wollen, dann klicken Sie regelmäßig die folgenden Websites mit verkaufsfördernden Aktionen an.

Notieren Sie sich spezielle Angebote und deren Laufzeiten in einem Kalender, dann kann Ihnen gewiss so leicht kein Schnäppchen mehr entgehen.

- www.melsungen-online.de/Shopping/gutscheinindex.php
- www.vatago.de
- www.gutscheine.enjoyshopping.de
- www.for-me-online.de
- www.studenten-spartipps.de

Bei diesen Adressen finden Sie garantiert attraktive Angebote.

Tipps für Ihre Kaufentscheidung

10 Denkanstöße, wie Sie bewusster einkaufen

Käufe sind Vertragsabschlüsse. Wer etwas einkauft, ein Lebensmittel, eine Zeitung, einen DVD-Player oder ein Auto, schließt einen Kaufvertrag. Vielen Verbrauchern ist dies nicht bewusst. Abgesehen davon, dass Sie von einem Kaufvertrag unter Umständen nicht mehr oder nur mit Schwierigkeiten zurücktreten können, sollten Sie sich klarmachen, dass es sich bei einem Kauf immer um eine vertragliche und damit „ernste" Vereinbarung handelt und dass damit finanzielle Konsequenzen verbunden sind. Das gilt besonders bei der Anschaffung teurer Produkte, die man nicht ungeprüft und nicht jeden Tag erwirbt, wie ein Auto, ein Gerät aus dem Bereich der Unterhaltungselektronik oder ein Möbelstück. Stellen Sie sich vor einer Kaufentscheidung deshalb immer die Frage, um das Risiko einer falschen oder überflüssigen Kaufentscheidung möglichst zu reduzieren:

Brauchen Sie das Produkt wirklich? Nicht selten kaufen Sie eine Ware, die Sie in Wirklichkeit nicht benötigen und, nachdem Sie sie Ihrer möglicherweise ohnehin überfüllten Wohnung einverleibt haben, links liegen lassen. Wiegt das kurzfristige Gefühl der Befriedigung oder das „Kauferlebnis" auf, dass sich schon bald die Frage stellt: „Was fange ich eigentlich damit an?" Recht häufig folgt dem „Konsumrausch" die unangenehme Einsicht, dass man eine ganz überflüssige Ausgabe getätigt hat.

Können Sie sich das Produkt auch leisten? Übersteigen die Anschaffungs- oder auch die Folgekosten (z. B. beim Auto!) nicht Ihr verfügbares Budget? Kalkulieren Sie vernünftig, und rechnen Sie mit allen Kosten, und fragen Sie sich vorher, ob Ihnen der Kauf ein überzogenes Konto oder ein Darlehen wert ist. Zu den Folgekosten eines Autokaufs informieren Sie sich beispielsweise auf der Website des ADAC. Dieser führt regelmäßig große Preisrankings von Automobilen verschiedener Klassen und Typen durch (www.adac.de). Bei Computern, Geräten der PC-Peripherie und anderen Produkten aus der Informations- und Kommunikationstechnologie können Sie die Tests und Preisvergleiche auf den Websites www.ciao.de, www.chip.de oder www.testberichte.de (Stiftung Warentest und weitere 180 Testmagazine) zurate ziehen und bei der Prüfung von Hi-Fi- sowie Foto- und Videogeräten nutzen. Vor dem Kauf von Elektrogeräten sollten Sie unbedingt im Internet auch den Sites www.guenstiger.de, www.kelkoo.de und www.idealo.de einen Besuch abstatten!

Hält die Ware, was sie verspricht? Prüfen Sie, welche Funktionen das Produkt erfüllen soll, und ob die Ware das auch wirklich leistet, was Sie von ihr erwarten. Beispiel Handy: Wollen Sie lediglich ein neues oder besseres Mobiltelefon, um zu telefonieren, oder soll das Gerät auch fotografieren und filmen können? Häufig nehmen wir als Konsumenten solche „Features" in Kauf, ohne groß darüber nachzudenken – und bezahlen sie natürlich auch mit zusätzlichen Aufpreisen. Nicht alle angebotenen Funktionen brauchen Sie wirklich. Lassen Sie deshalb nicht die Werbung oder Ihren Händler darüber entscheiden, welche Funktionen Sie benötigen, sondern entscheiden Sie das selbst.

Immer dem Trend auf der Spur? Das wird teuer. Legen Sie großen Wert auf möglichst „Neues“? Dann prüfen Sie, ob die in der Werbung gern als „must-have“ bezeichneten Waren eigentlich die von Ihnen gewünschten Eigenschaften und Qualitätsanforderungen erfüllen. Große Werbekampagnen täuschen oft darüber hinweg, dass ein Produkt außer einem innovativen Design nichts Neues zu bieten hat.

Wie gut sind die Serviceleistungen? Prüfen Sie immer, ob es für ein Produkt – besonders wichtig bei allen technischen, elektrischen und elektronischen Geräten – einen guten und zuverlässigen Reparaturservice gibt. Fragen Sie Ihren Händler auch danach, wie es um das Serviceverhalten und den sogenannten Support des Herstellers bestellt ist. Schon mancher meinte, ein „Schnäppchen“ beim Computerkauf erstanden zu haben, und musste einen guten Teil des Einkaufspreises für eine teure Reparatur nachbezahlen. Informieren Sie sich vor dem Kauf über die Garantiebedingungen! Es ist teuer und ärgerlich, wenn Sie Ihr Gerät zu einem herstellerfremden Service geben müssen, der zuverlässiger und erreichbarer ist als der des Händlers.

„Billig“ kann teuer werden. Misstrauen Sie ungewöhnlich günstigen Angeboten, wenn diese nicht plausibel begründet werden. „Schnäppchen“ können günstig sein, haben manchmal aber auch einen Haken.

Lassen Sie sich nicht unter Zeitdruck setzen. Ein seriöser Verkäufer wird Ihnen auch bei einem günstigen Angebot die Möglichkeit geben, in Ruhe Ihre Kaufentscheidung zu überdenken. Wenn Sie das Gefühl beschleicht, dass Sie „überredet“ werden sollen, widerstehen Sie – und wählen Sie ein anderes Geschäft. Lassen Sie sich nicht von Reklamen blenden wie: „Das Produkt xy

WAS VERKÄUFER VERSCHLEIERN: Preis-Leistungs-Verhältnis

Qualität

Informieren Sie sich über Produkte bei unabhängigen Einrichtungen wie der Stiftung Warentest, der Zeitschrift „Ökotest“ und/oder in den Verbraucherberatungsstellen. Die genannten Organisationen bieten umfangreiche und vielfache Produkttests und vergeben Qualitäts- und Prüfsiegel, auf die Sie sich in aller Regel verlassen können.

Preis

Preisvergleiche sollten sowohl verschiedene Produkte als auch unterschiedliche Anbieter umfassen. Aufgepasst: Ein scheinbar niedrigerer Preis kann in Wirklichkeit der höhere sein, wenn alle Folgekosten wie Gebühren, die durchschnittliche Lebensdauer einer Ware und ihre Verbrauchskosten einbezogen werden!

Transparenz

Wenn Sie diese Punkte klären, kaufen Sie richtig ein:

- Kompetenz des Händlers
- Kaufpreis
- Folge- bzw. Unterhaltskosten
- Service und Support bei Reparatur und Reklamation
- Effektivität des Kundendiensts
- Garantiebedingungen

steht nur noch zwei Tage zum Preis von x Euro zur Verfügung." Verkaufswerbung dieser Art versucht, den Kunden künstlich unter Zeitdruck zu setzen und möglichst schnell eine Kaufentscheidung herbeizuführen. Zu dieser Methode greifen beispielsweise Kettenläden, in denen Schlafzimmermöbel und Matratzen feilgeboten werden. Dabei kann es Ihnen durchaus passieren, dass eine Matratze, die angeblich lediglich in der laufenden Woche zum „Super-Schnäppchenpreis" von x Euro zu haben ist, drei Wochen später am selben Ort zu einem geringeren Preis angeboten wird.

Warten mit der Kaufentscheidung. Kaufen Sie das von Ihnen letztendlich ausgewählte, hochwertige Produkt möglichst nicht am selben Tag, sondern schlafen Sie noch einmal eine Nacht darüber. In den meisten Fällen können Sie sich die Ware bis zum nächsten Tag reservieren lassen. Nur höchst selten ist sie dann vergriffen.

Sparen durch eine Preisagentur. Ein besonders cleverer Weg, das wirklich günstigste Angebot zu erhalten, und vor allem das Angebot, bei dem das Preis-Leistungs-Verhältnis am ehesten stimmt, kann die Einschaltung einer sogenannten Preisagentur sein. Gehen Sie dazu ins Internet auf die Website www.preisagentur.com. Sie stoßen dort auf den „Fachverband der pa-Preisagenturen Deutschlands e.V.", einen eingetragenen Verein, der es sich zur Aufgabe gemacht hat, für seine Kunden ab einem Auftragswert von mindestens 250 Euro und in einem Zeitraum von maximal 14 Tagen jeweils den günstigsten Hersteller eines Produkts ausfindig zu machen. Dazu füllen Sie den „Auftrag für eine Preisrecherche" aus und nennen dabei die genaue Bezeichnung des Produkts Ihrer Wahl und zusätzlich Ihren Anbieter und den Ihnen vorliegenden Preis. Den ausgefüllten und von Ihnen unterschriebenen „Auftrag für eine Preisrecherche" schicken Sie per Post, Fax oder per E-Mail an die pa-Preisagentur zurück. Bei Dienstleistungen aller Art, deren Preis Sie hinsichtlich des günstigsten Angebots überprüfen lassen wollen (z. B. die Leistung eines Handwerksbetriebs), setzen Sie sich persönlich mit dem Service in Verbindung. Gewerbliche Kunden sollten sich immer direkt mit der Agentur in Verbindung setzen. Und so berechnen sich die Kosten der Dienstleistung: Wir setzen ein Beispiel voraus, bei dem Sie von einem Händler ein Fernsehgerät zu einem Preis von 2000 Euro angeboten bekommen haben. Die Mitarbeiter der Agentur ermitteln nun einen günstigeren Preis für das Gerät Ihrer Wahl in Höhe von 1500 Euro. Die Differenz zwischen „Ihrem" und dem von der Agentur ermittelten Preis beträgt also 500 Euro. Von dieser Differenz berechnet die Agentur für sich ein Honorar von 33 %, also 166,66 Euro. Ihre Ersparnis liegt demnach bei 333,34 Euro. Ihr Vorteil: Sollte es der Agentur nicht gelingen, einen günstigeren Preis als den zu recherchieren, den Sie selbst für Ihr Produkt angeboten bekommen haben, ist die Serviceleistung der Agentur für Sie garantiert kostenlos. Das ermittelte Ergebnis der Agentur erhalten Sie schriftlich.

Weitere Preisagenturen finden Sie unter der Website www.jaus.de. Hier sind mehrere verschiedene regionale Preisagenturen zusammengeschlossen, die Sie auswählen können. ◁

Sicher online einkaufen

9 Regeln, wie Sie risikobewusst und bequem im Netz shoppen

Das Internet bietet viele Möglichkeiten: Verbraucher können sich über Waren und Preisangebote informieren, Produkte anhand umfassender Beschreibungen und/oder Fotos genau analysieren und mit dem Hersteller per E-Mail korrespondieren. Bis es zur Kaufentscheidung und zum Bezahlvorgang kommt, der über das Internet abgewickelt werden kann, ist es jedoch ein weiter Weg – zumindest in Deutschland. Hierzulande schrecken, anders als beispielsweise in den USA, immer noch die meisten Verbraucher davor zurück, im Netz zu bezahlen. Das mag am durchschnittlich höheren und ausgeprägten Sicherheitsbedürfnis der Deutschen liegen. Vielleicht ist aber auch die durchweg kritische Presseberichterstattung dafür verantwortlich, die beinahe täglich über Kriminalität im Internet berichtet. Diese gibt es in der virtuellen Lebenswelt natürlich ebenso wie bei einem Einkauf oder einem Geschäft im realen Leben. Mit dem Bundesamt für Sicherheit in der Informationstechnik (BSI, www.bsi-fuer-buerger.de/einkaufen) und drei Checklisten (siehe Kästen S. 222 ff.) zeigen wir Ihnen, wie Sie im weltweiten Netz Ihre Bezahlvorgänge sicher abwickeln können.

Erwerb oder Nutzungsrecht? Klären Sie zunächst für sich, ob Sie ein real fassbares Produkt – ein Kleidungsstück, ein elektronisches Gerät o. Ä. – erwerben wollen oder ob es sich lediglich um das zeitlich begrenzte Nutzungsrecht an elektronischen Daten handelt. So können Sie beispielsweise für Soundfiles, also kleine Musikstücke oder Handy-Klingeltöne, bezahlen. Damit haben Sie lediglich das Recht erworben, die Musikstücke oder Handytöne zu nutzen. Sie besitzen diese jedoch nicht.

Sicherheit für Ihre Bankdaten. Bei allen Kaufvorgängen im Internet hat eine Voraussetzung, die der Verkäufer bieten muss, oberste Priorität: Jeder Bezahlvorgang muss auf der Grundlage einer Verschlüsselungstechnik gesichert sein. Diese Technik soll verhindern, dass Unbefugte Ihre persönlichen Daten, vor allem Bank- und Kartendaten, abfangen

So funktioniert die Bezahlung mit der Prepaidkarte

DER EXPERTE RÄT

- Sie kaufen eine Prepaidkarte z. B. an einem Kiosk, im Supermarkt oder an einer Tankstelle.
- Sie rubbeln den auf der Karte enthaltenen PIN-Code mit einer Geldmünze frei.
- Sie gehen auf die Internetseite des Kartenanbieters und vergeben ein persönliches Passwort für Ihre Karte. Orientieren Sie sich dabei an den Passwort-Empfehlungen des BSI, (www.bsi-fuer-buerger.de/einkaufen). Achten Sie darauf, dass Ihr PIN-Code und Ihr Passwort nicht anderen Personen bekannt werden. Falls Sie sich PIN-Code und Passwort auf einem Zettel notieren, sorgen Sie für einen sicheren Aufbewahrungsort! Besser ist es, beides auswendig zu wissen.
- Sie kaufen im Internet bei Onlineshops ein, die Partner des Kartenanbieters sind. Beim Bezahlen wählen Sie als Zahlungsmethode die „Prepaidkarte" aus.
- Sie geben Ihren Code und das Passwort ein.
- Auf dem Server des Kartenbetreibers wird das Guthaben überprüft und die Abbuchung vorgenommen.

können und dann auf Ihre Kosten auf Einkaufstour gehen. Stellen Sie deshalb immer zuerst fest, ob Verschlüsselungstechniken einem Bezahlvorgang zugrunde liegen. Dies muss auf der Website des Anbieters bzw. an einer ausgewiesenen Stelle des Onlineshops deutlich vermerkt und beschrieben sein. Ist dies nicht der Fall und können Sie diese Frage nicht klären: Suchen Sie einen anderen Anbieter.

Wirksame Verschlüsselungstechnik. Hierzu zählt nach weiteren Angaben des BSI insbesondere das Verfahren SSL. Diese Technik gewährleistet mithilfe von kryptografischen Verfahren, dass Daten während der Übertragung nicht gelesen oder manipuliert werden können. Außerdem kann man durch die Anwendung von SSL erkennen, ob eine so gesicherte Internetseite gefälscht ist. SSL wird von allen gängigen Browsern unterstützt. Ob SSL gerade zum Einsatz kommt, können Sie leicht daran erkennen, dass an das „http" in der Internetadresse plötzlich ein „s" angeschlossen wird. Eine solche „https"-Internetadresse wird vom Browser dann automatisch überprüft. Falls der Anbieter sich nicht mit einem gültigen Zertifikat als Besitzer der Adresse ausweisen kann, erhalten Sie eine Warnmeldung.

Am sichersten: Kauf auf Rechnung. Neben speziell für das Onlineshopping entwickelten Bezahltechniken finden Sie bei den meisten Anbietern auch die im „realen" Leben üblichen Zahlungsweisen wie eine Rechnungsstellung, die Überweisung des fälligen Betrags oder ein Lastschriftverfahren. Damit gehen Sie als Kunde das geringste Risiko ein. Manche Onlineshops und Produktportale bieten diese Möglichkeiten jedoch nicht mehr an, weil es unter ihren Kunden auch Zahlungsunwillige gibt, denen sie nach Lieferung hinterherlaufen müssen, um zu ihrem Geld zu kommen. Besonders bei der Zahlung mit Kreditkarte oder EC-Karte sollten Sie unbedingt darauf achten, dass der Onlineshop mit zeitgemäßen Verschlüsselungstechniken arbeitet.

Rubbeln und zahlen. Neben den wohlbekannten Zahlungsmethoden gibt es mittlerweile auch eine ganze Reihe weiterer, eigens für den Onlinekauf entwickelter Möglichkeiten. Prepaidkarten für den Interneteinkauf etwa funktionieren nach dem gleichen Prinzip wie Telefonwertkarten (siehe Kasten S. 222).

So funktioniert die Bezahlung mit Abrechnungs-Komplettsystem

- Sie lassen sich beim Anbieter eines Abrechnungs-Komplettsystems wie etwa „Firstgate" registrieren. Dazu müssen Sie persönliche Daten wie Namen, Wohnort und E-Mail-Adresse sowie Ihre Bankverbindung bekannt geben. Wenn Sie mit einer Kreditkarte (Mastercard, Visa etc.) bezahlen wollen, müssen Sie die betreffenden Informationen ebenfalls eintragen.
- Sie definieren Ihre individuellen Zugangsdaten – das Passwort und einen Benutzernamen.
- Sie erhalten eine Bestätigungs-E-Mail von Ihrem Anbieter.
- Sie stoßen im Internet auf kostenpflichtige Angebote, etwa Artikel in einer Onlinezeitschrift, Wetterinformationen oder Downloads von Software, die über Ihr Abrechnungssystem bezahlt werden können.
- Sie klicken auf die „Kaufoption" und informieren sich über den genauen Inhalt des Angebots sowie den Preis.
- Sie klicken auf den weiterführenden Link und gelangen damit zu den vollen Informationen, die Ihnen dann auch berechnet werden.
- Im Rahmen Ihrer monatlichen Rechnung erhalten Sie eine detaillierte Auflistung der von Ihnen abgerufenen Inhalte.

So funktioniert die Bezahlung mit Paypal bei eBay

DER EXPERTE RÄT

- Gehen Sie auf die Internetseite www.paypal.de, und klicken Sie auf „Anmelden". Die Anmeldung erfolgt über das Verschlüsselungssystem SSL. Bei der Registrierung müssen Sie neben Ihren persönlichen Daten auch Ihre Bankverbindung bekannt geben. Beachten Sie, dass in Ihren Browsereinstellungen für diesen Prozess die Cookies aktiviert sein müssen.
- Falls Sie Ihre Rechnung mit einer Kreditkarte begleichen wollen, müssen Sie auch diese Daten bei Ihrer Paypal-Registrierung hinterlegen.
- Sichern Sie Ihre Daten durch ein Passwort.
- Sie können auch Geld von anderen Konten auf Ihr Paypal-Konto überweisen. Dafür steht eine eigene Option im Onlinebereich zur Verfügung.
- Sie ersteigern Ware bei eBay. Akzeptiert der Verkäufer Paypal, so erscheint ein Symbol („P") in der Bezeichnung der Auktion. Nach dem Ende der Auktion klicken Sie auf „Bezahlen und Versand".
- Sie überprüfen die Produktbezeichnung und den Preis, tippen Ihre E-Mail-Adresse und Ihr Passwort ein und bestätigen die Zahlung.

Ihr Guthaben ist durch einen auf der Karte vorgedruckten PIN-Code sowie ein persönliches Passwort vor fremdem Zugriff geschützt. Sie können damit im Internet bei Shops einkaufen, die Partner des Kartenanbieters sind.

Konten für eifrige „Surfer". Darüber hinaus existieren Komplettsysteme für die Onlinebezahlung. So können beispielsweise bei Unternehmen wie „Firstgate" sogenannte Surfer-Konten eingerichtet werden (siehe Kasten S. 223). Damit können Sie bei allen Kooperationspartnern der betreffenden Firma einkaufen und zahlen anschließend per Sammelrechnung.

Praktisch für eBay-Fans: Paypal. Das Online-Versteigerungshaus eBay setzt neben den herkömmlichen Zahlungsmöglichkeiten wie Überweisung, Lastschrift und Kreditkarte einen speziellen Dienst mit der Bezeichnung „Paypal" ein (siehe Kasten links). Über dieses Konto können dann Onlinegeschäfte abgewickelt werden. So können etwa Zahlungen für ersteigerte Waren innerhalb kürzester Zeit erfolgen. Der Verkäufer wird per E-Mail davon in Kenntnis gesetzt und kann die Ware umgehend verschicken. Darüber hinaus vereinfacht ein Paypal-Konto auch alle Zahlungsvorgänge, wenn Sie selbst Waren über Ebay verkaufen möchten.

Achtung bei ausländischen Anbietern! Auch beim Internetkauf sind nationale Grenzen von Bedeutung. So kann es sein, dass Sie für im Ausland erworbene Produkte Einfuhrzölle entrichten müssen. Darüber hinaus müssen Sie beachten, dass manche Händler mit Sitz im Ausland für Lieferungen nach Deutschland ein Umtauschrecht ausschließen. Als goldene Regel gilt hier: Lieber mehr Zeit in das Lesen der Allgemeinen Geschäftsbedingungen (AGB) investieren, als sich danach über missglückte Geschäfte ärgern!

Gut geschützt

7 Tipps des BSI, wie Sie sicher vor bösen Überraschungen sind

Informieren Sie sich über Ihren Geschäftspartner. Bevor Sie in einem Onlineshop einkaufen, sollten Sie genau überprüfen, ob es sich dabei auch um einen seriösen Anbieter handelt. So rät das Bundesamt für Sicherheit in der Informationstechnik und gibt die folgenden Empfehlungen: Lesen Sie immer die auf jeder guten Website enthaltenen Hintergrundinformationen zum betreffenden Unternehmen („Über uns“ oder „Impressum“) und die Allgemeinen Geschäftsbedingungen (AGB). Prüfen Sie, ob neben den elektronischen Kontaktdaten noch Adresse und Telefonnummer angegeben sind. Dies ist ein Hinweis darauf, dass der Anbieter nichts zu verbergen hat und auch real zu erreichen ist.

Achten Sie darauf, dass Ihre Daten verschlüsselt übertragen werden! Stimmen Sie einer Übertragung von Kontonummern oder Passwörtern im Internet nur dann zu, wenn der Anbieter die Daten verschlüsselt. Das erkennen Sie bereits am „https“ in der Internetadresse (siehe Hinweis zu Verschlüssekungstechniken S. 223). Oft erscheint auch ein Sicherheitsschloss oder ein Schlüssel als Symbol in der Statusleiste.

Sichern Sie Ihre Daten. Stellen Sie sicher, dass Ihre Daten bei technischen Schäden auf Ihrem PC nicht verloren gehen, beispielsweise bei einem Defekt der Festplatte. Insbesondere Informationen, die Ihre Finanzen betreffen, sollten Sie daher nicht nur auf der Festplatte Ihres PCs, sondern auch auf anderen Speichermedien wie beispielsweise einem USB-Stick oder auf einer externen Festplatte sichern. Sie können Daten auch auf CD oder DVD brennen. Es ist überdies sinnvoll, Bestellungen und Rechnungen auszudrucken und aufzubewahren. So haben Sie bei Reklamationen einen Nachweis.

Bewahren Sie Zugangscodes sicher auf. Die verschiedenen Zugangsdaten wie Passwörter, PIN (Persönliche Identifikationsnummer), TAN (Transaktionsnummer) oder Chipkarten sollten Sie keinesfalls auf Ihrem Rechner abspeichern! Dort könnten sie von Eindringlingen aufgespürt und dann missbräuchlich verwendet werden. Wenn Sie Zugangsdaten auf Papier notieren, so bewahren Sie diese Informationen an einem sicheren Ort auf.
Noch ein Tipp: Zugangsdaten, die aus zwei Elementen bestehen (wie etwa Passwörter und PINs), sollten Sie niemals gemeinsam aufbewahren. Dazu können Sie sich selbst ein kleines und cleveres Verschlüsselungssystem ausdenken: Führen Sie beispielsweise zwei Telefon- bzw. Adressbücher (Beruf und privat), und notieren Sie sich die Passwörter Ihrer Internetdienste unter dem jeweiligen Anfangsbuchstaben einer Person oder Firma im beruflichen Telefonbuch; im privaten notieren Sie die jeweils dazugehörige PIN ebenfalls unter dem passenden Anfangsbuchstaben.

Verzichten Sie auf das Ausführen „aktiver Inhalte“. Beim Surfen im Internet sollten Sie Ihren Browser generell so einstellen, dass „aktive Inhalte“, also Programme wie JavaScript oder ActiveX, nicht automatisch ausgeführt werden. Diese können nämlich

So geht's: Den „Phishern" nicht ins Netz gehen

Wenn Sie E-Mails erhalten, in denen Sie zur Aktualisierung Ihrer Kundendaten aufgefordert werden, mahnt das BSI dringend zur Vorsicht. Sogenannte Phisher bzw. Phishing-Programme versuchen auf diese Weise, Sie auf gefälschte Seiten von Unternehmen, etwa Banken, zu locken und persönliche und sicherheitsrelevante Informationen von Ihnen zu „fischen". Falls Ihre Bank Ihnen eine E-Mail sendet und Sie darin auffordert, Konto-, EC- oder Kreditkartennummern oder andere Bankverbindungsdaten wie Zugangscodes zu Ihrem Onlinebanking-Geschäft preiszugeben, dann beantworten Sie diese Nachricht nicht. Erkundigen Sie sich zunächst persönlich oder telefonisch danach, ob die E-Mail auch tatsächlich von Ihrer Bank stammt. Die Bank wird gerne und sofort antworten. Und noch etwas: Wenn Sie die Website von Geschäftspartnern besuchen wollen, dann geben Sie die Internetadresse am besten jedes Mal wieder ein – dadurch können Sie vermeiden, dass Sie von Betrügern auf gefälschte Seiten gelockt werden.

Sicherheitsprobleme mit sich bringen. Seriöse Onlineshops sollten daher immer auch dann genutzt werden können, wenn die Ausführung solcher aktiver Inhalte nicht gewünscht ist. So sollte etwa die Möglichkeit bestehen, auf Produktpräsentationen mit Java zu verzichten. Falls dies nicht der Fall ist, ist es besser, von dem Angebot der Website Abstand nehmen.

Schützen Sie sich vor Internetschädlingen. Beim Surfen im Internet wird dringend empfohlen, eine Firewall und Virenschutzprogramme zu verwenden. Dies gilt natürlich auch für den Onlineeinkauf, bei dem sonst schnell Viren, trojanische Pferde oder Spionagesoftware auf Ihren PC gelangen können. Legen Sie sich daher auf jeden Fall ein handelsübliches und ausreichendes Virenschutzprogramm (z. B. Norton AntiVirus, anti-vir o. Ä.) zu, bevor Sie auf Einkaufstour ins Netz gehen. Auch wenn solche Programme etwas kosten, verzichten Sie keinesfalls auf ein Schutzprogramm. Die Ausgabe lohnt sich – doppelt und dreifach!

Prüfen Sie, ob alternative Bestellmöglichkeiten existieren. Ein guter Onlineshop bietet auch die Möglichkeit, Waren telefonisch oder per Fax zu bestellen. So können Sie den Weg über das Internet umgehen, wenn er Ihnen nicht sicher genug erscheint. ◂

Taktik bei Webauktionen

6 Wege zur Vermeidung von Fehlentscheidungen bei Produkten und Anbietern

Beim Bieten einen kühlen Kopf bewahren. Wer Onlineauktionen aufsucht, um ein oder mehrere Produkte zu ersteigern, um so zum Beispiel vor Weihnachten oder Geburtstagen seine Geschenke möglichst preisgünstig zu „organisieren", hält sich in der Regel für einen preisbewussten und modernen Verbraucher. Grundsätzlich ist das auch richtig. Trotzdem ist zu beachten, dass manche Auktionsteilnehmer mehr bezahlen, als sie in Wirklichkeit bezahlen müssten, da sie das „Bieterfieber" zum „Zocken" verführt. Das hat zum Beispiel ein US-amerikanischer Feldversuch ergeben, den die Expertin Andrea Wekenborg auf der Website www.geldkompakt.de beschreibt. Demnach wurde bei eBay ein relativ teures Gesellschaftsspiel sowohl im Sofortkauf als auch in Auktionen angeboten. Dabei waren die meisten Bieter „nicht unbedingt schnäppchenbewusst: Rechnet man die Versandkosten zum Kaufpreis hinzu, zahlten fast drei Viertel der Bieter in einer Auktion mehr als den Sofortkauf-Preis."

Im Vorfeld Preisvergleiche ziehen. Wer in Onlineauktionen wirklich Schnäppchen ergattern will, sollte sich vorher genau über den wirklichen Preis der Ware erkundigen. Das tut man am besten mit einem konzentrierten Blick in die zahlreichen Preisvergleich-Portale im Internet, zum Beispiel www.guenstiger.de oder www.billiger.de. Hier erfährt man, welcher Preis wirklich günstig ist, und kann dann seine Bieterstrategie besser kalkulieren. Und denken Sie daran, dass Auktionsplätze wie zum Beispiel eBay aber auch 23gobuy, TeleBid, hood oder ameros schon lange keine Tummelplätze von Privatanbietern mehr sind, die Schnäppchen „von privat an privat" suchen und bieten, sondern dass hier auch gewerbliche Anbieter ihre Produkte feilbieten und Onlineauktionen zu einem Geschäftsmodell geworden sind. Wer das berücksichtigt, spart sich so manche Enttäuschung.

Vorsicht, Diebesgut! Gute und seriöse Angebote erkennen Sie daran, dass sich diese auch im Internet hinsichtlich ihrer Präsentation und Beschreibung an die „guten Sitten" – wie im realen Leben – halten. Deshalb sollten Sie grundsätzlich misstrauisch werden, wenn z. B. ein teures elektronisches Gerät, das einer neuen technischen Generation angehört (beispielsweise ein Plasma-Fernsehgerät) von einem gewerblichen Anbieter weit unter dem üblichen Ladenpreis angeboten wird. In diesem Fall sollten Sie sich sagen: „Das kann ja kaum möglich sein, da eine solche Aktion die Preise für alle gewerblichen Anbieter ruinieren würde." Hinter solchen Angeboten kann sich deshalb eigentlich nur Diebesgut verbergen, von dem Sie die Finger lassen müssen, wenn Sie sich nicht selbst strafbar machen wollen. Dies gilt besonders für sogenannte Sofortkauf-Angebote von Erzeugnissen gehobener Qualität, die noch nicht lange auf dem Markt verfügbar sind.

Misstrauen Sie „Marktschreiern". Ebenso gilt es, vorsichtig zu sein, wenn gewerbliche Anbieter Ausschlusskriterien formulieren: „Nur bei eBay", „Nur für zwei Tage – solange der Vorrat reicht" etc., und ebenso müssen die

Alarmglocken schrillen, wenn ein Produkt übertrieben euphorisch angepriesen wird.
Achten Sie bei Sofortkauf-Angeboten genau auf die zusätzlich anfallenden Kosten, die mit der Auslieferung der Ware verbunden sind, und kalkulieren Sie diese bei einem Preisvergleich mit ein. Ansonsten kann es passieren, dass ein Schnäppchen im Online-Auktionshaus infolge von Porto und Verpackung schließlich teurer wird als in Ihrem Ladengeschäft um die Ecke.

Versandkosten – die unauffälligen „Preistreiber". Prüfen Sie auch, ob die zusätzlichen Gebühren für den Versand der Ware realistisch sind – oder wird hier etwa noch heimlich eine „Schutz-" oder „Bearbeitungsgebühr" erhoben, die den Preis nach oben treibt? Hintergrund: eBay fordert für das Einstellen eines Produkts sowie bei Abschluss der Auktion prozentual zum Verkaufswert eine Gebühr vom Anbieter, die Händler von Beginn an im Startpreis des Produkts einkalkulieren. Deshalb sollten Sie Angaben in den AGB oder den Auktionstexten von Händlern wie „eBay-Gebühren und Portokosten zahlt der Käufer" niemals akzeptieren. Überdies sind diese von eBay untersagt.

Bieten Sie erst kurz vor Schluss. Geben Sie Ihre Gebote bei offenen Auktionen immer erst kurz vor Schluss einer Versteigerung ab, um die Reaktionszeit für andere potenzielle Käufer zu vermindern. Auktionsprofis verfolgen über den Menüpunkt „dieses Angebot beobachten" das Auktionsgeschehen während der ganzen Zeit sorgfältig mit und bekunden niemals durch ein zu frühes Gebot vorzeitig ihr Interesse an einem Artikel. So vermeiden sie, dass andere Bewerber aufmerksam werden und ebenso verfrüht versuchen, den Preis zu übertreffen, und diesen dadurch unnötig in die Höhe treiben. ◂

WAS ONLINEHÄNDLER NICHT KLARSTELLEN: Profiling

Das BSI weist darauf hin, dass jeder, der im Internet surft, sogenannte Datenspuren hinterläßt.

- Durch den Einsatz von Cookies und Data-Mining kann ein Bild darüber gewonnen werden, welche Seiten von welchen Nutzern besucht werden. So erhält man Profile von Internetsurfern.
- Diese Informationen interessieren gewerbliche Anbieter, die den Kunden möglichst spezifische und auf ihre Interessen zugeschnittene Angebote machen wollen. Durch dieses Profiling entstehen also Kundenprofile.
- Das kann positive Auswirkungen für den Verbraucher haben – etwa, wenn er nach dem Login auf der Seite eines Webshops schon mit zu seinen Interessen passenden Produktangeboten begrüßt wird.
- Allerdings kann Profiling auch unseriös eingesetzt werden. Zum Beispiel kann es dazu führen, dass Anbieter Ihre Mailbox permanent mit einer Flut von unerwünschten Werbemails verstopfen.

10 GEBOTE BEI *Auktionen*

„Zum Ersten ... zum Zweiten ... zum Dritten!" Diese magischen Rufe des Auktionators haben schon so manchen über sein Limit hinaus mitbieten lassen – bis er den Zuschlag hatte. Auch Auktionen per Internet haben ihre Tücken. Das BSI rät deshalb:

1 Prüfen Sie die Bewertung von Verkäufern, bevor Sie ein Angebot abgeben. Bevorzugen Sie Auktionen, bei denen die Homepage oder die Adresse des Anbieters bekannt ist.

2 Überprüfen Sie die Produktdaten, und fragen Sie gegebenenfalls beim Verkäufer nach. Verlangen Sie vor allem bei höherwertigen Produkten oder Neuwaren Herkunftsnachweise oder Belege über den Kauf und daran geknüpfte Garantien.

3 Lassen Sie sich im Eifer des Gefechts nicht dazu hinreißen, Ihr einmal gesetztes Limit aufzugeben und willkürlich zu erhöhen.

4 Bevorzugen Sie Angebote in Ihrer Nähe, bei denen Sie die Ware auch besichtigen können und eine persönliche Übergabe möglich ist. Bei räumlich weiter entfernten Verkäufern müssen Sie auch die Versandkosten mit einkalkulieren.

5 Informieren Sie sich im betreffenden Bereich auf der Internetseite über die Sicherheitsmaßnahmen des Auktionsanbieters, mit denen Betrüger ferngehalten werden sollen.

6 Prüfen Sie vor dem Bezahlen, ob Sie die Adressdaten des Verkäufers erhalten haben. Wenn nicht, recherchieren Sie diese über die Auskunft.

7 Achten Sie bei der Überweisung darauf, dass der Verkäufer und der Kontoinhaber identisch sind.

8 Nutzen Sie bei höherwertigen Gütern, falls dies möglich ist, den Treuhandservice der Auktionsanbieter, bei dem die Zahlung des Kaufpreises zurückgehalten wird, bis die Ware bei Ihnen eingetroffen ist.

9 Seien Sie vorsichtig, wenn Ihnen ein (vermeintlicher) Verkäufer nach Abschluss einer Auktion eine Ware direkt verkaufen will, etwa mit der Begründung, ein Käufer sei abgesprungen. Fragen Sie in solchen Fällen immer beim Auktionsanbieter nach.

10 Wenden Sie sich an die Polizei, wenn Sie um Geld betrogen wurden. Wenn Sie den Verdacht haben, dass es sich bei erworbener Ware um Diebesgut handelt, so melden Sie dies ebenso der Polizei – Sie machen sich sonst möglicherweise der Hehlerei strafbar. Schätzen Sie deshalb möglichst realistisch den Wert einer Ware ein: Ein angebotenes Navigationssystem zu einem Drittel des Marktpreises (kürzlich bei eBay geschehen) sollte Sie prinzipiell misstrauisch machen!

Einkaufen in der Netz-„Fabrik"

4 Tipps, wie Sie die besten Preise im Online-Outlet-Dschungel aufspüren

Shopping im Urlaub. Besonders Urlaubsreisende interessieren sich immer wieder für Fabrikverkaufadressen rund um ihren Urlaubsort. Wenn man schon mal in der Nähe ist, kann man sich gut auf Shopping-Tour machen und so manches Schnäppchen ergattern. Aber auch wer das Glück hat, in einem PLZ-Bereich mit vielen Fabrikverkauf- bzw. Werksverkaufadressen oder einem Factory-Outlet-Center (FOC) zu wohnen, kann so manchen Euro auf der Schnäppchenjagd sparen. Unser Tipp lautet deshalb: Suchen Sie im Internet nach Adressen von Fabrik- und Werksverkäufen oder nach Factory Outlet Center mithilfe der Eingrenzung nach Postleitzahlengebieten.

Direkt vom Hersteller kaufen. Fabrikverkäufe lohnen sich: Dabei liegen die Angebote oft bis zu 50 % unter dem Durchschnittspreis im Einzelhandel, weil Hersteller versuchen, ihre Lager rechtzeitig vor der neuen Saison zu räumen, oder auch Auslaufmodelle und Waren mit geringen Fehlern losschlagen wollen. Wenn Sie sich im Internet auf die Suche nach Fabrikverkäufen machen wollen, können diese Adressen weiterhelfen:

- www.factory-outlets.org
- www.fabrikverkauf-adressen.de
- www.wer-zu-wem.de/fabrikverkauf
- www.wertvoller.de/fabrikverkauf.php
- www.outlet-center-info.de/outlet-center-Deutschland.html
- www.weiterhilfe.de/fabrikverkauf
- www.monetenfuchs.de/fabrikverkauf

Andere preiswerte Onlineshops finden. Wer sich nicht nur für Fabrikverkäufe interessiert, sondern ganz allgemein nach preiswerten Onlineshops die Angel auswerfen möchte, könnte unter den folgenden Adressen eventuell fündig werden:

- www.Cheap-Charlie.com
- www.geizkragen.de
- www.google.com/Top/World/Deutsch/Online-Shops/

Outfit aus dem Internet. Darüber hinaus gibt es ein interessantes Angebot für Modebewusste: Unter der Adresse www.klamottenshops.de finden Sie eine umfangreiche Liste trendbewusster Mode-Onlineshops. ◂

Aufgepasst beim Handykauf!

5 Überlegungen vor der Anschaffung eines Mobiltelefons

Jugendlichen „Telefonier"-Grenzen setzen. Die Ausgaben für Mobiltelefone von Kindern und Jugendlichen können schnell schwindelnde Höhen erreichen. So vermeiden Sie den Familienkrach um die Telefonkosten: Wenn Sie Jugendlichen ein Handy zur Verfügung stellen wollen, dann sollten Sie in jedem Fall den Kauf einer Prepaidkarte einem „offenen" Mindestlaufzeitenvertrag (meist zwei Jahre) mit SIM-Karte vorziehen. Damit haben Erziehungsberechtigte die Kosten für die Mobilfunknutzung ihrer Kinder und Heranwachsenden trotz höherer Gesprächsgebühren erheblich besser im Griff, da das Budget von vorneherein begrenzt und überschaubar ist.

Prepaidkarte – pro und contra. Die Vorteile einer Prepaidkarte auf einen Blick:

- Flexibilität bei Tarifänderungen von Mobilfunkanbietern, da kein fester Kartenvertrag besteht.
- Die Gesprächskosten können stets kontrolliert werden, da nur der auf dem Guthabenkonto befindliche Betrag für Telefongespräche zur Verfügung steht: Der Handybenutzer hat eine optimale Kostenkontrolle.
- Keine monatliche Grundgebühr (wie bei Verträgen mit Mindestlaufzeit).

Die Nachteile von Prepaidkarten im Vergleich zu SIM-Karten mit Mindestlaufzeitenverträgen:

- Höhere Anschaffungskosten für das Handy.
- Höhere Gesprächsgebühren.
- Zusatzdienste stehen teilweise nicht bzw. eingeschränkt zur Verfügung.

Prüfen Sie Ihr Telefonverhalten. Richten Sie Ihren Handyvertrag nach Ihrem Telefonverhalten ein, und prüfen Sie, zu welchen Zeiten Sie am häufigsten und/oder am längsten telefonieren. Vergleichen Sie mehrere Angebote.
Wir empfehlen dazu neben der Stiftung Warentest und den Verbraucherverbänden die Websites www.telefon-tarifrechner.de, www.billiger-telefonieren.de, www.billig-tarife.de, www.handytarife.de. Hier finden Sie Tarifrechner und Angebote aus fast 2000 Handy- und Handy-Flatrate-Tarifen.

Vertrag mit oder ohne Handy? Darüber hinaus müssen Sie sich fragen, ob für Sie ein Vertrag mit oder ohne Mobiltelefon günstig ist. Die Mobiltelefone inklusive Vertrag sind stark subventioniert. Stellen Sie eine Amortisationsrechnung auf, und kalkulieren Sie auf der Grundlage Ihrer durchschnittlichen monatlichen Mobiltelefonkosten, wie lange Sie für den durchschnittlichen Ladenpreis Ihres neuen Handys telefonieren können. Lohnt es sich dann, einen Vertrag inklusive Handy abzuschließen, oder fahren Sie nicht doch besser ohne?

Die Gerätenummer notieren. Jedem GSM- und UMTS-Handy ist eine eindeutige 15-stellige Seriennummer zugeordnet (IMEI-Nr.). Die Nummer findet sich auf der Verpackung und meistens auf einem Aufkleber im Akkufach. Außerdem kann sie über Eingabe der Tastenkombination *#06# abgefragt werden. Sollte ein Handy gestohlen werden, erleichtert die IMEI-Nr. die Strafverfolgung, da nur mit dieser Nummer ein Gerät wieder dem Eigentümer zurückgegeben werden kann. ◂

Nutzen Sie das Wissen von Geldprofis

Vom klugen Umgang mit Geld

7 Tipps zur privaten Budgetplanung

Wissen, was reinkommt und rausgeht. Viele Verbraucher wissen nicht so recht, was sie monatlich an Einkommen zur Verfügung haben und wie groß die Ausgaben sind, die Monat für Monat das Bankkonto schmälern. Das liegt nicht daran, dass sie etwa notorisch leichtsinnig oder schlampig veranlagt wären, sondern an der mangelnden Systematik, mit der sie ihre Geldgeschäfte organisieren, Abbuchungen vom Konto kontrollieren und die laufenden Ausgaben für Versicherungen etc. mit anderen Angeboten vergleichen, um nicht mehr aufzuwenden, als erforderlich wäre. Davor warnt der Sparexperte und Wirtschaftsjournalist Roman Leuthner in seinem Buch „Mehr Geld im Portemonnaie“ (Campus Frankfurt/New York 2003) und liefert hier wichtige Regeln. Die Buchhaltung ändert sich manchmal erst dann, wenn es Probleme mit der Bank gibt oder größere Ausgaben anstehen, für die ein Finanzierungsplan aufgestellt werden muss. Machen Sie es anders: Verschaffen Sie sich einen kontinuierlichen Überblick über die Finanzsituation Ihres Haushalts, und bestimmen Sie Ihre Einnahmen und Ausgaben. Dazu benötigen Sie drei Dinge: eine tabellarische Übersicht über Ihre monatlichen Einnahmen und Ausgaben, eine Jahresbudgetübersicht, in die die monatlichen Budgets übertragen werden, sowie ein Haushaltsbuch für Ihre Lebensführung.

Legen Sie eine tabellarische Übersicht an. Die kostengünstigste Möglichkeit zur Budgetplanung besteht in einem möglichst übersichtlich gehaltenen DIN-A3-Blatt oder auch in einer Excel-Tabelle. Wenn Sie Ihre Einnahmen-Ausgaben-Rechnung an Ihrem Computer führen wollen, empfiehlt sich das mehrfach prämierte Haushaltsbuch der Website www.haushaltsbuch.com, das als Download oder CD zu jeweils rund 20 Euro erworben werden kann. Damit können Sie Ihre monatlichen und jährlichen Einnahmen und Ausgaben bequem, übersichtlich und transparent in Form bringen, gut zwischen fixen und variablen Kosten unterscheiden und auch weitere Funktionen ordern, wie z. B. die Verwaltung von Giro- und Sparkonten oder eine Verbrauchsberechnung für Strom, Wasser und Heizung. Ein klassisches Haushaltsbuch für die Ausgaben der Lebensführung (Lebensmittel, Kleidung, Hygieneartikel und Kosmetika etc.) ist in gut sortierten Schreibwarengeschäften erhältlich.

Der monatliche Durchschnitt irrt. Ausgaben und Einnahmen sollten Sie grundsätzlich immer zunächst monatlich erfassen und dann in einen Jahresbudgetplan übertragen. Das tun Sie deshalb, weil es für Versicherungen oder die Abschlagszahlungen für Heizung und Strom für Ihre Mietwohnung unterschiedliche Fälligkeitstermine gibt. So können Versicherungen beispielsweise zweimonatlich, quartalsmäßig, halbjährlich oder auch jährlich fällig werden – je nachdem, was Sie mit der Versicherungsgesellschaft vereinbart haben oder welche Konditionen Ihnen geboten werden.
Abschlagszahlungen werden hingegen monatlich, zweimonatlich oder vierteljährlich erhoben. Deshalb liegt Ihr verfügbares monatliches Einkommen, das Sie beispielsweise für Neuanschaffungen einplanen können, mal höher und mal niedriger. Eine monatliche Durchschnittskalkulation kann daher in die Irre führen.

GEHEIMWAFFE

Zur Organisation des Haushaltsbuchs

- Sie sollten Ihr Haushaltsbuch regelmäßig führen. Machen Sie also täglich Ihre Einträge. So könnten Sie z. B. immer sofort, wenn Sie abends nach Hause kommen, Ihr Haushaltsbuch zur Hand nehmen und notieren, was Sie ausgegeben haben. Ihre Einkäufe und Wege, die Sie über den Tag erledigt haben, sind dann noch präsent.
- Machen Sie ruhig ein Ritual aus Ihrem Haushaltsbuch und führen Sie Ihre Aufzeichnungen sorgfältig. Mehr als fünf Minuten pro Tag sollten Sie dafür nicht benötigen.
- Bewahren Sie die Kassenzettel immer auf, nachdem Sie im Geschäft bezahlt haben, um alle Einkäufe richtig zuordnen zu können.

Einnahmen ermitteln. Wie viel Geld steht Ihrem Haushalt tatsächlich zur Verfügung? Um diese Summe zu ermitteln, erfassen Sie neben dem Haushaltsnettoeinkommen Ihrer Erwerbsarbeit alle eventuell weiteren Einnahmequellen. Denken Sie an Nebenjobs, an Miet-, Pacht- und Zinseinnahmen und/oder an Unterhaltszahlungen und staatliche Zuschüsse (Kindergeld etc.) bzw. an Steuerrückerstattungen. Diese Angaben tragen Sie in die monatliche Budgetplanung ein und übertragen sie dann in den Jahresübersichtsplan. Gegenüber den Einnahmen verbuchen Sie nun vollständig Ihre monatlichen Ausgaben. Dazu gehören:

Ausgaben ermitteln, Teil eins. Zunächst schaut man nach seinen Fixkosten:

- Miete und alle Wohnnebenkosten
- Ausgaben für Ihre Mobilität (Auto mit allen Nebenkosten, ein Monatsticket

für den öffentlichen Personennahverkehr oder eine Bahncard)

- Ausgaben für Kommunikation (Telefon – Festnetz und Handy)
- Gebühren für die Internetnutzung sowie für Fernsehen und Rundfunk
- Zeitschriftenabonnements
- Ausgaben für Versicherungen
- Verbindlichkeiten (Hypotheken, Darlehen, Leasingraten und/oder private Schulden)
- Ausgaben für Kultur (Theater- oder Kinoabonnements etc.), Ausgaben für Soziales (Spenden, Mitgliedschaften in Vereinen oder bei Verbänden und/oder Gewerkschaften)
- Ausgaben für Freizeit (Mitgliedsgebühren für den Fitnessclub oder für Sportvereine).

Ausgaben ermitteln, Teil zwei. Nun betrachtet man die veränderlichen Kosten:

- Ausgaben für Ihre Lebensführung. Bei diesen Budgetpositionen sollte man unterscheiden zwischen
  - alltäglichen Einkäufen (Lebensmittel, Getränke und Genusswaren)
  - nicht alltäglichen Einkäufen (Haushaltswaren, Körperpflege und kosmetische Produkte, Kleidung und Schuhe, Einrichtungsgegenstände, elektrische und elektronische Geräte sowie Freizeit und Hobby).
- Zur Erfassung Ihrer variablen Ausgaben sammeln Sie die Kassenbons und übertragen täglich Ihre Ausgaben in das Haushaltsbuch. Denken Sie daran: Je detaillierter Sie alle Ihre Ausgaben und Einkäufe erfassen, desto genauer wird Ihre Vorstel-

Prüfen Sie immer Ihre Kontoauszüge

DER EXPERTE RÄT

- Kontrollieren Sie die Salden auf Ihren Auszügen. Auch Banken können sich verrechnen! Falls Ihnen Ungereimtheiten auffallen, halten Sie Rücksprache mit Ihrem Ansprechpartner bei der Bank.
- Vergleichen Sie die Lohnnettosummen auf Ihren monatlichen Gehaltsabrechnungen mit den tatsächlich gebuchten Beträgen: Lohnnetto = Lohnbrutto minus der Summe aus Steuer plus Sozialversicherungsbeiträge plus Solidaritätszuschlag.
- Prüfen Sie bei dieser Gelegenheit auch Ihre Lohn- bzw. Gehaltsabrechnung. Hat der Arbeitgeber richtig gerechnet?
- Kontrollieren Sie Ihre regelmäßigen Überweisungen an Versicherungen, für die Miete, Ratenzahlungen, an Vereine etc. – ebenso die Abbuchungen.
- Falls Sie auf Beträge stoßen, die nicht plausibel bzw. die in ihrer Höhe nicht nachvollziehbar sind, dann forschen Sie sofort nach.
- Achten Sie besonders auf Ihre Abbuchungen für Festnetz- und Mobiltelefon, denn hier tauchen häufig Ungereimtheiten auf.

lung von Ihrem eigenen Konsumverhalten, und desto besser können Sie Ihre Budgetplanung optimieren.

Der Nutzen guter Budgetplanung. Eine komplette Budgetplanung lohnt sich aus fünf Gründen, weiß Sparexperte Leuthner:

1. Schnell wird klar, dass es in der Regel nicht die großen Ausgaben sind, beispielsweise für Anschaffungen, die manche Verbraucher in Finanznöte bringen, sondern die vielen kleinen Beträge, die sich über den Monat und erst recht während eines Jahres summieren. Ein gut geführtes Haushaltsbuch macht deutlich, auf welche Ausgaben verzichtet werden kann.
2. Deshalb trägt eine methodische Buchhaltung im Privathaushalt zur Selbstdisziplin bei und zwingt nicht etwa zur Askese, sondern erhöht den finanziellen Handlungsspielraum!
3. Deshalb können Sie jetzt eventuell eingefahrene Verhaltensweisen, die Sie vielleicht zu einem allzu großzügigen Ausgabeverhalten verleitet haben, korrigieren und dort einsparen, wo es sinnvoll ist.
4. Erst auf der Grundlage einer vollständigen Erfassung aller Einnahmen und Ausgaben lernen Sie Ihr verfügbares Haushaltseinkommen kennen. Dies ist Voraussetzung dafür, z. B. Neuanschaffungen und Reisen ohne Reue genießen zu können.
5. Schließlich wissen Sie jetzt konkret, wie viel Geld am jeweiligen Monatsende übrig bleibt. Von diesem Betrag sollten Sie mindestens ein Drittel bis die Hälfte zum Aufbau einer Rücklage einplanen und in ein gesondertes Ansparkonto oder eine andere Form der Geldanlage stecken. ◂

Vorsicht Schuldenfalle!

8 clevere Strategien, die Ihren finanziellen Spielraum sichern

Insolvenzen häufen sich. Immer mehr Verbraucher stolpern in die Schuldenfalle. Finanzexperten aus dem Verlag WBDat Wirtschafts- und Branchendaten GmbH in Köln haben ermittelt, dass die privaten Insolvenzen dramatisch zugenommen haben. In ihrem „Insolvenzbarometer“ (InDat-Report) belegen sie beispielsweise für die Monate Januar und Februar 2007 insgesamt 19700 Verbraucherinsolvenzen; im Jahr 2005 waren es lediglich 9015.
Insgesamt gesehen, gehen Experten davon aus, dass eine Viertelmillion der deutschen Privathaushalte so stark überschuldet sind, dass sie selbst aufgebürdete Lasten oder aber „Schicksalsschläge“ wie Arbeitslosigkeit und Scheidung nicht mehr aus eigenen Kräften schultern können. Und mehr als drei Millionen Haushalte sind so verschuldet, dass ein großer Teil des Monatseinkommens für die Zahlung von Bankzinsen und Ratenzahlungen verwendet werden muss.
Lassen Sie es nicht so weit kommen! Hier finden Sie acht Strategien, mit denen Sie vermeiden, finanziell ins Trudeln zu geraten.

Behalten Sie die Übersicht. Bei allen finanziellen Überlegungen und Planungen gilt die Hauptvoraussetzung: Sie wissen immer, wo Sie finanziell stehen, welche Einnahmen Sie verbuchen können, welche Ausgaben Sie leisten müssen und was unter dem Strich davon übrig bleibt. Eine Kernerfahrung von Schuldnerberatern ist, dass ihre Klienten die Übersicht verloren haben. Brauchen Sie hierzu die Unterstützung von Fachleuten, dann wenden Sie sich an die

Bundesarbeitsgemeinschaft
Schuldnerberatung e.V. (BAG-SB),
Wilhelmstraße 11, 34117 Kassel
Telefon: 0561/771093
Telefax: 0561/711126
www.bag-schuldnerberatung.de.

Dort erfahren Sie auch die Adressen seriöser und diskreter regionaler Büros und Experten.

Handeln Sie mit Voraussicht.

Seien Sie grundsätzlich vorsichtig beim Abschluss von Kreditverträgen und anderen langfristigen finanziellen Bindungen. Bedenken Sie immer, dass Sie diese Verpflichtungen häufig auf mehrere Jahre eingehen und Sie heute nur einen relativ kurzen Zeitraum überschauen und planen können. Natürlich sollten Sie nicht immer vom Schlimmsten, wie dem Verlust Ihres Arbeitsplatzes, ausgehen. Gleichwohl ist es ratsam, vor Abschluss jeder längerfristigen finanziellen Verpflichtung wie

- Hypothekendarlehen
- Finanzierungskredite
- Ratenzahlungen
- Leasingraten

auch mit dem Fall zu rechnen, dass Sie auf Ihrer Einnahmeseite Verluste hinnehmen müssen. Dies kann eine Einbuße an Lohn bzw. Gehalt sein, der Verlust eines Nebenjobs o. Ä. Können Sie auch in diesem Fall noch die aufgenommenen Verpflichtungen leisten? Diese Frage sollten Sie sich stellen und Für und Wider genau abwägen.

Kredit ist nicht gleich Kredit.

Unterscheiden Sie zwischen langfristigen Verpflichtungen für Konsum und solchen vertraglichen Bindungen, bei denen ein Gegenwert vorhanden ist. Ein Hypothekendarlehen, das Sie bei der Bank für die langfristige Finanzierung einer Immobilie aufnehmen, ist selbstverständlich etwas anderes als ein Kredit, den Sie zur Finanzierung von Konsumausgaben verwenden.
„Boden besteht – gut Leben vergeht“: Diese alte Weisheit gilt auch heute noch, und deshalb sollten Sie sich immer vor einer verlockenden, aber nicht wirklich nötigen Anschaffung fragen, ob es wirklich sinnvoll ist, für ein kurzfristiges Kauferlebnis auf langfristige Ratenzahlungen oder Kreditlinien der Bank einzugehen. Warten Sie lieber noch ein bisschen mit der Anschaffung, genießen Sie die Vorfreude, und kaufen Sie sich Ihr Wunschobjekt erst dann, wenn Sie das Geld dafür zusammenhaben.

Vorsicht bei Bestellungen im Versandhaus. Die Übersicht über die individuellen finanziellen Möglichkeiten verlieren oft die Verbraucher, die häufig bei Versandhäusern bestellen und die angelieferten Waren mit monatlichen Raten abstottern. Hier besteht die große Gefahr, dass man lediglich die neue Rate im Blick hat und die Summe der bereits vorhandenen monatlichen Zahlungsverpflichtungen „vergisst". Natürlich ist das von den Versandhäusern großzügig eingeräumte „Kundenkonto" eine Verlockung, die dazu führen kann, sich über die eigenen Möglichkeiten hinwegzutäuschen. Auch die Dauer der Zahlungsverpflichtungen wird häufig unterschätzt. Bezahlen Sie deshalb lieber gleich den Komplettpreis, und wenn es gar nicht anders geht, dann setzen Sie sich ein festes Limit, also eine Obergrenze für Ihre monatlichen Ratenverpflichtungen, die Sie bequem leisten können und die keinesfalls überschritten werden darf – so verlockend ein bestimmtes Angebot auch sein mag!

Überprüfen Sie Ihre Wohnungskosten. Nach den Angaben des Statistischen Bundesamts wendet der durchschnittliche Privathaushalt in Deutschland etwa 30 % seines verfügbaren Monatseinkommens für die Miete auf (einschließlich der „kalten" Nebenkosten – ohne die Ausgaben für Energie!). Zu Beginn der 1960er-Jahre lagen diese

WAS DIE BANK GERN VERSCHWEIGT ÜBER: Zinsen

Banken gewähren Kunden, die ein Girokonto besitzen, in der Regel einen sogenannten Dispositionskredit, den sie bis zu einer bestimmten Höhe ohne weitere Formalitäten in Anspruch nehmen können. Er beträgt meist ein Monatsnettoeinkommen.

Die Inanspruchnahme eines Dispositionskredits ist jedoch nur ratsam, wenn Sie kurzfristig und einmalig das Konto für eine bestimmte Ausgabe überziehen müssen. Den Lebensunterhalt hingegen von dem Dispositionskredit zu finanzieren führt häufig in eine finanzielle Katastrophe, da die Zinsen für einen Dispositionskredit oftmals zwischen 10 und 15 % liegen und Ihnen immer weniger von Ihrem Geld übrig bleibt. Die zwangsläufige Folge: Wenn Sie keine zusätzlichen Einnahmen finden können, muss der Dispositionsrahmen erhöht werden, und Sie bezahlen noch höhere Zinsbeträge. Dies kann der Beginn eines Teufelskreises sein, der für gewöhnlich auf direktem Weg in die private Insolvenz führt.

Nutzen Sie Geldkarten mit Augenmaß! Den finanziellen Handlungsspielraum, den Ihnen die Bank mit der Nutzung von EC- und Kreditkarte(n) einräumt, sollten Sie mit Vorsicht genießen. Beim Einsatz von Karten dürfen Sie sich nicht von Reklamesprüchen wie „Das kann ich auch", „Wir machen den Weg frei" oder „Grenzenlose Freiheit" verführen lassen. Die Kreditinstitute verdienen immer, auch dann, wenn Ihre Zahlungen, die Sie mit Kreditkarten geleistet haben, erst einige Wochen später von Ihrem Girokonto abgebucht werden. Der Zahltag kommt bestimmt. Vereinbaren Sie deshalb mit Ihrer Bank eine sinnvolle monatliche Kreditobergrenze, die Sie bequem leisten können; darüber hinaus können Sie Ihre Karten dann nicht in Anspruch nehmen (mehr zur Nutzung von Kreditkarten erfahren Sie auf Seite 241 ff.).

Ausgaben noch bei rund 11 % des Haushaltsnettoeinkommens, unterstreicht Leuthner, und weiter: Ein Drittel des Geldes, das Sie monatlich zur Verfügung haben, ist damit gebunden und fällt schon weg!
Überprüfen Sie deshalb Ihre Wohnsituation, und folgen Sie den Empfehlungen von Mieterverbänden: Wenn Sie bis zu 30 % Ihres verfügbaren Monatsnettoeinkommens für Miete inklusive aller (!) Nebenkosten ausgeben, dann gilt dies noch als „gesund". Beträgt der Wohnkostenanteil an Ihrem Haushaltsbudget aber zwischen 35 und 40 %, können Sie schnell in Bedrängnis kommen. Überlegen Sie dann, ob nicht der Umzug in eine preiswertere Wohnung sinnvoll und möglich ist.

Muss es ein „Prestige-Auto" sein?

Das Auto ist nicht nur des Deutschen „liebstes", sondern auch „teuerstes Kind". Neben den Aufwendungen für das Wohnen bilden die Ausgaben für Mobilität – und hier zählt besonders ein Auto – den zweitgrößten Kostenblock bei der Jahresrechnung eines durchschnittlichen Privathaushalts: Außer den Anschaffungskosten für ein Auto sollten Sie sich bewusst machen, dass Finanzamt, Versicherungsgesellschaften, TÜV und ASU, Städte und Gemeinden, Kfz-Werkstätten und Tankstellen die Hand aufhalten. Viele Verbraucher unterschätzen diese Folgekosten und drücken bei der Anschaffung eines neuen oder „neuen" gebrauchten Wagens beide Augen zu, weil ihrer Ansicht nach das Auto Teil ihres Prestiges ist bzw. ihr Ansehen bei Freunden und Bekannten erhöht. Dafür ist man dann bereit, tief in die Tasche zu greifen und beispielsweise langfristige Raten- und Kreditverpflichtungen zu übernehmen. Korrigieren Sie diese großzügige Handhabung unbedingt. Kalku-

10 *Tipps,* um Schuldenberge abzutragen

Wann wird die Schuldenlast allzu schwer? Dafür gibt es zwei deutliche Anhaltspunkte. Der erste: Wenn Ihre Zahlungsverpflichtungen überhandgenommen haben und Sie mehr als ein Drittel Ihres verfügbaren monatlichen Nettoeinkommens für Tilgungs- und Zinszahlungen aufwenden müssen (mit Ausnahme von Hypothekendarlehen). Der zweite: Wenn Ihr Schuldendienst infolge kontinuierlich wachsender Zinsbelastungen überdies eine steigende Tendenz aufweist. Trifft beides auf Sie zu, dann gelten Sie nach der Definition von Schuldenberatern als überschuldet. Wie da wieder herauskommen?

1 Stellen Sie eine Übersicht aller monatlichen Einnahmen und Ausgaben sowie eine Liste aller Forderungen zusammen. Besorgen Sie sich eventuell fehlende Rechnungen, Verträge und Policen.

2 Prüfen Sie alle Forderungen nach ihrer Höhe und Laufzeit. Sind die Forderungen gegen Sie berechtigt? Kontrollieren Sie, ob ein Inkassobüro, das eventuell eine Forderung bei Ihnen eintreiben will, dazu berechtigt ist und vom Gläubiger beauftragt wurde.

3 Unterschreiben Sie keine Schuldanerkenntnisse, die Ihnen von einem Inkassobüro oder von einem Anwalt vorgelegt werden! Holen Sie sich unter Vorlage der Schriftstücke sofort bei einer Schuldnerberatungsstelle Beistand und Rat. Wichtig: Sie sind nicht verpflichtet, Mitarbeiter von Inkassobüros in Ihre Wohnung zu lassen. Nur Gerichtsvollzieher und Vollzugsbeamte der öffentlichen Verwaltung dürfen den Zutritt verlangen.

4 Betrachten Sie Ihre Einnahmeseite: Besteht die Möglichkeit, die Einnahmen zu erhöhen, etwa durch Annahme einer Nebentätigkeit? Haben Sie, vielleicht gerade in der aktuell prekären Situation, Anspruch auf staatliche Förderung oder Unterstützung? Haben Sie alle möglichen Einnahmequellen geprüft? Informieren Sie sich dazu auf der Website www.familien-wegweiser.de.

5 Kontrollieren und begrenzen Sie Ihre Ausgaben. Besonders bei den Kostentreibern Energie, Mobilität (Auto) und Kommunikation (Handy) lassen sich bis zu 30 % jeden Monat einsparen!

6 Prüfen Sie Ihre Kredite. Ist die Bank z. B. damit einverstanden, einen teuren Dispositionskredit in einen preiswerteren Ratenkredit umzuwandeln? Manchmal kann es sinnvoll sein, zwei oder drei Kreditlinien zu einer zu bündeln – besonders dann, wenn die Leitzinsen gesunken sind und die Bank einen Neuabschluss zu einem günstigeren Zinssatz gewährt. Sprechen Sie mit Ihrer Bank darüber – und lassen Sie die Finger von allen Kreditangeboten, die Geld ohne Bonitätsprüfung und ohne Schufa versprechen. Solche Angebote sind durchweg unseriös und vergrößern Ihre Probleme!

7 Vermeiden Sie unter allen Umständen Mietrückstände. Ansonsten riskieren Sie eine fristlose Kündigung und/oder Zwangsräumung. Stellen Sie deshalb lieber Zahlungen an andere Gläubiger zurück. Hat Ihr Vermieter bereits Räumungsklage erhoben, sollten Sie beim Sozialamt die Übernahme der Mietschulden beantragen. Das gilt übrigens auch für Energierechnungen, wenn die Stromsperre droht.

8 Informieren Sie Ihre Gläubiger über Ihre aktuelle Situation, und weisen Sie darauf hin, dass Sie das ausstehende Geld sofort zurückzahlen werden, wenn sich die Situation entspannt hat. Erwähnen Sie, dass Sie eine Schuldnerberatungsstelle aufsuchen werden, und seien Sie auf jeden Fall ehrlich.

9 Sollten Sie aufgrund Ihrer Schulden kein Girokonto mehr besitzen, so können Sie bei jedem Kreditinstitut ein Konto auf Guthabenbasis („Jedermannkonto“) beantragen. Wichtig zur Schuldenvermeidung: Es hat keine Überziehungsmöglichkeit.

10 Vor einem ersten Gespräch mit dem Schuldnerberater: Vereinbaren Sie keine neuen Ratenzahlungen, Kreditaufnahmen oder Umschuldungen. Unterschreiben Sie nicht einfach Zahlungsvereinbarungen mit Inkassobüros und keinesfalls (notarielle) Schuldanerkenntnisse.

lieren Sie, dass Sie einen Jahreswagen um bis zur Hälfte günstiger erwerben können als ein Neufahrzeug gleichen Typs und dass ein guter und gepflegter „Gebrauchter" denselben Zweck erfüllt wie ein Neuwagen. Und bedenken Sie schließlich, dass der Unterhalt für ein Auto infolge des Klimawandels und der damit zusammenhängenden wachsenden Kosten für den möglichst umweltschonenden Betrieb eines Fahrzeugs mit Sicherheit noch weiter steigen dürfte.

Abzocke im Internet. Viele Menschen, die im „wirklichen Leben" stets zielstrebig nur das Benötigte einkaufen, verbringen jede Woche Stunden vor dem Computer, um bei Web-Auktionen vermeintliche Gelegenheiten zu ergattern. Und viele, die ein Spielkasino oder einen Nachtclub höchstens einmal im Urlaub besuchen würden, sind halbe Nächte damit beschäftigt, online Poker, Skat oder Roulette zu spielen oder die Angebote von Partnerbörsen und Singletreffs zu durchforsten. Die Anonymität im Netz setzt dabei übliche Korrekturen und Hemmschwellen außer Kraft, und der Geldtransfer von der eigenen Tasche in die der Anbieter vollzieht sich quasi unmerklich – bis zur Sichtung der Bankauszüge am Monatsende! Mit etwas mehr Selbstdisziplin sind oft erhebliche Summen einzusparen.

Schuldenfalle Handy. Hohe Grund- und Tarifgebühren bei Handys können nicht nur bei Jugendlichen schnell zu finanziellen Problemen führen. Die Angebote der Industrie sind so verlockend, die Vielzahl an Geräten und Funktionen sowie die Varianten in der vertraglichen Gestaltung (Grundgebühr, Tarif, Vertragslaufzeit, Rabatte) sind derart groß, dass kaum ein Verbraucher hier die Übersicht behalten und das jeweils für sich beste und kostengünstigste Angebot herausfiltern kann. Im Ergebnis zahlen viele Handynutzer für die Leistungen des Providers überhöhte Preise und verlieren schnell den Überblick – zumal in mehrköpfigen Haushalten häufig zwei und noch mehr Mobiltelefone vorhanden sind. Experten der Verbraucherzentrale Hessen raten vor dem Handykauf deshalb zu einer genauen Analyse des eigenen Telefonverhaltens. Falls dies schwer umzusetzen ist, kann man es mit einer Prepaidkarte versuchen. Dann bezahlen Sie im Voraus und begrenzen die Ausgaben für ein Handy. Gute Tipps zum Thema „Kinder und Handys" finden Sie übrigens auf der Website www.taschengeldgangster.de.

Reserven anlegen. Sparen ist nicht gerade populär in einer Zeit, in der „shoppen" zu einer wichtigen Freizeitbeschäftigung geworden ist. Sehr häufig liegt aber der Grund für den Beginn einer Überschuldung im fehlenden finanziellen Polster der Betroffenen. Es gilt immer noch die alte Weisheit: „Spare in der Zeit, dann hast du in der Not." Eine einzige unerwartete hohe Ausgabe kann ein knapp bemessenes monatliches Budget völlig durcheinanderbringen. Und das Unerwartete passiert gar nicht selten: Eine hohe Zahnarztrechnung wird nur zu geringem Anteil von der Krankenkasse übernommen, mehrere unerlässliche Haushaltsgeräte geben kurz nacheinander den Geist auf, umfangreichere Hausrenovierungen können nicht mehr verschoben werden usw. Rücklagen zu bilden, und seien die monatlichen Beiträge dazu auch klein, ist nicht ein Zeichen für Geiz, sondern für die Übernahme von Selbstverantwortung. ◂

Kreditkarten

10 Tipps für den sorgfältigen Umgang mit Plastikgeld

Jetzt genießen – später zahlen. Die Deutschen lieben „Plastik“: 22 Millionen Kreditkarten sind nach Angaben von Geldexperten der Zeitschrift „Finanztest“, einer Publikation der Stiftung Warentest, aktuell im Verkehr. Ob Verbraucher an der Tankstelle ihren Sprit bezahlen, in der Boutique oder im Lebensmittelhandel Rechnungen begleichen oder im Restaurant zu Abend speisen – immer mehr Bundesbürger greifen zur Kreditkarte und lassen den fälligen Betrag bargeldlos abbuchen.
Der Vorteil liegt auf der Hand: Die Aufwendungen werden erst später vom Konto abgebucht und fehlen nicht sofort im Portemonnaie. Sinnvoll ist das z. B. im Urlaub, wenn man nicht größere Summen Bargeld mit sich führen möchte. Die Tücke liegt darin, dass der Gebrauch von Kreditkarten leicht zum Selbstbetrug verführt: Man wiegt sich in dem (meist unbegründeten) Optimismus, sich „später“ besser leisten zu können, worauf man im Moment eigentlich besser verzichten sollte.

Vier Arten von Kreditkarten. Es ist wichtig, sich darüber im Klaren zu sein, welche Art von Karte man eigentlich verwendet und welche zusätzlichen Kosten damit verbunden sind. Am meisten verbreitet in Deutschland ist die Debit-Card (engl.: Lastschrift, Schuld, Abbuchung). Dazu gehören beispielsweise die EC- und die Maestro-Karte, die entweder mit einem Girokonto verbunden sind, von dem die entsprechenden Beträge abgebucht werden, oder mit einer Prepaidkarte kombiniert werden, auf die zuvor ein bestimmtes Guthaben „geladen“ wurde, das danach verbraucht werden kann.
Eine EC-Prepaidkarte kann so beispielsweise zum Zahlen am Zigarettenautomaten eingesetzt werden. „Echte“ Kreditkarten hingegen sind MasterCard oder Visa, die von Kreditinstituten ausgegeben werden. Ebenso in diese Kategorie fallen die Karten von Kreditkartengesellschaften wie American Express oder Diners.
Allen „echten“ Kreditkarten ist gemeinsam, dass den Nutzern ein Kreditrahmen in bestimmter Höhe eingeräumt wird und ihre Bezahlvorgänge real kreditiert (d. h. es fallen Zinsen und Gebühren an) werden. Abrechnung und Ausgleich der verauslagten Beträge erfolgen monatlich. In anderen Ländern, z. B. in den USA, wird der Ausgleich sehr viel häufiger als bei uns auch in Ratenzahlungen gewährt. Daher sind Kreditkarten besonders in den USA noch viel verbreiteter als hierzulande. Schließlich gibt es noch die Charge-Card, die sich von „echten“ Kreditkarten dadurch unterscheidet, dass hier das Girokonto sofort belastet wird.

Die Konditionen prüfen. Gravierende Unterschiede existieren zwischen verschiedenen Kreditkarten hinsichtlich der Kosten, die für die Nutzung anfallen. Nach einer Analyse der Experten von „Finanztest“, die insgesamt 43 Kreditkarten von 22 Banken und Sparkassen getestet haben, waren lediglich sechs Karten jahresgebührenfrei.
Doch Vorsicht: Bei der Sunnycard berechnet die Bank jeden Monat dem Kunden 5 % des Rechnungsbetrags (mindestens 25 Euro). Grundsätzlich muss die verauslagte Summe spätestens zehn Tage

nach der Abrechnung ausgeglichen werden. Ist das nicht der Fall, nimmt der Kunde einen Kredit in Anspruch, für den Zinsen in Höhe von 10,9 % fällig werden! Die KarstadtQuelle Bank kassierte zum Untersuchungszeitpunkt für nicht ausgeglichene Beträge gar einen Effektivzins von 15 %. Deshalb gilt in beiden Fällen, dass das Kreditkartenkonto stets sofort ausgeglichen werden muss. Trotzdem haben die Karten der KarstadtQuelle Bank und Santander Consumer Bank (Sunnycard) aufgrund der Gebührenfreiheit am besten abgeschnitten. Im Vergleich dazu muss man für die Nutzung der American Express Gold Card z. B. eine nicht unerhebliche Jahresgebühr bezahlen.

Gebühren und Rabatte vergleichen. Wer für seine Kreditkarte Gebühren bezahlen muss, kann manchmal trotzdem die sparsamere Variante gewählt haben und die Gebühren über Rabatte ausgleichen. Ein Beispiel der Experten von Finanztest: Das Kartendoppel Classic der BBBank kostet regulär 30 Euro Jahresgebühr. Bei einem Umsatz ab 5000 Euro entfällt diese jedoch.

Geldautomaten können ins Geld gehen. Es sollte auch darauf verzichtet werden, Bargeld aus dem Geldautomaten zu ziehen. So wurden Inhaber der Karstadt MasterCard zum Zeitpunkt der Untersuchung für jede Abhebung am Geldautomaten mit mindestens 7,11 Euro zur Kasse gebeten. Im Mittel verlangen die Institute für ihre getesteten Karten bei Abhebungen am Geldautomaten zwischen 1 und 4 % des abgehobenen Betrags an Gebühren.

Gebühren bei der Nutzung im Ausland. Weitere Unterschiede zwischen den Konditionen der Institute sind bei der Nutzung von Kreditkarten im Ausland zu berücksichtigen. Für Einkäufe außerhalb der Eurozone verlangen Geldinstitute meist eine Gebühr von 1–2 % des entsprechenden Betrags. Mit den TUI-Karten der Commerzbank kommt hingegen keine weitere Gebühr dazu. Interessant für Reisende: Nutzer der Visa Card der DKB und der ING-Diba können weltweit kostenlos am Automaten Geld abheben. Auch mit der MasterCard bzw. der Visa Classic Flexx (auch Visa Classic Gold) der Citibank geht das – vorausgesetzt, der Betrag wird direkt vom Girokonto der Citibank abgebucht.

Viele unterschiedliche Extras. Um Kunden anzulocken, bieten die Kreditkartenaussteller unterschiedliche Extras. Dazu gehören Rabatte, ein Dokumentenschutz und Bonusprogramme. Auch hier muss genau geprüft werden, was Sinn macht und wirklich genutzt werden kann. Hier gilt es, das Kleingedruckte zu lesen.

Kreditkarten erfordern Disziplin. Grundsätzlich ist zu empfehlen, dass vor der Anschaffung einer Kreditkarte und deren Nutzung klar ist, dass sich damit das verfügbare Einkommen nicht erhöht. Lassen Sie sich nicht täuschen: Es kann schnell teuer werden, wenn bei Fälligkeit der Kreditkartenrechnung das Geld nicht reicht, um den Kreditrahmen auszugleichen. Die Überlegung, dass die verauslagte Summe ja erst in einigen Wochen zum Ausgleich fällig wird, ist daher auch nicht hilfreich. Das Leben „auf Pump“ ist sehr gefährlich. Deshalb gilt bei den Instituten auch eine ausreichende Kreditwürdigkeit als Kriterium für die Ausstellung einer Kreditkarte.

Vertrauen ist gut, Kontrolle besser. Für jeden, der Einkäufe mit einer Kreditkarte bezahlt, gilt: Bewahren Sie die

Belege Ihrer Kreditkartenzahlungen auf, und kontrollieren Sie die abgebuchten Beträge möglichst sofort nach Erhalt Ihrer Abrechnung. Wenn etwas nicht stimmt und Sie Summen entdecken, für die Sie keine Gegenleistung erhalten haben, informieren Sie sofort den Kartenaussteller, raten die Finanzexperten. Denn dieser wird die Buchung dann stornieren. Sie haften nur, wenn Ihnen ein fahrlässiger Umgang mit den Kartendaten nachgewiesen werden kann. Ein weiterer Tipp: Stellen Sie sicher, dass Sie nach dem Bezahlen stets Ihre eigene Kreditkarte zurückerhalten. Bestehen Sie darauf, dass verschriebene Kreditkartenbelege, unter Umständen auch das Kohlepapier, sofort ungültig gemacht werden.

Kartenkredite niemals „abstottern"! Was in den USA begonnen hat, scheint jetzt auch hierzulande Schule zu machen: Immer mehr Kreditinstitute bieten ihren Kartenkunden den Service, monatlich lediglich einen bestimmten Teilbetrag der verauslagten Beträge von ihrem Konto ausgleichen zu müssen. Der Rest wird in einen – meist sehr teuren – Kredit umgewandelt. Die Folge: Kunden, die weniger gut mit ihrem Geld umgehen und haushalten können, geraten so schnell in eine Schuldenfalle. Der Service heißt „Revolving Function" (engl: drehbar, rotierend) und bezeichnet eine Regelung, die die Kreditkarte quasi mit einem Dispositionskredit ausstattet. Der überzogene Betrag, der über den für die Kreditkarte gewährten Rahmen hinausgeht, kann nach Belieben zurückgezahlt werden, wobei die Rückzahlungsraten die Höhe von 5–10 % des Gesamtschuldenstands umfassen. Hierzu urteilt der Finanzexperte Hartmut Strube von der Verbraucherzentrale Nordrhein-Westfalen am Beispiel der von der Deutschen Bank herausgegebenen WorldFlexCard, dass Banken auf die Trägheit und Unkenntnis ihrer Kunden bauen würden. Denn bei dieser Karte würde nicht der gesamte kreditierte Betrag wie üblich als Lastschrift vom Konto eingezogen werden, sondern lediglich 5–10 % des monatlichen Rechnungsbetrags. Die Kunden aber müssten selbst aktiv werden, wenn sie die Summe, die noch nicht ausgeglichen wurde, nicht in einen teuren Kreditvertrag umgewandelt haben möchten. Viele unterließen dies jedoch und müssten dann bis mehr als 17 % Zinsen bezahlen, um die neue Kreditlinie zurückzuführen.

Sicher mit der Karte im Netz bezahlen

DER EXPERTE RÄT

Online einkaufen und bezahlen sollten Sie nur mit Virenschutz und Firewall. Zahlungen im Internet zu leisten, ohne dass Ihr PC über einen aktualisierten Virenschutz und eine gute Firewall verfügt, ist grob fahrlässig – daher auch nie von einem fremden PC aus bezahlen!

- Geben Sie Ihre Kreditkartennummer nur über Verbindungen weiter, die eine Verschlüsselung zwischen Ihrem Rechner und dem Empfänger gewährleisten (SSL oder ein vergleichbarer Sicherheitsstandard).
- Prüfen Sie die Geschäftsbedingungen sorgfältig. Achten Sie insbesondere darauf, unter welchem Namen die Abrechnung erfolgt. Drucken Sie sich die Allgemeinen Geschäfts-, Zahlungs- und Versandbedingungen aus – und ebenso Ihre Bestellung.
- Senden Sie Reklamationen, Stornierungen, Rücksendungen oder Kündigungen von Abonnements und Mitgliedschaften direkt an Ihren Vertragspartner, und lassen Sie sich den Eingang Ihrer Mitteilungen jeweils bestätigen.

5

MASSNAHMEN GEGEN *Betrug* bei Kreditkarten und Schecks

Mit Schecks, der EC- oder einer Kreditkarte die täglichen Besorgungen und Anschaffungen zu bezahlen, ist einfach und bequem. Im Grunde genommen ist der Umgang mit „Plastikgeld" auch sicherer, als ständig auf das Bare im Portemonnaie achten zu müssen. Gleichwohl lauern auch hier Fußangeln und Ganoven. Doch mit diesen Tipps von Experten der Polizei (www.polizei-beratung.de) gehen Sie auf „Nummer sicher":

1 Haftungsregeln beachten

Wenn Sie einen Kreditkartenvertrag abschließen, erhalten Sie von Ihrem Kreditinstitut oder von Ihrer Kreditkartengesellschaft einen Nutzungsvertrag zur Unterzeichnung. Darin sind Bestimmungen zur Haftung und zu Ihren Sorgfaltspflichten festgelegt. Lesen Sie diese aufmerksam! In vielen Verträgen wird beispielsweise darauf verwiesen, dass Schecks und EC-Karten sowie Kreditkarten und PIN-Nummern immer getrennt voneinander aufzubewahren sind. Sollten Sie beides zusammen, z. B. im Auto, deponiert haben, und werden alle Wertgegenstände gemeinsam gestohlen, wird das Institut einen Haftungsausschluss geltend machen.

2 Karte weg? Sperren lassen!

Bei Verlust von Schecks, Scheckbüchern, Scheck- und Kreditkarten – auch wenn diese aus nicht nachvollziehbaren Gründen vom Geldautomaten einbehalten worden sind – sollten Sie diese Zahlungsmittel umgehend durch Ihr Kreditinstitut, den zentralen Sperrannahmedienst oder Ihre Kreditkartengesellschaft sperren lassen.
Nach Ihrer Verlustmeldung wird die EC-Karte bis zu ihrem Verfallsdatum aus dem Verkehr genommen. Abhandengekommene EC-Karten sollten durch die Polizei auch für das elektronische Lastschriftverfahren gesperrt werden. Melden Sie deshalb den Verlust Ihrer EC-Karte unbedingt und in jedem Fall bei der Polizei.

Die wichtigsten Rufnummern zum Sperren Ihrer Karte:

- Sperr-Notruf: 116 116 (weitere Informationen: www.sperr-ev.org)
- EC-Karten: 01805 / 021021
- American Express: 069 / 97971000; Eurocard/MasterCard: 0800 / 8191040
- Diners Club: 01805 / 336695
- VISA: 0800 / 8118440
- Citibank-Kreditkarte: 01803 / 6176179

Wenn Sie gerade in Urlaub sind und Ihr Handy – auf dem Sie den Sperrnotruf gespeichert haben sollten – ebenfalls abhandengekommen ist, gehen Sie ins nächstgelegene größere Hotel, wo man Ihnen gerne hilft, Ihre Karte zu sperren.

3 Vorsicht: Kopier-Ganoven!

Die Magnetstreifen auf Geldkarten, die sensible Informationen ihres Besitzers speichern, sind keineswegs sicher. Mit Know-how und modernster Technik sind Ganoven dazu in der Lage, Magnetstreifen von Karten zu kopieren. Bewahren Sie deshalb Ihre Kreditkartenbelege sorgfältig auf. So können Sie Rechnungen oder Abbuchungen Ihres Kreditkarteninstituts jederzeit genau nachvollziehen. Stellen Sie sicher, dass Sie nach dem Bezahlen stets Ihre eigene Kreditkarte bekommen haben: Manchmal merken Kartenbesitzer nicht, dass sie lediglich eine Kopie ihrer Karte und nicht mehr das Original zurückerhalten! Bestehen Sie darauf, dass versehentlich falsch ausgefüllte Kreditkartenbelege, unter Umständen auch das Kohlepapier, sofort ungültig gemacht werden. Prüfen Sie regelmäßig nach, ob sich alle Karten in Ihrer Brieftasche oder Ihrem Portemonnaie befinden. Erstatten Sie Anzeige bei der Polizei, wenn die missbräuchliche Benutzung Ihrer Scheck- oder Kreditkarte bekannt wird.

4 Hüten Sie Ihre PIN!

Ihre persönliche Identifikationsnummer (PIN) dürfen Sie niemals an Dritte weitergeben. Auch Geldinstitute oder Kreditkartenunternehmen kennen Ihre PIN nicht. Wenn Sie Ihre PIN erhalten haben, lernen Sie sie am besten auswendig, und vernichten Sie den PIN-Brief. Wenn Sie Ihre PIN am Geldautomaten oder im Handel eingeben, dann achten Sie immer darauf, dass niemand Ihre Eingabe beobachten kann. Verdecken Sie die PIN-Eingabe, indem Sie die Hand oder Ihre Geldbörse als Sichtschutz dicht über die Tastatur halten. Vor allem: Befolgen Sie keine Hinweiszettel, die zur mehrmaligen Eingabe der PIN auffordern, empfehlen die Polizeiexperten mit Nachdruck. Achten Sie vor der Abhebung auch auf die äußere Beschaffenheit des Geldautomaten, und melden Sie auffällige Veränderungen (z. B. am Karteneinzugsschacht) sofort der Polizei.

5 Checken Sie Schecks!

Stellen Sie niemals Fremden – auch nicht „aus Gefälligkeit" Schecks im Austausch gegen Bargeld aus. Die Banknoten könnten gefälscht sein. Prüfen Sie, ob die Daten und Nummern vorgelegter Scheck- und Kreditkarten übereinstimmen. Kontrollieren Sie Unterschrift, Konto- und Kartennummer sowie den Namen des Geldinstituts. Lassen Sie Schecks immer in Ihrer Gegenwart unterschreiben. Ist ein Scheck bereits unterschrieben, so lassen Sie den Aussteller die Unterschrift auf der Rückseite des Schecks wiederholen! Wenn etwas mit mehreren Schecks bezahlt wird, sollten Sie den Personalausweis oder Reisepass verlangen. Dazu notieren Sie sich die Dokumentennummer, das Ausstellungsdatum und die Ausstellungsbehörde auf der Rückseite des Schecks.

Vorsorge für Ihr Alter

9 Voraussetzungen für einen finanziell abgesicherten Lebensabend

Riester, Rürup, gesetzliche Rente, Betriebsrente, Lebensversicherung. Bei der Vorsorge für ihr Alter haben viele Bundesbürger ein Orientierungsproblem, weil etliche verschiedene Möglichkeiten und Vorsorgeformen ohne klare Präferenz für den einen oder anderen Weg diskutiert werden. Hier sind deshalb die wichtigsten Überlegungen von Rentenexperten zusammengestellt (www.vergleichsrechner-altersvorsorge-vergleich.de).

Höhe der Versorgungslücke. Überprüfen Sie Ihre Versorgungslücke anhand des aktuellen Rentenbescheids und dem von Ihnen angestrebten Versorgungsniveau nach dem Ende Ihrer beruflichen Tätigkeit. Entscheidend ist die Frage: Wie hoch soll Ihr monatlich verfügbares Einkommen im Rentenalter sein? Erst auf der Grundlage dieser Entscheidung können Sie sich über sinnvolle Möglichkeiten informieren.

Alterseinkünftegesetz. Mit dem Alterseinkünftegesetz wurde die schrittweise steuerliche Freistellung von Beiträgen zur gesetzlichen Rentenversicherung beschlossen. Insofern haben Sie tendenziell mehr Geld zur privaten und betrieblichen Vorsorge zur Verfügung, wobei die Beiträge überwiegend ebenfalls der sogenannten „nachgelagerten Besteuerung" unterliegen. Dass es ohnehin nicht immer nur auf die absolute Höhe Ihrer Altersvorsorgebeiträge ankommt, zeigt zum Beispiel die staatliche Riester-Förderung. So erhalten Sie diese in voller Höhe, wenn Sie einen bestimmten Prozentsatz Ihres Brutto-Einkommens in geeignete Altersvorsorgeprodukte stecken. Auf die tatsächliche Summe Ihrer Beiträge kommt es dabei nicht an.

Schutz vor Hartz-IV-Bestimmung. Im Zusammenhang mit den sogenannten Hartz-IV-Gesetzen hat die Bundesregierung festgelegt, dass Sie Ihr privates Vermögen bis zu einem geringen Selbstbehalt zunächst aufbrauchen müssen, bevor Sie einen Anspruch auf Arbeitslosengeld II haben. Beinahe alle Formen der privaten Altersvorsorge hingegen bleiben von den Hartz-IV-Bestimmungen unberührt. Das gilt bei folgenden Anlageformen:

- Basisrente/Rürup-Rente (vollständig geschützt)
- Riester-Rente (in Höhe der geförderten Beiträge vollständig geschützt)
- Private Rentenversicherung (in Höhe eines festgelegten Freibetrags geschützt)
- Kapitallebensversicherung (in Höhe eines festgelegten Freibetrags geschützt).
- Betriebliche Altersversorgung (bei Entgeltumwandlung vollständig geschützt).

Entscheiden Sie sich für eine Form der Lebensversicherung, so sollten Sie bereits bei Vertragsabschluss mit Ihrem Versicherer einen „Verwertungsausschluss" vereinbaren, durch den Sie belegen können, dass Ihre Versicherung tatsächlich ausschließlich der Altersvorsorge dienen soll. Achtung: Andernfalls ist die „Hartz-IV-Festigkeit" dieser Versicherung nicht in voller Höhe gewährleistet.

Beginn der Altersvorsorge. Je früher Sie mit einer zusätzlichen Altersvorsorge beginnen, desto mehr Kapital haben Sie nach Ihrem Ausscheiden aus dem Berufsleben zur Verfügung. Wichtig dabei ist, dass bereits in jungen Jahren kleine Beiträge zum Aufbau einer beachtlichen Altersvorsorge führen können. Auch die Frage, wie risikoreich die gewählte Anlageform sein soll, hängt stark mit dem Alter bei Vertragsabschluss zusammen: Je länger Ihr individueller Planungshorizont ist, desto eher können Sie unsichere Renditeaussichten in Kauf nehmen, raten die Experten.

Familienstand. Auch Ihr Familienstand ist für Ihre Altersvorsorge von Bedeutung. Müssen oder wollen Sie ausschließlich an Ihre eigene Absicherung denken, oder sind nach dem Ausscheiden aus dem Berufsleben Angehörige und/oder im Todesfall Hinterbliebene zu versorgen? Davon hängt die Wahl der Altersvorsorge ab. Hier ein Beispiel: Eine Kapitallebensversicherung macht für Alleinstehende wenig Sinn, kann für Verheiratete mit Kindern aber eine attraktive Form der Altersvorsorge darstellen, da ein Kapitalstock angespart wird. Haben Sie bereits Kinder, können aufgrund der staatlichen Kinderzulage für jedes Kind zudem private wie betriebliche „riesterfähige“ Altersvorsorgeprodukte noch attraktiver sein, als sie es bei Singles sind. Denken Sie auch immer daran, für den Fall der Berufsunfähigkeit vorzusorgen. Dieses Risiko können Sie durch eine Berufsunfähigkeits-Zusatzversicherung absichern, die mit Altersvorsorgeprodukten kombiniert werden kann.

Riester-Förderung. Die Riester-Förderung bietet in Form einer Zulagenförderung oder durch einen Sonderausgabenabzug eine attraktive Zusatzversorgung. Besonders interessant sind Riester-Verträge in der Regel für untere Einkommensgruppen sowie für kinderreiche Familien, da die zusätzliche soziale Komponente der Förderung diese beiden Gruppen am besten stellt. Hier kann der Förderanteil am Gesamtbetrag mehr als 90 % betragen. Bei Spitzenverdienern fällt der Vorteil mit einem Förderanteil von rund 30 % hingegen deutlich geringer aus, rechnen die Altersvorsorge-Experten vor.

Basisrente für Selbstständige. Selbstständige müssen sich während ihrer beruflichen Tätigkeit selbst um ihre Altersvorsorge kümmern. Das birgt die Gefahr in sich, dass manche selbst in guten Jahren kaum an später denken. Deshalb wurde die sogenannte Basisrente eingeführt, die denjenigen, die keine staatliche Alterssicherung besitzen, eine speziell geförderte private Altersvorsorge ermöglichen.

Frühzeitig informieren! Kümmern Sie sich so früh wie möglich um Ihre Altersvorsorge, und stellen Sie die Weichen für Ihre Absicherung. Ziehen Sie dazu auch Erkundigungen bei Ihrem Arbeitgeber ein, ob zusätzlich zu staatlich geförderten Programmen eine betriebliche Altersversorgung möglich ist. Wichtig: Sie haben gegenüber dem Arbeitgeber einen Rechtsanspruch auf eine Entgeltumwandlung. Das heißt: Eine Direktversicherung, eine Pensionskasse oder Pensionsfonds eröffnen einen Rechtsanspruch auf eine lebenslange Rente und sind „riesterfähig“. Daher sollten Sie auch prüfen, welcher Weg für Sie die größten Vorteile bringt. ◂

Geldanlagen für Clevere

6 Expertentipps für gesicherte Zinseinkünfte

Keine hohe Rendite ohne Risiko. Besonders in Zeiten niedriger Zinsen lassen sich Kapitalanleger von Angeboten locken, die hohe Renditen ohne Risiken versprechen. Hier ist Vorsicht geboten, da hohe Erträge in aller Regel mit hohen Risiken verbunden sind – und jeder Anleger finanziert das Risiko mit seiner Einlage mit!
Doch auch bei Anlageformen, die auf Zuraten einer Bank oder Sparkasse abgeschlossen werden, ist längst nicht alles Gold, was glänzt. So wissen Fachleute der Stiftung Warentest und Experten von Verbraucherschutzorganisationen zu berichten, dass oftmals die in Aussicht gestellten hohen Zinsen jeweils nur wenige Wochen gelten und danach schnell Normalniveau erreichen.

Achten Sie auf den günstigsten Anbieter. Die Stiftung Warentest weist darauf hin, dass Rentenfonds über jede Bank gekauft werden können, aber billiger gibt es sie meist bei Direktbanken oder Fondsvermittlern. Der meist 3 %ige Ausgabeaufschlag, den Sie beim Kauf als Gebühr auf Ihre Anlagesumme zahlen müssen, ist bei Direktbanken oft nur halb so hoch und entfällt bei vielen Fondsvermittlern im Internet ganz.

Gebühren und Zuschläge vermindern den Gewinn. In Niedrigzinsphasen, in denen nicht mit großen Erträgen zu rechnen ist, wissen Anlageberater, wie sie mit psychologisch geschickt gesetzten Verkaufsargumenten potenzielle Kunden in riskantere Geschäfte locken können. Da ist es besonders wichtig, auch auf die möglichen Nebenkosten eines Investments zu achten: Welche Depotgebühren fallen an, wie hoch sind die Verwaltungsgebühren, werden zusätzlich Ausgabeaufschläge für Fonds berechnet? Wer eine relativ bescheidene Summe nur für kurze Zeit anlegen und das Geld schnell wieder flüssig haben will, sollte sich eine Anlageform mit möglichst geringen Kosten wählen – sonst fressen die administrativen Ausgaben den Zinsgewinn schnell wieder auf.

Freistellungsaufträge überprüfen. Überprüfen Sie Höhe und Aufteilung Ihrer Freistellungsaufträge. Laut Anweisung des Bundesfinanzministeriums müssen die Banken seit dem 1. Januar 2007 automatisch alle Freistellungsaufträge für Wertpapierdepots, Tagesgeldkontos, Online-Girokontos usw. auf 56,37 Prozent der bisherigen Summe reduzieren. Besser ist es, neue zu erteilen. Um den Freistellungsauftrag zu ändern, nutzen Sie die Vordrucke Ihrer Bank. Liegt Ihr zu versteuerndes Einkommen als Rentner unter 8501 Euro (Verheiratete 17 002 Euro), können Sie mit einer Nichtveranlagungsbescheinigung Zinsen oberhalb des Sparerfreibetrags steuerfrei kassieren.

Das Wichtigste: Effektivzins vergleichen! Das entscheidende Kriterium ist der Effektivzins. Fragen Sie diesen immer ab, und vergleichen Sie mehrere Angebote miteinander! Wird der Effektivzins von vornherein nicht angegeben, kann dies im Übrigen ein Wink sein, von dem betreffenden Angebot Abstand zu nehmen.
Bei Geldanlagen ist es üblich, die Höhe der Einlage mit der Höhe der Zinsen zu verknüpfen. Kunden, die mit einem ho-

WAS ANLAGEVERMITTLER NATÜRLICH NICHT VERRATEN ÜBER: Termingeschäfte

Stille Unternehmensbeteiligungen, geschlossene Immobilienfonds, Termingeschäfte: Bei diesen Begriffen sollten Sie hellhörig werden. Finanzexperten schätzen, dass unseriöse Anbieter auf dem sogenannten „grauen Kapitalmarkt", der keiner staatlichen Kontrolle unterliegt, Anleger jährlich um hohe Milliardensummen prellen. Besonders Termingeschäfte sind beliebt: Der Anleger erwirbt Wertpapiere oder auch Lieferkontrakte – für Gold oder Devisen oder für Waren wie Öl, Kaffee oder Schweinehälften – mit der Option, diese zu einem zuvor festgesetzten Termin (daher: Termingeschäft) wieder zu verkaufen. Dabei spekuliert er darauf, wie sich die Preise zum Verkaufstermin verändert haben könnten. An der Börse gibt es diese Art des Geschäfts (als Spekulation auf den Verlauf eines Kurses) übrigens als „Future" oder als „Option".
Dies ist ein hochriskantes Spiel, denn die Einschätzung einer Preisentwicklung zu einem festgesetzten Termin ist selbst bei intensiven Markt- und Branchenkenntnissen höchst spekulativ. Auch wenn sich die Preise sehr ungünstig entwickelt haben, muss der Anleger dennoch seine Papiere zum festgelegten Termin verkaufen und so mitunter Verluste hinnehmen; zusätzlich verlangt der Vermittler seine Provision. Besonders dreist: Viele Warentermingeschäfte werden von Telefonvermittlern angebahnt – die Transparenz für den potenziellen Kunden ist dabei gleich null!

hen Mindestbetrag einsteigen, profitieren von höheren Zinsen; im umgekehrten Fall sind nur niedrige Zinsen möglich oder gar Gebühren fällig. Beachten Sie dabei auch in Aussicht gestellte Garantieleistungen und Bonusversprechen. Wann genau und unter welchen Umständen kommen diese zum Tragen? Jedes Angebot muss daher genau in allen Einzelheiten analysiert werden. Nehmen Sie sich daher Zeit, mit mehreren Investmentbankern und Anlageberatern zu sprechen.

Achtung bei Geldanlagen im Ausland. Experten der Verbraucherschutzorganisationen empfehlen dringend, jeweils nur einen überschaubaren Betrag in Tagesgeld- oder Festgeldanlagen bei ausländischen Kreditinstituten zu investieren. Diese schneiden zwar manchmal hinsichtlich ihrer Zinsen erheblich besser ab als deutsche Banken und Sparkassen, doch sind beispielsweise bei niederländischen und österreichischen Banken diese Einlagen nur bis zu einer Summe von 20 000 Euro abgesichert.
Hierzulande hingegen ist das Geld fast bis zu einer unbegrenzten Höhe sicher, denn alle namhaften deutschen Kreditinstitute sind Mitglied im sogenannten Einlagesicherungsfonds. Dies ist ein freiwilliges Sicherungssystem zum Schutz der Kundengelder im Fall der Insolvenz des Instituts. Allerdings: Geschützt werden lediglich die Einlagen der Kunden bei der Bank – Termin-, Spar- und Sichteinlagen-, nicht jedoch Fondsanlagen oder Wertpapiere, da die Banken diese im Auftrag der Kunden nur verwahren. ◁

12 *Kriterien* der Kapitalanlage von Finanzexperten

Die Bandbreite des Kapitalmarkts einerseits und die globale Vernetzung andererseits eröffnen dem Anleger eine Welt schier unbegrenzter Möglichkeiten. Damit steigt aber auch die Gefahr, auf riskante, wenn nicht gar unseriöse Kapitalanlagen hereinzufallen. Bleiben Sie stets besonnen, und verinnerlichen Sie die folgenden Empfehlungen.

1 Das Angebot

Denken Sie keine Sekunde über ein Angebot nach, das Ihnen per Telefon offeriert wird. Geldgeschäfte sind Vertrauenssache; da sollte man sich in die Augen sehen. Legen Sie also sofort den Hörer auf.

2 Die Rendite

Ein guter Maßstab zur Beurteilung der versprochenen Rendite ist die Durchschnittsrendite am Rentenmarkt, die Sie täglich den Börsennachrichten im Radio entnehmen können. Liegt die versprochene Rendite höher, ist die Kapitalanlage auch mit höheren Risiken behaftet. Und: Je höher die in Aussicht gestellte Rendite liegt, desto höher ist auch Ihr Verlustrisiko.

3 Der Einstieg

Ein garstiges Wort, in Branchenkreisen jedoch durchaus üblich: das „Anfixen" des Kunden. Was steckt dahinter? Ein Vermittler offeriert ein kleines Einstiegsgeschäft zu einem in der Regel geringen Einsatz. Der Kunde, der dies als „Test" begreift, streicht zufrieden die versprochene Rendite ein und ist jetzt dazu bereit, eine größere Summe zu riskieren. Deshalb gilt: Seien Sie im Prinzip sehr vorsichtig, wenn das Geschäft auf diese Weise begonnen hat, denn was im Kleinen günstig und verlockend aussieht, muss sich nicht im Großen fortsetzen.

4 Die Provision

Bei sehr günstigen, d. h. für den Berater niedrigen, Provisionen heißt es, vorsichtig sein. Sie müssen wissen, dass der Berater von Provisionen lebt. Unrealistisch niedrige Provisionen sollten daher skeptisch machen!

5 Die Verhandlungsatmosphäre

Verbraucher lassen sich bedauerlicherweise immer wieder vom äußeren Schein blenden: Ein Berater legt Hochglanzprospekte vor, schiebt wohlklingende Referenzen nach und reklamiert für sich hochkarätige Kontakte. Lassen Sie sich nicht blenden, sondern bleiben Sie nüchtern, und recherchieren Sie nach, wenn der Berater beispielsweise von Kontakten zu Banken berichtet. Manchmal genügt ein Anruf, um falsche Angaben auffliegen zu lassen.

6 Der Vertragspartner

Wer steckt hinter der Kapitalanlage? Haben Sie es nur mit einem Vermittler zu tun, oder wissen Sie, welche Institution oder welches Unternehmen die Anlage trägt? Einen Vertrag sollten Sie nie mit einem Vermittler, sondern jeweils nur mit dem realen Vertragspartner unterzeichnen!

7 Der Treuhänder

Der Treuhänder muss eine vom Anbieter unabhängige Person oder Institution sein, die bis zur Investition alleinigen Zugriff auf das Geld hat. Lassen Sie sich deshalb den Treuhänder nennen, und kontrollieren Sie seine Reputation.

8 Der Geschäftssitz

Die Kaiman-Inseln, die Bahamas, Panama: Vorsicht bei solchen Firmensitzen Ihrer Partner! Unseriöse Anbieter entziehen sich mit solchen Firmensitzen den deutschen Aufsichts- und Strafverfolgungsbehörden, da dort das jeweilige Landesrecht gilt. Wenn Sie Ihr Geld wieder eintreiben müssen, tun Sie sich schwer.

9 Abschluss „unter Freunden"

Schließen Sie grundsätzlich keine Verträge mit Freunden, Verwandten, „Bekannten" und Kollegen, die nebenher ein bisschen Geld mit Anlageberatung verdienen. Das geht meistens schief und kann große Probleme verursachen.

10 Der Zeitfaktor

„Zeit ist Geld" - besonders auch für Anlagevermittler, die von ihren Provisionen leben und möglichst vielen Kunden ihre Produkte verkaufen wollen. Deshalb drängen viele Berater auf einen möglichst schnellen Abschluss. Nehmen Sie sich dagegen so viel Zeit wie möglich, und schlafen Sie am besten noch einmal darüber, bevor Sie Ihre Unterschrift unter einen Vertrag setzen. Übrigens: Unseriöse Vermittler haben am wenigsten Zeit und drängen am intensivsten!

11 Die Sicherheit

Die Entscheidung über die Anlageform, die Sie wählen, kann Ihnen niemand abnehmen. Wer jedoch auf „Nummer sicher" gehen möchte und garantierte Zinseinkünfte riskanteren Spielarten vorzieht, wählt Bundesschatzbriefe und leiht dem Staat sein Geld. Dafür erhält er einen geringeren Zinssatz, legt sein Geld als Festanlage dafür aber für mehrere Jahre sicher an. Auch das Tagesgeldkonto bei der Bank - meist mit einem geringfügig höheren Zinssatz als Bundesschatzbriefe - bietet sich meist als „sicherer Hafen" an.

12 Die langfristige Anlage

Als längerfristige Anlage eignen sich besonders Aktien, auch wenn diese mit einem durchschnittlich höheren Risiko verbunden sind als konservative Anlageformen wie Bundesschatzbriefe oder Tagesgeldkonten. Auch wenn einmal Verluste realisiert werden, lassen sich diese über eine längere Zeitdauer meist zumindest wieder ausgleichen. Am sichersten fahren Anleger, die in sogenannte Blue Chips, meist große und renommierte Unternehmen, investieren oder ihr Geld in DAX-Werte investieren. Außerdem bieten Investmentfonds relativ gute Gewinnaussichten bei relativ niedrigem Risiko. In ihnen sind verschiedene Anlageformen wie Aktien und Rentenpapiere vereint. Verluste in einer Sparte werden mit Gewinnen in der anderen wettgemacht. Auch sie eignen sich zur längerfristigen Anlage.

Jobsuche

12 Insidertipps, die bei der Suche nach dem richtigen Arbeitsplatz helfen

Passt das Jobangebot zu Ihrer Person? Diese Überlegung sollten auch Sie in den Mittelpunkt Ihrer Suche nach einem für Sie geeigneten Arbeitsplatz stellen: Passt die angestrebte Position zu Ihrem Profil, zu Ihren fachlichen und sozialen Qualifikationen sowie zu Ihren Zielen und Erwartungen? Würde Sie die Position weder über- noch unterfordern? Wenn dies der Fall ist, dürften Sie Ihre „Arbeit" kaum als Fron und Last empfinden, die Sie „fremdbestimmt" und in Ihr Schicksal ergeben „ableisten" müssen, um überleben zu können. Ihre Arbeit bedeutet dann für Sie Erfüllung, und Selbstbestätigung, vielleicht sogar Lebensmittelpunkt.
Bewerbungsexperten von bekannten Jobbörsen im Internet (www.stepstone.de, www.jobsuche-monster.de, www.jobrobot.de) empfehlen in ihren Ratschlägen, dem chinesischen Philosophen Konfuzius (551–479 v. Chr.) zu folgen. Konfuzius sagte: „Wähle einen Job, den du liebst, und du wirst in deinem ganzen Leben nicht einen Tag arbeiten müssen." Natürlich hängt die Zufriedenheit am Arbeitsplatz von vielen Faktoren ab: vom Inhalt der Betätigung, von der eigenen Qualifikation und den geforderten Leistungen, von der Vergütung und, nicht zuletzt, von der Atmosphäre am Arbeitsplatz, von Vorgesetzten und Kollegen.

Vorbereitende Schritte. Dass ein Berufsanfänger die Suche nach einer Ausbildungs- oder Arbeitsstelle gründlich vorbereiten sollte, versteht sich von selbst. Aber auch als lange im Beruf Stehender darf man die ersten Schritte zu

einem Stellungswechsel nicht auf die leichte Schulter nehmen. Mit fortschreitendem Alter wird die Arbeitssuche nicht gerade einfacher, und die Frage, ob ein Job wirklich zu Ihnen passt, gewinnt noch höhere Bedeutung.
Bevor Sie zu neuen Ufern aufbrechen, empfehlen Bewerbungsprofis die folgenden Schritte.

Legen Sie Ihre Karriereziele fest.
Beantworten Sie sich dazu die Fragen:

- Welche Branchen und Berufsfelder sind für mich vorstellbar und entsprechen meiner Ausbildung und Qualifikation sowie meinen Plänen?
- In welcher Region möchte ich arbeiten – oder bin ich regional ungebunden?
- Welche Position strebe ich an, und wie viel an Verantwortung möchte ich übernehmen?

Machen Sie eine Selbstprüfung.
Danach sollten Sie selbstkritisch versuchen (und zwar am besten schriftlich), zu definieren:

- Ihre Persönlichkeit
- Ihre allgemeinen Qualifikationen und Fertigkeiten
- Ihre Einstellungen und Werte
- Ihre Interessen

Stärken und Schwächen definieren.
Im nächsten Schritt empfiehlt sich eine Stärken-Schwäche-Analyse im Hinblick auf die von Ihnen angestrebte Position:

- Was können Sie am besten?
- Wo erkennen Sie eigene Defizite?
- Gibt es Mittel und Wege, die definierten Defizite zu beseitigen?

Wie qualifiziert sind Sie? Welche berufsrelevanten Qualifikationen können Sie vorweisen? Schul- und/oder Studienabschlüsse, Aus- und Weiterbildungen und Praktika gehören selbstverständlich dazu, im Weiteren zusätzlich besuchte Kurse, Seminare und Fortbildungen und Fremdsprachen-Zertifikate. Aber auch übergreifende Qualifikationen und soziale und ehrenamtliche Tätigkeiten bei Vereinen, Verbänden, Freizeitaktivitäten und Hobbys wären hier zu listen.

Durchforsten Sie Stellenanzeigen.
Schauen Sie systematisch die einschlägigen Stellenmärkte in Tages-, Regional- und Wochenzeitungen durch. Eine Fülle von überregionalen Stellenanzeigen finden Sie besonders in den Wochenendausgaben der Frankfurter Allgemeinen Zeitung und der Süddeutschen Zeitung. Branchenspezifisch können Sie suchen in den VDI-Nachrichten (technische und Ingenieursberufe), im Handelsblatt (Finanzdienstleistungen, Management und gehobene Führungspositionen) sowie in der Wochenzeitung Die Zeit (geistes- und sozialwissenschaftliche sowie soziale Berufe, Pädagogik, Wissenschaft und Forschung, Medizin).

Jobbörsen im Internet. Suchen Sie die wichtigsten Jobbörsen im Internet auf, denn viele Unternehmen gehen aufgrund teurer Anzeigenpreise der Printmedien immer mehr dazu über, Stellenangebote nur noch online zu veröffentlichen. Es lohnt sich, die folgenden Portale anzuklicken:

- www.stepstone.de
- www.jobsuche.monster.de
- www.meinestadt.de
- www.jobworld.de
- www.jobrobot.de

- www.jobpilot.de
- www.jobscout24.de

Persönliche Kontakte suchen. Suchen Sie Jobmessen auf, die viele Universitäten, Akademien und Behörden in Zusammenarbeit mit Arbeitsagenturen sowie Berufs- und Studienberatern veranstalten. Lesen Sie dazu Hinweise in Ihrer regionalen Tageszeitung und auf Stadtportalen im Internet. Besuchen Sie „After-Work-Partys“, sofern Ihnen Einlass gewährt wird. In manchen Unternehmen in städtischen Ballungsräumen gehören solche Feiern mitunter schon zur Tradition. Hier lassen sich wertvolle Informationen finden! Aktivieren Sie Ihr Kontakte-Netzwerk (hierzu auf S. 257 mehr).

Möglichkeiten der Kontaktaufnahme. Grundsätzlich gibt es drei verschiedene Arten der Kontaktaufnahme zum potenziellen Arbeitgeber.

1. Sie antworten auf ein Stellenangebot eines Arbeitgebers.

2. Sie gehen den Weg der sogenannten Initiativ- oder „Blind“-Bewerbung.
3. Sie werden gezielt von einem potenziellen Arbeitgeber gesucht, der mithilfe eines Mittelsmanns (Personalberater oder Headhunter) selbst mit Ihnen Kontakt aufnimmt.

Im ersten und zweiten Fall bereiten Sie sich sorgfältig auf das anstehende Bewerbungsgespräch vor (mehr dazu auf Seite 255).

Die Blindbewerbung. Im Unterschied zu Ihrer Antwort auf ein Stellenangebot ist im Fall der Initiativbewerbung allerdings zu beachten, dass Ihr Interesse aus Sicht des Arbeitgebers „erklärungsbedürftig“ ist. Denn er stellt sich die Frage: Warum bewirbt sich diese Person ausgerechnet in meinem Unternehmen? Sie müssen also plausibel und überzeugend erklären, warum das so ist. Vier Antworten auf diese Frage sind möglich:

- Sie sind in Ihrer aktuellen Position zwar nicht unglücklich. Sie wollen sich jedoch weiterentwickeln und denken, dass Ihre Qualifikationen nicht ausgiebig genug gefordert werden. Deshalb suchen Sie neue Entfaltungsmöglichkeiten, die Sie hier vermuten.

- Sie denken, dass Sie Ihre Fähigkeiten in diesem Unternehmen, dessen Position im Markt Ihnen besonders interessant erscheint, am besten einbringen können.

- Sie sind aktuell auf Stellensuche und haben bereits auf mehrere Angebote reagiert. Eine Ihnen passend erscheinende Offerte war allerdings noch nicht dabei. Daher nehmen Sie das Heft jetzt auch selbst in die Hand.

- Dies ist Ihre erste Stellensuche, da Sie gerade Ihre Ausbildung abgeschlossen haben. Sie möchten nicht nur auf ausgeschriebene Stellenangebote reagieren, sondern auch bei Adressen vorsprechen, die Ihnen geeignet erscheinen.

Wie Sie eine Initiativbewerbung auch begründen: Begehen Sie niemals den Fehler, Ihren aktuellen Arbeitgeber herabzusetzen. Selbst der schärfste Wettbewerber Ihres Arbeitgebers würde Ihnen dies ankreiden, da Sie die erforderliche Loyalität zu Ihrem Arbeitgeber vermissen lassen.

Was will der Headhunter? Werden Sie von einem Personalberater kontaktiert, sollten Sie Vorsicht walten lassen: Denn es greift immer mehr um sich, dass Konkurrenten, intrigante Kollegen oder misstrauische Vorgesetzte den Anruf eines Headhunters (engl.: „Kopfjäger") bei einem Mitarbeiter veranlassen. Im Normalfall wird dieser Beruf von freien Personalberatern ausgeübt, die Führungspersonal des mittleren und gehobenen Managements rekrutieren. Da die gesuchten Personen sich ja zumeist in einem Beschäftigungsverhältnis befinden, soll auf diese Weise „heimlich" vorgefühlt werden, ob sich diese vielleicht abwerben lassen.
Allerdings kann es eben auch sein, dass der Headhunter (der in Wirklichkeit eventuell gar keiner ist) lediglich die Zufriedenheit und Loyalität eines Mitarbeiters prüfen soll. Verhält sich dieser bei einem Telefongespräch mit dem Headhunter nicht diskret und zurückhaltend, äußert vielleicht sogar Unzufriedenheit mit dem aktuellen Arbeitgeber, kann das eventuell böse Folgen haben. Seien Sie bei solchen Kontakten daher sehr vorsichtig.

Vor der Kontaktanbahnung mit dem potenziellen Arbeitgeber

Der Experte rät

- Verschaffen Sie sich möglichst viele Informationen über das jeweilige Unternehmen, bei dem Sie sich bewerben. Recherchieren Sie dazu in allen verfügbaren Medien (Zeitungen und Magazine, Internet, Bücher, Geschäftsberichte etc.). Denken Sie auch an „Mund-zu-Mund-Propaganda": Was sagen Beschäftigte des Unternehmens, welche Reputation genießt die Firma in der Öffentlichkeit?
- Bereiten Sie sich gedanklich ausführlich auf das Bewerbungsgespräch und/oder das Interview vor, das mit Ihnen geführt werden soll. Dazu empfehlen Profis, mit einer geeigneten Vertrauensperson (Lebenspartner, Freund etc.) ein Rollenspiel durchzuführen, das Sie auf die Gesprächssituation einstimmen und Ihre kommunikativen Fähigkeiten trainieren kann.
- Vergegenwärtigen Sie sich am besten schriftlich:
  - Ihre beruflichen und persönlichen Ziele
  - Ihre Stärken und Schwächen
  - Ihre fachlichen und persönlichen Qualifikationen
  - Ihre Erfahrungen in Ausbildung und Beruf
  - Ihre Gehaltsvorstellungen.
- Bereiten Sie eine Antwort auf die mögliche Frage vor: „Wie können Sie diesem Unternehmen mit Ihren individuellen Fähigkeiten, Erfahrungen und Einstellungen nützen?"

Die geschilderten Arbeiten und Überlegungen sollten Sie unbedingt vor dem ersten Kontakt mit dem potenziellen Arbeitgeber erledigen. Es kann sein, dass Ihnen bereits beim ersten Telefonanruf Fragen gestellt werden, auf die Sie sonst eventuell nicht ausreichend vorbereitet sind.

Bewerbungsunterlagen

3 Bausteine zu Ihrer schriftlichen Präsentation

In der Kürze liegt die Würze – der Lebenslauf. Formulieren Sie ihn aussagekräftig und mit einem ansprechenden Foto (Farbbild in Bewerbungsqualität!). Beachten Sie, dass Ihr Lebenslauf Ihnen die Gelegenheit bietet, sich in günstigem Licht darzustellen. Er muss bei einem möglichen Arbeitgeber das Interesse dafür wecken, Sie kennenzulernen, und ihn bestenfalls davon überzeugen, dass Sie die gesuchte Person sind. Sie sollten deshalb jeden Lebenslauf, wenn Sie mehrere Bewerbungen an verschiedene Arbeitgeber senden, genau auf den gewünschten Berufszweig und Arbeitgeber abstimmen.

Sie können natürlich nicht die zeitliche Reihenfolge von Ausbildungsschritten und Abschlüssen oder erworbener beruflicher Qualifikationen ändern. Sehr wohl aber können Sie zusätzliche Qualifikationen besonders hervorheben und ausführlicher beschreiben, wenn dies für einen bestimmten Arbeitgeber besonders gut passt. Grundsätzlich ist zu betonen, dass alle Angaben in Ihrem Lebenslauf selbstverständlich der Wahrheit entsprechen müssen! Denken Sie daran: Spätestens beim Einstellungsgespräch werden Sie einem aufmerksamen Personalchef oder Arbeitgeber zeitliche Lücken oder allzu vage Angaben erklären müssen. Ebenso selbstverständlich ist es, dass Ihr Lebenslauf – wie alle anderen Bewerbungsunterlagen auch – mit größter Sorgfalt und Akribie verfasst ist: Achten Sie auf die Vermeidung von orthografischen und grammatikalischen Fehlern, und überprüfen Sie die Zeichensetzung. Ein guter Ratschlag: Lassen Sie alles von einer Person Ihres Vertrauens gegenlesen.

Im Prinzip haben Sie zwei Möglichkeiten, einen Lebenslauf zu strukturieren: in chronologischer Abfolge – „vorwärts" von Geburt an – oder „rückwärts" von Ihrer aktuellen beruflichen Situation an oder in funktionaler Weise:

- Persönliche Angaben
- Schule, Studium und Ausbildung
- Berufliche Stationen sowie Tätigkeiten, Aufgaben und Projekte
- Zusätzliche Informationen und Qualifikationen).

Die meisten Personalexperten raten zu einem funktionalen Lebenslauf, weil der Leser die wichtigsten Merkmale des Bewerbers schnell erfassen kann. Ein guter Lebenslauf ist informativ, präzise und beschränkt sich auf das Wesentliche. Deshalb ist er auch maximal zwei DIN-A4-Seiten lang, besser ist nur eine Seite.

Nicht nur per E-Mail – das Anschreiben. Besonders wichtig dabei ist, dass es genau auf die Stelle, für die Sie sich bewerben, zugeschnitten ist. Zeigen Sie schon jetzt, dass Sie über das Unternehmen informiert sind und genau wissen, mit wem Sie es zu tun haben. Deshalb sollten Sie bereits im ersten Absatz erläutern, warum Sie sich auf die jeweilige Stelle bewerben. Dazu gehört eine kurze Darstellung, weshalb Sie sich mit Ihren Qualifikationen für den geeigneten Bewerber halten.

Ihr Bewerbungsschreiben ist, wie der Lebenslauf, knapp und präzise und vermeidet alle umständlichen Schilderungen. Formulieren Sie kurze Sätze, und argumentieren Sie konkret. Ein Tipp zur Form: In der heutigen Zeit ist es durchaus üblich geworden, alle Bewerbungsunterlagen mit E-Mail zu versenden. Besser: Schicken Sie zunächst eine E-Mail an die angegebene Adresse, und kündigen Sie die postalische Übersendung Ihrer vollständigen Bewerbungsunterlagen an. Dieser Schritt sollte am besten am selben Tag erfolgen. Zum einen heben Sie sich damit von der Masse der Bewerber ab, und zum anderen schaffen Sie so einen Spannungsbogen, der Ihren potenziellen Arbeitgeber neugierig werden lässt. Alle Unterlagen nur mit E-Mail zu versenden schwächt jedoch Ihre Position gegenüber anderen Bewerbern, die zum Beispiel ansprechende Bewerbungsmappen mit der Post verschicken.

Präsentation ist alles! Denken Sie daran: Vom ersten Moment an sollten Sie auf die Form Ihrer Präsentation achten! Ausgedruckte Mailseiten machen sich bei Weitem nicht so gut wie eine repräsentative Mappe, denn es gibt immer noch viele Arbeitgeber, die auf eine formal absolut perfekte Bewerbung achten. Zu den bewerbungsrelevanten Dokumenten gehören Zeugnisse, Zertifikate, Empfehlungsschreiben und Referenzen früherer Arbeitgeber. Achten Sie dabei auf Vollständigkeit der Unterlagen. Es ist empfehlenswert, dass Sie alle Dokumente (niemals Originale, immer nur Kopien verschicken!) jeweils in Klarsichthüllen geben und in einen Dokumententeil in der Präsentationsmappe einheften. Strukturieren Sie die Mappe in drei Teile, indem Sie kartonierte Zwischenblätter einheften oder eine Mappe mit dieser Aufteilung kaufen: Anschreiben, Lebenslauf, Dokumente. Achten Sie auf Ordnung, Sauberkeit und Übersichtlichkeit der Mappe. <I

DER EXPERTE RÄT

Bauen Sie sich ein Netzwerk auf

Ob Sie nach Schule, Studium und/oder Ausbildung auf der Suche nach Ihrem ersten Job sind oder ob Sie sich nach einer neuer Arbeitsstelle umsehen: Jetzt kommt es auf Ihr persönliches Netzwerk an.

- Beginnen Sie damit, systematisch Kontakte zu sammeln: Notieren Sie sich Namen und Adressen von Menschen, die Ihnen hilfreich sein können. Sammeln Sie Visitenkarten, und ordnen Sie alle Personen nach ihren Namen, Funktionen und Kontaktdaten (Postanschrift, Telefonnummer, E-Mail-Adresse etc.) in einem geeigneten System (z. B. die Kontaktdatenbank Microsoft Outlook – oder auch der gute alte Karteikasten).
- Wenn Sie erstmals eine Arbeitsstelle suchen, nutzen Sie die Kontakte Ihrer Eltern, Verwandten und deren Freunden, die vielleicht weiterhelfen können. Sammeln Sie Kontakte zu Firmen sowie Wirtschafts- und Fachverbänden, die Ihnen von Studien- und Berufsberatern genannt werden und die Sie bei Jobmessen usw. in Erfahrung bringen.
- Gute Networker sammeln auch Kontakte in ihrer Datenbank, die auf den ersten Blick nichts mit einem speziellen Ziel zu tun haben, die aufgrund ihrer eigenen Verbindungen jedoch nützlich werden könnten. Ein Beispiel: Ein früherer Kommilitone zieht von Süd- nach Norddeutschland und findet dort seine erste Arbeitsstelle. Vielleicht kann Ihnen einer seiner neuen beruflichen Kontakte in nächster Zeit ebenso von Nutzen sein!
- Dazu ist es jedoch wichtig, die Kontakte zu pflegen! Dies gilt sowohl im Verhältnis zu Freunden wie auch im weiteren Netzwerk. Gute Networker zählen daher zu den produktivsten Mailversendern!
- Das System persönlicher Netzwerke haben sich die Gründer der Internet-Businessplattform xing.com zunutze gemacht. Der Grundgedanke: Jeder Mensch kennt jeden anderen über „sechs Ecken". Es lohnen sich eine Registrierung und der Abschluss einer Premium-Mitgliedschaft für weniger als zehn Euro monatlich. So können Sie nicht nur das eigene Profil mit Interessen und Kontaktwünschen veröffentlichen, sondern auch jeweils feststellen, wer sich im Netz für Ihre Person interessiert.

Bewerbungsgespräch

2 Ratschläge von Personalchefs und Einstellungsprofis

Einstellungstest und Assessment-Center. Viele Unternehmen in der Privatwirtschaft vergeben heute gut dotierte und anspruchsvolle Positionen für das mittlere und gehobene Management nach den Ergebnissen von Einstellungstests und sogenannten Assessment-Centern. Dort werden die Kandidaten auf Herz und Nieren geprüft:

- allgemeine intellektuelle Fähigkeiten (logisches Denken und Abstraktionsvermögen etc.)
- spezielle intellektuelle Fähigkeiten (Wort- und Sprachverständnis etc.)
- praktisch-technische Intelligenz (mathematisches Verständnis etc.)
- räumliches Vorstellungsvermögen (Arbeitsorganisation etc.).

In einem Assessment-Center (assessment, engl.: Bewertung, Beurteilung, Einschätzung) werden darüber hinaus Rollenspiele und Gruppendiskussionen durchgeführt, um Teamfähigkeit, Durchsetzungsstärke und soziales Verhalten zu beurteilen. Wenn Sie irgendwann in Ihrem Berufsleben damit konfrontiert werden sollten, ist es ratsam, sich vorher mit Fachliteratur zu beschäftigen (beispielsweise „Einstellungstest und Assessment-Center", Wilhelm Heyne Verlag, München). Sind Sie aber unvorbereitet, ist die Gefahr des Scheiterns groß, weil Sie die Mechanismen solcher Prüfungen nicht kennen.

„Knigge" für das Bewerbungsgespräch. Auch auf ein „normales" Vorstellungsgespräch müssen Sie sich gut vorbereiten (siehe auch Kasten S. 255). Hierbei helfen Ihnen folgende Regeln:

- Planen Sie bereits die Anreise zu Ihrem Vorstellungsgespräch sorgfältig, um nicht abgehetzt zum Termin zu erscheinen. Informieren Sie sich beizeiten über die Anfahrt zu Ihrem potenziellen Arbeitgeber, und planen Sie großzügige Zeitpolster ein, die mögliche Staus bzw. Verspätungen öffentlicher Verkehrsmittel berücksichtigen. Denken Sie auch an lange Strecken, die Sie eventuell auf dem Firmengelände zurücklegen müssen.
- Nehmen Sie alle Unterlagen zum Vorstellungsgespräch mit. Dazu gehören die Stellenanzeige, eine Kopie Ihres Bewerbungsschreibens, der Ihnen eventuell zugeschickte und ausgefüllte Personalfragebogen sowie die Originale Ihrer Zeugnisse und Dokumente, die Sie Ihrem Anschreiben in Kopie beigefügt haben. Geben Sie aber niemals die Originale Ihrer Zeugnisse aus der Hand.
- Kleiden Sie sich dem Stil der Firma angemessen, denn Sie wissen: Der erste Eindruck zählt!

Während des Gesprächs sollten Sie besonders auf folgende Punkte achten:

- Sprechen Sie ruhig und konzentriert, und versuchen Sie, Fragen knapp und präzise zu beantworten.
- Die Ruhe zu bewahren ist grundsätzlich wichtig. Denken Sie nach: Was haben Sie zu verlieren? Gar nichts! Sagen Sie sich: „Ich kann es!"
- Achten Sie auf Ihre Körpersprache. Nervosität führt zu verkrampfter Haltung oder hektischen Gesten. <I

So meistern Sie die Probezeit

7 Empfehlungen für einen gelungenen Job-Einstieg

Eine Probe für beide Seiten. Bei der Neueinstellung eines Arbeitnehmers wird in aller Regel eine Probezeit vereinbart. Der Hintergrund: Der Arbeitgeber soll prüfen können, ob der Mitarbeiter für die Position, für die er ausgewählt wurde, wirklich geeignet ist. Der Arbeitnehmer hingegen soll erkennen können, ob die Position und das Arbeitsumfeld so sind, wie er sie sich erwartet hat und wie sie ihm in Aussicht gestellt wurden. Kommt eine der beiden Seiten während der Probezeit zu einem negativen Ergebnis, können beide Vertragspartner kurzfristig wieder aus dem Beschäftigungsverhältnis aussteigen. „Kurzfristig" heißt – so regelt es § 622 BGB (Bürgerliches Gesetzbuch) –, dass die Kündigungsfrist zwei Wochen beträgt. Die Dauer der Probezeit liegt in den meisten Fällen bei drei Monaten, in anspruchsvollen Positionen, die mit hoher (Personal-)Verantwortung verbunden sind, kann die Probezeit auch sechs Monate betragen. Länger darf eine Probezeit jedoch nicht dauern, wie § 622 BGB festlegt.

Was bestimmt den ersten Eindruck? Was Sie als Arbeitnehmer in Ihrer Probezeit beachten müssen, weiß die Juristin und ausgebildete Business-Trainerin Carolin Lüdemann. Für die Gesellschafterin der Perspektive GmbH/CoachAcademy in Stuttgart spielt besonders der erste Eindruck eine Rolle. So entscheiden Sympathie- und Antipathiefaktoren innerhalb weniger Sekunden, ob der Start in den neuen Job gelingt oder nicht. Nach der Erfahrung der Expertin entsteht der erste Eindruck zu:

- 55 % durch nonverbale Signale
- 38 % durch die Stimme
- 7 % (!) durch das Gesagte.

Bereits bei den ersten Kontakten mit Ihrem neuen Arbeitsumfeld sind nonverbale Signale, also Auftreten, Körpersprache und Outfit, entscheidend. Daher sollten Sie sehr auf Ihr Äußeres sowie auf eine freundliche Gestik und Mimik achten!

Die „Spielregeln" begreifen. Ferner weist die Expertin auf offizielle und inoffizielle Regeln in einem neuen Arbeitsumfeld hin. Bereits in den ersten Tagen der Probezeit sind die offiziellen Regeln (Hierarchien, Arbeitszeiten, Aufgabenverteilung, Arbeitsabläufe, Verhaltenskodex etc.) für gewöhnlich klar. Die inoffiziellen Regeln hingegen müssen erst noch „gelernt" und verstanden werden. Dazu gehören zum Beispiel:

- Wie ist das Verhältnis der Kollegen in Ihrem neuen Arbeitsumfeld untereinander?
- Wer sind die Meinungsführer und warum?
- Was sind die Hintergründe hinter eingespielten Verhaltensmustern im Team?

„Fettnäpfchen" aus dem Weg gehen. In der Probezeit ist es sehr wichtig, nicht in „Fettnäpfchen" zu treten. Hierfür hat Carolin Lüdemann vier Empfehlungen:

1. Zeigen Sie sich aufgeschlossen, und geben Sie bei Interesse der neuen Kollegen ruhig Informationen über

sich preis, zum Beispiel: Wo haben Sie früher gearbeitet? Aus welcher Stadt kommen Sie?

2. Gehen Sie aktiv auf andere zu: „Hallo, ich glaube, wir kennen uns noch nicht. Ich bin Sabine Müller aus der Marketingabteilung – die Neue, die jetzt öfter kommt, sozusagen ..." Schließen Sie sich aber nicht vorschnell einer festen Clique an.

3. Zeigen Sie sich interessiert an den Leistungen und Meinungen der anderen, und knüpfen Sie neue Kontakte: Fragen Sie die neuen Kollegen nach Ihren Aufgaben, und zeigen Sie Interesse an deren Informationen.

4. Gehen Sie mit unterschiedlichen Leuten zum Mittagessen. Bringen Sie Fachwissen mit Fingerspitzengefühl ein: Sprinten Sie nie mit Ihrem Fachwissen voraus. Wenn Sie Vorschläge zu Arbeitsabläufen einbringen möchten, dann mit Sensibilität und ohne Besserwisserei.

Der „menschliche Faktor". Was in früheren Jahren von Personalverantwortlichen manchmal als nebensächlich betrachtet und eingeschätzt wurde – der „menschliche Faktor" oder besser: die soziale Kompetenz von Mitarbeitern –, gehört heute zum „Einmaleins" einer guten und erfolgreichen Personalführung. Schließlich sind es die Menschen und ihre Eigenschaften, die die Arbeitsatmosphäre prägen und damit auch entscheidend zum Gelingen von übertragenen Aufgaben beitragen.
Das bedeutet, dass Chefs nicht nur ein Auge auf die fachlichen und berufsrelevanten Fähigkeiten ihrer Mitarbeiter haben, sondern auch deren Teamfähigkeit, ihre emotionale Ausgeglichenheit und situationsabhängige Belastbarkeit beurteilen. Hilfsbereitschaft, Zuverlässigkeit, Loyalität zum Vorgesetzten und zum Team, Freundlichkeit, ein höflicher Umgang und ab und an ein nettes Wort: Das sind mitnichten „Sekundärtugenden". Schneiden Sie hier gut ab, kann das wesentlich mit dazu beitragen, eine fachliche und menschliche „Testphase" wie die Probezeit erfolgreich zu meistern.

Das Verhältnis zum Chef pflegen. Noch mehr Bedeutung für die Beurteilung eines neuen Kollegen als gleichrangiger Mitarbeiter hat natürlich der jeweilige Vorgesetzte. Zu diesem, so rät Business-Coach Carolin Lüdemann, sollten Sie deshalb selbstredend ein gutes Verhältnis entwickeln. Dabei kommt es darauf an, die richtige Balance zu finden und weder zu selbstsicher, also arrogant oder besserwisserisch, noch zu devot, also „unterwürfig", aufzutreten. Spielen Sie Ihrem Chef nichts vor, aber bringen Sie auch das notwendige Quäntchen an Einfühlungsvermögen mit, das Sie davor bewahrt, nur sich selbst und Ihren eigenen Erfolg zu sehen. Lüdemann empfiehlt: „Je besser Ihr persönliches Verhältnis zum Chef, umso wohlwollender wird Ihre Arbeitsleistung beurteilt." Gute Beziehungen werden auch dadurch geknüpft, dass Sie das Gespräch zu Ihrem Vorgesetzten suchen. Zum Beispiel, indem Sie zwischen Tür und Angel ein bisschen Small Talk betreiben und regelmäßig Feedback einholen:

- Eröffnen Sie das Gespräch im Aufzug, der Küche, in Pausenzeiten bei Besprechungen, auf dem Flur.
- Wenn Sie an der offenen Bürotür des Chefs vorbeikommen, so bleiben Sie kurz im Türrahmen stehen und sagen ein paar freundliche Worte.
- Lassen Sie Ihrem Chef einen interessanten Zeitungsartikel zukommen, der auf seiner Wellenlänge liegt, und sprechen Sie ihn bei nächster Gelegenheit auf die Inhalte an.

Fallen Sie auf – aber angenehm. Diese Ratschläge haben nichts damit zu tun, sich „lieb Kind" zu machen! Im Gegenteil: Es geht darum, sich möglichst gut zu „verkaufen". Und auch wenn es Ihnen schwerfällt, Ihre Bescheidenheit zu überwinden: Es ist (leider) eine Tatsache, dass wir es uns alle in Zeiten eines immer schärfer werdenden Wettbewerbs nicht leisten können, unser Licht „unter den Scheffel" zu stellen. Achten Sie daher besonders in der Probezeit darauf, dass Ihre Leistungen objektiv richtig eingeordnet werden, und suchen Sie beizeiten Feedback bei Kollegen und Ihren Vorgesetzten. ◂

Verdienen Sie, was Sie verdienen?

7 wichtige Tipps für Ihre Gehaltsverhandlung

Was fordert man bei der Neueinstellung? Etwas leichter haben Sie es, wenn Sie eine neue Stelle antreten. Deshalb besitzen Sie bei den Gehaltsverhandlungen im Bewerbungsgespräch gewissermaßen einen Bonus. Höhere Forderungen an die Vergütung Ihrer Arbeitsleistung dürfte Ihnen ein Vorgesetzter dann kaum als „überzogen" oder „unverschämt" auslegen – außer, Sie liegen mit Ihren Vorstellungen weit über dem üblichen Rahmen, der für die entsprechende Position vorgesehen war. Dies können Sie dadurch vermeiden, dass Sie sich vor dem Einstellungsgespräch konkret informieren, welche Löhne bzw. Gehälter vergleichsweise für die angestrebte Position in Ihrer Branche und Ihrer Region bezahlt werden (Achtung: Hier herrschen mancherorts erhebliche Unterschiede!). Darüber hinaus bieten auch Internet-Websites (z. B. www.gehaltsvergleich.com) gute Ansätze für die Formulierung der eigenen Gehaltsvorstellung. Hier finden Sie in der Regel gute Übersichten über Dotierungen (zumeist unterteilt in einen Minimalbetrag, eine Durchschnittssumme und eine Maximalvergütung).

Dem Chef den Vortritt lassen. Trotzdem ist immer dazu zu raten, als Arbeitnehmer nach Möglichkeit den ersten Schritt zu vermeiden und deshalb den Vorgesetzten zuerst in das Thema Gehalt einsteigen zu lassen. Denn haben Sie beim Bewerbungsgespräch eine Summe genannt, die Sie verdienen wollen, können Sie kaum noch zurück und diese gegebenenfalls „nach oben“ korrigieren, wenn Sie feststellen, dass Sie „tiefgestapelt“ haben. Das Risiko, sich unter Wert zu verkaufen oder auch weit über dem beabsichtigten Angebot zu liegen, ist dann sehr hoch. Nur in den wenigsten Anzeigen für Arbeitsstellen in der Privatwirtschaft wird übrigens ein Gehaltsangebot formuliert. Anders ist es bei Ausschreibungen im öffentlichen Dienst; hier wird üblicherweise der jeweilige Bundesangestelltentarif (BAT) genannt. Falls in der Stellenanzeige eines Unternehmens in der Privatwirtschaft doch eine konkrete Summe genannt werden sollte, haben Sie immer noch die Möglichkeit, während des Gesprächs zu argumentieren. Dabei sollten Sie jedoch vorsichtig vorgehen und sich Ihre Argumente vorher gut überlegen.

Im Betrieb umhören. Gut ist es auch, sich im eigenen Umfeld bei vertrauenswürdigen Kollegen zu erkundigen, und auch bei dieser Frage ist Ihr persönliches Netzwerk (vgl. S. 257) von großem Nutzen. Übrigens: In manchen Unternehmen gilt der offene Austausch der Löhne und Gehälter zwischen den Mitarbeitern einer Abteilung zwar nicht als Kündigungsgrund, aber doch als Verhalten, das von Vorgesetzten alles andere als gerne gesehen wird. Diese möchten vermeiden, dass Informationen über die eventuell sehr unterschiedliche Vergütung Frust und ein Gefühl der Zurücksetzung verursachen.

Sie wollen mehr – warum? Sie stehen in einem festen Beschäftigungsverhältnis und möchten eine Gehaltserhöhung. Ihr Aufgaben- und Verantwortungsbereich ist gewachsen, oder Sie fühlen sich einfach nicht mehr angemessen entlohnt. In jedem Fall müssen Sie jetzt gute Gründe dafür finden, warum es im Interesse Ihres Vorgesetzten sein sollte, Ihnen eine Zulage zu bewilligen.

Manchmal besser als Bargeld. Es gibt eine Reihe von geldwerten und indirekten Vorteilen, die der Arbeitgeber eventuell lieber gewährt als mehr Gehalt. Dazu gehören z. B. eine Direktversicherung, bei der der Arbeitgeber die Prämienzahlungen für die Altersvorsorge oder Berufsunfähigkeit übernimmt, Essens- oder Fahrtkostenzuschüsse, ein Geschäftswagen oder ein Firmenhandy, Kindergarten- und Umzugszuschüsse sowie Qualifizierungs- oder Coachingmaßnahmen. Letztlich können auch besonders günstige Arbeitgeberdarlehen, Belegschaftsaktien oder Belegschaftsrabatte verhandelt werden.

So geht's: Die Aufbesserung des Lohns richtig anbahnen

- ☐ Eine Verhandlung um Lohn oder Gehalt kann Ähnlichkeit mit dem Feilschen von Händlern auf einem orientalischen Basar haben. Definieren Sie für sich deshalb eine Minimal- und eine Maximalforderung. Beachten Sie, dass Ihre Forderung nicht zu gering ausfallen darf. Empfehlenswert ist daher einen Verhandlungsspielraum zwischen 5 und 10 %.
- ☐ Verknüpfen Sie Ihre Forderung mit einer Mehrleistung, die Sie in Aussicht stellen. Versuchen Sie, Ihrem Vorgesetzten deutlich zu machen, wie die Firma bzw. die Abteilung davon profitieren wird.
- ☐ Versuchen Sie sich vorher zu überlegen, welche Gegenargumente Ihr Chef ins Feld führen könnte – und wie Sie diese entschärfen können.
- ☐ Und schließlich: Beginnen Sie das Gespräch, wenn möglich, unverfänglich, und fallen Sie nicht mit der Tür ins Haus. Seien Sie nicht penetrant und besserwisserisch.

Rücken Sie sich ins rechte Licht. „Leisetreter“, deren Leistungen ihrem Vorgesetzten niemals aufgefallen sind, und Mitarbeiter, die sich schlecht verkauft haben, tun sich bei Gehaltsverhandlungen schwer. Häufig ist es für den Chef sogar eine Überraschung, dass jemand um eine höhere Vergütung nachfragt, der als Rädchen im Getriebe zwar „funktioniert“, um sich aber nie Aufhebens gemacht hat. Warum? Es hat bisher doch auch so geklappt!
Bereiten Sie Ihre Gehaltsverhandlung deshalb systematisch über einen längeren Zeitraum vor. Kurzum: Tun Sie Gutes – und reden Sie an geeigneter Stelle auch darüber! Der Chef muss erkennen können, dass Ihre Arbeit für die Firma und/oder Abteilung wertvoll ist. Deshalb nutzen Sie Konferenzen und Besprechungen, um sich geschickt ins rechte Licht zu rücken, indem Sie Ihre Kompetenz klar, aber unaufdringlich deutlich machen.

Gut vorbereiten – richtig timen. Keine Gehaltsverhandlung darf einfach „aus dem Bauch heraus“ geführt werden! Wie jedes entscheidende Gespräch, bei dem es um etwas Wichtiges geht, muss auch die Gehaltsverhandlung sorgfältig vorbereitet werden. Dazu sortieren Sie Ihre Argumente, warum Sie mehr verdienen wollen. Stellen Sie dann (am besten schriftlich) Ihre Leistungsergebnisse seit der letzten Gehaltserhöhung zusammen, und präsentieren Sie diese entweder mündlich oder schriftlich. Denken Sie an nachweisliche Erfolge, die Sie für sich verbuchen können. Und berücksichtigen Sie die äußeren Rahmenbedingungen: Ist die Geschäftslage aktuell gut? Hat Ihr Vorgesetzter zurzeit gute Laune?
Lassen Sie sich auf jeden Fall einen Termin für dieses Gespräch geben, und vermeiden Sie immer, den für Sie wichtigen Gegenstand „zwischen Tür und Angel“ zur Sprache zu bringen. ◁

Mehr Erfolg im Job

13 Qualifikationen, die Sie auf der Karriereleiter weiter nach oben bringen

Sich selbst gut organisieren.
Ohne ein gutes und funktionierendes Zeitmanagement geht es nicht. Viele Arbeitnehmer klagen über die wachsende Verdichtung ihrer Arbeitswelt, die sich in der steigenden Zahl von Terminen, Besprechungen und Entscheidungen zeigt. Das Gefühl einer immer größeren Dynamik der Arbeitsprozesse wird als Druck empfunden. Gut geführte Termin- und Aufgabenkalender sind daher ebenso wichtig wie Selbstdisziplin bei der Erledigung der anstehenden Aufgaben.

Klare Ziele setzen. Ein großes Arbeitsvolumen mit vielfältigen und zeitlich rasch aufeinanderfolgenden Aufgaben muss gut strukturiert sein, sonst geht schnell der Überblick verloren. Dazu müssen kurz- und mittelfristige Ziele definiert werden und jeweils die Zeitspannen, in denen diese Ziele erreicht werden sollen. Große bzw. „weite" Ziele werden in kleinere Arbeitsschritte unterteilt, um das Gefühl der Arbeitsüberlastung zu vermeiden. Die Definition von Zielen ist auch deshalb bedeutend, weil Sie damit die anstehenden Aufgaben und ungelöste Probleme verdeutlichen.

Strategisch planen. Neben der kurz- und mittelfristigen Zieldefinition ist die Planung von langfristigen Hauptzielen und der dazugehörigen Strategien für ihre Realisierung von großer Bedeutung. Ein Hauptziel könnte beispielsweise sein, dass ein Vertriebsleiter sich vornimmt, seine Abteilung innerhalb von drei Jahren so umzugestalten, dass die Kundenbeziehungen und der Service des Hauses professioneller aufgestellt sind als der Vertrieb eines jeden Wettbewerbers. Zur Realisierung muss der Vertriebsleiter jetzt geeignete Strategien entwickeln, die er in Zeitabschnitte gliedert, dafür Aufgaben verteilt und Verantwortungen definiert. Dabei darf er sich nicht zu viel, aber auch nicht zu wenig vornehmen.

Halten Sie sich auf dem Laufenden.
Wir leben in einer Informationsgesellschaft. Informationen sind der Rohstoff der wirtschaftlichen Entwicklung. Menschen, die fachliche, aber auch berufs- und branchenübergreifende Informationen gut sortieren, übersichtlich sammeln und jederzeit darauf zurückgreifen können, haben einen großen Vorteil. Deshalb müssen alle Informationen, die für ein Unternehmen wichtig sind – über den Markt, die Kunden, den Wettbewerb, über neue Forschungs- und Entwicklungsergebnisse etc. –, methodisch gesammelt und verwaltet werden. Die Idealvorstellung ist ein Datenpool, auf den alle berechtigten Mitarbeiter zurückgreifen können.

Teamwork und Kundenbeziehungen pflegen. Die Arbeitswelt teilt sich immer mehr in unterschiedliche Gruppen von Arbeitnehmern auf. Fest angestellte Mitarbeiter, Teilzeitbeschäftigte mit verschiedenen Arbeitszeitmodellen, Kollegen, die im Home-Office arbeiten, und freigestellte Beschäftigte sowie externe Dienstleister erwirtschaften gemeinsam den Umsatz des Unternehmens. Deshalb ist es heute von Bedeutung, die unterschiedlichen Beziehungen zu Mitarbeitern professionell zu koordinieren.

Netzwerkarbeit, Logistik, eine exakte Terminkoordination und Einfühlungsvermögen sind gefragt. Zum Beziehungsmanagement gehören auch die Kundenbeziehungen, die sich ebenso immer mehr in unterschiedliche Gruppen aufteilen lassen. Da viele Märkte in Deutschland übersättigt sind, werden neue Produkte und/oder Dienstleistungen häufig nur noch für Nischenmärkte mit kleinen Zielgruppen geschaffen. Auch das erfordert großes Engagement im Beziehungsmanagement.

Budgets geschickt einsetzen. Zu Jahresplänen und Projekten gehört die Vergabe von Budgets und Etats. Darüber hinaus werden die zur Verfügung gestellten Mittel bei steigendem Wettbewerb knapper und genauer kontrolliert. Wer im einmal gesteckten Rahmen bleibt und seine Ressourcen zielgenau einsetzt, verbucht gegenüber „ungenauen" Kollegen ein Plus.

Nichts geht mehr ohne EDV. Der Umgang mit modernen Kommunikationsmitteln und Medien ist heute selbstverständlich. Gleichwohl gibt es einige Menschen, die sich im Umgang mit Computern, E-Mails und dem Internet immer noch schwertun. Wer im Beruf weiterkommen will, kann sich Wissenslücken und Unsicherheiten in diesem Bereich jedoch nicht mehr leisten. Wer hier noch Defizite hat, muss zwingend Fortbildungskurse besuchen!

Dokumentieren Sie Ihre Arbeit. Menschen, die Erfolge in ihrem Beruf vorweisen können, wissen immer, „wo" sie stehen, was sie geleistet haben und was noch vor ihnen liegt. Damit verschaffen sie sich nicht nur einen Überblick über die eigenen Leistungen, sondern reflektieren auch ihre Stärken und Schwächen. Die regelmäßige und schriftliche Dokumentation der eigenen Arbeit hilft überdies gut bei der Argumentation mit Vorgesetzten – wenn es etwa um Gehaltswünsche oder Entwicklungsperspektiven im Job geht.

Präsentieren Sie Ihre Projekte. Seinen Job beherrschen kann man am besten mit Struktur und Methode. Das bedeutet, Kollegen und Vorgesetzte über den jeweiligen Stand der Dinge in Kenntnis zu setzen und die eigenen Fortschritte zu präsentieren. Damit macht man sich selbst und anderen Beteiligten klar, wo noch Defizite zu beseitigen sind und in welche Aufgaben noch Arbeit investiert werden muss.

Bleiben Sie Mensch. Die Erfahrung lehrt: Mitarbeiter, denen ihr eigener Erfolg das Wichtigste im Leben ist, die rücksichtslos Kollegen benutzen, um ihre Ziele zu erreichen, und die über schlecht verträgliche und unsoziale Eigenschaften verfügen, können weit kommen und einige Sprossen auf der Karriereleiter erklimmen. Irgendwann aber haben sich die Ellenbogen und die „harten Bandagen" abgewetzt, und ein Vorgesetzter stoppt den Aufstieg. Denn obwohl die Konkurrenz bei zunehmender Dynamik des Aufstiegs immer härter wird, sind „weiter oben" soziale Kompetenzen – Führungsqualitäten wie Einfühlungsvermögen, die Fähigkeit, andere zu motivieren, eine sympathische Ausstrahlung etc. – gefragt. Die Zeiten, in denen Vorgesetzte die ihnen Unterstellten mit der Knute zu Höchstleistungen antreiben konnten, sind Gott sei Dank vorbei. Bewahren Sie sich deshalb den Respekt und die Zuneigung von Mitarbeitern. Diese Soft Skills (engl.: „weiche Fähigkeiten") entscheiden auch über den Aufstieg, denn schlechte Stimmung, Unruhe und Missbilligung gefährden auch die wirtschaftlichen Ziele.

Arbeit ist (nur) das halbe Leben.
Die Klage über zunehmenden Stress im Arbeitsleben ist allenthalben zu hören. Dabei muss zwischen „negativem“ und „positivem“ Stress differenziert werden. Negativer Stress entsteht dann, wenn sich Menschen überfordert fühlen oder über eine lange Zeitspanne, deren Ende kaum absehbar ist, auf höchsten Touren „drehen“. Dann wird die Belastung als so schwer empfunden, dass sie krank machen kann.
Positiver Stress hingegen wirkt motivierend und treibt zu Höchstleistungen an. Die erreichten Ergebnisse müssen dann aber belobigt und ausreichend entlohnt werden. Dann entstehen Glücksgefühle, Freude und Zufriedenheit sowie ein Gefühl der Selbstbestätigung.
Wichtig dabei ist, dass Sie Ihr Leben und Ihre Ziele nicht nur auf Ihre Leistungen im Berufsleben ausrichten! Menschen, die ein ausgeglichenes und glückliches Privatleben führen, schöpfen daraus unendlich viel Energie für ihre Arbeit und behalten ihr persönliches Gleichgewicht. Sich als Mensch lediglich über den Beruf zu definieren führt dagegen schnell in eine Sackgasse.

Bleiben Sie aufgeschlossen für Neues! Auch das ist ein wesentlicher Erfolgsfaktor in der modernen Arbeitswelt. Immer mehr und häufig ganz neue Aufgaben und Herausforderungen kommen auf Mitarbeiter zu. Das Wort vom „lebenslangen Lernen“ ist Realität geworden und verlangt, dass sich der Einzelne ständig an neue Strukturen und Arbeitsabläufe anpasst. Besonders die drastische Verkürzung der Zeiträume, in denen sich technologische Neuerungen durchsetzen und die rasant schnelle Fortentwicklung der Informations- und Kommunikationstechnologien führen dazu, dass sich Arbeitnehmer kontinuierlich mit neuen Produktionssystemen und Arbeitsabläufen vertraut machen müssen. Menschen, die auch in reiferen Lebensphasen noch neugierig und stets bereit sind, sich auf Neues einzulassen, haben gegenüber anderen einen großen Vorteil! Umso schwerer wiegt dies, wenn Sie berücksichtigen, dass infolge der demografischen Entwicklung der deutschen Bevölkerung das durchschnittliche Lebensalter der Beschäftigten schon mittelfristig ansteigen dürfte.

Üb immer Treu und Redlichkeit …
Jedes Unternehmen in der freien Wirtschaft ist eine Leistungsorganisation, deren Wert und Position im Wettbewerb an Zahlen gemessen wird. Umsätze und Erlöse, Gewinne und wirtschaftliche Ergebnisse sind Messgrößen, die auch den Erfolg des einzelnen Mitarbeiters bestimmen. Andererseits ist immer wieder festzustellen, dass erfolgreiche Mitarbeiter und langfristig erfolgreiche Unternehmen auch mit ethischen Kompetenzen aufwarten. Dazu gehören z. B. Verhaltensregeln, wie mit Mitarbeitern und ihren Familien, mit Kunden, Kooperationspartnern und Konkurrenten umgegangen wird. Respekt, Anstand, Verantwortungsbewusstsein und Integrität sind moralische Kategorien, die die ethische Kompetenz bilden – und diese sind keineswegs gering zu schätzen. Auf lange Sicht sind sie wichtig für den Erfolg des Einzelnen. Außerdem beeinflussen sie dadurch positiv die Loyalität der Mitarbeiter zu „ihrem“ Unternehmen.

Mobbing und Ausgrenzung

10 Expertentipps, wie Sie sich dagegen wehren können

Die Methoden der Ausgrenzung. Seit einigen Jahren macht ein Wort in der deutschen Arbeitswelt die Runde: Mobbing. Der Begriff stammt aus dem Englischen und wird von „mob" (Pöbel) abgeleitet. Mobbing bedeutet deshalb „pöbeln". Für den Tatbestand des Mobbing ist jedoch weit mehr als ein Streit unter Kollegen ausschlaggebend. Beim Mobbing geht es vielmehr darum, dass ein Mitarbeiter durch eine oder mehrere Personen systematisch ausgegrenzt und erniedrigt wird. Nach dem sogenannten „Mobbing-Report", einer repräsentativen Untersuchung der Bundesanstalt für Arbeitsschutz und Arbeitsmedizin (BAuA), werden rund 3 % der in Deutschland Beschäftigten an ihrem Arbeitsplatz schikaniert, gedemütigt und drangsaliert. Dem Bericht zufolge kann Mobbing in unterschiedlichen Formen auftreten:

- Gerüchte/Unwahrheiten 61,8 %
- Arbeitsleistung falsch bewertet 57,2 %
- Ständige Sticheleien und Hänseleien 55,9 %
- Wichtige Informationen werden verweigert 51,9 %
- Die Arbeit wird massiv und ungerecht kritisiert 48,1 %
- Ausgrenzung/Isolierung 39,7 %
- Als unfähig dargestellt 38,1 %
- Beleidigungen 36,0 %
- Arbeitsbehinderung 26,5 %
- Arbeitsentzug 18,1 %.

Wie können Sie sich wehren, wenn Sie zu einem Mobbingopfer geworden sind? Der Jurist und Arbeitsrechtsexperte Dr. Martin Hensche empfiehlt sieben Schritte (www.hensche.de/RechtsanwaltArbeitsrechtHandbuchMobbingPraktische Tipps.html).

Wehren Sie den Anfängen. Reagieren Sie möglichst früh auf Mobbingversuche. Lassen Sie es keinesfalls dazu kommen, dass Sie oder andere sich an bewusste Frechheiten und Herabsetzungen von Kollegen „gewöhnen". Ein Wort zur rechten Zeit kann eventuell verhindern, dass weiter gemobbt wird. Achten Sie jedoch darauf, die Gräben nicht noch zu vertiefen, und reagieren Sie mit angemessenen Worten.

Zeigen Sie Zivilcourage. Manche Kollegen reagieren nicht auf diskriminierende Äußerungen über andere Kollegen, weil sie zu bequem sind, ihre Ruhe haben wollen – oder weil sie nicht den Mut dazu aufbringen, einzuschreiten und zu widersprechen. Zeigen Sie Zivilcourage, und sagen Sie ausdrücklich, dass Ihnen die Art und Weise, wie über jemanden „hergezogen" wird, nicht gefällt. Wer schweigt, wird zum Mitläufer und läuft überdies Gefahr, selbst zu einem Mobbingopfer zu werden!

Fakten sammeln. Die feindseligen Angriffe geschehen regelmäßig, etwa einmal pro Woche, und sind längerfristig zu beobachten – mindestens jedoch über ein halbes Jahr. Notieren Sie alle einschlägigen Vorkommnisse in einem „Mobbing-Tagebuch" – mit Datum, Uhrzeit und den näheren Umständen.

Allgemeines Gleichbehandlungsgesetz

DER EXPERTE RÄT

Im Zusammenhang mit dem Diskriminierungsverbot am Arbeitsplatz hat der Bundesgesetzgeber das Allgemeine Gleichbehandlungsgesetz (AGG) – auch Antidiskriminierungsgesetz genannt – am 18. August 2006 in Kraft gesetzt (Bundesgesetzblatt BGBl. I S. 1897, 1910). Dieses deutsche Bundesgesetz soll ungerechtfertigte Benachteiligungen aus Gründen der Rasse, der ethnischen Herkunft, des Geschlechts, der Religion, der Weltanschauung, einer Behinderung, des Alters oder der sexuellen Identität verhindern und abstellen. Zur Verwirklichung des Ziels erhalten die durch das Gesetz geschützten Personen Rechtsansprüche gegen Arbeitgeber und Private, wenn diese gegen die gesetzlichen Diskriminierungsverbote verstoßen.

Darüber hinaus finden Sie hier die einschlägigen Gesetze und Bestimmungen, die in einem Fall von Mobbing berührt sind:

- **Betriebsverfassungsgesetz (BetrVG):**

§ 75 (1) u. (2) Grundsätze für die Behandlung der Betriebsangehörigen
§ 80 Allgemeine Aufgaben
§ 84 Beschwerderecht der Arbeitnehmer
§ 87.1.1 Mitbestimmung in Fragen der Ordnung und des Verhaltens im Betrieb
§ 87.1.7 Mitbestimmung in Fragen des Arbeitsschutzes
§ 104 Entfernung betriebsstörender Arbeitnehmer

- **Arbeitsschutzgesetz (ArbSchG)**

§ 4 Allgemeine Grundsätze

Zur Rechtsauslegung ist ein Urteil des Thüringer Landesarbeitsgerichts interessant, wonach Mobber ihre fristlose Kündigung riskieren, wenn dadurch das allgemeine Persönlichkeitsrecht, die Ehre oder die Gesundheit des Mobbingopfers in schwerwiegender Weise verletzt wird (AZ: 5 Sa 102/2000 und AZ: 5 Sa 403/2000).

Beweise sichern. Als Betroffener muss man damit rechnen, dass eine Mobbingkampagne manchmal sehr schnell eskalieren und schlimmstenfalls sogar zu einer fristlosen Kündigung führen kann. Relevante Unterlagen sollten Sie deshalb zu Hause aufbewahren, für den Fall, dass Sie Ihren Arbeitsplatz verlieren.

Beschwerderecht nutzen. Sinnvoll ist es, sich frühzeitig über Mobbing zu beschweren – entweder beim Arbeitgeber selbst (§ 84 Abs. 1 Satz 1 BetrVG, Betriebsverfassungsgesetz) oder beim Betriebsrat (§ 85 Abs. 1 BetrVG). Ferner rät Rechtsanwalt Hensche dazu, Beschwerden gegenüber dem Arbeitgeber und/oder dem Betriebsrat zu Beweiszwecken schriftlich vorzubringen und sich die Übergabe des Beschwerdeschreibens abzeichnen zu lassen.

Nicht jeder Streit ist „Mobbing". Wer von „Mobbing" spricht, sollte zuvor geprüft haben, ob sein Problem wirklich ein Fall von Mobbing ist. Anderenfalls sollten Sie auf den Begriff verzichten, da er mittlerweile recht oft zum Schlagwort geworden ist und auch missbraucht werden kann.

Lassen Sie sich beraten. Um den eigenen Mobbingfall besser einordnen zu können, ist es häufig von Nutzen, mit Beratungsstellen Kontakt aufzunehmen. Je nach Qualität und Engagement der Beratungsstelle erhält man dort Adressen von Rechtsanwälten, Psychologen und Ärzten, eine Einschätzung bzw. Bewertung des eigenen Falls sowie Tipps und Rückenstärkung durch Leidensgenossen.

- Info- und Beratungsstellen finden sich auf der Website des Personalrats der Universität Vechta unter www.personalrat.uni-vechta.de/108.html.

- Auch kann ein Besuch der Website www.mobbing-net.de des Vereins für Arbeitsschutz und Gesundheit durch systemische Mobbingberatung und Mediation e.V. sinnvoll sein.

Kündigen Sie Ihr Zurückbehaltungsrecht an. Weiterhin empfiehlt der Experte, falls alle Beschwerden nicht helfen, „die Zurückbehaltung der Arbeitsleistung für den Fall anzudrohen, dass der Arbeitgeber mögliche und zumutbare Maßnahmen zur Unterbindung des Mobbing nicht innerhalb einer bestimmten Frist ergreift. Auch diese Ankündigung sollte schriftlich und im Übrigen so erfolgen, dass der Zugang des Schreibens später bewiesen werden kann. Bevor man einen solchen Schritt unternimmt, sollte man sich allerdings unbedingt rechtlich beraten lassen, da eine unberechtigte Verweigerung der Arbeit einen Grund für eine fristlose Kündigung durch den Arbeitgeber darstellt."

Planen Sie notfalls gerichtliche Schritte. Schließlich können Betroffene ihre Rechte auch gerichtlich geltend machen. Dazu ist jedoch die Einschaltung eines Rechtsbeistands unbedingt sinnvoll und anzuraten. ◁

So vermeiden Sie eine Kündigung

9 Hinweise, welches Verhalten den Arbeitsplatz gefährdet

Die Kündigungsgründe. Häufigster Fall der personenbedingten Kündigung ist die Kündigung wegen einer lange anhaltenden Krankheit, die auch in Zukunft zur Arbeitsunfähigkeit führt. Bei der verhaltensbedingten Kündigung ist der Grund für die Kündigung ein Fehlverhalten des Arbeitnehmers, das dem Arbeitgeber ein weiteres Festhalten am Arbeitsverhältnis unzumutbar macht. Von einer betrieblich bedingten Kündigung spricht man, wenn sachliche Gründe zu einer Unternehmerentscheidung führen, die den Wegfall des Arbeitsplatzes zur Folge hat. Für den Arbeitnehmer, der den Verlust seiner Beschäftigung nicht provozieren will, folgt daraus, sich immer an die Spielregeln zu halten, die nicht nur das Arbeitsrecht und betriebliche Vereinbarungen vorgeben, sondern in aller Regel auch der gesunde Menschenverstand.

„Krankfeiern" ohne Not. Die Zahl der durch Krankheit bedingten Fehltage sinkt in Deutschland beständig. Angst vor dem Verlust des Arbeitsplatzes bei steigender Konkurrenz und hoher Erwerbslosigkeit, aber auch das Gefühl, die Kollegen nicht im Stich lassen zu können, sind die Hauptbeweggründe für diese Erscheinung. Gleichwohl kennt jeder zumindest einen Kollegen, der Jahr für Jahr häufiger erkrankt und es sich in dem einen oder anderen Fall auch einmal „gut gehen" lässt und „blau" macht. Im Normalfall, und wenn es sich nicht um jährliche Ausfallzeiten von zusammengenommen jeweils mehr als zwei Wochen handelt, kann ein Arbeitgeber kaum etwas dagegen tun – vorausgesetzt, die ärztlichen Bescheinigungen liegen rechtzeitig beim Arbeitgeber vor. Wenn der Mitarbeiter z. B. einmal wegen eines eingeklemmten Nervs im Schulterbereich, das andere Mal infolge einer Magen-Darm-Infektion und ein weiteres Mal aufgrund einer Sommergrippe ausgefallen ist, kann dies im Normalfall nicht gegen ihn verwendet werden.

Wann ist Krankheit ein Kündigungsgrund? Man sollte wissen, dass die Kündigung von „dauerkranken" Arbeitnehmern ohne vorherige Abmahnung möglich ist. Allerdings gelten für eine krankheitsbedingte Kündigung – besonders in Unternehmen, die dem Kündigungsschutzgesetz unterliegen (in der Regel ab einer Größe von zehn Beschäftigten) – strenge Maßstäbe. Die Formulierung „dauerkrank" beschreibt Ausfallzeiten, die in der Regel mehr als zwei Wochen betragen. Drei Voraussetzungen müssen erfüllt sein:

1. Der Arbeitgeber muss belegen, dass sich der Gesundheitszustand des Beschäftigten aller Voraussicht nach nicht bessern wird.

2. Der Arbeitgeber muss den Nachweis führen, dass die Erkrankung die betrieblichen Interessen erheblich beeinträchtigt.

3. Das Gericht muss prüfen, ob dem Arbeitgeber die Weiterbeschäftigung des Arbeitnehmers nicht doch zuzumuten ist. Die wichtigste Rolle bei der Entscheidungsfindung des Gerichts spielt hierbei, ob der gekündigte Mitarbeiter in der Vergangenheit wegen häufiger Kurzerkrankungen ausgefallen ist oder infolge einer lang andauernden Krankheit.

Wenn es sich jedoch um eine Dauererkrankung handelt (z. B. um ein Rückenleiden), muss der Arbeitnehmer belegen, dass mit einer baldigen Genesung zu rechnen ist. Hierzu ist manchmal auch ein ungewöhnlicher Schritt erforderlich: die Entbindung der behandelnden Ärzte von der Schweigepflicht.
Beharrt der Arbeitgeber trotzdem auf seiner Kündigung, muss er eine Beeinträchtigung der betrieblichen Interessen belegen, z. B. die Gefährdung von wichtigen Projekten und Aufträgen aufgrund der Fehlzeiten des betreffenden Mitarbeiters.
In der Regel halten die Gerichte die Kündigung erst dann für wirtschaftlich begründet, wenn der Arbeitgeber in zwei aufeinanderfolgenden Jahren für jeweils mehr als sechs Wochen das Entgelt für einen erkrankten Arbeitnehmer fortzahlen musste. Das Bundesarbeitsgericht erkennt eine Beeinträchtigung des betrieblichen Interesses überdies dann für gegeben an, wenn der Arbeitnehmer voraussichtlich nicht innerhalb der kommenden zwei Jahre nach dem Kündigungstermin wieder arbeiten kann (Bundesarbeitsgericht, 12. April 2002, AZ: 2 AZR 148/01).

Krankheiten dürfen nicht verschwiegen werden. Schon beim Einstellungsgespräch werden Sie heute häufig nach gesundheitlichen Problemen gefragt. Liegt eine Krankheit vor, darf der Bewerber sie nicht verschweigen, sofern sie für die Tätigkeit von Bedeutung ist, befand das Bundesarbeitsgericht (AZ: 2 AZR 270/83).
Da eine Alkoholerkrankung wohl jede Tätigkeit beeinträchtigt, muss ein Bewerber diese Krankheit offenbaren. Allgemeine Nachfragen nach „Trinkgewohnheiten" sind allerdings rechtlich nicht zulässig.

Alkoholkonsum am Arbeitsplatz. Wer während der Arbeitszeit Alkohol trinkt, riskiert seinen Job. Bei diesem Verhalten ist von der Abmahnung bis zur Kündigung alles möglich. Allerdings unterscheiden die Gerichte, ob ein Arbeitnehmer öfter einmal „angeheitert" oder gar betrunken am Arbeitsplatz erscheint bzw. dort trinkt, oder ob er vom Alkohol abhängig ist. Denn Mitarbeiter, die an Alkoholismus leiden, haben besondere Rechte. So darf sie der Arbeitgeber z. B. nicht abmahnen, wenn sie betrunken im Unternehmen erscheinen oder am Arbeitsplatz trinken. In diesem Fall muss der Arbeitgeber dem Mitarbeiter eine Therapie und/oder eine Entziehungskur anbieten. Lehnt der Arbeitnehmer diese jedoch ab, kann ihm gekündigt werden.

Manipulation der Arbeitszeit. „Urkundenfälschung und Betrug": So kann das Urteil eines Arbeitsrichters lauten, wenn ein Arbeitnehmer das Zeiterfassungssystem des Arbeitgebers manipuliert und in die Stechuhr falsche Arbeitszeiten („Kommen" und „Gehen") eingibt. Bei eindeutiger Beweislage kann umgehend eine fristlose Kündigung ausgesprochen werden. Dies gilt auch, wenn, wie in vorliegendem Fall, dem Arbeitgeber kein konkreter Schaden entsteht, da der Mitarbeiter nach Arbeitsergebnissen und nicht nach Arbeitszeiten bezahlt wird (Arbeitsgericht Frankfurt/Main, AZ: 18/2 Ca 4896/03).

Private Internetnutzung. Ohne Zugang zum Internet können Mitarbeiter heute in kaum einem Unternehmen vernünftig arbeiten. Gleichwohl ist die Internetnutzung im Betrieb eine sensible Materie. So hat das Bundesarbeitsgericht in einem Urteil vom 7.7.2005 klargestellt (BAG, 2 AZR 581/04), dass „ein Arbeitnehmer durch eine intensive zeitliche Nutzung des Internets zu privaten Zwecken während der Arbeitszeit seine arbeitsvertraglichen Pflichten auch dann verletzt, wenn der Arbeitgeber die Privatnutzung nicht ausdrücklich verboten hat". Die Verletzung der arbeitsvertraglichen Pflichten kann daher ein wichtiger Grund zur fristlosen Kündigung sein. Verzichten Sie am besten grundsätzlich auf die private Nutzung des Internets, außer sie ist Ihnen ausdrücklich (und schriftlich in einer Betriebsvereinbarung!) gestattet.

Fremde Daten ausspionieren. Das Ausspionieren von Mails und/oder Daten auf der Festplatte von Kollegen kann eine fristlose Kündigung – ohne vorherige Abmahnung – rechtfertigen. Auch die Beschaffung von fremden User-ID oder Passwörtern kann eine fristlose Kündigung nach sich ziehen, da das Ausspionieren einen tief greifenden Verstoß gegen die Loyalitätspflicht des Beschäftigten darstellt. Eine fristlose Kündigung ohne vorherige Abmahnung droht auch einem Systemadministrator, der unbefugt die Mails seiner Vorgesetzten liest.

Büromaterial „leihen". Selbstverständlich darf man es nicht, aber es kommt trotzdem immer wieder vor: Mitarbeiter „leihen" sich Büromaterial (z. B. Druckerpapier) für private Zwecke aus. Andere frankieren ihre Post über die Frankiermaschine des Arbeitgebers. Bezahlen Sie Ihr Büromaterial und Ihre Portogebühren aus der eigenen Tasche. Sonst riskieren Sie auch bei geringfügigen Schadensbeträgen eine fristlose Kündigung wie der Kundenbetreuer einer Versicherung (Landesarbeitsgericht Sachsen-Anhalt, AZ 16 Sa 1865/06). ◂

Die Wohnung gegen Einbruch schützen

6 Ratschläge, wie Sie Gaunern das Leben schwer machen können

Die meisten Diebe kommen durch die Tür. Dabei müssen Sie zunächst an die Außentüren Ihres Hauses bzw. Ihrer Wohnung denken. Ihre Haus- und Wohnungstüren sollten einem Standard entsprechen, der als „einbruchhemmend" bezeichnet wird. Denn nicht wenige Außentüren können alleine mit Körperkraft eingedrückt und gewaltsam geöffnet werden. Das empfehlen die Experten der Polizei (www. polizei-beratung.de) und weiter: In diesen Fällen ist also nicht einmal der Einsatz von Einbruchwerkzeug erforderlich. Die von Ihnen gewählten Türen sollten die Widerstandsklasse 2 aufweisen. Türen dieses Standards (nach DIN V ENV 1627) werden auf ihre Einbruchsicherheit überprüft und kommen erst dann in den Handel, wenn sichergestellt ist, dass alle Bestandteile der Konstruktion aufeinander abgestimmt sind und einen perfekten Schutz gewährleisten. Es gibt auch die Möglichkeit, die vorhandene Eingangstür nachzurüsten. Auch hier wenden Sie sich bitte an den Fachhandel. Einen guten Überblick über Produkte und mögliche Nachrüstungen liefert die Website www.baulinks.de.

Sicher hinter Schloss und Riegel. Sie sollten sich jedoch nicht nur auf die Qualität Ihrer Türen verlassen, sondern auch Ihr Verhalten im Blick haben:

- Ziehen Sie die Außentür, wenn Sie Ihre Wohnung verlassen, nicht nur ins Schloss, sondern verschließen Sie die Tür auch – am besten und wenn möglich – zweifach.

- Wie die Polizei weiter rät (www.polizei-beratung.de), sollten Sie niemals einen zweiten Hausschlüssel am Haus oder in der Nähe der Wohnung verstecken: Für Einbruchprofis ist es ein Leichtes, mögliche Verstecke zu entdecken.

- Falls ein Haus- bzw. Wohnungstürschlüssel verloren gegangen ist, wechseln Sie umgehend den Schließzylinder aus. Vorsicht: Dies gilt nicht nur bei Schließanlagen in Mietshäusern, sondern immer, wenn Sie nicht mit Sicherheit ausschließen können, dass der Schlüssel in unbefugte Hände geraten ist – auf welche Weise auch immer.

- In einer Außentür, die ganz oder teilweise mit Glas gefüllt ist, lassen Sie niemals den Schlüssel von innen stecken. Nichts ist einfacher, als mit einem Diamantschneider ein Loch in die Glasfüllung zu schneiden, hineinzugreifen und so aufzusperren.

- Ebenso wichtig ist es – besonders, wenn Sie als älterer Mensch alleine leben –, nicht nach jedem Klingeln arglos die Tür zu öffnen. Lassen Sie sich deshalb einen Türsperrbügel einbauen, der ein gewaltsames Eindringen von außen verhindert. Sorgen Sie auch für einen Türspion, durch den Sie Fremde vor dem Öffnen der Tür mustern können.

Knackpunkte: Balkon- und Terrassentüren sowie Fenster. Viele Wohnungseinbrüche geschehen über diese Wege, da bei Häusern sowie Parterre- oder Souterrainwohnungen der Zugang zu Türen und/oder Fenstern häufig nur schlecht einsehbar ist, beispielsweise wenn sie an Gartengrundstücke angrenzen. Neuralgische Punkte bilden zudem Dachfenster, Dachflächenfenster und Lichtkuppeln in flach geneigten Dächern. Sorgen Sie auch hier für zusätzliche Sicherungen, und machen Sie es Einbrechern nicht zu leicht. Haben Sie deshalb auch besonders Fenster im Blick, die eventuell über ein Garagendach, einen Mauervorsprung oder über ein Gartenhaus, das ans Haus grenzt, erreicht werden können. Viele Balkon- und Terrassentüren sowie Fenster halten schon relativ leichten Einbruchswerkzeugen (Schraubenzieher oder kleine Hebelstangen) kaum stand. Deshalb ist unbedingt zu Produkten ab der Widerstandsklasse 2 (ebenso nach DIN V ENV 1627) zu raten. Ferner sollten Sie die Fenster, Balkon- und Terrassentüren auch bei kurzer Abwesenheit stets verschließen.

Keine Zeichen von Abwesenheit setzen. Schließen Sie Rollläden niemals am Tag, denn das signalisiert Ihre

Abwesenheit. Heruntergelassene Rollläden haben daher auf Einbrecher, die verlockende Häuser und Wohnungen eine Zeit lang beobachten, eine quasi magische Anziehungskraft, warnen die Polizeiexperten. Viele Menschen wissen nicht, dass mehr als ein Drittel aller Wohnungseinbrüche nicht in der Nacht, sondern tagsüber begangen werden. Überdies werden die Tageseinbrüche oft besonders dreist durchgeführt – indem etwa ein Möbel- oder Lieferwagen vorfährt und angebliche Möbelpacker Wertsachen aus dem Haus schaffen.

Nebentüren sichern. Auch an die Garage sollten Sie bei der Einbruchsvorsorge denken. Häufig sind Wohnhäuser direkt mit der Garage über eine Zugangstür verbunden, die nicht immer den Vorschriften des Feuerschutzes Genüge tut. Sie muss nämlich aus stabilem Metall hergestellt sein – und ist so auch ziemlich einbruchsicher. Prüfen Sie daher bei einem Neubau, ob eine Verbindungstür zwischen Wohnhaus und Garage erforderlich ist, und achten Sie nicht zuletzt beim Kauf des Garagentors auf die nötige Sicherung. So weiß die Polizei aus Erfahrung, dass häufig die Holzbeplankung von Garagentoren leicht ausgehebelt werden kann. Eine weitere Schwachstelle sind im Freien gelegene Kellerabgänge, die oft unzureichend geschützt sind. Zum einen muss die Tür zum Keller ebenso stabil sein wie die Haustür. Zum anderen kommt es besonders in größeren Mietshäusern immer wieder vor, dass aus Bequemlichkeit diese Tür unverschlossen bleibt.

SO SCHÜTZEN SIE IHR EIGENTUM VOR: Dieben

Bei allen Vorkehrungen, die Sie für die Sicherheit Ihrer Wohnung auch treffen, kann es trotzdem passieren, dass clevere Einbrecher Sie um Wertgegenstände „erleichtern". Beachten Sie deshalb folgende Regeln unserer Experten von der Kripo:

- ☐ Lassen Sie Wertsachen nicht offen herumliegen, z. B. Foto- oder Filmkameras auf dem Terrassentisch eines von außen gut einsehbaren Gartengrundstücks. Das lockt mögliche Diebe an.
- ☐ Wenn Sie über kostbare Schmuck- oder Sammlerstücke verfügen, bewahren Sie diese in geeigneten und feuerfesten Tresoren auf, in sogenannten „Wertbehältnissen". Auch wichtige Dokumente gehören so gesichert. Geprüfte und zertifizierte Tresore erkennen Sie an den Plaketten RAL, VdS oder auch ECB-S. Die Polizei berät auch in diesen Fällen.
- ☐ Eine weitere Möglichkeit ist die Anmietung eines Bankschließfachs, in dem Sie Ihre Wertsachen deponieren.
- ☐ Dokumentieren Sie Ihre Wertsachen in einer „Wertgegenstandsliste". Notieren Sie dazu die wesentlichen Merkmale des jeweiligen Gegenstands, und bewahren Sie Kaufbelege sorgfältig auf. Am besten ist es, alle Gegenstände zu fotografieren. Überdies können Sie jeden Gegenstand mit einer persönlichen und eindeutigen Eigentümer-Identifizierungs-Nummer (EIN) versehen, die Sie bei jeder Polizeidienststelle erfragen können. Dies erleichtert der Polizei die Wiederbeschaffung entwendeter Wertsachen.

Alarmanlage als „Wachhund". Ein wachsamer Hund kann durchaus abschreckend auf potenzielle Einbrecher wirken. Wer aber einen solchen Wächter nicht halten kann oder möchte, sollte nicht auf den Einbau von mechanischen Schutzvorrichtungen und Alarmsystemen zur Sicherung von Türen, Fenstern, unbeleuchteten Ein- und Durchgängen sowie von Garagen und Garagendächern verzichten. Dies gilt besonders für Häuser oder Wohnungen, die in Stadtvierteln liegen, die häufig von Einbrüchen heimgesucht werden, oder für einsame Wohnlagen.

Bei der elektronischen Überwachung durch Einbruchmeldeanlagen gibt es prinzipiell zwei verschiedene Möglichkeiten: zum einen die sogenannte „Fallenüberwachung", bei der bestimmte Bereiche durch Bewegungsmelder überwacht werden, und zum anderen die Außenüberwachung, bei der Kontakte an Fenstern und Türen angebracht sind, die im Fall eines Einbruchs reagieren.

Externalarme senden akustische oder optische Signale aus, die Einbrecher verscheuchen und Nachbarn aufmerksam machen sollen, Fernalarme hingegen arbeiten „im Stillen" und sind über Datenleitungen z. B. mit einer Polizeidienststelle verbunden.

Für die Planung und den Einbau von Einbruchmeldeanlagen existieren verschiedene europäische und deutsche Normen. Wenn Sie die Installation von Alarmsystemen erwägen, wenden Sie sich am besten an die Einbruchsexperten der Polizei, und recherchieren Sie im Internet die nächste und kompetente Beratungsstelle auf der Website www.polizei-beratung.de. ◂

Trickdiebe rechtzeitig erkennen

5 wichtige Hinweise auf mögliche Fallen

Jeder kann hereinfallen. Besonders ältere und allein lebende Menschen sind bei Trickdiebstählen in ihrer Wohnung, aber auch außerhalb der eigenen vier Wände gefährdet, warnen unsere Fachleute von der Kripo (www.polizei-beratung.de). Nicht umsonst gehören Trickdiebe – wie der Name schon sagt, bedienen sie sich eines Tricks, um an ihre Beute zu kommen – zu der Sorte von Ganoven, die besonders geschickt vorgehen. Der Geschädigte bemerkt den Schaden häufig erst, wenn es zu spät ist. Wie die Polizei jüngst bekannt gegeben hat, suchen Tricktäter sogar Seniorenwohnanlagen auf, da Pförtner-, Wach- und Schließdienste dort aus Kostengründen oft eingespart werden. Doch auch jüngere Menschen dürfen nicht einfach annehmen, dass sie lediglich aufgrund ihres Lebensalters vor Trickdieben gefeit seien. Die Polizei zählt Jahr für Jahr rund 50 000 Trickdiebstähle, die in Wohnungen verübt werden und einen Gesamtschaden von mehr als 50 Millionen Euro verursachen.

Die Grundmuster der Vorgehensweisen von Trickdieben.

- Sie täuschen eine Notlage vor, die scheinbar die Hilfeleistung des Opfers in dessen Wohnung erfordert.
- Sie täuschen eine offizielle Funktion vor, die den oder die Täter angeblich zum Betreten einer Wohnung berechtigt.
- Sie täuschen eine persönliche Beziehung zum Opfer vor und werden freundlich in die Wohnung gebeten.

In allen geschilderten Fällen geht es den Gaunern lediglich um Folgendes: Sie wollen in die Wohnung gelassen werden, um in einem unbedachten Moment die Lage auszukundschaften und um zu sehen, ob sich zu einem späteren Zeitpunkt eventuell ein Einbruch lohnen könnte. Oder aber sie haben es während der kurzen Zeitspanne ihres Aufenthalts in der Wohnung auf herumliegende Wertgegenstände abgesehen.

Bevorzugte Tricks der Gauner.

- *Glas-Wasser-Trick:* Hier klingeln Tricktäterinnen an der Wohnungstür und täuschen eine Schwangerschaft (Schwächeanfall) oder Übelkeit vor, oder aber sie bitten um ein Glas Wasser, da sie dringend ein Medikament einnehmen müssten.

- *Papier-und-Bleistift-Trick:* Für angeblich nicht angetroffene Nachbarn im Haus soll dringend eine Nachricht hinterlassen werden, für die sich die Tricktäter Papier und Bleistift ausleihen wollen.

- *Blumen- oder Geschenke-Trick:* Tricktäter wollen angeblich ein Präsent für einen nicht angetroffenen Nachbarn abgeben und bitten darum, die Blumen ins Wasser stellen zu dürfen.

Weitere „Ausreden“, mit denen sich Tricktäter behelfen, können auch sein:

- Wegen eines Wasserschadens im Haus muss ein eventueller Rohrbruch in der Wohnung gesucht werden.

- Eine Katze ist weggelaufen oder ein Vogel weggeflogen, der auf dem Balkon gesucht werden soll.

- Das Telefon muss dringend benutzt werden, weil das eigene Handy nicht funktioniert und man einen Unfall melden muss.

- Ein Baby soll gewickelt werden, oder man will die Toilette benutzen.

In „offizieller“ Mission. Häufig täuschen Trickdiebe eine offizielle Funktion vor – und darauf fallen nicht nur ältere, sondern auch jüngere Menschen herein, die in der Regel tagsüber arbeiten und nicht mitbekommen, was in ihrem Wohnhaus oder bei Nachbarn vor sich geht. Wie Sie sich richtig verhalten, erfahren Sie auf der Seite gegenüber in den Punkten 1 bis 7.

Besuch vom „lieben Neffen“. Besonders infam ist die Vortäuschung einer persönlichen Beziehung zum Opfer, die in aller Regel nur bei älteren und häufig vereinsamten Menschen zum Erfolg führt. Da steht plötzlich ein junger Mann vor der Tür, der behauptet, ein lange nicht mehr in Erscheinung getretener Großneffe oder anderweitiger Verwandter zu sein. Lassen Sie sich nicht täuschen: Bei einem netten Plausch mit dem Lebensmittelhändler nebenan ist es beispielsweise ein Leichtes, in Erfahrung zu bringen, dass die betagte Dame im ersten Stock gegenüber nur noch Kontakt zu ihrer Schwester Elfriede hat, die sie ab und an besucht und deren Enkel seit langer Zeit in Hamburg studiert. Und ausgerechnet der steht jetzt vor der Tür, weil er „zufällig in der Gegend ist“. Selbstverständlich wird er freudig hereingelassen ...
Besonders clever und heimtückisch gehen Täter und Täterinnen vor, die ihren Besuch kurz vorher sogar telefonisch ankündigen, um ein Vertrauensverhältnis zum Opfer aufzubauen. ◂

9 HINWEISE, WIE SIE *Schaden* vermeiden

Es ist unglaublich, wie banal und dreist die Vorgehensweisen von Trickdieben und Einbrechern sein können. So geschehen: Vorgebliche Abholer einer Reinigungsfirma verladen Teppiche. Ein Nachbar beobachtet sie, schöpft keinen Verdacht und gibt ihnen noch seine eigenen Teppiche mit.

1 Lassen Sie bei Verlust Ihres Hausschlüssels in jedem Fall den Schließzylinder auswechseln, selbst wenn ein „ehrlicher Finder" Ihnen schon kurze Zeit später den Schlüssel wieder zukommen lässt: Nachschlüssel sind schnell angefertigt.

2 Sehen Sie sich Besucher durch den Türspion an, und öffnen Sie die Eingangstür lediglich mit vorgelegter Sicherheitskette oder Türsperrriegel.

3 Wenn Unbekannte dringend Einlass begehren, rufen Sie Nachbarn telefonisch hinzu.

4 Wenn es sich angeblich um einen „Notfall" handelt, dann überlegen Sie, warum der Betreffende nicht zur Apotheke um die Ecke oder in eine Gaststätte geht, um dort z. B. ein Glas Wasser zu erhalten.

5 Wenn Sie davon überzeugt sind, dass es sich wirklich nicht um einen Gauner handelt, dann reichen Sie Wasser, Papier und Schreibzeug durch die mit einer Kette gesicherte Tür hinaus oder nehmen Gegenstände für die Nachbarn entgegen. Sie können den Betreffenden auch bitten, die Sachen vor der Tür zu deponieren, um sie eine halbe Stunde später hereinzuholen.

6 Bei angeblichen Amtspersonen, Handwerkern oder Mitarbeitern der Hausverwaltung prüfen Sie bei vorgelegter Sicherheitskette den Dienstausweis oder jede anderweitige Legitimation genau: Achten Sie auf Foto, Stempel und Druck.

7 Handwerker kündigen ihren Besuch für gewöhnlich vorher telefonisch an, oder sie lassen sich durch Mitarbeiter der Hausverwaltung ankündigen.

8 Kommunikation ist alles: Wohnhäuser, in denen Nachbarn voneinander wissen, eventuell auch die persönlichen Verhältnisse näher kennen und darüber informiert sind, wer mit wem verkehrt, sind sicherer vor Trickdieben als Häuser, in denen jeder einsam und isoliert vor sich hin lebt. Schaffen Sie deshalb persönliche Beziehungen zu Ihren Nachbarn. So achtet jeder auf den anderen, und ungewöhnliche Umstände fallen auf.

9 In vielen Städten und Gemeinden gibt es Selbsthilfegruppen von Senioren oder auch Nachbarschafts- und Hilfsorganisationen, die bedürftigen älteren Mietern einfache Sicherungstechnik kostenlos oder preisgünstig montieren. Nutzen Sie diese Angebote.

Taschendiebe

Lernen Sie die 8 fiesesten Tricks diebischer Elstern

Risikofaktoren Gedränge und Hektik. Wer in einem städtischen Ballungsraum lebt, kennt die Situation: Tausende von Menschen strömen nach der Arbeit in die U-Bahn-Station, das Gedränge ist so dicht, dass man nur im Schritttempo vorwärtskommt. Wenn Sie nach der Arbeit den Weg nach Hause antreten, dann beginnt für eine ganz bestimmte Sorte von Gaunern hingegen der Arbeitstag: Hochbetrieb für diebische Elstern! Die Tricks und Finessen von Taschendieben sind abwechslungsreich und ausgeklügelt. In Hauptverkehrszeiten, auf großen Volksfesten, bei Konzertveranstaltungen oder auf Flohmärkten: Zumeist treten Taschendiebe zu mehreren und in perfekt eingespielten Teams auf. Unsere Experten von der Polizei geben an, dass in Deutschland mehr als 300 dieser Delikte pro Tag passieren – da ist es gut, ihre wichtigsten und erfolgreichsten Tricks zu kennen.

Der Drängel-Trick. In vollen Bussen oder Bahnen rückt ein Dieb unangenehm dicht an das Opfer heran, das ihm den Rücken zuwendet. So kann eine Tasche leicht entwendet werden.

Der Rempel-Trick. Das Opfer wird im Gedränge angerempelt oder von einem Team „in die Zange" genommen; beim Einsteigen stolpert der Vordermann, er bückt sich oder bleibt plötzlich stehen. Während das Opfer aufläuft und abgelenkt ist, greift ein Komplize blitzschnell in die Tasche.

Der Stadtplan-Trick. Fremde fragen das Opfer nach dem Weg und halten ihm einen Stadtplan vor die Nase oder bitten es – etwa in der Bahnhofshalle – zu einem ausgehängten Plan. Während sich das Opfer orientiert und abgelenkt ist, plündern andere Täter die Hand- oder Umhängetasche.

Der Geldwechsel-Trick. Fremde bitten das Opfer, eine Münze zu wechseln. Wenn das Opfer die Geldbörse zieht und das Münzfach öffnet, wird es vom Täter abgelenkt. Während der beispielsweise seine Münze in die Börse wirft, nimmt er Banknoten heraus. Vorsicht! Trick- und Taschendiebe sind derart geschickt, dass Handbewegungen, die das Opfer eigentlich stutzig machen sollten, in Sekundenbruchteilen ablaufen.

Der Beschmutzer-Trick. Nach dem Besuch einer Bank oder nach dem Abheben einer Summe am Geldautomaten wird das Opfer im Vorübergehen „versehentlich" mit Ketchup, Eis oder einer Flüssigkeit bekleckert. Beim wortreichen Reinigungsversuch verschwindet das Geld aus der Bekleidungstasche.

Der Bettel-Trick. Kinder tollen auf der Straße um das Opfer herum und betteln es an. Dabei nutzt eines die Ablenkung für den Griff nach der Geldbörse oder in die Handtasche.

Der Taschenträger-Trick. „Taschenträger" spähen ältere Frauen beim Einkaufen aus und bieten ihnen scheinbar hilfsbereit an, den Einkauf nach Hause zu tragen. Dort eilen sie mit der Tasche die Treppe hinauf, während der ältere Mensch kaum hinterherkommt. Unterwegs nehmen sie die Geldbörse heraus und machen sich grüßend davon.

Ungebetene Anrufer

6 Gegenmittel gegen die schmutzigen Tricks der telefonischen Werber

Die Telefonnummer „verspielt". Ungebetene Telefonanrufe sind lästig, die unerwünschten Telefonate von Werbern umso mehr. Verbraucher nehmen den Hörer ab – und unversehens werden sie in ein Gespräch verwickelt, das sie nicht mehr steuern können, wissen Fachleute von den Verbraucherzentralen. Nicht selten machen sie Zusagen und Bestellungen, die sie eigentlich gar nicht machen wollten. Wie kommen die Werbeanrufer an die Telefonnummern von Verbrauchern? Ganz einfach: Unseriöse Telefonwerber besorgen sich Rufnummern bei Daten-Vermarktern. Diese sammeln Adressen und Telefonangaben der Teilnehmer von Gewinnspielen und stellen sie Telefonvermarktern gegen Entgelt zur Verfügung. Fast jeder Verbraucher nimmt in seinem Leben mehrfach an Gewinnspielen teil – denken Sie nur an die Angebote in Fußgängerzonen, Bahnhöfen oder Flugplätzen, wo alle möglichen Tombolas mit verlockenden Gewinnen dazu einladen, schnell eine Postkarte mit den persönlichen Daten auszufüllen und mitzumachen. Eine weitere Quelle ist das Internet.

Bleiben Sie „inkognito". Gehen Sie mit Ihren Daten grundsätzlich vorsichtig um, und werfen Sie nicht bei jeder Gelegenheit mit Ihrer Adresse und Telefonnummer um sich. Wer sich vor unerwünschten Werbeanrufen schützen will, sollte seine Telefonnummer deshalb nicht in öffentlichen Telefonbüchern und Antragsformularen für Kundenkarten eintragen lassen. Viele Probleme können Sie von vornherein vermeiden: Dazu tragen Sie Ihre Telefonnummer bei der Bundesnetzagentur (www.bundesnetzagentur.de) oder der sogenannten Robinson-Liste (www.erobinson.de) vom Interessenverband der Internetnutzer anonym ein. Seriöse Firmen löschen diese Nummer dann aus ihrer Datenbank und lassen Sie in Ruhe.

Auflegen – und basta. Selbstverständlich gibt es auch seriöse Telefonvermarkter, die z. B. um den Abschluss eines Zeitschriftenabonnements werben Denken Sie jedoch daran, dass Telefonwerber häufig psychologisch geschult sind. Deshalb ist es oft schwer, sie auf höfliche Art wieder loszuwerden. Wenn klar ist, dass Sie einen ungebetenen Verkäufer an der Strippe haben, ist daher sofortiges Auflegen der beste Schutz. Falls Sie sich doch auf ein Gespräch einlassen, dann sagen Sie klar und deutlich, was Sie wollen und was Sie nicht wollen.

Leitfaden für Werbeanrufe. Der Bundesverband der Verbraucherzentralen empfiehlt, sich bei Werbeanrufen folgendermaßen zu verhalten:

- Fragen Sie nach dem Namen des Anrufers, wenn er sich nicht vorstellt.
- Fragen Sie nach dem Unternehmen, in dessen Auftrag der Anrufer angeblich vermittelt.
- Fragen Sie nach der Telefonnummer des Anrufers, falls diese auf dem Display Ihres Telefons nicht sichtbar ist, und entscheiden Sie, ob Sie zurückrufen möchten.
- Wenn der Anrufer ein Angebot offeriert, das Sie nicht interessiert, teilen

So geht's: Lassen Sie sich keinen Sand in die Augen streuen!

Eine beliebte und verbotene Masche von Telefonwerbern ist es, sich den Anschein zu geben, sie seien von einem Marktforschungsinstitut beauftragt, eine empirische Meinungsumfrage zu erstellen. Dadurch wird die Glaubwürdigkeit seriöser Forschungsinstitute ausgenutzt und Neugier geweckt, wissen Verbraucherschützer. Behauptet wird beispielsweise, dass die Einstellung der Verbraucher gegenüber den Produkten der Chemieindustrie oder gegenüber ökologischen Erzeugnissen abgefragt werden solle, um zu einer Verbesserung der Produkte beizutragen. Häufig wird das Gespräch gezielt in eine bestimmte Richtung gesteuert und mündet in die Frage, ob Verbraucher Interesse an diesem oder jenem Produkt hätten, das sie – ganz zufälligerweise – bei dieser Gelegenheit auch gleich telefonisch bestellen könnten. In diesem Fall beenden Sie den Anruf am besten sofort. Geben Sie zu Beginn des Gesprächs keinerlei Daten preis. Solche Anrufe sind besonders problematisch, weil dadurch das Vertrauen in wissenschaftliche Markt- und Sozialforschung untergraben wird.

Sie dies unmissverständlich mit, und drängen Sie darauf, künftig in Ruhe gelassen zu werden.

- Wenn Sie Prospektmaterial anfordern, machen Sie klar, dass dies kein Vertragsabschluss ist und das anrufende Unternehmen die Kosten zu tragen hat.
- Geben Sie auf keinen Fall vertrauliche Daten wie beispielsweise Ihre Konto- oder gar Kreditkartennummer an unbekannte Anrufer weiter!

Widerspruch einlegen. Oft kommt der große Ärger erst nach dem Anruf, beispielsweise wenn Sie sich zu einem Vertragsabschluss haben überreden lassen, den Sie hinterher bereuen. Die Gesetzeslage ist jedoch eindeutig zum Vorteil der Verbraucher: Es gilt in jedem Fall die zweiwöchige Widerspruchsfrist. So lange können Sie ohne Angabe von Gründen vom Vertrag zurücktreten. Allerdings bedarf es dazu der Schriftform (Brief, Fax, E-Mail). Diese Frist verlängert sich sogar auf sechs Monate, wenn der Anbieter seinerseits nicht schriftlich auf das Rücktrittsrecht hinweist.

Rechtliche Mittel nutzen. Bei hartnäckigen Nervensägen, die es immer wieder versuchen und auf abgelehnte Angebote hin auch häufig mehrfach „nachfassen", hilft manchmal nur noch eine Unterlassungsklage, bei der Ihnen die regionalen Verbraucherzentralen helfen. Sie können sich darüber hinaus an die Bundeszentrale der Verbraucherverbände (www.vzbv.de) wenden. Schutz bieten außerdem die im Call Center Forum (www.ccf-ev.de) zusammengeschlossenen Betreiber von Anruf-Dienstleistern. Dort ist eine zentrale Online-Beschwerdestelle eingerichtet, bei der Sie „schwarze Schafe" melden können. Die Verbraucher- bzw. Wettbewerbszentralen mahnen das jeweilige Unternehmen ab, und es muss eine Unterlassungserklärung abgeben. Handelt

das Unternehmen dieser Unterlassungserklärung zuwider, werden Sie also trotzdem weiter angerufen, dann kann eine empfindliche Vertragsstrafe von 1000 bis 5000 Euro fällig werden. Anzeigen bei Zentralen der Verbraucherschützer tragen daher dazu bei, dass die unerwünschte Werbeflut in Deutschland reduziert wird.
Da die zuständigen Zentralen oft überlastet sind, kann der Verbraucher auch selbst aktiv werden. Nach §§ 823, 1004 BGB kann er eigene Unterlassungsansprüche gegen die Telefonmarketingfirmen geltend machen. Die Kosten können bei der Gegenseite wieder eingefordert werden.
Bedenken Sie immer, dass die Rechtslage klar ist: Telefonwerbung ist verboten, es sei denn, der Angerufene hat zuvor ausdrücklich sein Einverständnis erklärt. Selbst wenn Sie bereits Kunde eines Unternehmens sind oder waren, darf dieses Ihnen telefonisch nicht unaufgefordert neue Produkte anbieten. ◁

Sicheres Onlinebanking

10 wertvolle Tipps, wie Sie Ihre Zugangsdaten und Ihr Geld vor Diebstahl schützen.

Bequem, aber nicht ohne Risiko. Onlinebanking ist sehr komfortabel. Anstatt zu seiner Bank laufen oder fahren zu müssen, betreibt der Onlinekunde eines Kreditinstituts seine Bankgeschäfte zu Hause, tätigt Überweisungen und kontrolliert eingehende Zahlungen bequem am Personalcomputer. Allerdings birgt dieser Komfort auch Risiken, die sich bei einem verantwortungsbewussten Umgang mit Websites und Daten heute jedoch weitgehend ausschließen lassen. Lesen Sie deshalb hier unter anderen die Ratschläge der Experten vom Internetportal www.mittelstanddirekt.de.

Täglich auf Virenjagd gehen. Vor allen Transaktionen im Internet sorgen Sie immer dafür, dass Ihr Rechner mit einer aktuellen Version einer guten Anti-Viren-Software und einer Firewall ausgestattet ist. Viren, Trojaner, Würmer und andere Schadprogramme dieser Art sind heute extrem variantenreich und aggressiv und müssen am besten täglich von der Festplatte Ihres Computers beseitigt werden. Deshalb gilt: Schaffen Sie sich nicht nur eine geeignete Anti-Viren-Software (z. B. von Norton Internet Security) an, sondern aktualisieren Sie am besten täglich (zumindest jedoch alle zwei oder drei Tage) online Ihre Software.

Wichtige „Spielregeln". Beachten Sie die folgenden Grundregeln bei Onlinebanking-Transaktionen:

- Beim Aufrufen Ihres Zugangs zum Onlinebanking benutzen Sie niemals fremde Rechner, da diese Sicherheitsrisiken aufweisen könnten (z. B. eine mangelhaft abgesicherte Firewall), die Sie nicht kennen. Onlinebanking praktizieren Sie deshalb vor allem niemals in einem öffentlich zugänglichen Internetcafé!

- Bevor Sie eine Transaktion starten, schließen Sie alle anderen möglicherweise noch geöffneten Browserfenster und geben die Adresse Ihrer Bank mit Hand ein. Diese speichern Sie niemals auf Ihrem Rechner.
- Nach Ihrer Transaktion überprüfen Sie am besten sofort Ihre Kontoumsätze und prüfen, ob die entsprechende Summe gebucht wurde.
- Falls es während der Transaktion zu Unregelmäßigkeiten gekommen ist, wenn z. B. der Internetzugang plötzlich geschlossen wurde oder Sie ohne Ihr Zutun auf andere Websites umgeleitet wurden, beenden Sie die Transaktion sofort und melden dies telefonisch Ihrer Bank.
- Falls Sie aufgefordert werden, Anweisungen durchzuführen, die nicht zum normalen Ablauf einer Transaktion gehören, führen Sie diese keinesfalls aus, sondern brechen die Transaktion sofort ab. Auch in diesem Fall informieren Sie umgehend Ihre Bank, und lassen Sie gegebenenfalls Ihren Onlinebanking-Zugang sperren. Ihre Bank wird Ihre Onlinebanking-PIN ändern und eine neue TAN-Liste schicken.

Den Browser aktualisieren. Auch Ihr Internetbrowser (z. B. Internetexplorer) muss unbedingt der jeweils aktuellen Version entsprechen. Denn, wie so oft beim Schutz vor Betrügern, findet ein permanenter Wettlauf zwischen Herstellern und Kriminellen statt. Das bedeutet: Das jeweils neueste Update schützt Ihr System vor den bis dato bekannten Tricks von Gaunern.

Vereinbaren Sie ein Limit. Falls Ihre Zugangsdaten zum Onlinebanking trotz aller Vorsichtsmaßnahmen abhandenkommen sollten, weil beispielsweise ein Hacker in Ihr System eingedrungen ist, können Sie den eventuell entstehenden Schaden von vornherein durch ein Überweisungslimit begrenzen. Dazu vereinbaren Sie mit Ihrer Bank, dass Beträge über dieses Limit hinaus, das Sie je nach Bedarf für jeden Tag, für eine Woche oder einen Monat definieren, nicht durchgeführt werden können.

Kennwörter niemals speichern. Die beste Absicherung für Ihr Computersystem nützt nichts, wenn Sie Ihre persönlichen Zugangsdaten für das Onlinebanking auf dem Computer speichern. Wenn Sie von Ihrem Browser (z. B. Internetexplorer) aufgefordert werden, Zugangsdaten zu speichern, verweigern Sie dies. Denken Sie daran: Der Browser speichert die Daten irgendwo auf Ihrer Festplatte, die gegen Onlineangriffe von außen nicht gefeit ist. Selbstverständlich bewahren Sie Ihre persönlichen Daten auch niemals an einem Ort auf, der für andere leicht zugänglich ist!

Buchungen im Auge behalten. Prüfen Sie regelmäßig die Bewegungen auf Ihrem Onlinekonto. Falls Geld abhandengekommen ist und/oder Sie eine Abbuchung entdecken, die Sie nicht selbst veranlasst haben, kann die Bank die Summe in den meisten Fällen zurückholen. Dazu darf jedoch nicht zu viel Zeit verstreichen. Kontrollieren Sie deshalb regelmäßig und in kürzeren Zeitabständen Ihr Konto.

Zugangsdaten sicher aufbewahren. Für das Onlinebanking sind PINs (Personalidentifikationsnummern) und TANs (Transaktionsnummern) erforderlich, die Sie in einem verschweißten Umschlag von Ihrer Bank erhalten. PINs und TANs sind die Schlüssel zu Ihrem Konto und für Überweisungen. Sichern Sie diese Dokumente deshalb vor dem unerlaubten Zugriff anderer – und lassen Sie diese niemals einfach „herumliegen“.

Auf den Holzweg geführt. Neben dem schon früher erwähnten „Phishing“ (s. Seite 226, Kasten) gibt es inzwischen leider noch einen neuen Trick – das sogenannte Pharming. Dabei wird der Kunde beim Eingeben der Internetadresse der Bank auf eine gefälschte Seite gelotst, damit Betrüger dort an seine vertraulichen Daten gelangen. Um den Benutzer auf die Täterseite umzuleiten, verändert ein eingeschleuster Trojaner die persönliche Adresse des Computers so, dass bei Eingabe einer bestimmten Site (zum Beispiel der Website Ihrer Bank) diese immer automatisch mit der Website des Täters verknüpft wird. Wenn Kunden annehmen, mit der Website der Bank zu kommunizieren, befinden sie sich in Wirklichkeit auf einer vom Täter gefälschten Website. Dort werden sie aufgefordert, bestimmte Anweisungen auszuführen, z. B. heißt es: „Geben Sie zur Identifizierung nochmals Ihre PIN und die nächste Transaktionsnummer für Ihre beabsichtigte Buchung ein.“ Folgen Sie solchen Anweisungen niemals, und brechen Sie Ihre Onlinebanking-Transaktion sofort ab, wenn Ihnen etwas verdächtig vorkommt!

Mail von unbekannt? Löschen! Dazu gehört, vor allem auch für Onlinebankkunden, niemals E-Mails von unbekannten Versendern zu öffnen und/oder herunterzuladen (besonders nicht deren eventuelle Anhänge). Auf diesem Wege können nämlich Spionageprogramme auf Ihren Rechner geschleust werden, die Sie im wahrsten Sinne des Wortes „abfischen“. ◂

Risiken nicht nur beim Banking

DER EXPERTE RÄT

Vertrauliche Daten gründlich vernichten. Nach offiziellen Angaben ist ein Großteil an Identitätsdiebstählen immer noch der Leichtfertigkeit der Betroffenen zuzuschreiben – z. B. durchsuchen Kriminelle den Hausmüll, um nach Kreditkartenabrechnungen oder -auszügen zu suchen, die eine unvorsichtige Person nicht vollständig vernichtet hat. Deshalb gilt immer: Keinerlei Kontoauszüge, Kreditkartenabrechnungen, keine Korrespondenz mit der Bank (auch Werbung) und keine alten Scheck- oder Kredit- oder Kundenkarten von Unternehmen einfach so in den Hausmüll oder in irgendeinen öffentlichen Abfalleimer werfen. All das muss vorher sorgfältig zerschnitten und am besten geschreddert werden.

Hüten Sie Ihre PIN. Selbstverständlich sollten Sie darauf achten, dass sich am Geldautomaten beim Abheben oder anderen Transaktionen keine Person so dicht hinter Sie stellt, dass sie die Eingabe Ihrer persönlichen Identifikationsnummer (PIN) beobachten kann.

Daten nur nach Absicherung nennen. Behandeln Sie alle persönlichen Daten mit großer Vorsicht. Wenn Sie von einem Verkäufer (z. B. beim Autokauf) aufgefordert werden, Informationen wie Ausweis-, Versicherungs- oder Führerscheinnummer anzugeben, versuchen Sie dies zu umgehen. Fragen Sie in jedem Fall nach den bestehenden Datenschutzrichtlinien, und ob Sie die Weitergabe Ihrer Daten durch das Unternehmen beeinflussen können.

Beugen Sie einem Autodiebstahl vor

Lernen Sie aus 5 Erfahrungswerten der Polizei

Machen Sie es Dieben schwer. Beugen Sie Autodiebstahl vor, indem Sie die folgenden Ratschläge der Vorsorgeprofis von der Polizei (www.polizeiberatung.de) beherzigen.

- Ziehen Sie immer den Zündschlüssel ab, auch bei kurzer Abwesenheit (z. B. an der Tankstelle oder beim Zeitungskauf), da nur so die Wegfahrsperre aktiviert wird.
- Verschließen Sie auch bei kurzer Abwesenheit die Fenster, Türen, den Kofferraum und das Schiebedach.
- Lassen Sie keine Wertsachen im Auto liegen, die von außen gesehen werden können und potenzielle Diebe anlocken.
- Schalten Sie beim Verlassen des Fahrzeugs stets die Alarmanlage ein. Normalerweise wird die Alarmanlage beim Verschließen des Fahrzeugs aktiviert.
- Nehmen Sie Ausweise, Fahrzeugpapiere, Schriftstücke mit der Wohnungsanschrift und besonders Hausschlüssel immer mit aus dem Fahrzeug.
- Bewahren Sie auch keine Wertsachen im Kofferraum auf.

GEHEIMWAFFE

Was tun im Fall eines Autodiebstahls?

- Falls Sie Ihren Wagen nicht mehr am abgestellten Platz vorfinden und Sie eindeutig geklärt haben, dass er nicht infolge einer Verkehrsbehinderung entfernt wurde, zeigen Sie den Verlust sofort bei der nächsten Polizeidienststelle an. Machen Sie dabei möglichst genaue Angaben: Wann haben Sie das Fahrzeug und wo genau abgestellt? Hatten Sie zusätzliche Wertsachen im Auto deponiert?
- Melden Sie den Diebstahl Ihres Autos am besten sofort, spätestens jedoch binnen einer Woche bei Ihrer Versicherung. Machen Sie auch hier möglichst eindeutige Angaben.
- Denken Sie unbedingt daran, die Nummern von eventuell im Auto befindlichen Scheck- und Kreditkarten zu sperren, um größeren finanziellen Schaden abzuwenden. Falls Sie Personaldokumente wie Personalausweis oder Reisepass im Auto gelassen haben, melden Sie auch das umgehend der Polizei.
- Notieren Sie sich die Adressen von Zeugen, die den Diebstahl Ihres Wagens eventuell beobachtet haben könnten. Fragen Sie dazu beispielsweise in Geschäften nach, die an der Straße oder an der gegenüberliegenden Straßenseite liegen.

Parken mit Bedacht. Achten Sie immer darauf, wo Sie Ihr Auto abstellen. Dies gilt besonders dann, wenn Sie im Ausland unterwegs sind. Die mühsame Suche nach einem Parkplatz führt manchmal dazu, dass man den Wagen nicht an einer belebten und von vielen Menschen frequentierten Hauptstraße abstellt, sondern in einer kleinen und dunklen Nebenstraße, in der Diebe leichtes Spiel haben. Wählen Sie deshalb gesicherte Parkhäuser oder überwachte Parkplätze für das Abstellen Ihres Autos aus. Dies schützt am besten vor unangenehmen Überraschungen!

Nützliche Diebstahlsicherungen. Falls Sie ein hochwertiges Fahrzeug besitzen, ist es ratsam, bei seiner Anschaffung auch an entsprechende mechanische und elektronische Sicherungen zu denken. Der Aufpreis, den Sie dafür zahlen, ist immer noch niedriger als ein nachträglicher Einbau.

- *Mechanische Sicherungen:* Eine Lenkradsperre macht das Lenken des Fahrzeugs fast unmöglich. Als deutlich sichtbare Sicherungseinrichtung wirkt sie zudem auf den Täter abschreckend. Mit einer Schaltsperre wird der Schalthebel oder der Automatikwählhebel blockiert. Dadurch ist ein Schalten oder Wählen eines anderen Getriebegangs nicht möglich. Schließen Sie einfach am Vorderrad einen massiven Stahlbügel an. Besonders geeignet ist diese Schutzvorrichtung für Langzeitparker und Wohnmobilbesitzer. Spezielle Radsicherungsmuttern oder -bolzen erschweren das Abmontieren der Räder.

- *Elektronische Sicherungen:* Autoalarmanlagen sollen melden, wenn eine Tür oder Haube geöffnet, in den umschlossenen Innenraum eingegriffen oder das Auto unbefugt abgeschleppt wird. Dazu benötigen Sie drei Elemente: kombinierte Anlagen mit Bewegungsmelder für die Innenraumüberwachung, Kontakte für Türen- und Haubenüberwachung und eine Sensorik für die „Neigungsüberwachung". Viele Automobilhersteller bieten Sicherungssysteme mit Kontakt- und Innenraumüberwachung an. Die Neigungsüberwachung hingegen muss meist nachgerüstet werden. Fachhändler bieten oft eine komplette Überwachungsanlage an.

- *Wegfahrsperren:* Darüber hinaus werden Neufahrzeuge häufig mit elektronischen Wegfahrsperren ausgerüstet, die durch einen codierten Eingriff in das Motormanagement das unbefugte Wegfahren des Fahrzeugs verhindern sollen. Für Gebrauchtwagen bietet sich der Einbau einer geprüften elektronischen Wegfahrsperre an. Die Prüfung muss auf jeden Fall von einer akkreditierten Stelle erfolgen. Achten Sie darauf, dass die elektronischen Wegfahrsperren prinzipiell drei voneinander unabhängige Betriebskreise des Fahrzeugs unterbrechen sollen. Dabei werden im Regelfall der Anlasser, die Kraftstoffversorgung und die Zündanlage unterbrochen, um ein Starten des Motors zu verhindern.

Auch Dachgepäck sichern. Häufig vergessen Autofahrer, die ihr Fahrzeug beim Verlassen ansonsten optimal gesichert haben, dass ihre Dachlast nach dem Verlassen des Autos unbeaufsichtigt und ungesichert bleibt. Bedenken Sie deshalb, dass es bei Dachgepäckträgern nicht nur auf die Befestigung am Fahrzeug ankommt. Auch das Gepäck muss diebstahlsicher befestigt und verschlossen sein.

Geräte sichern oder mitnehmen. Besonders hoch im Kurs bei Autodieben stehen Autoradios, Mobiltelefone und Telefonanlagen sowie Navigationsgeräte. Wählen Sie deshalb ein Autoradio, das technisch in ausreichendem Maße gegen Diebstahl geschützt ist. Hier empfiehlt sich ein Radio mit abnehmbarem Bedienteil, mit Codiersystem oder mit Sicherungskarte. Notieren Sie sich in jedem Fall die individuellen Gerätenummern Ihres Autoradios, des Auto- oder Mobiltelefons sowie des Navigationsgeräts. Nehmen Sie beim Verlassen des Fahrzeugs Ihr Mobiltelefon immer mit. Beim Kauf von Navigationsgeräten ist die Anschaffung mobiler Geräte vorzuziehen. ◂

Rechtsbeistand

11 Insidertipps zum Umgang mit dem Rechtsanwalt

Klagen kann teuer werden. Vor dem Fall der Fälle sollten Sie genau überlegen, ob der Weg zum Rechtsanwalt und die Anrufung eines Gerichts wirklich erforderlich sind. Bedenken Sie dabei besonders den finanziellen Aspekt: Ein Rechtsstreit kann teuer werden. Betrachten wir zwei Fälle etwas genauer:

- Kurt Huber ist Eigentümer eines Einfamilienhauses mit Garten. Er hat einen Nachbarn, der immer wieder lange und ausgiebig feiert. Nach der dritten Party in Folge will Herr Huber gegen den Nachbarn vorgehen und stellt Antrag auf Durchführung eines Schlichtungsverfahrens. Da Gerichte bei Bagatellstreitigkeiten bis zu einem Streitwert von 6000 Euro in aller Regel zunächst ein Schlichtungsverfahren einleiten, will Herr Huber es dabei belassen und Kosten sparen. Sein Risiko für die Schlichtung beträgt nach Angaben des Deutschen Anwaltvereins 287 Euro (Gebühren der Schlichtung 116 Euro plus 171 Euro für seinen eigenen Anwalt). Kommt es hierbei jedoch zu keiner Einigung und zieht Herr Huber vor Gericht, wird sein Prozesskostenrisiko erheblich höher und liegt bei 1015 Euro: 116 Euro für die (erfolglose) Schlichtung, 165 Euro höhere Gerichtskosten (aufgrund der erfolglosen Schlichtung) plus die Anwaltskosten für Kläger und Gegner, je 367 Euro.
- Auch beim zweiten Fall wird deutlich, dass Herrn Hubers Risiko bei einer Schlichtung erheblich niedriger liegt. In diesem Fall hat sein Nachbar

Pflanzen und Bäume auf seinem Grund beschädigt und zum Teil abgeholzt. Die Kosten für ein Schlichtungsverfahren belaufen sich auf 116 Euro Gebühren und 449 Euro Anwaltskosten, zusammen also auf 565 Euro. Das Prozesskostenrisiko bei einem darauffolgenden Gerichtsverfahren summiert sich hingegen auf stolze 2371 Euro – infolge der Kosten für die erfolglose Schlichtung, höheren Gerichts- und doppelten Anwaltsgebühren für Kläger und Gegner. Auch ist zu bedenken, dass bei Beschwerden mit einem Streitwert unter 6000 Euro, keine Berufung möglich ist.

Die Wahl des richtigen Anwalts. Sollten Sie zu dem Schluss kommen, dass Sie einen Anwalt benötigen, um einen Ihrer Ansicht nach berechtigten Anspruch vor Gericht durchzusetzen oder einen Anspruch anderer abzuwehren, gehen Sie konsequent vor. Das soll nach dem Ratschlag des Rechtsexperten RA Malte Rossbach aus Hamburg heißen: Suchen Sie sich einen guten und versierten Fachanwalt für das Sachgebiet, zu dem Ihre Rechtsangelegenheit gehört, und wählen Sie keinen „Wald-und-Wiesen-Advokaten", der Sie angeblich in allen Fällen vertreten kann. Wenn auch die Konsultation eines Fachanwalts in aller Regel teurer ist – er macht sich letztendlich doch eher bezahlt als so mancher Generalist. Es gibt Fachanwälte für die unterschiedlichsten Rechtsgebiete. Den kompetenten Fachanwalt und damit den Spezialisten für Ihren Fall finden Sie bei Rechtsanwaltskammern und Anwaltsvereinen sowie im Internet unter folgenden Adressen:

- www.anwaltauskunft.de
- www.anwalt-suchservice.de
- www.anwaltssuche.de
- www.anwalt-finden.net
- www.anwaltsuchenundfinden.de

Gleich nach den Kosten fragen. Fragen Sie Ihren Anwalt nach den voraussichtlich entstehenden Kosten, rät Rossbach weiter. Möglicherweise berechnet er für das erste Beratungsgespräch nichts, um zunächst die Sachlage zu klären. Sicherheitshalber sollten Sie jedoch in Erfahrung bringen, was ein ca. einstündiges Informationsgespräch kostet. Das erspart späteren Ärger.

Keine Scheu vor berühmten Namen. Benötigen Sie Beratung in einer komplizierten Rechtsmaterie und wollen Sie vor Gericht ziehen, dann scheuen Sie nicht davor zurück, eine renommierte Kanzlei einzuschalten. Nicht in jedem Fall müssen Sie befürchten, dass eine große und namhafte Kanzlei automatisch teurer ist als eine scheinbar bescheidenere Kanzlei. In einigen Fällen werden Anwaltshonorare ohnehin auf der Grundlage einer festen Gebührenordnung berechnet, der RVG.

Empfehlungen für den Umgang mit Ihrem Anwalt.

1. Scheuen Sie sich nicht, ihn nach seinen Erfahrungen zu fragen, und werden Sie stutzig, falls sich nach seinen Angaben alles „ganz einfach" darstellt, und ebenso, wenn er nicht wirklich viel und Genaueres von Ihnen wissen will.
2. Kontrollieren Sie genau den Schriftsatz, den Ihr Anwalt nach einer oder mehreren Besprechungen mit Ihnen als Grundlage der Verhandlung zum Gericht sendet. Als sein Mandant haben Sie das Recht dazu, den Schriftsatz zu prüfen und, falls erforderlich,

ergänzen oder auch überarbeiten zu lassen.
Achtung: Der Schriftsatz dient als Grundlage einer mündlichen Verhandlung und muss daher vom Anwalt ganz besonders sorgfältig vorbereitet werden!

3. Beurteilen Sie die Qualität eines Rechtsanwalts danach, ob er in den Vorbesprechungen mit Ihnen die Sachlage präzise analysiert und Sie über die Chancen, aber auch die Risiken eines Rechtsstreits aufklärt. Dazu gehört es im Übrigen auch, Ihnen Mittel und Wege zur Vermeidung einer Klage aufzuzeigen, um Gerichtskosten zu vermeiden.

4. Bestehen Sie darauf, dass Ihre Streitsache einigermaßen zügig bearbeitet wird und Sie nicht über mehrere Wochen im Ungewissen gelassen werden. Fragen Sie in einem solchen Fall ruhig in der Kanzlei nach. Ferner sollten Sie mit Ihrem Anwalt vereinbaren, dass er Ihnen von allen Korrespondenzen und Vorgängen Kopien anfertigt, damit Sie jeweils aktuell auf dem Laufenden sind und gegebenenfalls eingreifen können.

Die Haftung des Anwalts. Falls Ihr Rechtsanwalt bei Ihrer Beratung oder Vertretung vor Gericht einen Fehler zu Ihrem Nachteil begeht, haftet er hierfür (§ 280 Abs. 1 BGB), da Sie mit seiner Beauftragung einen Vertrag geschlossen haben. Der Rechtsanwalt hat unter anderem für eine umfassende und erschöpfende Belehrung des Mandanten Sorge zu tragen. Überdies sind Sie auch bei einer möglichen Insolvenz des Anwalts abgesichert, da kein Rechtsanwalt seinen Beruf ohne eine gültige Berufshaftpflichtversicherung ausüben darf.

Ihre Kooperation mit dem Anwalt. Sorgen Sie dafür, dass Sie Ihrem Anwalt alle Unterlagen und Dokumente, die für den vorliegenden Fall bedeutsam sind, auch wenn sie unter großem Aufwand beigebracht werden müssen, rechtzeitig übergeben.
Halten Sie sich an die Fristen, die Ihnen der Anwalt setzt, der seinerseits die vom Gericht meist sehr knapp bemessenen Fristen einhalten muss, und wahren Sie unbedingt die Termine für angesetzte Besprechungen. Rechtsanwalt Rossbach rät in diesem Zusammenhang zu Disziplin: „Wenn Sie Ihrem Anwalt dann in der Besprechung Ihr Anliegen und den Hergang Ihrer Angelegenheit kurz schildern, wird er anhand präziser Rückfragen den von ihm für seine Bearbeitung benötigten Sachverhalt mit allen notwendigen Details ermitteln.
Soweit Sie ihm hierzu sogleich die benötigten Daten liefern und die erbetenen schriftlichen Unterlagen aushändigen können, kann er die notwendige Zeit für die Bearbeitung Ihrer Angelegenheit aufwenden, statt diese für lange und ergebnislose Vorgespräche zu verschwenden.“

Verschweigen Sie nichts! Wichtig ist ferner, dass Sie Ihrem Anwalt keine Tatsachen verschweigen, selbst wenn diese Ihnen unangenehm sein sollten oder Sie in ein schlechtes Licht rücken könnten. Bedenken Sie: Ihr Anwalt kann nur dann wirklich helfen, wenn er alle Einzelheiten des vorliegenden Falls kennt und so eventuelle Prozessrisiken konkret abschätzen kann.

Pünktlich bezahlen. Bezahlen Sie den vom Anwalt eingeforderten Kostenvorschuss zeitnah, denn es handelt sich um Gerichtsgebühren und Auslagen, für die er in Vorlage geht. Wenn Sie Zahlungen nicht leisten, kann es auch passieren, dass sich ein Rechtsanwalt weigert, eine Angelegenheit weiterzubearbeiten, oder sogar das bestehende Mandatsverhältnis unter Abrechnung der bisher angefallenen Gebühren zu kündigen.

Probleme mit Ihrem Anwalt? Wenn Sie zu lange auf die Aktivitäten Ihres Rechtsbeistands warten müssen, sollten Sie ihm dies zunächst mündlich mitteilen. Zeigt dies keine Wirkung, dann wenden Sie sich schriftlich an ihn. Rechtsanwalt Rossbach: „Stellen Sie in höflicher, aber bestimmter Form das Problem dar, und bitten Sie um kurzfristige Abhilfe. Reagiert Ihr Anwalt darauf nicht, sollten Sie ihm schriftlich, am besten per Einschreiben und Rückschein, eine angemessene Frist (ca. zwei Wochen, gegebenenfalls kürzer bei Dringlichkeit) zur Abhilfe setzen."

Die Rechtsanwaltskammer hilft. Wenn auch das zu keinem Ergebnis führt, bleibt eine Beschwerde bei der zuständigen Rechtsanwaltskammer, deren Adresse Sie aus den Gelben Seiten im regionalen Branchenbuch oder aus dem Internet erfahren. Die Kammer fordert den Anwalt zu einer Stellungnahme auf. Zuletzt können Sie Ihr Mandat, nachdem Sie schriftlich gekündigt haben, schließlich zurücknehmen und einem anderen Anwalt übergeben. Der Wechsel eines Rechtsanwalts in einem laufenden Verfahren will gut überlegt sein. Wichtig zu wissen ist, dass die Rechtsschutzversicherung die durch einen Anwaltswechsel entstehenden Mehrkosten in der Regel nicht trägt. Nach dem Abschluss einer Instanz besteht jedoch die Möglichkeit, einen anderen Rechtsanwalt mit der Fortsetzung des Rechtsstreits zu beauftragen, ohne dass eine doppelte Anwaltsgebühr anfällt. ◂

Wider den Amtsschimmel

6 wertvolle Tipps zum richtigen Umgang mit Behörden

Amtsdeutsch ist eine schwere Sprache. Normalbürgern ist das Verhalten von Behörden oftmals völlig unverständlich. Das beginnt mit der Sprache von Bescheiden und Verordnungen, die häufig in schwer verständlichem „Bürokratendeutsch" abgefasst sind, und endet mit manchmal kaum nachvollziehbaren Entscheidungen, die dem gesunden Menschenverstand nicht selten widersprechen.
Behörden und ihre Bescheide zu ignorieren hilft jedoch ebenso wenig wie lautstarker Protest oder wutschäumender Widerspruch. Der Kölner Rechtsanwalt Jörg Gerlach sagt Ihnen, wie Sie am besten mit dem Amtsschimmel zurechtkommen.

Die Ruhe bewahren. Wenn ein Beamter unfreundlich oder persönlich wird, bleiben Sie ruhig, und machen Sie ihn auf sein unangemessenes Verhalten aufmerksam. Vergreift er sich trotzdem weiter im Ton, können Sie Dienstaufsichtsbeschwerde einlegen. Beachten Sie jedoch: „Wie es in den Wald hineinruft, so schallt es heraus." Bleiben Sie deshalb sachlich und höflich, und behandeln Sie Beamte und Mitarbeiter von Behörden nicht von oben herab.

Nur Schriftliches zählt. Wichtige Rechtsauskünfte oder Bescheide müssen Sie schriftlich haben. Mündliche Bescheide können widerrufen werden, falls kein Zeuge zugegen ist. Rechtsanwalt Gerlach: „Lassen Sie sich grundsätzlich deshalb nicht mit mündlichen Zusagen der Beamten, was angeblich geht oder nicht geht, abspeisen. Verlangen Sie höflich, aber bestimmt einen schriftlichen Bescheid. Sollte Ihnen das verweigert werden, kommen Sie mit einem Zeugen wieder. Dann soll der Beamte den mündlichen Bescheid in Gegenwart des Zeugen wiederholen. Machen Sie und der Zeuge sich in diesen Fällen unmittelbar danach eine schriftliche Gedächtnisnotiz."

Einen Antrag stellen. Wenn Sie beispielsweise einen Antrag auf Kindergeld stellen wollen (das Folgende gilt für alle Verfahren dieser Art), fragen Sie zunächst nach, welche Unterlagen und Dokumente Sie beizubringen haben und zu welchem Termin sie abgegeben werden müssen.

- Halten Sie dabei die vorgegebenen Fristen ein. Notieren Sie sich den jeweiligen Abgabetermin im Kalender, und bauen Sie einen angemessenen zeitlichen „Puffer" ein. Somit haben Sie die Möglichkeit, sich eventuell noch anderweitig beraten zu lassen.

- Vor der Abgabe der Unterlagen machen Sie sich Kopien: vom ausgefüllten Antrag und von den beigebrachten Dokumenten.

- Geben Sie niemals Originale Ihrer Dokumente ab. Im Fall des Verlusts haben Sie keine Nachweise mehr.

- Geben Sie den gesamten Schriftsatz persönlich ab oder durch eine vertrauenswürdige Person. Lassen Sie sich stets die Abgabe von einer Amtsperson mit Stempel, Zeitangabe und Unterschrift auf der Kopie Ihres Schriftsatzes bestätigen. Falls erforderlich, können Sie so später nachweisen, dass Sie keine Fristen versäumt und alles rechtzeitig und vollständig vorgelegt haben.

- Halten Sie Ihre Unterlagen zu Hause komplett und in perfekter Ordnung. So können Sie schnell auf Dokumente zurückgreifen, falls Nachfragen gestellt werden.

Einen Behördenbescheid überprüfen.

- Überprüfen Sie, ob Sie überhaupt der richtige Adressat des Behördenbescheids sind.

- Notieren Sie sich den Eingang im Kalender, und bewahren Sie den Briefumschlag wegen des Poststempels als Nachweis auf.

- Lesen Sie sorgfältig die „Rechtsbehelfsbelehrung" am Ende des Bescheids. Dort sind nämlich unter anderem Widerspruchsfristen eingeräumt, die Sie unbedingt einhalten müssen.

- Kalkulieren Sie gegebenenfalls die von der jeweiligen Behörde errechneten Kosten o. Ä. mit dem Taschenrechner nach.

Widerspruch einlegen.

- Wenn Sie mit dem Bescheid oder Widerspruchsbescheid nicht oder teilweise nicht einverstanden sind, dann können Sie innerhalb der vorgegebenen Frist Widerspruch oder Teilwiderspruch (gegen einzelne Bestandteile der Entscheidung) einlegen. Dies tun Sie bei der entsprechenden Widerspruchsbehörde bzw. beim Verwaltungs- oder Sozialgericht. Beides können Sie auch wieder zurücknehmen – meist ohne erhebliche zusätzliche Kosten. Rechtsanwalt Gerlach macht jedoch darauf aufmerksam, dass im Falle der Zurücknahme des Widerspruchs der Bescheid rechtskräftig wird. Achten Sie unbedingt darauf, dass ein Widerspruch innerhalb der Frist beim Gericht oder der Behörde ankommt. Vorsicht: Das Absendedatum Ihres Widerspruchs genügt nicht, sondern das Eingangsdatum bei der Behörde oder dem Gericht ist entscheidend. Falls Sie Ihren Widerspruch selbst zur Behörde oder zum Gericht bringen wollen und bis zum letzten Tag der eingeräumten Frist bis nach Dienstschluss warten, dann müssen Sie unbedingt den sogenannten „Frist-" oder „Nachtbriefkasten" der Behörde suchen und nur dort Ihre Papiere einwerfen.

- Ihren Widerspruch sollten Sie unbedingt begründen. Eine Behörde ist in einem Widerspruchsverfahren zwar immer verpflichtet, einen eingegangenen Widerspruch auch ohne Begründung zu überprüfen. Sie machen es ihr aber leichter, dies zu tun, wenn Sie eine Begründung anführen – und Ihre Chancen auf Anerkennung Ihrer Einlassungen wachsen.

- Wenn Sie gegen einen Behördenbescheid klagen, heften Sie den Bescheid in Kopie an das Klageschreiben an.

- Falls Sie sich bei einem Streit mit einer Behörde von einem Anwalt beraten oder vertreten lassen wollen, aber nicht über das erforderliche Einkommen verfügen, können Sie möglicherweise außergerichtlich Beratungshilfe und gerichtliche Prozesskostenhilfe beantragen. Informieren können Sie sich hierzu in kostenlosen Broschüren, die bei den Gerichten ausliegen. ◂

Trennung und Scheidung

Auseinandergehen in 10 Schritten: Das raten Familienrechtsexperten

„Scheiden tut weh." Dieser Satz gilt immer, für viele hat die Einsicht jedoch vorrangig wirtschaftliche Konsequenzen, die zum Zeitpunkt des Entschlusses, sich vom jeweiligen Partner loszusagen, schwer überschaubar und kalkulierbar sind. Die Experten im Familienrecht von der Kanzlei Dr. jur. Ernst Alfred Kirchhoff in Berlin und Wuppertal raten deshalb dazu, alle bevorstehenden Handlungen oder gar etwaige juristische Schritte sorgfältig zu überdenken. Erst wenn Sie sich wirklich sicher sind, dass Sie mit Ihrem aktuellen Partner keinesfalls mehr zusammenleben können oder wollen, sollten Sie Vorbereitungen für eine Trennung treffen.

Bereiten Sie sich mental vor. Von dem Zeitpunkt Ihres Entschlusses an beginnen Sie mit der Vorbereitung. Wichtig dabei: Bevor Sie Ihren Entschluss mitteilen, lassen Sie sich professionell beraten, da es ansonsten passieren kann, dass Ihr Partner Unterlagen beiseiteschafft oder Vermögensverhältnisse verschleiert, die dann vor Gericht nicht mehr klar vorliegen. Machen Sie deshalb rechtzeitig von allen Unterlagen, bei denen es ums Geld geht, Kopien. Nur dadurch können Sie zu einem späteren Zeitpunkt beweisen, dass Werte vorhanden waren, die eventuell auf die Seite gebracht worden sind und im Falle einer Scheidung mit in die Berechnung des gemeinsamen Vermögensbestands einbezogen werden müssen. Denken Sie auch an die Vollmachten, über die Ihr Ehepartner verfügt. Worauf hat er Zugriff? Was kann er tun? Diese Überlegungen sind nicht schön, die Erfahrung in vielen Scheidungsfällen zeigt jedoch, dass Sie eher mit dem Schlimmsten rechnen sollten, als davon auszugehen, dass immer anständig miteinander umgegangen wird. Schützen Sie deshalb Ihr Vermögen, und bringen Sie allein Ihnen gehörende Wertgegenstände in Sicherheit. Lassen Sie eventuell Konten sperren, und fordern Sie Kreditkarten und anderweitige Zugänge zu Vermögensbeständen ein. Tun Sie dies natürlich nur dann, wenn Sie sich Ihres Entschlusses sicher sind und Sie überzeugt sind, dass es wirklich keinen Weg „zurück“ mehr gibt!

Fair bleiben und keine Einmischung dulden. Bei diesen Ratschlägen geht es nicht darum, Ihren Partner zu übervorteilen oder gemeinsam erworbenes Vermögen, auf das Ihr Partner unzweifelhaft auch Ansprüche erworben hat, vor dem Scheidungsverfahren zu verbergen. Hierbei handelt es sich lediglich um eine Vorsorgemaßnahme: Die Lebenserfahrung zeigt, dass sich bei einer Trennung viele wohlmeinende Menschen einmischen und eventuell dazu raten, sich mit dem Beiseiteschaffen wirtschaftlicher Werte zu rächen. Lassen Sie sich nicht davon beeinflussen! Beschränken Sie sich darauf, solche Wertgegenstände und Vermögensteile zu sichern, auf die Ihr Partner unzweifelhaft keinen Anspruch hat.

Das Trennungsjahr. Verheiratete können nur dann geschieden werden, wenn sie das sogenannte „Trennungsjahr“ eingehalten haben. Das bedeutet, dass Sie ein gesamtes Jahr von Ihrem Ehepartner getrennt leben müssen, insbesondere also nicht mehr gemeinsam wirtschaften und einen gemeinsamen Haushalt führen – und somit nicht mehr füreinander kochen, waschen und anderweitig sorgen.

Das Trennungsjahr muss eingehalten werden. Ausnahmen werden in aller Regel nur dann zugelassen, wenn für einen der Partner die Situation unzumutbar ist, weil er z.B. vom Partner geschlagen wurde oder ernsthaft mit einer Straftat bedroht ist.

Ohne Anwalt geht es nicht. Nach § 78, Absatz 2, der Zivilprozessordnung (ZPO) gilt im Falle einer Ehescheidung der sogenannte Anwaltszwang. Das bedeutet: Einen Scheidungsantrag können Sie nicht selbst bei Gericht stellen, sondern Sie müssen hierbei durch einen Rechtsanwalt vertreten werden. Der Anwalt vertritt nur einseitig seinen Mandanten, und dazu ist er gesetzlich verpflichtet. Der andere Ehegatte darf also nicht mitvertreten sein. Daher ist auch im Fall einer gütlichen Einigung, bei der alles zuvor besprochen und geregelt wurde, unbedingt dazu zu raten, einen eigenen Anwalt als Rechtsexperten hinzuzuziehen.

Der Scheidungsantrag. Nach dem Ablauf des Trennungsjahrs kann der Rechtsanwalt bei Gericht einen Scheidungsantrag stellen. Hierzu benötigt der Anwalt Ihre Heiratsurkunde, die Sie ihm deshalb baldmöglichst zur Verfügung stellen sollten. Das Gericht stellt Ihrem Partner daraufhin den Scheidungsantrag zu.

Der Versorgungsausgleich. Nun geht es zunächst um den Versorgungsausgleich. Die Familienrechtsexperten der Kanzlei Kirchhoff erklären die Grundlagen folgendermaßen: „Am Ende der Ehe soll grundsätzlich verglichen werden, welcher Ehegatte während der

Ehezeit welche Rentenanwartschaften erworben hat. Derjenige, der während der Ehe mehr an Rentenanwartschaften als der andere erworben hat, soll die Hälfte des Mehrerwerbs an den anderen Ehegatten abgeben."

Der Versorgungsausgleich muss immer durchgeführt werden, mit Ausnahme dessen, dass ihn die Eheleute bei Abschluss der Ehe durch einen Ehevertrag wirksam ausgeschlossen haben. Man kann auch erst im Scheidungsverfahren einvernehmlich erklären, auf den Versorgungsausgleich verzichten zu wollen. Es liegt aber im Ermessen des Scheidungsrichters, ob er diesem Wunsch folgt – in den meisten Fällen wird er dies vorsichtshalber nicht tun, denn es liegt selbstverständlich nicht im Interesse des Staates, dass der schwächer abgesicherte Partner im Alter womöglich auf Sozialhilfe angewiesen ist. Berücksichtigen Sie bei all Ihren Planungen, dass der Versorgungsausgleich Zeit benötigt und Scheidungsverfahren häufig über Monate in die Länge zieht. Das liegt weniger an der Beibringung der Unterlagen durch die Ehepartner selbst, sondern am Verfahren der Rentenversicherungsanstalt, die alle bisher erworbenen Ansprüche beider Partner konkret berechnen und „auseinanderdividieren" muss.

Der Unterhalt. Der hauptsächliche Streitpunkt in Scheidungsverfahren ist der sogenannte „Unterhalt", den der erwerbstätige Partner seinem geschiedenen Expartner bezahlen bzw. den er für die wirtschaftliche Existenzsicherung der gemeinsamen Kinder aufbringen muss. Da das Gesetz nicht zahlenmäßig vorgibt, welche Unterhaltsbeträge im Einzelnen zu zahlen sind, wird in der Praxis der zu zahlende Unterhalt oft nach der sogenannten „Düsseldorfer Tabelle" ermittelt, den unterhaltsrechtlichen Leitlinien des Oberlandesgerichts Düsseldorf. Sie findet sich im Internet unter der Adresse: www.olg-duesseldorf.nrw.de/service/ddorftab/intro.htm. Diese Tabelle berechnet, ausgehend vom Nettoeinkommen des Unterhaltsverpflichteten, die Höhe des Unterhalts. Berücksichtigen Sie, dass von 2008 an ein neues Unterhaltsrecht gilt: Dieses stellt die Ansprüche der aus einer Verbindung hervorgegangenen gemeinsamen Kinder grundsätzlich besser als die Ansprüche des ehemaligen Partners! Das heißt: Die Ansprüche der Kinder werden bei der Berechnung und „Verteilung" des Unterhalts vorrangig gewertet.

Der Zugewinnausgleich. Wichtig ist darüber hinaus der Zugewinnausgleich. Dadurch wird festgelegt, dass „der Ehegatte, der während der Ehe einen großen vermögensmäßigen Zugewinn hatte, dem anderen gegenüber ver-

Klären Sie Ihre Situation, und sammeln Sie Ihre Unterlagen

DER EXPERTE RÄT

Prüfen Sie dazu die folgenden Fragen, und legen Sie alles schriftlich nieder:

- **Die Finanz- und Vermögenssituation Ihres Partners:**
  - Wo arbeitet der Partner?
  - Wie hoch sind seine Einkünfte?
  - Hat er Vermögen bei Banken etc.?
  - Existieren Lebensversicherungsverträge o. Ä.?
  - Besitzt er Immobilien?
  - Hat er Schulden, wenn ja, wie hoch und bei wem?
- **Ihre eigenen vertraglichen Verpflichtungen und Bindungen:**
  - Wie hoch sind Ihre Einkünfte?
  - Wie hoch ist Ihr Vermögen?
  - Existieren Lebensversicherungsverträge o. Ä.?
  - Haben Sie selbst Schulden, wenn ja, wie hoch und bei wem?
- **Ihre gemeinsame Vermögenssituation:**
  - Wer ist Mieter der Wohnung?
  - Gibt es gemeinsame Konten?
  - Gibt es gemeinsame Kredite (bei wem und wie hoch)?
  - Gibt es gemeinsame Immobilien?

Bei einem Scheidungsverfahren müssen Sie viele Unterlagen über Ihr Vermögen und Ihre finanziellen Verhältnisse beibringen. Sammeln Sie deshalb beizeiten:

- Unterlagen über Wertgegenstände
- Ihr Familienstammbuch
- Dokumente über Fahrzeuge (Kfz-Scheine und -Briefe sowie Kaufunterlagen)
- Alle Dokumente über den Besitz von Immobilien
- Versicherungspolicen
- Bankkarten und Bankverträge sowie Kontoauszüge
- Ihren Arbeitsvertrag
- Einkommensunterlagen wie Gehaltsabrechnungen und Prämienzahlungen etc.
- Steuererklärungen und Steuerbescheide
- Sensible Unterlagen mit Geheimnummern (Onlinezugänge zur Bank etc.)
- Personaldokumente (Reisepass, Personalausweis etc.).

pflichtet sein soll, ihm die Hälfte dieses Mehrbetrages auszuzahlen". Berücksichtigt werden dabei die Vermögenslagen der Eheleute zu Beginn der Ehe und zum Zeitpunkt der Beendigung, d. h. zum Zeitpunkt der Zustellung des Ehescheidungsantrags.
Wichtig hierbei ist, dass auch Erbschaften und vorzeitige Erbschaften in Form von Schenkungen dem Anfangsvermögen hinzugerechnet werden müssen.

Wann ist die Scheidung rechtskräftig? Das in der mündlichen Verhandlung verkündete Scheidungsurteil wird rechtskräftig, sobald es zugestellt wurde und eine Frist von einem Monat verstrichen ist, die sogenannte „Rechtsmittelfrist". Bei der Verkündung des Urteils können die Anwälte allerdings den Rechtsmittelverzicht erklären. Dann wird das Urteil schneller rechtskräftig. Bedenken Sie dabei jedoch, dass Sie als Ehepartner bei einem Rechtsmittelverzicht sofort alle Chancen einbüßen, gegen die vom Gericht festgelegten Regelungen des Unterhalts oder des Versorgungsausgleichs noch etwas zu unternehmen. Berücksichtigen Sie auch, dass an die Rechtskraft eines Scheidungsurteils auch die Frist gebunden ist, eventuell die freiwillige Weiterversicherung in der gesetzlichen Krankenversicherung zu beantragen. So muss beispielsweise eine Frau, die bisher kostenlos bei ihrem Mann mitversichert war, dies innerhalb von einer Frist von drei Monaten nach der Rechtskraft des Scheidungsurteils tun. ◂

Sorge- und Umgangsrecht

4 Informationen, wie Eltern nach der Scheidung Eltern bleiben

Gemeinsames Sorgerecht der Eltern. Beide Partner sollten das Wohl der Kinder im Auge haben. Dies erleichtert das Gesetz den Kontrahenten in einem Scheidungsverfahren, weil es davon ausgeht, dass es auch nach einer Scheidung grundsätzlich beim gemeinsamen elterlichen Sorgerecht beider Eltern bleibt. Daher sagen die Familienrechtsexperten der Kanzlei Kirchhoff: „Lediglich in besonderen Ausnahmefällen, nämlich dann, wenn eine notwendige gemeinsame Verständigung zwischen den Partnern über Fragen der Kinder überhaupt nicht mehr möglich ist und einer der Ehegatten beantragt, dass ihm das alleinige elterliche Sorgerecht übertragen wird, wird dies bei Gericht noch zum Gegenstand eines Verfahrens gemacht."

Vollmacht für Alltagsentscheidungen. Im Normalfall allerdings wird demjenigen Elternteil, bei dem sich das Kind in der Regel aufhält, vom anderen Elternteil eine Vollmacht erteilt, über alle rechtlichen und Fragen des täglichen Lebens entscheiden zu können – so über den Besuch der Schule, die Wahrnehmung von Elternsprechtagen oder über Fragen eines Arztbesuchs usw.: „Dies umfasst allerdings nicht so weitreichende Entscheidungen wie über Operationen oder die Schulartwahl. Wenn Sie also eine solche Vollmacht haben, müssen Sie sich nicht über jede Kleinigkeit mit Ihrem geschiedenen Ehepartner abstimmen."

Streit über das Sorgerecht. Kommt es zwischen den geschiedenen Partnern zum Streit über das Sorgerecht, dann entscheidet das Gericht einzig und allein zum Wohle des Kindes. Dazu kann es einen Bericht des Jugendamts einholen, das dazu mit anderen sozialen, karitativen bzw. kirchlichen Stellen zusammenarbeitet. Die Experten: „Wenn Sie also minderjährige Kinder haben und es zum Streit kommt, müssen Sie damit rechnen, dass Sie von einer der vorgenannten Stellen eine Einladung zu einem Gespräch oder auch einen Besuch von dort erhalten. Es empfiehlt sich, sich hierauf einzurichten und bei dem Gespräch die Situation offen und ehrlich darzulegen." Meist folgt das Gericht den Vorschlägen des Jugendamts.

Das Umgangsrecht mit den Kindern. Das Umgangsrecht gibt auch bei heutiger moderner Rechtsprechung häufig Anlass zum Streit, weil geschiedene Partner, denen das Sorgerecht für die Kinder zugesprochen wurde, den Umgang manchmal als psychisches Druckmittel gegenüber dem Partner benutzen. Aber auch der Ehegatte, dem das Sorgerecht nicht zugesprochen wurde, darf sein Kind regelmäßig sehen. Dieses Besuchsrecht lässt sich gerichtlich durchsetzen. Es besteht darin, dass der Umgangsberechtigte das Kind in periodischen Abständen – bei älteren Kindern alle zwei Wochen – von Samstagmorgen bis zum späten Nachmittag des Folgetages sowie die halben Ferienzeiten zu sich nimmt. ◂

Erbangelegenheiten regeln

Die 10 wichtigsten Schritte, um Ihr Vermögen in Ihrem Sinne zu hinterlassen

Schaffen Sie keinen Zankapfel.
Heftiger Streit zwischen Geschwistern, Kindern und anderen Verwandten nach einem Todesfall in der Familie ist beileibe keine Seltenheit, sondern nahezu die Regel. Deshalb sollten Sie als Erblasser rechtzeitig dafür sorgen, dass Ihr Vermögen nach Ihrem Tode in die „richtigen" Hände kommt und nach Ihren Wünschen unter den Erben aufgeteilt wird. Dazu gibt Rechtsanwalt Kai Schäfer von der Bad Aiblinger Steuerkanzlei Haubner, Schäfer und Partner zu den zehn wichtigsten Fragen des Erbrechts folgende Ratschläge.

Ist ein Testament unbedingt nötig?
Im deutschen Recht greift, wenn man kein Testament und keine andere letztwillige Verfügung errichtet hat, im Todesfall immer die „gesetzliche Erbfolge". Diese wird beispielsweise im Fall der kinderlosen Ehepartner nach dem Tod eines der Ehepartner zum gewünschten Erfolg führen: Der überlebende Ehegatte wird Alleinerbe und erhält infolge der gesetzlichen Erbfolge das gesamte Vermögen. Soweit in diesem Fall mit der Weitergabe des eigenen Vermögens keine weiteren Absichten verbunden sind, ist in diesem speziellen Fall kein Testament erforderlich.
Unbedingt sinnvoll ist aber die Abfassung eines Testaments, wenn:

- mehr als nur ein gesetzlicher Erbe infrage kommt.
- Sie auf die Weitergabe des eigenen Vermögens aus sozialen oder wirtschaftlichen Gründen Einfluss nehmen wollen.
- Sie auch künftige Veränderungen in den Familienverhältnissen in Betracht ziehen und darauf eventuell mit einer Umverteilung des Erbes reagieren können möchten.

Notarielles Testament – ja oder nein? Ein notarielles Testament verursacht Kosten und muss nicht unbedingt sein. Jeder kann auch mit einem handschriftlich verfassten Testament seinen Nachlass regeln. Allerdings werden bei der Abfassung eines Testaments nicht selten Fehler gemacht, die z. B. aus rechtlicher Unkenntnis zu unbeabsichtigten Erbfolgen führen können. Wenn Sie dies vermeiden wollen und eventuell über ein großes Vermögen verfügen, sollten Sie Ihr Testament mithilfe eines Notars erstellen.

In diesem Fall – kein Computer! Ein Testament wird gesetzlich als „wirklicher Wille" des Erblassers gewertet. Deshalb sollten Sie den Text eindeutig und möglichst präzise verfassen. Langwierige Begründungen sind zu vermeiden. Den Text des Testaments dürfen Sie keinesfalls am Computer oder mit der Schreibmaschine verfassen, er muss handschriftlich hinterlassen werden, da ansonsten eine Fälschung vermutet werden kann.
Achtung: Das Testament muss überdies mit Vor- und Nachnamen unterschrieben sein und das Datum sowie den Ort seiner Abfassung enthalten. Fehlt eine dieser Angaben, ist es wirkungslos.

Die Aufbewahrung des Testaments. Ein Testament kann dort aufbewahrt werden, wo Sie wollen. Falls Sie sichergehen wollen (oder müssen), dass es nicht vor Ihrem Tod eventuell eingesehen werden kann, hinterlegen Sie es bei einem Anwalt, einem Notar oder beim Nachlassgericht.

Änderung des Testaments. Sie können Ihr Testament so oft, wie Sie es wünschen, verändern oder ergänzen. Denken Sie jedoch daran, alle Veränderungen auch jeweils mit Datum, Ort und Unterschrift zu versehen. Schließlich soll nachprüfbar sein, dass der Betroffene selbst, der Erblasser also, die Änderungen verfügt hat.

Das „Berliner Testament". Zwischen Ehe- und Lebenspartnern ist seit Langem das sogenannte „Berliner Testament" üblich, das beide gegenseitig als Alleinerben einsetzt. Es wird verfasst, um die Versorgung des überlebenden Ehegatten oder Lebenspartners zu sichern. Die Nachkommen des überlebenden Partners, also Kinder oder andere Personen, können unter dieser Voraussetzung erst nach dem Tode des zurückgebliebenen Partners erben. Nachteilig am „Berliner Testament" ist, dass die Freibeträge der Erbschaftsteuer für die Kinder ungenutzt bleiben und der überlebende Ehegatte bzw. Lebenspartner das gesamte Erbe versteuern muss. Nach seinem Tod müssen die Kinder nochmals auf das gesamte Erbe Erbschaftsteuer entrichten. Der Gewinner ist somit der Fiskus. Bei dieser Konstruktion ist deshalb die Konsultation eines Fachanwalts zur Nachlassregelung dringend zu empfehlen, da auch vor dem Hintergrund der Reform der Erbschaftsteuer 2007/08 die Steuerschuld eventuell reduziert werden kann.

Was ist ein Vermächtnis? Rechtsanwalt Schäfer erklärt hierzu: „Mit einem Vermächtnis kann der Erblasser bestimmten Personen einzelne Gegenstände aus dem Nachlass oder eine aus dem Nachlass zu zahlende Geldsumme zukommen lassen. Ein Vermächtnis kann auch ein lebenslanges Nutzungsrecht an einer Wohnung sein oder die Übertragung eines GmbH-Anteils." Ein Vermächtnis ist von der Erbeinsetzung und/oder der dementsprechenden Erbfolge in einem Testament zu unterscheiden. Es wird vom Erblasser in einem Testament zugunsten eines Bedachten, dem sogenannten Vermächtnisnehmer, angeordnet. Die gesetzliche Regelung des Vermächtnisses ist in den §§ 2147 ff. des BGB festgelegt.

Aufteilung eines Erbes. Wenn Sie Ihr Vermögen auf mehrere Personen aufteilen wollen, verfügen Sie eine sogenannte „Teilungsanordnung". Dies bewirkt, dass der gesamte Nachlass in Quoten aufgeteilt wird: So erhält Erbe A zum Beispiel 50 % und B und C jeweils 25 %.

Der Pflichtanteil des Erbes. Hat sich ein Erblasser mit einem seiner gesetzlichen Erben – z.B. ein Vater mit einem seiner zwei Kinder – während seiner Lebenszeit überworfen und in seinem Testament enterbt, hat das Kind trotzdem Anspruch auf seinen Pflichtanteil am Erbe des Vaters. Der Pflichtanteil kann nur unter bestimmten Umständen entzogen werden. Diese sind:

- Der Pflichtteilsberechtigte trachtet dem Erblasser nach dem Leben.
- Er hat den Erblasser vorsätzlich körperlich misshandelt.
- Er hat sich eines Verbrechens gegen den Erblasser schuldig macht.
- Er hat die Unterhaltspflicht gegenüber dem Erblasser verletzt.
- Er hat einen „ehrlosen und unsittlichen" Lebenswandel gegen den Willen des Erblassers geführt.

Der letzte Grund wird jedoch nur sehr selten von Gerichten akzeptiert, und nur eine „wirklich schwerwiegende und schuldhafte Verfehlung" eines Pflichtteilsberechtigten, die im Einzelfall nachgewiesen werden muss, rechtfertigt einen Pflichtteilsentzug. Der Pflichtteil steht dem Ehegatten, Kindern und – falls keine Kinder oder Enkel vorhanden sind – auch den Eltern des Verstorbenen zu, falls diese nicht enterbt wurden. Adoptierte und nicht eheliche Kinder haben auch einen Pflichtteilsanspruch, ebenso der gleichgeschlechtliche eingetragene Lebenspartner. Der Pflichtteilsberechtigte hat einen Anspruch auf die Hälfte dessen, was ihm am Vermögen des Verstorbenen dem Gesetz nach zustehen würde. Er bekommt lediglich seinen halben Erbteil in Geld ausgezahlt, nachdem eventuelle Schulden des Erblassers beglichen sind.

WIE KANN ICH BEIM *Vererben* sparen?

Wer etwas zu vererben hat, sollte sich rechtzeitig Gedanken darüber machen, wer etwas aus der Erbmasse erhalten und um wie viel es sich dabei jeweils handeln soll. Außerdem ist es eine Überlegung wert, wie man beim Vererben sparen kann. So sollten Erblasser im Sinne ihrer Erben darauf achten, dass diese möglichst wenig an den Staat in Form der Erbschaftsteuer abführen müssen.

1 Vorteile von Schenkungen
Erbschaft- und Schenkungsteuer sind heute aufeinander abgestimmt, d. h., die Steuersätze und allgemeinen Freibeträge sind identisch. Der Vorteil des Schenkens ist jedoch, dass die Freibeträge alle zehn Jahre erneut in Anspruch genommen werden können – bei Erbschaften ist dies nur ein Mal möglich! Wer also zehn Jahre vor seinem Tod bereits einen Teil des Erbes verschenkt hat, hat die Steuerfreibeträge für die Nachkommen verdoppelt. Außerdem ergibt sich ein erheblicher Vorteil für die Einkommensteuer: Der Wertzuwachs des geschenkten Vermögens wird von der Erbschaftsteuer nicht mehr erfasst; der Empfänger der Schenkung (Enkel, Kind) unterliegt oft einer niedrigeren Einkommensteuer als der entsprechende Geber (Vater, Mutter).

2 „Generationenvertrag"
Darüber hinaus können Steuern durch die rechtzeitige Aufteilung des Erbes auf die folgende und die übernächste Generation vermieden werden: So ist es für einen Erblasser bzw. die Erben günstiger, das Erbe nicht vollständig der Ehefrau zu hinterlassen, sondern einen Teil des Vermögens sogleich an die Kinder zu vererben und somit die Freibeträge der Frau und der Kinder auszuschöpfen. Ebenso ist es günstiger, ein großes Vermögen nicht an ein einziges Kind zu vererben, das wiederum zwei Kinder hat. Besser wäre es, einen Teil des Vermögens sogleich an die Enkel zu vererben und somit die Freibeträge der Enkel zusätzlich auszunutzen.

3 Freibeträge
Die Freibeträge, innerhalb derer keine Steuern anfallen, wurden neu angepasst: Für Ehegatten beträgt der Freibetrag 307 000 €, für Kinder (auch Stiefkinder) 205 000 €, für Enkelkinder (wenn ihr Elternteil Kind oder Stiefkind des Verstorben war und auch bereits verstorben ist) auch 205 000 €, für alle übrigen Erben der Steuerklasse I (alle anderen Enkel, Stiefenkel, Urenkel, deren Elternteil noch lebt, sowie Eltern und Großeltern, die von ihrem Kind erben) 51 200 €. Werden diese Freibeträge überschritten, wird ein Steuerabzug von 7 bis 30 % fällig. Für Erben der Steuerklasse II (Eltern und Großeltern bei Schenkung. Geschwister, Nichten, Neffen, Stiefeltern, Schwiegerkinder und -eltern sowie geschiedene Ehegatten) beträgt der Freibetrag 10 300 € und für Erben der Steuerklasse III (alle anderen – unverheiratete Partner, Fremde bei Schenkung oder Erbschaft) 5200 €. Über diese Beträge hinaus wird ein Steuerabzug von 17 bis 50 % fällig. Freibeträge verdoppeln können Sie als Eltern auch, wenn jeder Partner eigenes Vermögen hat und das gemeinsame Kind noch zu Lebzeiten beschenkt. Statt nur einmal 205 000 €, kann das Kind nun zweimal 205 000 € steuerfrei erhalten.

4 Bei Immobilien sparen
Immobilien lassen sich in der Regel günstiger vererben als Barvermögen, denn der Staat bewertet Grund und Boden oft nur mit 50 bis 80 % des tatsächlichen Werts. Auch die mittelbare Schenkung ist möglich: Statt einer Immobilie überträgt der Gönner nur das Geld zum Kauf eines bestimmten Hauses. Der Beschenkte darf gleichwohl den günstigeren Steuerwert für Immobilien nutzen. Wer noch nach altem Recht eine Immobilie übertragen hat, kann jetzt nachträglich die neuen, höheren Freibeträge nutzen und steuerfrei etwas nachschenken. Ein Beispiel: Der steuerliche Wert eines Hauses, das an ein Kind übereignet wurde, hat genau dem früheren Freibetrag von 45 000 € entsprochen. Die Mutter könnte deshalb – infolge des heute geltenden und wesentlich höheren Freibetrags von 205 000 € – zusätzlich 160 000 € an Barvermögen steuerfrei nachschenken. Der Staat bewertet zur Berechnung von Erbschaft- und Schenkungsteuer ein Mietshaus mit der 12,5- fachen Jahresmiete (Durchschnitt der letzten drei Jahre). Wer clever ist, erhöht deshalb die Miete auf keinen Fall vor einer Schenkung, sondern erst danach.

REPORT

Teil 4

FAMILIE UND FREIZEIT

Romantische Romane behaupten zwar das Gegenteil, aber für eine glückliche Beziehung ist gegenseitiger Respekt wichtiger als leidenschaftliche Liebe. Seien Sie darauf gefasst, dass auch andere lieb gewonnene Vorurteile in diesem Kapitel revidiert werden. Schwiegermütter sind eifersüchtig und Schwiegertöchter respektlos? Es geht auch anders. Ein Girokonto schon für Teenager? Das ist ein geschickter Schachzug. Und wussten Sie schon: Es ist preiswerter, seinen Gästen ein Menü zu servieren, als ein Buffet anzurichten. Wo findet man nach Jahrzehnten ehemalige Mitschüler wieder? Im Internet – wenn man weiß, wie. Wir verraten, wie Sie die richtige Schule für Ihr Kind wählen, ein gutes Restaurant in einer fremden Stadt entdecken und unbeschwert auf Reisen gehen.

Liebe und Heirat

7 Denkanstöße, wie Sie mit Ihrem Partner besser kommunizieren können

Kommunikation ist alles. Ob Sie verheiratet sind, in einer Partnerschaft ohne Trauschein leben oder eine nur lockere Bindung bevorzugen – eine Beziehung leben Sie in erster Linie, um glücklich zu sein und um Ihre Lebensfreude mit einem anderen Menschen zu teilen. Beziehungen ohne Trauschein kann man heute eine bessere Zukunftsprognose stellen als Ehen: Fast jede zweite Ehe wird wieder geschieden. Was läuft anders bei denen, die zusammenbleiben? Dabei geht es vor allem um Regeln für die Kommunikation, wie Dr. Dr. med. Herbert Mück weiß, Spezialist für Psychosomatische Medizin und Psychotherapie, Coaching, Mediation und Prävention.

Reden statt raten lassen. „Sprechen verbindet eher, als dass es trennt. Zeigen Sie sich, wie Sie sind. Propagieren Sie, statt zu verheimlichen“, rät der Kommunikations- und Familienexperte aus München und macht damit auf einen vielfach begangenen Fehler in Beziehungen aufmerksam: Ihr Lebenspartner soll nicht raten müssen, was Sie wirklich denken und fühlen, sondern er muss Ihre Empfindungen kalkulieren und einordnen können. Andernfalls schweigen Sie aneinander vorbei und riskieren die Entstehung von Missverständnissen und Fehlinterpretationen. Senden Sie deshalb „Ich-Botschaften“ und sprechen Sie über Ihre Gefühle. Sagen Sie z. B: „Ich möchte gern deine Meinung hören zu meinen Problemen mit Kollegin XY“, statt: „Du hörst mir schon wieder nicht zu!“ Fragen Sie interessiert nach, aber nicht, um von sich selbst abzulenken.

„Kultiviert" streiten. Entwickeln Sie eine „Kultur des Streitens", bei der man auch Gefühle zeigen darf. Interpretieren Sie Konflikte als Chance, von anderen Rückmeldungen und Anstöße zu erhalten, sich gegenseitig zu befruchten und zu inspirieren. Konflikten grundsätzlich aus dem Weg zu gehen ist falsch. Wo Menschen miteinander leben, gibt es immer unterschiedliche Ansichten und Verhaltensweisen. Deshalb müssen Vereinbarungen getroffen werden, die von jedem Partner akzeptiert und die häufig nicht ohne Diskussion und Konflikt erreicht werden.

Mit fairen Waffen diskutieren. Verzichten Sie auf Killerphrasen wie: „Was du wirklich meinst, ist doch ..." „Du solltest ..." „Mach doch einfach mal." „Das ist mir zu primitiv.", „Du hältst mich wohl für blöd." oder „Das kannst du gar nicht beurteilen." usw. Killerphrasen stellen Ihren Partner sofort in eine Ecke und bewirken, dass er das Gesicht verliert: Gift für jede Beziehung!

Respekt zeigen. Behandeln Sie die Ihnen Nahestehenden mit mindestens genauso viel Respekt wie einen Unbekannten, und beschreiben Sie, statt zu bewerten oder zu etikettieren. Vermeiden Sie also, Ihren Partner „in eine Schublade zu stecken".

Keine Heimlichtuerei. Lassen Sie sich nicht erst mühsam ausfragen: Offenbaren Sie Ihre Interessen und Forderungen, und besprechen Sie, inwieweit diese mit den Interessen des Partners vereinbar sind oder Kompromisse erforderlich machen. Verzichten Sie auf zweideutige Botschaften, und drücken Sie sich lieber präzise aus (Nicht: „Bring mir das Auto zu einer vernünftigen Zeit zurück.", sondern: „... bis morgen um 12 Uhr.").

Nach vorne schauen. Beziehen Sie ein „Nein" Ihres Gesprächspartners auf die Sache, und interpretieren Sie es nicht als Ablehnung Ihrer Person. Rechnen Sie nicht mit Vergangenem auf, sondern bemühen Sie sich um Zukunftslösungen. ◂

WAS EHEBERATER MANCHMAL VERGESSEN IHNEN ZU SAGEN ÜBER: Harmonie

Beziehungserprobte Paare nennen immer wieder drei Hauptvoraussetzungen, die das dauerhafte Gelingen ihres Zusammenlebens ermöglichen: Toleranz, Ehrlichkeit und Liebe.

- ☐ Toleranz bedeutet, sich zu achten, sich mit Verständnis gegenüberzutreten, die Stärken des Partners zu genießen, aber auch seine Schwächen und Unzulänglichkeiten zu akzeptieren. Das heißt, zugleich darauf zu verzichten, den Partner nach den eigenen Vorstellungen umformen und in eine bestimmte Richtung dirigieren zu wollen.
- ☐ Ehrlichkeit bedeutet, den Partner nicht im Zweifel über Wichtiges oder auch Unwichtiges zu lassen. Die eigenen Handlungen und Reaktionen sollten für den anderen stets kalkulierbar und vorhersehbar sein. Andernfalls ist Verständnis im wahrsten Sinn des Wortes kaum möglich.
- ☐ Liebe als drittes Prinzip umfasst emotionale und erotische Zuneigung und muss „wach" gehalten werden. Dabei sind Sexualität und Körperkontakt, aber auch liebevolle Worte und Gesten „lebensnotwendig" für jede glückliche Beziehung.

Kinder und Heranwachsende

6 Grundsätze für eine verantwortungsbewusste Erziehung

Viel mit Kindern sprechen. Fachleute der UNESCO wiesen in einer Studie nach, dass Eltern in Deutschland zu wenig mit ihren Kindern sprechen. Das wirkt sich auf die Entwicklung von Sprache, Denken und Bewusstsein nachteilig aus. Denken Sie auch an die Vermittlung von Werten und Normen, die erklärt werden und über die mit Kindern diskutiert werden sollte.

Reduzieren Sie den Fernsehkonsum. Experten machen heute für zahlreiche Defizite in der Entwicklung von Kindern und Heranwachsenden einen zu hohen Fernsehkonsum verantwortlich. Dazu sagt die Internistin, Buchautorin und Moderatorin eines Gesundheitsmagazins im Hörfunk, Dr. Marianne Koch: „Kinder können bis zum achten Lebensjahr nicht unterscheiden, ob etwas gespielt oder real ist. Häufig sind die Ängste viel stärker, als dies Eltern bewusst ist, da die Kinder sie verschweigen.“ Die Expertin, früher selbst eine erfolgreiche und prominente Filmschauspielerin, rät deshalb rigoros: „Augen weg vom Fernseher! In den ersten drei Lebensjahren sollten Kinder vollständig vom Fernseher ferngehalten werden. Danach können Eltern zusammen mit ihrem Kind Tiervideos oder Geschichten anschauen, die das Kind bereits aus Büchern kennt. Später kommen Sendungen infrage, die Kindern die Welt erklären wie „Die Sendung mit der Maus“ oder „Willi will's wissen“. Eltern sollten nicht den Fehler begehen, auf den erzieherisch wertvollen Inhalt von „Kindersendungen“ zu vertrauen: Nach den Erkenntnissen von Manfred Spitzer, Psychiater, Psychologe und Hochschullehrer, kommen in fast 90 % aller vermeintlichen Kindersendungen Gewaltszenen vor.

Kein Terminstress für Kleinkinder. Eltern, die sich viel Zeit für ihre Kinder nehmen, verfallen manchmal aber auch ins andere Extrem und „verpassen“ ihren Kleinen einen Terminkalender, der kaum noch Zeit für eine natürliche kindliche Entwicklung lässt. So ist es wenig sinnvoll, Vier- und Fünfjährige bereits in ein wöchentliches Terminkorsett zu stecken, das aus Flöten- und Musikunterricht, Schwimmen und Sportgruppe, Basteln und Tanzen besteht. Die Expertin Dr. Marianne Koch meint dazu: „Ein Kind braucht sehr viel Zeit für sich selbst. Es

So geht's: **Wie Sie offen und fair mit Kindern sprechen**

Der Pädagoge, Soziologe und Familientherapeut Paul Suer berät Eltern, auf was sie in der Unterhaltung mit ihren Kindern achten sollten.

- ☐ Vermeiden Sie jegliche Form von Ironie oder Sarkasmus. Kinder können mit solchen Spielarten von Humor nicht nur nicht umgehen, sondern sie verstehen solche Sätze einfach nicht.
- ☐ Erweisen Sie sich gegenüber Ihrem Kind als klar und eindeutig. Selbst wenn Sie eigene Zweifel haben, machen Sie keinen Hehl daraus.
- ☐ Verwenden Sie keine paradoxen Botschaften. Achten Sie darauf, dass Ihre Aussagen mit Ihren nonverbalen Signalen übereinstimmen. Wenn Sie mit einem traurigen Gesicht zu Ihrem Kind sagen: „Schön, dass du da bist!" wird es vielleicht Schuldgefühle bekommen.
- ☐ Verordnen Sie keine Gefühlslagen. Wenn ein Kind über Schmerzen klagt, dann sind da tatsächlich Schmerzen. Allein schon deshalb, weil das Kind daran glaubt.

muss sich auch nach Herzenslust langweilen dürfen. Diese Langeweilephasen sind die kreativen Phasen. Dort kommen die besten Ideen, denn das Kind ist gezwungen, sich mit sich selbst zu beschäftigen."

Achten Sie auf gesunde Ernährung. Bereits 10 % der Sechsjährigen, die erstmals die Schule besuchen, sind in Deutschland zu dick! Andererseits hungern sich manche 14-jährige Mädchen beinahe zu Tode – das sind Hinweise darauf, dass bereits Kinder häufig ein gestörtes Körperbewusstsein haben. Die Ursache hierfür liegt meist weniger in den Erbanlagen als in Fehlern der Eltern: Schon Kleinkinder werden manchmal darauf trainiert, Schokoriegel und Colagetränke Obst und Gemüse vorzuziehen, weil das schnell satt und „zufrieden" macht. Und prägend wirkt es auch, wenn das Vorbild der Eltern und anderer Erwachsener schlecht ist, beispielsweise durch den häufigen oder gar regelmäßigen Verzehr von „Industrienahrung" (Fertigpizza, Schnell- und Billiggerichte, FastFood etc.). Kinder gewöhnen sich erschreckend schnell daran, chemische Geschmacksverstärker, künstliche Aromen und die damit häufig verbundenen Kalorienbomben selbst zubereiteter, gesunder und natürlicher Nahrung vorzuziehen: Das „Programm" fürs Dickwerden wurde gestartet! Achten Sie deshalb unbedingt auf eine ausgewogene Ernährung für Ihre Kinder, die aus viel Obst und Gemüse sowie Milchprodukten besteht und weitgehend auf Industrienahrung und Süßigkeiten verzichtet. Und gehen Sie mit gutem Beispiel voran: Das gilt sowohl für Ihre eigene Ernährung und Ihr Essverhalten, als auch für Ihren Konsum von Alkohol und Nikotin.

Verordnen Sie Bewegung. Die Keimzellen für das „Programm" zum späteren Dickwerden der Kinder werden schon im frühesten Kindesalter jedoch nicht nur durch falsche Ernährung angelegt. „Verordnen“ Sie Ihren Kindern ausreichend Bewegung an der frischen Luft: Kids, die täglich mehrere Stunden vor der TV-Mattscheibe, ihrem Computerbildschirm oder vor dem Gameboy hängen, werden es auch im späteren Leben schwer haben, eine vernünftige Einstellung zur Leistungsfähigkeit ihres Körpers zu entwickeln. Bereits sechs- bis zehnjährige Kinder verbringen nur noch eine Stunde in Bewegung. Das hat

GEHEIMWAFFE

Geduldig sein

Die größten Konfliktpotenziale entstehen in den allermeisten Familien während der Pubertät der Kinder. Alles, was früher fest und unumstößlich schien – die Rituale zwischen Eltern und Kindern, das Vertrauensverhältnis untereinander und ein harmonischer Umgang miteinander – steht plötzlich infrage. Die Eltern bekommen das Gefühl, keine große Rolle mehr im Leben ihrer Kinder zu spielen, deren Freunde rücken in den Vordergrund, und die Teenager gebärden sich launisch. Um diese unruhige Zeit durchzustehen, helfen lediglich drei Dinge: Geduld, Geduld, Geduld ...

der Sportprofessor Dr. Klaus Bös in einer Studie herausgefunden. Dabei ist Toben und Turnen, so der Experte, extrem wichtig für den kindlichen Körper: Zum einen müssen Kinder ihre Energie loswerden. Zum anderen sind kindliche Knochen anfangs noch sehr weich. Nur durch regelmäßige körperliche Belastung nimmt die Knochendichte zu und auch die Muskelmasse. Starke Muskeln wiederum schützen später vor Haltungsschäden. Und Kinder, die fit und gelenkig sind, haben weniger Unfälle.

Stärken Sie das Selbstbewusstsein. Ein weiterer wichtiger „Lebensbaustein“, den Sie Ihren Kindern mit auf den Weg geben sollten, ist ein Training des kindlichen Selbstbewusstseins. In dem sehr fundierten Handbuch zu Themen der Kindererziehung, Partnerschaft und Familienbildung „www.familienhandbuch.de“ raten Fachleute:

- Vertrauen Sie Ihrem Kind, indem Sie es nicht übermäßig behüten und einengen und ihm altersgemäße Freiräume gewähren.
- Heben Sie kleine Erfolge hervor, und greifen Sie Missgeschicke als Gelegenheiten auf, aus denen die Kinder etwas lernen können.
- Stärken Sie die Fähigkeit Ihres Kindes, für sich selbst Verantwortung zu übernehmen, indem es z. B. ein kaputtes Spielzeug im Kaufhaus selbst reklamiert.
- Sagen Sie zu Ihrem Kind ab und zu die Zauberformel: „Ich vertraue dir!“ Sie kann kleine Wunder bewirken.
- Lachen Sie Ihr Kind niemals aus oder verspotten es gar, wenn es etwas falsch gemacht hat. Es könnte ein Leben lang darunter leiden.
- Nehmen Sie die Meinung Ihres Kindes ernst, auch wenn Sie anderer Auffassung sind. Sätze, die mit „Findest du nicht auch ...?“ beginnen, sind ein guter Ansatz, um mit dem Kind im Gespräch zu bleiben.
- Fördern heißt auch fordern. Geben Sie nicht zu schnell auf, wenn Ihr Kind sich etwas nicht traut. Bewahren Sie Geduld, wenn es beispielsweise im Schwimmbad vor dem Sprung ins Wasser zögert. ◂

SO LERNEN KINDER *richtig* mit Geld umzugehen

Ausgaben für Handys sind z. B. eine Ursache dafür, dass heute bereits Jugendliche Schulden haben. Diese sieben Tipps von Carola Scharner, Beraterin für Schuldenprävention beim Katholischen Verein für soziale Dienste in Dortmund (SKM), helfen Eltern, mit ihren Kindern frühzeitig den verantwortungsbewussten Umgang mit Geld zu trainieren.

1 Kinder sollten erst ab dem Grundschulalter eigenes Geld bekommen. Vorher haben sie kein Zahlenverständnis. Sie erhalten ihr Taschengeld wöchentlich und dürfen sich davon kaufen, was sie wollen. Ab dem zehnten Lebensjahr sollte man das Geld monatlich auszahlen und einkalkulieren, dass es vor Monatsende ausgegeben ist. Dadurch lernen sie, dass sie sich ihr Geld einteilen müssen, dass sie sich nicht alle Wünsche erfüllen können und dass Geld nicht unbegrenzt zur Verfügung steht.

2 Wenn das Kind pleite ist, sollte auf keinen Fall Geld nachgeschossen, sondern bis zum nächsten Auszahlungstermin gewartet werden. In besonderen Fällen kann man eine Vorauszahlung geben, aber darauf bestehen, dass sie zurückgezahlt wird. Bei höheren Schulden (Handy-Schulden) sollte man einen Ratenzahlungsplan entwickeln, an den sich die Kinder halten müssen!

3 Kinder und Jugendliche können lernen, mit ihrem Taschengeld zu sparen und vorausschauend zu planen, um später Probleme im Umgang mit Geld zu vermeiden. Dabei sollten Eltern beratend zur Seite stehen und den Kindern realistische Sparziele vermitteln.

4 Besprechen Sie mit Ihrem Kind genau, wofür Sie aufkommen: die Mahlzeiten zu Hause und in der Schule, Hygieneartikel, Schulsachen, die nötige Kleidung, die Fahrtkosten zu abgesprochenen Freizeitaktivitäten sowie die Kosten für gelegentliche Extras und Veranstaltungen.

5 Eröffnen Sie mit Ihrem Kind ein Bankkonto auf seinen Namen. Dadurch trainiert es frühzeitig den Umgang mit Banken, lernt eher, finanziell vorausschauend zu planen, und weiß, „was geht – und was nicht“.

6 Durch einen Teilzeitjob lernen Teenager schnell den Zusammenhang zwischen Arbeitsleistung und verfügbarem Einkommen. Beraten Sie die Kinder dabei, ob der Job, z. B. das Austragen von Zeitungen, das Babysitten oder der Nachhilfeunterricht, angemessen bezahlt ist und ob die Arbeitsbedingungen stimmen.

7 Jugendliche können gelegentlich ganz schön fordernd sein, indem sie behaupten, dass die Eltern ihrer Freunde viel großzügiger seien. Halten Sie diesem Druckmittel stand, und erklären Sie Ihrem Teenager, weshalb Sie nicht von Ihrer Vereinbarung abweichen werden.

Familienleben ohne Stress

6 Geheimnisse für mehr Harmonie zu Hause

Stress in der Familie? Stress und seine Auswirkungen auf Körper und Seele zählen zu den heutigen Volkskrankheiten. Stress macht vielen Menschen indes nicht nur im Beruf zu schaffen, sondern gerade auch in der eigenen Familie. Wer sich das eingesteht, kann auch damit umgehen: Dazu hat die Erziehungsberaterin und „Nanny" des Österreichischen Fernsehens, Veronika Pinter, fünf wichtige Tipps für Eltern und Familienangehörige auf Lager.

Trainieren Sie Geduld. Wenn Eltern gestresst sind, überfordern sie leicht ihre Kinder. Man will Ruhe vor den Kindern haben, beaufsichtigt sie zu wenig oder ist gereizt und ungeduldig. Unter Stress reagieren Eltern häufig mit einem Wutausbruch auf Verhaltensweisen ihrer Kinder, die sie normalerweise nicht aufregen würden. Leicht werden die Kinder zu „Blitzableitern" für aufgestaute Aggressionen. Sie können sich nicht wehren gegen massive Kritik oder gar Tätlichkeiten. Versuchen Sie deshalb, möglichst gelassen auf das Verhalten von Kindern zu reagieren – gerade, wenn es schwerfällt.

Bauen Sie Spannungen in Ihrer Beziehung ab. Wenn die Beziehung der Eltern durch viele Spannungen und Konflikte belastet ist, kann Problemver-

WIE SIE OHNE PSYCHOTHERAPEUT ENTSPANNEN KÖNNEN BEI: Familienstress

Pflegebedürftige Eltern, Kinder in schwierigen Entwicklungsphasen, Partnerkonflikte: Vieles kann dazu beitragen, dass die liebe Familie zum Stressfaktor Nr. 1 wird. Diese Strategien helfen Ihnen, die Ruhe zu bewahren in unruhigen Zeiten:

- ☐ Denken Sie über hilfreiche Veränderungen in Ihrem Lebensstil nach, und überlegen Sie, wer Sie dabei unterstützen könnte.
- ☐ Versuchen Sie, gesund zu leben und sich in Form zu halten mit ausgewogener Ernährung und viel Bewegung.
- ☐ Identifizieren Sie störende Gedanken, die Ihren Stress nur vermehren, und ersetzen Sie diese durch optimistisch formulierte Gedanken über die jeweilige Situation.
- ☐ Motivieren und ermutigen Sie sich durch die Erinnerung an persönliche Erfolge, die Sie sich gezielt vor, am Anfang, während und nach einer stressigen Situation zur inneren Unterstützung ins Gedächtnis rufen können.
- ☐ Suchen Sie sich eine passende Entspannungstechnik aus (z. B. Sport, ein warmes Bad, Meditation, autogenes Training, Musik ...), die bei Ihnen wirksam ist, und wenden Sie diese an, wenn Sie angespannt sind.
- ☐ Versuchen Sie, jeden Tag ein wenig Zeit für sich selbst zu finden, in der Sie etwas tun, was Sie richtig genießen.

halten (Aggressionen, Angst, Depression) bei Kindern auftreten. Bedenken Sie, dass die Beziehung, die Sie Ihren Kindern vorleben, zum einen immer ein Vorbild ist und dass Sie zum anderen mit Ihrer Partnerbeziehung wesentlich die Atmosphäre zu Hause prägen.

Überfordern Sie sich nicht selbst. Eltern setzen sich unnötigem Stress aus, indem sie zu hohe Erwartungen an sich selbst stellen. Es ist zu viel verlangt, dass das Haus immer blitzblank ist, dass die Kinder sich stets gut benehmen, dass alles pünktlich erledigt wird und man immer „Ja" sagen kann, wenn jemand um Hilfe bittet. Halten Sie mit zu hohen Anforderungen an sich selbst spätestens dann inne, wenn sich die Warnsignale von Stress und Überlastung zeigen, z. B. in Form von Muskelverspannungen, Kopfschmerzen, Reizbarkeit, Schlafstörungen, Konzentrationsschwierigkeiten, Magenbeschwerden oder Durchfall, wiederholten Infektionen.

„Nein" sagen und delegieren. Stress kann ein Zeichen dafür sein, dass Sie einfach zu viel auf einmal tun wollen. Wenn dies der Fall ist, versuchen Sie, die Arbeitsbelastung zu verringern, Verantwortung im Haushalt und bei der Kinderbetreuung zu teilen und vor allem – zu lernen, auch einmal „Nein" zu sagen.

Positive Selbstbeeinflussung. Finden Sie beruhigende und selbstbestätigende Aussagen, mit denen Sie sich in Stresssituationen innerlich entspannen können, z. B.:

- Für jedes Problem gibt es eine Lösung. Was kann ich jetzt machen, um die Situation zu verändern?
- Ich bin nervös, das ist normal, und ich kann damit umgehen.
- Jeder macht Fehler.
- Ich entspanne mich und atme tief und bewusst ein und aus.
- Ich habe das Problem gelöst und fühle mich jetzt sehr viel besser.
- Nächstes Mal muss ich mir nicht so viele Sorgen machen. ◂

Das Schwiegermutter-Syndrom

Unfrieden und Streit entstehen in vielen Familien häufig durch ein schwieriges Verhältnis zwischen Schwiegermutter und Schwiegertochter. In der Sendereihe des Ersten Deutschen Fernsehens (ARD) „Kinder sind Zukunft" erklärt die Journalistin, Autorin und Familienexpertin Nathaly Parker, wie das „Schwiegermutter-Syndrom" gelöst werden kann.

TIPPS FÜR SCHWIEGERMÜTTER:

- ☐ Akzeptieren Sie die Entscheidung Ihres Sohnes, und nehmen Sie ihn als erwachsenen, autonomen Mann an. Seien Sie tolerant.
- ☐ Haben Sie Geduld – die junge Frau muss auch dazulernen dürfen. Einen Haushalt führen, Kinder erziehen usw. kann keine Frau von Anfang an „einfach so".
- ☐ Stehen Sie niemals unangemeldet bei dem jungen Paar vor der Tür – es gibt Handy und Telefon, um sich anzumelden.
- ☐ Seien Sie zurückhaltend mit Ratschlägen, aber signalisieren Sie auch Hilfsbereitschaft.
- ☐ Loben Sie auch mal die Schwiegertochter. Die junge Frau kann bestimmt vieles so gut wie Sie.

TIPPS FÜR SCHWIEGERTÖCHTER:

- ☐ Seien Sie respektvoll gegenüber der Schwiegermutter. Sie ist die Ältere, sie hat die älteren Rechte, es ist anzuerkennen, dass sie ihren Sohn mit viel Liebe großgezogen hat.
- ☐ Äußern Sie offen Wünsche und Grenzen, z. B.: „Ich möchte nicht, dass du so mit mir sprichst." Oder: „Ich möchte nicht, dass du so in die Erziehung eingreifst."
- ☐ Enthalten Sie den Schwiegereltern nicht die Enkel vor, weil Sie Ihre Kinder lieber zu Ihren eigenen Eltern bringen. Dann fühlen sich die Schwiegereltern sehr ausgeschlossen. Das vergiftet die Atmosphäre.

Großeltern und Enkel

6 altersgerechte Ratschläge zur Pflege einer ganz außergewöhnlichen Beziehung

Die Freiheit der Großeltern. Großeltern und Enkel haben oftmals ein sehr inniges Verhältnis, da Oma und Opa in aller Regel keine unmittelbaren Erziehungsaufgaben übernehmen müssen und ihr Verhalten zu den Kleinen deshalb häufig entspannter ist, als es im Fall der eigenen Kinder war. Zugleich wissen die Enkel, dass sie bei Oma und Opa mehr Freiheiten haben. Zu diesem Thema warten Anna Wahlgren, Autorin des Erziehungsratgebers „Das Kinderbuch", sowie der Wiener Familientherapeut Dr. Manfred Hofferer mit wertvollen Ratschlägen auf.

Zweijährige leben riskant. In diesem Alter lauern überall im Haushalt Gefahren. Großeltern sollten bedenken, dass sie nicht mehr geübt sind im Aufspüren und Erkennen möglicher Risiken für die Gesundheit der Kleinen. Der immer stärker werdende Bewegungsdrang muss berücksichtigt werden. Geachtet werden muss deshalb besonders auf:

- *Sturzgefahr* Fenster, Balkonbrüstungen, Treppen, kipplige Hocker und Stühle, Leitern
- *Verletzungsgefahr* Herd, Kamin, Wassereimer, Steckdosen, Kabel, herabhängende Tischdecken, schwere Gegenstände über der Kopfhöhe des Kindes, Kerzen, Messerhalter, Werkzeugkasten
- *Vergiftungsgefahr* Medikamentenschrank, Wasch- und Putzmittel.

Die Welt wird entdeckt. Die Kleinen sind große Energiebündel, alles muss ausprobiert werden, die zunehmend schärferen Sinne und das Verständnis der materiellen Umwelt produzieren Draufgänger, auf die man achten muss. Kuschelphasen wechseln schnell ab mit Zeiten, in denen die Durchsetzungsfähigkeit des eigenen Willens gegenüber dem von Erwachsenen trainiert wird. Großeltern sollten die Enkel in diesem Alter keinesfalls überfordern, sondern mit ihnen spielen, ohne unnötigen Leistungsdruck zu produzieren. Es handelt sich immer noch um Kleinkinder, die gelobt und gefördert werden wollen. Das gilt besonders für die Sprachentwicklung, die mit Geduld und einfühlendem Korrigieren erheblich unterstützt werden kann.
Zu schaffen machen Großeltern manchmal unvermittelte Wutausbrüche der Kinder. Dr. Manfred Hofferer interpretiert solche trotzgeladenen Eruptionen als Panikreaktionen, weil die intuitiven Vorhaben und Wünsche von Kindern beschnitten werden. Da hilft nur Reden, Argumentieren und Erklären – und auch selbst einmal eine ärgerliche Reaktion auf Wutausbrüche der Enkel. Das macht Oma und Opa glaubwürdig – aber strafen Sie niemals unlogisch und ohne Vorwarnung.

Fünfjährige: wissbegierig und unternehmungslustig. Fünfjährige Enkel sind in der Regel umgängliche Menschen: ausgeglichen, zufrieden mit sich und der Welt, hilfsbereit, tüchtig, nachdenklich und vernünftig. Ihr wichtigstes Bestreben ist es, gelobt zu werden und zu gefallen. Auf der anderen Seite fallen einige Eigenheiten auf, die kräftig nerven können, die auf ihre Art aber auch liebenswert sind. Hier einige entwicklungstypische Verhaltensweisen:

- *Warum, warum, warum?* Die ewige Warum-Fragerei kann ganz schön nervenaufreibend sein. Tun Sie als Oma oder Opa deshalb nicht so, als wären Sie allwissend, auch wenn Sie aus dem Blickwinkel von Fünfjährigen „verdammt" viel wissen und geduldig erklären können.

- *Hoppla, jetzt komm ich!* Fünfjährige stecken ihr Gebiet ab, gründen Geheimverstecke und verlustieren sich in selbst gebauten Höhlen. Ihr wachsendes Ich-Bewusstsein zeigt sich in der Entwicklung eines eigenen Geschmacks, beispielsweise in der Auswahl von Kleidungsstücken. Dies gilt es zu respektieren und nicht zu kritisieren.

- *Ich habe Angst!* Die Äußerung von Ängsten und Panikreaktionen schockieren manche Großeltern. Ängste um das Leben der Eltern und Großeltern, vor großen Tieren und/oder Katastrophen oder vor dem eigenen Tod, ausgelöst durch eigene Gedanken oder durch Fernsehfilme, sind Bestandteil der Entwicklung und münden in aller Regel wieder in ruhigere Bahnen. Lassen Sie Ihre Enkel damit jedoch niemals alleine, sondern sprechen Sie darüber – und vor allem: Lachen Sie Kinder niemals aus, und versuchen Sie nicht, sie „abzuhärten".

- *Ich bin der Stärkste!* Normal in der Entwicklung von Fünfjährigen ist auch, dass sie jetzt eine starke Neigung zu Kraftmeierei, Angeberei und zum Selbstlob demonstrieren. Alles wird zum Wettbewerb, und fast alle Spiele werden mit Übermut ausgetragen. Hier können Korrektur und Anerkennung mit Maß manchmal nützlicher als Kritik sein!

- *Ich lüge nicht.* Und ob! Fünfjährige nehmen es mit der Wahrheit oft noch nicht so genau, weil sie manchmal noch unsicher in der Bedeutung der Wahrheit sind. Großeltern können hier oft helfend eingreifen und Enkeln deutlich vor Augen führen, dass außer den Kindern selbst niemand an Flunkereien glaubt und diese zum eigenen Nachteil sind.

Sechs Jahre – Zeit des Aufbruchs. Nach der Beobachtung von Anna Wahlgren ist das sechste Lebensjahr von Kindern kein harmonisches Alter, sondern ist vielmehr von innerer Zerrissenheit geprägt. Dabei sieht die Autorin Parallelen zum Trotzalter und zur Pubertät: Es geht um das Streben nach Weiterentwicklung und innerer Unabhängigkeit. Der Preis hierfür ist hoch, da sich das Kind allmählich aus der Geborgenheit der Familie löst. Nach und nach werden gleichaltrige Freunde und andere Menschen wichtiger – der Schuleintritt fördert diese Orientierung nach außen.

Die richtigen Antworten werden schwieriger. Mit sieben Jahren steigt die intellektuelle Kapazität der Kinder: Probleme der Zeit wie Umweltskandale, Krieg und Terror, inspiriert von Bildern aus dem Fernsehen, werfen Grundsatzfragen auf, die nach Antworten verlangen. Großeltern können helfen, die daraus entstehenden Unsicherheiten zu überwinden, indem sie konsequent Maßstäbe für soziales Verhalten setzen. Sie sollten auch Nachlässigkeiten der Enkel nicht übersehen: Normen und Regeln im Umgang wie gegenseitige Rücksichtnahme, Höflichkeit und Hilfsbereitschaft sind einzuhalten! Dass man dabei mit liebevoller Anleitung weiter kommt als mit „preußischem Drill", versteht sich wohl von selbst. ◂

Haustiere machen glücklich(er)

6 wichtige Fragen vor der Anschaffung eines tierischen Mitbewohners

Zum Liebhaben und Lernen. Kinder, in deren Haushalt Tiere leben, neigen weniger zu Aggressionen und Depressionen und lernen, Verantwortung zu übernehmen. Gleichwohl sollte sich jeder Erwachsene überlegen, ob seine persönlichen Verhältnisse für ein Haustier geeignet sind. Ist die ganze Familie mit der Anschaffung eines Haustiers einverstanden? Sind sich alle einig, welches Tier am ehesten infrage kommt? Wer übernimmt Pflege und Betreuung eines Haustiers, falls die Kinder die Lust daran verlieren?

Ist der Hauswirt einverstanden? Haben Sie sich erkundigt, ob Sie als Mieter das Haustier, das Sie sich zulegen wollen, auch in Ihrer Wohnung halten dürfen? Prüfen Sie dazu zunächst Ihren Mietvertrag: Ihr Vermieter kann die Haltung von Katzen und Hunden ausschließen; kleinere Tiere hingegen, wie Fische, Vögel und Nagetiere, muss er gestatten.

Ist artgerechte Haltung möglich? Beispielsweise sollten Sie darauf verzichten, sich bei einer kleinen Zwei-Zimmer-Wohnung in der sechsten Etage eines Mietshauses einen großen Hund zuzulegen. Bedenken Sie: Auch Tiere haben Bedürfnisse – nach Auslauf und ausreichendem Platz.

Die Folgekosten bedenken. Denken Sie an Rechnungen vom Tierarzt für Schutzimpfungen, medizinische Untersuchungen und an die eventuell erforderliche Kastration des Haustiers (Katze und Hund), an die Hundesteuer und andere Abgaben, an Ausgaben für Futter und Spielzeuge etc.

Wer versorgt das Tier im Urlaub? Haben Sie für den Fall Ihrer Abwesenheit eine geeignete „Vertretung" – ein Familienmitglied, einen Mitbewohner, Nachbarn oder Freund, der sich um Ihr Haustier kümmert? Oder kommt eine Hunde- oder Katzenpension in der Nähe Ihres Wohnorts für die Unterbringung infrage?

Allergien vorher ausschließen. Lassen Sie vor der Anschaffung eines Haustiers die Allergieanfälligkeit der Familienmitglieder testen. Berücksichtigen Sie dabei auch, dass Kinder nicht nur auf Tierhaare, sondern heute häufig auch allergisch auf Gräser reagieren können, aus denen die Nahrung von vielen Nagetieren besteht! ◂

WELCHES *Tier* passt zu Ihnen?

Hund oder Katze? Für viele Menschen keine Frage: Sie wissen ganz genau, welche Spezies sie bevorzugen. Oft beruht diese Entschiedenheit aber nur auf Vorurteilen. So kann die sprichwörtliche „Treue" von Hunden je nach persönlichem Lebensstil ziemlich lästig werden - und umgekehrt der „Individualismus" der Katze sich als nervtötender Eigensinn entpuppen.

Hunde

Hunde sind in der Regel die „treuesten" Gefährten der Menschen. Als der Zwei- den Vierbeiner in grauer Vorzeit domestizierte und zu seinem Jagdgenossen machte, hat er über viele Generationen das Wölfische aus dem Tier herausgezüchtet und seine Anhänglichkeit an den Menschen gezielt gesteigert. Der Hund hat gelernt, den Menschen als „Rudelführer" und „Herrn" zu akzeptieren, ist in der Regel bedingungslos auf diesen fixiert und wird schnell zu einem vollwertigen Familienmitglied. Dieser Anlagen des Hundes sollte sich jeder bewusst sein, da das Tier nicht nur „gibt" - Zuneigung und Zärtlichkeit -, sondern auch fordert und „nimmt" - Aufmerksamkeit, Pflege und Sorge. Dazu gehört vor allem die Bereitschaft des Menschen, seinen Hund regelmäßig auszuführen, und zwar bei Wind und Wetter: Da gibt es kein Pardon!

Darüber hinaus neigen viele Hunde dazu, je nach Größe und Rasse, zu haaren und die Wohnung mal mehr und mal weniger zu verschmutzen. Welpen können sich als „Racker" entpuppen und in ihrem Zustand als Halbstarke Teppiche und Designerschuhe lustvoll in ihre Einzelteile zerlegen.

Vergessen darf man als Hundebesitzer auch nicht, dass die Tiere zwischen zehn und mehr als 15 Jahre alt werden können.

Überdies muss darauf geachtet werden, falls Kinder im Haushalt sind, ob der jeweilige Hund auch „kindgerecht" ist. In diesem Fall sollte auf die Anschaffung von Rottweilern, Dobermännern und selbstverständlich von Pitbulls und Kampfhunden jeder Art verzichtet werden.

Katzen

Die Individualisten unter den Haustieren! Eine Katze hat Charakter, heißt es - und das trifft immer zu. Die meisten Katzen sind pflegeleicht zu halten und genießen es, ihre eigenen Wege zu gehen. Dabei ist nicht unbedingt ein Garten oder ein Auslauf erforderlich. Auch in der Wohnung fühlen sich Katzen wohl - allerdings nicht als Einzeltiere wie der Hund, da der Mensch einen Artgenossen nicht wirklich ersetzen kann, obwohl es auch Samtpföter gibt, die ein inniges und zärtliches Verhältnis zu ihren menschlichen Besitzern entwickeln. Einsame Stubentiger jedenfalls sind zu bedauern und neigen zu Krankheiten und neurotischen Verhaltensweisen.

Wohnungskatzen benötigen darüber hinaus einige notwendige Anschaffungen und Annehmlichkeiten wie eine stets saubere Toilette mit ausreichend Katzenstreu, einen Kratzbaum zum Toben und zum Markieren ihrer Duftnoten, Höhlen zum Verstecken und einen sonnigen Platz auf dem Fensterbrett. Auch wichtig: Spiel- und Schmusestunden mit ihren Menschen und allerlei Spielzeug, damit keine Langeweile aufkommt und sie sich nicht an Vorhängen, Möbeln oder der Kleidung von Herrchen und Frauchen austoben.

Noch ein krankheitsvorbeugenderTipp, der Ihnen im Laufe der Zeit so manche Tierarztrechnung ersparen wird: Gewöhnen Sie Ihr junges Kätzchen beizeiten ans Zähneputzen. Berühren Sie dazu beim Schmusen oft Maul und Zähne des Tieres. Für die ersten Putzversuche benetzen Sie die Bürste z. B. mit Öl aus einer Thunfischdose - und zum Abschluss die Belohnung nicht vergessen!

Beziehungen und „Verhältnisse"

8 sensible Wege zu dauerhaftem Glück

Die eigenen Bedürfnisse erkennen. Lassen Sie sich nicht vereinnahmen von der durch die Medien transportierten Ansicht, eine Beziehung habe vor allem Spaß- und Unterhaltungsfaktor zu sein, rät Familientherapeut Dr. Dr. Herbert Mück. Nicht nur die Promis in der schillernden Medienwelt wechseln ihre jeweiligen „Lebenspartner" oft so schnell wie die eigene Kleidung. Auf der Jagd nach dem schnellen privaten Glück geht es häufig lediglich um die Wiederholung der aufregenden ersten Verliebtheitsphase. Was erwarten Sie wirklich von einem Partner? Grundlegende menschliche Qualitäten wie Beständigkeit, Loyalität, Geduld und „Füreinander-Einstehen" können Sie nur erwarten, wenn Sie selbst dazu bereit sind.

Nehmen Sie sich Zeit. Ein schneller Wechsel von Beziehungen mag zwar dem Bedürfnis nach Bestätigung beim anderen Geschlecht nachkommen, befriedigend auf Dauer ist er jedoch nicht. Denn jedes neue Kennenlernen kostet Kraft und Substanz, und die Energie, die im übertragenen Sinne dafür aufgewendet wurde, kommt bei wiederholtem schnellem Wechsel zum nächsten Partner nicht mehr zurück. Zurück bleibt irgendwann nur der schale Geschmack, „es nie so richtig hingekriegt" zu haben. Menschen können sich in einer liebevollen Beziehung unendlich viel geben. Wirkliche Nähe und Vertrauen brauchen aber Ruhe und Geduld, um zu wachsen. Lassen Sie sich bei einer neuen Liebe deshalb Zeit, und geben Sie ihr die Chance, sich zu entwickeln.

Lassen Sie sich ein. Der innere Zweck einer menschlichen Beziehung besteht nicht nur in der Befriedigung sexueller und erotischer Bedürfnisse oder im Erhalt von Selbstbestätigung durch das andere Geschlecht, sondern im befruchtenden Austausch zweier Persönlichkeiten, verschiedener Charaktereigenschaften und Erfahrungen. Da treffen plötzlich zwei Menschen aufeinander, die aus verschiedenen Familiensträngen und unterschiedlichen Lebenswelten stammen, und machen „gemeinsame Sache". Dadurch kann das Leben reicher, interessanter und vielschichtiger werden, da mit einem Mal die Freunde und Beziehungen, also der Kreis des Partners, zur eigenen Welt hinzukommen. Dieser Chance sollten wir offen und unverstellt begegnen und uns darauf einlassen.

Seien Sie neugierig. Leben heißt lernen. Nur wer lernt, entwickelt sich weiter und bleibt nicht stehen. Für eine Beziehung kann das bedeuten, dass gemeinsam die Freude und die Lust am Leben geteilt werden und/oder auch, dass gemeinsam Probleme bewältigt werden. Dadurch entsteht eine gemeinsame Basis, die sehr stabil sein kann und dem Einzelnen Rückhalt, mehr Selbstvertrauen und Zuversicht vermittelt. Voraussetzung hierfür allerdings ist ein gewisses Maß an Neugier: Wie geht der andere mit dieser oder jener Frage und Herausforderung um? Wie beurteilt er eine bestimmte Lebenslage, was rät er, wie verhält er sich?

Vertrauen Sie, und geben Sie Vertrauen. Ohne Vertrauen kann keine Beziehung auf Dauer existieren. Dabei geht es niemals darum, „blind" zu vertrauen, sondern um die Gewährung eines Vertrauensvorschusses, der dem jeweils anderen Freiheiten lässt, die er benötigt, um sich in einer Beziehung wohlzufühlen und immer wieder zu seiner „Basis" zurückzukehren. Menschen, die aufgrund schlechter Erfahrungen kaum oder nur noch mit Mühe vertrauen können, machen es dem anderen unmöglich, wirkliche Liebe aufzubauen. Ohne Vertrauen kann es keine Liebe geben, da (auch unausgesprochenes) Misstrauen dazu führt, dass sich der Partner missverstanden und „nicht richtig angenommen" fühlt. Außerdem kann er sich nach und nach verunsichert fühlen und gar Ängste entwickeln. Angst aber ist immer ein schlechter Ratgeber und verstärkt nicht die besten, sondern die schwächsten Seiten des Charakters.

Zeigen Sie Respekt. Liebe hat auch mit Respekt zu tun: mit der Akzeptanz von Ansichten und Urteilen des Partners, mit seiner Art, die Welt zu sehen

GEHEIMWAFFE

Enttäuschende Täuschung

Auf der Website www.sinnvolles.de/liebes-tipps.htm rät der Familientherapeut Dr. Dr. med. Herbert Mück überdies, keine Angst vor Enttäuschungen zu haben. Enttäuschungen helfen nämlich dabei, eigene Täuschungen loszuwerden! Unsinn? Nein, denn Enttäuschungen entstehen oftmals durch übersteigerte Erwartungen, die ein Partner dem anderen – meist in der Phase der ersten heißen und „kopflosen" Verliebtheit – überstülpt. Dabei sind wir nicht selten mehr in unsere eigenen Erwartungen als in den anderen Menschen und seine äußeren und inneren Eigenschaften verliebt. Enttäuschungen helfen also dabei, eine tiefere und „eigentliche" Liebe zu entwickeln, weil sie die Verliebtheit in die eigenen Erwartungen und Vorstellungen lösen.

und Dinge zu regeln, mit seinen angenehmen und vielleicht nicht so angenehmen Eigenschaften und Eigenheiten. Deshalb sollten Sie Toleranz trainieren und nicht nur immer die eigenen Ansichten und Urteile, die eigenen Charakterzüge und Eigenschaften „für gut befinden". In einer toleranten und liebevollen Beziehung hat Ihr Partner das gleiche Recht wie Sie, und der Versuch, ihn nach Ihrem Wunsch „umzumodeln" geht zwangsläufig schief. Dabei hat Respekt auch mit Höflichkeit und Zurückhaltung zu tun – besonders in Situationen, in denen sich Ihr Partner etwas schwertut.

Bleiben Sie immer im Gespräch. „Wer miteinander redet, greift nicht nach den Waffen", heißt ein altes Sprichwort. Darüber hinaus ist die Kommunikation neben Liebe, Toleranz und Respekt füreinander eine wesentliche Grundlage für jede gute zwischenmenschliche Beziehung. Das bedeutet nicht, dass die Kommunikation nicht kontrovers sein darf – im Gegenteil: Jede Form des menschlichen Zusammenlebens erfordert es, dass Rollen definiert und dass unterschiedliche Meinungen kontrovers „ausgehandelt" werden. Das muss nicht zwangsläufig in Streit ausarten; vielmehr geht es darum, eine „Streitkultur" zu entwickeln, die immer am Ergebnis orientiert ist und die es beiden Partnern ermöglicht, abwechselnd eigene Wünsche klar und deutlich zu formulieren und in der Debatte miteinander durchzusetzen. Wesentlich dabei ist, dass keiner das Gesicht verliert und als Person infrage gestellt wird. Wichtig ist die Einsicht, dass Paare, die nicht mehr miteinander sprechen – etwa, weil ein Partner das Gefühl hat, „ohnehin nur aufzulaufen" und auf Unverständnis zu stoßen, eigentlich keine richtige Beziehung mehr leben. Wer nicht mehr miteinander spricht, teilt sich und seine Welt nicht mehr dem anderen mit; er verschließt sich und baut so in seinem Inneren kontinuierlich einen Vorbehalt auf, der irgendwann dann nur in der Auflösung der Beziehung enden kann.

Pflegen Sie Gemeinsamkeiten. Die Paare sind Legion, die vor der so genannten Familienphase, in der gemeinsame Kinder zur Welt kommen, glücklich und zufrieden waren – und nach der Geburt ihrer Kinder sich plötzlich oder über einen relativ kurzen Zeitraum hinweg voneinander entfernen. Mit einem Mal ist alles anders: Das Kind oder die Kinder stehen mit ihren Bedürfnissen im Mittelpunkt, fordern Zeit und Zuwendung und oft die ganze Aufmerksamkeit, die die Erwachsenen nach einem stressigen Berufsalltag geben können. Deshalb ist es wichtig, für Gemeinsamkeiten zu sorgen, etwa für gemeinsame „Auszeiten", die die Pflege der Beziehung ermöglichen und wieder bewusst machen, dass die Quelle des eigenen Wohlgefühls die Paarbeziehung ist und aufrechterhalten werden muss. Hier können Rituale, wie die Festlegung eines gemeinsam verbrachten Abends, an dem ein Babysitter engagiert wird oder die Kinder zu den Großeltern gefahren werden, sehr nützlich sein. Ein Kinobesuch, ein Essen, ein Ausflug oder auch nur ein ruhiger Abend zu Hause lässt Kräfte zurückkehren und unterstützt beide Partner dabei, einmal gemeinsam aus der familiären „Tretmühle" herauszukommen. <I

Online-Dating

8 Tipps für die Kunst, den richtigen Partner im Netz zu finden

Einfacher denn je – die diskrete Umschau. Das Arrangement eines Treffens mit einem potenziellen Partner heißt heute neudeutsch „Dating". Dabei läuft die Kontaktanbahnung zum gegenseitigen Kennenlernen nicht nur wie in früheren Zeiten – Mann oder Frau geht zum Tanzen, mit Freunden zu einem Schwatz ins Café, wo man die Blicke über die Tische schweifen lassen kann und gesehen wird, oder man fährt in den Urlaub, wo die Atmosphäre alltagssorgenfrei knistert. Mancher Flirt findet zunächst im Internet statt: Man trifft sich in Chatrooms und neckt die/den Unbekannte/n ein wenig mit Anspielungen und doppeldeutigen Worten, oder man nimmt gleich das Dienstleistungsangebot einer Kontaktplattform an, die meist Tausende von Profilen in Wort und Bild offeriert, die man in Ruhe betrachten kann. Doch Vorsicht: Man kann auch kräftig auf die Nase fallen. Im Weiteren erfahren Sie, wie Sie das vermeiden können.

Erwarten Sie keine Wunder. Schrauben Sie Ihre Erwartungen nicht von Anfang an derart hoch, dass Sie zwangsläufig enttäuscht werden müssen, wenn Sie den virtuellen Raum verlassen und sich von Angesicht zu Angesicht gegenüberstehen.

Vorsicht, Falle! Denken Sie vor allem an das wahre Sprichwort: „Nicht alles ist Gold, was glänzt." Das weltweite Netz strotzt vor sogenannten „Fakes", Bildern und Informationen also, die nichts mit der Realität zu tun haben. Falls Ihnen als Mann in den besten Jahren also ein 19-jähriges Model mit Engelsgesicht und Traummaßen zugeneigt zu sein scheint, dann verlieren Sie nicht gleich den Kopf. Eventuell steckt hinter dem attraktiven Bild, das Ihnen flugs aus dem Chatroom gemailt wird, ein ebenso mittelalterlicher Herr, der sein Geld unter anderem damit verdient, sehnsüchtige Geschlechtsgenossen nett zu „unterhalten", um sie zu einer kostenpflichtigen Mitgliedschaft bei dem Kontaktanbieter zu veranlassen. Alles schon passiert!

Schützen Sie Ihre Privatsphäre. Vermeiden Sie es, zu früh und ohne Not Privates von sich preiszugeben, also Telefonnummern, Postanschriften oder persönliche Informationen und Angaben, beispielsweise über den Beruf oder den Arbeitgeber. Lassen Sie sich Zeit, und entwickeln Sie die Kommunikation. Irgendwann kommt der Punkt, an dem Ihr Bauchgefühl Ihnen sagt: „Okay, ich gehe weiter – oder ich lasse es einfach."

Die Angebote sind vielfältig. Die Auswahl der jeweiligen Kontaktplattform bleibt Ihnen selbst überlassen. Das weltweite Netz bietet alles: Kontakte für Teenies, Singles und Senioren, wie z. B. www.feierabend.de. Dabei unterscheiden sich die Angebote erheblich nach ihrem jeweiligen Niveau und reichen von seriösen Offerten, die wie z. B. www.parship.de ihre Profile mit relativ hohen Eintritts- und Vermittlungsgebühren schützen und so von vornherein für ein durchschnittlich hohes und ernsthaftes Niveau der suchenden Damen und Herren sorgen, bis zu Kontaktplattformen, die vor allem die schönste Nebensache der Welt mit all ihren Spiel-

So geht's: 3 wichtige Hinweise für Ihre Sicherheit

- ☐ Schützen Sie Ihre Identität im Internet. Geben Sie nur so viel von sich preis, wie wirklich erforderlich ist.
- ☐ Geben Sie Kreditkarteninformationen und ähnlich sensible Daten nur dann heraus, wenn Sie Zahlungen auf gesicherten Servern mit speziellen Protokollen ausführen können. Diese erkennen Sie am Buchstaben „s" hinter dem Internetprotokoll „http" in der Adressleiste des Anbieters. Lesen Sie dazu auch zunächst die allgemeinen Geschäftsbedingungen des Dienstleisters.
- ☐ Drucken Sie Anmeldeformulare und Zahlungsnachweise grundsätzlich aus, um im Falle einer Reklamation oder des Regresses einen schriftlichen Nachweis zu haben.

arten im Blick haben. Hier gilt der Ratschlag, sich zunächst genau zu überlegen, was man will bzw. sucht. Vor Enttäuschungen ist man sonst kaum gefeit.

Lügen haben kurze Beine ... Wenn es wirklich zu einem realen Treffen kommen soll, dann sollten Sie bereits zuvor bedenken, dass Ihre Informationen, die Sie von sich preisgegeben haben, nun überprüft werden können. Wenn Sie also lediglich 1,70 Meter messen, Ihre Körpergröße aber mit 1,90 Meter angegeben haben ... Seien Sie deshalb von Anfang an ehrlich – wenn Sie es ernst meinen.

Fragen Sie gezielt. Wirklich leichter macht das Internet das Kennenlernen nicht. Der erste Kontakt, bei dem es „blitzt", körperliche Signale, ein Gesichtsausdruck oder eine Geste, die den anderen fesselt und zum Sich-Verlieben führen, werden bei der Kontaktanbahnung am Computer durch ein relativ unromantisches Geschäft auf Gegenseitigkeit ersetzt: „Ich suche – und du bietest ..." Ob Sie die andere Person, mit der Sie virtuell geflirtet haben, auch sprichwörtlich „riechen" können – das stellt sich erst im richtigen Leben heraus. Die fehlende Realität „zum Anfassen" gilt es deshalb zu ersetzen: mit Fragen und Antworten und einer möglichst fantasievollen Kommunikation. Erzählen Sie nach einer gewissen Frist zum Schutz der eigenen Identität von sich, von Ihrer Sicht der Welt und Lebensposition, und Sie werden nach kurzer Zeit bemerken, ob Sie und Ihr Internetflirt sich wirklich näherkommen.

Warnen Sie Ihre Kinder. Wichtig für die Eltern von Teenagern ist es, darauf zu achten, was die Kinder im Internet so treiben. Leider ist es in den vergangenen Jahren immer wieder passiert, dass pädophil orientierte Erwachsene Chatrooms für Teenager nutzen, um nach und nach eine Vertrauensbasis herzustellen und ein wirkliches Treffen zu arrangieren. Um dieses Risiko möglichst gering zu halten, ist ein Vertrauensverhältnis zu den Kindern wichtig: Sprechen Sie mit ihnen ruhig und sachlich darüber, und erklären Sie, wo versteckte Gefahren lauern, die Heranwachsende selten richtig einschätzen können. ◂

Hochzeitsplaner

Wie Sie in 5 Etappen eine Trauung umsichtig planen und das Ereignis perfekt vorbereiten

Heiraten – eine organisatorische Großtat. Ihr Sohn/Ihre Tochter möchte heiraten? Oder Sie selbst wollen den Schritt zum Traualtar wagen? Dann stellen Sie sich darauf ein, dass eine Menge an Organisation, an Abstimmung von Terminen, an Laufereien zu Behörden und einiges an Papierkram auf Sie zukommt. Dabei hat sich vor allem bewährt: ein gut strukturierter Zeitplan. Die folgenden Tipps, wie Sie ohne Stress „unter die Haube" kommen, verraten die Hochzeitsexperten der Website www.tour-disco.de.

12 bis 9 Monate vor der Hochzeit.

- Legen Sie den Termin der Trauung fest. Denken Sie schon jetzt daran, dass es Termine gibt, an denen viele Menschen heiraten möchten. Dazu gehören das letzte Aprilwochenende, alle Maiwochenenden, das erste Juniwochenende, alle Augustsamstage und schließlich die ersten beiden Septemberwochenenden. Sie wollen an diesem wichtigen Tag ja wohl nicht mit anderen Bräuten und ihren Gatten und den dazugehörigen Angehörigen im Standesamt in der Schlange stehen und das Gefühl einer Massenabfertigung mit in die Ehe nehmen. Deshalb gilt es, sich so früh wie möglich anzumelden und am besten den ersten Termin am Morgen oder Vormittag zu buchen.
- Wenn der Termin beim Standesamt steht, dann fragen Sie auch gleich nach den erforderlichen Dokumenten und Unterlagen (Geburtsurkunde, Personal- und Ausweispapiere etc.), die Sie beibringen müssen. Dasselbe gilt für die Kirche, falls Sie auch kirchlich heiraten möchten.
- Denken Sie auch daran, zu einem möglichst frühen Zeitpunkt die Trauzeugen zu wählen und sie einzuweihen. Auch Trauzeugen haben Termine und müssen planen – das gilt natürlich auch für die wichtigsten Gäste bei Ihrer Hochzeit.
- Dann machen Sie sich auch darüber Gedanken, ob Sie eher traditionell oder eher „locker" heiraten möchten. Warum das wichtig ist? Weil der Kostenplan, den Sie nun ebenso ins Auge fassen sollten, davon abhängt. Eine traditionelle Hochzeit ist meist teurer, da sie Bräuche miteinschließt,

die Geld kosten: die Fahrt in einem tollen (häufig geliehenen) Luxusauto oder gar in einer Hochzeitskutsche zum Standesamt oder zur Kirche, die Kleidung der Brautleute (Kleid für die Braut, Smoking oder Anzug für den Bräutigam), Blumenkinder, regionale Bräuche wie der „Hochzeitslader" in Süddeutschland, ein aufwendiges und teures Hochzeitsmahl etc. „Locker" zu heiraten und eventuell auf eine große Einladung und Bewirtung zu verzichten, kann preiswerter sein. Von der Frage „traditionell oder unkonventionell" hängt natürlich überdies auch die Zahl der Gäste ab, die Sie einplanen. Junge Paare sollten darüber beizeiten mit ihren Eltern und den künftigen Schwiegereltern sprechen. Häufig haben diese ihre eigenen Vorstellungen für eine „richtige Hochzeit" für ihr Kind. Da der große Tag harmonisch sein soll, ist es deshalb ratsam, die Eltern früh in die Planung miteinzubeziehen.

- Sehr wichtig und keinesfalls zu vernachlässigen sind alle rechtlichen Fragen, die Sie frühzeitig ansprechen und klären sollten. Planen Sie beispielsweise einen Ehevertrag mit Gütertrennung? Dann müssen Sie sich beizeiten informieren sowie einen Termin bei einem Notar oder Rechtsanwalt beantragen.

- Überprüfen Sie schließlich Ihre Versicherungen und die Ihres Partners bzw. Ihrer Partnerin. Häufig ist jeder gegen dieselben Risiken versichert (Hausrat, Haftpflicht, Rechtsschutz etc.), und viele Policen liegen jetzt doppelt vor. Hier kann Geld gespart werden, wenn Sie sich rechtzeitig über die möglichen Kündigungstermine informieren.

9 Monate vor der Hochzeit

- Sie buchen das Restaurant und/oder den Veranstaltungsort, an dem die Feier stattfinden soll. Denken Sie daran, die Buchung nicht zu spät zu tätigen, denn vorzügliche Lokalitäten mit gutem Essen, angenehmer Atmosphäre und perfektem Service fallen nicht nur Ihnen auf und sind schneller ausgebucht, als Sie denken.

- Gehen Sie jetzt auch schon an die Auswahl des Brautkleids. Eventuell kostet es Zeit, das richtige Outfit zu finden, vielleicht muss es geändert und angepasst werden.

- Denken Sie auch frühzeitig an die Festlegung weiterer organisatorischer Details wie die Auswahl eines Fotografen, die Buchung einer Tanzkapelle, die Entscheidung für ein Auto oder für eine Kutsche.

- Vorausschauend ist es auch, sich bald Gedanken über die schriftliche Einladung zu Ihrer Hochzeit zu machen. In welcher Form wollen Sie dazu einladen? Mit einer einfachen Postkarte oder mit einer gedruckten Einladung in schöner Gestaltung? Auch dies kostet und sollte deshalb frühzeitig mit einer Druckerei oder einem Designstudio besprochen und ausgehandelt werden. Geschickt ist es überdies, die Gäste schon möglichst vier bis fünf Monate zuvor zum großen Tag einzuladen, damit diese langfristig planen können.

3 Monate vor der Hochzeit

- Klug ist es, spätestens jetzt zusätzlich zu einer Erinnerung an den bevorstehenden Hochzeitstermin eine Liste der erwünschten Geschenke abzuschicken. Keine Angst, das kommt nicht „komisch" an; jeder wird verstehen, dass Dopplungen auf dem

Gabentisch vermieden werden sollten. Ein guter Tipp ist hier, sich in einem Geschäft einen sogenannten „Hochzeitsgabentisch“ einrichten zu lassen. Dort können alle Interessenten sehen, was schon als Geschenk verplant ist und was noch fehlt.

- Legen Sie in Absprache mit dem Restaurant die Speisenfolge genau fest. Machen Sie eventuell sogar ein „Probeessen“ der Hauptspeisen.
- Planen Sie alle organisatorischen Details der Hochzeitsfeier: Wer möchte wann eine Tischrede halten? Planen Freunde Einlagen und Sketche?
- Vereinbaren Sie einen Friseurtermin; in aller Regel wird die Frisur einige Tage vorher geschnitten, am Hochzeitstag selbst wird die Braut noch einmal frisiert. Sind Brautkleid und Anzug fertig, oder müssen noch Änderungen vorgenommen werden? Nicht zuletzt: Haben Sie Trauringe ausgewählt und anpassen lassen?
- Checken Sie nun noch einmal, ob das Standesamt und/oder die Kirche Ihren Hochzeitstermin bestätigt und fest eingebucht hat. Besprechen Sie die Details der Zeremonie mit dem Standesbeamten und gegebenenfalls mit dem Pfarrer.
- Erwarten Sie Gäste von außerhalb, die nicht unmittelbar nach der Feier wieder abreisen? Reservieren Sie Zimmer in einem nahe gelegenen Hotel, oder planen Sie die Übernachtung Ihrer Gäste zu Hause ein.
- Möchten Sie einen „Polterabend“ veranstalten, um sich vom Junggesellendasein zu verabschieden? Organisieren Sie alles dafür Nötige jetzt, wie auch für die eventuell geplante Hochzeitsreise.

1 Monat vor der Hochzeit

- Prüfen Sie mit dem Restaurant letztmals die Speisenfolge, und legen Sie die Sitzordnung (siehe Kasten) fest.
- Der Bräutigam sollte jetzt den Brautstrauß bestellen und auch daran denken, dass kleine Blumensträuße bzw. lose Schnittblumen für die Brautjungfern und/oder die Blumenkinder am Hochzeitstag bereitstehen. ◂

So geht's: **Die Hochzeitsgäste richtig platzieren**

Die traditionelle Reihenfolge der Sitzplätze ist folgende: Die Braut sitzt rechts vom Bräutigam. Neben dem Brautpaar sitzen die Eltern, wobei die Eltern der Braut neben dem Bräutigam sitzen. Somit sitzen die Eltern des Bräutigams neben der Braut. Neben einer Dame sollte stets ein Herr Platz nehmen, also immer abwechselnd männlich/weiblich. Die anderen Ehrengäste (Pfarrer, weitere nahe Verwandte usw.) werden danach auf die übrigen Plätze der Hochzeitstafel verteilt. Ältere Menschen platzieren Sie möglichst weit weg von der Tanzfläche, da sie sich sonst belästigt fühlen könnten. Alle anderen Gäste ordnen Sie so an, wie es Ihnen sinnvoll erscheint. Wenn es möglich ist, bilden Sie altersmäßige Gruppierungen, und mischen Sie die beiden aufeinander treffenden Familienstränge. Man soll sich ja kennenlernen ...

Klassentreffen – eine Zeitreise

5 Tipps, wie aus ehemaligen Mitschülern neue Freunde werden

Ergreifen Sie die Initiative. Wer fragt sich nicht manchmal, was ein ehemaliger Mitschüler heute wohl so macht. Ist aus dem Mathe-Genie in der Abiturklasse, das man danach schnell aus den Augen verloren hat, wirklich ein Computerspezialist geworden? Hat der Schulversager vielleicht sogar Karriere gemacht? Hat die Mitschülerin aus der zweiten Reihe auch heute noch ihren Charme? Warum nur Fragen? Die Antworten darauf finden sich bei einem Klassentreffen! Werden Sie aktiv, so ein Treffen in die Wege zu leiten.

Die Suche nach ehemaligen Mitschülern. Wenn Jahre oder gar Jahrzehnte vergangen sind, nachdem wir die Schule verlassen haben, kann die Suche nach den aktuellen Adressen der früheren Klassenmitglieder zu einer schweißtreibenden Aufgabe werden. Die Erfahrung zeigt, dass viele ehemalige Mitschüler nicht mehr an dem Ort leben, wo man gemeinsam die Schule besucht hat. Grundsätzlich gibt es mehrere Möglichkeiten, um sie ausfindig zu machen: Man kann sich an den Ehemaligen-Verein bzw. die Website der Schule wenden, eine Anzeige in einer überregionalen Zeitung schalten oder die Dienste einschlägiger Internetportale in Anspruch nehmen.

„Beschnuppern" im Internet. Wenn der Kontakt zu einem ehemaligen Mitschüler gänzlich abgerissen ist, bietet das Internet nicht nur die Möglichkeit, dessen Adresse herauszufinden, sondern überhaupt erst einmal wieder ins Gespräch zu kommen. Besonders empfehlenswert ist das Portal www.stayfriends.de. Hier können Sie sich selbst registrieren lassen, ein aktuelles Foto von Ihnen einstellen und Ihren Werdegang beschreiben.
Darüber hinaus haben Sie die Möglichkeit, ehemalige Klassenkameraden in allen Schulen, die Sie besucht haben, wiederzufinden und zu kontaktieren und über anstehende Klassentreffen informiert zu werden. Eventuell ergibt sich mit manchen Mitschülern auch eine neue Freundschaft: Über das Internetportal können Sie regelmäßige Nachrichten austauschen.

Termin und Treffpunkt vereinbaren. Zunächst müssen Sie für alle Beteiligten einen Termin finden, an dem möglichst viele ehemalige Mitschüler Zeit für ein Klassentreffen finden. Wochenenden oder Feiertage eignen sich hierzu natürlich am ehesten. Versenden Sie schriftliche Einladungen, und verlassen Sie sich nicht nur auf Antworten per E-Mail. Als Treffpunkt bietet sich – je nach Größe der Gruppe – das Nebenzimmer eines Restaurants oder (nach Absprache) die ehemalige Schule an.

Auch die Lehrer einladen. Vielen „Ehemaligen" macht ein Wiedersehen mit früheren Lehrern Freude. Erfolgreiche Schüler haben damit ohnehin keine Probleme, und weniger erfolgreiche haben negative Erlebnisse mit Lehrern meistens vergessen. Für viele Lehrer indes ist es schön, nach Jahren zu sehen, was aus ihren Schutzbefohlenen geworden ist.

Feiern mit Spaß und Niveau

8 Anregungen, wie Sie eine perfekte Party arrangieren

Was ist der Anlass für die Party? Hiervon hängen die Form der Einladung und der äußere Rahmen ab. Natürlich spielt auch die Art des Ereignisses eine große Rolle. Soll etwa das bestandene Uni-Examen, eine Beförderung oder ein normaler Geburtstag gefeiert werden? Für eine gelungene Party spendieren die „Feier-Experten" der Website www.ballon24.at die folgenden Anregungen und Tipps.

Wen wollen Sie einladen? Auch dies ist eine entscheidende Frage für den äußeren Rahmen. Junge Leute legen vorwiegend Wert auf gute (und häufig laute) Musik, ältere Gäste eher auf gediegene Atmosphäre in einem gepflegten Rahmen mit guten Speisen und Getränken. Darüber hinaus ist es wichtig, darüber nachzudenken, ob man nur Freunde einlädt, denen das private Umfeld bekannt ist, oder ob auch Berufskollegen oder Geschäftspartner auf der Gästeliste stehen, die möglicherweise nur einen Teil der eigenen Wohnung sehen sollen. Machen Sie sich beizeiten eine Gästeliste, und überlegen Sie, wie die einzelnen Personen zueinanderpassen und ob eventuelle „Peinlichkeiten" verhindert werden müssen (z. B. Kollegen, die sich nicht „riechen" können). Bei einer lockeren Tanzparty achten Sie darauf, männliche und weibliche Gäste möglichst im Verhältnis 1:1 einzuladen. Das verhindert Frustrationen bei beiden Geschlechtern.

Laden Sie schriftlich ein. Um Ihrer Feier Wert zu verleihen und dafür zu sorgen, dass die eingeladenen Gäste sich den Termin notieren, ist eine schriftliche Einladung sehr hilfreich. Am besten geben Sie die Möglichkeit der Rückantwort, falls ein Gast verhindert ist. Das spart Enttäuschungen und Kosten!

Machen Sie einen Budgetplan. Wie viel wollen Sie in die Feier investieren? Legen Sie ein Budget fest, und kalkulieren Sie Ihre Ausgaben für: Speisen und Getränke, Dekorationen, eventuell zusätzlich erforderliche Einrichtungsgegenstände oder Möbel (Sidebar, Getränketische etc.), zusätzliche Events für das Rahmenprogramm (Spaßclowns, Kindertheater etc.), Musikanlage und Tonträger oder Livemusik.

Suchen Sie Unterstützung. Wer kann Ihnen bei der Organisation unter die Arme greifen? Wer kann sich um Speisen und Getränke kümmern, oder wer kann sich Gedanken über die passende Dekoration machen? Es gibt so viel zu erledigen, dass jede helfende Hand willkommen ist.

Speisen und Getränke. Sowohl die Speisen als auch die Getränke hängen vom jeweiligen Anlass ab. Bei fetzigen Feten von jungen Leuten finden eher schnelle und schmackhafte Gerichte wie Gulaschsuppe, Chili con Carne, Würstchen mit Kartoffelsalat und Gurken oder belegte Brote reißenden Absatz. Dazu eine Ladung Cracker, Salzstangen und süßes Knusperzeug – und alle sind zufrieden. Bei Partys für Ältere stehen hingegen eher gute und aufwendig zubereitete Gerichte mit entsprechenden Getränken hoch im Kurs. Wenn jemand gerne kocht, kann er selbst für das leibliche Wohl seiner Gäste sorgen. Grund-

sätzlich ist es jedoch ratsam, spätestens ab einer Zahl von sieben Gästen einen guten Caterer-Service einzuschalten. Das nimmt Ihnen Verantwortung ab, und Sie können sich um Ihre Gäste kümmern.
Beim Einkauf von Getränken gilt die Faustregel: 1/2 Flasche Wein pro Kopf. Bei einem Sekt- und/oder Champagnerempfang decken Sie sich mit etwas mehr Rot- als Weißwein ein, denn viele Gäste steigen nach dem Empfang mit kohlensäurehaltigem Rebensaft auf Rotwein um. Beim Bier kalkulieren Sie Ihren Bedarf großzügig und rechnen pro Gast 1,5 Liter durchschnittlich ein. Was viele vergessen: Es gibt immer auch Gäste, die keinen Alkohol trinken. Sorgen Sie deshalb für genügend Mineralwasser und Säfte.

Checkliste der Aufgaben. Machen Sie sich für Ihre Feier eine Checkliste mit allen Aufgaben, die Sie erledigen müssen. Dazu rät der „Party-Ideengeber" auf der Website www.ballon24.at:

- 4 Wochen zuvor: Sie verschicken die Einladungen.
- 1 Woche zuvor: Speisen und Getränke planen. Was kann jetzt, was erst in letzter Minute gekauft werden, was muss vorbestellt werden?
- 5 Tage zuvor: Bestand an Geschirr, Besteck, Gläsern, Aschenbechern, Blumenvasen usw. überprüfen, evtl. Partygeschirr kaufen.
- 4 Tage zuvor: Spätestens jetzt Wein kaufen, der im Keller erst noch etwas ruhen soll. An Knabbereien denken.
- 2 Tage zuvor: Getränke kalt stellen, bei Gartenpartys die Nachbarkinder fragen, ob sie die Gäste mit Getränken bedienen wollen.
- 1 Tag zuvor: Das Essen so weit wie möglich vorbereiten.

Musikprogramm. Achten Sie bei der Auswahl des Musikprogramms sehr auf den Geschmack Ihrer Gäste, und drängen Sie den Eingeladenen nicht die eigenen „Tophits" auf. Eine möglichst große Auswahl an Stilrichtungen und Interpreten erlaubt, auf die meisten Musikwünsche einzugehen.

Preiswert feiern

11 Tipps für Feiern mit kleinem Portemonnaie

Keine teuren Karten. Laden Sie persönlich ein, und sparen Sie die Porto- und eventuell auch Druckkosten für schriftliche Einladungen.

Jeder trägt bei. Veranstalten Sie „Mitbring-Partys", und bitten Sie Ihre Gäste jeweils um eine Beigabe. Der eine bringt Kartoffelsalat, der andere Kuchen und eine Flasche Wein, der Dritte Knabberzeug usw. Für eine Geburtstagseinladung können die Mitbringsel zugleich auch die Geschenke sein. Nicht darauf kommt es ja an, sondern auf die Gesellschaft mit Ihren Freunden.

„En gros" einkaufen. Wer seine Getränke alle beim selben Händler holt, kann oft bessere Konditionen oder auch einen Kommissionskauf vereinbaren. Ein weiterer Vorteil ist, dass solche Händler oft bereit sind, auch Getränke zu ordern, die normalerweise nicht zum Sortiment gehören.

Billiger knabbern. Schon für zehn Euro bekommen Sie jede Menge Knabberzeug, wenn Sie nur die wirklich preiswerten Angebote beim Discounter auswählen. Denken Sie daran, dass sogenannte No-Name-Produkte oft exakt denselben Inhalt haben (auch dieselbe Qualität!) wie Marken- und First-Class-Produkte.

Klassische Sattmacher. Selbst zubereiteter Kartoffel- oder Nudelsalat ist schon für drei Euro zu haben: Zwei große Schüsseln voll. Kaufen Sie Baguettebrötchen beim Discounter, und backen Sie diese kurz vorher auf. Schon haben Sie Salat und Brot für jeden.

Würzige Bällchen. Wollen Sie auch Fleisch anbieten, dann kaufen Sie Hackfleisch für einige Euro: Zubereitet mit Paniermehl, Brot, Zwiebel und Ei, servieren Sie Hackfleischbällchen.

Gulaschbrötchen. Eine gute Idee und bei den Gästen sehr willkommen sind auch handtellergroße Brötchen, die Sie zur Hälfte aufschneiden und mit herzhaftem Gulasch füllen.

Preiswerte Picker. Kleine Häppchen lassen sich gut mit Gouda-Käse und Essiggürkchen zubereiten. Dazu benötigen Sie lediglich noch eine Packung Zahnstocher.

Frisch vom Fass. Bei der Wahl Ihres Getränkeangebots entscheiden Sie sich eher für den Kauf eines Fässchens Bier oder eines Weinschlauchs als für einzelne Flaschen, da diese in der Summe wesentlich teurer sind. Für alkoholfreie Getränke können Sie preiswert mit dem Kauf von einigen Flaschen Sirup in verschiedenen Geschmacksrichtungen und Mineralwasser sorgen.

Musik ausleihen. Lassen Sie Ihre Freunde auch Musik mitbringen, das bringt Abwechslung und allen Geschmäckern ist gedient – ganz gratis.

Bunt und bewährt. Dekorationen können für Feiern sehr günstig selbst gebastelt werden. Sehen Sie sich in Ihrem Haushalt um, was sich eventuell eignet: Krepp- und Buntpapier, Luftschlangen, Kerzen für alte Weinflaschen o. Ä. Mit etwas Fantasie zaubern Sie damit ein stimmungsvolles Ambiente.

Auswärts essen

Mit diesen 12 Tipps spüren Sie an jedem Ort die besten Restaurants auf

Nicht nur die Sterne zählen. Klassische Restaurantführer erleichtern die Suche nach einem ausgezeichneten Speiselokal. Das traditionsreichste dieser Werke ist der Guide Michelin, der die berühmten „Sterne" für die Leistungen der jeweiligen Küche vergibt. „Sag mir, was du isst – und ich sage dir, wer du bist!" Dieser Ausspruch, der die Bedeutung der Esskultur für unser Leben unterstreicht, wird Johann Wolfgang von Goethe in den Mund gelegt. Gehobene Esskultur lässt sich aber nicht nur bei Sterneköchen pflegen. Suchen Sie im Guide Michelin nach Restaurants mit der Auszeichnung „Bib Gourmand", die eine sorgfältige Küchenleistung zu günstigen Preisen kennzeichnet. So können Sie den Erfahrungsschatz und das sichere Urteil der Michelin-Tester nutzen, ohne Ihr Budget übermäßig zu strapazieren.

Auch eine Kochmütze verspricht schon viel. Der zweitbekannteste Restaurantführer – der Gault Millau – kann ebenfalls ein zuverlässiger Pfadfinder zu einem hervorragenden und bezahlbaren Essen sein, wenn Sie nicht nur nach den höchsten Auszeichnungen schauen. Das raten die Restaurantfinder der Website www.effilee.de.
Beim Gault Millau gibt es eine Punkteskala von acht bis 20 Punkten, wobei die Gruppen 13/14, 15/16, 17/18 und 19 jeweils gebündelt und deren Träger mit einer bis vier Kochmützen ausgezeichnet sind. Die Spanne reicht hier von „sehr gute Küche" bis zu „Küche von Weltrang" – wenn es denn etwas ganz Besonderes sein soll.

Infoquellen Regionalzeitungen und Stadtmagazine. Adressen von Newcomer-Restaurants und die Namen der „Jungen Wilden", von Köchen und Restaurantbetreibern also, die gerade in den vergangenen Jahren in manchen Ballungsräumen mit ihrer Kochkunst Furore machen und – zum Teil – Hochwertiges zu bieten haben, findet man nicht in den traditionsreichen Restaurantführern. Solche Adressen und überdies auch sogenannte Szene-Locations, die augenblicklich in Mode sind, lassen sich in den Rubriken von Tages- und Regionalzeitungen („Modernes Leben", „Freizeit", „Lifestyle" etc.) sowie Stadtmagazinen finden. Dazu ein Tipp: Seien Sie skeptisch, wenn Sie zusätzlich zur redaktionellen Berichterstattung über eine Küche in unmittelbarer Nähe des Textes oder auf einer nachfolgenden Seite auch ein Werbeinserat des im Beitrag beschriebenen und eventuell sogar bewerteten Restaurants entdecken. Sie wissen: Gute Anzeigenkunden dürfen generell Lob erwarten!

„Beim Griechen" sollte am besten ein Grieche kochen. Auswärts essen zu gehen muss jedoch ganz und gar nicht bedeuten, Sterneköchen einen Besuch abzustatten – und das Portemonnaie erheblich zu strapazieren. Ausgezeichnetes Essen findet sich auch in etlichen gut-bürgerlichen deutschen Restaurants oder in Lokalen mit ausländischer Küche. Achten Sie eher darauf, dass Sie beispielsweise original bayerische Speisen auch in bayerischen Gasthäusern genießen. Das garantiert zumeist ein gutes Preis-Leistungs-Verhältnis. Für verhältnismäßig wenig Geld kann man besonders in griechischen oder indischen Restaurants speisen, dasselbe gilt häufig „beim Chinesen". Teurer hingegen sind infolge ihrer Beliebtheit oft italienische Lokale. Die wesentliche Frage, die Sie ruhig bei einem ersten Besuch stellen dürfen, ist: Wer steht in der Küche?

Mund-zu-Mund-Propaganda: abwägen und genau nachfragen. „Fragen kostet nichts" heißt es, und das kann bei der Suche nach einem guten Lokal in einer fremden Stadt sehr nützlich sein. Eine gute Quelle sind beispielsweise Geschäftsfreunde, die in einem interessanten Restaurant zuvor schon einmal gespeist haben und es empfehlen können. Bedenken Sie aber auch dabei, dass die Geschmäcke verschieden sind und dass, was dem einen wichtig ist – z. B. ein anspruchsvolles und gepflegtes Ambiente –, beim anderen eher an zweiter Stelle rangiert, wenn nur die Küche von hoher Qualität ist. Besonders vorsichtig sollte man deshalb bei generellen Auskünften wie „ein wirklich guter Italiener" sein – hier sollte man genauer nachfragen nach der Qualität der Antipasti und Fleisch- und Fischgerichte.

Vorsicht bei Restaurantaktionen! Sich genau zu informieren, das gilt auch bei sogenannten „Aktionen", die von Restaurants dann und wann angeboten werden. Dann heißt es beispielsweise „Französische Wochen", die möglichst viele Besucher zu günstigen Preisen anlocken sollen und nicht immer und nicht überall für Qualität stehen.

Websites von Speiselokalen mit Fantasie lesen. Auch bei der Jagd im Internet nach „schmackhaften" Adressen sollte man mit einer gehörigen Portion Skepsis hinschauen und nicht alles für bare Münze nehmen. Dazu raten die „Kochpiraten" von der Website www.effilee.de, einem Forum für Genießer mit zahlreichen Beiträgen rund ums Kochen, Essen und gute Restaurants. Alleine

schon die Präsentationen von Restaurants im weltweiten Netz lassen häufig Bedenken an der Qualität des dort Gebotenen aufkommen: Da wird zum Teil mit Kundenreferenzen, prominenten und natürlich immer „hochzufriedenen“ Gästen geprahlt, deren Angaben kaum nachprüfbar sind – und was sagt uns eigentlich der Besuch eines „Altbundespräsidenten“ in einem Lokal vor 15 Jahren, mit dem noch heute geworben wird? Eigentlich nichts, denn wahrscheinlich hat inzwischen sowohl der Küchenchef des Restaurants mehrere Male gewechselt, und der Inhaber des Lokals gar ist lange schon nicht mehr derselbe.
Gleichwohl können die Angebote und Bilder auf der Website eines Restaurantbetreibers interessante erste Eindrücke vermitteln. Falls diese aussagekräftig sind und nicht nur Fotografien des Ambientes präsentieren, sondern auch die Linie des Küchenchefs beschreiben, kann sich ein Besuch lohnen.

Erst mal ein Blick auf die Speisekarte. Wer in einer fremden Stadt unterwegs ist, tut sich zumindest in Deutschland nicht so schwer beim ersten Urteil über die Qualität eines Restaurants. Denn hierzulande muss jedes Restaurant im Außenbereich eine jeweils aktuelle Speisekarte aushängen, um Gästen vorab die Gelegenheit zu geben, sich über die Art der Küche, die angebotenen Speisen und die Preise zu informieren. Da lohnt es sich also, erst einmal stehen zu bleiben und die ausgehängte Karte gründlich zu studieren, bevor man sich im Lokal am Tisch niederlässt. Diese verrät manchmal mehr, als dem Koch lieb sein kann. Dazu geben unsere Experten „Küchenpiraten“ von effilee die folgenden drei wertvollen Insidertipps zu Ihrer Orientierung:

1. Wie groß ist die Bandbreite der Gerichte? Wer von Tex-Mex-Küche über Pizza und Pasta bis hin zu Tapas alles anbietet, dürfte keine kulinarischen Höhenflüge im Sinn haben, sondern ein ‚Für-jeden-etwas‘. Aber wer alles machen will, macht meistens nichts richtig. Suchen Sie nach einem „roten Faden“ auf der Karte. Je klarer die Vorstellung, die ein Koch von seiner Küche im Kopf hat, umso klarer bringt er es oft auch auf den Teller.

2. Wie saisonal orientiert ist das Angebot? Spargel im September, Muscheln im Juni, Wild im August – hier deutet manches auf Tiefkühlkost und vorgefertigte „Menü-Bausteine“ hin. Wenn dagegen frische Salate oder seltene Wildkräuter auf der Karte stehen oder auch mal ein Menü angeboten wird, in dessen Zentrum ein komplettes Schlachttier steht, gibt sich jemand offenbar Mühe, seine Küche frisch und jahreszeitenabhängig zu gestalten.

3. Wie modeabhängig ist der Koch? Bärlauch-Pesto, Trüffelöl, Chorizo und natürlich der unvermeidliche Schaum (also eine aufgeschäumte Soße): Viele Modetrends beherrschen für eine bestimmte Zeit die Speisekarten. Findet sich allzu viel davon auf einer Karte, liegt der Verdacht nahe, dass es einem Koch an eigenen Ideen mangelt. Außenseiter der Trendküche lassen da eher aufhorchen – wie wäre es mal wieder mit dicken Bohnen, Ziegenschulter oder einer Brombeer-Kaltschale?

Ein einladendes Entrée. Wie heißt es so treffend: „Das Auge isst mit.“ Dieser Satz gilt bei einem Restaurant nicht nur für das Ambiente und den Einrichtungsstil, die Gäste, die hier verkehren, und den Eindruck, den das „stille Örtchen“ hinterlässt, sondern auch bereits für die Präsentation im Außenbereich, den Eingang und eventuelle Grünanlagen.

Qualität statt Quantität. In Restaurants warten oft große Portionen auf die Gäste, die die Mahlzeiten auch vollständig aufessen, weil sie doch bezahlt werden. Ein Tipp nebenbei: Beherzigen Sie, dass Sie dazu nicht verpflichtet sind, und hören Sie lieber rechtzeitig auf. Wer auf seine Linie achten muss, hat zudem immer die Möglichkeit, eine große Portion Salat und Gemüse zu bestellen. „Grünzeug“ macht satt, ist vitamin- und ballaststoffreich und hat überdies wenige Kalorien. Der Verzicht auf die Vorspeise und das Dessert spart weitere Kalorien.

Gesund schlemmen – leichter als gedacht. Wer auch beim Auswärtsessen auf eine ausgewogene Ernährung achtet und trotzdem gerne Fleisch isst, sollte rote Fleischsorten wählen – also etwa Rind, Lamm oder Wild. Diese bieten viel Eisen, ebenso wie Ente oder Gans. Letztere können jedoch fett sein. Hier sollten also magere oder lediglich gegrillte Stücke gewählt werden, die den Fettanteil reduzieren. Wenig Fett enthalten Huhn, Pute oder Truthahn.

Leichtes aus dem Meer. Ein Fischgericht ist fast in allen Fällen eine gute Wahl. Dabei sollten Sie zwischen verschiedenen Fischarten abwechseln: fettreiche Arten wie Lachs, Sardinen, Makrelen und Thunfisch, die reich an Omega-3-Fettsäuren sind, mit mageren Fischen wie Scholle, Seelachs oder Kabeljau. Denn die für Herz und Kreislauf wichtigen Omega-3-Fettsäuren werden von vielen Menschen nicht ausreichend mit der Nahrung aufgenommen. ◂

Knigge – die 10 wichtigsten Manieren beim Essen

DER EXPERTE RÄT

- Wer ans Büfett geht, sollte trotz eventuell großen Hungers nicht mit einem überquellenden Teller zum Tisch zurückkehren. Besser ist es, „nachzuladen“.
- Bei der Benutzung des Bestecks gilt immer die Regel: Von außen nach innen!
- Die Serviette legen Sie auf den Schoß – und stecken sie nicht in den Ausschnitt oder den Kragen des Hemdes. Sie tupfen sich den Mund ab – und wischen ihn nicht ausladend.
- Man kaut nur mit geschlossenem Mund und vermeidet es, während des Kauens zu sprechen. Das ist für andere Gäste nicht sehr appetitlich.
- Gabel und Löffel führen Sie zum Mund – und nicht umgekehrt.
- Werden Speisen in Schüsseln oder auf Servierplatten am Tisch für mehrere Gäste bereitgestellt, dann tun Sie sich nicht als Erster auf, sondern fragen nach den Wünschen der anderen Gäste und reichen die Speisen.
- Beim Genuss der Suppe vermeiden Sie es, zu schlürfen, auch wenn sie sehr heiß ist.
- Wer zum Aufstoßen neigt oder leicht Sodbrennen bekommt, sollte lediglich stilles Wasser genießen.
- Nach dem Essen sollte auf den Gebrauch von Zahnstochern verzichtet werden. Wählen Sie lieber einen passenden Zeitpunkt aus, und gehen Sie zur Toilette.
- Eine schlechte Angewohnheit ist es, während des Essens zu telefonieren. Schalten Sie Ihr Mobiltelefon deshalb rechtzeitig vorher aus.

SORGLOS

Feste feiern

Sie planen ein familiäres Großereignis – eine Hochzeit, einen runden und/oder hohen Geburtstag oder ein Jubiläum und suchen hierzu ein geeignetes Restaurant? Die „Kochpiraten" von effilee wissen, auf was Sie unbedingt achten sollten.

- ☐ Sind die Raumverhältnisse für die Art Ihrer Feier geeignet? Bietet sich eventuell auch die Möglichkeit zu tanzen? Werden andere Gäste dadurch gestört, oder ist die Raumaufteilung so gestaltet, dass neben dem Speiselokal weitere Räume angeboten werden?

- ☐ Gut für Feiern in größerem Kreis ist die sogenannte „Erlebnisgastronomie", die häufig ein „Rundum-Sorglospaket" für ihre Gäste bietet. Dabei können von Fall zu Fall für einen Abend oder einen Tag größere Säle bzw. Räume komplett gemietet werden – „all inclusive" mit Bewirtung, Livemusik und Service. Holen Sie, bevor Sie sich dazu entschließen, jedoch unbedingt die Empfehlung von Freunden oder Bekannten ein, die hier schon einmal zu Gast waren. Wie war die Küche? Hat der Service gestimmt? Wie ist das Preis-Leistungs-Verhältnis? Achten Sie vor der Beauftragung des jeweiligen Gastronomen auch darauf, dass wirklich alles „all inclusive" ist und dass bei Rechnungsstellung nicht etwa die Getränke nach dem Essen noch separat bezahlt werden müssen.

- ☐ Arrangieren Sie in jedem Fall ein anonymes „Probeessen" vor Ort, bevor Sie den Auftrag erteilen! So können Sie sich ein gutes Bild davon machen, was an Küchenqualität und Service auf Sie und Ihre Gäste zukommen mag.

- ☐ Wie sind die Außenanlagen gestaltet? Riskieren Sie ruhig einen Spaziergang um das Gebäude herum, falls dies möglich ist. Sieht der Hinterhof wie eine Sperrmülldeponie aus? Dann schließen Sie doch bitte auf die Hygiene im Gebäude ...

- ☐ Wichtig ist auch die Verkehrsanbindung. Ist das Restaurant gut zu erreichen? Sorgt der Inhaber für eine ausreichende Zahl von Parkmöglichkeiten?

- ☐ Hat das Lokal am betreffenden Tag noch weitere Festlichkeiten im Terminplan? So könnte z. B. Ihr geplantes Geburtstagsfest bei einer ausgelassenen „großen" Hochzeitsfeier im Nebensaal bei Küche und Service leicht etwas ins Hintertreffen geraten.

Geheimnisse des Weins

10 Wege, wie Sie Wein besser beurteilen und genießen lernen

Ein „erlernter" Genuss. Guten Wein zu genießen setzt gewisse Grundkenntnisse über das Wesen des Rebensafts, seine innere Beschaffenheit und Entstehungsgeschichte voraus. Zu diesem Thema gibt es zwar eine Fülle informativer Bücher, doch vergnüglicher sammelt man Wissen über Wein in direktem Kontakt mit seinem Ursprung: z. B. bei der Besichtigung von Weingütern. In allen Weinbaugebieten gibt es Winzer, die Weinproben und informative Führungen durch ihren Betrieb anbieten. Achten Sie bei der nächsten Urlaubsreise doch einmal auf entsprechende Hinweise! Falls der nächste Urlaub noch in weiter Ferne liegt, können Sie im Folgenden aus den Weisheiten von Weinkennern schöpfen.
Dazu gehören zweifellos die Experten Michael Beck, der ein Restaurant in Flörsheim am Main betreibt (www.buonaparte.de), sowie der Master of Wine (MW) Markus Del Monego, die beide vor Kurzem im Studio des Hessischen Rundfunks (www.hr-online.de) einige ihrer Geheimtipps preisgegeben haben. Damit kann auch der Anfänger einen guten Tropfen im Glas erkennen. Zunächst geht es um den Rotwein, den „König" unter den Weinen – gefolgt vom „Kronprinz" Weißwein.

Alle Facetten von Rot, aber nicht Braun! Die Farbe von Rotwein ist nicht einfach nur „rot": Sie changiert, je nach Herkunft, Alter und Rebsorte, von einer hellroten Tönung über Purpur- bis Rubinrot. Hier gilt: Je älter der Wein wird, desto intensiver wird seine Farbe, die bis ins tiefe Ziegelrot wechseln kann. Ungenießbaren Wein, der in der Flasche oxidiert ist (also Sauerstoff durch einen undichten Korken erhalten hat), erkennen Sie übrigens an einer bräunlichen oder braunen Färbung. Typisch für oxidierten Wein ist ein unangenehmer Geruch – Kenner sprechen davon, dass der Wein „korkt" – oder ein ebenso unangenehmer Geschmack, der dem eines Sherrys ähnlich ist und am Gaumen leicht „modrig" wirkt.

Geben Sie sich den Duftnoten hin. Wenn Rotwein nach Beeren duftet – nach Himbeere, Erdbeere oder Johannisbeere –, ist es richtig. Diesen fruchtigen Geruch gibt es natürlich in vielen unterschiedlichen Abstufungen, mal intensiver, mal weniger eindeutig. Guter Rotwein sollte jedoch keinesfalls eine andere Duftnote aufweisen, vor allem keinen Geruch nach Gemüse oder grüner Paprika. Dies sind Hinweise auf die Verarbeitung unreifer Trauben. Nach „Pferdestall", also muffig bis dumpf, riechen Weine, in denen sich während des Gärungsprozesses unerwünschte Mikroorganismen gebildet haben, die, so lehrt uns Del Monego, Duft und Geschmack negativ verändern.

Erspüren Sie alle Nuancen des Geschmacks. Ein wirklich guter und hochwertiger Rotwein weist einen harmonischen Geschmack auf. Weinkenner verstehen darunter ein ausgewogenes Verhältnis zwischen Säure, Süße und Gerbstoffen. Dabei sind die Gerbstoffe, die sogenannten Tannine, die Hauptverantwortlichen für die geschmackliche Harmonie eines Rotweins. Sie spüren sie am Gaumen durch ein leicht pelziges Gefühl, das nicht in einen bitteren Geschmack umschlagen darf. Darüber hinaus darf der Wein auch nicht zu sauer sein. Dies ist immer ein Hinweis auf die Verarbeitung unreifer Trauben.

Lassen Sie den Abgang auf sich wirken. Um den Abgang eines Rotweins wird häufig ein Geheimnis gemacht, dabei ist es einfach zu erklären: Der Abgang ist das, was Sie am Gaumen nach dem Herunterschlucken des Weins noch etwa fünf Sekunden schmecken können. Schmecken Sie nach dieser relativ kurzen Zeit nichts mehr vom Wein, dann mag es zwar durchaus ein ordentlicher Schluck gewesen sein, den Sie genommen haben – zu den wirklich hochwertigen Qualitäten zählte dieser Rotwein aber doch gewiss nicht.

Die beste Wahl bei weißen Rebsorten. Auch Weißwein ist für viele Weinkenner purer Genuss. Zu empfehlen sind die Rebsorten Chardonnay und Sauvignon Blanc und die Trauben Welsch-Riesling, Müller-Thurgau, der Grüne Veltliner und Pinot Blanc, die es aus verschiedenen Anbaugebieten in und außerhalb Europas günstig zu beziehen gibt. Ein französischer Chablis zählt zu den Königen der Weißweine. Berücksichtigt werden sollte, dass Weißwein in der Regel mehr Säure als Rotwein enthält und nicht wenige Menschen empfindlich auf die Säure reagieren und Magenbeschwerden davon bekommen. Besonders von italienischen Billigweinen – z. B. Frascati in Preislagen bis zu 1,99 Euro pro Flasche - sollte deshalb abgeraten werden.

Trüber Wein – getrübter Genuss. Beim Kauf von Weißwein sollte man die Flasche einmal kurz gegen das Licht halten: Erscheint der Wein, wenn man ihn gegen das Licht hält, trüb, dann ist er nicht mehr in Ordnung. An einer Trübung tragen Bakterien die Schuld. Schwimmen im Weißwein weiße Flocken, dann kann man ihn noch genießen, auch wenn die Flocken, die auf eine Eiweißausscheidung und durch zu große Temperaturschwankungen entstehen, nicht appetitlich aussehen. Die Qualität des Weins beeinflussen sie in der Regel nicht. Dies gilt auch für Weinstein (Kristalle, die wie grober Zucker aussehen), der sich auf dem Boden der Flasche absetzt.

Preisbewusst einkaufen. Ein guter Wein muss jedoch nicht immer teuer sein. Der Gedanke „Teuer ist gleich gut" und der Umkehrschluss „Preiswert ist gleich schlecht" treffen bei Wein heute nicht mehr zu. Das Angebot ist groß, und Weintrinken ist „in". Das führt nach den Gesetzen des Marktes dazu, dass Weine, die früher nur für viel Geld zu haben waren, heute zu erschwinglichen Preisen angeboten werden. Und auch die zunehmende Konkurrenz außereuropäischer Weine aus Nord- und Südamerika sowie Südafrika zwingt die klassischen europäischen Weinproduktionsländer zur Anpassung ihrer Preise. Passionierte Weinliebhaber, die regelmäßig Geld für ihre Weine ausgeben, beziehen den Rebensaft natürlich meist von Händlern ihres Vertrauens. Dort bezahlen sie auch das Wissen und den Service des Händlers und kaufen in aller Regel teurer ein. Doch der durchschnittliche Weintrinker kann seinen Wein heute gut und gerne auch in einigermaßen gut sortierten Supermärkten und Kettenläden erstehen. Grundsätzlich ist jedoch anzuraten, nicht unter einen Flaschenpreis von drei Euro zu gehen, wenn Qualität gesucht wird. So können ein Dornfelder (rot) für 3,49 Euro und ein spanischer Rioja (rot) sogar für

So geht's: So erkennen Sie Qualitätsstufen beim Wein

Weine werden in drei Qualitätshauptstufen klassifiziert. Kategorie eins ist Wein bester Qualität (er muss nach bestimmten Regeln angebaut worden und gereift sein), Kategorie zwei bedeutet mittlere Qualität, und Kategorie drei ist Wein einfacherer Qualität. So werden die Kategorien (in absteigender Reihenfolge) auf dem Etikett der Weinflasche gekennzeichnet:

- ☐ Deutschland: Qualitätswein bestimmter Anbaugebiete (QbA) oder Qualitätswein mit Prädikat (QmP); Landwein; Deutscher Tafelwein
- ☐ Frankreich: Appelation d'Origine Contrôlée (AOC, AC); Vin de Pays; Vin de Table français
- ☐ Italien: Denominazione di Origine Controllata (DOC) oder Denominazione di Origine Controllata Garantita (DOCG); Indicazione Geografica Tipica (IGT); Vino da Tavola
- ☐ Spanien: Denominación de Origen (DO); Vino de la Tierra; Vino de Mesa

knapp drei Euro und ein Pinot Grigio (weiß) für den gleichen Preis gekauft werden. Unter diesem Level handelt es sich häufig jedoch um Billigwein, manchmal sogar mit unerlaubten Ingredienzien. Nützliche Tipps, um guten Wein in Supermärkten und Lebensmittelketten einzukaufen, finden sich überdies im Buch von Till Ehrlich („Die besten Supermarktweine", Gräfe und Unzer, 2004).

Oft gesalzen – Weinpreise im Restaurant. Wenn Sie auswärts speisen gehen, müssen Sie natürlich immer mehr für Ihren Wein berappen, da ja auch der Wirt etwas am Wein verdienen will, den er zuvor vom Händler bezogen hat. Kalkulieren Sie grundsätzlich den doppelten, vielerorts sogar den dreifachen Preis für eine Flasche. Eine ganze Flasche zu ordern ist vom Preis-Leistungs-Verhältnis her meistens die bessere Alternative, als einzelne Schoppen zu bestellen, die in der Summe teurer sind. In guten bis exklusiven Restaurants, die über einen eigenen Weinkeller bzw. größeren Vorratsraum verfügen, können Sie teure Weine genießen, deren Preis für die einzelne Flasche – wie z. B. bei einem guten Barolo – nicht selten den Preis für die Speisen übertrifft.

Wie lagern Sie Wein richtig? Die richtige Lagerung spielt vor allem für Rotweine eine große Rolle, denn die meisten Weißweine munden am besten, wenn sie relativ jung, d. h. nicht älter als ein bis drei Jahre, sind. Ausnahmen bilden schwere und süße Weißweine wie Spätlesen, Auslesen oder Trockenbeerenauslesen. Für Rotwein gilt: Je höher die Qualität, desto besser lässt er sich lagern. Zehn Jahre und länger dürfen reifen: Barbaresco, Barolo, Bordeaux, Chianti Classico, Spätburgunder, Spätlese trocken und Rioja. Jede Flasche muss luftdicht verschlossen sein! Damit der Korken nicht austrocknet, sollten Weinflaschen liegend aufbewahrt werden. Von größter Bedeutung ist die Temperatur des Lagerraums – ideal sind 10–15° Celsius. Außerdem sollte er dunkel und die Luft nicht zu trocken sein. ◂

RICHTIG *Wein* kredenzen

Sie haben Gäste – und die verstehen sich auf stilvolles und genussvolles Essen mit einem guten Tropfen? Dann ist es gut, die Ratschläge der Experten Beck und Del Monego zu kennen: Wie ist Wein zu temperieren, wann wird er entkorkt, bevor man ihn kredenzt, und empfiehlt es sich, ihn zu dekantieren?

1 Die richtige Temperatur. Zunächst ist um die physikalische Wirkung der Temperatur zu wissen. Je kühler der Wein, desto weniger Duft verströmt er. Kälte betont den Säure- und Tanningeschmack. Weißwein wird kühler getrunken als Rotwein – mit einer einzigen Ausnahme: ein junger Beaujolais! Manche Weißweine entwickeln erst in stark gekühltem Zustand (8° Celsius) ihr bestes Aroma. Je wärmer der Wein hingegen ist, desto stärker duftet er. Wärme unterdrückt den Säure- und Tanningeschmack. Die ideale Serviertemperatur für leichte Rotweine beträgt 10 – 12° Celsius, für mittelschwere Rotweine 14 – 17° Celsius, und für volle und schwere Rotweine sollte die Temperatur zwischen 15 und 18° Celsius liegen. Unsere Zimmertemperaturen liegen also heute allgemein zu hoch. Der Wein sollte deshalb erst kurz vor dem Servieren aus einem gekühlten Raum geholt werden. Allerdings sollten Sie ihn etwa eine Stunde vor dem Servieren bereits entkorkt haben, damit sich sein Aroma entfaltet. Dekantiert werden sehr alte Rotweine, zum einen, um ihre Aromen unter dem Einfluss von Sauerstoff zu „erwecken" und zum anderen, um den meist vorhandenen trüben Bodensatz abzufiltern.

2 Die Gläser. Prinzipiell sollten Weingläser klar sein, damit man die Farbe des Weins gut beurteilen kann. Vermeiden Sie es, guten Wein in mächtigen Kristallpokalen oder farbigen Gläsern zu servieren. Das verbirgt seinen Charakter. Rotweingläser sind darüber hinaus immer größer als Gläser für Weißwein. Hintergrund: Um seine Aromen voll entfalten zu können, braucht Rotwein nach dem Öffnen der Flasche das, was zuvor dringend vermieden werden musste – möglichst viel Sauerstoff.
Wie gruppiert man mehrere Gläser am Gedeck? Ganz einfach: Mit den Gläsern verfährt man so wie mit dem Besteck – von außen nach innen: Das Glas, aus dem zunächst getrunken wird, steht ganz außen und ist meist das Wasserglas (immer das kleinste Glas am Tisch!), dann folgt für gewöhnlich das Weißwein- und dann das Rotweinglas. Beim Anstoßen fassen Sie das Weinglas übrigens immer am Stiel, damit Sie beim Anstoßen mit den Gästen ein feines „Ping" hören, mit dem Sie akustisch auf den bevorstehenden Genuss eingestimmt werden. Wer den Kelch mit der Hand umfasst, hinterlässt seine Fingerabdrücke auf dem Glas und verursacht so beim Anstoßen nur ein dumpfes „Pock".

3 Welcher Wein passt zu welchem Gericht? Auch hier erkennen Gourmets sofort den echten Weinliebhaber. Dazu gilt die einfache Faustregel: Zu hellem Fleisch und Fisch passt am besten ein deutscher Riesling oder auch ein Pinot Grigio oder ein Chardonnay. Zu dunklem Fleisch wird ein kräftiger Rotwein gereicht, z. B. ein Bordeaux. Eine weitere Faustregel, die auch heute noch gilt, ordnet ausschließlich trockenen Wein dem Essen zu. Zum Dessert sollte man hingegen süßen Wein (daher „Dessertwein", z. B. eine Trockenbeerenauslese) reichen.

Spaß in der Freizeit

4 Anregungen, um mal Abstand vom Alltag zu gewinnen

Ihr Einsatz, bitte! Wenn man Freizeit hat, die man gestalten will, sollte man auch daran denken, einmal etwas ganz Besonderes zu unternehmen. Da kann sich z. B. der Besuch eines Kasinos anbieten, egal, ob man ein sogenanntes A-Kasino in größeren Städten oder ein B-Kasino besucht, das besonders in Tourismusgebieten vorzufinden ist. Einen spannenden Abend erleben kann man mit Roulette, Blackjack, Poker oder Spielautomaten allemal. Wichtig dabei ist, einen gültigen Ausweis mit sich zu führen, da Kasinobetreiber gesetzlich dazu verpflichtet sind, das Alter der Besucher sowie mögliche Sperrlisteneinträge zu überprüfen. Manche Kasinos schreiben einen bestimmten Dresscode vor, über den man sich zuvor informieren sollte, doch nicht immer sind Krawatte und ein dreiteiliger Anzug Pflicht. Das Wichtigste beim Besuch eines Kasinos ist jedoch (außer, Sie verfügen über unerschöpfliche Barmittel), sich ein finanzielles Limit zu setzen, über das man nicht hinausgehen sollte. Der Betrag sollte leicht zu verschmerzen sein.

Reich werden im Nu. Ein Freizeitspaß, bei dem Sie viel Geld gewinnen können, ist die Teilnahme an Quizsendungen im Fernsehen, z. B. beim Ratespiel mit Günter Jauch „Wer wird Millionär?". Bewerben kann man sich per Postkarte bei RTL Television, „Wer wird Millionär?", 50570 Köln oder auf der Website des Senders im Bereich „Quiz&Games". Dort müssen Sie Ihre persönliche Qualifikationsfrage beantworten, und mit etwas Glück sind Sie für einen Euro in der Auswahl der Kandidaten. Für „Das Quiz mit Jörg Pilawa" müssen Sie sich gemeinsam mit einem Mitspieler bewerben. Das Bewerbungsformular finden Sie auf der Website www.daserste.de/quiz/bewerbung/asp. Ein Tipp: Sie erhöhen Ihre Teilnahmechancen, wenn Sie im Bewerbungsbogen mit einer interessanten Geschichte aufzuwarten haben, z. B. wie Sie und Ihr Mitspieler sich kennengelernt haben.

Kaffeefahrten richtig genießen. Viele ältere Menschen vertreiben sich gerne mit Butter- oder Kaffeefahrten die Zeit. So heißt eine organisierte Fahrt mit dem Bus oder Schiff mit angeschlossener Verkaufsveranstaltung. Die Teilnahme an der Verkaufsveranstaltung ist aus rechtlichen Gründen zwar nicht verpflichtend, gleichwohl handelt es sich vorrangig um ein Verkaufsinstrument für den Veranstalter der Reise. Deshalb sollten Sie wissen, dass die Veranstalter dabei mit dem Verkauf oft überteuerter Produkte ihr Geld verdienen, die angeblich nicht im Handel erhältlich sind. Diese „Schnäppchen" sollte man sehr genau betrachten. Im Streitfall kann der Käufer von seinem Widerrufsrecht Gebrauch machen und/oder eine der Verbraucherzentralen benachrichtigen.

Anregung aus dem Internet. Eine ganze Reihe von Freizeittipps finden Sie überdies im Internet:

- www.freizeittip.de
- www.wasistwas.de/aktuelles/freizeittipps.html
- www.br-online.de/sport-freizeit/thema/bergportal/freizeittipps
- www.tourismus-bw.de/docs/freizeittipps. ◂

Erholung pur

9 Tipps für ein wirklich entspannendes Wochenende

Kurzurlaub statt Freizeitstress. Wenn Sie – alleine, mit Ihren Lieben oder in geselliger Runde mit Freunden – gute Speisen und Getränke genießen, ist das immer eine „Auszeit“, in der Sie sich erholen und entspannen können. Hier gilt das Sprichwort „Gutes Essen und Trinken halten Leib und Seele zusammen“. Doch „Leib und Seele“ benötigen noch weitere Dinge, um gesund und in ihrer Balance zu bleiben.
Ganz wichtig dabei sind Phasen, in denen wir wirklich „abschalten“, also nicht beständig an unsere beruflichen Aufgaben, an Stress und Ärger denken, sondern uns richtig „fallen lassen“, um die strapazierten „Batterien“ wieder aufzutanken. Dazu zählt nicht nur der oft sehnsüchtig erwartete Jahresurlaub von zwei, drei oder mehreren Wochen, sondern auch das Wochenende, das mit in der Regel zwei Tagen Freizeit Erholung und zumindest eine kurze Phase der Entspannung bieten sollte. Die Erwartungen an ein „schönes Wochenende“ sind bei vielen Menschen hoch – das erzeugt Druck, häufig sogar eine ganz bestimmte Form des „Leistungsdrucks“, die wir vom Arbeitsplatz kennen. Das Ergebnis: Wir fühlen uns nach dem Wochenende nicht sonderlich erholt, sondern eher ausgelaugt und unzufrieden. Was können wir besser machen?

Nehmen Sie sich nicht zu viel vor. Viele Menschen packen ihr Wochenende voll mit Plänen: Sie wollen einkaufen gehen, kleine Reparaturen im Haushalt erledigen, die Eltern besuchen, sich mit Freunden treffen, Sport treiben und einige Einheiten im Fitnessclub trainieren, einen Film im Kino sehen und eine Theatervorstellung erleben, spazieren gehen und/oder ein Buch lesen, zusätzlich brauchen die Kinder Unterstützung bei den Hausaufgaben und bei der Vorbereitung auf eine wichtige Klausur ... Das kann nicht funktionieren und führt zu der grotesken Einsicht: „Ich brauche Urlaub vom Wochenende!“ Packen Sie Ihr Wochenende deshalb niemals voll mit Plänen und Erwartungen, sondern reduzieren Sie Ihre Vorhaben auf zwei oder drei Angelegenheiten, die Sie wirklich erledigen müssen, und nehmen Sie sich vor allem Dinge vor, die Ihnen Spaß bereiten. Nur so finden Sie Entspannung. Am besten ist es, sich so oft wie möglich „treiben“ zu lassen und eben das Gegenteil von dem zu tun, was uns im Arbeitsleben Tag für Tag vorgeschrieben wird: Termine halten und Ziele setzen. Nichtstun, Faulenzen, „Sich-Fallenlassen“: Das ist das Geheimnis der Entspannung!

Erledigen Sie Hausarbeiten während der Woche. Viele nutzen das Wochenende, um wieder einmal richtig sauber zu machen und die Wohnung aufzuräumen. Zugegeben, manchen macht es große Freude, ihre Dinge zu ordnen, zu pflegen und ihr „Nest“ heimelig einzurichten. Andere hingegen empfinden es als große Last, Wäsche zu waschen, mit dem Staubsauger durch die Zimmer zu düsen und Fenster zu putzen. Überlegen Sie deshalb, welche Hausarbeiten Sie bereits unter der Woche und nach Ihrem Arbeitstag bewältigen können. Manchmal hilft ein bisschen Selbstdisziplin, die schnell zur Routine wird, und Sie können Ihr Wochenende frei von „Wohlfühl-Killern" halten. Ein guter Tipp ist auch, die verlängerten Öffnungszeiten zu nutzen und die notwendigen Einkäufe nach der Arbeit zu erledigen. Damit vermeiden Sie, dann einkaufen gehen zu müssen, wenn sich zur Stoßzeit am Samstag alle vor den Supermarktkassen drängen.

Verteilen Sie sportliche Aktivitäten über die ganze Woche. Stress und ein Gefühl der Unlust und/oder Überforderung können auch dadurch entstehen, dass Sie Ihre sportlichen Bedürfnisse und Aktivitäten auf das Wochenende konzentrieren. Dabei weiß die Sportwissenschaft, dass es nichts bringt, lediglich einmal pro Woche Sport zu treiben. Viel cleverer ist es, zwei- oder dreimal in der Woche zu joggen oder in den Fitnessclub zu gehen. Das körperliche Ergebnis wird besser sein, und auch psychisch fühlen Sie sich so wohler. Andernfalls schaffen Sie sich auch in diesem Bereich einen künstlichen Leistungsdruck – und nur magere Erfolgserlebnisse.

Schlafen Sie aus! Steigender Wettbewerbsdruck am Arbeitsplatz führt häufig dazu, dass wir nach dem normalen Arbeitstag weitere Aufgaben zu Hause erledigen und/oder uns auf den kommenden Arbeitstag vorbereiten müssen. Im Ergebnis reduzieren wir über die Woche damit die Zeit des Schlafens, die wir dringend zur Erholung benötigen. Ein Schlafdefizit spüren wir in jungen Jahren eher selten, etwa vom 40. Lebensjahr an jedoch fällt es uns immer schwerer, „bis in die Puppen" wach zu bleiben und mit wenig Schlaf auszukommen. Ein permanentes Schlafdefizit macht auch die Gesündesten unter uns auf längere Sicht krank (nur im Schlaf produziert der Körper lebenswichtige Wachstumshormone – auch noch in späteren Lebensjahren!), und jeder Mensch benötigt unbedingt eine Mindestschlafenszeit von sechs Stunden. Daher sollten Sie das Wochenende auch zum Ausschlafen nutzen und die Ruhezeit im Bett um ein oder zwei Stunden verlängern. Und bedenken Sie immer: „Schneller schlafen", wie man spaßeshalber sagt, funktioniert nicht!

Klären Sie die Ansprüche und Erwartungen in der Familie. Wer mit mehreren Personen zusammenlebt, weiß, dass besonders an Wochenenden unterschiedliche Erwartungen und Bedürfnisse zusammentreffen und häufig genug miteinander kollidieren. Die erwerbstätigen Familienmitglieder, Vater und/oder Mutter, suchen vor allem Ruhe und Entspannung, die Kinder hingegen wünschen sich Ausflüge mit ihren Eltern, Teenager wollen die Zeit nutzen, um mit den Eltern Kleidung einzukaufen, oder möchten zu Freunden und in die Disco gefahren werden.
Ein gewisser Ärger ist manchmal kaum zu umgehen, wenn Erwartungen enttäuscht werden. Besprechen Sie daher die verschiedenen Gestaltungswünsche für das Wochenende beizeiten mit allen Familienangehörigen, und machen Sie auch Ihre eigenen Ansprüche geltend – Sie haben es sich verdient! Hier hilft es, an einem Abend während der Arbeitswoche gemeinsam im Familienrat das Wochenende schon mal in groben Zügen vorauszuplanen.

Lassen Sie sich nicht verpflichten. Der Unterschied zwischen der Arbeitswoche und den Wochenenden besteht ja gerade darin, nicht einen engen Terminkalender abarbeiten zu müssen, sondern freie Zeit im wahrsten Sinn des Wortes genießen zu können. Ihre Freizeit engen Sie jedoch dann ein, wenn Sie Ihr Wo-

7 EMPFEHLUNGEN, UM *zur Ruhe* zu kommen

Jeder hat seine eigenen Vorstellungen davon, wie er sich am besten entspannt: allein für sich oder gesellig mit Freunden, beim Sport oder beim Lesen eines spannenden Krimis ... Versuchen Sie, dabei folgende Ratschläge zu beherzigen, um Erholung zu finden.

1 nicht verplanen

Packen Sie Ihr Wochenende nicht mit allen möglichen Plänen und Aktivitäten voll, die sich zeitlich sowieso kaum alle umsetzen lassen. So vermeiden Sie Frust und das Gefühl, etwas versäumt zu haben. Meiden Sie das Telefon.

2 süßes Nichtstun

Schlafen Sie gründlich aus, und genießen Sie die Möglichkeit, zu faulenzen und nichts zu tun.

3 auf Touren kommen

Sorgen Sie für sportlichen Ausgleich, ohne sich unter Druck zu setzen und ein sportliches Leistungsprogramm zu erfüllen, das Ihren Arbeitsabläufen gleicht.

4 Sauerstoff tanken

Tanken Sie viel frische Luft, gehen Sie spazieren oder wandern, und genießen Sie die Natur. Liegen Sie mal wieder auf einer Wiese und schauen den ziehenden Wolken nach.

5 Absagen erteilen

Lassen Sie sich von Familienmitgliedern, Angehörigen und/oder Freunden nicht unter (Termin-)Druck setzen und ein Zeitkorsett verpassen, in dem Termine abgearbeitet werden müssen. Andernfalls unterscheidet sich Ihr Wochenende kaum von der Arbeitswoche.

6 weg vom Alltag

Tun Sie am besten das Gegenteil von dem, was Ihre Arbeitswoche prägt: Wenn Sie vor allem eine sitzende Tätigkeit ausüben, sorgen Sie am Wochenende für Bewegung und suchen sich einen sportlichen Ausgleich, der Ihnen Spaß macht und Freude bereitet. Wenn Sie täglich mit vielen Menschen zu tun haben, suchen Sie sich Möglichkeiten, um in Ruhe nachdenken und auftanken zu können.

7 innerlich abschalten

Wichtig vor allem: Versuchen Sie, sprichwörtlich „abzuschalten", und lassen Sie Probleme und Aufgaben dort, wo sie hingehören – am Arbeitsplatz.

chenende mit selbstauferlegten Verpflichtungen verplanen. Deshalb sollten Sie sich selbstkritisch fragen, ob es wirklich notwendig ist, jeden Samstag zu einem Vereinsabend zu gehen, einen bestimmten Freund zu besuchen oder zum Stammtisch zu marschieren. Vieles wird zur Routine, und bei genauerem Nachdenken gibt man sich selbst gegenüber zu, dass diese lieben Gewohnheiten eigentlich zu einer Verpflichtung geworden sind, die nicht gerne, sondern eben „gewohnheitsmäßig“ erledigt werden. Solche Gewohnheiten schließen jedoch oft die eigentliche Erholung aus!

Planen Sie ein Kontrastprogramm. Die Arbeitswoche setzt uns in der Regel unter starken Stress und verursacht bei vielen Menschen körperliches und seelisches Unwohlsein. Am Wochenende kann es daher sehr sinnvoll sein, mal etwas ganz anderes zu tun. Wenn Sie unter der Woche beispielsweise wie ein Rädchen in einer großen Maschine „funktionieren“ und insgeheim über die tägliche Arbeitsroutine klagen, kann es sehr wohltuend sein, an freien Tagen Ihre Kreativität zu fördern: malen, musizieren, basteln, die Wohnung umstellen oder neu einrichten, gute Filme sehen oder Bücher lesen.

Die Zweisamkeit genießen. Freizeit sollte keinen Stress, sondern Freude und Entspannung bereiten. Dazu gehört auch, sich wieder einmal auf den Partner einzulassen und mit ihm gemeinsam die Zweisamkeit zu genießen. Wie wäre es deshalb mit einem schönen Theaterbesuch in passendem Outfit mit einem anschließenden Essen in einem Restaurant? Aber auch ein neuer und angesagter Film im Kino kann zu einem gemeinsamen Erlebnis werden, das wir uns eventuell öfter leisten sollten. Jeder hat seine Meinung über den Film, und bei einem anschließenden Besuch in einer kleinen Bar lässt sich trefflich über die Qualität und die „Botschaft“ des Streifens diskutieren.

Ebenso schön ist es, an einem ruhigen Wochenende einfach durch die Stadt zu streifen und ein bisschen zu bummeln, hier ein Eis zu schlecken und dort eine Kleinigkeit zu kaufen. Oder sehen Sie gerne die Bilder und Skulpturen alter oder moderner Meister, oder hören Sie gerne Musik mal live und nicht aus dem CD-Player? Dann besiegen Sie die allabendliche Langeweile und Tristesse vor dem Fernsehgerät, und genießen Sie gemeinsam einen kulturellen Ausflug. Dieser belebt Geist und Sinne …

Familienausflüge – aber richtig

Mit diesen 5 Tipps sorgen Sie für die richtige Erholung Ihrer Lieben

Das Wandern ist (nicht nur) des Müllers Lust ... Wandern zu gehen ist nicht altmodisch, sondern kann ein großer Spaß für die ganze Familie sein. Dabei können Kinder ihren Bewegungsdrang abreagieren, viel Neues entdecken und die Natur erforschen. Die richtige Vorbereitung einer Wandertour ist jedoch unerlässlich. Das fängt bei der Auswahl des Ziels und der richtigen Route an. Die Route sollte zur Leistungsfähigkeit der gesamten Familie passen und niemanden überfordern. Bedenken Sie, dass Kinder dieselbe Strecke oft zwei- oder dreimal zurücklegen, weil sie dauernd vor- und zurücklaufen. Wählen Sie bei Ausflügen deshalb keine zu steilen An- und Abstiege.

Lohnende Ziele finden. Attraktiv sind Bergwanderungen durch abwechslungsreiche Natur, Almhütten bieten willkommenen Anlass zu Verschnaufpausen. Legen Sie rechtzeitig und häufiger kurze Pausen ein, damit der Spaß am Bergwandern nicht verfliegt und Zeit zur Erholung und zum Rumtollen bleibt. Reizvoll für Kinder sind überdies Fahrten mit dem Berglift, wo atemberaubende Panoramen bestaunt werden können, oder eine Wanderung zu einem attraktiven Ziel wie einem Bauernhofmuseum. Doch auch im flachen Land bieten sich viele attraktive Wanderziele, die mit dem Besuch eines Spielplatzes im Wald, eines schönen Badesees, eines Ponyhofs oder Streichelzoos verbunden werden können.

Achten Sie auf die richtige Ausrüstung. Was zählt dazu? Elke Homburg, Autorin von Reiseführern und des Online-Ratgebers www.familienhandbuch.de, rät: „Schweres Gepäck erschwert das Laufen. Wenn man jedoch nicht an die richtige Ausrüstung gedacht hat, ist schnell der ganze Ausflug verdorben. Eine anständige Brotzeit, Getränke und kleine Snacks für unterwegs gehören immer in den Rucksack. Kinder haben immer dann Hunger oder Durst, wenn weit und breit weder Kiosk noch Wirtshaus zu sehen sind. Außerdem ist das Picknick ein Höhepunkt jeden Ausflugs. Mit den richtigen Schuhen wandert es sich besser. Bequem und gut eingelaufen soll der Wanderschuh sein, eine Profilsohle haben. Für Bergwanderungen sind knöchelumfassende Schuhe ein Muss. Da Kinder schneller frieren und schwitzen als Erwachsene, tragen sie am besten ‚Zwiebellook', damit sie sich bei Bedarf ‚häuten' können. Sonnenschutz ist genauso wichtig wie Regenzeug. Gerade in den Bergen kann das Wetter blitzschnell umschlagen. Sind kleinere Kinder mit von der Partie, gehört immer Ersatzkleidung ins Gepäck. Der ganze Tag ist verdorben, wenn einer der kleinen Wanderer beim Spielen im Bach oder auch nur in einer Pfütze landet. Pflaster helfen bei kleinen Wunden, und ein Fernglas ist immer eine feine Sache. Eine Wanderkarte ist zumindest bei größeren Touren ratsam." Nehmen Sie ein Pflanzenbestimmungsbuch mit, und erklären Sie die Wanderung zur Forschungsexpedition. Wer entdeckt als Erster eine Silberdistel? Ist der Fingerhut giftig oder nicht? Im Herbst kann das Sammeln der bunt gefärbten Blätter von Laubbäumen viel Spaß machen. Daheim werden die Schätze dann für Basteleien gepresst.

Lernen Sie den „Kinderblick" und die „Magie im Alltag". Wollen Sie Ihre Kinder häufiger dazu bewegen, das kuschelige Wohnzimmer und den Platz vor dem Fernsehgerät am Wochenende zu verlassen, sollten Sie den „Kinderblick" lernen, den Ihre Kleinen bei gemeinsamen Ausflügen genießen können. Nach Elke Homburg kann dies nur gelingen, wenn Erwachsene beherzigen, dass das Erlebnis vor dem Ergebnis kommt: „Für die kleinen Attraktionen am Wegesrand muss reichlich Zeit eingerechnet werden. Es muss Zeit bleiben, um die Steine im Flussbett in Ruhe zu untersuchen, zum Balancieren auf Baumstämmen, um Käfer und Pflanzen im wahrsten Sinne des Wortes unter die Lupe zu nehmen. Wenn man sich auf den Kinderblick einlässt, den Flusskiesel in Edelsteine verwandelt und Blätter in Kunstwerke, findet man selber auch wieder ein Stück Magie im Alltag." Dazu gehören die folgenden Grundregeln:

- Beim Unterwegssein in der Gruppe gilt grundsätzlich: Der Schwächste macht das Tempo, bestimmt den Schwierigkeitsgrad und die Pausen.
- Bergauf sollten Kinder vorangehen und das Tempo angeben.
- Bergab geht besser ein Erwachsener voraus und verhindert das bei Kindern beliebte „Rennen ins Tal", das oft zu Unfällen führt und Wirbelsäule sowie Beingelenke übermäßig stark belastet.
- Kommt auf längeren Strecken trotz bester Planung die Motivation abhanden, sorgen Ratespiele und Sammelaktionen (Tannenzapfen, Blätter, Steine) für Abwechslung. Spielen Sie Verstecken im Wald, und nehmen Sie einen Ball mit.
- Höchstes Vergnügen kann es den Kindern auch bereiten, wenn die Eltern Geschichten erzählen – von Berggeistern und Waldschraten, Feen, Zwergen und Wichteln.

Für Anregungen zum Wandern und die richtige Auswahl attraktiver Routen für kleinere und größere Kinder empfehlen sich die Internetadressen der Deutschen Wanderjugend (www.wanderjugend.de) sowie des Deutschen Alpenvereins (www.alpenverein.de).

Regentage zu Erlebnistagen machen. Wenn es regnet und sich ein Ausflug in die Natur aufgrund des eventuell kalten und nassen Wetters verbietet, heißt das nicht, dass jetzt Fernsehgerät und Computerspiele Dauereinsatz haben, weiß Elke Homburg weiter. Im Gegenteil! Schauen Sie nach in der Internetpräsentation Ihres Wohnorts, und Sie werden mit Sicherheit fündig: Gibt es beispielsweise interessante Museen für Kinder, wie Naturkunde- oder Technikmuseen, die die angeborene Neugier der Kleinen befriedigen können? Präparierte oder lebende Tiere (Schlangen, Insekten und vieles mehr) sind höchst interessant, oder Ausstellungen mit Maschinen, Oldtimern oder Flugzeugen. Ebenso faszinierend kann der Besuch einer Sternwarte sein, wo Kinder einen Blick durch ein Teleskop riskieren können und der Aufbau unseres Sonnensystems erklärt wird.
Selbstverständlich bieten auch die überdachten Tiergehege von Zoos bei Regentagen interessante Ausflugsziele oder Besuche von Kindertheatern und Puppenspielen. Und wenn sich an Ihrem Wohnort kein attraktives Ausflugsziel finden will, bleibt immer noch das Kino, wo ein kind- und altersgerechter Film für Abwechslung sorgt. ◂

Nichts ist schöner - wenn die Vorbereitung stimmt

Eine Ferienreise planen

16 Empfehlungen, um den perfekten Urlaub ohne Pannen zu genießen

Unbeschwert planen – aber mit Reiserücktrittsversicherung. Eine Wissenschaft müssen Sie aus Ihrer Reisevorbereitung zwar nicht gerade machen, die folgenden Tipps der Reiseexperten von www.betravel.de und anderen Institutionen sollten Sie jedoch bei der Buchung und in den Wochen vor Antritt der Reise beachten.
So kann es immer passieren, dass Sie aus dringenden beruflichen oder privaten Gründen Ihre Reisepläne plötzlich über Bord werfen müssen. Da ist es gut, wenn Sie z. B. bei der Buchung einer Flugreise mit anschließendem Hotelaufenthalt eine Reiserücktrittsversicherung abgeschlossen haben, die Ihnen gegen eine vergleichsweise geringe Gebühr erlaubt, die Reise zu stornieren.

Lassen Sie sich vom Arzt beraten. Benötigen Sie einen neuen Impfschutz, bzw. müssen Sie Ihren Impfschutz auffrischen? Viele Menschen vergessen, dass ihr Impfschutz, z. B. für Wundstarrkrampf (Tetanus) in bestimmten Zeitabschnitten erneuert werden muss. Besprechen Sie mögliche und erforderliche Impfungen mit Ihrem Hausarzt besonders dann, wenn Sie in tropische Länder und Zonen reisen: Hier drohen Malaria, Gelbfieber oder Hepatitis. Denken Sie jetzt schon daran, dass Sie eventuell auch im Urlaub bestimmte Medikamente mitführen müssen, und besorgen Sie sich diese rechtzeitig (blutdrucksenkende Präparate, Spezialmedikamente für Allergiker etc.).

Gut versichert im Ausland. Schließen Sie gegebenenfalls eine Auslandskrankenversicherung ab, bzw. beantragen Sie einen Auslandskrankenschein. Arzt- und Krankenhauskosten können im Ausland wesentlich höher sein und müssen oft sofort bezahlt werden. Schließen Sie deshalb eine preiswerte Zusatzversicherung ab, falls Ihre Krankenkasse für die Kosten im Ausland und für einen dringend erforderlichen Heimtransport aus medizinischen Gründen nicht aufkommt.

Sicher ist sicher. Nichts ist unangenehmer, als von Zahnschmerzen geplagt, in einem fremden Land einen Dentisten aufsuchen zu müssen. Ziehen Sie also Ihren Zahnarztbesuch vor. Denken Sie auch an eventuell erforderliche Sehhilfen, die beschädigt oder verloren werden können, und besorgen Sie sich eine Ersatzbrille bzw. -kontaktlinsen.

Informieren Sie sich genau über die Einreiseformalitäten. Überprüfen Sie Ausweispapiere (brauchen Sie einen Reisepass oder genügt der Personalausweis?) und Dokumente auf Gültigkeit! Prüfen Sie, ob das Visum der beantragten Aufenthaltsdauer entspricht. Welcher Impfschutz gilt im Zielland? Welche Vorschriften gelten für Haustiere? Informieren Sie sich frühzeitig bei der Botschaft des betreffenden Landes über die aktuellen Einreise- und Aufenthaltsvorschriften sowie über Ein- und Ausfuhrbestimmungen für elektronische Geräte, Antiquitäten, Kulturgüter etc.

Elterlicher „Freibrief" für alleinreisende Kinder und Jugendliche. Reisen Minderjährige allein oder in Begleitung nur eines Elternteils, brauchen sie in manchen Ländern eine besondere Reiseerlaubnis der Eltern oder des nicht mitreisenden Elternteils! Die Botschaft des Ziellands erteilt dazu Auskunft.

GEHEIMWAFFE

Taxifahrer

Mark Reinhard, viel beschäftigter Manager eines großen Konzerns, ist fast jeden Monat auf Geschäftsreisen in der ganzen Welt unterwegs. Dabei bleibt ihm nur wenig Zeit zur Vorbereitung dieser Trips.

„Ich verlasse mich immer auf die Taxifahrer", sagt Reinhard. „Diese sind immer bestens darüber informiert, wo man gut essen oder übernachten kann und welche Sehenswürdigkeiten man nicht verpassen sollte."

Nicht selten haben Taxifahrer auch Absprachen mit Hotels und Gaststätten, die sie ihren Kunden empfehlen. Das kann für Sie von Vorteil sein, wenn es sich um einen echten „Geheimtipp" handelt oder Sie aufgrund der Empfehlung dort besonders günstige Konditionen bekommen. Aber Vorsicht: Eventuell ist das Etablissement auch ganz und gar nicht nach Ihrem Geschmack!

Welche Finanzmittel wollen Sie mitnehmen? Denken Sie rechtzeitig an die Beantragung neuer Kreditkarten (falls diese nicht noch mindestens sechs Monate Gültigkeit haben) und die Mitnahme von Reiseschecks und/oder Devisen. Klären Sie ab, welche Zahlungsmittel verwendet werden können und ob Ein- und/oder Ausfuhrbeschränkungen für die Höhe Ihrer jeweiligen Barschaft bestehen.

Informieren Sie sich eingehend über Ihr Reiseziel. Andere Länder – andere Sitten! Wer dies nicht berücksichtigt, muss damit rechnen, von Einheimischen mit Temperament und Nachdruck darauf hingewiesen zu werden. Dass man in südlichen Ländern nicht gerade eine gute Figur macht, wenn man mit kurzen Hosen oder schulterfreien Oberteilen Kirchen besichtigt, dürfte sich herumgesprochen haben. Dringend zu empfehlen ist ein genaues Studium von Reiseführern vor allem bei Trips in islamische Länder, wo kardinale Fehler bei Nichtbeachtung der Bekleidungsvorschriften gemacht werden können, z. B. das Betreten einer Moschee in Straßenschuhen.

Wichtige Papiere kopieren. Kopieren Sie alle Reiseunterlagen und Dokumente, die Sie mitführen müssen, und deponieren Sie die Kopien nicht am selben Ort wie die Originale. So können Sie im Fall des Verlusts nachweisen, dass Sie zuvor über die Dokumente verfügt haben.

Diebischen Elstern keine Chance! Besprechen Sie mit Nachbarn oder Bekannten, regelmäßig nach Ihrer Wohnung zu schauen und den Briefkasten zu leeren. Bitten Sie diese auch, bei Eintritt der Dunkelheit manche Rollos zu schließen und morgens wieder zu öffnen, um eventuellen diebischen Kundschaftern gegenüber den Schein Ihrer Anwesenheit aufrechtzuerhalten. Gut ist es auch, wenn Sie sich eine Zeitschaltuhr anschaffen, die z. B. im Wohnzimmer eine Leuchte zu einer bestimmten Uhrzeit an- und nach einigen Stunden wieder abschaltet.

Erreichbar bleiben. Erstellen Sie für Daheimgebliebene eine Liste mit Telefonnummern, unter denen Sie am Urlaubsort zu erreichen sein werden. Prüfen Sie, ob Ihr Mobiltelefon eventuell fürs Ausland „frei geschaltet“ werden muss und/oder unter welchen Bedingungen Sie am Ferienort damit telefonieren können und erreichbar sein werden. Hinterlegen Sie bei Familienangehörigen und/oder Freunden einen Reiseplan und Kontaktadressen sowie die Nummern von Reisedokumenten und Versicherungen. Dies gilt besonders für spontane und junge „Abenteuerreisende“, die beispielsweise während der Semesterferien ferne Kontinente bereisen wollen. Hier ist es gut, Zeitkorridore festzulegen (z. B. zwischen dem 12. und 15. Juli), für die man mit Angehörigen ein Telefongespräch verabredet.

Die Papierflut eindämmen. Veranlassen Sie, dass Ihre Tageszeitung abbestellt wird bzw. Ihnen an den Ferienort nachgesendet wird. Wenn niemand bei Ihnen den Briefkasten leert, ist es auch empfehlenswert, Ihre Post während des Urlaubs beim Postamt lagern zu lassen.

Outfit für den Notfall. Bereiten Sie eine kleine Handtasche mit einem Extrasatz Ihrer Kleidung vor. Wenn Ihr Gepäck z. B. bei einer Flugreise nicht ankommt, haben Sie so Ersatzkleidung dabei, bis Ihre Tasche schließlich an-

So geht's: **Reisefertig sein und alles arrangiert haben**

- ☐ Leeren Sie Ihren Kühlschrank. Sie wollen nach längerer Abwesenheit sicher nicht von verschimmelten Lebensmitteln „begrüßt" werden! Haben Sie eventuelle Liefertermine für Getränke oder Sonntagsbrötchen für die Zeit Ihrer Abwesenheit abgesagt?
- ☐ Verschließen Sie Wertgegenstände in der Wohnung. Denken Sie daran, eventuell Unterlagen und Dokumente, die niemand sehen soll, zu verschließen bzw. wegzuräumen.
- ☐ Schalten Sie gegebenenfalls Ihren Anrufbeantworter beim Festnetztelefon ein. Achtung! Verzichten Sie auf einen freundlichen Hinweis wie: „Vom soundsovielten bis soundsovielten bin ich in Ferien..." Das beruhigt Freunde – freut aber auch potenzielle Diebe ... Schalten Sie Elektrogeräte vollständig aus, sonst verbrauchen die Stand-by-Schaltungen von TV, Stereoanlagen und Radio etc. unnütz Strom.
- ☐ Schalten Sie Ihre Heizung aus – oder auf Sparbetrieb um.
- ☐ Verschließen Sie sorgfältig alle Türen und Fenster. Als Hausbesitzer denken Sie besonders an Kellerfenster und alle Zugänge im Außenbereich!
- ☐ Ihre Haustiere und Pflanzen werden versorgt? Nachbarn oder Bekannte, die sich um Haustiere kümmern, wissen genau Bescheid, was das richtige Futter und besondere Vorlieben oder Eigenarten der Hausgenossen betrifft? Haben Sie, als Besitzer eines Aquariums, an eine ausreichende Nährstoffversorgung gedacht?
- ☐ Geben Sie Ihre Schlüssel bei einer Vertrauensperson ab.
- ☐ Vergessen Sie jetzt nicht, die vorbereitete Liste mit Telefonnummern und gegebenenfalls Ihren Reiseplan bei Ihrer Vertrauensperson zu hinterlegen.
- ☐ Befinden Sich Ihre Dokumente und Ihre Finanzmittel an einem möglichst sicheren Ort (Geldkatze, Brustbeutel etc.)? Vermeiden Sie es, Ihre Barschaft, Kredit- und Scheckkarten sowie Schecks und Travellerchecks an einem einzigen Ort zu deponieren, und teilen Sie Ihre Finanzmittel deshalb auf.
- ☐ Haben Sie Ihre Reiseapotheke (siehe S. 347) dabei, und ist diese mit allen Medikamenten und Präparaten ausgestattet, die Sie benötigen?

kommt oder bis Sie, im schlechtesten Fall, neue Kleidung am Urlaubsort besorgt haben.

Gepäck vorausschicken. Der eine kann die Koffer nicht mehr tragen, der andere hat keinen Platz im Cabrio, der Dritte bringt die unhandliche Sportausrüstung nicht mehr unter. Da hilft ein Urlaubsgepäckservice: Golftaschen, Fahrräder, Surfbretter und anderes Reisegepäck wird für Sie schon vorab zum Hotel, Flugplatz oder zum Kreuzfahrtschiff gebracht und auf Wunsch auch bereits aufgegeben. Informationen zu diesem Service finden Sie unter:

- Hermes Logistik Gruppe Reisegepäckservice: Tel. 0900/1 31 12 11, www.hlg.de

- DGL Deutsche Gepäcklogistik: Tel. 0800/2 11 02 12 oder 040/52 10 22 00, www.schwerelosreisen.de oder www.kofferversandshop.de.

Bei beiden Anbietern heißt es: rechtzeitig ans Kofferpacken denken. Sie kalkulieren mit ein bis vier Tagen Lieferzeit, je nach Ziel. Buchen kann man nicht nur am Telefon oder im Internet, sondern auch im Reisebüro.

Last-Minute-Reisen für Kurzentschlossene. Wer flexibel in seiner Urlaubsplanung ist, kann manchmal ein echtes Schnäppchen bei der Buchung machen. Damit es auch wirklich schöne Ferien werden, sollten Sie die folgenden neun Tipps der Experten von Plattform www.lastminute.de beherzigen:

- Eine richtige Last-Minute-Reise muss zwei Kriterien erfüllen: Erstens darf die Reise nicht eher als 14 Tage vor Reisebeginn buchbar sein, und zweitens muss das Angebot unter dem Katalogpreis liegen.
- Der „Verband Internet Reisevertrieb" (VR) hat ein TÜV-Siegel, das ihn zur Einhaltung bestimmter Qualitätsstandards verpflichtet. Mitglieder des Verbands sind am TÜV-Siegel bzw. am VR-Logo zuerkennen. Hier ist also „gut buchen".
- Vergleichen Sie immer die Preise und Konditionen von Reisebüros, Internetanbietern und Last-Minute-Schaltern am Flughafen. Achtung: Manche sogenannte „Last-Minute-Schnäppchen" sind Katalogpreise.
- Keine „Katze im Sack" kaufen! Überprüfen Sie die gesamten Leistungen des Last-Minute-Pakets, und begnügen Sie sich nicht mit Auskünften wie: „Da ist schon alles mit dabei."
- Last-Minute-Reisen können preiswert sein, müssen deshalb aber nicht immer zu den schönsten Reisezielen führen. Informieren Sie sich deshalb zuvor über die Umgebung.
- Last-Minute-Angebote außerhalb der Saison und den üblichen Ferienzeiten können noch preiswerter als ohnehin schon sein.
- Bezahlen Sie nie, ohne den sogenannten „Sicherungsschein" erhalten zu haben. Er dient als Garantie, dass z. B. auch bei einer Insolvenz des Veranstalters die Reise trotzdem durchgeführt wird.
- Wenn Sie weniger als sieben Werktage vor Antritt der Reise buchen, ist der Veranstalter nicht dazu verpflichtet, Ihnen eine Buchungsbestätigung per E-Mail zuzusenden. Er kann die Bestätigung auch zusammen mit den Reiseunterlagen am Flugschalter hinterlegen. Bezahlen Sie Ihre Reise also keinesfalls, bevor Sie diese Unterlagen komplett erhalten haben.
- Angebote im Internet finden Sie z. B. unter www.lastminute.de/Top-Angebote, www.abclastminute.de oder www.superlast-minute.de.

Tipps für eine Kreuzfahrt. Wer andere Singles kennenlernen möchte, wählt am besten ein Clubschiff. Wer aber das Meer und Inseln genießen möchte, entscheidet sich eher für ein Segelschiff. Eine Innenkabine mittschiffs ist eine gute Wahl, wenn man leicht seekrank wird. Eine Kabine neben der Rezeption, dem Fahrstuhl oder der Küche ist tendenziell lauter. Landausflüge sollten erst kurz vor dem Start der Reise gebucht werden – das ist meist preiswerter. Sparen kann man durch Frühbucherrabatte, oft bis zu 15 %. ◂

BESTENS *versorgt* mit der Reiseapotheke

Eine Reiseapotheke ist der Helfer für Notfälle und unentbehrlich zur Selbstversorgung bei kleineren Verletzungen oder Erkrankungen. Wenn Sie nicht gerade eine Abenteuerreise planen, ist zwar alles Notwendige auch am Urlaubsort erhältlich, aber wer möchte schon in den Ferien seine Zeit bei fremden Ärzten und auf der Suche nach Apotheken verbringen? Überprüfen Sie, ob Sie an alles gedacht haben.

„Persönliche" Medikamente

Eigentlich eine Selbstverständlichkeit: Wer unter einer chronischen Erkrankung wie z. B. erhöhtem Blutdruck, Diabetes, Allergien etc. leidet, sollte sich rechtzeitig mit seinen gewohnten Medikamenten eindecken, um sich nicht im Urlaub auf ein neues Mittel umstellen zu müssen. Dies gilt eventuell auch für Verhütungsmittel, falls Sie nicht gerade Nachwuchs planen. Jeder hat seine „Achillesferse" – sei es der regelmäßig nach einer Flugreise einsetzende Kopfschmerz oder der nach dem ersten Sonnenbad ausbrechende Lippenherpes. Denken Sie an die „typischen" Beschwerden Ihrer Mitreisenden, und nehmen Sie die Mittel mit, die sich dabei bewährt haben.

Bei Reisen mit dem Schiff oder dem Auto

„Mir ist schlecht!" ist bei Autoreisen der häufige Alarmruf vom Kindersitz. Aber auch Erwachsene können eine Seereise bei bewegtem Meer oft nur sehr eingeschränkt genießen. Beugen Sie rechtzeitig vor, und nehmen Sie Mittel gegen Reise- und Seekrankheit mit.

Bei Reisen in die Tropen oder andere Feuchtgebiete

Wenn Sie in skandinavischen Ländern oder in tropischen Regionen unterwegs sind, sorgen Sie für ausreichende Mengen an Insektenschutzmitteln. Lassen Sie sich dazu beizeiten zu Hause beraten, da manche Sprays und/oder Salben nicht ausreichend genug vor Moskito-Attacken schützen!

Beschwerden durch ungewohnte Gaumenfreuden?

Da Magen- und Darmverstimmungen zu den häufigsten „Pannen" im Urlaub zählen, sollten Sie unbedingt dagegen gerüstet sein. Besonders Kinder und ältere Menschen geraten bei Erbrechen und/oder Durchfall rasch in alarmierende Schwächezustände. Elektrolytlösungen und Durchfallmittel gehören deshalb ins Urlaubsgepäck. In leichten Fällen hat sich vor allem bei Kindern die „Behandlung" mit Colagetränken und Salzstangen bewährt: Erstere bekommt man überall, aber eine Tüte Salzgebäck haben Sie besser im Gepäck dabei. Bei empfindlichem Magen ist auch ein Mittel gegen Sodbrennen (Säurehemmer) zu empfehlen.

Damit auch die Haut ungetrübten Urlaub hat

Denken Sie unbedingt daran, Sonnenschutz mit einem ausreichend hohen Schutzfaktor (20 plus) einzupacken sowie ein kühlendes After-Sun-Gel. Salben zur Behandlung von Juckreiz (bei Insektenbissen) oder gegen Sonnenbrand sollten ebenfalls mit auf die Reise. Augentropfen helfen bei Bindehautreizungen durch Staub oder zu viel Sonne. Wer an seinem Urlaubsort eher mit Kälte und Wind zu rechnen hat, sollte eine fettreiche Schutzcreme für Gesicht und Lippen dabeihaben.

Was immer mit muss

Schmerz- und Fiebermittel, ein digitales Fieberthermometer, Heftpflaster, Mullbinden, Wundauflagen und elastische Binder, antiseptische Wundsalbe.

Reisebuchung im Internet

5 Tipps von Reiseprofis zu den Vor- und Nachteilen der Onlinevariante

Sparen, aber auch Risiken sehen. Wie für viele Bereiche des täglichen Lebens, bietet das Internet auch für die Buchung einer Reise oder der Familienferien ungezählte Angebote und Möglichkeiten. Sie können ganz gemütlich von zu Hause aus viele Urlaubs- und Reiseziele in Ruhe betrachten und auskundschaften, sich Tipps für Sehenswürdigkeiten holen – und oft auch Geld sparen. Ganz klar: Beim Surfen im Netz steigt das Reisefieber! Gute „Anlaufadressen" im Internet, um sich erste Eindrücke zu holen, die eventuell die Entscheidung bei der Frage „Wohin und wann?" erleichtern, finden Sie z. B. unter www.weltbericht.de oder www.touristiklinks.de. Gute weiterführende Informationen bietet die Website www.bonvoyage-online.de, die Vor- und Nachteile von Internet- und Reisebürobuchungen miteinander vergleicht.

Erst mal die Angebote richtig einschätzen. Grundsätzlich sollten Sie, bevor Sie eine Reise im weltweiten Netz buchen, sich bewusst machen, dass Sie Pauschalangebote, wie Last-Minute und die berühmten „All-inclusives" im Reisebüro etwa zu den gleichen Konditionen wie im Internet erhalten. Hier gibt es lediglich punktuelle Unterschiede, beispielsweise bei Aktionen. Es kann sogar sein, dass Sie eine Pauschalreise im Reisebüro preiswerter buchen können, weil hier Profis das jeweils günstigste Angebot für Sie suchen.
Planen Sie jedoch eine individuelle Reise, und wollen Sie Ihren Flug, vor allem einen Billigflug, das Hotel und eventuell einen Mietwagen getrennt buchen, dann kann das Reisebüro kaum noch mithalten. In diesem Fall suchen Sie sich die Schnäppchen und Sonderangebote von verschiedenen Anbietern heraus und nutzen Angebote, auf die das normale Reisebüro keinen Zugriff hat. Wichtig dabei ist, dass Sie, obwohl Sie im Internet eventuell auf ein „supergünstiges" Angebot gestoßen sind, niemals sofort buchen, sondern das Angebot trotzdem mit anderen im Netz und mit dem eines Reisebüros vergleichen – es lohnt sich immer!

Es gibt kaum Beratung. Während Sie im Internet die Preise direkt vergleichen und das günstigste Angebot buchen können, erhalten Sie allerdings kaum fachliche Beratung über das Hotel, den Reiseveranstalter oder die Zielregion. Solche unabhängigen Beurteilungen von Hotels und Ferienanlagen können Sie mühelos nachschauen bei:

- www.hoteltrend.de
- www.hotelcheck.de/hotelbewertungen
- www.hotelbewertung.de
- www.last-minito.de/hotelbewertung/hotelchecker.htm
- www.travel-and-guide.de/cms_hotelsearch.html.

Zudem kann der Vergleich unterschiedlicher Angebote im Internet aufgrund der Vielzahl von Flügen, Hotels, Mietwagenkonditionen etc. zeitaufwendig sein. Sie sparen im Internet zwar die Provision für das Reisebüro, nicht wenige vermeintliche Schnäppchen im Netz entpuppen sich später jedoch als gar nicht so attraktiv. Ein Reinfall, der sich vermeiden läßt.

Gibt es versteckte Aufpreise? Bedenken sollten Sie zudem, dass einige Reiseanbieter im Internet für eine telefonische Buchung ebenfalls eine Bearbeitungsgebühr verlangen und manchmal außerdem teure „Hotlines" anbieten, die bei Rückfragen zu einer Reisebuchung angerufen werden müssen. Sie müssen also damit rechnen, dass bei manchem „Super-Mega-Günstigangebot" noch ein „dickes Ende" nachkommen kann.

Günstig: „Bausteine" buchen. Richtig Geld sparen können Sie online bei der Buchung von sogenannten „Reisebausteinen": Sie buchen den jeweils günstigsten Flug bei der Airline X, das günstigste Hotel Y in Ihrer Zielregion und den günstigsten Mietwagen beim Autoverleiher Z.

Probleme mit der Haftung. Im Gegensatz zu einer Pauschalreise sind rechtliche Ansprüche im Falle von Komplikationen kaum einklagbar. Buchen Sie Bausteine, haben Sie es jeweils mit verschiedenen Anbietern zu tun und können nicht immer jemanden haftbar machen, wenn beispielsweise der Transfer vom Flugplatz zum Hotel nicht richtig klappt und Sie hohe Taxikosten zusätzlich bezahlen müssen. Gering sind Ihre Aussichten auf Entschädigung darüber hinaus, wenn Sie beispielsweise mit der Unterbringung im Hotel unzufrieden sind und ein Alternativhotel verlangen. Ferner sind Schadensersatzforderungen gegenüber ausländischen Unternehmen, z. B. Hotelbetreibern, Reiseveranstaltern und Mietwagenunternehmen, schwer durchzusetzen und mit hohen Anwaltskosten verbunden.

Die zehn sichersten Fluggesellschaften der Welt

DER EXPERTE RÄT

Deutsche Charter- und Billigflieger gehören zu den sichersten Fluggesellschaften der Welt. Dies ergab eine Untersuchung des Unfall-Untersuchungsbüro JACDEC, das eine Rangliste der 50 größten und umsatzstärksten Airlines erstellte. Hier die „Hitliste" der zehn Airlines, die in puncto Sicherheit am besten abgeschnitten haben:

1. **Quantas**
2. **Finnair**
3. **Cathay Pacific**
4. **All Nippon Airways**
5. **LTU**
6. **Germania**
7. **Air Berlin**
8. **Virgin Atlantic Airways**
9. **Emirates**
10. **Ryanair**

Wie man seine Reise online bucht und dies nicht bereut

DER EXPERTE RÄT

Falls Sie sich dazu entschließen, online zu buchen, empfehlen die Experten von bonvoyage-online.de, das Risiko zu minimieren und die folgenden Schritte genau zu beachten:

- **Sichere Internetverbindung:** Dies ist die Voraussetzung für die Übermittlung Ihrer persönlichen Daten (Kreditkartennummer, Bankdaten etc.). Eine verschlüsselte Internetverbindung ist über die „https-Kennzeichnung" in der Adresszeile und durch das geschlossene Schloss-Symbol im Browser zu erkennen. Dieses Symbol wird z. B. beim Internet Explorer und Firefox unten rechts und beim Browser Opera oben in der Adresszeile des Browsers eingeblendet.
- **Allgemeine Geschäftsbedingungen (AGB):** Lesen Sie die AGB vor Vertragsabschluss durch, diese sollten leicht verständlich formuliert sein und nicht gegen das Gesetz verstoßen. Dies ist für den Laien nicht ohne Weiteres ersichtlich: Vergleichen Sie sie mit den AGB im Katalog eines renommierten Veranstalters, wenn Ihnen Formulierungen „spanisch" vorkommmen. Vor allem dem Punkt „Stornokosten" sollte besondere Beachtung geschenkt werden. Eine pauschale Stornogebühren-Regelung ist bei einem Veranstalter unzulässig, der unterschiedliche Arten von Reisen anbietet. Denn die Stornogebühr hat sich grundsätzlich an den Aufwand anzulehnen, der dem Veranstalter durch den Reiserücktritt entsteht. Drucken Sie die AGB für den Reklamationsfall aus, und speichern Sie diese zusätzlich auf der Festplatte Ihres Computers ab.
- **Versteckte Kosten bei der Onlinebuchung:** Oftmals sind bei einer Onlinebuchung Zusatzleistungen (z. B. Reiseversicherungen, Mietwagen etc.) in Kontrollkästchen vorab aktiviert, bzw. durch geschickte Formulierung wird der Onlinebuchende dazu verleitet, einen Vertrag zu einer nicht erwünschten Leistung abzuschließen. Kontrollieren Sie alle Angaben genau, und deaktivieren Sie Kontrollkästchen mit einer nicht erwünschten Leistung sofort. Dies gilt besonders dann, wenn der Internetanbieter im Buchungsformular nach der Erlaubnis für die Weitergabe Ihrer Daten fragt.
- **Datensicherung:** Drucken Sie nach der Internetbuchung folgende Informationen aus, und speichern Sie diese zusätzlich ab:
  - Informationen über die Reisezeit (Flugzeiten, Transferzeiten etc.)
  - Flugnummer (die Buchungsnummer)
  - Name und Anschrift des Hotels, ferner die Telefonnummer und gegebenenfalls die Internetadresse der Unterkunft
  - Telefonnummern und Namen von Ansprechpartnern im Urlaubsgebiet
  - Anschrift und Telefonnummer des Anbieters.
- **Zahlung von Rechnungen:** Reiseexperten raten, dass keine Pauschalreise bezahlt werden sollte, bevor ein sogenannter „Sicherungsschein" ausgestellt wurde. Bei Onlinebuchungen mit einer Kreditkartenzahlung ist es oft nicht möglich, dass vor dem Bezahlvorgang die Ausstellung eines Sicherungsscheins abgewickelt wird. Deshalb sollten Sie darauf achten, dass spätesten nach fünf Arbeitstagen bei Ihnen ein Sicherungsschein eingegangen ist.
- **Zahlungen ins Ausland:** Falls Sie Zahlungen ins Ausland leisten müssen, z. B. Anzahlungen für Ferienwohnungen, Miete für ein Auto oder ein Boot, sollten Sie vorher recherchieren, ob der Geldempfänger auch der berechtigte Anbieter der gebuchten Reiseleistung ist. Suchen Sie z. B. in offiziellen Webseiten der Ferienregion, Branchen-, Telefonbuch etc. nach der genauen Postadresse des Geldempfängers, bzw. lassen Sie sich diese per E-Mail bestätigen.

Geschäftlich unterwegs

14 Tipps für entspannte Flugreisen

Rechtzeitig aufbrechen und entspannt losfliegen. Viele Menschen sind häufiger mit dem Flugzeug unterwegs, als es ihnen lieb ist. Die Geschäftsreiseexperten des Verlags für die Deutsche Wirtschaft (www.vnr.de) raten: Stress vermeiden können Sie vor allem, wenn Sie beizeiten und nicht „auf den letzten Drücker" zu Ihrer Reise aufbrechen. Gewöhnen Sie es sich an, 25 bis 50 % der Zeit, die Sie zur Fahrt zum Flughafen einkalkulieren, als zusätzlichen „Zeitpuffer" einzuplanen. Wie oft stehen Sie im Stau und geraten in Aufregung, weil Sie befürchten, Ihre Maschine nicht mehr zu schaffen! Das ist Stress, den Sie vermeiden können.

Beachten Sie die Securitychecks am Airport. Informieren Sie sich im Vorfeld, wie groß Ihr Handgepäck sein darf. Im Regelfall darf ein Gepäckstück mit den Maßen 56 cm x 45 cm x 25 cm mit an Bord genommen werden. Je nach Fluggesellschaft können aber andere Regelungen gelten.

Bedenken Sie, dass gemäß der neuen EU-Handgepäckverordnung nur noch bestimmte Mengen an Flüssigkeiten mit ins Flugzeug (in einer transparenten Plastiktüte) mitgenommen werden dürfen. Alle Kosmetika und sonstigen Flüssigkeiten geben Sie nicht ins Handgepäck, sondern in den Koffer. Wenn Sie elektronische Geräte wie ein Laptop und/oder einen Minicomputer (Organizer, Handheld o. Ä.) mitführen, müssen Sie damit rechnen, dass die Geräte beim Eintritt in den Sicherheitsbereich überprüft werden. Insgesamt hat sich der Zeitbedarf durch die erhöhten Sicherheitsprüfungen vergrößert.

Wirklich praktisch – der Online-Check-in. Manche Airlines bieten einen Online-Check-in unter bestimmten Bedingungen an. Die Bordkarte kann dann zu Hause schon ausgedruckt werden und man muss sich nicht mehr in die Check-in-Schlange einreihen.

Vorabend-Check-in und Übernachtung im Flughafenhotel. Wenn es morgens früh losgeht, ist es empfehlenswert, ein Flughafenhotel mit „Park, Sleep and Fly"-Angebot zu buchen. Zusätzlich zur Übernachtung im Hotel können Sie Ihren Wagen während der Reise auf dem Parkplatz des Hotels stehen lassen und werden mit dem Shuttle zum Flughafen gefahren und auch wieder abgeholt. Das spart Zeit und Geld, da die Parkplätze direkt am Flughafen oft teuer oder belegt sind. Viele Airlines bieten einen Vorabend-Check-in an, sodass Sie am nächsten Morgen nur noch mit Ihrem Handgepäck durch die Kontrollen müssen. Das ist sehr praktisch bei frühen Abflügen. Informieren Sie sich dazu auf der Website www.hotels-und-parken-am-flughafen.de.

Valet-Parken oder bei privaten Parkplatzanbietern buchen. Für ganz Eilige gibt es den Service des Valet Parkens z. B. von k-parking am Flughafen Düsseldorf. Sie fahren mit Ihrem Auto direkt vor das Terminal, bekommen sogar noch Hilfe beim Kofferausladen und übergeben dann dem Mitarbeiter des Parkservices Ihre Autoschlüssel. Keine langwierige Parkplatzsuche, keine zeitraubenden Transfers! Wenn Sie etwas sparen wollen, parken Sie doch auf dem Gelände eines privaten Parkplatzanbieters in Flughafennähe. Unter der Internetadresse www.hotels-und-parken-am-flughafen.de werden Flughafenparkplätze in Deutschland und Österreich vermittelt. Der Stellplatz ist garantiert, die langwierige Parkplatzsuche entfällt, und mit dem kostenlosen Shuttle werden Sie auch direkt zum Terminal gefahren.

Mit öffentlichen Verkehrsmitteln anreisen. Viele Flughäfen, wie z. B. die Airports Frankfurt oder München, sind direkt an S-Bahnen und Fernverkehrszüge angeschlossen. Gerade in den Sommermonaten vermeiden Sie lange Staus auf den Autobahnen, wenn Sie auf öffentliche Verkehrsmittel umsteigen. Viele Reiseanbieter bieten auch Rail & Fly an, also Paketangebote „mit der Bahn zum Flughafen und zurück“.

Sitzplatz für Eilige. Sichern Sie sich beim Check-in einen Platz vorne im Flugzeug. So verlassen Sie die Maschine als einer der Ersten und führen die Schlange bei der Passkontrolle an.

Gleich in den Abflugbereich gehen. Lassen Sie sich nicht von den Shops im Check-in-Bereich verführen, wenn die Schlange vor der Sicherheitskontrolle schon sehr lang ist! Im Wartebereich gibt es auch noch Läden und Restaurants. Denken Sie daran: Nicht mehr als 100 ml Flüssigkeit in einem Behältnis ist nach den neuen EU-Bestimmungen für Ihr Handgepäck erlaubt.

In der Lounge warten. Gönnen Sie sich den Luxus einer Airport-Lounge, und warten Sie in angenehmer und ruhiger Atmosphäre fernab vom Trubel in der Wartehalle. W-LAN, freie Getränke und Zeitschriften sind zumeist inklusive. Der Preis lohnt sich, wenn Sie ohne viel Stress und Lärm verreisen möchten. Zutritt zur Lounge erhalten Sie entweder gegen eine Gebühr vor Ort, mit speziellen Mitgliedskarten (Priority Pass bietet eine Mitgliedschaft ab 99 Euro pro Jahr an) oder mit Ihrem Flugticket (Business- oder First-Class-Ticket, je nach Airline).

Den Magen beruhigen. Essen Sie am Flughafen nach der Sicherheitskontrolle, denn bei den meisten Fluggesellschaften fällt heutzutage die Mahlzeit an Bord eher dürftig aus. So verkürzen Sie die Wartezeit. An den meisten Flughäfen gibt es Gastronomieangebote für jeden Geschmack.

Abschalten. Wenn Sie endlich im Flugzeug sitzen, können Sie versuchen, richtig abzuschalten und die erzwungene Auszeit dazu zu nutzen, Ihre „Batterien“ aufzutanken. Damit Sie an Bord besser entspannen können, empfehlen die Profis der „Karrierebibel“ (www.karrierebibel.de/vielfliegerprogramm-tipps-fuer-geschaeftsreisen/), folgende Utensilien mit ins Handgepäck zu nehmen: Ohrenstöpsel oder entsprechende Kopfhörer samt MP3-Player, eine dunkle Sonnenbrille

oder eine Schlafmaske, einen Wollpulli oder eine leichte Decke. Gerade an den Fensterplätzen wird es auf Langstrecken oft kalt und ungemütlich. Die Decke sorgt dann für ausreichend Kuschelatmosphäre.
Und als kleine Einschlafhilfe empfehlen die Profis ein Stück Heimat mitzunehmen, etwa in Form eines Kopfkissens. Darin stecken genug eigene Dufthormone, die beruhigen und dem Körper signalisieren: Alles so wie immer.

An Bewegung denken! Wer länger als zwei Stunden am Stück fliegt, sollte sich zwischendurch bewegen. Weil das Blut in den Beinen an Bord schlechter zirkulieren kann, erhöht sich automatisch das Thromboserisiko. Dagegen helfen spezielle Thrombosestrümpfe, die aber eher unbequem sind. Einige Vielflieger schwören deshalb auf Aspirin, das sie vor dem Flug einnehmen. Das Schmerzmittel (das zur Prophylaxe häufig auch Herzinfarkt- und Schlaganfallpatienten verordnet bekommen) verdünnt das Blut und soll so ebenfalls vor Thrombose schützen. Was zudem hilft: Aufstehen und durch den Gang laufen, ein bisschen dehnen und strecken geht aber auch. Eine klassische Übung: Schuhe aus und Füße abwechselnd auf Zehen oder Ferse stellen.

So steuern Sie den Jetlag. Gegen Jetlag hilft in Wirklichkeit nur eines: Schlaf. Vergessen Sie alle Tipps, die zu einem prickelnden Prosecco nach dem Frühstück raten, um den „Kreislauf wieder in Schwung zu bringen"... Wer kann, sollte auf Langstrecken Nachtflüge buchen oder mindestens einen Tag früher anreisen. So hat der Körper Zeit, sich an die Zeitverschiebung zu gewöhnen – denn daher kommt der Jetlag. Wer nach Westen fliegt, bleibt indes idealerweise wach. Durch den Flug verlängert sich der Tag. Deshalb ist man zwar am ersten Abend besonders erschöpft, die Ausdauer wird aber meist schon am nächsten Morgen durch natürliche Zeitumstellung belohnt. Wer an Bord jedoch schon „vorschläft", findet hingegen kaum in den neuen Rhythmus. Bei Flügen in die umgekehrte Richtung, gen Osten, wiederum ist es genau umgekehrt und Schlafen die bessere Alternative. Was ebenfalls hilft, sich schnell an die neue Zeitrechnung zu gewöhnen: viel Tageslicht. Sonnenstrahlen am Zielort aktivieren die Ausschüttung aufmunternder und wach machender Hormone.

Was tun bei Fluganullierung oder Überbuchung? Kunden von Fluglinien haben bei Überbuchung oder kurzfristiger Annullierung des Fluges Anspruch auf Ausgleichszahlungen von bis zu 600 Euro.
Das hat der Reisejournalist Stefan Preißler für die Onlineplattform www.abendblatt.de der Zeitung Hamburger Abendblatt recherchiert. Dabei orientiert sich die Höhe der Entschädigung nach der Flugstrecke. Das gilt nicht nur für Linienflüge, sondern auch für Flüge im Rahmen einer Pauschalreise. Verspätungen führen zu Betreuungsleistungen mit Snacks und Getränken, bei einer Flugstrecke bis 1500 Kilometer ab zwei Stunden Verspätung. Ab fünf Stunden Verspätung kann die Erstattung des Ticketpreises verlangt werden.
Bei Pauschalreisen steht bei einer Flugverspätung nur finanzieller Ersatz nach der sogenannten Frankfurter Tabelle zu, die als Richtschnur zur Berechnung verminderter Reisepreise dient. Genaue Angaben dazu finden Sie unter www.rechtspraxis.de.

Lernen ohne Stress

3 Tipps, wie Sie fördern, statt zu überfordern

Kein falscher Ehrgeiz. Wenn ein Kind dem Kindergarten und/oder der Vorschule entwachsen ist, beginnt der „Ernst des Lebens“, wie es treffend heißt. Das bedeutet, dass Kinder schnell begreifen, wie fremde Menschen plötzlich die eigene Persönlichkeit, die Leistungsbereitschaft und das Verhalten beurteilen. Der Horizont öffnet sich, damit geht aber einher, härter gefordert zu werden. Der falsche Ehrgeiz mancher Eltern beginnt bereits in der Grundschule, weiß der Vorsitzende des Grundschulverbands, Horst Bartnitzky, der in einem Artikel der Focus-Schule-Autorin Angelika Dietrich (http://www.focus.de/schule/schule/schulwahl/tid-8584/uebertritt_aid_233543.html) zum Thema Übertritt aufs Gymnasium („Hoffen, zittern, zetern“) zitiert wird. Es seien weniger die Lehrpläne die Grundschüler überforderten, sondern mehr die Angst ihrer Eltern, dass sie im Rennen um die beste Bildung schlecht abschneiden könnten. Betrachten Sie die Grundschule nicht nur als Durchgangsstation zu einer weiterführenden Schule: In den ersten Schuljahren sollen das Lernen, die Freude an Wissen und Bildung, das Ausprobieren im Vordergrund stehen. Unterstützen Sie bei Ihren Kindern die natürliche Wissbegier, aber geben Sie Ihnen auch Rückhalt, wenn manche Lernschritte nicht auf Anhieb gelingen.

Selbstvertrauen vermitteln. Die Hausaufgaben, die doch positive Erfahrungen bei der Bewältigung von Problemen vermitteln sollen, werden oft zum leidigen Thema. Schulexperten, die z. B im Eltern-Forum (www.eltern.de/schulkind/grundschule) Tipps geben, raten dazu, Kindern möglichst das Gefühl zu erhalten, eigene Aufgaben auch selbst bewältigen zu können: „Richtigmachen ist in diesem Alter superwichtig, und so kommt es zu einem für die Hausaufgaben unglücklichen Missverständnis: Die Kinder sagen daheim: ‚Ich kann das nicht!', meinen damit aber oft: ‚Mama, ich traue mir das alleine nicht zu.'" – so die Fachautorin Heide Niemann. Statt Dauerhilfe bei den Schularbeiten zu leisten, sollten Sie besser Ihr Kind ermutigen.

Zu viel Drill macht krank. Ein Drittel der Dritt- und Viertklässler schläft schlecht, 17 Prozent haben Kopfschmerzen, ebenso viele haben keinen Appetit, jeder Zehnte hat Bauchschmerzen, und 38 Prozent fühlen sich oft erschöpft. Das ergab eine Studie der Universitäten Marburg und Berlin, berichtet Angelika Dietrich. Dieser Befund lässt eigentlich nur einen Schluss zu: Leistungsanforderungen, die Kinder nicht erfüllen können, führen nur zu einem Gefühl des Versagens. Wenn es daher absehbar ist, dass sich ein Kind nicht zum Gymnasiasten eignet, sollten nach Expertenmeinung unbedingt und frühzeitig andere Schul- und Ausbildungswege in Betracht gezogen werden.
„Es ist nicht so, dass bei jedem, der nicht sofort aufs Gymnasium gehen kann, über das ganze Leben entschieden wäre", meint Josef Kraus, Präsident des Deutschen Lehrerverbands: „Das deutsche Schulsystem ist durchlässig, 60 Wege führen zur Hochschule. 45 Prozent der Studenten haben ihre Hochschulreife über einen anderen als den klassischen Bildungsweg erlangt", z. B. über eine Lehre im Handwerk, den zweiten Bildungsweg, Abendgymnasium und Fernuniversität oder über die Fachoberschule (s. a. Kasten S. 365). Weitere Informationen auf den Websites:

- www.sachsen-macht-schule.de
- www.studienwahl.de
- www.wege-ins-studium.de.

Die Hausaufgaben gelingen, wenn Sie Selbstvertrauen aufbauen

DER EXPERTE RÄT

Heide Niemann von www.eltern.de weiß, wie man Kinder motiviert und empfiehlt im Einzelnen:

- **Lassen Sie Ihr Kind selbstständig arbeiten.** Aber sagen Sie ihm auch: „Wenn du nicht weiterkommst, kannst du mich fragen."
- **Trauen Sie Ihrem Kind.** Sagen Sie ihm nebenbei: „Wenn du willst, schaue ich mir deine Rechnungen später an."
- **Loben Sie die Zwischenergebnisse!** Das motiviert auch ein besonders unsicheres Kind.
- **Fragen Sie immer erst einmal nach Ursachen.** Sie erfahren erst nach und nach, wenn es hakt: „Wie hast du das gerechnet?" Oder: „Woher weißt du das?"
- **Zeigen Sie nie mehrere Lösungswege auf.** Wenn Ihr Kind nicht weiterweiß, machen Sie sich erst schlau, welche Lösung die nächstliegende sein könnte.
- **Verbessern Sie durch konkrete Hinweise.** Vielleicht beginnen Sie so: „Du hast zwar 15 ausgerechnet, aber etwas anderes aufgeschrieben". Oder zerlegen Sie Aufgaben in Teilaufgaben.
- **Ziehen Sie sich auch mal zurück.** Wenn Sie meinen, dass Ihr Kind jetzt eigenständig weitermachen kann, riskieren Sie ruhig, dass es dennoch schiefgehen kann.
- **Schließen Sie kleinere Wissenslücken immer in Absprache mit der Lehrerin/dem Lehrer.** Wenn Sie Ihrem Kind die Aufgabe so erklären, wie sie auch in der Schule bearbeitet wird, vermeiden Sie Verwirrung.
- **Beschränken Sie intensives Üben auf Ausnahmen.** Lassen Sie Ihr Kind nicht endlos „pauken". Dies ist nur nach einer längeren Krankheit oder bei schwierigen Unterrichtseinheiten angebracht.

Die Auswahl der Schule

8 Entscheidungshilfen bei der Wahl der richtigen Schulform

Wählen Sie eine „gute" Schule. Neben grundsätzlichen Überlegungen, welche Schulart nach dem vierten Grundschuljahr angestrebt werden soll, ist es unabhängig von der Schulart ratsam, eine „gute“ Schule für seine Kinder zu wählen. Woran erkennen Sie eine gute Schule? Die Psychologin und Journalistin Barbara Czermak, stellvertretende Chefredakteurin der Zeitschrift Focus-Schule sowie Mutter einer neunjährigen Tochter, gibt dazu Tipps. Allerdings werden nur sehr wenige Schulen alle Anforderungen erfüllen. Erstellen Sie eine persönliche Liste, was Ihnen am wichtigsten ist.

Schulhaus-Check. Da Schüler mehrere Stunden täglich in ihrem Schulgebäude verbringen, so die Expertin, müsse das Schulgebäude auch ansprechend und gepflegt sein. Deshalb sei ein freundliches Ambiente erforderlich. Eltern empfiehlt Czermak, „mit offenen Augen“ durch die Anlage zu gehen:

- Wie wirkt das Gebäude, wie die Empfangshalle? Freundlich und hell – oder abweisend?
- Sind die Fenster geschmückt, die Wände z. B. mit Kunstprojekten der Schüler verziert? Gibt es Pflanzen?
- Werfen Sie auch einen Blick in die Toilettenanlagen: Sind sie sauber? Wären Sie selbst gerne darauf angewiesen, diese während eines langen Tages benutzen zu müssen?
- Wie sehen die Klassenzimmer aus? Bemüht man sich um eine heimelige Atmosphäre – oder sind die Räume kalt, die Möbel alt und verschmiert? Können die Schüler aktiv an ihrer Umgebung mitgestalten und Ideen einbringen?
- Kann man auf den Pausenhöfen wirklich spielen oder sich beschäftigen? Gibt es eventuell sogar ein beaufsichtigtes Angebot für Aktivitäten? Sind die Höfe in Bereiche für ältere und jüngere Schüler getrennt, damit es keine Reibereien gibt? Was ist mit Bäumen, Grünanlagen? Oder sind die Pausenplätze fantasielose Pflastersteinwüsten?

Der Ton macht's. Von großer Bedeutung ist darüber hinaus der Umgangston, der an der Schule herrscht. Auch hieraus können Eltern schließen, ob sich ihre Kinder wohl fühlen würden – oder nicht. Wie gehen die Lehrer mit den Schülern um? Grüßen sich Erwachsene und Kinder bzw. Heranwachsende? Wie werden Streitigkeiten geregelt, herrscht ein autoritärer Ton oder gehen die Lehrer, beispielsweise während der Pausenaufsicht, auf die Kinder ein und machen bestimmt aber freundlich auf die Einhaltung der notwendigen Regeln aufmerksam?
Nicht zuletzt kann auch ein Besuch im Schulsekretariat sehr erhellend sein. Immerhin ist das Sekretariat die Visitenkarte der Schule: Eltern fragen hier nach Lehrersprechstunden, Kinder bitten um Rat.

Sicher ist sicher. Wenn Eltern ihre Kinder zur Schule bringen, wollen sie, dass diese sicher untergebracht sind. Darauf haben sie sogar einen Anspruch. Deshalb sollten die Sicherheitsbestimmungen und Verhaltensregeln in der Schule überprüft werden:

- Gibt es an der Schule Sicherheitspläne – für den Fall eines Feuers oder einer anderen Notsituation?
- Immer wieder passieren auch auf Pausenhöfen und in Turnhallen Unfälle. Wie viele Lehrer führen überhaupt Pausenaufsicht?
- Wie gut ist das Erste-Hilfe-System? Ist immer ein medizinisch erfahrener Erwachsener in der Schule anwesend? Wie schnell ist ein Arzt im Notfall vor Ort?

Offen für Neues. Kinder sind von Natur aus neugierig und wissbegierig. Diese angeborene Fähigkeit sollte von der Schule gefördert werden. Gerade die Unterrichtseinheiten sind spannend, die Kindern die Möglichkeit eröffnen, Lehrstoff durch den Kontakt mit Personen außerhalb des Schulalltags vermittelt zu bekommen – durch Vertreter von Bibliotheken, Museen oder Unternehmen. Darüber hinaus knüpfen offene Schulen Partnerschaften mit Schulen im Ausland und sorgen so für einen interessanten Einblick in andere Kulturen. Prüfen Sie deshalb:

- Wie gut ist der Internetauftritt der Schule, hat sie überhaupt einen?
- Sind die Schuldrucksachen modern, verständlich, übersichtlich – oder hoffnungslos hausbacken?

Kontakt mit den Eltern. Der intensive Wettbewerb um die besten Ausbildungschancen der Schüler und das relativ schlechte Image des deutschen Bildungssystems hat das Interesse vieler Eltern an den Verhältnissen der Schule, die die eigenen Kinder besuchen, verstärkt. Zu recht versuchen sie, Einfluss zu nehmen und den Kontakt mit dem Lehrerkollegium zu intensivieren. Informieren Sie sich deshalb, zum Beispiel bei anderen Eltern, deren Kinder die von Ihnen ausgewählte Schule bereits besuchen:

- Sind die Elternabende interessant gestaltet?
- Nehmen sich die Lehrer an Elternsprechtagen ausreichend Zeit, gibt es Sprechstunden außer der Reihe für berufstätige Eltern?
- Gute Schulen informieren die Eltern u. a. auch ausführlich über das System der Schulstrafen und deren Sinn, halten Eltern über die Noten ihres Kindes auf dem Laufenden, besonders, wenn ein Leistungsabfall droht.

Das Kollegium. Qualitätskontrollen sind in jedem (guten) Unternehmen üblich. Verfahrenstechniken und Prozesse aber auch das Personal werden regelmäßig überprüft, um Defizite und Qualitätsmängel zu erkennen. Eine solche Qualitätskontrolle ist auch an Schulen sinnvoll!

- Erkundigen Sie sich ebenfalls, ob das Kollegium gemeinsame Fortbildungen veranstaltet, zu welchen Themen diese stattfinden und ob die Lehrer sich gegenseitig im Unterricht besuchen und sich ein Feedback geben. Gute Lehrer zeichnen sich dadurch aus, dass sie selbst kontinuierlich dazulernen wollen.
- Außerdem tauschen sich engagierte Lehrer über die ihnen anvertrauten Schüler aus. Fragen Sie auch danach, ob es neben Fachkonferenzen Teamsitzungen der Lehrer einer Klasse oder Jahrgangsstufe gibt, in denen Unterricht fächerübergreifend abgestimmt und vorbereitet wird.

- Eine gute Schule besitzt zudem ein pädagogisches Konzept. Dieses „Schulprogramm“ legt die Ziele, die Arbeitsschwerpunkte und die Umsetzungswege der Schule dar. Erkundigen Sie sich danach.

Gerne lernen. Moderne lernpädagogische Erkenntnisse zeigen eindeutig auf, dass der Lernerfolg des Einzelnen auch entscheidend vom „Wohlfühlklima“, von der Atmosphäre des Lernens und von der Motivation des Lernenden abhängt. Barbara Czermak rät deshalb: „Erkundigen Sie sich bei Schülern der Einrichtung, auch wenn deren Urteile je nach Alter, Leistungsstand und persönlichen Vorlieben sehr unterschiedlich ausfallen können. Stellen Sie deshalb möglichst sachliche Fragen: Werden auch Projekte bearbeitet, oder gibt es stets Frontalunterricht? Gehen die Lehrer auf die einzelnen Schüler ein, setzen sie vielfältige Lernmethoden ein? Gibt es am Nachmittag besondere Förderprogramme für Schüler mit Schwierigkeiten oder die Möglichkeit zur Nachhilfe? Motivierend kann etwa auch die Arbeit mit Wochen- oder Lernplänen sein, unterbrochen von Phasen ‚freier Arbeit‘. Ganz wichtig: Wie stark kommen neue Medien im Unterricht zum Einsatz? Worüber Schüler ebenfalls Auskunft geben können: Fühlen sie sich an der Schule geborgen, haben sie sichere Anlaufstellen (Vertrauenslehrer, Schulpsychologen) im Falle von Schulschwierigkeiten, Mobbing oder Streitereien?“ <l

Auf dem Weg ins Gymnasium

6 Profitipps für angehende Oberschüler

Mehr Sicherheit bei der Entscheidung. Alle Grundschulen stellen relativ hohe Anforderungen an einen Übertritt auf das Gymnasium. Wenn also die jeweilige Grundschule, meist mit dem Zwischenzeugnis der vierten Jahrgangsstufe, den Eltern empfiehlt, ihr Kind das Gymnasium besuchen zu lassen, können diese in aller Regel davon ausgehen, dass ihr Sprössling alle Voraussetzungen für gute Leistungen mitbringt.
So schmeichelhaft ein solcher Bescheid sein mag: Vertrauen Sie dennoch nicht blindlings dem Urteil der Lehrer – es geht hier nicht um das familiäre Prestige, sondern die Lebenszufriedenheit Ihres Kindes. Versuchen Sie deshalb, etwas Distanz von Ihren eigenen Wünschen und Vorstellungen zu gewinnen, um möglichst objektiv einschätzen zu können, ob sich Ihr Kind für das Gymnasium eignet oder nicht.

Vier Eignungskriterien. Die folgenden vier Kriterien des Nürnberger Schulreferats (www.schulen-in-nuernberg.de) geben wichtige Hinweise, was natürlich noch nicht einen Schulerfolg garantiert. Wenn Sie bei allen Kriterien jedoch uneingeschränkt „Ja“ sagen können, dann hat Ihr Kind auf dem Gymnasium mit großer Wahrscheinlichkeit gute Chancen:

- Ihr Kind liest gern und schreibt auch aus eigenem Antrieb seine Einfälle auf oder verfasst kleine Botschaften oder Briefe. Es will wissen, ob es dabei Fehler (Rechtschreibung, Grammatik) gemacht hat, und ist stolz, wenn alles richtig ist.

- Ihr Kind beherrscht die Grundrechenarten und das Einmaleins bis zwölf Textaufgaben bereiten keine Probleme, und Denksportaufgaben knackt es gern.
- Ihr Kind erledigt Hausaufgaben zügig, ohne Hilfe und lässt sich dabei nicht ablenken. Es arbeitet sehr ordentlich und beobachtet genau.
- Ihr Kind ist in der Freizeit sehr aktiv. Seine Interessen sind zahlreich und vielfältig. Es ist selbstsicher, selbstständig und kann auch mal schlechtere Noten gut verkraften.

Auswahl des Gymnasiums. Um das richtige Gymnasium bzw. die richtige Form des Gymnasiums auszuwählen, sollten Eltern die sogenannten „Orientierungstage" nutzen, die an Grund- und Gesamtschulen, meist für die vierten Grundschulklassen, angeboten werden. Dort beraten Lehrer und diskutieren mit Eltern deren Einschätzung. Orientierungstage bzw. „Tage der offenen Tür" veranstalten auch Gymnasien. Welche Formen des Gymnasiums gibt es? Das Nürnberger Schulreferat listet auf:

- *Naturwissenschaftlich-technologisches Gymnasium (NTG)* Besonders gründliche Einführung in die Naturwissenschaften (Physik und Chemie). Chemie an der neunten Klasse als Kernfach (zwei Fremdsprachen).
- *(Neu-)Sprachliches Gymnasium* Das (N-)SG betont die Fremdsprachen (als zweite Fremdsprache oft Latein) und die Kenntnis der dazugehörigen Kulturkreise (mindestens drei Fremdsprachen).
- *Humanistisches Gymnasium (HG)* Das HG bietet neben der Weltsprache Englisch die klassischen Sprachen Latein und Griechisch und vertieft die Erschließung der europäischen (westlichen) Kultur aus der Antike (drei Fremdsprachen).
- *Musisches Gymnasium (MuG)* Im MuG wird die Kreativität besonders in den Fächern Deutsch, Musik (als Kernfach) und Kunsterziehung gefördert. Für den Übertritt an ein musisches Gymnasium ist die Note „sehr gut" bzw. mindestens „gut" im Fach Musik im Übertrittszeugnis der Grundschule erforderlich (zwei Fremdsprachen).
- *Wirtschafts- und sozialwissenschaftliches Gymnasium (WSG)* Hier werden die Grundlagen unseres Wirtschafts- und Rechtssystems besonders intensiv erarbeitet, und ab der achten Jahrgangsstufe Wirtschafts- und Rechtslehre und Wirtschaftsin-

EFFEKTIV

üben

per Lerntraining

Bei Lernschwächen empfiehlt es sich, zur besseren Einschätzung des individuellen Lernproblems erst einmal die folgenden wertvollen Webadressen aufzusuchen. In dieser Sammlung finden sich auch einige Adressen in Österreich und in der Schweiz, die auf einem qualitativ hohen Niveau sind.

SYSTEMATISCHE ANLEITUNGEN

www.stangl-taller.at/LERNTIPPS
Praktische Lerntipps, fundiert, gut nachvollziehbar und unterhaltsam aufbereitet.

LERNREGELN UND RATSCHLÄGE

www.lernkultur.com/lhz
Die „Erste Internet-Lernhilfe-Zentrale" hilft, Lernschwierigkeiten aufzuspüren und Abhilfe zu schaffen.

www.wissen.de/wde/generator/wissen/ressorts/bildung/schule/index.html
Die Plattform bietet eine umfassende Unterstützung bei den Hausaufgaben in allen wesentlichen Schulfächern und in unterschiedlichen Schwierigkeitsgraden. Sie finden:
Biologie, Chemie, Deutsch, Englisch, Erdkunde/Geografie, Französisch, Geschichte, Informatik/IKG, Kunst & Kultur, Mathematik, Musik, Physik, Religion, Sozialwissenschaften, Sport.

www.lerntechnik.info
Hier sind zahlreiche Impulse und Anregungen zu Lerntechniken, Lernpsychologie, Gedächtnis, Mindmapping und Kreativitätstechniken für Lernende zu finden.

www.lernen-heute.de
Auch dieses Webangebot beschäftigt sich mit Techniken des Lernens und bietet eine gute Übersicht über die Bedeutung verschiedener Lernfaktoren.

www.nachhilfe.de
Die Website der Studienkreise gibt Aufschluss über Nachhilfeschulen in Ihrer näheren Umgebung.

http://members.chello.nl/r.kuijt/index(de).htm
Findige Spezialisten zeigen hier auf eine sehr unterhaltsame und zugleich einprägsame Weise, wie man sich wichtige Daten, Fakten und Zusammenhänge mit der Hilfe von Eselsbrücken einprägen kann. Dabei gibt es Informationen zu den Gebieten Astronomie, Biologie, Chemie, Deutsch, Englisch, Geografie, Geologie, Geschichte, Informatik, Latein, Mathematik, Medizin, Musik, Mythologie, Navigation, Physik und Religion.

METHODEN

www.methode.de
Die Adresse bietet Erfolgsmethoden z. B. zum Gedächtnistraining, zum effektiveren Lesen u. a.

http://www.pohlw.de/lernen/kurs/index.htm
Der Kurs „Das Lernen lernen" bietet zahlreiche Aha-Erlebnisse und schafft Motivation, sich mit dem Lernen zu beschäftigen. Er informiert über Grundlagen des Lernens, über die richtige Technik, Vokabeln zu pauken, hat zahlreiche Memotechniken auf Lager und hilft bei der systematischen Vorbereitung auf Prüfungen.

HILFSMITTEL/MEDIEN

www.duden.de/schule/materialien
Lernmaterialien, Schülerlexikon

www.softguide.de
Lernsoftware, Übersicht, Besprechung

www.endres.de
Lernhilfen, Onlineshop

www.lernenlernen.at
Lerntypen-Test, Lerntipps-Poster

www.cooler-lernen.de
Diese Lernplattform unterstützt Schüler beim Üben und Wiederholen zu Hause. Aufgaben mit den zugehörigen Lösungen können gezielt ausgewählt werden. Die Übungen – auf Lehrpläne und Lehrmittel der verschiedenen Regionen abgestimmt – knüpfen unmittelbar an den aktuellen Unterrichtsstoff an.

TEILLEISTUNGSSCHWÄCHEN

www.lernfoerderung.de
Lerntherapie, Beratung bei Legasthenie, ADS, Wahrnehmungsstörung

http:/home.snafu.de/wehrmann
Informative Website des IML (Institut für Mathematisches Lernen Braunschweig), einer Beratungs- und Forschungseinrichtung für Diagnostik, Therapie und Prävention der Rechenschwäche/Dyskalkulie.

http://www.lernfoerderung.de/loader/schule/lernen/lernseiten/home.html
Diese Plattform bietet detaillierte Informationen und Tipps bei speziellen Lernproblemen wie: Konzentrationsschwäche, ADS, ADHD, Legasthenie, Dyskalkulie, Sonder- und Hochbegabung sowie Linkshänder-Problematik.

Der Computer als Lehrer

Als Lernsoftware bezeichnet man Programme für den Computer, mit deren Hilfe Lernende sich eigenständig mit einem Stoffgebiet vertraut machen können. Lernsoftwareprogramme bieten im Vergleich zu Büchern viele zusätzliche Möglichkeiten; so kann man Bilder, Texte und Filme mit einbinden oder komplizierte Prozesse simulieren.

formatik (zwei Fremdsprachen). Das WSG bereitet in besonderer Weise auf soziale Aufgaben in Familie und Gesellschaft vor, neben Sozialkunde die Fächer Sozialpraktische Grundbildung und Sozialpraktikum (zwei Fremdsprachen).

- *Partnerschule des Leistungssports* Intensive Förderung des sportlichen Bereichs, zumeist in Zusammenarbeit mit Sportvereinen.
- *Bilingualer Unterricht* Erdkunde, Geschichte und/oder Wirtschaft/Recht werden auch auf Englisch, also zweisprachig, gelehrt.

So kommt man aufs Gymnasium. Der Weg aufs Gymnasium kann auf verschiedene Weise erfolgen. Auch hier gelten die zum Teil sehr unterschiedlichen Bestimmungen der einzelnen Kultusministerien. Grundsätzlich kann jedoch zwischen drei Methoden unterschieden werden:

1. Einfacher Übertritt
2. Probeunterricht
3. Aufnahmeprüfung.

Beim einfachen Übertritt genügt das Erreichen des entsprechenden und im Bundesland jeweils vorgeschriebenen Notendurchschnitts im Halbjahreszeugnis der vierten Jahrgangsstufe. Für Probeunterricht und Aufnahmeprüfung gelten je nach Bundesland sehr unterschiedliche Regeln. Generell haben diese Prüfungen jedoch eine hohe Durchfallquote – gute Vorbereitung ist daher unerlässlich!

Die Aufnahmeprüfung. So können Eltern bei der Vorbereitung helfen:

1. Frühzeitig mit der Vorbereitung beginnen – nicht erst vier oder fünf Wochen vor dem magischen Datum!
2. Ordnen und besprechen Sie mit Ihrem Kind den Stoffumfang. Wie lässt sich der Stoff sinnvoll einteilen?
3. Erstellen Sie einen realistischen Plan, bei dem Sie die Leistungsfähigkeit des Kindes im Auge haben und es weder unter- noch überfordern. Geben Sie ihm Tagesaufgaben.
4. Dann heißt es: Üben, üben, üben ... Sie können Ihrem Kind sehr helfen, wenn Sie sich die Aufnahmeprüfungen inklusive Lösungen der vergangenen Jahre beschaffen.
5. Halten Sie Rücksprache mit dem Klassenlehrer. Wo erkennt er noch Defizite, welche Aufgaben rät er, besonders intensiv zu üben?
6. Unter Druck in einer festgesetzten Zeit eine Aufgabe lösen zu müssen verunsichert Kinder oft. Helfen Sie hier mit dem Ratschlag, schwierig erscheinende Aufgaben zunächst zurückzustellen.
7. Bereiten Sie mit Ihrem Kind am Vorabend der Prüfung alle Materialien vor, die es mitnehmen muss. Auch Ordnung und System schaffen Ruhe und Selbstgewissheit!
8. Am Vorabend sollte das Kind nicht mehr lange aufbleiben, sondern früh zu Bett gehen und ausschlafen. Nach einem guten Frühstück kann es richtig losgehen.

Rat aus dem Internet. Fundierte weitere Informationen zum Themenbereich Schule, Schulwechsel und Übertritt finden Sie unter den folgenden Internetadressen:

- www.note1plus.de
- www.bildungsserver.de ◂

Erfolgreich lernen

4 Vorschläge für System und Methode bei der geistigen Arbeit

Mit System lernt sich's leichter. Kopfarbeit erfordert System und Methode, sonst verliert der Lernende sein Ziel schnell aus den Augen. Das beginnt mit dem Arbeitsplatz, wie die Lernexperten der Universität in Bielefeld (www.uni-bielefeld.de) wissen: Er sollte wenig ablenkende Außenreize bieten, also keine Stereoanlage, kein Fernsehgerät, keine Unterhaltungsliteratur. Die Schreibtischplatte muss groß sein, damit alle Arbeitsunterlagen übersichtlich geordnet werden können.

Licht und Raumklima. Die Beleuchtung soll hell sein und diffuses (weiches) Licht verbreiten; am besten ist Licht von oben. Falls nur eine Schreibtischlampe vorhanden ist, darf sie nicht zu grell sein, da sich sonst die Augen ständig an den Kontrast zwischen Arbeits- und Hintergrundbeleuchtung gewöhnen müssen und schnell ermüden. Eine günstige Temperatur am Arbeitsplatz beträgt rund 20 °C, eine gute Durchlüftung ist erforderlich.

Die beste Arbeitszeit. Man sollte herausfinden, zu welcher Tageszeit man am effektivsten arbeiten kann; zu diesen Zeiten richtet man feste Arbeitsphasen ein. Am besten sind Zeitblöcke zwischen zwei und vier Stunden, dazwischen macht man immer wieder kurze Pausen zwischen zwei und zehn Minuten Dauer. Ungünstig wirken mangelnder Schlaf und Arbeitszeiten ohne Pausen.

Die Arbeit strukturieren. Zu einer guten Arbeitsorganisation gehört, dass das jeweilige Pensum überschaubar gemacht wird. Dazu einige Grundregeln:

- *Ziele setzen:*
  Was will ich erreichen? Wie viel Zeit habe ich dazu zur Verfügung? Wie kann ich das gesamte Pensum in einzelne Blöcke unterteilen und zeitlich bewältigen? Gut ist es, Tagesprotokolle zu formulieren, in denen man kurz zusammenfasst, was erledigt ist und was noch fehlt.
- *Realistisch planen:*
  Wenn das Pensum strukturiert und in einzelne Arbeitsblöcke aufgeteilt wird, gilt es, mögliche Arbeitsstörungen einzukalkulieren und Zeitpuffer einzubauen. Wichtig ist, immer rechtzeitig mit Planung und Umsetzung zu beginnen. ◂

DER EXPERTE RÄT

„Lernbehinderung" Mobbing

Wenn ein Schüler nicht mehr gerne zur Schule gehen will, häufig über Bauch- und/oder Kopfschmerzen klagt und Schulsachen beschädigt mit nach Hause bringt, kann ein Fall von Mobbing vorliegen. Dieser Verdacht liegt auch nahe, wenn das Kind plötzlich zur Schule gefahren werden will und offensichtlich Angst vor einem „Überfall" auf dem Schulweg hat, seine Leistungen stark nachlassen oder es immer wieder Geld „verliert", das es eventuell einem Taschengelderpresser abgeben muss.

Sprechen Sie zunächst ruhig und bedächtig mit Ihrem Kind über seine Probleme und Ängste. Dann ist ein Gespräch mit dem Klassenlehrer oder dem Vertrauenslehrer anzuraten. Dieser wird in aller Regel bemüht sein, Sie bei der Lösung des Problems zu unterstützen. Falls das nicht gelingt, bleibt immer noch der Weg zu außerschulischen Beratungsstellen, die Sie von der örtlichen Schulbehörde erfahren.

Ein Studium finanzieren

3 Anhaltspunkte, wie Sie das Familienbudget strecken können

Was ein Studium kostet. Eltern, die das Studium ihrer Kinder finanziell unterstützen wollen, müssen wissen, dass pro Kind monatlich etwa 700 Euro an Lebensunterhaltskosten (Miete, Ernährung, Fahrtkosten, Lernmittel etc.) aufgebracht werden müssen. Dazu kommen noch die Studiengebühren. Aktuell müssen Studierende in den Ländern Baden-Württemberg, Hamburg, Hessen, Niedersachsen, Nordrhein-Westfalen und im Saarland jeweils 500 Euro pro Semester an die Hochschule überweisen. Eltern müssen überdies kalkulieren, dass ein Universitätsstudium in Deutschland durchschnittlich 6,0 Jahre und ein Studium an einer Fachhochschule im Mittel 4,3 Jahre dauert.

Der Antrag auf BAföG. BAföG (Studienbeihilfe nach dem Bundesausbildungsförderungsgesetz) wird in der Regel abhängig vom Einkommem der Eltern gewährt. Im positiven Fall kann das Studium des Kindes mit einem Betrag zwischen 10 bis maximal 585 Euro pro Monat gefördert werden. Dabei erhalten Studierende BAföG-Leistungen zur Hälfte als nicht zurückzuzahlenden Zuschuss und zur Hälfte als zinsloses Darlehen.
Für Studienanfänger seit März/2001 beträgt die zurückzuzahlende Darlehenssumme höchstens 10 000 Euro; 2005 wurden durchschnittlich 375 Euro im Monat an BAföG-Leistungen gewährt. Die Förderungshöchstdauer entspricht für gewöhnlich der Regelstudienzeit des Studienfachs. Eine darüber hinausgehende Hilfe zum Studienabschluss ist möglich. Eltern und Studierende, die sich beraten lassen und BAföG beantragen wollen, richten sich an das örtliche Studentenwerk.
Darüber hinaus wird BAföG in ganz bestimmten Fällen auch einkommensunabhängig gewährt, z. B. wenn der Studierende nach dem 18. Lebensjahr fünf Jahre erwerbstätig oder nach einer dreijährigen Berufsausbildung weitere drei Jahre erwerbstätig war.

Weitere Finanzierungsquellen.

- *Finanzamt:* Das Finanzamt gewährt für Studierende bis zur Vollendung des 25. Lebensjahres Kindergeld, Beamte können darüber hinaus erhöhte Ortszuschläge erhalten. Und schließlich können Steuerfreibeträge beim Finanzamt (Wert je nach Steuersatz bis 252,45 Euro pro Monat) beantragt werden.

- *Stipendien:* Stipendien sind nicht nur etwas für Hochbegabte, da neben der Begabung des Studierenden auch andere Voraussetzungen, z. B. gesellschaftliches Engagement oder außergewöhnliche Leistungen (z. B. ein Preis beim Wettbewerb „Jugend forscht" etc.) zählen. Stipendiengeber sind Kirchen, Parteien, Gewerkschaften und große Unternehmen.

- *Bildungskredite:* Nach der bestandenen Zwischenprüfung gibt es für Studierende die Möglichkeit der Förderung mit einem Bildungskredit. Der Bildungskredit beträgt bis 300 Euro pro Monat für maximal 24 Monate und kann unabhängig vom BAföG gewährt und beim Bundesverwaltungsamt beantragt werden. Die Rückzahlungskonditionen liegen meist unter dem marktüblichen Zinssatz.

EIN WEG ZUM

Studium ohne Abitur

Heute sind weitaus mehr Wege zu einem Studium an einer Hochschule möglich als noch vor zehn oder 20 Jahren. So können sich beispielsweise Personen, die weder ein Abitur noch eine vergleichbare Hochschulreife vorzuweisen haben, an der Fakultät der Wirtschafts- und Sozialwissenschaften (Department Wirtschaft und Politik) der Universität Hamburg einer Aufnahmeprüfung zur Studienzulassung unterziehen.

Wer die Aufnahmeprüfung besteht, kann ein sechssemestriges Studium beginnen, das einen der folgenden Abschlüsse zum Ziel hat:

- Bachelor of Arts mit Schwerpunkt Betriebswirtschaftslehre
- Bachelor oft Arts mit Schwerpunkt in Soziologie
- Bachelor of Arts mit Schwerpunkt Volkswirtschaftslehre
- Bachelor of Arts mit Schwerpunkt Wirtschafts- und Arbeitsrecht.

Zur Aufnahmeprüfung wird zugelassen, wer eine der folgenden Voraussetzungen erfüllt:

- eine abgeschlossene praktische Berufsausbildung
- eine mindestens vierjährige Berufstätigkeit
- eine mindestens vierjährige vergleichbare Tätigkeit, wobei eine Tätigkeit in Familie und Haushalt als vergleichbar anerkannt werden kann.

Die Bewerber/innen müssen zum Zeitpunkt der Aufnahmeprüfung das 20. Lebensjahr vollendet haben, eine Altersgrenze nach oben gibt es nicht. Informationen erhalten Sie bei den Mitarbeitern der Zulassungsstelle unter Telefon 040/42838-2203 oder -2198 oder unter www.wiso.uni-hamburg.de.

Und so schaffen Sie nach den Empfehlungen der Experten der Uni Hamburg solche (und andere) Prüfungen:

Angst ist ein schlechter Ratgeber

Angst vor der Prüfungssituation stört bei der Vorbereitung. Deshalb sollte man sich immer wieder vor Augen halten, dass man sich jetzt – bei der inhaltlichen Vorbereitung also – noch nicht in der Stresssituation befindet, sondern in aller Ruhe und Konzentration die Vorbereitung bewältigen kann.
Abschalten heißt die Devise! Machen Sie sich von Gedanken frei, wie: „Was passiert, wenn ich versage?" Falls Sie wirklich versagen, haben Sie genügend Zeit, darüber nachzudenken – jetzt aber nicht!
Gehen Sie Ihre Vorbereitung wie Sportler vor einem Leistungswettbewerb an, und überlegen Sie, was Sie besonders gut können. Ändern Sie kurz vor einer Prüfung aber niemals Ihre Methode, die Ihnen schon einmal den Erfolg gebracht hat!

Planung ist alles!

Um nicht die Ruhe für die erforderliche Konzentration auf die inhaltliche Vorbereitung zu verlieren, ist eine vernünftige Arbeitsplanung notwendig. Strukturieren Sie das Pensum, teilen Sie es in übersichtliche Einzelschritte ein, und stellen Sie von Zeit zu Zeit selbstkritisch fest, was noch fehlt und an welcher Stelle Sie noch nacharbeiten müssen. Setzen Sie sich aber nicht unnötig unter Druck durch unrealistische Zeitplanung.

Gönnen Sie sich Auszeiten!

Phasen intensiven Lernens und Vorbereitens auf den „Tag X" sind eine Herausforderung für den Geist und die Psyche. Gönnen Sie sich deshalb von Zeit zu Zeit strategische „Auszeiten", um auf andere Gedanken zu kommen. Die Devise heißt: „Die Seele lernt mit – und muss sich erholen, um den Geist fit zu halten."

Adressen

Die Autoren dieses Buches möchten ihren ganz besonderen Dank all jenen zum Ausdruck bringen, die ihnen mit Ratschlägen und Publikationen hilfreich zur Seite standen.

Dr. Klaus Bös, Leiter des Instituts für Sport und Sportwissenschaft, Karlsruhe

Bundesarbeitsgemeinschaft Schuldnerberatung e.V. (BAG-SB), Kassel

Columbia University, New York, USA

Dachverband der pa-preisagenturen Deutschlands e.V., Magdeburg

Forschungsinstitut für Kinderernährung, Dortmund

Jörg Gerlach, Rechtsanwaltskanzlei, Fachanwalt für Immobilienrecht und Arbeitsrecht, Köln

Harvard Medical School, Boston, USA

Haubner Schäfer & Partner, Steuerberater und Rechtsanwälte, Bad Aibling

Dr. Martin Hensche, Fachanwalt für Arbeitsrecht, Berlin

Hochschule Vechta, Vechta

Dr. Manfred Hofferer, Outdoor-Pädagogik, Österreich

Dr. Ernst Alfred Kirchhoff, Fachanwalt für Familienrecht, Berlin-Charlottenburg

Dr. med. Marianne Koch, Internistin und Präsidentin der Deutschen Schmerzliga e.V., Tutzing

Carolin Lüdemann, Business-Coach und Juristin, Stuttgart

Malte Rossbach, Fachanwalt für Arbeitsrecht, Gesellschaftsrecht, Vertragsrecht und Mietrecht, Hamburg

Dr. Dr. Herbert Mück, Facharzt für psychotherapeutische Medizin, Medizinjournalist, Köln

Harald Müller, Bürovorstand einer großen Steuerberatungskanzlei, Dußlingen

Marion Nestle, Professorin für Ernährungswissenschaft, New York, USA

Neudorff W. GmbH KG, Gartenberatung, Emmerthal

Hans Oswald Heizungsbau GmbH, Höhenkirchen-Siegertsbrunn

Paul Suer, Pädagoge, Soziologe und Familientherapeut, Ostercappeln

Veronika Pinter, Mediatorin und Elternberaterin, Österreich

Gärtnerei Pötschke, Kaarst

Michael Rötzer, Schmuck & Antiquitäten, München

Carola Scharner, Schuldenprävention, Dortmund

Prof. Dr. Dr. Manfred Spitzer, Ärztlicher Direktor, Ulm

Strube und Fandel Rechtsanwälte, Fachanwälte für Anlegerrecht und Bankrecht, Düsseldorf

Universität Mannheim, Mannheim

University of Adelaide, Roseworthy Campus, Australien

Wbdat GmbH, Wirtschaftsdaten und Insolvenzberatung, Köln

Teil 1 WOHLBEFINDEN

www.gemuesekiste.de
(Suchfunktion für Anbieter von Gemüsekisten in Ihrer Region)

www.eco-world.de
(biologisches und ökologisches Einkaufen)

www.naturkost.de
(Infos zu Naturkost, Bezugsquellen, Einkaufstipps, über 2500 Rezepte)

www.vitalstoffe.de
(Infos zu Vitaminen und Mineralstoffen, Ernährungsberatung per E-Mail, Zubereitungstipps)

www.was-wir-essen.de
(Infos zu Lebensmitteln und Schadstoffen, Lebensmittelallergien)

www.fruchtversand.de
(bundesweiter Versand von Biofrischeprodukten im Abonnement)

www.neudorff.de/
(Ratgeber für naturgemäßes Gärtnern)

www.lebegesund.de
(vegetarische Produkte, Gemüse- und Obstkisten im Abonnement)

Teil 2 RUND UMS HAUS

www.CNET.de
(Tests, Tipps, Lifestyle)

www.ZDNet.de
(Informationen zu Elektronik und Computer)

www.bsi-fuer-buerger.de
Bundesamt für Sicherheit

Teil 3 DIE HÜRDEN DES ALLTAGS

www.vz-nrw.de
Verbraucherzentrale Nordrhein-Westfalen e.V.

www.outletcity-metzingen.com
Outletcity Metzingen Marketing GmbH

www.billiger.de
(Preisvergleich im Internet)

www.schnaeppchenjagd.de
(Angebote und günstige Shops)

www.monetenfuchs.de
(Tipps zum Sparen)

www.geizkragen.de/schnaeppchen.html
(Schnäppchensuche im Internet)

www.idealo.de
(Preisvergleich im Internet)

www.discount24.de
(Internethändler für Elektronikartikel)

www.test.de
STIFTUNG WARENTEST

www.adac.de
ADAC e.V.

www.ciao.de
(Preisvergleich und Testberichte)

www.chip.de
(Produkttests und Kaufberatung)

www.testberichte.de

www.guenstiger.de
(Preisvergleich)

www.kelkoo.de
(Preisvergleich und Onlineshopping)

www.preisagentur.de

www.paypal.de
(Zahlungsmethode im Internet)

www.factory-outlets.org

www.fabrikverkauf-adressen.de

www.wer-zu-wem.de/fabrikverkauf

www.wertvoller.de/fabrikverkauf.php

www.weiterhilfe.de/fabrikverkauf

www.Cheap-Charlie.com
(Produktsuche im Internet)

www.google.com/Top/World/Deutsch/Online-Shops/

www.telefon-tarifrechner.de

www.billiger-telefonieren.de

www.billig-tarife.de

www.handytarife.de

www.ich-will-keine-schulden-mehr.de/

www.stepstone.de
(Stellenangebote und Jobsuche)

www.jobsuche.monster.de

www.meinestadt.de

www.jobworld.de

www.jobrobot.de

www.jobpilot.de

www.jobscout24.de

www.gehaltsvergleich.de

www.polizei-beratung.de

www.bundesnetzagentur.de
Bundesnetzagentur für Elektrizität, Gas, Telekommunikation, Post und Eisenbahnen

www.erobinson.de
(kostenloser Schutz vor Werbebelästigung)

www.vzbv.de
Verbraucherzentrale Bundesverband e.V. – vzbv

www.ccf-ev.de
Call Center Forum Deutschland e.V.

www.mittelstanddirekt.de
(Wissen für Unternehemer)

www.anwaltauskunft.de

www.anwalt-suchservice.de

www.anwaltssuche.de

www.anwalt-finden.net

www.anwaltsuchenundfinden.de

www.olg-duesseldorf.nrw.de/service/ddorftab/intro.htm
Oberlandesgericht Düsseldorf – Unterhaltszahlung

Teil 4 FAMILIE UND FREIZEIT

www.sinnvolles.de/liebes-tipps.htm

www.feierabend.de
(Internet für Senioren)

www.familienhandbuch.de
www.wanderjugend.de

www.alpenverein.de

www.betravel.de
Reise- und Flugbuchung im Internet

www.parship.de
(Online-Partneragentur)

www.tourdisco.de
(mobile Großdiscothek)

www.freizeittip.de

www.wasistwas.de/aktuelles/freizeit-tipps.html

www.br-online.de/sport-freizeit/thema/bergportal/freizeit-tipps
Bayerischer Rundfunk

www.tourismus-bw.de/docs/freizeittipps

www.stayfriends.de
(Kontaktsuche im Internet)

http://www.ballon24.at
(Feste und Partys im Internet)

www.effilee.de
(Restaurant-Ratgeber)

www.hr-online.de
Hessischer Rundfunk

www.hlg.de
Hermes Logistik Gruppe

www.schwerelosreisen.de
(Gepäckversand)

www.kofferversandshop
(Gepäckversand)

www.lastminute.de/Top-Angebote
(Internetreisebüro)

www.abclastminute.de
(Internetreisebüro)

www.superlast-minute.de
(Internetreisebüro)

www.touristiklinks.de

www.weltbericht.de
(Reiseratgeber)

www.bonvoyage-online.de
(Online-Reisebuchung)

www.hoteltrend.de

www.hotelcheck.de/hotelbewertungen

www.hotelbewertung.de

www.last-minito.de/hotel-bewertung/hotelchecker.htm

www.travel-and-guide.de/cms_hotelsearch.html

www.vnr.de
Verlag für die Deutsche Wirtschaft AG

www.hotels-und-parken-am-flughafen.de

www.karrierebibel.de/vielfliegerprogramm-tipps-fuer-geschaeftsreisen
(Tipps für den beruflichen Erfolg)

www.abendblatt.de
Hamburger Abendblatt

www.rechtspraxis.de

http://www.focus.de/schule/schule/schulwahl/tid-8584/uebertritt_aid_233543.html

www.eltern.de/schulkind/grundschule

www.sachsen-macht-schule.de

www.studienwahl.de

www.wege-ins-studium.de

www.schulen-in-nuernberg.de

www.lernkultur.com/lhz

www.wissen.de/wde/generator/wissen/ressorts/bildung/schule/index.html

www.lerntechnik.de

www.lernen-heute.de

www.nachhilfe.de

http://members.chello.nl/r.kuijt/index(de).htm
(Eselsbrücken)

www.methode.de
(Tipps für diverse Alltags-situationen)

http://www.pohlw.de/lernen/kurs/index.htm
(Das Lernen lernen)

www.duden.de/schule/materialien

www.softguide.de
(Software-Download)

www.endres.de
(Das Lernen lernen)

www.lernenlernen.de

www.cooler.lernen.de

www.lernfoerderung.de

http://home.snafu.de/wehrmann/
Institut für Mathematisches Lernen, Braunschweig

http://www.lernfoerderung.de/loader/schule/lernen/lernseiten/home.html

www.note1plus.de

www.bildungsserver.de

www.know-now.ch/gymikurs

www.uni-bielefeld.de

www.wiso.uni-hamburg.de

Um den Zugriff auf die Themenschwerpunkte dieses Buchs zu erleichtern, enthält das Register die Titel der 18 Kapitel (halbfett gedruckt) und deren Artikel (kursiv gedruckt).

A

B

C

D

E

F

G

H

L

M

S

T

U

V

W

X

Z